JN172904

よくわかるFPシリーズ

合格トレーニング

FP技能士1級

学科基礎・応用　TAC FP講座 編

はじめに

　本書は、ファイナンシャル・プランニング技能検定1級学科試験の合格を目指すための問題集です。本書対応のテキスト「合格テキストFP技能士1級」でインプットした知識を効果的にアウトプットできるよう構成しています。

　ファイナンシャル・プランニング技能検定1級学科試験は、「基礎編」と「応用編」に分かれて実施されます。基礎編は、四肢択一形式の問題50問を150分で解答し、応用編は、大問5問に対して各3問の小問がついており、合計15問を150分で解答します。

　基礎編では、「年金・社保」分野からの出題は若干少ない傾向にありますが、そのほかは平均的に1分野あたり、8問から9問程度が出題されます。一方、応用編は、空欄補充形式による適語記述問題や数値計算問題のいずれかの形式で問われ、「ライフプランニングと資金計画・リスク管理」を除く5分野から出題されます。「タックスプランニング」や「不動産」、「相続・事業承継」などの分野では、毎回同じような設問形式で出題される問題もあり、過去問を事前に解いておくことは傾向を知るうえで非常に有効な手段となっています。

　本書は、本試験の出題傾向を踏まえ、過去の問題から合格するために必要かつ十分な数の良問を論点ごとにピックアップし、解説をつけるとともに、必要に応じて一部改題等を行っています。全6分野の基礎編、応用編の問題を一冊に収載することで、利用者の利便性をできる限り図りました。さらに、各分野の重要と思われる項目を「重要ポイントまとめ」として要約しており、記憶を整理しながら、問題を解いていくことができます。

　読者の皆様が本書を最大限に活用され、FP技能検定1級の合格をつかみとり、確かな知識に裏付けされたファイナンシャルプランナーとして活躍されることを心より祈念いたします。

2023年5月
TAC　FP講座

本書の特長・利用方法

本書は、各問ごとに問題パートと解答・解説パートがそれぞれ表裏に配置されているため、学習を進めるうえで最適の構成になっています。また、各章末には「重要ポイントまとめ」として、得点力をつけるために必要な要点を凝縮しています。

■問題パート（右ページ）

項目別に問題をまとめているので、学習したい論点に集中して取り組むことができます。

問題を解くたびにチェックを入れ、反復学習に役立てましょう。

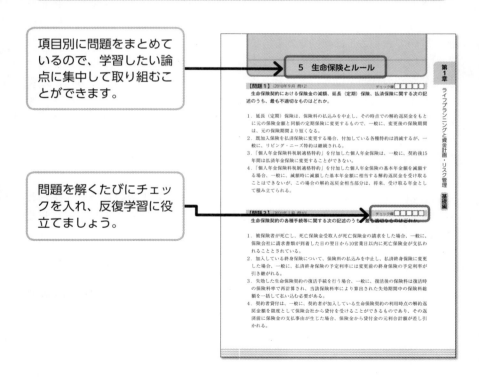

■重要ポイントまとめ（各章末）

図表等を多用して、知識をわかりやすく整理。論点別にまとまっているので、知識の補てん・復習に最適です。

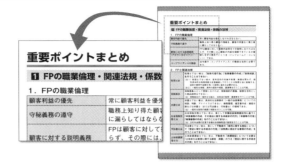

■解答・解説パート（左ページ）

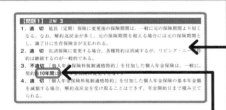

肢ごとに問題を解く際の解説がついています。1つひとつ確認していきましょう。

おぼえておくべき重要語句・ポイントは太字になっています。しっかり押さえておきましょう。

※図はいずれもサンプルです。

FP技能士・1級試験のしくみ

1級FP技能検定　試験概要

試験実施団体	金融財政事情研究会（金財）	
試験科目と出題形式	【学科試験】	基礎編　マークシート方式による筆記試験、四答択一式 応用編　記述式による筆記試験
	【実技試験】	口頭試問形式
受検資格	①2級技能検定合格者で、FP業務に関し1年以上の実務経験を有する者、②FP業務に関し5年以上の実務経験を有する者、③厚生労働省認定金融渉外技能審査2級の合格者で、1年以上の実務経験を有する者	
試験日	【学科試験】	9月・1月・5月の年3回
	【実技試験】	6月・10月・2月の年3回
試験時間	【学科試験】	基礎編　10：00～12：30 応用編　13：30～16：00
	【実技試験】	面接開始約15分前に設例配布、各面接の1人当たり所要時間は約12分。
出題数と合格基準	【学科試験】	基礎編　50問、応用編　5題、200点満点で120点以上
	【実技試験】	異なる設例課題に基づき2回面接、200点満点で120点以上

1級試験お問い合わせ先　一般社団法人　金融財政事情研究会　検定センター
https://www.kinzai.or.jp/
TEL 03-3358-0771

1級FP技能士とCFP®

- 2級FP技能検定合格者で1年以上のFP実務経験を有する者
- 5年以上のFP実務経験を有する者

FP技能士1級学科試験を
受検・合格！

- AFP登録者
- FP協会が認めた大学で所定の単位を取得した者

CFP®資格審査試験を受検・合格！
↓
CFP®エントリー研修
↓
3年間の実務経験要件充足・日本FP協会登録により、CFP®として認定

実技試験を受検・合格！

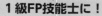

1級FP技能士に！

目　次

はじめに ……………………………………………………………………………… iii

本書の特長・利用方法 ……………………………………………………………… iv

FP技能士・1級試験のしくみ ……………………………………………………… vi

第1章　ライフプランニングと資金計画・リスク管理

基礎編
1　FPの職業倫理・関連法規・係数の活用 …………………………………… 3
2　フラット35と教育資金 …………………………………………………………… 7
3　中小企業の資金計画・資金調達 …………………………………………… 11
4　リスクマネジメントと保険制度 ……………………………………………… 15
5　生命保険とルール ……………………………………………………………… 29
6　生命保険・共済の商品 ……………………………………………………… 33
7　損害保険と法律・商品 ……………………………………………………… 41
8　保険料と税金 …………………………………………………………………… 59

重要ポイントまとめ …………………………………………………………………… 79

第2章　年金・社会保険

基礎編
1　健康保険 ………………………………………………………………………… 99
2　後期高齢者医療制度 ………………………………………………………… 107
3　公的介護保険 …………………………………………………………………… 109
4　労働者災害補償保険 ………………………………………………………… 113
5　雇用保険 ………………………………………………………………………… 119
6　公的年金 ………………………………………………………………………… 131
7　企業年金等 ……………………………………………………………………… 159

応用編 ……………………………………………………………………………… 175

重要ポイントまとめ　基礎編 …………………………………………………… 215
　　　　　　　　　　　　応用編 …………………………………………………… 232

第3章　金融資産運用

基礎編
1　マーケット環境の理解 ………………………………………………………… 237
2　投資信託 ………………………………………………………………………… 243
3　債券投資 ………………………………………………………………………… 249
4　株式投資 ………………………………………………………………………… 255
5　外貨建商品 ……………………………………………………………………… 261
6　金融派生商品 …………………………………………………………………… 265
7　その他の金融商品 ……………………………………………………………… 269
8　ポートフォリオ理論 …………………………………………………………… 271
9　金融商品と税金 ………………………………………………………………… 279
10　セーフティネット・関連法規 ………………………………………………… 285

応用編 ……………………………………………………………………………… 289

重要ポイントまとめ …………………………………………………………………… 316

vii

第4章　タックスプランニング

基礎編

1　納税義務者・非課税所得 ……………………………………………… 333
2　各種所得の金額 ………………………………………………………… 337
3　損益通算・損失の繰越控除 …………………………………………… 351
4　所得控除 ………………………………………………………………… 359
5　税額控除 ………………………………………………………………… 369
6　所得税の申告と納付 …………………………………………………… 379
7　法人税 …………………………………………………………………… 385
8　会社・役員間および会社間の税務 …………………………………… 395
9　消費税 …………………………………………………………………… 407

応用編 ……………………………………………………………………… 413

重要ポイントまとめ ……………………………………………………… 446

第5章　不動産

基礎編

1　不動産の見方 …………………………………………………………… 471
2　不動産の取引　①宅地建物取引業・売買契約上の留意点 ………… 479
3　不動産の取引　②借地借家法 ………………………………………… 493
4　不動産に関する法令上の制限　①都市計画法 ……………………… 501
5　不動産に関する法令上の制限　②建築基準法 ……………………… 505
6　不動産に関する法令上の制限　③農地法／生産緑地法 …………… 511
7　区分所有法 ……………………………………………………………… 519
8　不動産の取得・保有に関する税金 …………………………………… 525
9　不動産の譲渡に係る税金 ……………………………………………… 533
10　借地権の税務 …………………………………………………………… 569
11　不動産の投資判断 ……………………………………………………… 575

応用編 ……………………………………………………………………… 577

重要ポイントまとめ ……………………………………………………… 631

第6章　相続・事業承継

基礎編

1　贈与税・納税義務者・相続時精算課税制度 ………………………… 653
2　相続と法律 ……………………………………………………………… 677
3　相続税の課税価格と申告 ……………………………………………… 691
4　財産の評価（宅地） …………………………………………………… 711
5　相続・事業承継対策 …………………………………………………… 727

応用編 ……………………………………………………………………… 733

重要ポイントまとめ　基礎編 …………………………………………… 769
　　　　　　　　　　　応用編 …………………………………………… 787

viii

第1章

ライフプランニングと
資金計画・リスク管理

基　礎　編

1　FPの職業倫理・関連法規・係数の活用

【問題1】（2021年5月　問1）　　　　　　　　　　　チェック欄☐☐☐☐☐

　ファイナンシャル・プランニングを業として行ううえでの関連法規に関する次の記述のうち、最も不適切なものはどれか。なお、**本問における独占業務とは、当該資格を有している者のみが行うことができる業務であるものとし、各関連法規において別段の定めがある場合等は考慮しないものとする。**

1．税理士法により、他人の求めに応じて業として行う「税務代理」「税務書類の作成」「税務相談」は、有償・無償を問わず、税理士の独占業務である。
2．社会保険労務士法により、他人の求めに応じて報酬を得て業として行う事務であって、労働社会保険諸法令に基づく「申請書等の作成、その提出に関する手続の代行」「申請等の代理」「帳簿書類の作成」は、社会保険労務士の独占業務である。
3．不動産の鑑定評価に関する法律により、他人の求めに応じて報酬を得て業として行う「不動産の鑑定評価」は、不動産鑑定士の独占業務である。
4．土地家屋調査士法により、不動産の権利に関する登記について、他人の依頼を受けて業として行う「登記に関する手続の代理」「法務局に提出する書類の作成」は、有償・無償を問わず、土地家屋調査士の独占業務である。

【問題2】（2013年1月　問1）　　　　　　　　　　　チェック欄☐☐☐☐☐

　ファイナンシャル・プランニングを行ううえでの関連法規に関する次の記述のうち、最も不適切なものはどれか。

1．不利益となるべき事実を告げずにする保険契約の乗換行為は、保険業法における保険契約の締結または保険募集に関する禁止行為にあたる。
2．個人情報の保護に関する法律での個人情報とは、生存する個人に関する情報に含まれている氏名、生年月日等により特定の個人を識別できるものをいう。
3．弁護士法は、弁護士の資格を持たない者が、報酬を得る目的で訴訟事件を取り扱うこと等、法律事務の取扱いを業とすることを原則として禁止している。
4．金融商品取引法は、金融商品取引業者として登録を受けていない者が投資助言・代理業を行うことは禁じているが、投資運用業を行うことは禁じていない。

【問題1】 正解 4

1. **適　切**　他人の求めに応じて「**税務代理**」「**税務書類の作成**」「**税務相談**」を業として行うことは、有償・無償を問わず、税理士の独占業務である。

2. **適　切**　「**申請書等の作成**、その提出に関する**手続の代行**」「**申請等の代理**」「**帳簿書類の作成**」を業として行うことは、社会保険労務士の独占業務である。

3. **適　切**　他人の求めに応じて報酬を得て「**不動産の鑑定評価**」を業として行うことは、不動産鑑定士の独占業務である。

4. **不適切**　土地家屋調査士の独占業務としては、不動産の**表示**に関する登記について必要な土地または家屋に関する調査または測量、登記申請手続の代理であり、「不動産の**権利**に関する登記」は、司法書士の独占業務である。

【問題2】 正解 4

1. **適　切**　保険業法では、保険募集人が不利益となるべき事実を告げずにする保険契約の乗換行為は禁止されている。

2. **適　切**　個人情報の保護に関する法律における個人情報は、生存する個人に関する情報で、氏名、生年月日等により特定の個人を識別できるものをいう。

3. **適　切**　弁護士の資格を持たない者が報酬を得る目的で法律事務の取扱いを業とすることは、禁止されている。

4. **不適切**　金融商品取引業者のうち投資運用業者として登録を受けている者でなければ、**投資運用業も**行うことは**できない**。

1 FPの職業倫理・関連法規・係数の活用

【問題3】（2018年1月 問6）　　　　　　　　チェック欄□□□□□

　3,000万円を年3％で複利運用しながら20年間、毎年120万円ずつ取り崩した場合、20年後に残っている金額として、次のうち最も適切なものはどれか。なお、取崩しは年1回であるものとし、下記の係数を使用して算出すること。また、税金や手数料等は考慮せず、計算結果は万円未満を四捨五入すること。

〈期間20年の各種係数〉

	終価係数	年金終価係数	資本回収係数
3％	1.8061	26.8704	0.0672

1．1,084万円
2．1,632万円
3．2,193万円
4．2,948万円

【問題4】（2023年1月 問1）　　　　　　　　チェック欄□□□□□

　Aさん（55歳）は、毎年一定金額を積み立て、65歳の時点で、現在の価値で10,000千円を貯めたいと考えている。今後10年間について毎年2％ずつ物価が上昇していくと仮定した場合、55歳から65歳までの10年間の毎年の積立額として、次のうち最も適切なものはどれか。

　なお、現在の貯蓄額は0円とし、積立期間の運用利回り（複利）は年5％、積立は年1回行うものとする。また、下記の係数表を利用して算出し、計算結果における千円未満を切り捨て、手数料や税金等は考慮しないものとする。

〈年2％の各種係数〉

	終価係数	現価係数	年金終価係数	減債基金係数	年金現価係数	資本回収係数
10年	1.2190	0.8203	10.9497	0.0913	8.9826	0.1113

〈年5％の各種係数〉

	終価係数	現価係数	年金終価係数	減債基金係数	年金現価係数	資本回収係数
10年	1.6289	0.6139	12.5779	0.0795	7.7217	0.1295

1．　795千円
2．　969千円
3．1,219千円
4．1,579千円

5

【問題3】 正解 3

(3,000万円 − 120万円 ÷ 0.0672（資本回収係数））× 1.8061（終価係数）

≒ 2,193.12… **→ 2,193万円**

3％で複利運用しながら20年間、毎年120万円ずつ取り崩す場合の現在価値は120万円に「年金現価係数」を乗じて計算できるが、当該係数が与えられていないため、年金現価係数の**逆数**である「**資本回収係数**」**で除して**求めることができる。

3,000万円との差額は、3％で20年間複利運用されることから「終価係数」を乗じて計算する。

【問題4】 正解 2

55歳時点の現在価値で10,000千円の場合、2％で物価上昇（複利運用）することから、年2％の終価係数を乗じて計算する。

10,000千円 × 1.2190（年2％、終価係数、10年）＝ 12,190千円

この金額を得るために10年間、毎年積み立てる金額

12,190千円 × 0.0795（年5％、減債基金係数、10年）＝ 969.105千円

∴ **969千円**（千円未満切捨て）

2 フラット35と教育資金

【問題1】（2022年1月 問8）　　　　　　　　　チェック欄☐☐☐☐☐

フラット35に関する次の記述のうち、最も適切なものはどれか。

1. 中古マンションを取得する際にフラット35を利用するためには、住宅について、専有面積が40㎡以上であり、かつ、住宅金融支援機構が定めた技術基準に適合している必要がある。
2. フラット35地域連携型を利用した場合、当初10年間、フラット35の借入金利から0.35％引き下げられる。
3. フラット35を利用するためには、申込者の年収に占めるすべての借入れの年間合計返済額の割合が、年収が400万円未満の場合は35％以下、年収が400万円以上の場合は40％以下であることが必要である。
4. フラット35の一部繰上げ返済を返済先の金融機関の窓口で行う場合は、返済1カ月前までに当該金融機関に繰上げ返済の申出を行う必要があり、繰上返済手数料は不要で、返済することができる額は100万円以上とされている。

【問題2】（2022年9月 問8）　　　　　　　　　チェック欄☐☐☐☐☐

住宅金融支援機構のフラット35およびリ・バース60に関する次の記述のうち、最も適切なものはどれか。

1. フラット35地域連携型には、フラット35地域連携型（子育て支援）とフラット35地域連携型（地域活性化）があり、利用するためには、住宅金融支援機構と連携する地方公共団体から、「フラット35地域連携型利用対象証明書」の交付を受ける必要がある。
2. フラット35維持保全型は当初5年間、フラット35の借入金利が引き下げられるが、フラット35Sと併用することはできない。
3. 長期優良住宅でない住宅のリフォーム資金としてリ・バース60を利用する場合、債務者および連帯債務者が満60歳以上であれば、その融資限度額は、取扱金融機関にかかわらず「8,000万円」「住宅のリフォーム費用」「担保評価額（住宅および土地）の60％」のうち、最も低い額となる。
4. リ・バース60は、取扱金融機関にかかわらず申込者が生存中は毎月の返済は利息のみであり、申込者の死亡時における残債務については、担保物件の相続人が現金によって一括返済しなければならない。

【問題1】 正解 4

1. 不適切 マンションについては、専有面積が30㎡以上でなければならない。

2. 不適切 フラット35地域連携型を利用した場合、フラット35地域連携型（地域活性化）は当初5年間、フラット35地域連携型（子育て支援）は当初10年間、フラット35の借入金利から0.25％引き下げられる。

3. 不適切 フラット35を利用するための申込者の年収に占める返済負担率は、年収が400万円未満の場合は30％以下、年収が400万円以上の場合は35％以下でなければならない。

4. 適 切 窓口での繰上げ返済は100万円以上からとなる。

【問題2】 正解 1

1. 適 切 フラット35地域連携型を利用するためには、地方公共団体に対しフラット35地域連携型利用対象証明書を申請し、交付を受けた当該証明書を金融機関に提出する必要がある。

2. 不適切 フラット35維持保全型とフラット35Sは併用できる。なお、フラット35維持保全型は、維持保全・維持管理に配慮した住宅や既存住宅の流通に資する一定の住宅を取得する場合、当初5年間、金利が年0.25％引き下げられる。

3. 不適切 長期優良住宅でない住宅のリフォーム資金としてリ・バース60を利用する場合、債務者および連帯債務者が満60歳以上であれば、その融資限度額は、取扱金融機関にかかわらず「8,000万円」「住宅のリフォーム費用」「担保評価額（住宅および土地）の50％または60％」のうち、最も低い額となる。

4. 不適切 申込者の死亡時における元金については、相続人が現金によって一括返済するだけでなく、担保物件の売却によって返済することもできる。担保物件の売却代金で返済した後に残った債務については、リコース型を選択すれば相続人が残債を返済する必要がある（ノンリコース型を選択すれば返済の必要がない）。

2　フラット35と教育資金

【問題3】（2020年9月 問7）　　　　　　　　チェック欄□□□□□

　国が日本政策金融公庫を通じて行う「教育一般貸付（国の教育ローン）」に関する次の記述のうち、最も適切なものはどれか。

1．資金使途は、入学金や授業料などの学校に直接支払う費用に限定されており、在学のための下宿費用や通学費用などに充当することはできない。
2．融資限度額は、原則として学生・生徒1人につき350万円であるが、自宅外通学や大学院の資金として利用する場合は450万円となる。
3．返済期間は、原則として最長15年であるが、扶養する子の人数が3人以上で世帯年収が500万円以下である場合には最長20年となる。
4．公益財団法人教育資金融資保証基金の保証を利用する場合、保証依頼書を提出する際、融資額や返済期間に応じた保証料を一括して支払う必要がある。

【問題4】（2021年9月 問8改題）　　　　　　　チェック欄□□□□□

　教育資金の準備等に関する次の記述のうち、最も不適切なものはどれか。

1．日本政策金融公庫の「教育一般貸付（国の教育ローン）」の融資限度額は、原則として学生・生徒1人につき350万円であるが、自宅外通学の場合は450万円が上限となる。
2．日本政策金融公庫の「教育一般貸付（国の教育ローン）」の融資金利は、ひとり親家庭（父子家庭・母子家庭）を対象として優遇措置が講じられているが、交通遺児家庭については対象とされていない。
3．学資（こども）保険は、満期時や入学時に祝金（学資金）を受け取ることができる保険商品であり、契約者である親が保険期間中に死亡した場合でも、通常、以後の保険料の払込みが免除されたうえで、祝金（学資金）を受け取ることができる。
4．国の高等教育の修学支援新制度は、給付型奨学金の支給と授業料・入学金の免除または減額（授業料等減免）の2つの支援からなり、住民税非課税世帯およびそれに準ずる世帯の学生・生徒が支援の対象となる。

第1章　ライフプランニングと資金計画・リスク管理　基礎編

【問題3】 正解 2

1. **不適切** 資金使途は、学校納付金、受験費用、住居費、教科書代、教材費、パソコン購入費、通学費用、学生の国民年金保険料など幅広く認められている。
2. **適 切** 融資限度額は、原則として、学生・生徒1人につき**350万円**以内である。また、3カ月以内の海外留学資金に限り450万円以内となっていたが、2020年度より、自宅外通学、修業年限5年以上の大学（昼間部）、大学院の資金として利用する場合も**450万円**以内に拡充された。
3. **不適切** 返済期間は最長18年である。扶養する子の人数が3人以上で世帯年収が500万円以下である場合も最長18年である。
4. **不適切** 公益財団法人教育資金融資保証基金の保証を利用する場合、融資額や返済期間に応じた保証料は融資金から一括して差し引かれる。

【問題4】 正解 2

1. **適 切** なお、学生・生徒1人につき**450万円**が限度とされるのは自宅外通学だけでなく、修業年限5年以上の大学（昼間部）、大学院、海外留学資金（3カ月以上の留学）の場合でも認められる。
2. **不適切** 融資金利の優遇措置の対象は、ひとり親家庭に限らず、交通遺児家庭および扶養する子が3人以上で世帯年収500万円（事業所得の場合356万円）以内の者や世帯年収200万円（事業所得の場合132万円）以内の者も対象となる。
3. **適 切** 契約者が死亡した場合、以後の保険料が免除となる。
4. **適 切** 修学支援新制度は、記述のとおり2つの支援から成り立っている。

3　中小企業の資金計画・資金調達

【問題1】（2022年5月　問8）　　　　　　　チェック欄 ☐☐☐☐☐

　キャッシュ・フロー計算書（間接法）に関する次の記述のうち、最も不適切なものはどれか。

1．「売上高の減少」「販売費及び一般管理費の増加」は、営業活動によるキャッシュ・フローが減少する要因となる。
2．「有形固定資産の取得」「投資有価証券の取得」は、投資活動によるキャッシュ・フローが減少する要因となる。
3．「自己株式の取得」「社債の償還」は、財務活動によるキャッシュ・フローが減少する要因となる。
4．「借入金の返済」は、フリー・キャッシュ・フローが減少する要因となる。

【問題2】（2019年1月　問8改題）　　　　　　チェック欄 ☐☐☐☐☐

　信用保証協会のセーフティネット保証制度に関する次の記述のうち、最も不適切なものはどれか。

1．セーフティネット保証を利用するためには、原則として、事業所の所在地の市町村または特別区に申請し、中小企業信用保険法に基づく認定を受ける必要がある。
2．セーフティネット保証5号の対象は、指定業種に属する事業を行っており、最近3カ月間の売上高等が前年同期比10％以上減少している中小企業者とされている。
3．経営安定関連保証と危機関連保証を併用する場合、それぞれに対して、一般保証とは別枠の保証限度額が付与される。
4．無担保かつ無保証人の保証限度額は、2018年4月1日貸付実行分から、一般保証と別枠保証のいずれも2,000万円とされている。

【問題1】 正解 4

1. **適 切** 営業活動によるキャッシュ・フローは、企業が本業によって得たキャッシュ・フローを表す。売上高、仕入高、販売費及び一般管理費、売上債権、支払債務、法人税等の増減が営業活動によるキャッシュ・フローに影響を及ぼす。

2. **適 切** 投資活動によるキャッシュ・フローは、有形・無形減価償却資産の取得や売却、有価証券等の取得や売却等による資金の動きを表示する。

3. **適 切** 財務活動によるキャッシュ・フローは、借入れ、社債の発行・償還、新株発行、自己株式の取得など、資金の調達および返済による資金の動きを表示する。

4. **不適切** 借入金の返済は財務活動によるキャッシュ・フローの変動要因であるため、フリー・キャッシュ・フローの変動要因ではない。フリー・キャッシュ・フローは、営業活動によるキャッシュ・フローと投資活動によるキャッシュ・フローの合計をさす。

【問題2】 正解 2

1. **適 切** なお、利用の流れは、市町村または特別区に認定を申請し、取得した認定書を添えて、金融機関へ保証付融資を申込み、信用保証協会は申込内容に基づき審査を行う。保証決定となった場合に保証付融資の実行が行われる。

2. **不適切** セーフティネット保証5号の対象は、指定業種に属する事業を行っており、最近3カ月間の売上高等が前年同期比**5%**以上減少している中小企業者とされている。

3. **適 切** 併用する場合、それぞれに別枠の保険限度額が付与される。

4. **適 切** 無担保かつ無保証の保険限度額は、いずれも200万円である。

3　中小企業の資金計画・資金調達

【問題3】（2015年1月 問8）　　　　　　　　　チェック欄 ☐☐☐☐☐

　中小企業の資金調達に関する次の記述のうち、**最も不適切なもの**はどれか。

1．信用保証協会保証付融資（マル保融資）の対象となる企業は、建設業の場合、資本金3億円以下または常時使用する従業員数300人以下のいずれかを満たす必要がある。

2．信用保証協会保証付融資（マル保融資）の一般保証限度額は、普通保証1億円と無担保保証8,000万円を合わせた1億8,000万円である。

3．日本政策金融公庫の中小企業経営力強化資金（中小企業事業）は、自ら事業計画の策定を行い、認定経営革新等支援機関の指導や助言を受けている中小企業者に対して、事業計画の実施のために必要とする設備資金および長期運転資金を融資する制度である。

4．ABL（動産・債権担保融資）は、企業の保有する債権や在庫・機械設備等の動産を担保として資金調達する方法であり、担保の対象となる債権には、売掛債権のほか、診療報酬債権や工事請負代金債権などがある。

第1章 ライフプランニングと資金計画・リスク管理 基礎編

【問題3】 正解 **2**

1．適 切 信用保証協会保証付融資（マル保融資）の対象となる企業は、資本金または常時使用する従業員のいずれか一方が、以下に該当する企業である。

業 種		資本金	従業員数
製造業など（**建設業・運送業・不動産業を含む**）		**3億円**以下	**300人**以下
	ゴム製品製造業	3億円以下	900人以下
卸売業		1億円以下	100人以下
小売業・飲食業		5,000万円以下	50人以下
サービス業		5,000万円以下	100人以下
	ソフトウェア業／情報処理サービス業	3億円以下	300人以下
	旅館業	5,000万円以下	200人以下
医業を主たる事業とする法人		－	300人以下

2．不適切 信用保証協会保証付融資（マル保融資）の一般保証限度額は、**普通保証2億円**と**無担保保証8,000万円**を合わせた**2億8,000万円**である。

3．適 切

4．適 切 ABL（動産・債権担保融資）は、企業の保有する債権や動産を担保として資金調達する方法であり、担保となる債権には、売掛債権、診療報酬債権、工事請負債権などがある。また、担保となる動産には、商品、在庫、機械設備、農畜産物などがある。

4 リスクマネジメントと保険制度

【問題1】（2017年9月 問9改題）　　　　　　　　チェック欄☐☐☐☐☐

生命保険募集人の募集行為に関する次の記述のうち、最も適切なものはどれか。

1．金融庁の「銀行等による保険募集に係る弊害防止措置」によれば、生命保険募集人である金融機関の職員は、当該金融機関の事業性資金の融資先に対しては、保険の種類を問わず、生命保険の募集を行ってはならないとされている。

2．金融庁の「保険会社向けの総合的な監督指針」によれば、契約見込客の情報を保険会社または保険募集人に提供する行為は、保険商品の推奨や説明を行わず、保険会社等から報酬を得ていなかったとしても、保険募集行為に該当するとされている。

3．保険募集人として登録されていない者が、保険契約の締結の代理または媒介を行った場合、保険業法により、1年以下の懲役もしくは100万円以下の罰金に処され、またはこれらが併科される。

4．2016年10月1日以降、保険募集代理店である金融機関の職員が外貨建て保険や変額保険等の特定保険契約を金融機関の窓口で販売する場合、保険業法により、当該金融機関が保険会社から受け取る販売手数料を顧客に開示することが義務付けられている。

【問題2】（2015年1月 問9）　　　　　　　　　　チェック欄☐☐☐☐☐

損害保険の募集行為等に関する次の記述のうち、最も不適切なものはどれか。

1．コールセンターのオペレーターが行う、事務手続についての説明行為は、損害保険募集人の登録をしていない者でも行うことができる。

2．保険契約の契約条項のうち重要な事項は、「契約概要」と「注意喚起情報」に分類して告げることとされている。

3．保険法では、一部の事業リスクに係る保険契約を除いて、すべての保険契約を対象に、保険法の規定よりも保険契約者等に不利な内容の約款の定めは無効とする片面的強行規定が設けられている。

4．保険期間1年の火災保険契約の場合、申込者（保険契約者）が個人であるときは、クーリング・オフ制度により、保険契約の申込みの撤回等をすることができる。

【問題1】 正解 3

1. 不適切 金融機関の事業性資金の融資先に対して、一時払終身保険や一時払養老保険など一定の保険商品については、生命保険募集人である金融機関の職員が保険募集を行ってもよい。

2. 不適切 「保険会社向けの総合的な監督指針」によれば、契約見込客の情報を保険会社または保険募集人に提供する行為は募集関連行為とされているが、保険商品の推奨や説明を行わず、保険会社等から報酬を得ていない場合、保険募集行為に該当しない。

3. 適 切 記述通りの懲役もしくは罰金に処される。

4. 不適切 保険業法には、金融機関が保険会社から受け取る販売手数料を顧客に開示する義務は規定されていない。ただし、各金融機関は、金融商品取引法の一部が準用される特定保険契約について、金融商品の勧誘方針に基づき情報開示に努めている。

【問題2】 正解 4

1. 適 切 次の行為のみを行う場合は、保険募集人の登録は不要である。
・保険募集人の指示を受けて行う、商品案内チラシの単なる配布
・コールセンターのオペレーターが行う、事務的な連絡の受付けや事務手続等についての説明行為
・金融商品説明会における、一般的な保険商品の仕組み、活用法等についての説明

2. 適 切 保険契約の契約条項のうち重要な事項は、「契約概要」と「注意喚起情報」に分類し、告げなければならない。

3. 適 切 保険法では、一部の事業リスクに係る保険契約を除いて、保険法の規定よりも保険契約者等に不利な内容の約款の定めは無効とする片面的強行規定が設けられている。

4. 不適切 保険期間が1年以内の契約は、個人契約であってもクーリング・オフ制度が適用されないため、保険契約の申込みの撤回等をすることはできない。

4　リスクマネジメントと保険制度

【問題3】（2022年9月 問9）　　　　チェック欄□□□□□

保険業法に定める保険契約の申込みの撤回等（クーリング・オフ制度）に関する次の記述のうち、適切なものはいくつあるか。なお、各選択肢において、申込者は個人であり、ほかに必要とされる要件等はすべて満たしているものとする。

(a) 保険会社が指定する医師による診査が終了して生命保険契約を申し込んだ場合や健康診断書を提出して生命保険契約を申し込んだ場合、クーリング・オフ制度により当該生命保険契約の申込みの撤回等をすることができない。
(b) 既に加入している生命保険契約の特約の更新手続を行った場合、クーリング・オフ制度により当該生命保険契約の特約の更新手続の撤回等をすることができる。
(c) 保険期間5年の火災保険契約を申し込んだ場合、クーリング・オフ制度により当該火災保険契約の申込みの撤回等をすることができない。

1．1つ
2．2つ
3．3つ
4．0（なし）

【問題4】（2016年9月 問13改題）　　　　チェック欄□□□□□

乗合代理店（複数の保険会社の保険商品を販売する代理店）の保険募集時の留意点等に関する次の記述のうち、2014年5月に成立・公布された「保険業法等の一部を改正する法律」に照らし、最も不適切なものはどれか。

1．乗合代理店は、顧客に対し、複数の保険会社の商品を提案し、契約内容を実質的に比較する場合は、顧客自身の意向に沿った商品を選択できるように、提案するすべての商品の比較事項を偏りなく説明しなければならない。
2．乗合代理店は、顧客に対し、取扱商品のなかから特定の保険会社の商品を推奨販売する場合、推奨した商品をどのように選別したのか、その理由を説明しなければならない。
3．乗合代理店は、顧客が特定の保険会社や特定の保険商品を指定した場合には、当該保険契約の締結にあたって、当該顧客の意向把握・意向確認や推奨販売に関する説明を省略することができる。
4．所属生命保険会社が15社以上である乗合代理店は、事業年度ごとに事業報告書を作成し、毎事業年度経過後3カ月以内に内閣総理大臣に提出しなければならない。

第1章 ライフプランニングと資金計画・リスク管理 基礎編

17

【問題3】 正解 4

(a) 不適切 保険会社が指定する医師による診査が終了した場合、クーリング・オフ制度は適用されないが、健康診断書を提出して申し込んだ場合、所定の要件を満たせばクーリング・オフ制度は適用される。

(b) 不適切 既契約の特約の中途付加・更新・保険金額の中途増額を行った場合は、クーリング・オフ制度の適用外である。

(c) 不適切 保険期間が1年を超える契約は、クーリング・オフ制度が適用される。

以上より、適切なものは0（なし）であり、正解は**4**となる。

【問題4】 正解 3

1. 適 切 顧客自身が意向に沿う商品を選択するために、乗合代理店は、比較可能な商品の概要を明示し、顧客の求めに応じて商品内容を説明しなければならない。

2. 適 切 顧客に対し、特定の商品を提示・推奨する場合、提示・推奨理由を分かりやすく説明しなければならない。特に、顧客の意向に合致している商品の中から、保険募集人の判断により絞込みを行った場合には、商品特性や保険料水準などの客観的な基準や理由等についての説明も必要である。

3. 不適切 顧客が特定の保険会社等を指定した場合は、意向把握・意向確認や推奨販売に関する説明を省略することはできない。

4. 適 切 所属する保険会社が15社以上、または、事業年度中の手数料収入等の合計額が10億円以上（専属代理店を除く）の乗合代理店は「規模が大きい特定保険募集人」とされ、以下の2つの義務が課されている。

① 帳簿書類の備付け

事務所ごとに業務に関する帳簿書類を備え、保険契約者ごとに保険契約の締結の年月日その他の必要事項を記載し、保険契約の締結の日から5年間保存しなければならない。

② 事業報告書の提出

事業年度ごとに事業報告書を作成し、毎事業年度経過後3カ月以内に内閣総理大臣に提出しなければならない。

4　リスクマネジメントと保険制度

【問題5】（2022年5月 問9）　チェック欄▢▢▢▢▢
生命保険契約者保護機構に関する次の記述のうち、適切なものはいくつあるか。

（a）生命保険契約者保護機構による補償の対象となる生命保険契約は、高予定利率契約を除き、保険会社破綻時の責任準備金等の80％まで補償される。
（b）かんぽ生命保険の生命保険契約は、生命保険契約者保護機構の補償の対象とならないが、別途、保険金等の支払に関する政府保証がある。
（c）国内で事業を行う生命保険会社において加入した外貨建終身保険は、生命保険契約者保護機構の補償の対象とならない。

1．1つ
2．2つ
3．3つ
4．0（なし）

【問題6】（2021年5月 問9）　チェック欄▢▢▢▢▢
保険契約者保護機構に関する次の記述のうち、最も適切なものはどれか。

1．生命保険会社が破綻した場合、更生計画が認可決定されて保険契約が移転されるまでの間、当該保険契約の解約や保険金額の減額、契約者貸付の利用などの手続が停止され、契約者（＝保険料負担者）の保険料支払義務が免除される。
2．生命保険契約者保護機構による補償の対象となる生命保険契約のうち、年金原資が保証されている変額個人年金保険については、高予定利率契約を除き、生命保険会社破綻時、年金原資保証額の90％まで補償される。
3．損害保険契約者保護機構による補償の対象となる損害保険契約のうち、個人が締結した火災保険については、損害保険会社破綻後3カ月以内に保険事故が発生した場合、支払われるべき保険金の全額が補償される。
4．損害保険契約者保護機構による補償の対象となる損害保険契約のうち、法人が締結した任意加入の自動車保険については、損害保険会社破綻時、責任準備金等の90％まで補償される。

第1章 ライフプランニングと資金計画・リスク管理 基礎編

【問題5】 正解 4

(a) 不適切　生命保険契約者保護機構による補償の対象となる生命保険契約は、高予定利率契約を除き、保険会社破綻時の責任準備金等の90％まで補償される。

(b) 不適切　かんぽ生命保険の生命保険契約は、生命保険契約者保護機構の補償の対象となる。

(c) 不適切　国内における元受保険契約である外貨建の保険は、生命保険契約者保護機構の補償の対象となる。

以上より、適切なものは0（なし）であり、正解は**4**となる。

【問題6】 正解 3

1. 不適切　生命保険会社が破綻した場合、保険契約の解約、保険金額の減額、契約者貸付の利用などの手続が停止されるが、契約者（＝保険料負担者）の保険料支払義務は免除されない。

2. 不適切　年金原資が保証されている変額個人年金保険については、高予定利率契約を除き、生命保険会社破綻時点の責任準備金等の90％まで補償される。

3. 適　切　破綻後3カ月以内の事故は、全額補償される。

4. 不適切　法人が締結した任意加入の自動車保険については、損害保険会社破綻後3カ月以内の保険事故については保険金の100％、3カ月経過後は保険金の80％まで補償され、解約返戻金などの補償割合は期間の経過にかかわらず80％が補償される。なお、個人が締結した任意の自動車保険も同様である。

【問題7】 (2019年1月 問9)　　　　　　　　チェック欄□□□□□

　生命保険会社の健全性・収益性に関する指標等に関する次の記述のうち、最も不適切なものはどれか。

1. 保有契約高は、保険会社が保障する金額の総合計額であり、個人年金保険については、年金支払開始前契約の年金支払開始時における年金原資の額と年金支払開始後契約の責任準備金の額の合計額となる。
2. 基礎利益は、保険会社の基礎的な期間損益の状況を表す指標であり、経常利益から有価証券売却損益などの「キャピタル損益」と危険準備金繰入額などの「臨時損益」を除いて算出される。
3. ソルベンシー・マージン比率は、保険会社が有する保険金等の支払余力を表す指標であり、内部留保や有価証券含み損益などの合計である「ソルベンシー・マージン総額」を保険リスクや予定利率リスクなどを数値化した「リスクの合計額」の2倍相当額で除して算出される。
4. EV（エンベディッド・バリュー）は、保険会社の企業価値を表す指標であり、貸借対照表などから計算される「修正純資産」と保有契約に基づき計算される「保有契約価値」を合計して算出される。

【問題7】 正解 3

1. **適 切** 保有契約高は、保険会社が保証する総合計額である。個人年金保険についても記述の通りである。

2. **適 切** 基礎利益は、基礎的な期間損益の状況を表す指標である。

3. **不適切** ソルベンシー・マージン比率は、「ソルベンシー・マージン総額」を「リスクの合計額」の2分の1相当額で除して算出される。

4. **適 切** なお、「修正純資産」とは、すでに実現した利益であり、「保有契約価値」とは、保険会社の既契約から生まれる将来利益の見積額である。

【問題8】（2022年1月 問9）　　　　　　　　チェック欄

　生命保険会社の健全性・収益性に関する指標に関する次の記述のうち、適切なものはいくつあるか。

(a) 実質純資産額は、有価証券や有形固定資産の含み損益などを反映した時価ベースの資産の合計から、価格変動準備金や危険準備金などの資本性の高い負債を除いた負債の合計を差し引いて算出され、保険会社の健全性の状況を示す行政監督上の指標の1つである。

(b) ソルベンシー・マージン比率は、保険会社が有する保険金等の支払余力を表す指標であり、この値が200％を下回った場合には、金融庁による業務改善命令等の早期是正措置の対象となる。

(c) 基礎利益は、保険会社の基礎的な期間損益の状況を表す指標であり、経常利益から「キャピタル損益」と「臨時損益」を除いて算出される。

1．1つ
2．2つ
3．3つ
4．0（なし）

【問題8】 正解 3

(a) 適　切

(b) 適　切

(c) 適　切

　したがって、適切なものは3つであり、正解は**3**となる。

4　リスクマネジメントと保険制度

【問題9】（2023年1月　問9）　　　　　　　チェック欄 □□□□□
　保険法に関する次の記述のうち、最も不適切なものはどれか。

1．保険契約者の配偶者を被保険者とする終身保険について、保険契約を締結する場合や契約締結後に保険金受取人を変更する場合、当該配偶者の同意がなければ、その効力は生じない。
2．損害保険の契約締結後に保険価額が著しく減少して保険金額を下回った場合、保険契約者は、保険者に対して、契約締結時に遡って保険金額および保険料の減額を請求することができる。
3．損害保険契約における保険者は、保険事故による損害が生じた場合、当該損害に係る保険の目的物が当該損害の発生後に保険事故ではない理由により減失したときであっても、当該損害をてん補しなければならない。
4．保険契約者または被保険者の告知義務違反があった場合、保険者の保険契約の解除権は、保険者が解除の原因があることを知った時から1カ月間行使しないとき、または保険契約の締結の時から5年を経過したときに消滅する。

【問題10】（2017年1月　問9）　　　　　　　チェック欄 □□□□□
　保険法に関する次の記述のうち、最も不適切なものはどれか。

1．保険契約者または被保険者になる者は、生命保険契約の締結に際し、保険事故の発生の可能性に関する重要な事項のうち保険者になる者が告知を求めたものについて、事実の告知をしなければならないとされている。
2．保険金受取人が保険金を請求する権利および保険契約者が保険料の返還を請求する権利は、時効により2年で消滅するとされている。
3．生命保険契約の保険契約者は、被保険者の同意を得て、法律上有効な遺言により、死亡保険金受取人を変更することができるとされている。
4．保険法の規定は、原則として同法施行日以後に締結された保険契約に適用されるが、重大事由による解除に関する規定は、同法施行日よりも前に締結された保険契約にも適用される。

【問題9】 正解 2

1. **適切** 保険金受取人を変更する場合には、被保険者の同意が必要である。したがって、被保険者である配偶者の同意がなければ、その効力は生じない。

2. **不適切** 片面的強行規定により、保険価額が著しく減少した場合は、契約者が保険会社に対して保険金額の減額を申し出ることができる。また、減額後の保険金額に対応する保険料に減額される。締結時に遡るのではない。

3. **適切** 保険の対象が保険事故ではない理由で滅失した場合は、その滅失の損害をてん補することはない。

4. **適切** 一般的に、保険会社の保険約款において告知義務違反の時効は契約締結時から2年とされているが、保険法での時効は5年である。なお、保険会社が解除の原因を知った時から1カ月間解除権を行使しない場合も消滅する。

【問題10】 正解 2

1. **適切** 保険契約者または被保険者は、生命保険契約の締結に際し、保険事故の発生の可能性に関する重要な事項のうち保険者になる者が告知を求めたものについて、事実の告知をしなければならない。

2. **不適切** 保険法によれば、保険金受取人が保険金を請求する権利および保険契約者が保険料の返還を請求する権利は、時効により**3年**で消滅することとされている。

3. **適切** 保険契約者は、被保険者の同意を得て、法律上有効な遺言により、死亡保険金受取人を変更することができる。

4. **適切** 重大事由による解除に関する規定は、保険法施行日前に締結された保険契約にも適用される。

4 リスクマネジメントと保険制度

【問題11】 (2012年9月 問10) チェック欄□□□□□

　保険法および保険業法に関する次の記述のうち、**最も不適切なもの**はどれか。

1. 保険法は、保険契約に関する一般的なルールを定めた法律で、保険契約の締結から終了までの間における、保険契約における関係者の権利義務等を定めている。
2. 保険業法は、保険業の公共性にかんがみ、保険業を行う者の業務の健全かつ適切な運営および保険募集の公正を確保することにより、保険契約者等の保護を図り、もって国民生活の安定および国民経済の健全な発展に資することを目的とする。
3. 保険法によれば、保険金受取人が保険金を請求する権利または保険契約者が保険料の返還を請求する権利は、時効により2年で消滅する。
4. 保険法には、質権者・差押債権者・破産管財人など、当事者以外の解除権者による解除（解約）請求に対し、保険金受取人が一定要件のもと、保険契約を存続させることができる介入権制度が設けられている。

【問題11】 正解 3

1. 適 切 保険法は、保険契約に関する一般的ルールを定めた法律である。

2. 適 切 保険業法は、主に保険業者の守るべきルールを定めた法律である。

3. 不適切 保険法によれば、保険金受取人が保険金を請求する権利および保険契約者が保険料の返還を請求する権利は、時効により**3年**で消滅する。

4. 適 切 なお、保険法では、介入権制度を新設し、解除権者が契約を解除（解約）しようとした場合に、解除（解約）の効力が発生するまでの間（保険会社が解除の通知を受けたときから1カ月を経過するまでの日）に保険金受取人が解除権者に解約返戻金相当額を支払うこと等により、契約を存続させることができることが規定されている。

5　生命保険とルール

【問題1】 (2010年9月 問12)　　　　　　　　チェック欄☐☐☐☐☐

生命保険契約における保険金の減額、延長（定期）保険、払済保険に関する次の記述のうち、最も不適切なものはどれか。

1. 延長（定期）保険は、保険料の払込みを中止し、その時点での解約返戻金をもとに元の保険金額と同額の定期保険に変更するもので、一般に、変更後の保険期間は、元の保険期間より短くなる。
2. 既加入保険を払済保険に変更する場合、付加している各種特約は消滅するが、一般に、リビング・ニーズ特約は継続される。
3. 「個人年金保険料税制適格特約」を付加した個人年金保険は、一般に、契約後15年間は払済年金保険に変更することができない。
4. 「個人年金保険料税制適格特約」を付加した個人年金保険の基本年金額を減額する場合、一般に、減額時に減額した基本年金額に相当する解約返戻金を受け取ることはできないが、この場合の解約返戻金相当部分は、将来、受け取る年金として積み立てられる。

【問題2】 (2021年1月 問10)　　　　　　　　チェック欄☐☐☐☐☐

生命保険契約の各種手続等に関する次の記述のうち、最も適切なものはどれか。

1. 被保険者が死亡し、死亡保険金受取人が死亡保険金の請求をした場合、一般に、保険会社に請求書類が到着した日の翌日から10営業日以内に死亡保険金が支払われることとされている。
2. 加入している終身保険について、保険料の払込みを中止し、払済終身保険に変更した場合、一般に、払済終身保険の予定利率には変更前の終身保険の予定利率が引き継がれる。
3. 失効した生命保険契約の復活手続を行う場合、一般に、復活後の保険料は復活時の保険料率で再計算され、当該保険料率により算出された失効期間中の保険料総額を一括して払い込む必要がある。
4. 契約者貸付は、一般に、契約者が加入している生命保険契約の利用時点の解約返戻金額を限度として保険会社から貸付を受けることができるものであり、その返済前に保険金の支払事由が生じた場合、保険金から貸付金の元利合計額が差し引かれる。

【問題1】 正解 3

1．適 切 延長（定期）保険に変更後の保険期間は、一般に元の保険期間より短くなる。なお、解約返戻金が多く、元の保険期間を超える場合には元の保険期間とし、満了日に生存保険金が支払われる。

2．適 切 払済保険に変更する場合、各種特約は消滅するが、リビング・ニーズ特約は継続されるのが一般的である。

3．不適切 「個人年金保険料税制適格特約」を付加した個人年金保険は、一般に、契約後**10年間**は払済年金保険に変更できない。

4．適 切 「個人年金保険料税制適格特約」を付加した個人年金保険の基本年金額を減額する場合、解約返戻金を受け取ることはできず、年金開始日まで積み立てられる。

【問題2】 正解 2

1．不適切 被保険者が死亡し、死亡保険金受取人が死亡保険金の請求をした場合、一般に、保険会社に請求書類が到着した日の翌日から**5営業日**以内に死亡保険金が支払われることとされている。

2．適 切 払済保険に変更する場合、一般に、払済保険の予定利率には変更前の保険の予定利率が引き継がれる。

3．不適切 失効した生命保険契約の復活手続を行う場合、一般に、復活後の保険料は失効時の保険料率で再計算され、当該保険料率により算出された失効期間中の保険料総額を一括して払い込む必要がある。

4．不適切 契約者貸付は、一般に、契約者が加入している生命保険契約の利用時点の解約返戻金額の所定の範囲内（保険会社や保険種類で異なる）を限度として保険会社から貸付を受けることができるものであり、その返済前に保険金の支払事由が生じた場合、保険金から貸付金の元利合計額が差し引かれる。

5　生命保険とルール

【問題3】（2022年5月　問10）　　　　　　チェック欄 ☐☐☐☐☐

生命保険契約の各種手続等に関する次の記述のうち、**最も不適切な**ものはどれか。

1．払済保険に変更した場合、元契約に付加されていた医療保障や介護保障等の各種特約は消滅するが、一般に、リビング・ニーズ特約や指定代理請求特約は消滅しない。

2．X生命保険会社で加入する生命保険契約の積立部分や積立配当金を転換価格（下取部分）として、X生命保険会社以外の生命保険会社で取り扱う新たな生命保険契約に充当する場合、転換後の保険料は、転換利用時の保険料率が適用される。

3．契約者と被保険者が異なる生命保険契約において、保険期間中に死亡保険金受取人を変更する場合、契約者は被保険者の同意を得る必要がある。

4．定期保険の契約者である法人が生命保険会社から配当金を積み立てる通知を受けた場合、当該配当金について、雑収入としてその事業年度の益金の額に計上する。

【問題4】（2019年5月　問10）　　　　　　チェック欄 ☐☐☐☐☐

生命保険契約の各種手続等に関する次の記述のうち、**最も適切な**ものはどれか。

1．契約者は、加入している生命保険契約の解約返戻金相当額まで保険会社から貸付を受けることができ、その返済前に保険金の支払事由が生じた場合、保険金から貸付金の元利合計額が差し引かれる。

2．生命保険契約の締結時に夫婦であった契約者と被保険者が契約締結後に離婚した場合、被保険者は、保険法の規定に基づき、保険会社に対し、当該保険契約の解除を請求することができる。

3．個人年金保険料税制適格特約が付加された個人年金保険は、契約日から10年以内に払済年金保険に変更することや、年金受取人を変更することはできない。

4．被保険者が死亡し、死亡保険金受取人が死亡保険金の請求をした場合、通常、保険会社に請求書類が到着した日の翌日から10営業日以内に死亡保険金が支払われることとされている。

【問題3】 正解 2

1. 適 切 払済保険にしても、リビング・ニーズ特約や指定代理請求特約は消滅しない。

2. 不適切 契約転換制度を利用する場合、転換前と転換後の契約は同一の保険会社でなければならない。なお、転換後の保険料は、転換利用時の保険料率が適用される。

3. 適 切 死亡保険金受取人などを変更する場合は、保険契約者が被保険者の同意を得る必要がある。

4. 適 切 配当金の通知を受けた日の属する事業年度に、雑収入として配当金の全額を益金の額に計上する。

【問題4】 正解 3

1. 不適切 契約者貸付を受けられる金額は、契約している生命保険の解約返戻金の一定範囲内であり、解約返戻金相当額まで貸付を受けることはできない。

2. 不適切 被保険者は契約者に対して当該保険契約を解除するよう請求することができるが、保険会社に対しては、当該保険契約の解除を請求することはできない。

3. 適 切 契約後10年以内に払済年金保険へ変更するなど、個人年金保険料税制適格特約の要件を満たさなくなるような契約内容の変更はできない。

4. 不適切 通常、保険会社に請求書類が到着した日の翌日から**5営業日**以内に死亡保険金が支払われることとされている。

6 生命保険・共済の商品

【問題1】（2020年9月 問11）　チェック欄☐☐☐☐☐

金融機関の住宅ローンを利用する際に加入する団体信用生命保険の一般的な商品性等に関する次の記述のうち、最も適切なものはどれか。

1. 団体信用生命保険は、契約者および被保険者を債務者である住宅ローン利用者、保険金受取人を債権者である金融機関とする生命保険である。
2. 団体信用生命保険の保険料は、被保険者の契約時の年齢、性別および債務残高に応じて算出される。
3. 三大疾病保障特約付団体信用生命保険の保険料については、三大疾病保障特約部分の保険料も含めて、住宅ローン利用者の生命保険料控除の対象とならない。
4. 被保険者の死亡時、団体信用生命保険から支払われる保険金は相続税の課税対象となり、相続開始時における債務残高は債務控除の対象となる。

【問題2】（2020年1月 問10）　チェック欄☐☐☐☐☐

総合福祉団体定期保険の一般的な特徴に関する次の記述のうち、最も適切なものはどれか。

1. 総合福祉団体定期保険は、従業員の遺族の生活保障を主たる目的とした保険であり、従業員に加えて法人の役員を被保険者とすることはできない。
2. 総合福祉団体定期保険の加入の申込みに際しては、被保険者になることについての加入予定者の同意および保険約款に基づく告知が必要となる。
3. 総合福祉団体定期保険の保険期間は、1年から5年の範囲内で、被保険者ごとに設定することができる。
4. ヒューマン・ヴァリュー特約は、福利厚生規程に従って支給される見舞金等の財源を確保するための特約であり、被保険者が不慮の事故によって身体に障害を受けた場合や傷害の治療を目的として入院した場合に所定の給付金が支払われる。

【問題1】　正解　3

1．不適切　団体信用生命保険は、債務者である住宅ローン利用者が被保険者、債権者である金融機関が契約者および保険金受取人となる生命保険である。

2．不適切　団体信用生命保険の保険料は、被保険者の年齢、性別にかかわらず、債務残高に応じて算出される。一般に、民間の住宅ローンでは、当該保険料は金利に含まれ不要とされている。

3．適　切　生命保険料控除は、保険金受取人のすべてが自己または配偶者その他の親族となっている必要がある。団体信用生命保険の契約形態において、契約者および受取人は債権者である金融機関であるため、団体信用生命保険の保険料は生命保険料控除の対象とならない。

4．不適切　保険金受取人は債権者である金融機関であるため、相続税の課税対象とならない。また、保険金により住宅ローン残高が相殺されるため、相続開始時における債務残高は債務控除の対象とならない。

【問題2】　正解　2

1．不適切　法人の役員を被保険者とすることができる。

2．適　切　加入予定者の同意・告知が必要である。

3．不適切　保険期間は1年である。

4．不適切　ヒューマン・ヴァリュー（バリュー）特約は、従業員等の死亡により発生する企業の経済的損失の保障を目的とした特約であり、被保険者が死亡した場合、企業に保険金が支払われる。

6　生命保険・共済の商品

【**問題3**】（2022年9月　問11）　　　　　　　　　　　チェック欄 ☐☐☐☐☐

　各種生命保険の一般的な商品性に関する次の記述のうち、**適切なものはいくつある**
か。

(a)　組立型総合保険とは、終身保険を主契約として、「死亡保障」「介護保障」「医療
　　保障」「就業不能保障」等の特約のなかから必要な特約を選択して組み合わせるこ
　　とができる保険である。
(b)　健康増進型保険は、契約後の毎年の健康診断結果が一定の基準を満たしている
　　場合に保険料の割引や還付金の支払がある保険であり、ウォーキング等の健康増
　　進活動に応じて保険料が変動等するものはない。
(c)　就業不能保険は、傷害や疾病による入院や在宅療養によって所定の就業不能状態
　　となった場合に保険金や給付金が支払われる保険であり、精神疾患による入院や
　　在宅療養となった場合に保険金や給付金が支払われるものはない。

1．1つ
2．2つ
3．3つ
4．0（なし）

【**問題4**】（2021年9月　問10）　　　　　　　　　　　チェック欄 ☐☐☐☐☐

　終身保険の一般的な特徴に関する次の記述のうち、最も適切なものはどれか。

1．低解約返戻金型終身保険は、保険料払込期間中の一定期間における解約返戻金額
　　および死亡保険金額が通常の終身保険に比べて低く抑えられているため、割安な
　　保険料が設定されているが、低解約返戻金期間満了後は通常の終身保険の解約返
　　戻金額および死亡保険金額と同じ水準になる。
2．積立利率変動型終身保険は、払込保険料に付利する積立利率が一定期間ごとに見
　　直されるが、通常、積立利率には最低保証がある。
3．契約者（＝保険料負担者）および被保険者を被相続人、死亡保険金受取人を被相
　　続人の子とする米ドル建て終身保険において、死亡保険金を米ドルで受け取った
　　場合、当該相続人は死亡保険金の非課税金額の規定の適用を受けることはできな
　　い。
4．市場価格調整（MVA）機能を有する終身保険の解約返戻金は、解約時の市場金
　　利が契約時と比較して上昇した場合には減少し、下落した場合には増加すること
　　がある。

第1章 ライフプランニングと資金計画・リスク管理 基礎編

35

【問題3】 正解 **4**

(a) 不適切 組立型総合保険は、主契約を限定することなく保険会社が定める所定の各種保険や第3分野の保険を自由に組み合わせて加入することができる保険である。

(b) 不適切 健康増進型保険には、健康増進活動（ウォーキング等）に応じて保険料が変動するものや還付金の受取りができるものがある。

(c) 不適切 うつ病などの精神疾患が原因で就業不能になった場合を保障する就業不能保険もある。

以上より、適切なものは0（なし）であり、正解は**4**となる。

【問題4】 正解 **4**

1．不適切 低解約返戻金型終身保険の死亡保険金額は、契約当初から通常の終身保険と同額である。一般に、保険料払込期間中の一定期間における解約返戻金額が通常の終身保険に比べて低く抑えられているため、割安な保険料が設定されているが、低解約返戻金期間満了後は通常の終身保険の解約返戻金額と同じ水準になる。

2．不適切 積立利率は積立金に付利する利率である。積立金は、将来の受け取る保険金のために、払込保険料の中から積み立てた部分である。

3．不適切 契約者（＝保険料負担者）および被保険者が被相続人、死亡保険金受取人が相続人である場合、相続人が受け取った死亡保険金はみなし相続財産に該当し、非課税金額の規定の適用を受けることができる。なお、外貨で受け取った死亡保険金は、支払事由該当日におけるTTBにより邦貨換算する。

4．適 切 なお、市場価格調整（MVA）を利用した保険では、中途解約時に積立金額に所定の市場価格調整率を用いて、解約時の運用資産の価値を解約返戻金に反映（控除・加算）させる。

6　生命保険・共済の商品

【問題5】（2022年9月　問10）　　チェック欄☐☐☐☐☐

　各種共済に関する次の記述のうち、最も不適切なものはどれか。

1．全国労働者共済生活協同組合連合会（こくみん共済coop）が行うこくみん共済の総合保障タイプの掛金は、加入口数、加入時の年齢により異なるが、性別による差異はない。
2．全国生活協同組合連合会が行う都道府県民共済の生命共済は、共済事業の年度ごとの決算において剰余金が生じた場合、割戻金を受け取ることができる。
3．全国共済農業協同組合連合会が行うJA共済は、農家である正組合員以外の者であっても、出資金を支払い、准組合員になって利用することができるほか、准組合員にならずに利用することもできる。
4．全国共済農業協同組合連合会が行うJA共済の建物更生共済は、火災のほか、台風や地震などの自然災害による損害も保障の対象となり、保障期間満了時には満期共済金を受け取ることができる。

【問題6】（2023年1月　問10）　　チェック欄☐☐☐☐☐

　外貨建保険に関する次の記述のうち、最も適切なものはどれか。

1．個人が加入した外貨建養老保険（一時払い）を契約締結日から5年以内で解約し、解約差益が発生した場合、一時所得として総合課税の対象となる。
2．外貨建終身保険（平準払い）において、毎回一定額の外貨を保険料に充当する払込方法を選択することにより、ドルコスト平均法により為替変動リスクを軽減する効果が期待できる。
3．外貨建終身保険（平準払い）について、円換算支払特約を付加することで、死亡保険金や解約返戻金を円貨で受け取ることが可能になり、為替変動リスクを軽減する効果が期待できる。
4．市場価格調整（MVA）機能を有する外貨建終身保険は、市場金利に応じた運用資産の価格変動が解約返戻金額等に反映され、契約時と比較した解約時の市場金利の上昇は、解約返戻金額の減少要因となる。

【問題5】　正解　1

1．不適切　こくみん共済の毎月の掛金は、加入口数により異なるが、性別だけでなく、年齢による差異もない。

2．適　切　都道府県民共済の生命共済は、共済事業の年度ごとの決算において剰余金が生じた場合、共済金の支払いの有無にかかわらず、割戻金を受け取ることができる。

3．適　切　JAごとに組合員の利用高の1／5までは、出資金を支払わず「員外利用」として組合員にならないで利用することができる。

4．適　切　建物更生共済は火災だけでなく、地震や台風、豪雨などの自然災害も補償する。なお、満期時には満期共済金が支払われる。火災共済は支払事由が火災等に限定されているため、自然災害は補償の対象外となる掛け捨て型の共済である。

【問題6】　正解　4

1．不適切　一時払養老保険や一時払損害保険などで保険期間5年以下または保険期間が5年超であっても5年以内に解約されたものの差益は、外貨建てであっても、源泉分離課税の対象となる金融類似商品である。

2．不適切　ドルコスト平均法は毎月一定額購入することである。保険料が外貨に設定されている保険の場合は、適用されないため、為替変動リスクを軽減する効果はない。

3．不適切　円換算支払特約を付加すれば、外貨建の死亡保険金・高度障害保険金・解約返戻金・保険契約者貸付の貸付金・年金を円貨で受け取れる。為替変動の影響は受けるため、リスク軽減効果はない。

4．適　切　解約時の市場金利に応じて解約返戻金が変動する。解約時の市場金利が契約時より上昇した場合に、積み立てた資産を値下げして市場に売却するため、解約返戻金額は値下げ分減少する。

6 生命保険・共済の商品

【問題7】(2022年5月 問11) チェック欄 □□□□□

　生命保険の各種特約の一般的な商品性に関する次の記述のうち、最も不適切なものはどれか。

1．災害割増特約は、被保険者が不慮の事故により傷害が原因で事故の日から180日以内に死亡した場合や所定の感染症が原因で死亡した場合には災害死亡保険金が支払われ、所定の身体障害状態に該当した場合には障害の程度に応じて障害給付金が支払われる特約である。

2．特定損傷特約では、被保険者が不慮の事故により事故の日から180日以内に骨折、関節脱臼または腱の断裂に対する治療を受けた場合、入院の有無を問わず、特定損傷給付金が支払われる。

3．先進医療特約では、契約日時点において先進医療に該当した治療であっても、その後に厚生労働大臣が定める医療技術・適応症等が見直され、療養を受けた時点で先進医療に該当しない場合は、先進医療給付金の支払対象外となる。

4．総合医療特約では、創傷処理やデブリードマンなどの手術は、手術給付金の支払対象外となる。

第1章　ライフプランニングと資金計画・リスク管理　基礎編

【問題7】　正解　1

1. **不適切**　災害割増特約では障害給付金は支払われない。障害給付金が支払われる特約は、傷害特約である。

2. **適　切**　特定損傷特約では、不慮の事故により180日以内に「骨折」「関節脱臼」「腱の断裂」に対する治療を受けた場合に一定の金額が支払われる。一般に、通算10回を限度に特定損傷給付金が支払われる。

3. **適　切**　先進医療特約は、病気やケガにより、厚生労働大臣に療養時に承認されている先進医療を適合する病院または診療所で治療を受けた場合、その技術料に応じた給付金が支払われる。

4. **適　切**　創傷処理とは、切り傷、刺し傷などに対して、切除、縫合などの手術をすることをいう。また、デブリードマンとは、老化・壊死した組織、異物を除去し、傷を清浄化する治療行為をいう。総合医療特約では、創傷処理、デブリードマン、皮膚切開術などの一定の手術は手術給付金の支払対象外である。

7 損害保険と法律・商品

【問題1】 (2013年1月 問14改題)　　　　　　　　チェック欄□□□□□

　自動車損害賠償責任保険と自動車保険に関する次の記述のうち、最も不適切なものはどれか。

1．自動車保険の約款では、保険金の支払期限は、原則として保険金の請求が完了した日を含めて30日以内と定めている。
2．自動車損害賠償責任保険、自動車保険ともに、保険金請求権の時効は3年である。
3．自動車損害賠償責任保険は強制保険であり、原則としてすべての自動車と原動機付自転車に付保する必要がある。これを怠ると、1年以下の懲役または50万円以下の罰金に処せられる。
4．自損事故により自動車保険から被保険者本人が受け取る保険金のうち、後遺障害による保険金は一時所得となり、所得税・住民税の課税対象となる。

【問題2】 (2011年1月 問13)　　　　　　　　チェック欄□□□□□

　自動車損害賠償保障法および自動車損害賠償責任保険（以下、「自賠責保険」という）に関する次の記述のうち、最も不適切なものはどれか。

1．民法では、不法行為における加害者に故意や過失があったことの立証責任は損害賠償請求をする被害者側にあるが、自動車損害賠償保障法では、加害者に故意や過失がなかったこと等の立証責任は加害者側にある。
2．自賠責保険は強制保険であり、加入せずに自動車やバイク等を運行した場合、1年以下の懲役または500千円以下の罰金に処せられる。
3．政府が行う自動車損害賠償保障事業では、被害者が直接政府の保障事業に請求することにより、自賠責保険と同じ支払限度額の保障を受けられるが、労働者災害補償保険などから給付が受けられる場合には、その金額を差し引いて保険金が支払われる。
4．自賠責保険における被害者請求および政府が行う自動車損害賠償保障事業に対する請求権の時効は、5年である。

【問題1】 正解 4

1. 適 切 保険法では、保険金の支払期限を定める場合、保険金の支払いのために必要な事項を確認するための合理的な期間を経過する日を保険金の支払期限とするとしている。この合理的な期間は、一般に自動車保険の約款において請求完了日を含めて30日と定めている。

2. 適 切 保険法では、保険金請求権の時効は3年とされている。

3. 適 切 自動車賠償責任保険に未加入で運転した場合、1年以下の懲役または50万円以下の罰金に処せられる。

4. 不適切 自損事故により自動車保険から被保険者本人が受取る保険金のうち、後遺障害による保険金は**非課税**である。

【問題2】 正解 4

1. 適 切 自動車損害賠償保障法では、「自己および運転者が自動車の運行に関し注意を怠らなかったこと」「被害者または運転者以外の第三者に故意または過失があったこと」「自動車に構造上の欠陥または機能の障害がなかったこと」をすべて証明しなければ、加害者は賠償責任を免れることはできない。

2. 適 切 加入しない場合、記述通りの懲役または罰金に処せられる。

3. 適 切 自動車損害賠償保障事業では、自賠責保険とは異なり、被害者が社会保険から給付があった場合や、加害者からの支払いがあった場合には、その金額を差し引いて保険金が支払われる。

4. 不適切 自賠責保険における被害者請求および政府が行う自動車損害賠償保障事業に対する請求権の時効は、**3年**である。

7 損害保険と法律・商品

【問題3】 （2019年1月 問13）　　　　　　　　チェック欄 □□□□□

自動車損害賠償責任保険（以下、「自賠責保険」という）および政府の自動車損害賠償保障事業（以下、「政府保障事業」という）に関する次の記述のうち、最も不適切なものはどれか。

1．複数台の自動車による事故において、共同不法行為により身体に損害を被った場合、自賠責保険により支払われる保険金等は、加害者の有効な自賠責保険契約に係る保険金額を合算した額が限度となる。
2．自賠責保険では、被害者の過失割合が7割以上10割未満である場合、重過失減額制度により、原則として、自賠責保険により支払われるべき保険金等が被害者の過失割合に応じて減額される。
3．政府保障事業による損害のてん補は、自賠責保険の支払基準に準じて支払われるが、被害者が健康保険や労働者災害補償保険などの社会保険からの給付を受けることができる場合には、その金額が差し引かれててん補される。
4．政府保障事業では、被害者は、損害賠償額が確定する前であっても、治療費などの当座の費用として仮渡金の支払を請求することができる。

【問題4】 （2021年1月 問13）　　　　　　　　チェック欄 □□□□□

自動車損害賠償責任保険（以下、「自賠責保険」という）および政府の自動車損害賠償保障事業（以下、「政府保障事業」という）に関する次の記述のうち、最も不適切なものはどれか。

1．自賠責保険の保険料は、自動車の車種や保険期間に応じて定められており、締結する保険会社、運転者の範囲・年齢、自動車の年間走行距離による差異はない。
2．自賠責保険における被害者1人当たりの保険金の支払限度額は、死亡の場合で3,000万円、傷害の場合で120万円であり、後遺障害の場合は障害の程度に応じて最大4,000万円である。
3．政府保障事業では、被害者は、損害賠償額が確定する前であっても、治療費などの当座の費用として仮渡金の支払を請求することができる。
4．政府保障事業による損害の填補は、自賠責保険と同様に、人身事故による損害が対象となり、物損事故による損害は対象とならない。

【問題3】 正解 4

1. 適 切 複数台での事故の場合は、合算した額が支払われる。

2. 適 切 なお、被害者に重大な過失がある場合は、下表のとおりとなる。ただ
し、傷害による損害額（後遺障害および死亡に至る場合を除く）が20万円未満の
場合はその額とし、減額により20万円以下となる場合は20万円とする。

減額適用上の 被害者の過失割合	減額割合	
	後遺障害または死亡に係るもの	傷害に係るもの
7割以上8割未満	2割減額	2割減額
8割以上9割未満	3割減額	
9割以上10割未満	5割減額	

3. 適 切 社会保険から給付を受けられる場合は、その額が差し引かれて、てん補
される。

4. 不適切 政府保障事業では、被害者は、損害賠償額が確定する前の仮渡金の支払
を請求することができない。

【問題4】 正解 3

1. 適 切 なお、自賠責保険の保険料は、車種（車種の一部は地域等で異なる）お
よび保険期間で適用する基準料率により計算される。また、離島地域に適用する
基準料率は別途設けられている。

2. 適 切 支払限度額は、死亡3,000万円など記述の通り決められている。

3. 不適切 政府保障事業は、自賠責保険と異なり、仮渡金制度の取り扱いはない。

4. 適 切 人身事故による損害のみが対象である。

7 損害保険と法律・商品

【問題5】（2019年9月 問14）　　　　　　　　　　チェック欄 ☐☐☐☐☐

　民法および「失火の責任に関する法律」（以下、「失火責任法」という）に関する次の記述のうち、適切なものはいくつあるか。

（a）Aさんが失火で隣家を全焼させ、Aさんに重大な過失が認められる場合、民法の規定が適用されるため、Aさんは隣家の所有者に対して損害賠償責任を負う。

（b）Bさんがガス爆発事故により隣家を損壊させ、Bさんに故意または重大な過失が認められない場合、失火責任法の規定が適用されるため、Bさんは隣家の所有者に対して損害賠償責任を負うことはない。

（c）賃貸住宅に住んでいる借家人Cさんが失火で借家を全焼させ、Cさんに重大な過失が認められる場合、民法の規定が適用されるため、Cさんは家主に対して損害賠償責任を負う。

（d）賃貸住宅に住んでいる借家人Dさんが失火で借家を全焼させ、Dさんに重大な過失が認められない場合、失火責任法の規定が適用されるため、Dさんは家主に対して損害賠償責任を負うことはない。

1．1つ
2．2つ
3．3つ
4．4つ

【問題5】 正解 2

民法および失火責任法の適用関係は以下のとおり。

原因	隣家への賠償	家主への賠償
軽過失による失火	損害賠償責任を負わない （失火責任法の適用）	損害賠償責任を負う （民法の債務不履行責任） (c)(d)
爆発による損壊 重過失または故意による失火	損害賠償責任を負う （民法の不法行為責任） (a)(b)	

(a) 適 切 Aさんに重過失が認められるため、失火責任法の適用はなく、隣家の所有者に対し民法の不法行為責任（損害賠償責任）を負う。

(b) 不適切 Bさんはガス爆発事故を起こしているため、失火責任法の適用はなく、隣家の所有者に対し民法の不法行為責任（損害賠償責任）を負う。

(c) 適 切 Cさんは借家人であるため、失火責任法の適用はなく、家主に対し民法の債務不履行責任（損害賠償責任）を負う。

(d) 不適切 Dさんは借家人であるため、失火責任法の適用はなく、家主に対し民法の債務不履行責任（損害賠償責任）を負う。

したがって、適切なものは2つであり、正解は**2**となる。

7　損害保険と法律・商品

【問題6】 (2021年5月　問13)　　　　　　　　チェック欄 □□□□□

　任意の自動車保険（保険期間1年）のノンフリート等級別割引・割増制度の一般的な特徴に関する次の記述のうち、最も不適切なものはどれか。なお、記載のない事項については考慮しないものとする。

1．前年に初めて自動車保険を契約して更新後の等級が7等級になった契約者と、前年に「3等級ダウン事故」を起こして更新後の等級が7等級になった契約者では、適用される保険料の割引率が異なる。
2．8等級の契約者が自動車を走行中に単独事故を起こして同乗者がケガを負い、人身傷害（補償）保険の保険金のみが支払われた場合、当該事故は「ノーカウント事故」であり、更新後の等級は8等級となる。
3．9等級の契約者が自動車を走行中に飛び石で窓ガラスが破損したことにより車両保険の保険金のみが支払われた場合、当該事故は「1等級ダウン事故」であり、更新後の等級は8等級となる。
4．自動車保険契約の被保険自動車を廃車する場合、所定の中断証明書の発行を受けることにより、保険会社を問わず、当該証明書の有効期間内に新たに契約する自動車保険に中断前の所定の等級を引き継ぐことができる。

【問題7】 (2023年1月　問14)　　　　　　　　チェック欄 □□□□□

　個人が契約する任意の自動車保険の一般的な商品性に関する次の記述のうち、最も不適切なものはどれか。なお、記載のない事項については考慮しないものとする。

1．自動車保険におけるテレマティクス保険とは、走行距離や運転者の運転の特性（アクセルやブレーキの操作状況などの安全運転指向等）の情報を取得・評価して保険料に反映させる保険である。
2．記名被保険者が運転する被保険自動車の事故により、同乗していた記名被保険者の配偶者がケガをした場合、その治療費等は、対人賠償保険により補償される。
3．ノンフリート等級別料率制度では、前年度契約において対人・対物賠償保険から保険金が支払われた場合、保険契約の更新時に等級が3つ下がり、前年度契約において盗難・台風・落書き等により車両保険から保険金が支払われた場合、保険契約の更新時に等級が1つ下がる。
4．ノンフリート等級別料率制度では、自動車を譲渡して自動車保険契約を解約する際に中断証明書を取得した場合、中断後に新たに契約する自動車保険の契約始期日が解約日から10年以内であれば、中断前の契約の等級を引き継ぐことができる。

第1章
ライフプランニングと資金計画・リスク管理　基礎編

47

【問題6】 正解 2

1. 適 切　「3等級ダウン事故」や「1等級ダウン事故」で保険を使用した場合、更新後の契約（7等級以上）には事故有の割引率が適用され、無事故で契約を更新した割引率と同じではない。無事故の契約に比べ事故有の割引率に基づいた保険料のほうが高くなる。

2. 不適切　人身傷害（補償）保険のみが支払われる場合、「ノーカウント事故」として扱われ、更新後は1等級上がることになる。本肢の場合、更新後の等級は**9等級**となる。

3. 適 切　飛び石で窓ガラスが破損したことにより車両保険のみを使用した場合は、1等級ダウン事故に該当し更新後は1等級下がることになる。

4. 適 切　一般に、被保険自動車の廃車等に伴って自動車保険契約（7等級以上）を解約（中断）する場合、13カ月以内に「中断証明書」の発行を受けることで、保険会社を問わず、10年以内に新たに契約する自動車保険に中断前の等級を引き継ぐことができる。

【問題7】 正解 2

1. 適 切　テレマティクスとは、テレコミュニケーション（通信）とインフォマティクス（情報工学）を組み合わせた造語である。ドライバーの走行距離や運転特性を保険料に反映させる保険である。

2. 不適切　被保険自動車を運転中の者またはその父母、配偶者もしくは子が被害者になった場合は、対人賠償保険で保険金が支払われない。

3. 適 切　ノンフリート等級別料率制度において、対人・対物賠償の保険事故により保険金を受け取った場合は更新時に等級が3つ下がる。盗難・台風・落書き等により車両保険から保険金を受け取った場合は更新時に等級が1つ下がる。

4. 適 切　ノンフリート等級別料率制度において、自動車を譲渡して自動車保険を解約する際に、中断証明書を取得しておくことで、解約日から10年以内に契約した場合に中断前の等級を引き継ぐことができる。

7　損害保険と法律・商品

【問題8】（2020年1月　問13）　　　　　　　チェック欄□□□□□
火災保険および地震保険に関する次の記述のうち、最も適切なものはどれか。

1．火災保険、地震保険ともに、保険期間を1年単位で10年まで選択することができ、長期契約の保険料を一括払いした場合には、いずれも保険料に対して所定の割引率が適用される。
2．店舗併用住宅を対象とする場合、火災保険では、専用住宅と異なる保険料率が適用されることがあるが、地震保険では、所在地や建物の構造の区分が同一であれば、専用住宅との保険料率の差異はない。
3．家財を対象とする場合、1個または1組の価額が30万円を超える貴金属や書画、骨董品については、火災保険、地震保険ともに、契約時に申告して申込書等に明記することにより、保険の対象とすることができる。
4．火災保険、地震保険ともに、保険金は、保険の対象となっている建物や家財の損害の程度を「全損」「大半損」「小半損」「一部損」に区分し、保険金額にその区分に応じた割合を乗じて決定される。

【問題9】（2020年1月　問14）　　　　　　　チェック欄□□□□□
各種傷害保険の一般的な商品性に関する次の記述のうち、最も不適切なものはどれか。なお、記載のない事項については考慮しないものとする。

1．普通傷害保険では、被保険者が自転車による通勤中において、自動車と接触して被った傷害について、保険金支払の対象となる。
2．就業中のみの危険補償特約を付帯した普通傷害保険では、被保険者が職務に従事している間に被った傷害について、労災認定された場合に限り、保険金支払の対象となる。
3．国内旅行傷害保険では、旅行行程中に被保険者がかかったウイルス性食中毒について、保険金支払の対象となる。
4．海外旅行傷害保険では、旅行行程中に発生した地震によって被保険者が被った傷害について、保険金支払の対象となる。

【問題8】 正解 2

1. **不適切** 地震保険の保険期間は、5年が限度となる。保険期間2年から5年の保険料を一括払いした場合、所定の割引率が適用される。なお、2022年10月から火災保険の保険期間も最長5年となる予定である。

2. **適 切** 地震保険での差異はない。

3. **不適切** 地震保険では、1個または1組の価額が30万円を超える貴金属や書画、骨董品については、保険の対象とならない。

4. **不適切** 火災保険の保険金は、保険の対象となっている建物や家財の損害に応じた保険金が支払われる。

【問題9】 正解 2

1. **適 切** 自転車事故による傷害は対象となる。

2. **不適切** 就業中のみの危険補償特約を付帯した普通傷害保険では、労災認定にかかわらず、被保険者が職務に従事している間に被った傷害について保険金支払の対象となる。

3. **適 切** 国内旅行傷害保険では、ウイルス性食中毒も支払対象となる。

4. **適 切** なお、国内旅行傷害保険では、地震によって被保険者が被った傷害は補償しない。

7 損害保険と法律・商品

【問題10】 (2022年9月 問13)　　　　　　　　チェック欄 ☐☐☐☐☐

地震保険に関する次の記述のうち、最も不適切なものはどれか。

1. 契約する火災保険の保険料払込方法が一括払いで保険期間が5年の場合、当該火災保険の契約時に付帯する地震保険は、保険期間1年の自動継続または保険期間を5年とする長期契約のいずれかを選択する。
2. 地震保険の保険料の免震建築物割引の割引率は、居住用建物の耐震等級に応じて3つに区分されており、割引率は最大50%である。
3. 地震を原因とする津波により、地震保険の対象である居住用建物の流失した部分の床面積が、その建物の延床面積の70%以上となった場合、全損と認定される。
4. 地震を原因とする地盤液状化により、地震保険の対象である木造建物が傾斜した場合、傾斜の角度または沈下の深さにより一定の損害が認定されれば、保険金が支払われる。

【問題11】 (2023年1月 問13)　　　　　　　　チェック欄 ☐☐☐☐☐

住宅建物および家財を対象とする火災保険の一般的な商品性に関する次の記述のうち、最も不適切なものはどれか。

1. 火災保険の対象となる住宅建物は、その構造により、M構造、T構造、H構造に区分され、適用される保険料率は、同一地域であればH構造が最も高い。
2. 住宅建物および家財を対象として火災保険を契約する場合、敷地内の車庫に収容されている被保険者所有の自転車や総排気量が125cc以下の原動機付自転車は、家財として補償の対象となる。
3. 隣家で発生した火災の消火活動により火災保険の対象となる住宅建物が水濡れによる損害を被った場合、その損害は補償の対象となる。
4. 火災保険に付帯する地震火災費用特約は、火災保険の対象となる住宅建物が地震等を原因とする火災により半焼となった場合に保険金額の5%(300万円を限度)が支払われ、全焼となった場合に保険金額の10%(600万円を限度)が支払われる特約である。

【問題10】　正解　**2**

1．適　切　火災保険の保険期間が２年以上５年以下である場合、地震保険の保険期間も同じ期間または１年の自動継続のいずれかを選択する。

2．不適切　居住用建物の耐震等級に応じて３つに区分されているのは、耐震等級割引である。免震建築物割引は、割引率50％の１区分だけである。

3．適　切　建物が全損と認定される損害の程度は、「主要構造部の損害額が建物の時価額の50％以上」または「焼失もしくは流失した床面積が建物の延床面積の70％以上」のいずれかである。

4．適　切　木造建物（在来軸組工法、枠組壁工法）、共同住宅を除く鉄骨造建物（鉄骨系プレハブ造建物等の戸建住宅）の地盤液状化による損害の認定基準は、地盤液状化による建物の「傾斜」または「最大沈下量」に着目して、全損、大半損、小半損、一部損の認定を行う。

損害の程度	地盤液状化による損害	
	傾斜	最大沈下量
全損	1.7/100（約１°）超	30cm超
大半損	1.4/100（約0.8°）超 1.7/100（約１°）以下	20cm超　30cm以下
小半損	0.9/100（約0.5°）超 1.4/100（約0.8°）以下	15cm超　20cm以下
一部損	0.4/100（約0.2°）超 0.9/100（約0.5°）以下	10cm超　15cm以下

【問題11】　正解　**4**

1．適　切　住宅建物の構造等級別による保険料率は、同一地域においてＨ構造が最も高く、Ｍ構造が最も低い。

2．適　切　自転車や総排気量125cc以下の原動機付自転車は、保険証券記載の建物内（敷地内車庫を含む）に収容されている場合に家財に含めて補償の対象である。なお、自動車は保険の対象に含まれない。

3．適　切　消火活動による水濡れ損害は、自宅だけでなく隣家などで火事が起きた場合であっても火災保険で補償される。

4．不適切　地震等を原因とする火災により建物が半焼以上または家財が全焼である場合に、保険金額の５％（300万円を限度）の保険金が支払われる。

7　損害保険と法律・商品

【問題12】（2022年9月　問15）　　　　　　　　　　チェック欄□□□□□

　会社役員賠償責任保険（D&O保険）の一般的な特徴に関する次の記述のうち、最も不適切なものはどれか。

1．会社役員賠償責任保険は、被保険者である会社役員が役員の業務の遂行に起因して保険期間中に損害賠償請求を受けた場合に、法律上の損害賠償責任を負うことによって被る損害に備えることができる。
2．会社役員賠償責任保険の補償の対象となる損害賠償金には、判決に基づく損害賠償金や和解金のほか、罰金、課徴金、懲罰的損害賠償金も含まれる。
3．株式会社が会社役員賠償責任保険の契約内容を決定するためには、株主総会（取締役会設置会社にあっては取締役会）の決議が必要である。
4．会社役員賠償責任保険の株主代表訴訟敗訴時担保部分に係る保険料を、会社が一定の手続を経て会社法上適法に負担した場合、当該保険料について、役員個人に対する経済的利益の供与はなく、役員個人に対する給与課税は行われない。

第1章　ライフプランニングと資金計画・リスク管理　基礎編

【問題12】 正解 2

1. 適　切　会社役員が、その業務遂行のために行った行為に起因して、保険期間中に株主代表訴訟や会社訴訟、第三者訴訟など損害賠償請求を受けた場合に、法律上の損害賠償金および争訟費用の損害に対して保険金が支払われる。

2. 不適切　保険金の支払対象である法律上の損害賠償金には、罰金、課徴金、懲罰的損害賠償金等を含まない。

3. 適　切　D&O保険の契約内容の決定をするには、株主総会（取締役会設置会社の場合は取締役会）の決議によらなければならない（会社法第430条の３第１項）。

4. 適　切　①取締役会の承認、および②社外取締役が過半数の構成員である任意の委員会の同意、または社外取締役全員の同意の取得という手続を行うことにより、株主代表訴訟敗訴時担保部分に係る保険料を会社法上適法に会社負担とした場合、役員に対する経済的利益の供与はないため、役員個人に対する給与課税は行われない（平成28年２月24日付 国税庁「新たな会社役員賠償責任保険の保険料の税務上の取扱いについて（情報）」）。

7　損害保険と法律・商品

【問題13】（2019年5月 問15）　　　　　　　　　　　　チェック欄□□□□□

　各種賠償責任保険の一般的な補償内容に関する次の記述のうち、最も適切なものは
どれか。なお、各選択肢において、ほかに必要とされる要件等はすべて満たしている
ものとし、特約の付帯はないものとする。

1．生産物賠償責任保険（PL保険）の被保険者である飲食店において、従業員が不
　注意により配膳中の料理をこぼして顧客の衣服を汚損した場合に、顧客に対して
　法律上の損害賠償責任を負担することによって生じた損害は、同保険の補償の対
　象となる。
2．施設所有（管理）者賠償責任保険の被保険者である宿泊業者が、施設内のクロー
　クで顧客から預かって保管していた荷物が盗難に遭った場合に、顧客に対して法
　律上の損害賠償責任を負担することによって生じた損害は、同保険の補償の対象
　となる。
3．請負業者賠償責任保険の被保険者である配管工事業者において、工事完了後に配
　管工事のミスにより水漏れ事故が発生し、建物の内装が汚損した場合に、発注者
　に対して法律上の損害賠償責任を負担することによって生じた損害は、同保険の
　補償の対象となる。
4．個人情報漏洩保険の被保険者である小売店において、商品の発送業務を委託した
　外部業者の不正行為により顧客の個人情報が漏洩した場合に、顧客に対して法律
　上の損害賠償責任を負担することによって生じた損害は、同保険の補償の対象と
　なる。

第1章　ライフプランニングと資金計画・リスク管理　基礎編

55

【問題13】 正解 4

1. **不適切** 従業員が不注意により配膳中の料理をこぼして顧客の衣服を汚損した場合の損害は、生産物、または工事の結果生じたものではないため、同保険の補償の対象とはならない。

2. **不適切** 預かりものに対する補償は施設所有（管理）者賠償責任保険では対象外となる。施設所有（管理）者賠償責任保険は、施設の安全性の維持・管理の不備や、構造上の欠陥や、施設の用法に伴う仕事の遂行が原因となり、対人事故や対物事故を起こしたために、被保険者が法律上の損害賠償責任を負担された場合に被る損害を補償する。施設内のクロークで顧客から預かって保管していた荷物が盗難に遭った場合に備えるためには、受託者賠償責任保険に加入する必要がある。

3. **不適切** 工事完了後の事故は補償の対象にならない。請負業者賠償責任保険は、工事・作業等の遂行や工事・作業等を行うために所有、使用または管理している施設が原因となり、対人事故や対物事故を起こしたため、被保険者が法律上の損害賠償責任を負担した場合に被る損害を補償する。

4. **適 切** 委託した外部業者の不正行為により顧客の個人情報が漏洩した損害は、同保険の補償の対象となる。

7 損害保険と法律・商品

【問題14】（2021年5月 問15）　　　　　　　　　チェック欄□□□□□

労働災害総合保険の一般的な商品性に関する次の記述のうち、最も適切なものはどれか。

1．労働災害総合保険は、法定外補償保険と使用者賠償責任保険で構成されており、どちらか一方だけを契約することはできない。
2．労働災害総合保険のうち、法定外補償保険は、被用者が業務の遂行上の事故によって被る損害について労働者災害補償保険による給付が行われない場合に保険金が支払われるものである。
3．労働災害総合保険のうち、使用者賠償責任保険は、被用者が業務の遂行に起因して第三者に損害を与え、使用者が法律上の損害賠償責任を負うことによって被る損害について保険金が支払われるものである。
4．労働災害総合保険には、契約時に平均被用者数または賃金総額の見込額に基づいて算出された暫定保険料を支払い、保険期間終了後に実際値に基づいて算出された確定保険料との差額を精算する契約方式がある。

第1章　ライフプランニングと資金計画・リスク管理　基礎編

【問題14】 正解 4

1. **不適切** 労働災害総合保険は、法定外補償保険と使用者賠償責任保険を組み合わせた保険であるが、希望により、いずれか一方のみを契約することもできる。

2. **不適切** 法定外補償保険は、事業主が労働者災害補償保険に上乗せして給付する災害補償金を補償する。労働者災害補償保険の給付が保険金の支払い要件である。

3. **不適切** 使用者賠償責任保険は、事業主に責任がある労働者災害補償保険の給付対象となる労働災害について、労働者災害補償保険等の給付や法定外補償規定に基づく支払いを超える法律上の損害賠償責任を負担することによって支払う損害賠償金等を補償する。

4. **適 切** 労働災害総合保険の契約方式には、契約時に保険料の計算基礎（平均被用者数、賃金総額または請負金額等）の見込額に基づいて算出された暫定保険料を支払い、保険期間終了後に、暫定保険料の計算基礎の実際値に基づいて算出された確定保険料と暫定保険料の差額を精算する方式がある。

8　保険料と税金

【問題1】　(2021年5月　問11改題)　　　　　　　チェック欄 ☐☐☐☐☐

　以下の個人年金保険に加入していたＡさんは、年金開始年齢に達した2023年中に60万円の年金を受け取った。Ａさんが受け取った年金に係る雑所得の金額として、次のうち最も適切なものはどれか。なお、配当金や他の所得については考慮しないものとする。

年金の種類	： 10年保証期間付終身年金（定額型）
契約者（＝保険料負担者）	： Ａさん（加入時30歳）
被保険者	： 妻Ｂさん（加入時30歳）
年金受取人	： Ａさん
年金開始年齢	： 60歳
年金年額	： 60万円
既払込正味保険料総額	： 700万円

〈余命年数表（抜粋、所得税法施行令第82条の３）〉

年金の支給開始日 における年齢	余命年数		年金の支給開始日 における年齢	余命年数	
	男性	女性		男性	女性
60歳	19年	23年	66歳	14年	18年
61歳	18年	22年	67歳	14年	17年
62歳	17年	21年	68歳	13年	16年
63歳	17年	20年	69歳	12年	15年
64歳	16年	19年	70歳	12年	14年
65歳	15年	18年	71歳	11年	14年

1．22万8,000円

2．27万6,000円

3．29万4,000円

4．30万6,000円

【問題１】　正解　**3**

公的年金等以外の雑所得の金額＝①総収入金額－②必要経費

①＝基本年金額＋増額年金額＋増加年金額

②＝その年に支給される年金の額× $\dfrac{\text{払込保険料等の総額}^{※1}}{\text{年金支給総額（見込額）}^{※2}}$

※１　払込保険料等の総額を算出するにあたり、配当金で保険料等に充当した額を控除する。

※２　保証期間付終身年金における年金支給総額（見込額）は、以下のとおり計算する。

年金支給総額（見込額）
＝年金年額×「保証期間の年数」と「年金支払開始日における被保険者の余命年数」うちの長い方の年数

①総収入金額＝60万円

②必要経費＝60万円× $\dfrac{\text{700万円}}{\text{60万円×23年}^{※}}$

　　　　＝60万円×0.51（小数点第３位切上げ）

　　　　＝30万6,000円

雑所得の金額＝①－②＝**29万4,000円**

※　保証期間の年数＝10年＜年金支払開始日における被保険者の余命年数＝23年

　　∴　23年

8　保険料と税金

【問題2】（2019年1月　問11改題）　　　　　　　　　チェック欄 □□□□□

　2023年分の所得税における生命保険料控除に関する次の記述のうち、最も適切なものはどれか。なお、2012年1月1日以後に締結した保険契約等に基づく生命保険料控除を構成する各控除を「新生命保険料控除」「介護医療保険料控除」「新個人年金保険料控除」とし、2011年12月31日以前に締結した保険契約等に基づく生命保険料控除を構成する各控除を「旧生命保険料控除」「旧個人年金保険料控除」とする。

1．旧生命保険料控除の対象となる終身保険の保険料について、2023年中に当該契約の契約者を変更した場合、変更後の保険料は新生命保険料控除の対象となる。
2．旧生命保険料控除の対象となる終身保険の保険料について、2023年中に当該契約に指定代理請求特約を中途付加した場合、中途付加後の保険料は新生命保険料控除の対象となる。
3．新生命保険料控除額が2万円、旧生命保険料控除額が3万円である場合、生命保険料控除の最大控除額は5万円となる。
4．新生命保険料控除額が4万円、介護医療保険料控除額が2万円、新個人年金保険料控除額が4万円、旧個人年金保険料控除額が5万円である場合、生命保険料控除の最大控除額は11万円となる。

【問題2】 正解 4

1. **不適切** 契約者を変更した場合であっても、当該保険料は、旧生命保険料控除の対象である。

2. **不適切** 指定代理請求特約の中途付加は、更新・変更にあたらず、当該保険料は旧生命保険料控除の対象である。

3. **不適切** 新生命保険料控除額が2万円、旧生命保険料控除額が3万円である場合、生命保険料控除の最大控除額は**4万円**である。

4. **適 切** 新個人年金保険料控除額と旧個人年金保険料控除額は選択適用できることから、旧制度のみを適用する場合、個人年金保険料控除額の適用限度額は5万円となる。したがって、生命保険料控除額の最大控除額は11万円となる。

8　保険料と税金

【問題3】 （2021年9月 問11改題）　　　　　　　　　チェック欄 □□□□□

　会社員のAさんが2023年中に払い込んだ生命保険の保険料が下記のとおりである場合、Aさんの2023年分の所得税における生命保険料控除の最大控除額として、次のうち最も適切なものはどれか。なお、定期保険特約付終身保険の定期保険特約は2021年8月1日に更新している。また、配当はないものとし、記載のない事項については考慮しないものとする。

	定期保険特約付終身保険	医療保険（15年更新型）	個人年金保険（税制適格特約付加）
契　約　年　月　日	2011年8月1日	2012年2月1日	2011年8月1日
契　　約　　者（＝保険料負担者）	Aさん	Aさん	Aさん
被　保　険　者	Aさん	Aさん	Aさん
死亡保険金受取人	Aさんの配偶者	—	Aさんの配偶者
年　金　受　取　人	—	—	Aさん
2023年分の払込保険料	18万円	10万円	24万円
保　障　内　容	定期保険特約以外の特約なし	死亡保障なし	税制適格特約以外の特約なし

1．　9万円
2．10万円
3．12万円
4．13万円

【問題3】 正解 3

　生命保険料控除は、2011年12月31日以前に契約を締結した保険料等に係る生命保険料控除（以下「旧制度」という）と、2012年１月１日以降に契約を締結した保険料等に係る生命保険料控除（以下「新制度」という）に区分されている。所得税において、旧制度では、年間払込保険料が10万円を超える場合、控除額は一律５万円であり、新制度では、年間払込保険料が８万円を超える場合、控除額は一律４万円である。また、新制度と旧制度の両制度を適用する場合の所得税の控除額は、合計12万円が限度である。なお、2012年以降の更新契約は、更新月までは旧制度、更新月から保険契約全体が新制度の対象となる。

	定期保険特約付 終身保険	医療保険 （15年更新型）	個人年金保険 （税制適格特約付加）
契約年月日	2011年８月１日	2012年２月１日	2011年８月１日
控除額	新制度 （一般の生命保険料控除）	新制度 （介護医療保険料控除）	旧制度 （個人年金保険料控除）
	払込保険料18万円＞８万円 ∴　控除額４万円	払込保険料10万円＞８万円 ∴　控除額４万円	払込保険料24万円＞10万円 ∴　控除額５万円

　４万円＋４万円＋５万円＝13万円　＞12万円　　∴　**12万円**

8　保険料と税金

【問題4】 （2019年5月 問12）　チェック欄☐☐☐☐☐

　個人年金保険の課税関係に関する次の記述のうち、最も適切なものはどれか。な
お、各選択肢において、契約者（＝保険料負担者）・被保険者・年金受取人は同一人
であり、契約者は個人（居住者）であるものとする。また、記載のない事項について
は考慮しないものとする。

1．定額個人年金保険（10年確定年金）において、保険会社が支払う年金額からその
　年金額に対応する払込保険料を控除した金額が年間25万円以上になる場合、その
　金額から10.21％の税率による所得税および復興特別所得税が源泉徴収される。
2．定額個人年金保険（10年確定年金）において、保険会社が支払う年金額からその
　年金額に対応する払込保険料を控除した金額が年間20万円以下である場合、保険
　会社から税務署長に対し、その年金に係る支払調書は提出されない。
3．定額個人年金保険（保証期間付終身年金）の年金受取人が、年金支払開始日後に
　保証期間分の年金額を一括して受け取った場合、その一時金は一時所得として所
　得税の課税対象となる。
4．外貨建変額個人年金保険（10年確定年金）を保険期間の初日から10年経過後に解
　約し、解約差益が生じた場合、その解約差益のうち為替差益に相当する部分の金
　額は雑所得として所得税の課税対象となる。

第1章　ライフプランニングと資金計画・リスク管理　基礎編

65

【問題4】 正解 1

1. **適 切** 年金が支払われる際、下記により計算した所得税および復興特別所得税
が源泉徴収される。

（年金の額 − その年金の額に対応する保険料又は掛金の額）× 10.21%

　　ただし、保険会社が支払う年金額からその年金額に対応する払込保険料を控除し
た金額が25万円未満の場合には、源泉徴収されない。

2. **不適切** 保険会社が支払う年金額からその年金額に対応する払込保険料を控除し
た金額ではなく、**支払年金額**が年額20万円以下である場合、その年金に係る支払
調書は提出されない。

3. **不適切** 保証期間付終身年金において、保証期間分の年金額を一括して受け取っ
た場合、その一時金は**雑所得**として所得税の課税対象になる。

4. **不適切** 外貨建保険の解約差益は、保険差益と為替差益の両方が**一時所得**として
所得税の課税対象になる。

8 保険料と税金

【問題5】 (2022年1月 問12)　　　　チェック欄□□□□□

　株式会社X社では、X社を契約者（＝保険料負担者）および死亡保険金受取人、代表取締役社長Aさん（40歳）を被保険者とする保険期間10年以上の定期保険の加入を検討している。X社が支払う定期保険の保険料の取扱いに関する次の記述のうち、最も不適切なものはどれか。なお、X社はAさんを被保険者とする他の生命保険には加入していない。

1．最高解約返戻率が50％以下である場合、支払保険料の全額を期間の経過に応じて、損金の額に算入する。

2．最高解約返戻率が50％超70％以下で、かつ、年換算保険料相当額が30万円以下の保険に係る保険料を支払った場合、支払保険料の全額を期間の経過に応じて、損金の額に算入する。

3．最高解約返戻率が70％超85％以下である場合、保険期間の開始から4割相当期間においては、当期分支払保険料に6割を乗じた金額は資産に計上し、残額は損金の額に算入する。

4．最高解約返戻率が85％超である場合、保険期間の開始から解約返戻金相当額が最も高い金額となる期間の終了の日までは、当期分支払保険料に7割（保険期間の開始から10年目までは9割）を乗じた金額は資産に計上し、残額は損金の額に算入する。

第1章　ライフプランニングと資金計画・リスク管理　基礎編

【問題5】 正解 4

1. 適 切 最高解約返戻率が50％以下の場合は、全額を損金に算入できる。

2. 適 切 最高解約返戻率が70％以下、かつ、年換算保険料相当額が30万円以下である場合、支払保険料の全額を期間の経過に応じて損金の額に算入する。

3. 適 切 本肢の場合、開始4割の期間は、保険料の6割は資産に計上し、残額は損金となる。

4. 不適切 最高解約返戻率が85％超である場合、保険期間の開始から解約返戻金相当額が最も高い金額となる期間の終了の日までは、当期分支払保険料×最高解約返戻率×7割（保険期間の開始から10年目までは9割）に相当する額を資産に計上し、残額は損金の額に算入する。

改正後（最高解約返戻率50％以下：原則、保険料は全額損金算入）
定期保険および第三分野の保険の取り扱い

最高 解約返戻率	50％超 70％以下	70％超 85％以下	85％超
資産計上期間	保険期間の当初40％		最高解約返戻率となる期間
資産計上	40％を資産計上	60％を資産計上	1年目から10年目 保険料×最高解約返戻率の90％ 11年目以降 保険料×最高解約返戻率の70％
損金算入	60％を損金算入	40％を損金算入	上記の残額
資産計上額の 取り崩し	保険期間の当初75％に相当する期間経過後から保険期間終了まで均等に取り崩し損金算入		解約返戻金相当額が最も高い期間経過後から保険期間終了まで均等に取り崩し損金算入

68

8　保険料と税金

【問題6】（2019年1月　問12改題）　　　　　　　チェック欄□□□□□

　　X株式会社（以下、「X社」という）は、代表取締役社長であるAさんを被保険者とする下記の逓増定期保険を払済終身保険に変更した。払済終身保険への変更時の経理処理として、次のうち最も適切なものはどれか。なお、X社は、変更前に年払保険料を10年分（総額3,600万円）払い込んでいる。

保険の種類	：	無配当逓増定期保険（特約付加なし）
契約年月日	：	2013年10月1日
契約者（＝保険料負担者）	：	X社
被保険者	：	Aさん（加入時における被保険者の年齢50歳）
死亡保険金受取人	：	X社
保険期間・保険料払込期間	：	72歳満了
年払保険料	：	360万円
解約返戻金額	：	3,000万円

1.

借　方	貸　方
現金・預金　　　3,000万円	前払保険料　　　1,800万円 雑収入　　　　　1,200万円

2.

借　方	貸　方
現金・預金　　　3,000万円	前払保険料　　　2,400万円 雑収入　　　　　　600万円

3.

借　方	貸　方
保険料積立金　　3,000万円	前払保険料　　　1,800万円 雑収入　　　　　1,200万円

4.

借　方	貸　方
保険料積立金　　3,000万円	前払保険料　　　2,400万円 雑収入　　　　　　600万円

【問題6】 正解 3

　2008年2月28日から2019年7月7日までに契約を締結した設問の逓増定期保険の経理処理は、保険期間の前半の6割に相当する期間は、保険料の2分の1を前払保険料として資産に計上し、残額は損金の額に算入される。したがって、払込保険料総額3,600万円の2分の1である1,800万円が前払保険料として資産に計上されている。

　払済終身保険に変更する際の経理処理は、変更時の解約返戻金3,000万円を保険料積立金として資産に計上し、変更前契約の資産計上額1,800万円を取り崩し、解約返戻金との差額1,200万円を雑収入とする。

■2008年2月28日から2019年7月7日までに契約を締結した契約

	対象となる保険契約	前半6割期間	備考
①	保険期間満了時における被保険者の年齢＞45	1/2損金算入 1/2資産計上	②、③を除く
②	保険期間満了時における被保険者の年齢＞70 かつ、 被保険者の契約時年齢＋保険期間×2＞95	1/3損金算入 2/3資産計上	③を除く
③	保険期間満了時における被保険者の年齢＞80 かつ、 被保険者の契約時年齢＋保険期間×2＞120	1/4損金算入 3/4資産計上	―

8　保険料と税金

【問題7】（2023年1月 問12）　　　　チェック欄☐☐☐☐☐

　Ｘ株式会社（以下、「Ｘ社」という）の社長であるＡさんは、2023年12月に65歳となることを機に長男Ｂさんに社長の座を譲り、勇退する予定である。その際、Ｘ社が加入している以下の定期保険を払済終身保険に変更し、退職金の一部として受け取りたいと考えている。以下の定期保険の払済終身保険への変更時の経理処理として、次のうち最も適切なものはどれか。

保険の種類	： 無配当定期保険（特約付加なし）
契約年月日	： 2009年5月1日
契約者（＝保険料負担者）	： Ｘ社
被保険者	： Ａさん（加入時における被保険者の年齢50歳）
死亡保険金受取人	： Ｘ社
保険期間・保険料払込期間	： 95歳満了
基本保険金額	： 1億円
最高解約返戻率	： 81.0％
年払保険料	： 300万円
2023年12月時点の解約返戻金	： 3,600万円
払込保険料累計額	： 4,500万円

1.

借　方	貸　方
保険料積立金　3,600万円	雑収入　　　　3,600万円

2.

借　方	貸　方
保険料積立金　3,600万円	前払保険料　　2,250万円 雑収入　　　　1,350万円

3.

借　方	貸　方
保険料積立金　3,600万円	前払保険料　　2,700万円 雑収入　　　　　900万円

4.

借　方	貸　方
保険料積立金　3,600万円	前払保険料　　3,600万円

【問題7】 正解 2

　払済保険に変更した時点の解約返戻金相当額から資産計上額を差し引いた金額を、益金または損金に算入させる（洗替処理）。法人に解約返戻金が入金されないのに「雑収入」が計上されると、利益とされて法人税の支払い負担が増加する。2019年7月7日までに加入した定期保険であるため、洗替処理が必要になる。

　なお、2019年7月7日までに加入した定期保険のうち要件を満たす場合は、税法上「長期平準定期保険」として取り扱われる。

　保険期間満了時の被保険者の年齢95歳＞70歳

　かつ、被保険者の年齢50歳＋保険期間45年×2＞105

　∴　従来の長期平準定期保険

　保険期間45年の前半6割相当期間は、保険料の2分の1を前払保険料として資産計上する。

- 資産計上額＝払込保険料累計額4,500万円×1/2＝2,250万円
- 解約返戻金相当額3,600万円－資産計上額2,250万円＝雑収入1,350万円[※]

（※マイナスの場合は、雑損失）

借方		貸方	
保険料積立金	3,600万円	前払保険料	2,250万円
		雑収入	1,350万円

　よって、2の仕訳が正しい。

8 保険料と税金

【問題8】（2022年9月 問12）　　　　　　　　　　チェック欄☐☐☐☐☐

　X株式会社（以下、「X社」という）は、Y生命保険会社から提案された以下の養老保険への加入を検討している。当該養老保険に関する次の記述のうち、最も不適切なものはどれか。

保険の種類	： 5年ごと利差配当付養老保険（特約付加なし）
契約者（＝保険料負担者）	： X社
被保険者	： すべての役員・従業員
満期保険金受取人	： X社
死亡保険金受取人	： 被保険者の遺族
保険期間・保険料払込期間	： 60歳満了
死亡保険金額	： 500万円（1人当たり）
年払保険料（合計）	： 900万円

1．役員・従業員を一律の保険金額で加入させなくとも、職種・年齢・勤続年数等に応ずる合理的な基準により、普遍的に設けられた格差であると認められるときは、支払保険料の2分の1相当額を福利厚生費として損金の額に算入することができる。

2．役員・従業員の全部が同族関係者である場合、すべての役員・従業員を被保険者として加入しても、支払保険料の2分の1相当額は、当該被保険者に対する給与等として取り扱われる。

3．当該養老保険の満期保険金受取人をX社ではなく被保険者として加入した場合、支払保険料の全額が当該被保険者に対する給与等として取り扱われる。

4．保険期間中に被保険者である従業員が死亡し、死亡保険金が被保険者の遺族に支払われた場合、X社では、それまで資産に計上していた当該契約に係る保険料積立金および配当金積立金を取り崩し、死亡保険金との差額を雑収入として益金の額に算入する。

第1章　ライフプランニングと資金計画・リスク管理　基礎編

73

【問題8】 正解 4

1. 適 切 契約者（＝保険料負担者）を法人、被保険者をすべての役員・従業員、満期保険金受取人を法人、死亡保険金受取人を被保険者の遺族として加入する養老保険の保険料は、2分の1相当額を福利厚生費として損金算入し、残りの2分の1相当額を資産計上する。これを**ハーフタックスプラン**という。被保険者である役員・従業員について、加入資格の有無、保険金額等に格差が設けられている場合であっても、それが職種、年齢、勤続年数等による合理的な基準において普遍的に設けられた格差である場合は、ハーフタックスプランを適用することができる。

2. 適 切 役員・従業員の全部または大部分が同族関係者である法人については、その役員・従業員の全部を対象として保険に加入する場合であっても、支払保険料の2分の1相当額は給与等として取り扱われる。

3. 適 切 満期保険金受取人を法人ではなく被保険者として加入した場合、契約形態として、ハーフタックスプランにはならない。したがって、支払保険料の全額が給与等として取り扱われる。

4. 不適切 死亡保険金が被保険者の遺族に支払われた場合、法人は死亡保険金を受け取っていないため、それまでに資産に計上していた保険料積立金および配当金積立金を取り崩し、雑損失として全額を損金算入する。

8 保険料と税金

【問題9】（2022年5月 問14） チェック欄□□□□□

　個人事業主が加入する各種損害保険から受け取った保険金の課税関係に関する次の記述のうち、最も適切なものはどれか。なお、**各選択肢において、いずれも契約者（＝保険料負担者）は個人事業主であるものとする。**

1．個人事業主が、従業員を被保険者とする傷害保険の死亡保険金を受け取った場合、当該保険金は個人事業主の事業収入に該当する。
2．個人事業主が、所有する営業用自動車が全損となる事故により廃車となり、自動車保険から廃棄損を上回る車両保険金を受け取った場合、当該保険金のうち廃棄損を上回る部分については個人事業主の事業収入に該当する。
3．個人事業主が、事業用建物が火災で焼失したことにより業務不能となり、店舗休業保険から保険金を受け取った場合、当該保険金は非課税所得に該当する。
4．個人事業主が、所有する店舗で保管していた商品が火災で焼失したことにより、商品を保険の対象とする火災保険から保険金を受け取った場合、当該保険金は非課税所得に該当する。

【問題10】（2017年1月 問15） チェック欄□□□□□

　法人が受け取る損害保険の保険金と圧縮記帳に関する次の記述のうち、最も適切なものはどれか。なお、**各選択肢において、ほかに必要とされる要件等はすべて満たしているものとする。**

1．法人所有の工場建物が火災により滅失し、受け取った火災保険金でその事業年度中に倉庫建物を新たに取得した場合は、建物の用途が異なるため、圧縮記帳の適用対象とならない。
2．法人所有の工場建物が火災により滅失し、受け取った火災保険金を当該建物が滅失した時点において既に建設中であった工場建物の建設費用に充当した場合は、圧縮記帳の適用対象とならない。
3．法人所有の工場建物内の機械設備が火災により滅失し、火災保険金の額が確定する前に滅失した機械設備に係る代替資産を取得した場合は、圧縮記帳の適用対象とならない。
4．法人所有の倉庫建物内の商品が火災により全焼し、受け取った火災保険金でその事業年度中に焼失前と同一の商品を購入した場合は、圧縮記帳の適用対象となる。

第1章 ライフプランニングと資金計画・リスク管理 基礎編

75

【問題9】 正解 1

1. 適 切 従業員の死亡保険金を個人事業主が受け取った場合、受け取った保険金は事業収入となる。なお、積立型の場合は、保険料は積立部分を資産に計上しているため、保険金を受け取った際、資産計上額を取り崩して必要経費に算入する。

2. 不適切 自動車保険から廃棄損を上回る車両保険金を受け取った場合、当該保険金のうち廃棄損を上回る部分については非課税所得に該当する。

3. 不適切 店舗休業保険から受け取った保険金は、事業収入に該当する。

4. 不適切 商品等の棚卸資産の損害について火災保険金を受け取った場合、当該保険金は事業収入に該当する。

【問題10】 正解 2

1. 不適切 圧縮記帳の適用対象となる。法人が取得等をした固定資産が、その滅失等をした所有固定資産と同一種類の固定資産であるかどうかは、耐用年数省令別表第一に掲げる減価償却資産にあっては同表に掲げる種類の区分が同じであるかどうかによる。

2. 適 切 代替資産は、所有固定資産が滅失等をしたことにより、これに代替するものとして取得等をする固定資産に限られるため、滅失した時点において既に自己が建設、製作、製造又は改造中であった資産は代替資産に該当せず、圧縮記帳の適用対象とならない。

3. 不適切 当該代替資産が火災保険金の額が確定した日の属する事業年度において取得した場合、圧縮記帳の適用対象となる。

4. 不適切 商品は、圧縮記帳の適用対象とならない。

【問題11】（2023年1月　問15）　チェック欄☐☐☐☐☐

　X株式会社（以下、「X社」という）の工場建物が火災により全焼し、後日、X社は、契約している損害保険会社から保険金を受け取り、その事業年度中に受け取った保険金によって工場建物を新築した。下記の〈資料〉を基に、保険金で取得した固定資産の圧縮記帳をする場合の圧縮限度額として、次のうち最も適切なものはどれか。なお、各損害保険の契約者（＝保険料負担者）・被保険者・保険金受取人は、いずれもX社とする。また、記載のない事項については考慮しないものとする。

〈資料〉
・滅失した工場建物の帳簿価額　　　　　　　　　　：4,000万円
・工場建物の滅失によりX社が支出した経費
　　焼跡の整理費（片づけ費用）　　　　　　　　：　200万円
　　けが人への見舞金　　　　　　　　　　　　　：　375万円
・損害保険会社から受け取った保険金
　　火災保険（保険の対象：工場建物）の保険金　：6,200万円
　　企業費用・利益総合保険の保険金　　　　　　：1,500万円
・新築した代替建物（工場建物）の取得価額　　　　：4,500万円

1．　　500万円
2．1,300万円
3．1,500万円
4．2,100万円

【問題11】 正解 3

・保険差益＝保険金[※1]－（建物等の損失発生前の帳簿価額のうち被害部分相当額＋支出費用[※2]）

  ＝6,200万円－（4,000万円＋200万円）＝2,000万円

※1 企業費用・利益総合保険の保険金は収益の補償であるため考慮しない。

※2 支出費用には、固定資産の滅失等に直接関連して支出される経費が該当するため、焼跡の整理費（片づけ費用）は該当するが、けが人への見舞金は該当しない。

・圧縮限度額＝保険差益 × $\dfrac{\text{代替資産の取得に充てた保険金（分母の金額が限度）}}{\text{保険金－支出費用}}$

  ＝2,000万円 × $\dfrac{4500万円}{6200万円－200万円}$ ＝ **1,500万円**

重要ポイントまとめ

❶ FPの職業倫理・関連法規・係数の活用

1．FPの職業倫理

顧客利益の優先	常に顧客利益を優先しなければならない。
守秘義務の遵守	職務上知り得た顧客の情報を、顧客の同意なく第三者に漏らしてはならない。
顧客に対する説明義務 （アカウンタビリティ）	FPは顧客に対して提案内容等を十分説明しなければならず、その際には、顧客が内容を理解できているか確認しながら進めていくべき（インフォームド・コンセント）である。
コンプライアンスの徹底	法令遵守（コンプライアンス）の徹底は当然に必要である。

2．FPと関連法規

税理士法	税理士でない者は、「**税務代理行為**」「**税務書類の作成**」「**税務相談**」を行うことはできない。 （注1）税理士でない者が、営利目的の有無や有償・無償を問わず、個別具体的な税務相談を反復継続して行うことは税理士法に抵触する。仮定の事例や金額を用いた説明に留める必要がある。 （注2）一般的な情報・資料の提供や相談、講演等を行うことは可能。
保険業法	保険募集人として登録しなければ、保険契約の**募集、勧誘**を目的とした商品説明はできない。 （注）保険商品の一般的な仕組み、活用法の説明・講演等を行うことは可能。
弁護士法	弁護士でない者は、**具体的な法律事件**（一般の法律事務）についての相談、判断、アドバイスはできない。債務整理、遺言書作成・遺産分割などは弁護士（または司法書士、行政書士）の領域である。 （注）一般的な説明の範囲で相談を行うことは可能。
社会保険労務士法	社会保険労務士でない者は、業として労働社会保険諸法令に基づく**「申請書類の作成、その提出に関する手続きの代行」「申請等の代理」「帳簿書類の作成」**を行うことはできない。 （注）公的年金額の計算や各種社会保険制度の説明を行うことは可能。
司法書士法	司法書士でない者は、業として不動産の「**権利に関する登記**」について「**登記に関する手続きの代理**」「**法務局に提出する書類の作成**」を行うことはできない。
土地家屋調査士法	土地家屋調査士でない者は、不動産の「**表題登記**」について必要な「**土地または家屋に関する調査・測量**」のうえ「**登記に関する手続きの代理**」を行うことはできない。

不動産の鑑定評価に関する法律	不動産鑑定士でない者は、他人の求めに応じて報酬を得て業として「不動産の鑑定評価」を行うことはできない。
金融商品取引法	金融商品取引業（投資助言・代理業）として登録しなければ、顧客から報酬を得て、有価証券の価値等の分析に基づく投資判断に関して、口頭・文書等により助言をすることはできない。 （注）経済状況や金融商品の一般的な仕組みの説明を行うことは可能。
宅地建物取引業法	免許を受けない者は、宅地建物取引業を営むことはできない。 （注）宅地建物取引業とは、以下の取引を業として行うこと。 ・宅地または建物の売買 ・宅地または建物の交換 ・宅地または建物の売買、交換または貸借の代理 ・宅地または建物の売買、交換または貸借の媒介

（1）係数の活用法

「元になる金額×係数」により、知りたい金額を算出できる。

① 将来の金額を求める

終価係数	現在の額（元本）が将来いくらになるかを求める。
年金終価係数	毎年の積立額から将来いくらになるかを求める。

② 現在の金額（必要な元本）を求める

現価係数	将来の目標額から現在の額（元本）を求める。
年金現価係数	希望する毎年の年金額から現在の額（元本）を求める。

③ 毎年の金額を求める

減債基金係数	将来の目標額から毎年の積立額を求める。
資本回収係数	・現在の額（元本）から毎年の受取り年金額（取崩し額）を求める。 ・借入額から毎年の返済額を求める。

（2）逆数となる係数

「元になる金額÷逆数となる係数」により、知りたい金額を算出できる。

■逆数となる係数の組合せ

終価係数 ⟷ 現価係数

減債基金係数 ⟷ 年金終価係数

資本回収係数 ⟷ 年金現価係数

❷ フラット35

1．フラット35（買取型）

申込資格	原則、申込時満70歳未満で、年収に占める総返済負担率※の基準を満たす者 ※　年収400万円未満は**30%**以下、400万円以上は**35%**以下
融資対象住宅	床面積**70㎡**以上（共同住宅は**30㎡**以上）で、技術基準に適合している住宅（併用住宅は住宅部分の床面積が非住宅部分の床面積以上であること） ・新築住宅とは申込み時点で竣工から２年以内の人が住んだことがない住宅（それ以外は中古住宅となる） （注）建設費・購入価額の制限はない。
融資対象となる諸費用	疎明資料により確認できれば下記について、融資の対象となる。 ・建築確認・中間検査・完了検査申請費用（新築の場合のみ） ・請負（売買）契約書貼付の印紙代（自己負担分）・仲介手数料 ・住宅性能評価検査費用（新築の場合のみ）・登録免許税 ・適合証明検査費用・融資手数料・火災保険料（積立型除く） 　　　　　　　　　　　　　　　　　　　　　　　　　　　　　など
融資金額	100万円以上**8,000万円**以下で、建設費・購入価額の**100%**以内
適用金利	全期間固定金利 （注１）借入期間（20年以下・21年以上）に応じて、金利が異なる。 （注２）金利は金融機関によって異なり、融資実行時点の金利が適用。 （注３）融資率が**90%超**のとき、慎重な審査とともに**借入金全体の金利が高く設定**される。
返済方法	元利均等毎月払い・元金均等毎月払い・ボーナス払い（借入金額の**40%以内**）併用
保証人・保証料	不要
繰上返済	手数料は不要 （注１）繰上返済を希望する日の１カ月前までに返済中の金融機関の窓口に申し出ること。 （注２）一部返済の場合、返済額は**100万円**※以上で、繰上返済日は毎月の返済日。 ※　インターネット（住・My Note）により返済を申込む場合、**10万円**以上から可能。

2．フラット35（借換融資）

申込資格	原則、申込時満70歳未満で、年収に占める総返済負担率※の基準を満たす者 ※　年収400万円未満は30％以下、400万円以上は35％以下
資金使途	①②いずれかの住宅ローンの借換が対象となる。 ①　申込本人が所有し、かつ、居住する住宅の建設または購入のための住宅ローン （注）セカンドハウス（単身赴任先の住宅、週末等を過ごすための住宅等で賃貸をしていないもの）も対象となる。 ②　申込本人が所有し、かつ、親族が居住する住宅の建設または購入のための住宅ローン
融資金額	100万円以上8,000万円以下で、「借換の対象となる住宅ローンの残高」または「機構による担保評価の額の**200％**」のいずれか低い金額まで

3．その他

（1）返済方法の変更
・振込期日の変更
・ボーナス払い月の変更
・返済期間の短縮
・「毎月払いとボーナス払いの併用」から「毎月払いのみ」への変更
・「毎月払いのみ」から「毎月払いとボーナス払いの併用」への変更
・毎月払い分、ボーナス払い分の金額内訳の変更
・「元金均等返済から元利均等返済へ」「元利均等返済から元金均等返済へ」の変更

（2）返済が困難になった場合
・返済期間の延長
・一定期間の返済額の減額
・ボーナス返済分の返済額の変更

❸ 中小企業の資金調達

１．金融機関借入の借入形態

手形借入	借入れの実行にあたって、借入金額と同額の借入金融機関あての約束手形を振り出して、資金を調達する方法。
証書借入	借入れの内容、条件等を記載した借用金証書（金銭消費貸借契約証書）により、資金を調達する方法。
当座借越	当座預金に残高がなくても借越限度額の範囲内で決済が行われる形態の借入れ。
手形割引	商取引に基づいて振り出された手形を支払期日前に金融機関に割引料を支払い、買い取ってもらうことにより資金を調達する方法。
インパクトローン	外貨によって資金を調達する方法。資金使途に制限はなく、為替先物予約を付けることもできる。
代理貸付	金融機関が政府系金融機関等からの委託を受けて委託金融機関に代わって融資の実行、担保の取得、実行後の資金管理等の融資業務を代行するもの。委託金融機関が融資の債権者となり、受託金融機関は代理店という位置づけ。
ABL（動産・債権担保融資）	企業の保有する債権や在庫・機械設備等の動産を担保として資金調達する方法。 債権：売掛債権や診療報酬債権、工事請負代金債権など 動産：機械設備、在庫（原材料、商品）、食料品や家畜など様々

２．信用保証協会保証付融資（マル保融資）

責任共有制度	「部分保証方式」と「負担金方式」の２つがあり、いずれかの方式を各金融機関が選択することとなっている。		
従業員・資本金の要件（抜粋）	製造業（建設業・運送業・不動産業を含む）	資本金３億円以下、または	従業員300人以下
	ゴム製品製造業		従業員900人以下
	卸売業	資本金１億円以下、または、従業員100人以下	
	小売業	資本金5,000万円以下、または、従業員50人以下	
	サービス業	資本金5,000万円以下、または、従業員100人以下	
	ソフトウェア業	資本金３億円以下、または、従業員300人以下	
業　　種	中小企業者であればほとんどの業種が対象となる。		
信用保証料	信用保証協会は、信用保証利用の対価として融資金利と別に信用保証料が必要（保険料ではない）		
保証限度額	一般保証は普通保証の限度額２億円（組合４億円）と無担保保証の限度額8,000万円（組合も同額）の合計２億8,000万円（組合４億8,000万円）		

３．日本政策金融公庫の国民生活事業（開業資金）

新規開業資金	【対象者】新たに事業を始める者や事業開始後おおむね７年以内の者 【融資額】7,200万円以内（うち運転資金4,800万円）	技術・ノウハウ等に新規性が見られる者は、一定の要件を満たせば「**挑戦支援資本強化特別貸付**」も利用できる。
新規開業資金（女性、若者／シニア起業家支援関連）	【対象者】女性または**35歳未満か55歳以上の者**で、新たに事業を始める者や事業開始後おおむね７年以内の者 【融資額】7,200万円以内（うち運転資金4,800万円）	
新規開業資金（再挑戦支援関連）	【対象者】新たに事業を始める者や事業開始後おおむね７年以内の者で、**廃業歴等があり**、創業に再チャレンジする者 【融資額】7,200万円以内（うち運転資金4,800万円）	
新創業融資制度（上記制度と併用できる）	【対象者】次の要件に該当する者 １　新たに事業を始める者または事業開始後税務申告を**２期**終えていない者 ２　新たに事業を始める者、または事業開始後税務申告を**１期**終えていない者は、創業時において創業資金総額の**10分の１以上**の自己資金が確認できる者 ※　ただし、「現在勤務する企業と同じ業種の事業を始める者」、「産業競争力強化法に定める認定特定創業支援等事業を受けて事業を始める者」等に該当する場合は、２の要件を満たす。 【資金使途】事業開始時または事業開始後に必要となる事業資金 【融資額】3,000万円（うち運転資金**1,500万円以内**） 【担保・保証人】不要（無担保・無保証）	

（注）適用利率は、資金使途、返済期間、担保・保証人の有無等によって異なる。

４ リスクマネジメントと保険制度

１．保険の募集・勧誘に際する禁止行為

　保険の募集・勧誘に際しては次のような行為が禁止されている。

①	虚偽事実を告げる行為、重要な事項の不告知
②	告知義務違反を勧める行為
③	告知義務の履行を妨げる行為等
④	不利益事実を告げずにする乗換行為
⑤	特別利益の提供
⑥	誤解を生じさせるおそれのある比較
⑦	保険契約者等の保護に欠けるおそれがあるものとして内閣府令で定める行為

・①～③の行為を行った者

　刑事罰の対象（１年以下の懲役または100万円以下の罰金もしくは併科刑）となる

とともに、登録取消等の行政処分の対象となる。

・④～⑦の行為を行った者

刑事罰の対象とはならないが、行政処分の対象となる。

なお、銀行等が、取引上の優越的な地位を不当に利用して保険募集をする行為は禁止されている。

2．保険募集人

（1）保険募集

保険募集とは、保険契約の締結の代理または媒介を行うこと。

・生命保険募集人と損害保険募集人：代理・媒介ともにできる。

・保険仲立人（ブローカー）：媒介はできるが代理はできない。

（注）保険仲立人とは、保険会社から独立して保険契約の締結の媒介を行う者。

（2）一社専属制と乗合

保険募集人は、原則として一社専属制であるが、保険代理店等で保険契約者等の保護に欠けるおそれがない場合には、複数社の乗合が可能。ただし、保険募集の再委託は禁止されている。

（3）保険募集人の登録

保険契約の募集行為を行う場合は、内閣総理大臣の登録が必要（無登録募集は、1年以下の懲役または100万円以下の罰金もしくは併科刑）。

3．保険契約者保護機構

国内で営業を行うすべての保険会社は、生命保険契約者保護機構・損害保険契約者保護機構に強制加入する。

（1）補償対象契約の補償割合

① 生命保険契約者保護機構

国内の元受保険契約で、運用実績連動型保険契約の特定特別勘定部分以外について、破綻時点の責任準備金等の90％（高予定利率契約等を除く）。

② 損害保険契約者保護機構

自賠責保険・家計地震保険は破綻後100％補償、火災保険、任意の自動車保険は破綻後3カ月間100％補償、3カ月経過後80％補償となる。

5 生命保険とルール

1．責任開始期（日）

責任開始期（日）は、「**申込み**」「**告知・診査**」「**第1回保険料（充当金）の払込み**」の3つすべてが完了した日である（保険会社による承諾の日ではない）。

第1章 ライフプランニングと資金計画・リスク管理 重要ポイントまとめ

85

（注）失効後、復活した場合の責任開始期は、復活日となる。

２．告知義務
（1）告知義務
　保険契約者または被保険者は、保険契約の締結に際し、支払事由の発生の可能性に関する重要な事項のうち保険会社が告知を求めた事項について、事実の告知をしなければならない（質問応答義務）。告知書による方法と医師の診査による方法がある。

（2）告知義務違反
　故意または重大な過失による告知義務違反があった場合、保険会社は契約を解除することができる。解約返戻金があれば払い戻す。
　解除された場合、それまでに発生した支払事由について保険会社は保険金等を支払わないが、告知義務違反と支払事由の発生との間に因果関係がない場合には、保険会社は保険金等を支払う。

（3）保険会社が解除できない場合
　①　保険募集人による告知妨害や不告知の教唆があった場合、保険会社は解除できない。
　②　保険会社が解除の原因があることを知ってから**1カ月間**解除しなかったとき、または、契約日（または復活日）から一般的に2年（保険法上は5年）を経過したときは、保険会社は解除できない。

３．失効と復活
　猶予期間を過ぎても保険料の払込みがない場合、契約は失効する。失効後、一定期間内に未払保険料を払って契約を元の状態に戻すこと（復活）ができるが、告知または医師の診査が必要となるため復活できない場合がある。
（注）復活後の保険料は、**失効前と同じ**。

４．自動振替貸付
　解約返戻金の範囲内で保険会社が保険料を自動的に立て替える制度。
（注）保険料の自動振替貸付を受け、保険会社が定めた期間内に、払済保険、延長（定期）保険への変更、保険金額の減額、解約の請求をした場合、**自動振替貸付はなかったものとして手続きが行われる**。

５．払済保険、延長（定期）保険への変更
　保険料の払込みを中止して、その時点での解約返戻金をもとに保険契約を変更する制度として「**払済保険**」「**延長（定期）保険**」がある。これらに変更した場合、付加されていた各種特約は消滅する。

（1）払済保険

　元の契約と保険期間は変えずに同じ種類の保険または養老保険に変更する。変更後の**保険金額は**、元の契約の保険金額よりも**小さくなる**。元の契約の予定利率を引き継ぐ。

（注1）「個人年金保険料税制適格特約」を付加した個人年金保険は、一般に、**契約後10年間は払済年金保険に変更できない**。

（注2）一般に、リビング・ニーズ特約は消滅せず、継続する。

（2）延長（定期）保険

　元の契約の保険金額と同額の定期保険に変更する。一般に、変更後の**保険期間は**、元の保険期間より**短くなる**。

（注）解約返戻金が多く、元の保険期間を超える場合には元の保険期間にとどめ、満了日に生存保険金が支払われる。

（3）復　旧

　払済保険、延長（定期）保険へ変更後、一定期間内であれば、復旧部分の積立金の不足額を払い込むことで、変更前の契約に戻すこと（復旧）ができるが、告知または医師の診査が必要となるため復旧できない場合がある。

6 生命保険の商品

１．総合福祉団体定期保険

　主契約の団体定期保険（保険期間1年）に、ヒューマン・バリュー特約や災害総合保障特約を付加することが可能な保険。保険料は全額法人負担。告知書扱い。**被保険者の同意**が必要となる。

主契約	死亡保険金受取人は、役員・従業員の遺族とするのが一般的であるが、被保険者の同意があれば法人を受取人とすることもできる。死亡保険金受取人が法人である場合、保険金の請求手続の際に、被保険者の遺族の同意が必要である。
ヒューマン・バリュー特約	役員・従業員の死亡による法人の経済的損失に備えるための特約。特約を付加するためには、被保険者となる者の同意が必要である。死亡保険金の受取人は**法人に限定**されている。
災害総合保障特約	不慮の事故による災害時に、障害・入院給付金が支払われる。給付金の受取人は、一般的に役員・従業員であるが、被保険者の同意があれば法人とすることもできる。

２．財形貯蓄（勤労者財産形成貯蓄）

　財形貯蓄とは、勤労者が事業者の協力を得て給与天引きで行う貯蓄のこと。

　財形貯蓄には、**一般財形貯蓄**、**財形住宅貯蓄**、**財形年金貯蓄**の3種類があり、財形

住宅貯蓄と財形年金貯蓄には、一定限度額まで利息が非課税になる特典がある。

　一般財形貯蓄の利息相当分には20.315％（所得税15.315％、住民税５％）の税金がかかり、金融機関で20.315％が天引き（源泉徴収）される。

　財形貯蓄商品は**貯蓄型**と**保険型**に区分され非課税の限度額に違いがある。

　・**貯蓄型**：銀行・証券会社等の財形貯蓄商品

　・**保険型**：保険会社の財形貯蓄商品（生命保険料控除の対象とならない）

　生命保険会社が取り扱う一般財形、財形住宅，財形年金はいずれも、保険期間中（財形年金については年金開始前）に被保険者が**不慮の事故で死亡**した場合、**払込保険料累計額の５倍**相当額が災害保険金として支払われる。

7 損害保険と法律

１．自動車事故と損害保険

（1）自動者損害賠償保障法（自賠法）

　加害者に、無過失責任に近い責任を負わせている。

（2）自動車賠償責任保険（自賠責保険）

　加入せずに自動車を運転した場合、１年以下の懲役または50万円以下の罰金が科せられる。

　① 　補償対象：対人賠償事故のみ

　② 　保険金等の請求方法

　　被害者請求と加害者請求の２つがある（仮渡金は加害者請求はない）。

本請求	すべての治療が終わってからまとめて請求すること
内払金請求	治療中に治療費などを請求すること
仮渡金請求	被害者の当座の出費に充てるために被害者が請求すること

　③ 　補償内容（被害者１名ごとの支払限度額）

　・傷害　最高**120万円**　・後遺障害　最高**4,000万円**　・死亡　最高**3,000万円**

　（注）被害者に**70％以上の過失**がある場合、**保険金額は減額**される（重過失減額）。

　④ 　親族間事故

　　父母、配偶者、子に対する法律上の損害賠償責任は、民間の各種賠償責任保険では補償されないが、自賠責保険では、被害者が運行供用者または運転者の地位にいない場合は、他人となり、保険金の支払対象となる。

（3）政府による自動車損害賠償保障事業（政府保障事業）

　ひき逃げ事故や無保険車にひかれた被害者救済のため、被害者は自動車損害賠償保障事業に対して直接請求して補償を受けることができる。

① 実損てん補請求

被害者請求のみ（内払金請求、**仮渡金請求の制度はない**）

② 補償内容

支払限度額は、自動車賠償責任保険と同様

（注）被害者が社会保険制度等から給付を受けた場合や、加害者から支払いがあった場合
は、その**金額が差し引かれる。**

（4）時効

保険金請求権の時効（2010年4月1日以後の事故の場合）

自賠責保険	加害者請求	被害者に損害賠償金を支払ったときから3年
	被害者請求	・傷害　事故発生日から3年 ・後遺障害　症状固定日から3年 ・死亡　死亡日から3年
自動車損害賠償保障事業 （政府保障事業） ※損害のてん補請求権		・傷害　事故発生日から3年 ・後遺障害　症状固定日から3年 ・死亡　死亡日から3年
任意の自動車保険（対人・対物）		法律上の損害賠償責任の額が示談・判決などにより確定したときから3年

（注1）治療が長引いたり、加害者と被害者の話し合いがつかないなど3年以内に請求できない場合、時効の更新ができる。仮渡金や内払金が支払われたときも、時効が更新する。

（注2）自動車損害賠償保障事業（政府保障事業）では、時効の更新はできない。

2．失火等責任法
（1）失火等により隣家を焼失させた場合

原　因	隣家への賠償	家主への賠償
軽過失による失火	失火責任法が適用されて、損害賠償責任を負わない	損害賠償責任を負う （民法の債務不履行責任）
・重過失または故意による失火 ・爆発による損壊	失火責任法は適用されず、損害賠償責任を負う （民法の不法行為責任）	

8 損害保険商品

1．地震保険
（1）火災保険の地震火災費用保険金

火災保険では、地震・噴火・津波を原因とする火災により、建物・家財が所定の損害額以上の損害を受けた場合に、地震火災費用保険金（保険金額の5％で上限は300

万円）が支払われる。

（2）地震保険の補償対象

地震・噴火・津波を直接または間接の原因とする火災・損壊・埋没・流失による損害（全損・大半損・小半損・一部損）を補償。

（注）紛失、盗難による損害は対象外。

（3）地震保険の「保険の対象」

居住用建物（店舗併用住宅含む）および家財（生活用動産）

（注1）区分所有建物の共有部分も契約することができる。

（注2）通貨、有価証券、1個または1組の価値が30万円超の貴金属、骨董品、書画等は含まれない。

（4）地震保険の保険金額

火災保険の保険金額の**30 ～ 50%**、かつ、建物**5,000万円**、家財**1,000万円**が限度。

（5）加入方法

- ・火災保険に新規加入する場合、原則自動付帯となるため、加入を希望しない場合、「付帯しない」旨の確認印が必要。
- ・保険期間は、短期（1年）および長期（2～5年）となる。
- ・火災保険の保険期間が5年超の場合、付帯する地震保険の保険期間は、1年の自動継続または5年の自動継続となる。
- ・既加入の火災保険に中途付加できる。

（6）地震保険の保険料

構造（イ構造・ロ構造の2区分）と所在地（都道府県による等地別区分は3区分）によって保険料が異なる。保険会社によって保険料が異なることはない。

〈保険料の割引制度〉

「建築年割引」「耐震等級割引」「耐震診断割引」「免震建築物割引」の4つの割引制度があるが、重複適用はできない（最高50％の割引率）。

２．自動車保険（任意保険）

ノンフリート契約	フリート契約
契約者が所有・使用する契約台数が、他の保険会社での契約台数を含めて9台以下の場合をいう。ノンフリート契約に適用する無事故割引（割増）の等級をノンフリート等級（1等級～20等級※）という。 ※　等級が高いほど割引率も高い。 契約期間中の事故の有無などにより、新	保険契約者が所有し自ら使用する自動車保険契約（1年以上の契約、リースカー契約を含む）の総付保台数が**10台以上**となった場合、必ずフリート契約者として登録を申請しなければならない。 **異なる複数の保険会社に分割して付保されている場合も合計**する（共済は含まない）。

契約の等級が決定し、**事故の有無に応じて「無事故係数」と「有事故係数」に区分される。** ①対人・対物事故により自動車保険を使用した場合：３等級ダウン事故（３等級下がる）。 ②台風や洪水、盗難、いたずら、落書、窓ガラスの破損などにより車両保険を使用した場合：１等級ダウン事故（１等級下がる）。	①基本保険料は、運転者年齢条件は適用されず、用途車種別基本保険料を適用する。 ②割増・割引は、**契約者単位で、一定の期間における損害率を計算して適用する優良割引率、第一種デメリット料率**がある。 ③**10台以上の所有・使用自動車を１保険証券で同時に付保する場合、フリート多数割引**が適用される。

基本的に用途車種、保険種類、料率クラス、車両の装置・装備、保険金額、免責金額などによって決定され、さらに、現在一般に採用されているリスク細分型保険では、年齢、運転免許証の色、使用目的、年間走行距離、地域等により細分化している。

車両保険の保険料は、補償の範囲の違いにより「一般条件」「車対車＋Ａ」等と呼ばれるタイプに分類され、条件が同一であれば「一般条件」の保険料が最も高い。

自動車を廃棄・譲渡した場合や海外渡航（一時的に被保険自動車を所有または使用しない）ときは保険契約の「中断制度」がある。「中断制度」は、一定の条件を満たす場合、10年以内であれば中断前のノンフリート等級を中断後の保険契約に対して引き継げる制度である。

9 保険料と税金

1．生命保険料控除

（1）一般の生命保険料控除

保険金受取人が契約者、配偶者またはその他の親族（６親等以内血族と３親等以内姻族）である保険が対象。

（注１）財形貯蓄保険は対象外。

（注２）自動振替貸付によりその年中の払込分として充当された保険料は対象。

（2）個人年金保険料控除

以下の要件をすべて満たし、「個人年金保険料税制適格特約」を付加した個人年金保険が対象。

（注）変額個人年金保険は対象外。

① 年金受取人が保険契約者または配偶者であること。
② 年金受取人と被保険者が同一であること。
③ 保険料払込期間が**10年以上**（一時払は除く）であること。
④ 年金種類が確定年金・有期年金の場合、年金受取開始年齢が60歳以上で、かつ年金支払期間が**10年以上**であること（終身年金の場合は年金受取開始年齢要件はない）。

（3）控除額（2011年12月31日までに締結した契約）

所得税	各適用限度額はそれぞれ５万円、合計適用限度額は10万円
住民税	各適用限度額はそれぞれ35,000円、合計適用限度額は７万円

（4）2012年以降の生命保険料控除

2012年1月1日以後に締結する契約（更新・中途付加含む）から、「**一般の生命保険料控除**」「**個人年金保険料控除**」「**介護医療保険料控除**」となり、その適用限度額は以下のとおり。

所得税	各適用限度額はそれぞれ４万円、合計適用限度額は12万円
住民税	各適用限度額はそれぞれ28,000円、合計適用限度額は７万円

新制度と旧制度ともに適用がある場合、新制度の適用限度額が上限となる。最高限度額は、所得税12万円、住民税７万円となる。

２．地震保険料控除

居住用家屋・生活用動産を保険の対象とする地震保険が対象。

（1）控除額

所得税	地震保険料の全額（適用限度額50,000円）
住民税	地震保険料の２分の１（適用限度額25,000円）

（2）旧損害保険料控除

2006年までに契約した長期契約（保険期間10年以上で満期返戻金が支払われる損害保険契約）は、旧損害保険料控除（所得税は最高15,000円、住民税は最高10,000円）を適用できる。

ただし、地震保険料控除と重複する場合、所得税は地震保険料控除と合わせて最高５万円、住民税は地震保険料控除と合わせて最高25,000円となる。

（注）旧損害保険料控除の対象となる契約に地震保険が付帯されている場合、地震保険料控除と旧損害保険料控除のいずれか一方を選択することとなり重複適用は受けられない。

⑩ 法人契約と経理処理

１．生命保険料の経理処理
（１）定期保険および第三分野の保険の取り扱い（2019年７月８日以後の契約分）

最高解約返戻率50％以下の保険は、原則、保険料は全額損金算入できる。

	最高解約返戻率		
	50％超 70％以下	**70％超 85％以下**	**85％超**
資産計上期間	保険期間の当初	40％	最高解約返戻率となる期間※
資産計上	40％を資産計上	60％を資産計上	１年目から10年目 保険料×**最高解約返戻率の90％** 11年目以降 保険料×**最高解約返戻率の70％**
損金算入	上記の残額		
資産計上額の 取り崩し	保険期間の当初**75％**に相当する期間経過後から保険期間終了まで均等に取り崩し損金算入		解約返戻金相当額が最も高い期間経過後から保険期間終了まで均等に取り崩し損金算入

※　$\dfrac{\text{解約返戻金相当額}-\text{直前期間の解約返戻金相当額}}{\text{年換算保険料相当額}}$ ＞70となれば最も遅い期間

（注）「資産計上期間」経過後の保険料は、保険期間の経過に応じて損金算入

最高解約返戻率が70％以下、かつ、**年換算保険料相当額30万円以下**であるときは期間の経過に応じて、全額を損金の額に算入する。

なお、当該通達の適用に伴い商品ごとの個別通達は廃止される。しかしながら、既契約についてはこれまでの商品ごとの個別通達の適用対象保険契約に係る経理処理は継続される。

（２）長期平準定期保険（2019年７月７日以前に締結した契約）

対象となる保険契約	前半６割期間	後半４割期間
保険期間満了時における被保険者の年齢＞70 かつ、 被保険者の契約時年齢＋保険期間×２＞105	１／２損金算入 １／２資産計上	各年の保険料は全額損金算入。資産計上した前払保険料を残存期間内で均等に取り崩し損金算入

(3) 逓増定期保険（2008年2月28日以降2019年7月7日以前に締結した契約）

	対象となる保険契約	前半6割期間	後半4割期間	備考
①	保険期間満了時における被保険者の年齢＞45	1／2損金算入 1／2資産計上	各年の保険料は全額損金算入。資産計上した前払保険料を残存期間内で均等に取り崩し損金算入	②③を除く
②	保険期間満了時における被保険者の年齢＞70 かつ、 被保険者の契約時年齢＋保険期間×2＞95	1／3損金算入 2／3資産計上		③を除く
③	保険期間満了時における被保険者の年齢＞80 かつ、 被保険者の契約時年齢＋保険期間×2＞120	1／4損金算入 3／4資産計上		―

（注）（2）（3）とも前半期間を計算する際の1年未満の端数切捨て。

(4) 養老保険・ハーフタックスプラン（2分の1養老）

契約者	被保険者	死亡保険金 受取人	満期保険金 受取人	経理処理
法　人	従業員・役員	法　人	法　人	資産計上
法　人	従業員・役員	被保険者の遺族	被保険者	給　与
法　人	従業員・役員	被保険者の遺族	法　人	1／2資産計上 1／2損金算入

　死亡保険金受取人：遺族、満期保険金受取人：法人とし、役員・従業員を全員加入（普遍的加入が原則）することで**保険料の2分の1を福利厚生費として損金算入**できる。

　ただし、役員・部課長・その他**特定の者のみを加入**させる場合は、福利厚生費とはならず、被保険者の**給与・報酬**として損金算入できる。

2．保険金と圧縮記帳

　工場など事業用固定資産が全焼し、法人が受け取った火災保険金で新しい工場を代替取得する場合には、一定要件を満たせば保険差益に課税されず課税を繰り延べることができる。

（1）圧縮限度額

① 保険差益
 ＝保険金－（建物等の損失発生前の帳簿価額のうち被害部分相当額＋支出費用※）
 ※ 支出費用とは、取壊し費、焼跡の整理費など（見舞金や賠償金は含まれない）
② 圧縮限度額
 $$＝保険差益×\frac{代替資産の取得に充てた保険金（分母の金額が限度）}{保険金－支出費用}$$

　保険差益のうち圧縮限度額を損金算入し、その額を保険金で購入した新たな資産の帳簿価額から減額する。

（2）留意点
- 保険金で購入する代替資産が被災した資産と同種であること。
- 固定資産が被災した日から３年以内に保険金が支払われることが確定していること。
- 圧縮記帳の対象は、**法人所有の固定資産**に限られる（個人所有不可、棚卸資産不可）。
- 保険金等の額が確定する前に、代替資産を取得した場合には、保険金等の額が確定した日の属する事業年度において圧縮記帳の適用対象となる。
- 車両保険の保険金で代替車を取得した場合も圧縮記帳が認められる。

第２章

年金・社会保険

基　礎　編

1　健康保険

【問題１】 (2018年1月 問1改題)　　　　　　　　　チェック欄 □□□□□

　次の労働者のうち、2023年10月において、厚生年金保険・健康保険の被保険者となる短時間労働者の組合せとして、最も適切なものはどれか。なお、いずれも特定適用事業所に勤務し、学生ではなく、1週間の所定労働時間および1カ月間の所定労働日数が同一の事業所に勤務する通常の労働者の4分の3未満であるものとする。

	1週間の所定労働時間	月額賃金	雇用期間
Ａさん（55歳）	25時間	15万円	2年
Ｂさん（45歳）	20時間	10万円	1年
Ｃさん（35歳）	18時間	8万円	10カ月
Ｄさん（25歳）	15時間	6万円	6カ月

1．Aさん
2．Aさん、Bさん
3．Aさん、Bさん、Cさん
4．Aさん、Bさん、Cさん、Dさん

【問題1】 正解 **2**

　被保険者が常時101人以上の特定適用事業所で、次の要件を満たす短時間労働者は、厚生年金保険・健康保険の被保険者になる。

① 　1週間の所定労働時間が20時間以上
② 　賃金月額88,000円以上
③ 　雇用期間の見込みが2カ月超
④ 　学生でない者

　したがって、上記を満たす労働者はAさんおよびBさんであり、正解は**2**となる。

1　健康保険

【問題2】（2021年5月 問2）　　　　　　　　　チェック欄 □□□□□

全国健康保険協会管掌健康保険の被扶養者に関する次の記述のうち、最も適切なものはどれか。

1．被扶養者とすることができる被保険者の配偶者には、婚姻の届出をしていないが事実上婚姻関係と同様の事情にある内縁関係の者も含まれる。
2．被保険者の配偶者の父母は、被保険者と同一の世帯に属していなくても、主としてその被保険者により生計を維持されていれば、被扶養者として認定される。
3．被保険者の兄弟姉妹は、主としてその被保険者により生計を維持されていても、その被保険者と同一の世帯に属していなければ、被扶養者として認定されない。
4．収入がある者を被扶養者とする場合に、被保険者との生計維持関係の判定における認定対象者の年間収入には、公的年金制度の障害給付や遺族給付による年金収入は含まれない。

【問題3】（2016年9月 問1改題）　　　　　　　チェック欄 □□□□□

全国健康保険協会管掌健康保険における標準報酬月額および標準賞与額に関する次の記述のうち、最も適切なものはどれか。

1．標準報酬月額とは、保険料や給付額を計算するために定められた報酬区分であり、最低5万8,000円から最高121万円までの47等級に区分されている。
2．標準報酬月額は、原則として毎年4月、5月、6月に支払われた報酬月額に基づき決定され、著しい変動がない限り、その決定された額がその年の8月から翌年7月までの各月の標準報酬月額となる。
3．任意継続被保険者の標準報酬月額は、当該任意継続被保険者が被保険者の資格を喪失したときの標準報酬月額と、全国健康保険協会の全被保険者の標準報酬月額を平均した額を報酬月額とみなしたときの標準報酬月額とのうち、いずれか多い額となる。
4．2023年度中における賞与が、7月に支払われる300万円と12月に支払われる300万円である場合、12月の標準賞与額は273万円となる。

第2章　年金・社会保険　基礎編

101

【問題2】 正解 1

1. 適 切 被扶養者にできる被保険者の配偶者は、婚姻届を出している者のほか、内縁関係にある者でもよい。

2. 不適切 被扶養者とは主として被保険者の収入で生活をしている者をいい、別居していてもよい者や同居が条件となる者がいる。配偶者の父母は、下記「左記以外の3親等内の親族」に該当するため、同一世帯に属していなければならない。

被保険者と別居していてもよい者	被保険者と同居が条件となる者
・配偶者（内縁も含む） ・子、孫、兄弟姉妹 ・直系尊属	・左記以外の3親等内の親族 ・被保険者の内縁の配偶者の父母および子 ・内縁の配偶者死亡後の父母、連れ子

3. 不適切 兄弟姉妹は、主としてその被保険者により生計を維持されていれば、同一世帯に属していなくてもよい（上記表参照）。

4. 不適切 認定対象者の年間収入は、すべての収入を対象とするため、公的年金制度の給付や雇用保険の失業等給付なども含まれる。

【問題3】 正解 4

1. 不適切 全国健康保険協会管掌健康保険における標準報酬月額の等級は、第1級5万8,000円から第50級139万円までの**50等級**に区分されている。

2. 不適切 標準報酬月額は、原則として、毎年4・5・6月に支払われた報酬月額に基づき決定され（定時決定という）、著しい変動がない限り、決定された額が**その年の9月から翌年8月まで**の標準報酬月額となる。

3. 不適切 任意継続被保険者の標準報酬月額は、本人が資格を喪失したとき（退職時）の標準報酬月額と、全国健康保険協会の全被保険者の標準報酬月額を平均した額とを比べて、いずれか**少ない額**である。

4. 適 切 標準賞与額の上限額は年度の累計で573万円である。したがって、12月の標準賞与額は273万円（＝573万円－300万円）である。

1　健康保険

【問題4】（2019年9月 問2）　　　　　チェック欄□□□□□

全国健康保険協会管掌健康保険の保険給付に関する次の記述のうち、最も適切なものはどれか。

1．健康保険の被保険者が業務外の事由による負傷または疾病の療養のために労務に服することができず、その期間が4日以上継続したとしても、当該期間において事業主から報酬を受けている場合は、傷病手当金が支給されることはない。
2．健康保険の被保険者が傷病手当金と出産手当金の支給要件をいずれも満たした場合、傷病手当金が優先して支給され、傷病手当金の額が出産手当金の額よりも少ないときは、その差額が出産手当金として支給される。
3．出産育児一時金について、保険者が医療機関等に直接支払う直接支払制度を利用する場合、被保険者は、出産予定日の2カ月前以降に保険者に対して事前申請を行う必要がある。
4．出産手当金の支給を受けている者が退職し、国民健康保険の被保険者となった場合、退職日までに継続して1年以上の被保険者期間があるときは、被保険者として受けることができるはずであった期間、退職後も出産手当金の支給を受けることができる。

【問題5】（2021年1月 問1）　　　　　チェック欄□□□□□

全国健康保険協会管掌健康保険の任意継続被保険者に関する次の記述のうち、最も適切なものはどれか。

1．任意継続被保険者となるためには、その者の住所地を管轄する全国健康保険協会の都道府県支部に対し、正当な理由がある場合を除き、被保険者資格を喪失した日から14日以内に申出をしなければならない。
2．任意継続被保険者が、保険料を納付期日までに納付しなかったことによりその資格を喪失した場合、任意継続被保険者となった日から2年以内であっても、再度、資格取得の要件を満たさない限り、任意継続被保険者となることはできない。
3．任意継続被保険者の標準報酬月額は、当該任意継続被保険者が被保険者資格を喪失したときの標準報酬月額となり、任意継続被保険者である期間中に変更されることはない。
4．任意継続被保険者は、当該被保険者および被扶養者に係る保険料を全額負担しなければならないが、被扶養者に係る保険料については、被保険者が属する世帯の所得に応じた軽減措置が設けられている。

第2章　年金・社会保険　基礎編

【問題4】 正解 4

1．**不適切** 事業主から報酬を受けている場合、その額が傷病手当金の金額より少なければ、差額が支給される。

2．**不適切** 傷病手当金と出産手当金の支給要件をいずれも満たしている場合、出産手当金が優先して支給される。ただし、出産手当金の額が傷病手当金の額よりも少ない場合、その差額が傷病手当金として支給される。

3．**不適切** 出産育児一時金の直接支払制度を利用するためには、出産前に被保険者等と医療機関等が出産育児一時金の支給申請および受取りに係る契約を結んでおく必要がある。これにより、医療機関等が被保険者等の代わりに出産育児一時金の申請を行い、医療機関等が直接、出産育児一時金の支給を受けることになる。被保険者が保険者（協会けんぽ）に対して事前申請する必要はない。

4．**適　切** 被保険者の資格を喪失した日（任意継続被保険者の資格を喪失した者は、その資格を取得した日）の前日まで引き続き1年以上被保険者（任意継続被保険者または共済組合の組合員である被保険者を除く）であった者で、その資格を喪失した際に傷病手当金または出産手当金の支給を受けている者は、被保険者として受けることができるはずであった期間、継続して同一の保険者からその給付を受けることができる。

【問題5】 正解 2

1．**不適切** 任意継続被保険者となるための申出は、被保険者資格を喪失した日から**20日以内**に行う必要がある。

2．**適　切** 任意継続被保険者となった日から2年以内であっても、次の場合には、資格を喪失する。
　・保険料が納付されなかった場合
　・適用事業所の被保険者となった場合
　・75歳になった場合、または後期高齢者医療制度の被保険者となった場合
　・希望により任意継続被保険者でなくなることを申し出た場合
　・死亡した場合

3．**不適切** 任意継続被保険者の標準報酬月額は、被保険者資格を喪失したときの標準報酬月額と全被保険者の標準報酬月額の平均を比較して、いずれか低い額となる。また、全被保険者の標準報酬月額の平均は改定されることがあるため、任意継続被保険者である期間中も、標準報酬月額が変更されることはある。

4．**不適切** 健康保険において、一般被保険者でも任意継続被保険者でも、被扶養者に係る保険料の負担はない。

1　健康保険

【問題6】 （2012年9月 問4改題）　　　　　　　　チェック欄 □□□□□

　Ａさん（35歳）は、2023年8月21日に全国健康保険協会管掌健康保険の任意継続被保険者の資格を取得した。Ａさんには2023年10月10日出産予定の妻がおり、妻はＡさんが加入する健康保険の被扶養者である。Ａさんが今後受けられる保険給付ならびに負担する保険料等に関する次の記述のうち、最も適切なものはどれか。

1．Ａさんが急性胃腸炎で2週間入院した場合、Ａさんは傷病手当金の支給を請求することができ、その額は入院4日目から、1日につき、支給開始日以前の継続した12カ月間の各月の標準報酬月額を平均した額を30で除した額の3分の2に相当する金額である。

2．Ａさんの妻が産科医療補償制度に加入している医療機関で予定どおりに出産した場合、Ａさんは、所定の手続により、家族出産育児一時金として一児につき35万円を受け取ることができる。

3．Ａさんの健康保険の保険料は、全国健康保険協会が管掌する全被保険者の標準報酬月額の平均額による標準報酬月額に一般保険料率を乗じて算出される。

4．Ａさんは資格取得日から起算して2年を経過した日の翌日に任意継続被保険者の資格を喪失するが、その間に保険料を納付期日までに納付しなかった場合は、原則として、納付期日の翌日に資格を喪失する。

第2章　年金・社会保険　基礎編

105

【問題6】 正解 **4**

1．不適切 任意継続被保険者は、新たに傷病手当金の支給を受けることはできない。

2．不適切 2023年4月以降、産科医療補償制度に加入している医療機関で出産した場合の家族出産育児一時金の額は、一児につき**50万円**である。

3．不適切 全国健康保険協会管掌健康保険の任意継続被保険者の保険料は、「退職時の標準報酬月額」「全国健康保険協会が管掌する全被保険者の標準報酬月額の平均額による標準報酬月額」のうちいずれか低い額に一般保険料率を乗じて算出される。

4．適 切

2　後期高齢者医療制度

【問題1】 （2017年9月 問2改題）　　　　　　チェック欄☐☐☐☐☐

後期高齢者医療制度に関する次の記述のうち、最も適切なものはどれか。

1．後期高齢者医療制度の被保険者は、後期高齢者医療広域連合の区域内に住所を有する70歳以上の者、または後期高齢者医療広域連合の区域内に住所を有する65歳以上70歳未満の者であって一定の障害の状態にある旨の認定を受けた者であるが、生活保護受給者は被保険者とされない。

2．後期高齢者医療制度の保険料は、原則として、被保険者につき算定した所得割額および均等割額の合計額となるが、被保険者の収入が公的年金の老齢給付のみでその年金収入額が153万円以下の場合、所得割額は賦課されない。

3．後期高齢者医療制度の保険料には被保険者の世帯の所得に応じた軽減措置が設けられており、2023年度分の保険料については、所得割額が最大で2割軽減され、均等割額が最大で7割軽減される。

4．後期高齢者医療制度の被保険者が保険医療機関等の窓口で支払う一部負担金の割合は、原則として、当該被保険者が現役並み所得者である場合は3割であり、それ以外の者である場合は1割である。

【問題１】 正解 **2**

１．不適切 後期高齢者医療制度の被保険者は、後期高齢者医療広域連合の区域内に住所を有する**75歳**以上の者、または後期高齢者医療広域連合の区域内に住所を有する65歳以上**75歳**未満の者であって、一定の障害の状態にある旨の認定を受けた者（生活保護受給者を除く）である。

２．適　切

３．不適切 2023年度分の保険料については、均等割額で最大で７割軽減されるが、所得割額における軽減制度はない。

４．不適切 2022年10月以降の一部負担金の割合は、**１割、２割または３割**である。

3　公的介護保険

【問題1】（2016年1月 問1改題）　　　　　　　チェック欄☐☐☐☐☐

公的介護保険（以下、「介護保険」という）に関する次の記述のうち、最も適切なものはどれか。

1．介護給付を受けようとする被保険者は、要介護者に該当することおよびその該当する要介護状態区分について厚生労働大臣の認定を受けなければならない。
2．要介護認定は、申請のあった日から原則として30日以内に認定結果が通知され、通知があった日にその効力を生ずる。
3．合計所得金額が220万円以上、かつ、公的年金等の収入金額とその他の合計所得金額の合計額が340万円以上の単身の第1号被保険者が介護サービスを利用した場合の自己負担割合は3割である。
4．課税所得金額が145万円以上、かつ、収入の合計額が383万円以上の単身の第1号被保険者が介護サービスを利用した場合の自己負担限度額は、月額4万8,000円である。

【問題2】（2017年1月 問2）　　　　　　　　　チェック欄☐☐☐☐☐

公的介護保険（以下、「介護保険」という）に関する次の記述のうち、最も適切なものはどれか。

1．全国健康保険協会管掌健康保険の介護保険料率は、都道府県ごとに定められており、都道府県によって保険料率が異なっている。
2．介護保険の被保険者が初めて要介護認定を受けた場合、その申請のあった日に遡ってその効力を生じ、原則として、その有効期間は1年間である。
3．要介護認定を受けた被保険者が、その有効期間の満了後においても要介護状態に該当すると見込まれるときは、原則として、有効期間満了日の60日前から満了日までの間に要介護更新認定の申請をすることができる。
4．介護保険の指定事業者に対する介護報酬は、介護サービスを提供した指定事業者が審査支払機関に対して請求を行い、原則として、介護サービスを提供した月の6カ月後に支払われる。

109

【問題1】 正解 3

1．不適切 保険者である**市区町村**に申請をして要介護認定を受けなければならない。

2．不適切 要介護認定の効力は、認定結果が出た後、**申請日に遡って**効力が生じる。

3．適 切 なお、合計所得金額が160万円未満の第1号被保険者の自己負担割合は1割である。

4．不適切 課税所得金額が145万円以上、かつ、収入の合計額が383万円以上の単身の第1号被保険者（いわゆる現役並み所得者）が介護サービスを利用した場合の自己負担限度額は、課税所得金額および収入の合計額に応じて、44,400円、93,000円または140,100円となっている。

【問題2】 正解 3

1．不適切 全国健康保険協会管掌健康保険の保険料率は、都道府県単位で定められているが、介護保険料率は、**全国一律**である。

2．不適切 初めて要介護認定を受けた場合の有効期間は、原則**6カ月間**である。

3．適 切

4．不適切 介護報酬の請求は、原則として1カ月ごとに行うことになっており、毎月10日が締日となっている。介護サービスを提供した指定事業者の報告に誤りがなければ、介護サービスを提供した月の翌々月末までに介護報酬は支払われる。

110

3　公的介護保険

【問題3】 (2019年1月 問1改題)　　　　　　　　チェック欄☐☐☐☐☐

　公的介護保険（以下、「介護保険」という）に関する次の記述のうち、最も不適切なものはどれか。

1．第1号被保険者および第2号被保険者のうち、前年の合計所得金額が220万円以上の者が介護サービスを利用した場合の自己負担割合は、原則として、3割である。
2．介護保険の被保険者が有料老人ホーム（地域密着型特定施設等を除く）に入所し、その施設の所在地に住所を変更した場合、原則として、引き続き施設入所前の住所地の市町村（特別区を含む）が実施する介護保険の被保険者となる。
3．要介護認定を受けた被保険者は、その介護の必要の程度が現に認定を受けている要介護状態区分以外の要介護状態区分に該当するときは、要介護認定有効期間の満了前であっても、市町村（特別区を含む）に対し、区分変更の認定の申請をすることができる。
4．介護医療院は、主として長期療養を必要とする一定の要介護者に対し、施設サービス計画に基づいて、療養上の管理、看護、医学的管理の下における介護および機能訓練その他必要な医療ならびに日常生活上の世話を行うことを目的とする施設である。

第2章　年金・社会保険　基礎編

111

【問題3】 正解 1

1. 不適切 自己負担割合は、原則として1割であるが、**第1号被保険者**は前年の合計所得金額等により2割または3割の自己負担割合となる。前年の合計所得金額が220万円以上の第1号被保険者の自己負担割合は、原則として3割である。

2. 適 切 有料老人ホーム（地域密着型特定施設等を除く）は住所地特例対象施設に該当するため、その施設に住所変更しても、当該施設に入所前の住所地における介護保険の被保険者である。

3. 適 切 要介護状態区分の変更の認定申請は、認定の有効期間内であれば可能である。

4. 適 切 今後、増加が見込まれる慢性期の医療・介護ニーズに対応するため、「日常的な医学管理が必要な重度の介護者の受け入れ」や「看取り・ターミナル」等の機能と、「生活施設」としての機能を兼ね備えた施設が介護医療院である。

4 労働者災害補償保険

【問題1】（2016年9月 問2）　　　　　　　　　　チェック欄☐☐☐☐☐

　労働者災害補償保険（以下、「労災保険」という）に関する次の記述のうち、最も適切なものはどれか。

1．労働者がトイレに行こうとして席を立ち作業場を離れたところ、廊下に積んであった箱が崩れてきて頭を負傷した場合は、業務逸脱行為中に生じた災害であるため、業務災害に該当しない。
2．昼食時、労働者が自社の別フロアーにある社員食堂に移動する際に利用したエレベーターが誤作動し、扉に挟まれて腕を骨折した場合、業務起因性が認められるため、業務災害に該当する。
3．単身赴任先で住居を借りて生活をしている労働者が、週末に自宅に帰省し、週明けに自宅から単身赴任先の就業場所に出勤する途中、駅の階段で転倒して足首を捻挫した場合は、住居からの通勤ではないため、通勤災害に該当しない。
4．取引先との打合せがあるため、前日の夜から出張して取引先の近くにあるホテルに泊まった労働者が、翌朝、ホテルから取引先へ向かう途中、歩道橋の階段で転倒して足を骨折した場合、ホテルが住居とみなされるため、通勤災害に該当する。

【問題2】（2020年9月 問3）　　　　　　　　　　チェック欄☐☐☐☐☐

　労働者災害補償保険に関する次の記述のうち、最も適切なものはどれか。

1．遠方の取引先を訪問するため、前日から出張して取引先の近くにあるホテルに宿泊した労働者が、翌朝、ホテルから取引先へ合理的な経路で向かう途中、歩道橋の階段で転倒して足を骨折した場合、一般に、通勤災害に該当する。
2．労働者が、就業場所から住居までの帰路の途中、合理的な経路を逸脱して理髪店に立ち寄り、散髪を終えて合理的な経路に復した後に交通事故に遭って負傷した場合、一般に、通勤災害に該当する。
3．派遣労働者が、派遣元事業主と労働者派遣契約を締結している派遣先で業務に従事している間に、業務上の負傷をした場合、派遣先を適用事業とする労働者災害補償保険が適用される。
4．業務上の疾病により療養していた労働者が、疾病が治って業務に復帰後、その疾病が再発した場合、再発した疾病については、新たな業務上の事由によって発病したものでない限り、業務上の疾病とは認められない。

【問題1】 正解 2

1．不適切 作業を中断し、トイレへ行ったり水を飲んだりといった生理的行為は、業務付随行為として業務遂行性が認められるため、業務災害の対象となる。

2．適 切 休憩時間中であっても、事業場施設が原因で災害が生じた場合は、業務災害の対象となる。

3．不適切 単身赴任者が、おおむね毎月1回以上、家族の住む自宅に帰省している場合、その自宅も通勤における「住居」と認められる。したがって、自宅から単身赴任先の就業場所に通勤する途中における災害は、通勤災害の対象となる。

4．不適切 出張は、特別な事情を除き、その全過程が事業主の支配下にあるといえる。したがって、出張中における災害は**業務災害**の対象となる。

【問題2】 正解 2

1．不適切 出張は、特別な事情を除き、その全過程が事業主の支配下にあるといえる。したがって、出張中における災害は**業務災害**の対象となる。

2．適 切 通勤とは、合理的な経路および方法でなければならず、逸脱・中断の間およびその後は通勤とは認められない。ただし、通勤途中に逸脱・中断があっても、それが日常生活上必要な行為であり、やむを得ない理由で行う最小限度のものである場合、逸脱・中断の間を除き、通勤と認められる。この具体例としては、帰途で惣菜等を購入する行為、独身労働者が食堂に食事に立ち寄る行為、クリーニング店に立ち寄る行為、理美容院に立ち寄る行為などが挙げられる。

3．不適切 労働者派遣法においては、派遣元事業主が災害補償責任を負うこととされているため、労災保険においても同様に取扱い、**派遣元**を適用事業として労災保険が適用される。

4．不適切 業務上の疾病が再発した場合、独立した別個の疾病ではなく、疾病の連続であるため、業務上の疾病と認められる。

4 労働者災害補償保険

【問題3】 (2018年1月 問2) チェック欄☐☐☐☐☐

労働者災害補償保険の保険給付に関する次の記述のうち、最も不適切なものはどれか。

1．業務災害によって負傷した労働者が、やむを得ず労災指定病院以外の病院等で受診し、その療養にかかった費用を支払った場合、当該労働者は、療養の費用の請求により、支払った療養費の全額を受け取ることができる。
2．労働者が通勤災害による負傷の療養のために欠勤し、賃金を受けられない場合は、休業4日目から休業給付が支給されるが、休業の初日から3日目までの期間については、事業主が労働基準法に基づく休業補償を行わなければならない。
3．休業補償給付の支給を受けている労働者が、療養開始後1年6カ月を経過した日において傷病が治っておらず、当該傷病による障害の程度が一定の傷病等級に該当して傷病補償年金が支給される場合は、休業補償給付の支給が打ち切られる。
4．遺族補償年金は、受給権者が失権した場合に次順位者が遺族補償年金の受給権者となることができる転給制度により、すべての受給資格者が資格を喪失するまで支給される。

【問題4】 (2019年5月 問2) チェック欄☐☐☐☐☐

労働者災害補償保険の保険給付および特別支給金に関する次の記述のうち、最も適切なものはどれか。

1．労働者が業務上の負傷または疾病による療養のために休業し、賃金を受けられない場合は、休業4日目から1年6カ月を限度として、休業補償給付および休業特別支給金が支給される。
2．業務上の負傷または疾病によって療養している労働者について、当該傷病が療養の開始後1年を経過した日において治っておらず、当該傷病による障害の程度が所定の傷病等級に該当する場合は、傷病等級に応じた傷病補償年金が支給される。
3．遺族補償年金を受けることができる受給資格者は、所定の要件を満たす配偶者、子、父母、孫、祖父母および兄弟姉妹であり、すべての受給資格者が資格を喪失するまで遺族補償年金は転給が行われる。
4．遺族特別支給金は、業務上の事由または通勤により労働者が死亡した場合に、所定の要件を満たす労働者の遺族に対して支給され、その額は、遺族1人当たり100万円である。

第2章 年金・社会保険 基礎編

115

【問題3】 正解 2

1. 適 切

2. 不適切 通勤災害については、事業主の責任が問われないため、休業初日から3日目までの期間について、労働基準法に基づく休業補償を行う必要がない。

3. 適 切 傷病補償年金は、病気やケガが1年6カ月たっても治らず、一定の条件に該当するときに休業補償給付に**代わって**支給される。

4. 適 切

【問題4】 正解 3

1. 不適切 休業補償給付および休業特別支給金は、療養のために賃金を受けることができなくなった日の4日目から休業している場合に支給されるが、1年6カ月が限度ではない。療養開始日から1年6カ月を経過した日または同日後に、一定の傷病等級に該当するときには、傷病（補償）年金に切り替わるが、傷病等級に該当しない場合には、引き続き休業補償給付および休業特別支給金が支給される。

2. 不適切 傷病補償年金が支給されるのは、当該傷病が療養の開始後**1年6カ月**を経過した日において治っておらず、当該傷病による障害の程度が所定の傷病等級に該当する場合である。

3. 適 切 遺族厚生年金と異なり、遺族補償年金を受けることができる受給資格者は、すべての受給資格者が資格を喪失するまで遺族補償年金の転給が行われる。

4. 不適切 遺族特別支給金は、遺族の人数にかかわらず、300万円が一時金として支給される。

116

4　労働者災害補償保険

【問題5】（2010年9月 問6）　　　　　　　　　　　　　チェック欄 □□□□□

　労働者災害補償保険の特別加入制度に関する次の記述のうち、最も不適切なものはどれか。

1．花屋を営むAさんは、自ら花を仕入れ、店頭での販売と配達を行っている。従業員は5人で、妻であるBさんも従業員と同様に働いている。労働保険の事務処理を労働保険事務組合に委託する等の要件を満たせば、AさんとBさんは労働者災害補償保険に特別加入することができる。
2．個人タクシー業者であるCさんは、同業者が組織する団体を通じて労働者災害補償保険に特別加入することができる。ただし、通勤災害に関する保険給付は受けることができない。
3．蕎麦屋を営むDさんは、常連客に支えられ、店は繁盛しているが、いまのところ従業員を雇う予定はない。Dさんは、同業者が組織する団体を通じて、労働者災害補償保険に特別加入することができ、通勤災害に関する保険給付も受けることができる。
4．食品製造会社に勤務するEさんは、マレーシアにある現地法人に派遣されることとなり、赴任する予定である。Eさんが現地の業務活動中に被った災害に対して労働者災害補償保険を適用するためには、派遣元の事業主がEさんを海外派遣者として労働者災害補償保険に特別加入させる必要がある。

【問題5】　正解　3

1．適　切　中小事業主のうち一定人数以下の労働者を使用する事業の事業主は、特別加入を認められるが、労働保険事務の処理を労働保険事務組合に委託しなければならない。事業に従事する家族従業員、役員がいるときはそれらの者も包括して特別加入しなければならない。したがって、本肢の場合、要件を満たせば、AさんとBさんは特別加入することができる。

2．適　切　一人親方は、特別加入制度の対象となるが、個人タクシー業者等のように、住居と就業の場所との通勤の実態がはっきりしない者については、通勤災害の適用はない。

3．不適切　中小事業主のうち一定人数以下の**労働者を使用する**事業の事業主は、特別加入を認められる。したがって、労働者を今後も雇用する予定のないDさん自身のみが特別加入制度に加入することはできない。

4．適　切　事業場が海外にあるために適用を除外されている海外派遣者は、労働者として海外に派遣されている場合、特別加入することができる。

5 雇用保険

【問題1】（2022年9月 問3）　　　　　　　　　チェック欄 □□□□□

　事業主が同一でない複数の事業所において雇用される労働者に係る労働保険に関する次の記述のうち、**最も不適切なもの**はどれか。

1. 1つの事業所の業務上の負荷（労働時間やストレス等）で労災認定できない場合であっても、複数の事業所の業務上の負荷を総合的に評価して労災認定できる場合、労働者災害補償保険から保険給付が行われる。
2. 複数の事業所で雇用される労働者が、そのうち1つの事業所において業務上の事由により負傷した場合、労働者災害補償保険の給付基礎日額は、当該労働者を雇用する事業所ごとに算定した給付基礎日額に相当する額を合算した額を基礎として算定される。
3. 2つの事業所で雇用される65歳以上の労働者において、各事業所では1週間の所定労働時間は5時間以上20時間未満であるが、2つの事業所の1週間の所定労働時間を合計すると20時間以上となる場合、所定の要件を満たせば、雇用保険の高年齢被保険者となることができる。
4. 2つの事業所に雇用されることで雇用保険の加入要件を満たし、雇用保険の高年齢被保険者となった65歳以上の労働者は、そのうち1つの事業所を離職しても、他方の事業所を離職するまでは、高年齢被保険者の資格を喪失しない。

第2章 年金・社会保険 基礎編

【問題１】　正解 4

1．適　切　１つの事業所のみの業務上の負荷（労働時間やストレス等）を評価して業務災害に該当しない場合、複数事業所等の業務上の負荷を総合的に評価して労災認定を判断する。

2．適　切　複数事業労働者に保険給付を行う際の給付基礎日額は、当該複数事業労働者を使用する事業ごとに算定した給付基礎日額に相当する額を合算した額を基礎とする。

3．適　切　2022年１月から、次の要件を満たす者自身が申出をすることにより、特例高年齢被保険者（マルチ高年齢被保険者）になることができることとされた。

① 複数の事業主に雇用される65歳以上の労働者であること

② ２つの事業所の１週間の所定労働時間がそれぞれ５時間以上20時間未満であり、その労働時間を合計すると１週間の所定労働時間が20時間以上となること

③ ２つの事業所のそれぞれの雇用見込みが31日以上であること

4．不適切　２つの事業所に雇用される特例高年齢被保険者が、そのうちの１つの事業所を離職した場合、特例高年齢被保険者資格を喪失する。なお、所定の要件を満たした場合、高年齢求職者給付金を受給することができる。

5　雇用保険

【問題2】（2021年5月 問3）　　　チェック欄□□□□□

雇用保険の基本手当に関する次の記述のうち、最も不適切なものはどれか。

1．一般被保険者が会社の倒産により離職を余儀なくされて失業した場合、原則として、離職の日以前2年間に被保険者期間が通算して6カ月以上あれば、所定の手続により、基本手当の支給を受けることができる。
2．基本手当は、原則として、4週間に1回、公共職業安定所において失業の認定を受けた日分が支給される。
3．特定受給資格者・特定理由離職者以外の受給資格者（就職困難者を除く）の所定給付日数は、受給資格者の離職の日における年齢にかかわらず、原則として、算定基礎期間が10年未満の場合は90日、10年以上20年未満の場合は120日、20年以上の場合は150日である。
4．基本手当の日額の算定の基礎となる賃金日額は、原則として、被保険者期間として計算された最後の6カ月間に支払われた賃金（賞与等を除く）の総額を基に算出されるが、下限額および受給資格者の年齢区分に応じた上限額が設けられている。

【問題3】（2020年1月 問3）　　　チェック欄□□□□□

雇用保険の基本手当に関する次の記述のうち、最も適切なものはどれか。

1．基本手当を受給するためには、特定理由離職者等に該当する場合を除き、離職の日以前2年間に被保険者期間が継続して12カ月以上なければならない。
2．基本手当は失業の認定を受けている日について支給され、その認定は、求職の申込みを受けた公共職業安定所において、原則として、受給資格者が離職後最初に出頭した日から2週間に1回ずつ行われる。
3．基本手当の受給期間は、原則として離職の日の翌日から1年間であるが、離職が60歳以上の定年退職によるものである場合、離職の日の翌日から2カ月以内に申し出ることにより、最長3年間まで延長される。
4．特定受給資格者・特定理由離職者以外の受給資格者（就職困難者を除く）の所定給付日数は、受給資格者の離職の日における年齢にかかわらず、算定基礎期間が10年未満の場合は90日、10年以上20年未満の場合は120日、20年以上の場合は150日である。

【問題2】 正解 1

1．不適切 倒産や解雇など会社都合により離職した者は特定受給資格者となる。特定受給資格者については、離職の日以前**1年間**に、被保険者期間が通算して6カ月以上あれば、所定の手続きにより、基本手当の支給を受けることができる。

2．適　切 基本手当は失業の認定を受けた日に支給されるが、この失業の認定は、原則として、受給資格者が離職後最初に出頭した日から4週間に1回ずつ行われる。

3．適　切 自己都合により退職した者や定年退職した者など、特定受給資格者・特定理由離職者以外の受給資格者（就職困難者を除く）の所定給付日数は、次のとおりである。

離職時の年齢	算定基礎期間		
全年齢共通	10年未満	10年以上20年未満	20年以上
	90日	120日	150日

4．適　切 賃金日額は、被保険者期間として計算された最後の6カ月間に支払われた賃金総額（ボーナス等は含まない）を180で除した金額であり、下限額および離職日の年齢に応じた上限額がある。

【問題3】 正解 4

1．不適切 基本手当は、原則として、離職の日以前2年間に、被保険者期間が**通算して**12カ月以上あることが要件となる。「継続して12カ月以上」ではない。

2．不適切 失業の認定は、原則として**4週間**に1回ずつ行われる。

3．不適切 基本手当の受給期間は、原則として離職した日の翌日から1年間であるが、60歳以上の定年退職により離職した場合は、最長**1年間**受給期間を延長できる。

4．適　切 自己都合により退職した者や定年退職した者など、特定受給資格者・特定理由離職者以外の受給資格者（就職困難者を除く）の所定給付日数は、次のとおりである。

離職時の年齢	算定基礎期間		
全年齢共通	10年未満	10年以上20年未満	20年以上
	90日	120日	150日

5 雇用保険

【問題4】 (2016年1月 問2改題)　　　　チェック欄

雇用保険の基本手当に関する次の記述のうち、最も適切なものはどれか。なお、いずれの場合も所定の手続はなされているものとし、**各選択肢で記載のある事項以外は考慮しないものとする。**

1．2022年4月1日に再就職し、再就職手当を受給したAさん（28歳）は、欠勤せずに働いていたが、2023年11月末に自己都合退職した。この場合、Aさんは、再就職手当を受給してから2年が経過していないため、基本手当を受給することはできない。

2．8年間勤務した会社を2023年2月末に自己都合退職し、家業を手伝っていたBさん（32歳）は、2023年12月10日に住所地を管轄する公共職業安定所に求職の申込みを行った。この場合、Bさんが受給することができる基本手当の日数は、最大で90日である。

3．Cさん（47歳）は、22年間勤務した会社が経営難から倒産し、2023年7月末に離職した。この場合、Cさんは特定受給資格者に該当するため、Cさんが受給することができる基本手当の日数は、最大で330日である。

4．Dさん（62歳）は、44年間勤務した会社を2023年3月末に自己都合退職した。この場合、長期加入者の特例により、Dさんが受給することができる基本手当の日数は、最大で240日である。

【問題5】 (2019年5月 問3)　　　　チェック欄

雇用保険の教育訓練給付に関する次の記述のうち、最も適切なものはどれか。

1．教育訓練給付金は、所定の教育訓練を開始した日において、一般被保険者または高年齢被保険者である者、あるいは被保険者資格を喪失した日から3年以内の者が、当該教育訓練を修了した場合に支給される。

2．一般教育訓練に係る教育訓練給付金の額は、教育訓練の受講のために支払った所定の費用の額の20％相当額であり、20万円が上限とされる。

3．訓練期間が3年間の専門実践教育訓練の受講の修了後、あらかじめ定められた資格等を取得し、受講修了日の翌日から1年以内に一般被保険者として雇用された場合、専門実践教育訓練に係る教育訓練給付金の額は、最大168万円となる。

4．専門実践教育訓練の受講開始時に45歳未満で、かつ、訓練期間中に失業している者は、1日につき、その者の離職前賃金に基づき算出された基本手当の日額と同額の教育訓練支援給付金の支給を受けることができる。

【問題４】　正解 **3**

１．不適切　自己都合による離職のため、新たに基本手当の受給資格を取得するためには、離職の日以前２年間に被保険者期間が通算12カ月以上必要である。設問の場合、この要件を満たしているため、基本手当を受給することができる。

２．不適切　基本手当の受給期間は、離職した日の翌日から１年間である。設問の場合、求職の申し込みを行ったのが遅いため、受給期間は３カ月未満となる。さらに待期期間が７日間あり、自己都合による離職のため給付制限が１～３カ月間ある。自己都合による離職で、算定基礎期間10年未満の場合、所定給付日数は90日であるが、90日分受給することはできない。

３．適　切　特定受給資格者で、離職時の年齢が**45歳以上60歳未満**で、算定基礎期間が**20年以上**ある者の所定給付日数は、**330日**である。

４．不適切　自己都合による離職で算定基礎期間が**20年以上**ある場合の所定給付日数は**150日**である。

【問題５】　正解 **3**

１．不適切　教育訓練給付金は、被保険者である者が教育訓練給付金の支給を受ける場合は、受講開始日時点で雇用保険の被保険者期間が３年以上必要であるが、初めて支給を受ける場合は１年以上でよい。一方、受講開始日時点で被保険者でない場合には、被保険者資格を喪失した日（離職日の翌日）以降、受講開始日までが１年以内（適用対象期間の延長が行われた場合は最大20年以内）となっている。

２．不適切　一般教育訓練に係る教育訓練給付金の額は、教育訓練の受講のために支払った所定の費用の額の20％相当額であり、上限は**10万円**である。

３．適　切　専門実践教育訓練に係る教育訓練給付金の額は、教育訓練施設に支払った教育訓練経費の50％に加えて、専門実践教育訓練の受講を修了した後、あらかじめ定められた資格等を取得し、受講修了日の翌日から１年以内に被保険者として雇用された場合、またはすでに雇用されている場合には、教育訓練経費の20％に相当する額が支給される。この場合、すでに給付された訓練経費の50％と追加給付20％を合わせた70％に相当する額が支給されることとなるが、支給額の上限は168万円となる。

４．不適切　教育訓練支援給付金の日額は、原則として離職する直前の６カ月間に支払われた賃金額から算出された基本手当（失業給付）の日額に相当する額の80％である。

5　雇用保険

【**問題6**】（2017年9月 問3）　　　　　　　　チェック欄☐☐☐☐☐

雇用保険に関する次の記述のうち、最も適切なものはどれか。

1．基本手当の受給者が再就職し、再就職手当の支給を受ける場合、再就職した日の前日における基本手当の支給残日数が所定給付日数の3分の2以上であるときの再就職手当の額は、「基本手当日額（上限あり）×所定給付日数の支給残日数×70％」の算式により算出される。

2．介護休業給付金の支給対象となる介護休業の対象家族の範囲は、介護休業を取得しようとする者の配偶者、父母、子、配偶者の父母、祖父母、兄弟姉妹および孫であり、祖父母、兄弟姉妹および孫については同居かつ扶養している者に限られる。

3．介護休業給付金の支給対象となる介護休業は、同一の対象家族について、介護休業を開始した日から通算93日を限度として、5回まで分割して取得することができる。

4．高年齢求職者給付金の支給を受けることができる者は、同一の事業主の適用事業に65歳以前から引き続いて雇用されていた被保険者であり、かつ、失業した者に限られる。

【**問題7**】（2022年5月 問4）　　　　　　　　チェック欄☐☐☐☐☐

雇用保険に関する次の記述のうち、最も適切なものはどれか。

1．60歳以後も継続して雇用されている被保険者に対して支給対象月に支払われた賃金額が60歳到達時の賃金月額の61％相当額を下回る場合、高年齢雇用継続基本給付金の額は、原則として、60歳到達時の賃金月額に15％を乗じて得た額となる。

2．60歳以後に再就職し、高年齢再就職給付金を受給するためには、受給資格に係る離職日における算定基礎期間が5年以上あり、かつ、当該受給資格に基づく基本手当の支給を受けたこと、就職日の前日における当該基本手当の支給残日数が100日以上であること等の要件を満たす必要がある。

3．介護休業期間中に事業主から休業開始時賃金日額に支給日数を乗じて得た額の67％相当額以上の賃金が支払われた場合、当該支給単位期間について、介護休業給付金は支給されない。

4．育児休業給付金は、原則として、1歳に達する日前までの子を養育するための育児休業を取得した場合に支給されるが、パパ・ママ育休プラス制度を利用する場合は、対象となる子の年齢が1歳6カ月まで延長される。

第2章　年金・社会保険　基礎編

【問題6】 正解 1

1. **適 切**

2. **不適切** 祖父母、兄弟姉妹および孫について介護休業を取得する場合、「同居かつ扶養」という要件は不要である。

3. **不適切** 介護休業給付金を分割取得できる回数は**3回**までである。

4. **不適切** 高年齢求職者給付金の支給を受けることができる者は、短期雇用特例被保険者および日雇労働被保険者を除く**65歳以上の被保険者(高年齢被保険者)**である。65歳以前から引き続いて雇用されている必要はない。

【問題7】 正解 2

1. **不適切** 支給対象月に支払われた賃金額が60歳到達時の賃金月額の61%相当額を下回る場合、高年齢雇用継続基本給付金の額は、原則として、**支給対象月に支払われた賃金月額**に15%を乗じて得た額となる。

2. **適 切** なお、高年齢雇用継続基本給付金は、基本手当を受給しないで雇用を継続する者に60歳から65歳になるまで支給される。

3. **不適切** 介護休業期間中に事業主から休業開始時賃金日額に支給日数を乗じて得た額の**80%**相当額以上の賃金が支払われた場合、当該支給単位期間について、介護休業給付金は支給されない。

4. **不適切** パパ・ママ育休プラス制度を利用する場合、育児休業給付金は、対象となる子の年齢が**1歳2カ月**まで延長される。

5　雇用保険

【問題8】（2019年9月　問3改題）　　　　　　チェック欄 □□□□□

雇用保険の雇用継続給付等に関する次の記述のうち、最も適切なものはどれか。

1．60歳以後も継続して雇用されている被保険者に対して支給対象月に支払われた賃金の額が、60歳到達時の賃金月額の50％相当額である場合、高年齢雇用継続基本給付金の額は、原則として、60歳到達時の賃金月額に100分の15を乗じて得た額となる。
2．高年齢再就職給付金は、60歳以後に安定した職業に就くことにより被保険者となった者のうち、その受給資格に係る離職日における算定基礎期間が5年以上あり、かつ、当該受給資格に基づく基本手当の支給を受けたことがない者が支給対象となる。
3．育児休業給付金の額は、育児休業期間中に事業主から賃金が支払われた場合、1支給単位期間について、事業主から実際に支払われた賃金の額を休業開始時賃金日額に支給日数を乗じて得た額から差し引いた額が限度となる。
4．介護休業給付金の支給額の算定上、休業開始時賃金日額に支給日数を乗じて得た額に乗じる給付率は、介護休業期間中に事業主から賃金が支払われなかった場合、100分の67である。

第2章　年金・社会保険　基礎編

【問題8】 正解 **4**

1．不適切　60歳到達時の賃金月額の50％相当額（61％未満）であるため、原則とし
て、**支給対象月に支払われた賃金月額**に100分の15を乗じて得た額が、高年齢雇用
継続基本給付金の額となる。60歳到達時の賃金月額に100分の15を乗じるわけでは
ない。

2．不適切　高年齢再就職給付金は、基本手当を受給後に再就職した者に支給され
る。なお、基本手当の支給残日数によって、高年齢再就職給付金の支給期間が異な
る。

3．不適切　休業開始からの日数および事業主からの支払賃金額に応じて、支給額の
限度は異なる。「休業開始時賃金日額」をＡ、「支給日数」をＢとすると次のとおり
となる。

■休業開始から180日目まで

「Ａ×Ｂ」に対する事業主の支払賃金額の割合	13％以下	13％超80％未満	80％以上
支給額	Ａ×Ｂ×67％	Ａ×Ｂ×80％－支払賃金額	不支給

■休業開始から181日目以降

「Ａ×Ｂ」に対する事業主の支払賃金額の割合	30％以下	30％超80％未満	80％以上
支給額	Ａ×Ｂ×50％	Ａ×Ｂ×80％－支払賃金額	不支給

4．適　切　なお、介護休業期間中に事業主から賃金が支払われた場合、**肢3**の「休
業開始から180日目まで」と同様の取扱いとなる。

5 雇用保険

【問題9】 (2019年1月 問2改題)　　　　　　　　　　チェック欄 □□□□□

2022年10月以降における育児休業および雇用保険の育児休業給付金に関する次の記述のうち、最も適切なものはどれか。

1. 育児休業給付金の支給対象となる育児休業は、育児休業取得可能期間の範囲内において、分割して取得することはできない。
2. 育児休業給付金は、育児休業期間中に事業主から賃金が支払われなかった場合、育児休業を開始した日から1カ月ごとに、休業開始時賃金日額に30日を乗じて得た額の50％相当額が支給される。
3. 母親が育児休業を取得した後、同一の子について父親が育児休業を取得した場合、「同一の子について配偶者が育児休業をする場合の特例」(パパ・ママ育休プラス制度) により、父母ともに子が1歳2カ月に達する日まで育児休業を取得することができる。
4. 育児休業を取得することができる期間について、保育所等における保育の利用を希望して申込みを行っているが、その実施が行われないなどの事情がある場合、子が1歳6カ月に達する日までの延長および子が2歳に達する日までの再延長が認められる。

第2章　年金・社会保険　基礎編

129

【問題9】 正解 **4**

1．不適切 2022年10月以降、育児休業給付金の支給対象となる育児休業は、2回まで分割して取得することができる。なお、この育児休業とは別に、子の出生後8週間以内に4週間まで、分割して2回まで取得することが可能である「産後パパ休暇（出生時育児休業）」がある。出生時育児休業は、出生時育児休業給付金の支給対象となっている。

2．不適切 育児休業給付金の支給額は、支給対象期間（1カ月）当たり、原則として休業開始時賃金日額に30日を乗じて得た額の**67%**（育児休業の開始から**181日目以降**は**50%**）相当額である。

3．不適切 パパ・ママ育休プラス制度では、原則として、子が1歳2カ月になるまでの育児休業を認めているが、本肢のように、母親が先に育児休業を取得し、その後、父親が育児休業を取得した場合、母親が取得できる育児休業は、原則どおり子が1歳になるまでである。なお、本肢の場合、父親は、子が1歳2カ月になるまで育児休業を取得できるが、育児休業を取得できる期間は1年を超えることができない。

4．適　切 なお、子が2歳に達するまでの育児休業は、子が1歳6カ月到達時点でさらに休業が必要な場合に限られるため、子が1歳時点で延長可能な育児休業期間は、子が1歳6カ月に達する日までである。

6　公的年金

【問題1】（2019年5月 問4改題）　　　　　　　　チェック欄☐☐☐☐☐

国民年金保険料に関する次の記述のうち、最も適切なものはどれか。

1．国民年金の第1号被保険者が障害基礎年金または遺族基礎年金の支給を受けている場合や、生活保護法による生活扶助を受けている場合は、所定の届出をすることにより、国民年金保険料の納付が当然に免除される。

2．国民年金の第1号被保険者が保険料納付猶予制度（国民年金の保険料の免除の特例）の適用を受けるためには、当該被保険者が30歳未満であり、かつ、被保険者本人および配偶者の所得金額が一定額以下である必要がある。

3．免除を受けた2019年度の国民年金保険料を2023年度中に追納する場合、その金額は、2019年度当時の保険料額に、追納までの経過期間に応じた加算額が上乗せされた額となる。

4．国民年金の第1号被保険者が、時効により国民年金保険料を納付することができない保険料未納期間を有する場合、厚生労働大臣の承認を受けることにより、当該承認の日の属する月前5年以内の期間に係る保険料に限り、後納することができる。

【問題2】（2022年5月 問5）　　　　　　　　　チェック欄☐☐☐☐☐

国民年金の学生納付特例制度（以下、「本制度」という）に関する次の記述のうち、最も適切なものはどれか。

1．本制度は、国民年金の第1号被保険者で大学等の所定の学校に在籍する学生について、学生本人および扶養義務者の前年所得が一定額以下であれば、被保険者等からの申請に基づき、国民年金保険料の納付を猶予する制度である。

2．学生が在籍する大学が学生納付特例事務法人の指定を受けている場合に、学生が本制度に係る申請を当該大学に委託したときは、学生本人が住所地の市（区）町村の窓口または年金事務所に申請書を提出する必要はない。

3．本制度の承認を受けた期間の保険料は、10年以内であれば追納することができ、大学等を卒業等した翌年度から5年度目以内に保険料を追納すれば、承認を受けた当時の保険料額に経過期間に応じた加算額は上乗せされない。

4．会社員が勤務先を退職して大学院に入学した場合など、学生等の年齢が30歳以上であるときは、本制度を利用することができない。

【問題1】 正解 3

1．**不適切** 所定の届出をすることにより、国民年金保険料の納付が当然に免除されるのは、国民年金の第1号被保険者が障害基礎年金または生活保護法による生活扶助を受けている場合などである。遺族基礎年金の支給を受けている場合には、国民年金保険料の納付は当然に免除されるわけではない。

2．**不適切** 国民年金の第1号被保険者が保険料納付猶予制度の適用を受けるための年齢要件は、当該被保険者が**50歳未満**であることである。

3．**適 切** 免除などを受けた期間の翌年度から数えて3年度目以降に追納する場合は、当時の保険料額に一定の加算額が上乗せされる。

4．**不適切** 年金の未納期間分の保険料は、過去2年分までしか支払うことができない。

【問題2】 正解 2

1．**不適切** 学生納付特例制度は、**扶養義務者の前年の所得金額にかかわらず**、学生本人のみの前年の所得が一定金額以下であり、所定の要件を満たした場合、利用することができる。

2．**適 切** 学生納付特例制度は、毎年申請をする必要があるが、学生が学生納付特例事務法人の指定を受けている大学に在学している場合、その大学で申請手続きを行うことが可能である。

3．**不適切** 保険料の免除もしくは納付猶予を受けた期間の翌年度から起算して**3年度目**以降に保険料を追納する場合の納付額は、保険料の免除を受けた当時の保険料の額に政令で定める加算額が上乗せされる。また、在学中に加算額が免除される等の特例はない。

4．**不適切** 昼間部、夜間部、定時制課程、通信課程を問わず、大学（大学院）、短期大学、高等学校、高等専門学校、特別支援学校、専修学校および各種学校、一部の海外大学の日本分校に在学する**20歳以上の第1号被保険者**であれば、学生納付特例制度を利用することができる。

6 公的年金

【問題3】 （2020年1月 問4）　　チェック欄☐☐☐☐☐

国民年金に関する次の記述のうち、**最も不適切なもの**はどれか。なお、記載のない事項については考慮しないものとする。

1．第1号被保険者が出産する場合、所定の届出により、出産予定月の前月から6ヵ月間、国民年金保険料の納付が免除される。
2．第2号被保険者としての被保険者期間のうち、20歳未満および60歳以後の期間は、合算対象期間として老齢基礎年金の受給資格期間に算入される。
3．振替加算が加算された老齢基礎年金は、その受給権者が障害基礎年金や障害厚生年金の支給を受けることができるときは、その間、振替加算に相当する部分の支給が停止される。
4．65歳到達時に老齢基礎年金の受給権を取得し、70歳に達する前に当該老齢基礎年金を請求していなかった者は、70歳到達時、5年分の年金を一括して受給するか繰下げ支給の申出をするかを選択することができる。

【問題4】 （2017年9月 問4改題）　　チェック欄☐☐☐☐☐

老齢基礎年金および老齢厚生年金の支給開始の繰上げ、繰下げに関する次の記述のうち、**最も適切なもの**はどれか。

1．1960年10月1日生まれの男性で、厚生年金保険の被保険者期間を有する者は、所定の要件を満たせば、60歳から老齢基礎年金のみを繰上げ受給し、64歳から特別支給の老齢厚生年金を受給することができる。
2．振替加算の対象者が老齢基礎年金の繰下げ支給の申出をした場合、振替加算は、老齢基礎年金と同様に、繰り下げた月数に応じて増額される。
3．60歳から寡婦年金を受給していた者は、老齢基礎年金の繰下げ支給の申出をすることはできない。
4．65歳以後も引き続き厚生年金保険の被保険者である者が老齢厚生年金の繰下げ支給の申出をした場合、老齢厚生年金の年金額のうち、在職支給停止の仕組みにより支給停止とされる部分の金額は、支給を繰り下げたことによる増額の対象とならない。

第2章　年金・社会保険　基礎編

133

【問題3】 正解 1

1．不適切 第1号被保険者の保険料が免除される産前産後期間は、出産予定日の前月から**4カ月間**（多胎妊娠の場合は6カ月間）である。

2．適　切 合算対象期間は受給資格期間の対象であるが、年金額に反映されない期間である。代表的なものは、会社員世帯の専業主婦で1961年4月から1986年3月までの任意加入期間のうち、国民年金に任意加入しなかった20歳以上60歳未満の期間や、第2号被保険者としての被保険者期間のうち、20歳未満および60歳以後の期間である。

3．適　切 老齢基礎年金の受給権者が、障害基礎年金や障害厚生年金の支給を受けることができるときは、その間、振替加算は支給停止となる。ただし、障害基礎年金などが全額支給停止される場合は、振替加算は支給される。

4．適　切 なお、繰下げ支給の申出をする場合、70歳に達する月の翌月から増額された年金の支給を受けることになる。

【問題4】 正解 4

1．不適切 1960年10月1日生まれの男性は、64歳から報酬比例部分のみの特別支給の老齢厚生年金を受給することができる。この者は64歳に達するまでに、特別支給の老齢厚生年金と老齢基礎年金を**同時に**繰上げ受給の請求をしなければならない。

2．不適切 老齢基礎年金を繰下げ受給する場合、振替加算は繰り下げた老齢基礎年金とともに支給開始されるが、増額はされない。

3．不適切 寡婦年金の受給者は、老齢基礎年金の繰下げ支給の申出をすることができる。なお、老齢基礎年金を繰上げ受給すると、寡婦年金の受給権を失う。

4．適　切 繰下げ支給の増額の対象となる年金額は、在職老齢年金の支給調整後の年金額である。

6 公的年金

【問題5】（2016年9月 問4）　チェック欄 □□□□□

老齢厚生年金の繰下げ支給に関する次の記述のうち、最も適切なものはどれか。

1．老齢厚生年金の繰下げ支給の申出は、老齢基礎年金の繰下げ支給の申出と同時に行わなければならない。
2．障害基礎年金の受給権者が65歳に達して老齢厚生年金の受給権を取得した場合、当該受給権者は、老齢厚生年金の繰下げ支給の申出をすることができず、65歳から障害基礎年金と老齢厚生年金を受給することになる。
3．遺族厚生年金を受給している厚生年金保険の被保険者が65歳に達して老齢厚生年金の受給権を取得し、65歳以後も引き続き厚生年金保険の被保険者である場合、当該受給権者は、退職して厚生年金保険の被保険者資格を喪失後に老齢厚生年金の繰下げ支給の申出をすることができる。
4．加給年金額が加算される老齢厚生年金の繰下げ支給の申出をした場合、老齢厚生年金の額は繰下げ加算額を加算した額とされるが、加給年金額については繰下げしても増額されない。

【問題6】（2019年9月 問4）　チェック欄 □□□□□

老齢基礎年金および老齢厚生年金の繰下げ支給に関する次の記述のうち、最も不適切なものはどれか。

1．付加保険料納付済期間を有する者が老齢基礎年金の繰下げ支給の申出をした場合、付加年金は、老齢基礎年金と同様に、繰り下げた月数に応じて増額される。
2．66歳到達時に老齢基礎年金の受給資格期間を満たし、その受給権を取得した者が、70歳到達日に老齢基礎年金の繰下げ支給の申出をした場合、老齢基礎年金の増額率は33.6％である。
3．障害基礎年金を受給している者が65歳到達時に老齢厚生年金の受給権を取得した場合、老齢厚生年金の支給を繰り下げることはできない。
4．65歳以後も引き続き厚生年金保険の被保険者である者が老齢厚生年金の繰下げ支給の申出をした場合、老齢厚生年金の年金額のうち、在職支給停止の仕組みにより支給停止とされる部分の金額は、支給を繰り下げたことによる増額の対象とならない。

第2章　年金・社会保険　基礎編

135

【問題5】 正解 4

1. **不適切** 老齢厚生年金の繰下げは、老齢基礎年金の繰下げと同時に行う必要はない。

2. **不適切** 老齢厚生年金の受給権取得日に、**障害厚生年金、遺族厚生年金**および**遺族基礎年金**の受給権者であった場合、老齢厚生年金の繰下げの申し出はできない。本肢は、障害基礎年金の受給権者の場合であるため、老齢厚生年金の繰下げの申し出はできる。

3. **不適切** 本肢は、遺族厚生年金の受給権者の場合であるため、老齢厚生年金の繰下げの申し出はできない。**肢2**の解説参照。

4. **適 切**

【問題6】 正解 3

1. **適 切** なお、付加年金額も繰下げ1カ月当たり0.7%増額される。

2. **適 切** 70歳到達日まで繰り下げた場合、繰り下げた月数は48カ月（4年×12カ月）である。したがって、増額割合は33.6%（0.7%×48カ月）となる。

3. **不適切** 障害基礎年金を受給している者が65歳到達時に老齢厚生年金の受給権を取得した場合、老齢厚生年金の支給を繰り下げることができる。なお、**障害厚生年金、遺族厚生年金、遺族基礎年金**の受給権者は、老齢厚生年金の繰下げの申出をすることはできない。

4. **適 切** 繰下げ支給の増額対象は、在職老齢年金の支給調整後の年金額である。つまり、支給停止された年金額は繰下げ支給の対象にならない。

【問題7】 (2020年9月 問4改題)　　　　　　　　　チェック欄 ☐☐☐☐☐

　Aさん（女性。1960年9月5日生まれ）が63歳到達月に老齢基礎年金の繰上げ支給の請求を行った場合、その年金額の合計額として、次のうち最も適切なものはどれか。なお、Aさんは、厚生年金保険に加入したことはなく、繰上げ支給を受けなかった場合、下記の〈Aさんに対する老齢給付の額〉の年金額を受給できるものとする。また、記載のない事項については考慮しないものとする。

〈Aさんに対する老齢給付の額〉
・65歳時の老齢基礎年金の額（新規裁定者）
　79万5,000円
・65歳時の振替加算の額
　2万1,269円
・65歳時の付加年金の額
　2万4,000円

　1．72万720円
　2．72万4,827円
　3．72万9,217円
　4．74万9,105円

【問題7】 正解 1

　63歳から受給できるのは老齢基礎年金および付加年金である。Aさんの生年月日は1962年4月2日以後ではないため、老齢基礎年金を繰り上げることによる減額率は、繰上げ1カ月当たり**0.5%**であり、付加年金も同率で減額される。なお、老齢基礎年金を繰り上げた場合でも、**振替加算は65歳から減額されずに加算される**。

　減額率：0.5%×12カ月×（65歳－63歳）＝12%

　繰上げ支給される老齢基礎年金：795,000円×（1－12%）＝699,600円…①

　繰上げ支給される付加年金：24,000円×（1－12%）＝21,120円…②

　繰上げ支給される年金の合計額：①＋②＝**720,720円**

6 公的年金

【問題8】（2019年5月 問5改題）　　　　　　　　チェック欄☐☐☐☐☐

　Aさん（女性。1963年6月3日生まれ）が60歳到達月に老齢基礎年金および老齢厚生年金の繰上げ支給の請求を行った場合、その年金額の合計額として、次のうち最も適切なものはどれか。なお、Aさんは、繰上げ支給を受けなかった場合、下記の〈Aさんに対する老齢給付の額〉の年金額を受給できるものとする。また、記載のない事項については考慮しないものとし、年金額の端数処理は、円未満を四捨五入すること。

〈Aさんに対する老齢給付の額〉
・63歳時の特別支給の老齢厚生年金の額
　1,120,000円（報酬比例部分の額）
・65歳時の老齢基礎年金の額（新規裁定者）
　795,000円
・65歳時の老齢厚生年金の額
　1,517,860円 　　報酬比例部分の額：1,120,000円
　　　　　　　　　経過的加算額　　：360円
　　　　　　　　　配偶者加給年金額：397,500円

1．1,344,141円
2．1,563,194円
3．1,617,491円
4．1,936,241円

第2章　年金・社会保険　基礎編

【問題8】 正解 2

　Aさんが60歳到達月に繰上げ支給の請求を行った場合、特別支給の老齢厚生年金、老齢基礎年金および経過的加算の支給を受けることができるが、**配偶者加給年金は65歳から加算される**ため、繰上げ支給の対象ではない。また、経過的加算の減額分は報酬比例部分から減額され、経過的加算そのものは減額されずに加算される。

　Aさんは63歳から特別支給の老齢厚生年金を受け取ることができるため、特別支給の老齢厚生年金の繰上げ月数は36月（3年）である。また、老齢基礎年金および経過的加算は65歳から受け取ることができるため、繰上げ月数は60月（5年）である。Aさんの生年月日は1962年4月2日以後であるため、繰上げによる減額率は、1月あたり**0.4%**である。

①　繰上げによる特別支給の老齢厚生年金の減額分

$$1,120,000円 \times 0.4\% \times 36月 = 161,280円$$

②　繰上げによる経過的加算の減額分　　360円 × 0.4% × 60月 ≒ 86円

③　繰上げによる老齢基礎年金の減額分　795,000円 × 0.4% × 60月 = 190,800円

∴　支給額 = {1,120,000円 － (① + ②)} + 360円 + (795,000円 － ③) = **1,563,194円**

※　次のように計算しても求めることができる。

　1,120,000円 + 360円 + 795,000円 － ① － ② － ③ = **1,563,194円**

6 公的年金

【問題9】（2019年1月 問3改題） チェック欄☐☐☐☐☐

厚生年金保険の被保険者に支給される老齢厚生年金に関する次の記述のうち、最も適切なものはどれか。なお、記載のない事項については考慮しないものとする。

1．Aさん（63歳）の基本月額が10万円、2024年2月の標準報酬月額が36万円、60歳以後は賞与が支給されていない場合、2024年2月分の特別支給の老齢厚生年金は、その一部が支給停止される。
2．Bさん（66歳）の基本月額が20万円、2024年2月の標準報酬月額が22万円、2024年2月以前1年間の標準賞与額の総額が48万円の場合、2024年2月分の老齢厚生年金は全額が支給される。
3．加給年金対象者である配偶者を有するCさん（67歳）に対する老齢厚生年金について、在職支給停止の仕組みにより、その一部が支給停止となる場合、老齢厚生年金に加算される加給年金額についても、その一部が支給停止となる。
4．Dさん（68歳）に対する老齢厚生年金について、在職支給停止の仕組みにより、その全部が支給停止となる場合、老齢厚生年金に加算される経過的加算額についても、その全部が支給停止となる。

【問題10】（2018年9月 問5） チェック欄☐☐☐☐☐

公的年金制度の障害給付に関する次の記述のうち、最も適切なものはどれか。

1．障害厚生年金の額については、当該障害厚生年金の支給事由となった障害に係る障害認定日の属する月後における厚生年金保険の被保険者であった期間は、その計算の基礎とされない。
2．障害等級1級に該当する者に支給される障害基礎年金の額は、障害等級2級に該当する者に支給される障害基礎年金の額の1.5倍に相当する額である。
3．障害等級3級に該当する者に支給される障害厚生年金の額は、障害等級2級に該当する者に支給される障害基礎年金の額の3分の2相当額が最低保障される。
4．障害手当金は、障害等級3級に至らない程度の障害が残った者に対して一時金として支給されるものであり、その額は、障害等級2級に該当した場合に支給される障害厚生年金の額と同額である。

第2章 年金・社会保険 基礎編

141

【問題9】 正解 2

1. **不適切** 在職老齢年金では、総報酬月額相当額と基本月額との合計額が48万円（2023年度価額）以下である場合、老齢厚生年金は全額支給される。

2. **適　切** 在職老齢年金では、総報酬月額相当額と基本月額との合計額が48万円（2023年度価額）以下である場合、老齢厚生年金は全額支給される。

   総報酬月額相当額：22万円＋48万円÷12月＝26万円

   総報酬月額相当額と基本月額の合計額：26万円＋20万円＝46万円≦48万円

3. **不適切** 老齢厚生年金について、在職支給停止の仕組みにより、その一部が支給停止となる場合でも、加給年金額は全額支給される。

4. **不適切** 老齢厚生年金について、在職支給停止の仕組みにより、その全部が支給停止となる場合でも、経過的加算額は全額支給される。

【問題10】 正解 1

1. **適　切** 障害厚生年金額の算定期間は、障害認定日の属する月までである。

2. **不適切** 障害等級1級の障害基礎年金の額は、障害等級2級の障害基礎年金の額の**1.25倍**である。

3. **不適切** 障害等級3級の障害厚生年金の額は、障害等級2級の障害基礎年金の額の**4分の3**が最低保障される。

4. **不適切** 障害手当金の額は、障害等級2級の障害厚生年金の額の**2倍**である。

6 公的年金

【問題11】（2021年5月 問5）　　　　　チェック欄 ☐☐☐☐☐

公的年金制度の障害給付に関する次の記述のうち、**最も不適切なもの**はどれか。

1．障害厚生年金の支給を受けるためには、傷病に係る初診日および障害認定日において厚生年金保険の被保険者であり、かつ、その障害認定日において障害等級1級、2級または3級に該当する程度の障害の状態でなければならない。
2．障害認定日とは、原則として傷病に係る初診日から1年6カ月を経過した日とされるが、その期間内に症状が固定して治療の効果が期待できない状態に至った場合は、その状態に至った日とされる。
3．障害等級2級に該当して障害厚生年金の支給を受けている者が婚姻し、所定の要件を満たす配偶者を有するに至った場合は、所定の手続により、その至った日の属する月の翌月分から当該受給権者の障害厚生年金に加給年金額が加算される。
4．障害等級3級に該当する者に支給される障害厚生年金の額は、障害等級2級に該当する者に支給される障害基礎年金の額（子に係る加算額を除く）の4分の3相当額が最低保障される。

【問題12】（2016年9月 問5）　　　　　チェック欄 ☐☐☐☐☐

厚生年金保険の被保険者であるＡさん（40歳）が死亡した場合の遺族厚生年金に関する次の記述のうち、**最も適切なもの**はどれか。なお、Ａさんは遺族厚生年金の保険料納付要件を満たしているものとし、記載のない事項については考慮しないものとする。

1．残された遺族がＡさんと同居して生計維持関係にあった妻（35歳）のみで、かつ、Ａさんの死亡が業務上の理由によるものであり、妻に労働基準法の規定による遺族補償が支給される場合、死亡の日から6年間、妻に対する遺族厚生年金の支給が停止される。
2．残された遺族がＡさんと同居して生計維持関係にあった妻（28歳）と長男（5歳）である場合、妻が取得する遺族厚生年金の受給権は、当該受給権を取得した日から起算して5年を経過したときに消滅する。
3．残された遺族がＡさんと同居して生計維持関係にあった父（70歳）と母（67歳）である場合、父と母のいずれか一方が遺族厚生年金の受給権を取得することになる。
4．残された遺族がＡさんと同居して生計維持関係にあり、かつ、Ａさんの健康保険の被扶養者であった弟（17歳）のみである場合、弟に遺族厚生年金が支給される。

143

【問題11】 正解 1

1. **不適切** 初診日において厚生年金保険の被保険者であればよく、障害認定日において厚生年金保険の被保険者でなくてもよい。

2. **適　切** 障害認定日は障害の程度を認定する日のことである。初診日から起算して1年6カ月を経過した日、または1年6カ月以内に治った場合（治療の効果が期待できない状態を含む）にはその治った日である。

3. **適　切** 障害厚生年金の受給権が発生した後に婚姻等により要件を満たした場合、配偶者加給年金額が加算される。なお、障害基礎年金においては、受給権が発生した後に子と生計維持関係ができた場合、子の加算額が加算される。

4. **適　切** 障害等級3級の障害厚生年金には最低保障額があり、障害等級2級の障害基礎年金の額（子の加算額を除く）の4分の3相当額である。

【問題12】 正解 1

1. **適　切** 被保険者または被保険者であった者の死亡について、労働基準法の規定により遺族補償の支給が行われる場合、遺族厚生年金は死亡の日から6年間、支給停止となる。

2. **不適切** 30歳未満の妻が遺族厚生年金の受給権を失うのは、次の場合である。

   ① 遺族厚生年金の受給権を取得した当時30歳未満である妻が、遺族基礎年金の受給権を取得していない場合、遺族厚生年金の受給権を取得した日から5年間で受給権を失う。

   ② 遺族基礎年金および遺族厚生年金を受給している妻が、30歳未満で遺族基礎年金の受給権を失った場合、遺族基礎年金の受給権が消滅した日から5年間で遺族厚生年金の受給権を失う。

   本肢は、遺族基礎年金および遺族厚生年金を受給できる妻（上記②）であるが、長男が18歳になった年度末において、妻の年齢は30歳を超える。したがって、要件を満たさないため、5年を経過しても受給権は消滅しない。

3. **不適切** 遺族厚生年金の受給権者が2人以上いる場合、受給権者の人数で除した額を各人が受給できる。

4. **不適切** 兄弟姉妹は、遺族厚生年金の受給権者ではない。

6　公的年金

【問題13】（2021年9月 問5）　　　　　　　チェック欄□□□□□

　公的年金の遺族給付に関する次の記述のうち、最も不適切なものはどれか。なお、記載のない事項については考慮しないものとする。

1．厚生年金保険の被保険者で、その被保険者期間が19年6カ月である夫（43歳）が被保険者期間中に死亡し、その夫に生計を維持されていた遺族が妻（43歳）のみである場合、その妻が受給する遺族厚生年金には中高齢寡婦加算額が加算される。
2．国民年金の第1号被保険者期間に係る保険料納付済期間と保険料免除期間とを合算した期間が24年6カ月の夫（55歳）が死亡した場合、夫との婚姻期間が19年6カ月あり、生計を維持されていた妻（61歳）は、寡婦年金を受給することができる。
3．厚生年金保険の被保険者で、その被保険者期間が30年6カ月である妻（52歳）が被保険者期間中に死亡し、その妻に生計を維持されていた遺族が夫（52歳）と子（16歳）の2人である場合、遺族基礎年金は夫に支給され、遺族厚生年金は子に支給される。
4．障害基礎年金を受給している妻（67歳）が、夫（68歳）の死亡により遺族厚生年金の受給権を取得した場合、障害基礎年金と遺族厚生年金のいずれか一方を選択して受給することになる。

第2章　年金・社会保険　基礎編

145

【問題13】 正解 4

1. 適 切 厚生年金保険の被保険者が死亡した場合、遺族厚生年金の短期要件に該当するため、中高齢寡婦加算については被保険者期間を問わない。したがって、夫の死亡当時、40歳以上65歳未満の妻であり、遺族基礎年金を受給できない場合、その妻が受給する遺族厚生年金に中高齢寡婦加算額が加算される。

2. 適 切 死亡した夫は、第1号被保険者としての被保険者期間について、保険料納付済期間と保険料免除期間を合算した期間が10年以上ある。また、婚姻期間が10年以上である夫により生計を維持されていた妻が60歳以上65歳未満であるため、その妻は寡婦年金を受給することができる。

3. 適 切 遺族基礎年金については、子のある配偶者である夫に受給資格がある。遺族厚生年金については、妻の死亡当時55歳未満である夫に受給資格はないが、18歳到達年度末日にある子に受給資格がある。

4. 不適切 障害基礎年金を受給している妻が、65歳以後に遺族厚生年金の受給権を取得した場合、障害基礎年金と遺族厚生年金を併給することができる。

6　公的年金

【問題14】（2022年5月 問6）　　　　　　　　　　チェック欄 ☐☐☐☐☐

　公的年金の遺族給付に関する次の記述のうち、**最も適切なもの**はどれか。なお、記載のない事項については考慮しないものとする。

1．厚生年金保険の被保険者で、その被保険者期間が25年6カ月である妻（49歳）が被保険者期間中に死亡し、その妻に生計を維持されていた遺族が夫（50歳）と子（14歳）の2人である場合、遺族基礎年金および遺族厚生年金は夫に支給される。

2．厚生年金保険の被保険者で、その被保険者期間が26年6カ月である夫（47歳）が被保険者期間中に死亡し、その夫に生計を維持されていた遺族が妻（45歳）のみである場合、その妻が受給する遺族厚生年金には、妻が65歳になるまでは中高齢寡婦加算額が加算され、65歳以後は経過的寡婦加算額が加算される。

3．国民年金の第1号被保険者期間に係る保険料納付済期間が10年以上ある夫（62歳）が、老齢基礎年金または障害基礎年金の支給を受けることなく死亡した場合、夫との婚姻期間が10年以上あり、生計を維持されていた妻（58歳）は、夫が死亡した日の属する月の翌月から5年間、寡婦年金を受給することができる。

4．国民年金の第1号被保険者として8年間保険料を納付してきた子（28歳）が、障害基礎年金の支給を受けることなく死亡した場合、生計を同じくしていた母親（55歳）は、死亡一時金を受給することができる。

第2章　年金・社会保険　基礎編

147

【問題14】 正解 4

1. **不適切** 夫が遺族厚生年金の支給を受けるためには、妻が死亡した当時、夫の年齢が55歳以上であればよい。本肢の夫の年齢は、妻が死亡した当時50歳であるため、遺族厚生年金の支給を受けることはできない。なお、18歳到達年度末日までにある子がいるため、遺族基礎年金の支給を受けることはできる。

2. **不適切** 経過的寡婦加算額は、1956年4月1日以前に生まれた妻に加算される。本肢の妻は45歳であり、1956年4月1日以前に生まれていないため、経過的寡婦加算額は加算されない。

3. **不適切** 夫が死亡した当時、妻の年齢は58歳であるため、寡婦年金の支給期間は、妻が60歳に達した日の属する月の翌月から、65歳に達する日の属する月までである。

4. **適 切** 死亡一時金は、第1号被保険者として保険料を納付した者が年金を受け取らずに死亡した場合、一定の遺族に対して支給される。

　① 死亡した者の要件
　　・死亡日の前日において、死亡日の属する月の前月までの第1号被保険者期間について、保険料納付済期間等の月数が36月以上あること
　　・老齢基礎年金または障害基礎年金の支給を受けたことがないこと
　② 遺族の要件
　　・次の順序において先順位の者
　　　配偶者、子、父母、孫、祖父母、兄弟姉妹
　　・死亡した者の死亡当時、その者と生計を同じくしていたこと

6 公的年金

【問題15】（2019年9月 問5）　　　　　　　　チェック欄□□□□□

　公的年金制度の遺族給付に関する次の記述のうち、最も適切なものはどれか。なお、各選択肢において、ほかに必要とされる要件等はすべて満たしているものとする。

１．厚生年金保険の被保険者が死亡し、その者に国民年金の第１号被保険者期間に係る保険料納付済期間が36月以上あった場合、所定の要件を満たす遺族は、遺族厚生年金および死亡一時金の支給を受けることができる。
２．遺族厚生年金の支給を受けている者の収入が年額850万円以上または所得が年額655万5,000円以上となった場合、翌年の遺族厚生年金の支給が停止される。
３．夫が厚生年金保険の被保険者期間中に死亡し、妻が遺族厚生年金の受給権のみを取得し、かつ、夫の死亡当時における妻の年齢が30歳未満である場合、当該妻に対する遺族厚生年金の支給期間は、当該受給権を取得した日から最長10年間となる。
４．寡婦年金は、夫の死亡当時、夫によって生計を維持し、かつ、夫との婚姻関係が５年以上継続した65歳未満である妻に対して支給され、その支給期間は妻が60歳から65歳になるまでの間の最長５年間となる。

【問題16】（2018年9月 問4改題）　　　　　　　チェック欄□□□□□

　公的年金の各種加算に関する次の記述のうち、最も適切なものはどれか。

１．夫が受給している老齢厚生年金の加給年金対象者である妻が老齢基礎年金の支給を繰り上げた場合、夫の老齢厚生年金に加算されていた加給年金額は打ち切られ、妻が受給する繰上げ支給の老齢基礎年金に振替加算が加算される。
２．振替加算が加算された老齢基礎年金を受給している妻が夫と離婚した場合、離婚した日の属する月の翌月分の年金額から振替加算の支給は打ち切られる。
３．障害等級２級に該当して障害厚生年金を受給している者が婚姻し、所定の要件を満たす配偶者を有することとなった場合は、所定の手続により、婚姻した日の属する月の翌月分から当該受給権者の障害厚生年金に加給年金額が加算される。
４．中高齢寡婦加算が加算された遺族厚生年金の受給権者が60歳に達した場合、中高齢寡婦加算の支給は打ち切られるが、その者が1966年４月１日以前に生まれた者であるときは、遺族厚生年金に経過的寡婦加算が加算される。

第2章　年金・社会保険　基礎編

【問題15】 正解 1

1．適 切 遺族厚生年金と死亡一時金は併給できる。なお、遺族厚生年金と寡婦年金は併給されないため、いずれかを選択する。

2．不適切 遺族厚生年金における生計維持要件（収入の年額850万円未満かつ所得の年額655万5,000円）の判定時期は、被保険者または被保険者であった者の死亡の当時である。したがって、遺族厚生年金受給中に収入または所得が増加しても、支給は停止されない。

3．不適切 遺族厚生年金の受給権を取得した当時30歳未満である妻が、遺族基礎年金の受給権を取得していない場合、遺族厚生年金の支給期間は**5年間**である。

4．不適切 寡婦年金を受給するためには、夫との婚姻関係が**10年以上継続**していなければならない。

【問題16】 正解 3

1．不適切 妻が老齢基礎年金の支給を繰り上げても、夫に加算されている加給年金額は打ち切られず、妻が65歳に達するまで加算される。また、妻が老齢基礎年金の支給を繰り上げても、妻の振替加算は65歳に達するまでは加算されない。

2．不適切 振替加算は妻自身の年金であるため、離婚しても振替加算の支給は打ち切られない。

3．適 切 なお、障害基礎年金の受給権を得た後に、生計維持関係のある子を有するに至った場合は、子を有するに至った日の属する月の翌月分から子の加算額が加算される。

4．不適切 中高齢寡婦加算は、妻が**65歳**に達した場合に打ち切られる。また、経過的寡婦加算が加算される妻は**1956年4月1日以前**に生まれた者である。

6　公的年金

【問題17】（2022年9月 問5）　　　　チェック欄 ☐☐☐☐☐

　社会保険の給付に係る併給調整や支給停止に関する次の記述のうち、**最も不適切な**ものはどれか。なお、記載のない事項については考慮しないものとする。

1．健康保険の傷病手当金の支給を受けるべき者が、同一の傷病により障害等級3級の障害厚生年金の支給を受けることができるときは、当該障害厚生年金の額を360で除して得た額が傷病手当金の1日分の額よりも少ない場合、その差額が傷病手当金として支給される。
2．業務災害により死亡した労働者の遺族が、労働者災害補償保険の遺族補償年金と遺族厚生年金の支給を受けることができるときは、遺族厚生年金の支給を受けている間、遺族補償年金は減額されて支給される。
3．業務災害により障害の状態となった労働者が、労働者災害補償保険の障害補償一時金と厚生年金保険の障害手当金の支給を受けることができるときは、障害手当金が全額支給され、障害補償一時金は支給されない。
4．障害基礎年金および障害厚生年金の受給権者が、65歳到達日に老齢基礎年金および老齢厚生年金の受給権を取得した場合、当該受給権者は、「障害基礎年金と障害厚生年金」「老齢基礎年金と老齢厚生年金」「障害基礎年金と老齢厚生年金」のいずれかの組合せによる年金の受給を選択することができる。

第2章 年金・社会保険 基礎編

【問題17】 正解 **3**

1. 適 切 傷病手当金を受けている者が、同一の疾病または負傷で障害厚生年金を受給できる場合、傷病手当金は全額支給停止となる。ただし、障害厚生年金の額（障害基礎年金を同時に受給できるときは合計額）を360で割った額が傷病手当金の日額より低い場合、その差額が支給される。

2. 適 切 業務災害の死亡により労災保険の遺族補償等給付を受けられる遺族が、遺族基礎年金、遺族厚生年金、寡婦年金も受けることができる場合、労災保険のほうが減額される。

3. 不適切 業務災害の障害により労災保険の障害補償一時金を受けられる労働者が、障害手当金も受けることができる場合、障害手当金のほうが支給されない。

4. 適 切 なお、老齢基礎年金と障害厚生年金は併給されないため、いずれかを選択して受給する。

6　公的年金

【問題18】（2015年1月 問3改題）　　　　　　　　チェック欄 □□□□□

自営業者の公的年金等に関する次の記述のうち、最も不適切なものはどれか。

1．国民年金の第1号被保険者として30年間、保険料を納付してきたAさん（50歳）が、障害基礎年金の支給を受けることなく死亡した。Aさんと生計を同じくしていた遺族が22歳の子のみの場合、所定の手続により、その子は死亡一時金の支給を受けることができる。

2．国民年金の第1号被保険者として38年間、保険料を納付してきたBさん（58歳）が、再婚して13年目に障害基礎年金の支給を受けることなく死亡した。この場合、Bさんと生計維持関係にあった妻（61歳）が寡婦年金の受給権を取得した場合、Bさんの妻に対する寡婦年金の支給は、原則として受給権発生月の翌月から65歳に達するまでである。

3．国民年金の第1号被保険者として40年間、保険料を納付してきたCさん（60歳）には、付加年金の保険料を納付した期間が20年ある。仮に、Cさんが老齢基礎年金の繰上げ支給の請求を行った場合でも、付加年金は65歳から減額されずに支給され、その額は200円に付加保険料納付済期間の月数を乗じて得た額である。

4．国民年金の第1号被保険者として20年間、保険料を納付してきたDさん（40歳）は、老後の生活資金の準備として国民年金基金に1口（A型）加入した。この場合、Dさんは、国民年金の付加保険料を納付することはできないが、確定拠出年金の個人型年金に加入することはできる。

第2章　年金・社会保険　基礎編

153

【問題18】 正解 **3**

1. 適 切 国民年金の第1号被保険者として3年以上保険料を納付した者が、年金の支給を受けることなく死亡し、遺族基礎年金の受給権者がいない場合、生計を同じくしていた①配偶者②子③父母④孫⑤祖父母⑥兄弟姉妹のうち上位順位者が、死亡一時金の支給を受けることができる。受給権者の年齢は問わない。

2. 適 切 寡婦年金は、次の要件を満たしている場合、妻が60歳から65歳になるまで支給される。

① 死亡した夫の第1号被保険者としての保険料納付済期間と保険料免除期間を併せた期間が、10年以上あること

② 死亡した夫が、老齢基礎年金または障害基礎年金の支給を受けたことがないこと

③ 婚姻期間が10年以上あること

3. 不適切 老齢基礎年金の繰上げ支給の請求をすると、付加年金も支給開始年齢が繰り上がり、同様の率で減額される。

4. 適 切 国民年金基金の加入者は、付加保険料を納付することはできないが、確定拠出年金（個人型年金）に加入することはできる。なお、確定拠出年金（個人型年金）の加入者は、付加保険料を納付することができる。

6 公的年金

【問題19】 （2019年1月 問6）　　　　　　　チェック欄□□□□□

公的年金等に係る所得税の取扱いに関する次の記述のうち、**最も不適切なものはどれか**。なお、各選択肢において、納税者は居住者であるものとし、記載のない事項については考慮しないものとする。

1．納税者と生計を一にしている配偶者に支給される公的年金から特別徴収された介護保険料は、納税者の社会保険料控除の対象とするか、納税者の配偶者の社会保険料控除の対象とするかのいずれかを選択することができる。
2．2年分の国民年金保険料を前納した納税者は、納めた全額をその支払った年分の社会保険料控除の対象とするか、各年分の保険料に相当する額を各年分の社会保険料控除の対象とするかのいずれかを選択することができる。
3．公的年金等に係る雑所得を有する納税者で、その年中の公的年金等の収入金額が400万円以下である者が、その年分の公的年金等に係る雑所得以外の所得金額が20万円以下である場合には、原則として、所得税の確定申告書を提出する必要はない。
4．老齢基礎年金および老齢厚生年金の受給権者が死亡し、その者に支給すべき年金給付で死亡後に支給期の到来する年金を相続人が受け取った場合、相続人が受け取った当該未支給年金は、当該相続人の一時所得に該当する。

【問題20】 （2021年9月 問7）　　　　　　　チェック欄□□□□□

公的年金等に係る所得税等の取扱いに関する次の記述のうち、**最も不適切なものはどれか**。なお、各選択肢において、納税者は居住者であるものとし、記載のない事項については考慮しないものとする。

1．2年分の国民年金の保険料を前納した納税者は、確定申告等により、納めた全額をその支払った年分の社会保険料控除の対象とすることができる。
2．小規模企業共済契約に基づいて共済契約者本人に支給される分割共済金は、公的年金等控除の適用対象となる公的年金等の範囲に含まれる。
3．公的年金等に係る雑所得を有する納税者で、その年中の公的年金等の収入金額が400万円以下である者が、その年分の公的年金等に係る雑所得以外の所得金額が20万円以下である場合には、原則として、所得税の確定申告書を提出する必要はない。
4．老齢基礎年金の受給権者が死亡し、その者に支給すべき年金給付で死亡後に支給期の到来する年金を受給権者の子が受け取った場合、その者が受け取った当該未支給年金は、みなし相続財産として相続税の課税対象となる。

【問題19】 正解 1

1. 不適切 配偶者の年金から特別徴収された介護保険料は、配偶者自身の社会保険料控除の対象となり、納税者の社会保険料控除の対象とすることはできない。

2. 適 切 なお、過去の国民年金保険料を本年中に支払った場合は、本年分の社会保険料控除の対象となる。

3. 適 切 公的年金等の収入金額の合計額が400万円以下であり、その全部が源泉徴収となる場合において、公的年金等に係る雑所得以外の所得金額が20万円以下であるときは、確定申告は不要である。

4. 適 切 未支給年金は、死亡した受給権者の相続人が自己の固有の権利として請求するものであるため、当該相続人の一時所得に該当する。

【問題20】 正解 4

1. 適 切 2年分の国民年金の保険料を前納した納税者は、納めた全額をその支払った年分の社会保険料控除の対象とするか、各年分の保険料に相当する額を各年分の社会保険料控除の対象とするかのいずれかを選択することができる。

2. 適 切 共済金の分割受取りは雑所得（公的年金等控除が適用）として、一括受取りは退職所得として、それぞれ所得税の課税対象となる。

3. 適 切 公的年金等の収入金額の合計額が400万円以下であり、その全部が源泉徴収となる場合において、公的年金等に係る雑所得以外の所得金額が20万円以下であるときは、確定申告は不要である。

4. 不適切 未支給年金は相続人固有の権利として請求するものであるため、相続人の**一時所得**として所得税の課税対象となる。

6 公的年金

【問題21】（2021年5月 問7）　　チェック欄 □□□□□

　居住者が受け取る公的年金等に係る課税関係に関する次の記述のうち、最も適切なものはどれか。なお、各選択肢において、公的年金等には非課税となるものは含まれないものとし、記載のない事項については考慮しないものとする。

1．その年の12月31日において65歳以上の者がその年中に支払を受けるべき公的年金等の金額が180万円未満であるときは、その支払の際、所得税および復興特別所得税は源泉徴収されない。
2．公的年金等の支払者に対して「公的年金等の受給者の扶養親族等申告書」を提出した場合、公的年金等に係る源泉徴収税率（所得税および復興特別所得税の合計税率）は5.105％である。
3．65歳到達時に老齢基礎年金の受給権を取得し、70歳に達する前に当該老齢基礎年金を請求していなかった者が、70歳時に5年分の年金を一括して受給した場合、その一括して受給した年金は、一時所得として総合課税の対象となる。
4．老齢基礎年金および老齢厚生年金の受給権者が死亡し、その死亡した者に支給すべき年金給付で死亡後に支給期の到来する年金を相続人が受け取った場合、相続人が受け取った当該未支給年金は、相続税の課税対象となる。

【問題22】（2020年9月 問5改題）　　チェック欄 □□□□□

年金生活者支援給付金に関する次の記述のうち、最も適切なものはどれか。

1．年金生活者支援給付金には、老齢年金生活者支援給付金、障害年金生活者支援給付金および遺族年金生活者支援給付金があり、その支払は、いずれも毎年1月、4月、7月および10月の4回、それぞれの前月までの分が支払われる。
2．老齢年金生活者支援給付金は、老齢基礎年金の受給権者で所定の所得要件を満たす者が支給対象となり、その額は、受給資格者の保険料納付済期間の長短にかかわらず、月額5,140円（2023年度価額）である。
3．障害年金生活者支援給付金は、障害基礎年金の受給権者で所定の所得要件を満たす者が支給対象となり、その額は、受給資格者の障害の程度にかかわらず、月額5,140円（2023年度価額）である。
4．遺族年金生活者支援給付金は、遺族基礎年金の受給権者で所定の所得要件を満たす者が支給対象となり、その額は、受給資格者が1人である場合、遺族基礎年金の額の多寡にかかわらず、月額5,140円（2023年度価額）である。

【問題21】 正解 2

1．**不適切** その年の12月31日において65歳以上の者がその年中に支払を受けるべき公的年金等の金額が**158万円**未満であるときは、その支払の際、所得税および復興特別所得税は源泉徴収されない。

2．**適 切** なお、「公的年金等の受給者の扶養親族等申告書」を提出していない場合でも、源泉徴収税率は5.105％であるが、当該申告書を提出した場合は、基礎控除以外の配偶者控除などを考慮して、源泉徴収税額を計算する。

3．**不適切** 過去5年分を一括して受給した場合でも、**各年分の雑所得**として総合課税の対象となる。

4．**不適切** 未支給年金は相続人固有の権利として請求するものであるため、相続人の**一時所得**として所得税の課税対象となる。

【問題22】 正解 4

1．**不適切** 年金生活者支援給付金には、老齢年金生活者支援給付金、障害年金生活者支援給付金および遺族年金生活者支援給付金があり、いずれも毎年2月、4月、6月、8月、10月、12月の偶数月に前2カ月分が支払われる。

2．**不適切** 老齢年金生活者支援給付金の額は、受給資格者の保険料納付済期間および保険料免除期間の長短、前年の年金収入額とその他の所得額の合計によって異なる。

3．**不適切** 障害年金生活者支援給付金の額は、受給資格者の障害の程度によって異なり、障害等級2級の場合は月額5,140円（2023年度価額）、障害等級1級の場合は月額6,425円（2023年度価額）である。

4．**適 切** なお、2人以上の子が遺族基礎年金を受給している場合は、月額5,140円（2023年度価額）を子の数で割った金額がそれぞれに支払われる。

7　企業年金等

【問題1】（2021年5月 問6）　　　　　　　　　　チェック欄 □□□□□

確定給付企業年金に関する次の記述のうち、最も適切なものはどれか。

1. 確定給付企業年金では、規約において、20年を超える加入者期間を老齢給付金の給付を受けるための要件として定めることはできない。
2. 確定給付企業年金の老齢給付金は、60歳以上70歳以下の規約で定める年齢に達したとき、または40歳以上70歳未満の規約で定める年齢に達した日以後に退職したときに支給が開始される。
3. 確定給付企業年金による年金給付は、2カ月に1回、終身または5年以上にわたって定期的に支給するものでなければならない。
4. リスク分担型企業年金は、事業主が拠出する掛金に加えて、加入者が所定の方法により測定された将来のリスクに応じた掛金を拠出し、運用の結果、給付額に満たない積立金の不足が生じた場合は、事業主がその不足分を補塡する仕組みである。

【問題1】　正解　**1**

1．適　切　規約において、20年を超える加入者期間を老齢給付金の支給要件とすることはできない。

2．不適切　老齢給付金の支給要件を規約で定める場合、次の条件を満たさなければならない。
　　① 　60歳以上70歳以下の年齢に達したときに支給するもの
　　② 　**50歳以上**①の規約で定める年齢未満の年齢に達した日以後に退職したときに支給するもの
　　例えば、①の年齢を「70歳」と定めた場合、②では「50歳以上70歳未満で退職した場合」も支給対象にできるということである。

3．不適切　年金給付は5年以上の有期年金または終身年金で、**毎年1回以上**定期的に支給するものでなければならない。

4．不適切　2017年1月1日以降に導入されたリスク分担型企業年金は、所定の方法により測定された将来のリスクに応じた掛金を**事業主が拠出**し、運用の結果、給付額に満たない積立金の不足が生じた場合は、事業主がその不足分を補塡し、それでも賄いきれない場合は年金給付額を減額する仕組みである。事業主と加入者が、それぞれリスクを負担している企業年金である。

160

7　企業年金等

【問題2】（2022年9月 問6）　　　　　　　　　　　チェック欄☐☐☐☐☐

　確定給付企業年金に関する次の記述のうち、**最も適切なもの**はどれか。

1．私立学校教職員共済制度の加入者（第4号厚生年金被保険者）は、確定給付企業
　年金の加入者となることができない。
2．確定給付企業年金の加入者は、実施事業所に使用されるすべての厚生年金保険の
　被保険者であり、一部の従業員を加入者から除外することはできない。
3．確定給付企業年金は、規約の定めと加入者の同意があれば、掛金総額の2分の1
　を超えない範囲内で加入者が掛金を負担することができる。
4．確定給付企業年金の老齢給付金は、60歳以上70歳以下の規約で定める年齢に達し
　たとき、または40歳以上70歳未満の規約で定める年齢に達した日以後に退職したと
　きに支給が開始される。

第2章　年金・社会保険　基礎編

161

【問題2】 正解 **3**

1. **不適切** 一般の会社員など（第1号厚生年金被保険者）および私立学校教職員共済制度の加入者（第4号厚生年金被保険者）は、確定給付企業年金の加入者となることができる。

2. **不適切** 厚生年金保険の第1号および第4号被保険者は、原則として全員加入者とする必要があるが、①特定の者について不当な差別がなく、②加入者が資格喪失を任意に選択できるものではない、という要件を満たせば、規約において一定の資格（職種、勤続期間や年齢など）を定め、当該資格のない者を加入者としないことができる。

3. **適 切** 掛金は年1回以上、定期的に事業主が拠出しなければならないが、規約の定めと加入者本人の同意があれば、加入者本人がその一部（掛金の額の2分の1を超えない範囲内）を負担することができる。

4. **不適切** 老齢給付金の支給要件を規約で定める場合、次の条件を満たさなければならない。

    ① 60歳以上70歳以下の年齢に達したときに支給するもの

    ② **50歳以上**①の規約で定める年齢未満の年齢に達した日以後に退職したときに支給するもの

    例えば、①の年齢を「70歳」と定めた場合、②では「50歳以上70歳未満で退職した場合」も支給対象にできるということである。

7 企業年金等

【問題3】（2017年9月 問5改題）　　　　　　　チェック欄 □□□□□

確定拠出年金の個人型年金に関する次の記述のうち、最も適切なものはどれか。

1．国民年金の第2号被保険者で、企業年金等として厚生年金基金のみに加入している者が個人型年金に加入する場合、掛金の拠出限度額は年額24万円である。

2．国民年金の第3号被保険者が個人型年金に加入する場合、掛金の拠出限度額は年額27万6,000円である。

3．個人型年金の掛金を毎月定額で拠出する場合は、1カ月当たり5,000円以上1,000円単位で拠出することができ、掛金の額は加入した月から6カ月経過ごとに変更することができる。

4．個人型年金の加入者が運用商品およびその割合を変更するために配分変更やスイッチングを行う場合には、その都度、運営管理機関ごとに定められた所定の手数料を払い込む必要がある。

第2章 年金・社会保険 基礎編

163

【問題3】 正解 2

1. 不適切 確定給付型年金のみを実施する企業の加入者の掛金の拠出限度額は、**年額144,000円**である。

2. 適 切

3. 不適切 掛金は、毎月拠出する方法、12月から翌年11月までの1年間ごと（拠出単位期間という）に複数月分をまとめて拠出する方法、1年間分をまとめて拠出する方法がある（納付は1月から12月までの範囲内で行う）。いずれの方法でも、掛金拠出額の変更は、**拠出単位期間につき1回に限り**行うことが必要となる。なお、加入者が拠出単位期間を任意に区分した期間を拠出区分といい、個人型年金における拠出最低限度額は「5,000円×拠出区分の月数」の金額となっている。

4. 不適切 配分変更とは、掛金で購入する運用商品の構成割合を変更することをいう。また、スイッチングとは、資産残高における運用商品の構成割合を変更することをいう。配分変更やスイッチングを行う際には、運営管理機関に対して手数料を支払う必要はない。なお、スイッチングの場合は資産の売却を行うため、保有する投資信託によっては信託財産留保額が徴収される場合がある。

7　企業年金等

【問題4】（2022年9月 問7）　　　　　チェック欄☐☐☐☐☐☐

　確定拠出年金の老齢給付金に関する次の記述のうち、最も不適切なものはどれか。なお、各選択肢において、いずれも個人別管理資産があるものとし、記載のない事項については考慮しないものとする。

1．56歳に達した日に企業型年金加入者の資格を取得し、初めて確定拠出年金の加入者となった者（他制度からの資産の移換はない）が、62歳に達した日に当該企業型年金加入者の資格を喪失したときは、その時点で老齢給付金の支給を請求することができる。

2．61歳の運用指図者は、8年以上の通算加入者等期間があれば、老齢給付金の支給を請求することができる。

3．老齢給付金を受給している者が、不慮の事故により障害の状態となり障害給付金の支給を請求した場合、老齢給付金の受給権は消滅する。

4．企業型年金加入者であった者が老齢給付金の支給を請求することなく75歳に達したときは、資産管理機関は、その者に、企業型記録関連運営管理機関等の裁定に基づいて、老齢給付金を支給する。

第2章　年金・社会保険　基礎編

【問題4】 正解 1

1. 不適切 受給可能となる年齢は、通算加入者等期間によって異なる。通算加入者等期間とは、加入者期間および運用指図者期間を合算した期間であり、60歳到達月の翌月以降の期間は含まない。

通算加入者等期間	受給可能となる年齢
10年以上	60歳から
8年以上	61歳から
6年以上	62歳から
4年以上	63歳から
2年以上	64歳から
1月以上	65歳から

56歳から62歳に達するまで企業型年金加入者の資格を有していても、通算加入者等期間は60歳に達するまでの4年間となるため、本肢の加入者は63歳からでなければ老齢給付金の支給を請求することができない。

2. 適 切 61歳から老齢給付金の支給を請求するためには、通算加入者等期間が8年以上あればよい。

3. 適 切 老齢給付金の受給権を有する者が、確定拠出年金の障害給付金の受給権者となった場合、当該老齢給付金の受給権は消滅する。

4. 適 切 個人別管理資産を有する企業型年金加入者であった者が、老齢給付金の支給を請求することなく75歳に達した場合、資産管理機関は、企業型記録関連運営管理機関等の裁定に基づいて、その者に老齢給付金を支給する。

7　企業年金等

【**問題5**】（2019年5月 問6改題）　　　　　　　チェック欄☐☐☐☐☐

　確定拠出年金の個人型年金における中小事業主掛金納付制度（以下、「本制度」という）に関する次の記述のうち、最も適切なものはどれか。

1．本制度を実施することができる事業主は、使用する従業員の数が500人以下であり、かつ、確定拠出年金の企業型年金、確定給付企業年金および厚生年金基金のいずれも実施していないことが要件とされる。
2．中小事業主掛金を拠出する対象者について、職種または勤続期間に応じた資格を定めた場合、同一職種内または同一範囲の勤続期間内では、対象者全員の中小事業主掛金が同額でなければならない。
3．個人型年金の加入者掛金に上乗せして拠出する中小事業主掛金の額は、加入者掛金との合計額が拠出限度額以下であり、かつ、加入者掛金の額を超えてはならない。
4．個人型年金の加入者掛金に上乗せして拠出する中小事業主掛金は、税法上、加入者側では給与所得の収入金額となり、会社側では損金の額に算入することができる。

【**問題6**】（2015年9月 問6）　　　　　　　　チェック欄☐☐☐☐☐

　小規模企業共済制度および国民年金基金に関する次の記述のうち、最も適切なものはどれか。

1．小規模企業共済制度の掛金月額は、1,000円から8万8,000円までの範囲内で、1,000円単位で選択することができ、掛金の払込方法は、月払い、半年払い、年払いから選択することができる。
2．小規模企業共済制度の解約手当金の額は、掛金納付月数に応じて、掛金合計額の80％から120％に相当する額であり、掛金納付月数が120カ月以上の場合は、解約手当金の額が掛金合計額を上回る。
3．国民年金の第1号被保険者は、国民年金の定額保険料に加えて付加保険料を納付し、さらに国民年金基金に加入することができるが、国民年金基金に拠出することができる掛金月額は、6万8,000円から付加保険料を控除した金額が限度となる。
4．国民年金基金の加入員が国民年金の保険料を納付しなかった場合、その未納期間に係る国民年金基金の加入員期間は、国民年金基金の年金給付の対象とされない。

第2章　年金・社会保険　基礎編

167

【問題5】 正解 2

1．不適切 使用する従業員の数は**300人以下**であることが要件となっている。

2．適　切 中小事業主掛金の額は、一定の資格（職種、勤続期間）ごとに定めることが可能である。その場合、その定めた資格内（同一職種内、同一勤続期間内）においては、同一の中小事業主掛金額としなければならず、特定の従業員に不当に差別的な取扱にならないようにする必要がある。

3．不適切 加入者掛金と中小事業主掛金の合計額は、月額5,000円以上23,000円以下とされ、加入者掛金と中小事業主掛金はそれぞれ1,000円単位で定める。中小事業主掛金の額が加入者掛金の額を超えてはならないという規定はない。

4．不適切 掛金の税制上の取扱いは、それぞれ次のとおりである。

・加入者掛金：**小規模企業共済等掛金控除**として、本人の所得から控除できる。

・中小事業主掛金：企業が負担する支出として、損金に算入できる。

【問題6】 正解 4

1．不適切 小規模企業共済制度の掛金月額は、1,000円から**70,000円**までの範囲内で、**500円**単位で選択することができる。掛金の払込方法は、月払い、半年払い、年払いがある。

2．不適切 解約手当金は、掛金の納付月数に応じて、掛金合計額の80％〜120％に相当する額となる。納付月数が**240月**未満の場合、解約手当金の額は掛金合計額を下回る。

3．不適切 国民年金基金に加入すると付加保険料を納付することができない。

4．適　切

7 企業年金等

【問題7】（2018年1月 問5改題）　　　　　　　チェック欄 □□□□□

国民年金基金に関する次の記述のうち、最も適切なものはどれか。

1．国民年金の第1号被保険者は、その者の住所地に係る地域型国民年金基金とその者が従事する事業または業務に係る職能型国民年金基金のいずれかに加入することができる。
2．国民年金基金の加入員が国民年金の保険料の一部の納付を免除された場合は、保険料の一部を納付することを要しないものとされた月の初日に加入員資格を喪失する。
3．国民年金基金の加入員が国民年金法に規定する障害等級に該当する程度の障害の状態になった場合は、国民年金基金から障害一時金を受給することができる。
4．国民年金基金の加入員が老齢基礎年金の繰上げ支給の請求をした場合、国民年金基金から支給される終身年金の全額が繰上げ請求時から減額されて支給される。

【問題8】（2022年5月 問7）　　　　　　　チェック欄 □□□□□

国民年金基金に関する次の記述のうち、最も不適切なものはどれか。

1．国民年金基金の加入員が、国民年金保険料について4分の1免除の適用を受けることになった場合、国民年金基金の加入員資格を喪失する。
2．国民年金基金の加入員が、4月から翌年3月までの1年分の掛金を前納した場合、0.1カ月分の掛金が割引される。
3．国民年金基金の加入員が国民年金法に規定する障害等級に該当する程度の障害の状態になった場合、国民年金基金から所定の障害給付を受給することができる。
4．国民年金基金の加入員であった者が老齢基礎年金の繰上げ支給の請求をした場合、国民年金基金から国民年金の付加年金に相当する部分の年金が減額されて支給される。

第2章　年金・社会保険　基礎編

【問題7】 正解 2

1．不適切 2019年4月以降、47の地域型基金と22の職能型基金が合併し、**全国国民年金基金**となった。地域型国民年金基金は存在しない。

2．適　切

3．不適切 給付の種類は、老齢年金と遺族一時金があり、**障害給付はない。**

4．不適切 老齢基礎年金の繰上げ支給の請求をした場合には、**付加年金相当分**を繰上げ請求したものとみなされ、繰上げ請求時から減額されて支給される。

【問題8】 正解 3

1．適　切 国民年金基金の加入員が、国民年金保険料の納付を免除された場合、加入員資格を喪失する。ただし、法定免除または産前産後期間の免除の場合は除かれる。したがって、申請免除（全額免除、4分の3免除、半額免除、4分の1免除）の適用を受けることとなった場合、国民年金基金の加入員資格を喪失する。

2．適　切 なお、掛金は月額68,000円が上限であり、確定拠出年金の個人型年金（iDeCo）にも加入している場合は、その掛金と合わせて68,000円以内となる。

3．不適切 国民年金基金の給付は、老齢年金と遺族一時金の2種類であり、**障害給付はない。**

4．適　切 老齢基礎年金の繰上げ支給の請求をした場合、付加年金相当分を繰上げ請求したものとみなされ、繰上げ請求時から減額されて支給される。

7　企業年金等

【問題9】（2019年5月 問7）　　　　　　　チェック欄 □□□□□

中小企業退職金共済制度（以下、「中退共」という）に関する次の記述のうち、最も適切なものはどれか。なお、本問において、事業主には同居の親族のみを使用する事業主等は含まないものとし、従業員には短時間労働者は含まないものとする。

1．事業主が新たに中退共に加入する場合、加入月から1年間、掛金月額の2分の1相当額（従業員ごとに5,000円が上限）について国の助成が受けられる。

2．既に中退共に加入している事業主が、掛金月額が2万円以下である従業員の掛金を増額する場合、増額月から1年間、増額分の3分の1相当額について国の助成が受けられる。

3．退職金の額は、退職者に係る掛金月額、掛金納付月数、退職理由および退職時の年齢に応じて定められている基本退職金に、運用収入の状況等に応じて決定される付加退職金を加えた額となる。

4．退職者が退職金について5年間の全額分割払いを選択するためには、退職した日において60歳以上であり、かつ、退職金の額が80万円以上であることが必要である。

【問題10】（2016年9月 問7）　　　　　　　チェック欄 □□□□□

小規模企業共済制度に関する次の記述のうち、最も適切なものはどれか。

1．共済契約者は、事業経営の著しい悪化や病気または負傷などの理由により掛金の払込みを継続することが著しく困難であると認められる場合に限り、掛金月額を減額することができる。

2．共済契約者である個人事業主が個人事業の全部を廃止した場合は「A共済事由」、配偶者または子に事業の全部を譲渡した場合は「準共済事由」となり、掛金納付年数に応じて受け取る共済金額は前者のほうが高くなる。

3．共済金の分割受取りを選択した場合、分割された共済金は10年間または15年間にわたって年6回（1月、3月、5月、7月、9月、11月）支給される。

4．所定の要件を満たす共済契約者が払い込んだ掛金合計額の範囲内で事業資金などの貸付けが受けられる契約者貸付制度において、「一般貸付け」の貸付限度額の上限は1,000万円、複数の種類を合わせて借り入れる場合の貸付限度額の上限は1,500万円である。

第2章　年金・社会保険　基礎編

171

【問題9】　正解　**4**

1. **不適切**　新規加入掛金助成は、中退共制度に新たに加入する事業主に**加入後４カ月目**から掛金月額の２分の１相当額（上限5,000円）について１年間、国の助成が受けられる。

2. **不適切**　掛金月額**18,000円以下**の掛金を増額変更する場合は、増額分の３分の１相当額について１年間、国の助成が受けられる。なお、20,000円以上の掛金月額からの増額は、助成の対象にはならない。

3. **不適切**　中退共から支払われる退職金の額は、事業主都合か自己都合等の**退職理由で変わることはなく**、掛金月額と納付月数に応じて定められている。なお、懲戒解雇等の場合は、厚生労働大臣の認定を受けたうえで、退職金を減額することができる。

4. **適　切**

【問題10】　正解　**3**

1. **不適切**　理由を問わず希望により掛金を減額できる。

2. **不適切**　配偶者または子に事業の全部を譲渡した場合も「Ａ共済事由」である。

3. **適　切**

4. **不適切**　事業の運転資金や設備資金など幅広い用途に利用できる一般貸付けの貸付限度額の上限は2,000万円、複数の種類を合わせて借り入れる場合の貸付限度額の上限も2,000万円である。

7　企業年金等

【**問題11**】（2019年9月 問7）　　　　　　　　チェック欄☐☐☐☐☐

　企業年金等に拠出した掛金に係る法人税および所得税の取扱いに関する次の記述のうち、適切なものはいくつあるか。

（a）確定拠出年金の個人型年金において、加入者である妻の掛金を生計を一にする夫が支払った場合、その掛金は夫の小規模企業共済等掛金控除として所得控除の対象となる。

（b）確定拠出年金の企業型年金において、法人の事業主が拠出した掛金は損金の額に算入することができ、加入者が拠出した掛金は小規模企業共済等掛金控除として所得控除の対象となる。

（c）確定給付企業年金において、法人の事業主が拠出した掛金は損金の額に算入することができ、加入者が拠出した掛金は生命保険料控除として所得控除の対象となる。

（d）個人事業主が拠出した掛金のうち、国民年金基金の掛金は社会保険料控除として所得控除の対象となり、小規模企業共済の掛金は、事業所得の金額の計算上、必要経費となる。

1．1つ
2．2つ
3．3つ
4．4つ

第2章　年金・社会保険　基礎編

【問題11】 正解 2

(a) 不適切 確定拠出年金の個人型年金における掛金は、加入者自身の所得控除の対象となる。したがって、夫が生計を一にする妻の掛金を支払っても、夫の所得控除の対象とならない。

(b) 適 切

(c) 適 切

(d) 不適切 個人事業主が拠出した小規模企業共済の掛金は、小規模企業共済等掛金控除として所得控除の対象となる。なお、国民年金基金の掛金は、社会保険料控除として所得控除の対象となる。

したがって、適切なものは2つであり、正解は**2**となる。

応 用 編

老齢年金等の計算

【第1問】（2021年9月 第1問《問51》〜《問53》改題）　　チェック欄 ☐☐☐☐☐

次の設例に基づいて、下記の各問（《問1》〜《問3》）に答えなさい。

《設　例》

　Aさん（49歳）は、高校卒業後に就職した会社を32歳で退職してから現在に至るまで、個人事業主として妻Bさん（48歳）とともに駅前の商店街でパン屋を営んでいる。店では、2名の従業員を雇用しており、店の経営は堅調に推移している。

　Aさんは、最近、老後の生活に漠然とした不安を抱くことが多くなった。Aさんは、妻Bさんとともに国民年金の保険料を納付しているが、それ以外の準備はしていない。

　そこで、Aさんは、ファイナンシャル・プランナーのMさんに相談することにした。Aさんの家族に関する資料は、以下のとおりである。

〈Aさんの家族に関する資料〉

（1）Aさん（本人）

　・1974年5月10日生まれ

　・公的年金の加入歴

　　1993年4月から2006年9月まで厚生年金保険の被保険者である（厚生年金基金の加入期間はない）。

　　2006年10月から現在に至るまで国民年金の第1号被保険者として国民年金の保険料を納付している（付加保険料は納付していない）。

（2）Bさん（妻）

　・1975年7月11日生まれ

　・公的年金の加入歴

　　1994年4月から2001年3月まで厚生年金保険の被保険者である。

　　2001年4月から2006年9月まで国民年金の第3号被保険者である。

　　2006年10月から現在に至るまで国民年金の第1号被保険者として国民年金の保険料を納付している（付加保険料は納付していない）。

　※妻Bさんは、Aさんと同居し、現在および将来においても、Aさんと生計維持関係にあるものとする。

　※Aさんと妻Bさんは、現在および将来においても、公的年金制度における障害等級に該当する障害の状態にないものとする。

※上記以外の条件は考慮せず、各問に従うこと。

《問1》Aさんが、60歳に達するまで国民年金の保険料を納付した場合、Aさんが原則として65歳から受給することができる公的年金の老齢給付について、次の①および②に答えなさい。〔計算過程〕を示し、〈答〉は円単位とすること。また、年金額の端数処理は、円未満を四捨五入すること。

　なお、計算にあたっては、下記の〈条件〉に基づき、年金額は、2023年度価額に基づいて計算するものとする。

① 老齢基礎年金の年金額はいくらか。
② 老齢厚生年金の年金額（本来水準による価額）はいくらか。

〈条件〉
(1) 厚生年金保険の被保険者期間
　　・総報酬制導入前の被保険者期間：120月
　　・総報酬制導入後の被保険者期間： 42月
(2) 平均標準報酬月額および平均標準報酬額（2023年度再評価率による額）
　　・総報酬制導入前の平均標準報酬月額：28万円
　　・総報酬制導入後の平均標準報酬額　：36万円
(3) 報酬比例部分の給付乗率

総報酬制導入前		総報酬制導入後	
新乗率	旧乗率	新乗率	旧乗率
1,000分の7.125	1,000分の7.5	1,000分の5.481	1,000分の5.769

(4) 新規裁定者に係る経過的加算額

$$1,657円 \times 被保険者期間の月数 - □□□円 \times \frac{1961年4月以後で20歳以上60歳未満の厚生年金保険の被保険者期間の月数}{加入可能年数 \times 12}$$

　　※「□□□」は、問題の性質上、伏せてある。
(5) 加給年金額
　　397,500円（要件を満たしている場合のみ加算すること）

《問2》Mさんは、Aさんに対して、国民年金基金について説明した。Mさんが説明した以下の文章の空欄①～⑧に入る最も適切な語句または数値を、解答用紙に記入しなさい。

「国民年金基金は、国民年金の第1号被保険者が加入することができ、老齢基礎年金に上乗せする年金を支給する任意加入の年金制度です。国民年金基金には、全国国民年金基金と3つの（　①　）国民年金基金があります。Aさんの場合は、全国国民年金基金に加入することになります。

国民年金基金への加入は口数制です。1口目は、（　②　）年間の保証期間のある終身年金A型と保証期間のない終身年金B型の2種類のなかからの選択となり、2口目以降は、2種類の終身年金と（　③　）種類の確定年金のなかから選択することができます。

毎月の掛金は、加入員が選択した給付（年金）の型、加入口数、加入時の年齢などによって決まり、その拠出限度額は月額（　④　）円となっています。また、4月から翌年3月までの1年分の掛金を前納した場合、（　⑤　）カ月分の掛金が割引されます。支払った掛金は、税法上、社会保険料控除として所得控除の対象となります。

国民年金基金の給付には、老齢年金と（　⑥　）があります。老齢年金は、終身年金（A型、B型）の場合、原則として（　⑦　）歳から支給が開始され、老齢年金の年金額が12万円以上の場合、年（　⑧　）回に分けて受け取ることになります」

《問3》Mさんは、Aさんに対して、老後の年金収入を増やす方法等について説明した。Mさんが説明した以下の文章の空欄①～⑥に入る最も適切な語句または数値を、解答用紙に記入しなさい。

I 「Aさんは、老後の年金収入を増やすために、国民年金の付加保険料を納付することができます。付加保険料は、国民年金の定額保険料に上乗せして納付します。仮に、Aさんが付加保険料を110月納付し、65歳から老齢基礎年金を受け取る場合、当該老齢基礎年金の額に付加年金として（　①　）円が上乗せされます。なお、国民年金基金に加入した場合は、国民年金の付加保険料を納付することはできません」

II 「小規模企業共済制度は、Aさんのような個人事業主が廃業等した場合に必要となる資金を準備しておくための共済制度です。毎月の掛金は、1,000円から（　②　）円までの範囲内で、500円単位で選択することができます。妻Bさんは（　③　）の要件を満たせば、加入することができます。仮に、Aさんが加入しない場合であっても、妻Bさんは（　③　）の地位で加入することができます。支払った掛金は、税法上、小規模企業共済等掛金控除として所得控除の対象となります。

共済金は、加入者に廃業等の事由が生じた場合に、掛金納付月数等に応じて支払われます。共済金の受取方法には、『一括受取り』『分割受取り』『一括受取りと分割受取りの併用』があります。『分割受取り』を選択するためには、共済金の額が（④）万円以上であること、請求事由が生じた時点で60歳以上であること等の要件を満たす必要があります。

　なお、加入者が任意解約した場合、掛金納付月数が（⑤）カ月未満では、解約手当金が掛金合計額を下回り、掛金納付月数が12カ月未満では、解約手当金を受け取ることができません。

　加入者は、事業資金等が必要となった場合、一定の要件のもとに、掛金残高と掛金の納付月数に応じた貸付限度額の範囲内で、10万円以上（⑥）万円以内（5万円単位）で借入れをする一般貸付制度を利用することができます」

【第1問】

《問1》 正解 ① **795,000円** ② **343,926円**

① 老齢基礎年金の年金額

$$795,000円 \times \frac{480月}{480月} = \textbf{795,000円}$$

② 老齢厚生年金の年金額

$$280,000円 \times \frac{7.125}{1,000} \times 120月 + 360,000円 \times \frac{5.481}{1,000} \times 42月 = 322,272.7\cdots円$$

→ 322,273円（円未満四捨五入）

$$1,657円 \times 162月 - 795,000円 \times \frac{149月}{480月} = 21,652.7\cdots円 \quad → \quad 21,653円（円未満四捨五入）$$

322,273円 + 21,653円 = **343,926円**

〈解説〉

Aさんは1956年4月2日以後生まれであるため、新規裁定者である。

① 老齢基礎年金の年金額の計算における保険料納付済期間には、第2号被保険者の期間のうち20歳以上60歳未満の期間が含まれるため、1993年4月から1994年4月までの期間（13月）は除く。したがって、20歳から60歳までの40年間（480月）が保険料納付済期間となる。

② 老齢厚生年金の年金額は本来水準による価額を求めるため、報酬比例部分の給付乗率は新乗率を用いる。

　経過的加算額における厚生年金保険の被保険者期間は162月（120月＋42月）であり、1961年4月以後で20歳以上60歳未満の期間は149月（162月－13月）である。また、「□□□」には、老齢基礎年金の満額（795,000円、2023年度価額）を当てはめる。

　Aさんの厚生年金保険の被保険者期間は240月未満であるため、Aさんに加給年金額は加算されない。

《問2》 正解 ① **職能型** ② **15** ③ **5** ④ **68,000** ⑤ **0.1**
　　　　　⑥ **遺族一時金** ⑦ **65** ⑧ **6**

〈解説〉

国民年金基金の加入タイプは、次のとおりである。

終身年金	A型	65歳受取開始（15年間保証）
	B型	65歳受取開始（保証期間なし）

第2章 年金・社会保険 応用編

179

	Ⅰ型	65歳受取開始（15年間）
	Ⅱ型	65歳受取開始（10年間）
確定年金	Ⅲ型	60歳受取開始（15年間）
	Ⅳ型	60歳受取開始（10年間）
	Ⅴ型	60歳受取開始（5年間）

　給付の種類には、老齢年金と遺族一時金があり、障害給付はない。年金の受取りは、年金額が12万円以上のときは年6回（偶数月の15日に前2カ月分を支給）、年金額が12万円未満のときは年1回（毎年、偶数月のうち決まった月の15日に直近1年分を支給）となる。

《問3》 正解 ① **22,000** ② **70,000** ③ **共同経営者** ④ **300**
　　　　　⑤ **240** ⑥ **2,000**

〈解説〉

Ⅰ　付加年金の額は、付加保険料を納付した月数に200円を乗じて得た額となる。
　　200円×110月＝**22,000円**

Ⅱ　小規模企業共済に加入できる主な者は、①建設業、製造業、運輸業、サービス業（宿泊業・娯楽業に限る）、不動産業、農業などを営み、常時使用する従業員の数が20人以下の個人事業主または会社等の役員、②商業（卸売業・小売業）、サービス業（宿泊業・娯楽業を除く）を営み、常時使用する従業員の数が5人以下の個人事業主または会社等の役員などであるが、①または②に該当する個人事業主が営む事業の経営に携わる共同経営者（個人事業主1人につき2人まで）も加入することができる。

　共済金を分割受取りにする場合、①請求事由が共済契約者の死亡でない共済金であること、②請求事由発生日に60歳以上であり、共済金の額が300万円以上であること、という要件を満たす必要がある。

　解約手当金は掛金納付月数が12月以上である場合に受け取ることができ、掛金納付月数が240月未満である場合は、解約手当金の額は掛金合計額を下回る。

　共済契約者が利用できる一般貸付制度は、掛金の範囲内（掛金納付月数により掛金の70％〜90％）で、10万円以上2,000万円以内の借入れをすることができる制度である。

【第2問】（2022年1月 第1問《問51》〜《問53》改題）　チェック欄 □□□□□

次の設例に基づいて、下記の各問（《問1》〜《問3》）に答えなさい。

《設　例》

　X株式会社（以下、「X社」という）に勤務するAさん（59歳）は、2024年9月に満60歳となり定年を迎える。Aさんは、大学卒業後、X社に入社し、以後、現在に至るまで同社に勤務している。Aさんは、X社の継続雇用制度を利用して65歳まで働く予定としており、可能であれば70歳まで働きたいと思っている。

　妻Bさん（59歳）は、高校卒業後、X社に入社し、26歳のときに同僚であったAさんと結婚した。2人の子が独立した5年前からパートタイマーとして、スーパーマーケットで勤務している。先日、惣菜部門のパートリーダーに抜擢され、副店長からシフトを増やしてほしいと頼まれている。妻Bさんは、仕事に生きがいを感じており、Aさんと同様に、70歳まで働きたいと思っている。

　Aさん夫妻は、今後の生活設計について、ファイナンシャル・プランナーのMさんに相談することにした。Aさんの家族に関する資料は、以下のとおりである。

〈Aさんの家族に関する資料〉

（1）Aさん（本人）
 ・1964年9月19日生まれ
 ・公的年金の加入歴
　1984年9月から1987年3月までの大学生であった期間（31月）は国民年金に任意加入していない。
　1987年4月から現在に至るまで厚生年金保険の被保険者である（厚生年金基金の加入期間はない）。
 ・全国健康保険協会管掌健康保険の被保険者である。
 ・1987年4月から現在に至るまで雇用保険の一般被保険者である。

【X社の継続雇用制度の概要】
 ・1年契約の嘱託雇用で1日7時間（週35時間）勤務
 ・賃金月額は60歳到達時の60％（月額27万円）で賞与はなし

（2）Bさん（妻）
 ・1964年5月17日生まれ
 ・公的年金の加入歴
　1983年4月から1990年4月まで厚生年金保険の被保険者である。
　1990年5月から現在に至るまで国民年金の第3号被保険者である。
 ・Aさんが加入する健康保険の被扶養者である。

第2章　年金・社会保険　応用編

【妻Bさんのパート勤務の概要】
・週18時間のパート勤務、年収95万円
・妻Bさんの勤務先は、任意特定適用事業所に該当する。

※妻Bさんは、Aさんと同居し、現在および将来においても、Aさんと生計維持関係にあるものとする。
※Aさんと妻Bさんは、現在および将来においても、公的年金制度における障害等級に該当する障害の状態にないものとする。

※上記以外の条件は考慮せず、各問に従うこと。

《問1》Mさんは、Aさん夫妻に対して、65歳未満の者に対する公的年金制度からの老齢給付および雇用保険からの給付について説明した。Mさんが説明した以下の文章の空欄①～⑤に入る最も適切な語句または数値を、解答用紙に記入しなさい。

〈特別支給の老齢厚生年金〉

Ⅰ 「老齢厚生年金の支給開始年齢は原則として65歳ですが、経過措置として、老齢基礎年金の受給資格期間である（ ① ）年を満たし、かつ、厚生年金保険の被保険者期間が1年以上あることなどの所定の要件を満たしている方は、65歳到達前に特別支給の老齢厚生年金を受給することができます。1964年5月生まれの妻Bさんは（ ② ）歳から報酬比例部分のみの特別支給の老齢厚生年金を受給することができますが、1964年9月生まれのAさんは受給することができません」

〈繰上げ支給〉

Ⅱ 「Aさん夫妻が希望すれば、老齢基礎年金の繰上げ支給を請求することができます。繰上げによる減額率は2022年4月1日に改正され、改正後の減額率は施行日以降に60歳に到達する方に適用されます。仮に、Aさんが62歳0カ月で老齢基礎年金の繰上げ支給を請求する場合は、その請求と同時に老齢厚生年金の繰上げ支給を請求することになり、改正を前提とした減額率は（ ③ ）％となります。なお、繰上げ支給を請求した場合は、一生涯減額された年金額を受け取ることになります」

〈雇用保険からの給付〉

Ⅲ 「AさんがX社の継続雇用制度を利用して、60歳以後も引き続きX社に勤務し、かつ、60歳以後の各月（支給対象月）に支払われた賃金額（みなし賃金を含む）が60歳到達時の賃金月額の75％相当額を下回る場合、Aさんは、所定の手続により、

原則として（ ④ ）を受給することができます。（ ④ ）の額は、支給対象月ごとに、その月に支払われた賃金額の低下率に応じて、一定の方法により算定されますが、賃金額が60歳到達時の賃金月額の61％相当額を下回る場合、当該金額は賃金額の（ ⑤ ）％に相当する額になります」

《問２》Aさんが、定年後、X社の継続雇用制度を利用して厚生年金保険の被保険者として同社に勤務し、65歳で退職して再就職しない場合、Aさんが原則として65歳から受給することができる公的年金の老齢給付について、次の①および②に答えなさい。〔計算過程〕を示し、〈答〉は円単位とすること。また、年金額の端数処理は、円未満を四捨五入すること。

なお、計算にあたっては、下記の〈条件〉に基づき、年金額は、2023年度価額に基づいて計算するものとする。

①　老齢基礎年金の年金額はいくらか。
②　老齢厚生年金の年金額（本来水準による価額）はいくらか。

〈条件〉
(1) 厚生年金保険の被保険者期間
　・総報酬制導入前の被保険者期間：192月
　・総報酬制導入後の被保険者期間：317月
(2) 平均標準報酬月額および平均標準報酬額
　　（65歳到達時点、2023年度再評価率による額）
　・総報酬制導入前の平均標準報酬月額：30万円
　・総報酬制導入後の平均標準報酬額　：50万円
(3) 報酬比例部分の給付乗率

総報酬制導入前		総報酬制導入後	
新乗率	旧乗率	新乗率	旧乗率
1,000分の7.125	1,000分の7.5	1,000分の5.481	1,000分の5.769

(4) 新規裁定者に係る経過的加算額

$$1,657円 \times 被保険者期間の月数 - \square\square\square円 \times \frac{1961年４月以後で20歳以上60歳未満の厚生年金保険の被保険者期間の月数}{加入可能年数 \times 12}$$

※「□□□」は、問題の性質上、伏せてある。

（5）加給年金額

397,500円（要件を満たしている場合のみ加算すること）

《問3》Mさんは、Aさん夫妻に対して、65歳以後の公的年金制度からの老齢給付および短時間労働者に対する健康保険・厚生年金保険の適用について説明した。Mさんが説明した以下の文章の空欄①～⑥に入る最も適切な語句または数値を、解答用紙に記入しなさい。

〈在職老齢年金〉

Ⅰ　「Aさんが、65歳以後も引き続き厚生年金保険の被保険者としてX社に勤務し、かつ、65歳から老齢厚生年金を受給する場合、Aさんの老齢厚生年金の報酬比例部分の額に基づく基本月額と総報酬月額相当額との合計額が（　①　）万円（支給停止調整額、2023年度価額）以下のときは調整が行われず、老齢厚生年金は全額支給されます」

〈妻Bさんが受給する老齢基礎年金への加算〉

Ⅱ　「Aさんが65歳から老齢厚生年金を受給するようになると、妻Bさんの老齢基礎年金には、（　②　）の額が加算されます。妻Bさんが（　②　）を受けるためには、老齢基礎年金額加算開始事由該当届を提出する必要があります」

〈繰下げ支給〉

Ⅲ　「Aさん夫妻が希望すれば、66歳以後、老齢基礎年金および老齢厚生年金の繰下げ支給の申出をすることができます。仮に、Aさんが68歳0カ月で老齢基礎年金の繰下げ支給の申出をした場合の増額率は（　③　）％となります。なお、妻Bさんが老齢基礎年金の支給を繰り下げた場合、老齢基礎年金に加算される（　②　）の額は増額されません」

〈短時間労働者に対する健康保険および厚生年金保険の適用〉

Ⅳ　「1週間の所定労働時間および1カ月の所定労働日数が通常の労働者の（　④　）以上になった場合、健康保険および厚生年金保険の被保険者となります。また、妻Bさんがパートタイマーとして勤務している現在の事業所においては、1週間の所定労働時間および1カ月の所定労働日数が通常の労働者の（　④　）未満であっても、1週間の所定労働時間が（　⑤　）時間以上であること、雇用期間が2カ月を超えると見込まれること、賃金の月額が（　⑥　）円（賞与、残業代、通勤手当等を除く）以上であること、学生でないことの要件をすべて満たした場合、妻Bさんは健康保険および厚生年金保険の被保険者となります」

【第2問】

> 《問1》 正解 ① **10** ② **64** ③ **14.4**
> ④ **高年齢雇用継続基本給付金** ⑤ **15**

〈解説〉

① 特別支給の老齢厚生年金の受給要件は、次のとおりである。
- ・60歳以上65歳未満であること
- ・1年以上の厚生年金保険の被保険者期間を有していること
- ・老齢基礎年金の受給資格期間（10年以上）を満たしていること

② 生年月日が1964年4月2日から1966年4月1日までの女性は、64歳から報酬比例部分のみの特別支給の老齢厚生年金を受給することができる。

③ 生年月日が1962年4月2日以後である者は、1カ月当たりの繰上げ減額率が0.4％となる。Aさんが、62歳0カ月で老齢基礎年金の繰上げ支給を請求する場合は、3年（65歳−62歳）繰り上げることになるため、減額率は次のとおりである。
$$0.4\% × 3年 × 12カ月 = 14.4\%$$

④ 基本手当を受給せずに、60歳以後も継続して雇用されている被保険者に対して支給されるのは、高年齢雇用継続基本給付金である。

⑤ 高年齢雇用継続基本給付金の支給額は、60歳到達時の賃金月額と比較した賃金額の低下率に応じた支給率を、支給対象月に支払われた賃金月額に乗ずることにより計算され、最高で賃金月額の15％が支給される。

> 《問2》 正解 ① **743,656円** ② **1,330,843円**

① 老齢基礎年金の年金額

$$795,000円 × \frac{449月}{480月} ≒ \mathbf{743,656円}（円未満四捨五入）$$

② 老齢厚生年金の年金額

$$300,000円 × \frac{7.125}{1,000} × 192月 + 500,000円 × \frac{5.481}{1,000} × 317月$$

$$≒ 1,279,139円（円未満四捨五入）$$

$$1,657円 × 480月 − 795,000円 × \frac{449月}{480月} ≒ 51,704円（円未満四捨五入）$$

$$1,279,139円 + 51,704円 = \mathbf{1,330,843円}$$

〈解説〉

Aさんは1956年4月2日以後生まれであるため、新規裁定者である。

① 保険料納付済期間には、第2号被保険者の期間のうち20歳以上60歳未満の期間

（最大480月）が含まれる。Aさんは大学生であった期間（31月）は国民年金に任意加入していないため、この期間を除く。

480月 － 31月 ＝ 449月

② 老齢厚生年金の年金額は本来水準による価額を求めるため、報酬比例部分の給付乗率は新乗率を用いる。

経過的加算額の計算式における被保険者期間の月数は、480月が上限である。また、「□□□」には、老齢基礎年金の満額（795,000円、2023年度価額）を当てはめる。

Aさんの厚生年金保険の被保険者期間は240月以上であるが、Aさんが65歳の時に妻Bさんは65歳に達しているため、Aさんに加給年金額は加算されない。

| 《問3》 正解 | ① 48 | ② 振替加算 | ③ 25.2 | ④ 4分の3 |
| | ⑤ 20 | ⑥ 88,000 | | |

〈解説〉

Ⅱ Aさんの厚生年金保険の被保険者期間が20年以上あり、1966年4月1日以前に生まれた妻BさんはAさんと生計維持関係にあるため、Aさんが65歳から老齢厚生年金を受給するようになると、妻Bさんの老齢基礎年金に振替加算が加算される。

Ⅲ 繰下げによる増額率は、1カ月当たり0.7％である。68歳0カ月で繰下げ支給の申出をした場合の増額率は、次のとおりである。

0.7％ ×（68歳 － 65歳）× 12月 ＝ 25.2％

Ⅳ 健康保険および厚生年金保険において、「1週間の所定労働時間が一般従業員の4分の3以上」かつ「1カ月の所定労働日数が一般従業員の4分の3以上」である場合、被保険者となる。また、従業員数が101人以上の事業所（特定適用事業所）で、次の要件を満たす短時間労働者は、健康保険および厚生年金保険の被保険者となる。

・1週間の所定労働時間が20時間以上
・賃金月額88,000円以上
・雇用期間の見込みが2カ月超
・学生でない者

特定適用事業所に該当しない事業所でも、労使で合意をすることにより任意特定適用事業所となることができる。この任意特定適用事業所の短時間労働者は、上記の要件を満たすことで健康保険および厚生年金保険の被保険者となる。

【第3問】（2020年1月 第1問《問51》〜《問53》改題）　チェック欄□□□□□

次の設例に基づいて、下記の各問（《問1》〜《問3》）に答えなさい。

《設　例》

　Ｘ株式会社（以下、「Ｘ社」という）に勤務するＡさん（58歳）は、妻Ｂさん（58歳）と母Ｃさん（80歳）との3人暮らしである。Ｘ社は、満65歳の定年制を採用しているが、再雇用制度が設けられており、その制度を利用して同社に再雇用された場合、最長で70歳まで勤務することができる。

　Ａさんは、Ｘ社の再雇用制度を利用して同社に勤務した場合の雇用保険からの給付や公的年金制度からの老齢給付の給付額について知りたいと思っている。また、母Ｃさんが加入している後期高齢者医療制度についても理解を深めたいと思っている。

　そこで、Ａさんは、ファイナンシャル・プランナーのＭさんにアドバイスを求めることにした。Ａさんの家族に関する資料は、以下のとおりである。

〈Ａさんの家族に関する資料〉

（1）Ａさん（本人）
・1965年5月28日生まれ
・公的年金の加入歴
　1985年5月から1988年3月までの大学生であった期間（35月）は国民年金に任意加入していない。
　1988年4月から現在に至るまで厚生年金保険の被保険者である（過去に厚生年金基金の加入期間はない）。
・全国健康保険協会管掌健康保険の被保険者である。
・1988年4月から現在に至るまで雇用保険の一般被保険者である。

（2）Ｂさん（妻）
・1965年4月10日生まれ
・公的年金の加入歴
　1984年4月から1992年9月まで厚生年金保険の被保険者である。
　1992年10月から2006年9月まで国民年金の第3号被保険者である。
　2006年10月から2023年3月まで厚生年金保険の被保険者である。
　2023年4月から現在に至るまで国民年金の第3号被保険者である。

（3）Ｃさん（母）
・1943年12月6日生まれ
・後期高齢者医療制度の被保険者である。
・収入は、公的年金（老齢基礎年金および老齢厚生年金）のみである。

187

※妻Bさんおよび母Cさんは、Aさんと同居し、現在および将来においても、Aさんと生計維持関係にあるものとする。
※家族全員、現在および将来においても、公的年金制度における障害等級に該当する障害の状態にないものとする。

※上記以外の条件は考慮せず、各問に従うこと。

《問1》Mさんは、Aさんに対して、Aさんが雇用保険の一般被保険者として同社に勤務し続けた場合の雇用保険からの失業等給付について説明した。Mさんが説明した以下の文章の空欄①〜⑧に入る最も適切な語句または数値を、解答用紙に記入しなさい。

Ⅰ 「Aさんが60歳以後も引き続き同社に勤務し、かつ、60歳以後の各月（支給対象月）に支払われた賃金額（みなし賃金を含む）が60歳到達時の賃金月額の（ ① ）％相当額を下回る場合、Aさんは、所定の手続により、原則として、高年齢雇用継続基本給付金を受給することができます。

高年齢雇用継続基本給付金の額は、支給対象月ごとに、その月に支払われた賃金額の低下率に応じて一定の方法により算定されますが、最高で賃金額の（ ② ）％相当額となります」

Ⅱ 「Aさんが60歳以後も引き続き同社に勤務し、かつ、65歳到達前に退職して求職を希望する場合、Aさんは、所定の手続により、失業している日について基本手当を受給することができます。

基本手当の日額は、原則として、被保険者期間として計算された最後の（ ③ ）カ月間に支払われた賃金（賞与等を除く）の総額を基に算出した賃金日額に、当該賃金日額に応じた給付率を乗じて得た額となります。なお、賃金日額には、下限額および受給資格者の年齢区分に応じて上限額が設けられています。また、賃金日額に応じた給付率は、受給資格に係る離職日において60歳以上65歳未満である受給資格者の場合、100分の（ ④ ）から100分の80の範囲です。

Aさんが特定受給資格者等に該当しない場合、Aさんが基本手当の支給を受けることができる最大の日数（所定給付日数）は（ ⑤ ）日となり、その受給期間は、原則として離職日の翌日から（ ⑥ ）年間となります。

なお、Aさんが基本手当の受給中に安定した職業に就いた場合、所定の要件を満たせば、再就職手当または高年齢再就職給付金のいずれか一方を受給することができます。再就職手当については、就職日の前日における基本手当の支給残日数が所定給付日数の（ ⑦ ）以上であることが要件の1つとなり、高年齢再就職給付金に

ついては、就職日の前日における基本手当の支給残日数が（ ⑧ ）日以上であることが要件の１つとなります」

《問２》Ｍさんは、Ａさんに対して、**後期高齢者医療制度**について説明した。Ｍさんが説明した以下の文章の空欄①〜⑤に入る最も適切な語句または数値を、解答用紙に記入しなさい。

「後期高齢者医療制度の被保険者となるのは、生活保護受給者等の適用除外者を除き、75歳以上の者または後期高齢者医療広域連合から所定の障害の状態にある旨の認定を受けた（ ① ）歳以上75歳未満の者です。

後期高齢者医療制度の保険料は、個人単位で算定され、（ ② ）と所得割額を合計した額となりますが、所定の要件に該当する被保険者は、保険料の軽減措置を受けることができます。

保険料の徴収方法には、特別徴収と普通徴収があります。公的年金制度から年額（ ③ ）万円以上の年金を受給している被保険者の保険料は、原則として公的年金からの特別徴収となります。ただし、後期高齢者医療制度の保険料と公的介護保険の保険料との合計額がその者に支払われる年金額の（ ④ ）％相当額を超えるなど、所定の要件に該当する被保険者の保険料は、納付書や口座振替等による普通徴収となります。

被保険者が保険医療機関等の窓口で支払う医療費の一部負担金の割合は、所得状況等に応じた一定の割合となりますが、その割合は、毎年（ ⑤ ）月１日に判定されます」

《問３》Ａさんが厚生年金保険の被保険者として同社に勤務し、65歳で退職して再就職しない場合、Ａさんが原則として65歳から実際に受給することができる公的年金の老齢給付について、次の①および②に答えなさい。〔計算過程〕を示し、〈答〉は円単位とすること。また、年金額の端数処理は、円未満を四捨五入すること。

なお、計算にあたっては、下記の〈条件〉に基づき、年金額は、2023年度価額に基づいて計算するものとする。また、妻Ｂさんには、特別支給の老齢厚生年金（報酬比例部分）が法定の支給開始年齢から支給されるものとする。

① 老齢基礎年金の年金額はいくらか。
② 老齢厚生年金の年金額（本来水準による価額）はいくらか。

〈条件〉
(1) 厚生年金保険の被保険者期間
　　・総報酬制導入前の被保険者期間：180月
　　・総報酬制導入後の被保険者期間：325月（65歳到達時点）
(2) 平均標準報酬月額および平均標準報酬額
　　（65歳到達時点、2023年度再評価率による額）
　　・総報酬制導入前の平均標準報酬月額：30万8,000円
　　・総報酬制導入後の平均標準報酬額　：49万6,000円
(3) 報酬比例部分の給付乗率
　　・総報酬制導入前の乗率：1,000分の7.125
　　・総報酬制導入後の乗率：1,000分の5.481
(4) 新規裁定者に係る経過的加算額

$$1,657円 \times 被保険者期間の月数 - □□□円 \times \frac{1961年4月以後で20歳以上60歳未満の厚生年金保険の被保険者期間の月数}{加入可能年数 \times 12}$$

　　※「□□□」は、問題の性質上、伏せてある。
(5) 加給年金額
　　39万7,500円（要件を満たしている場合のみ加算すること）

【第3問】

《問1》 正解 ① **75** ② **15** ③ **6** ④ **45** ⑤ **150**
⑥ **1** ⑦ **3分の1** ⑧ **100**

〈解説〉

③および④　基本手当の総額と賃金日額の関係は、次のとおりである。

基本手当の総額＝基本手当日額×所定給付日数

↓

基本手当日額＝賃金日額×給付率

（50 ～ 80％　60歳以上65歳未満は45 ～ 80％）

↓

賃金日額＝最後の6カ月間の賃金総額

（賞与等を除く）÷180

⑦　再就職手当は、基本手当の支給残日数が所定給付日数の3分の1以上ある受給資格者が、安定した職業に再就職した場合や、一定の条件を備えて独立開業した場合に支給される。

⑧　高年齢再就職給付金は、基本手当の支給を受けたことがあり、基本手当の支給残日数が100日以上ある者が再就職した場合に支給される。

《問2》 正解 ① **65** ② **均等割額** ③ **18** ④ **50** ⑥ **8**

〈解説〉

③および④　公的年金制度から受給する年金の年額が18万円未満である場合や、年額18万円以上の年金を受給していても後期高齢者医療制度の保険料と公的介護保険の保険料との合計額がその者に支払われる年金額の50％（1／2）相当額を超える場合は、保険料は普通徴収となる。

《問3》 正解 ① **737,031円** ② **1,336,876円**

①　老齢基礎年金の年金額

$$795,000円 \times \frac{445月}{480月} = 737,031.2\cdots円　\rightarrow　\textbf{737,031円}（円未満四捨五入）$$

②　老齢厚生年金の年金額

$$308,000円 \times \frac{7.125}{1,000} \times 180月 + 496,000円 \times \frac{5.481}{1,000} \times 325月 = 1,278,547.2円$$

$$\rightarrow　1,278,547円（円未満四捨五入）$$

$$1,657円 \times 480月 - 795,000円 \times \frac{445月}{480月} = 58,328.7\cdots円 \quad \rightarrow \quad 58,329円$$

（円未満四捨五入）

$$1,278,547円 + 58,329円 = \mathbf{1,336,876円}$$

〈解説〉

Ａさんは1956年４月２日以後生まれであるため、新規裁定者である。

① 保険料納付済期間には、第２号被保険者のうち20歳以上60歳未満の期間（最大480月）が含まれる。Ａさんは大学生であった期間（35月）は国民年金に任意加入していないため、この期間を除く。

480月 − 35月 = 445月

② 経過的加算額の計算式の被保険者期間の月数は480月が上限である。また、「□□□」には、老齢基礎年金の満額（795,000円、2023年度価額）を当てはめる。Ａさんには生計維持関係にある妻Ｂさんがいるが、被保険者期間20年以上（1984年４月〜1992年９月、2006年10月〜2023年３月）の特別支給の老齢厚生年金を受給しているため、加給年金額は加算されない。

【第4問】（2019年9月 第1問《問51》〜《問53》改題）　チェック欄 □□□□□

次の設例に基づいて、下記の各問（《問1》〜《問3》）に答えなさい。

《設 例》

　X株式会社（以下、「X社」という）に勤務するAさん（39歳）は、妻Bさん（35歳）、長男Cさん（3歳）および二男Dさん（0歳）との4人暮らしである。Aさんは、今月40歳を迎えることもあり、公的介護保険について知りたいと思っている。また、Aさんは、子どもがまだ小さいことから、自分が就業できない状態になった場合や死亡した場合に労働者災害補償保険や公的年金制度からどのような給付が受けられるのかについても知りたいと思っている。

　そこで、Aさんは、ファイナンシャル・プランナーのMさんに相談することにした。Aさんの家族に関する資料は、以下のとおりである。

〈Aさんの家族に関する資料〉

（1）Aさん（本人）
・1983年9月15日生まれ
・公的年金の加入歴
　2002年4月から現在に至るまで厚生年金保険の被保険者である。
・全国健康保険協会管掌健康保険の被保険者である。
・2002年4月から現在に至るまで雇用保険の一般被保険者である。
・X社は労働者災害補償保険の適用事業所である。

（2）Bさん（妻）
・1988年6月13日生まれ
・公的年金の加入歴
　2007年4月から2019年3月まで厚生年金保険の被保険者である。
　2019年4月から現在に至るまで国民年金の第3号被保険者である。
・Aさんが加入する健康保険の被扶養者である。

（3）Cさん（長男）
・2020年6月10日生まれ

（4）Dさん（二男）
・2023年2月20日生まれ

※妻Bさん、長男Cさんおよび二男Dさんは、Aさんと同居し、Aさんと生計維持関係にあるものとする。
※家族全員、現在および将来においても、公的年金制度における障害等級に該当する障害の状態にないものとする。

第2章 年金・社会保険 **応用編**

193

※上記以外の条件は考慮せず、各問に従うこと。

《問１》 Mさんは、Aさんに対して、**労働者災害補償保険について**説明した。Mさんが説明した以下の文章の空欄①〜⑥に入る最も適切な語句または数値を、解答用紙に記入しなさい。

　「労働者災害補償保険では、業務上の事由または（　①　）による労働者の負傷、疾病、障害、死亡等に対して保険給付を行うほか、社会復帰促進等事業として特別支給金等が支給されます。

　仮に、Aさんが業務上の事由による負傷または疾病の療養のために４日以上休業し、かつ、４日目以降の休業した日について事業主から賃金の支払がない場合、所定の手続により、Aさんは、原則として、４日目以降の休業した日について、休業補償給付および休業特別支給金の支給を受けることができます。

　その給付額は、原則として、休業１日につき、休業補償給付は休業給付基礎日額の（　②　）％相当額であり、休業特別支給金は休業給付基礎日額の（　③　）％相当額です。休業給付基礎日額とは、原則として、算定事由発生日以前（　④　）カ月間にその労働者に対して支払われた賃金の総額（賞与等を除く）を、その期間の総日数で除した金額となります。

　なお、休業の初日から３日目までの休業期間については、事業主が（　⑤　）法の規定に基づく休業補償を行わなければならないこととされています。

　また、療養開始後１年６カ月を経過した日以後において、傷病が治癒せず、当該傷病による障害の程度が所定の傷病等級の第１級から第３級に該当する場合には、休業補償給付に代えて、（　⑥　）が支給されます。（　⑥　）の年金額は、その傷病等級に応じて、年金給付基礎日額の313日分、277日分または245日分となります」

《問２》 Mさんは、Aさんに対して、**公的介護保険**（以下、「介護保険」という）について説明した。Mさんが説明した以下の文章の空欄①〜⑦に入る最も適切な語句または数値を、解答用紙に記入しなさい。

　「介護保険の被保険者は、（　①　）歳以上の第１号被保険者と40歳以上（　①　）歳未満の医療保険加入者である第２号被保険者に分けられます。介護保険料は、第１号被保険者で公的年金制度から年額（　②　）万円以上の年金を受給している者については、原則として公的年金から特別徴収され、第２号被保険者については、各医療保険

194

者が医療保険料と合算して徴収します。

　保険給付は、市町村（特別区を含む）から要介護認定または要支援認定を受けた被保険者に対して行われますが、第2号被保険者に係る保険給付は、脳血管疾患などの（　③　）が原因で要介護状態または要支援状態となった場合に限られます。

　要介護認定または要支援認定の申請に対する処分は、原則として申請のあった日から（　④　）日以内に行われ、その処分に不服がある場合、被保険者は介護保険審査会に（　⑤　）請求をすることができます。また、要介護認定または要支援認定を受けた被保険者が、当該認定に係る有効期間満了後も要介護状態または要支援状態にあることが見込まれ、引き続き保険給付を受ける場合は、原則として、有効期間満了日の（　⑥　）日前から満了日までの間に、認定の更新申請が必要となります。

　介護保険の保険給付を受ける被保険者は、原則として、費用（食費、居住費等を除く）の1割を負担することになります。ただし、第（　⑦　）号被保険者のうち、一定以上の所得を有する者については、負担割合が2割または3割となります。

　なお、同一月内の自己負担額（保険給付対象額）が一定の限度額を超えた場合は、高額介護サービス費または高額介護予防サービス費の支給が受けられます」

《問3》仮に、Aさんが現時点（2023年9月8日）で死亡し、妻Bさんが遺族基礎年金および遺族厚生年金の受給権を取得した場合、Aさんの死亡時における妻Bさんに係る遺族給付について、次の①および②に答えなさい。〔計算過程〕を示し、〈答〉は円単位とすること。また、年金額の端数処理は、円未満を四捨五入すること。

　なお、計算にあたっては、下記の〈条件〉に基づき、年金額は、2023年度価額に基づいて計算するものとする。

①　遺族基礎年金の年金額はいくらか。
②　遺族厚生年金の年金額（本来水準による価額）はいくらか。

〈条件〉
(1) 厚生年金保険の被保険者期間
　　・総報酬制導入前の被保険者期間：　12月
　　・総報酬制導入後の被保険者期間：245月
　　（注）要件を満たしている場合、300月のみなし計算を適用すること。
(2) 平均標準報酬月額・平均標準報酬額（2023年度再評価率による額）
　　・総報酬制導入前の平均標準報酬月額：208,000円
　　・総報酬制導入後の平均標準報酬額　：322,000円
(3) 乗率

・総報酬制導入前の乗率：1,000分の7.125
・総報酬制導入後の乗率：1,000分の5.481
（4）中高齢寡婦加算額
596,300円（要件を満たしている場合のみ加算すること）

【第4問】

《問1》 正解	① 通勤	② 60	③ 20	④ 3	⑤ 労働基準
	⑥ 傷病補償年金				

⑤　業務災害の場合、休業補償給付の支給がない休業の初日から3日目までは、事業主が労働基準法の規定に基づく休業補償を行わなければならない。なお、通勤災害の場合、事業主の責任が問われないため、休業給付の支給がない休業の初日から3日目までは、事業主は労働基準法の規定に基づく休業補償を行う必要がない。

⑥　なお、傷病補償年金または傷病年金の受給権者である労働者には、申請により傷病特別支給金が支給される。さらに、特別給与（ボーナス）を基に算出される傷病特別年金も、申請することにより支給される。

《問2》 正解	① 65	② 18	③ 特定疾病	④ 30	⑤ 審査
	⑥ 60	⑦ 1			

⑤　処分に不服がある場合、原則として、処分があったことを知った日の翌日から3カ月以内に、被保険者は介護保険審査会に審査請求をすることができる。

⑦　自己負担割合は、原則として1割であるが、第1号被保険者は前年の合計所得金額等により2割または3割の自己負担割合となる。なお、前年の合計所得金額が220万円以上の第1号被保険者の自己負担割合は、原則として3割である。

《問3》 正解	① 1,252,400円	② 394,127円

①　遺族基礎年金の年金額

795,000円 + 228,700円 + 228,700円 = **1,252,400円**

②　遺族厚生年金の年金額

$$\left(208,000円 \times \frac{7.125}{1,000} \times 12月 + 322,000円 \times \frac{5.481}{1,000} \times 245月\right) \times \frac{300月}{257月} \times \frac{3}{4}$$

$$= 394,126.5\cdots円 \rightarrow \textbf{394,127円}（円未満四捨五入）$$

〈解説〉

①　妻Bさんは1956年4月2日以後生まれであるため、新規裁定者である。また、長男Cさんおよび二男Dさんが18歳到達年度末日までの子に該当するため、妻Bさんは遺族基礎年金を受給することができる。したがって、新規裁定者に係る基本年金額795,000円（2023年度価額）に2人分の子の加算額（第1子および第2子とも228,700円、2023年度価額）が加算される。

②　Aさんは死亡当時、厚生年金保険の被保険者であり、被保険者期間が257月（12

月＋245月）であるため短期要件に該当する。したがって、300月のみなし計算が適用される。また、遺族厚生年金の年金額は老齢厚生年金の報酬比例部分の４分の３相当額であり、妻Ｂさんは40歳未満であるため中高齢寡婦加算額は加算されない。

【第5問】（2019年1月 第1問《問51》～《問53》改題）　チェック欄 ☐☐☐☐☐

次の設例に基づいて、下記の各問（《問1》～《問3》）に答えなさい。

《設　例》

　自営業者であるAさん（50歳）は、大学卒業後に入社した建設会社を7年前に退職し、父親が経営していた工務店を引き継ぎ、現在に至っている。Aさんは、50歳になったことを契機として、老後の生活資金を準備するために国民年金基金や小規模企業共済制度への加入を検討している。また、Aさんは、今後自分が疾病等により医療費の一部負担金が高額となった場合の国民健康保険の給付や、自分に万一のことがあった場合の公的年金制度の遺族給付について知りたいと思っている。

　そこで、Aさんは、ファイナンシャル・プランナーのMさんに相談することにした。Aさんの家族に関する資料は、以下のとおりである。

〈Aさんの家族に関する資料〉
(1)　Aさん（本人）
・1974年1月25日生まれ
・公的年金の加入歴
　1994年1月から1996年3月までの大学生であった期間（27月）は、国民年金の第1号被保険者として国民年金保険料を納付している（付加保険料は納付していない）。
　1996年4月から2016年12月まで厚生年金保険の被保険者である。
　2017年1月から現在に至るまで国民年金の第1号被保険者として国民年金保険料を納付している（付加保険料は納付していない）。
・2017年1月から現在に至るまで国民健康保険の被保険者である。
(2)　Bさん（妻）
・1974年4月8日生まれ
・公的年金の加入歴
　1993年4月から2001年4月まで厚生年金保険の被保険者である。
　2001年5月から2016年12月まで国民年金の第3号被保険者である。
　2017年1月から現在に至るまで国民年金の第1号被保険者として国民年金保険料を納付している（付加保険料は納付していない）。
・2017年1月から現在に至るまで国民健康保険の被保険者である。
(3)　Cさん（長男、大学生）
・2003年5月15日生まれ
(4)　Dさん（二男、高校生）

・2007年10月10日生まれ

※妻Bさん、長男Cさんおよび二男Dさんは、Aさんと同居し、Aさんと生計
維持関係にあるものとする。
※家族全員、現在および将来においても、公的年金制度における障害等級に該
当する障害の状態にないものとする。

※上記以外の条件は考慮せず、各問に従うこと。

《問1》Mさんは、Aさんに対して、**国民年金基金および小規模企業共済制度**につい
て説明した。Mさんが説明した以下の文章の空欄①〜⑧に入る最も適切な語句または
数値を、解答用紙に記入しなさい。

〈国民年金基金〉

Ⅰ 「国民年金基金は、国民年金の第1号被保険者を対象に、老齢基礎年金に上乗せ
する年金を支給する任意加入の年金制度です。国民年金基金には、地域型国民年金
基金がありましたが、2019年4月1日に各都道府県の地域型国民年金基金と22の職
能型国民年金基金が合併し、合併後の法人名は（ ① ）国民年金基金となりまし
た。

国民年金基金への加入は口数制です。1口目は、2種類の（ ② ）年金のいずれ
かを選択し、2口目以降は、（ ② ）年金と（ ③ ）年金のなかから選択します。な
お、（ ② ）年金は、原則として65歳から支給されますが、老齢基礎年金の繰上げ
支給を請求した場合は、国民年金基金から（ ④ ）相当分の年金が減額されて支給
されます。

毎月の掛金は、加入員が選択した給付（年金）の型、加入口数、加入時の年齢、
性別によって決まりますが、原則として6万8,000円が上限となります。支払った
掛金は、税法上、（ ⑤ ）控除として所得控除の対象となります」

〈小規模企業共済制度〉

Ⅱ 「小規模企業共済制度は、個人事業主や会社の役員等が廃業や退任をした場合に
必要となる資金を準備しておくための共済制度です。毎月の掛金は、1,000円から
（ ⑥ ）円までの範囲内で、500円単位で選択することができます。

共済金は、加入者に廃業等の事由が生じた場合に、掛金納付月数等に応じて支払
われます。共済金の受取方法には、『一括受取り』『分割受取り』『一括受取りと分
割受取りの併用』があります。このうち、『分割受取り』を選択することができる

加入者は、支払われる共済金の額が（　⑦　）円以上で、請求事由が生じた時点で60歳以上である者とされ、分割された共済金は10年間または15年間にわたって年（　⑧　）回支払われます」

《問２》Ｍさんは、Ａさんに対して、国民健康保険の高額療養費について説明した。Ｍさんが説明した以下の文章の空欄①〜④に入る最も適切な数値を、解答用紙に記入しなさい。

「国民健康保険の被保険者が、同一月内に、同一の医療機関等で診療を受けて支払った一部負担金の合計が当該被保険者に係る自己負担限度額（高額療養費算定基準額）を超えた場合、所定の手続により、その超えた金額が高額療養費として支給されます。この一部負担金の合計には、差額ベッド代、食事代、保険適用となっていない医療行為等は含まれず、70歳未満の者の場合、原則として、医療機関ごとに、入院・外来、医科・歯科別に一部負担金が（　①　）円以上のものが計算対象となります。また、過去12カ月以内に複数回高額療養費が支給されると、（　②　）回目から自己負担限度額が軽減される仕組みがあります。

なお、事前に保険者から『国民健康保険限度額適用認定証』の交付を受け、医療機関の窓口に当該認定証と国民健康保険被保険者証を提示すると、一医療機関の窓口で支払う同一月内の一部負担金を自己負担限度額までとすることができます。

仮に、Ａさんが2024年２月中に病気による入院で120万円の医療費（すべて国民健康保険の保険給付の対象となるもの）がかかり、事前に適用区分イが記載された『国民健康保険限度額適用認定証』の交付を受け、所定の手続をした場合、Ａさんは、医療機関に一部負担金のうち（　③　）円を支払えばよく、実際の一部負担金との差額（　④　）円が現物給付されることになります」

〈資料〉高額療養費の自己負担限度額（70歳未満、月額、一部抜粋）

基準所得額による適用区分		自己負担限度額
ア	901万円超	252,600円＋（総医療費－842,000円）× 1 %
イ	600万円超901万円以下	167,400円＋（総医療費－558,000円）× 1 %
ウ	210万円超600万円以下	80,100円＋（総医療費－267,000円）× 1 %

《問3》仮に、Ａさんが現時点（2024年1月27日）で死亡し、妻Ｂさんが遺族基礎年金および遺族厚生年金の受給権を取得した場合、Ａさんの死亡時における妻Ｂさんに係る遺族給付について、次の①および②に答えなさい。〔計算過程〕を示し、〈答〉は円単位とすること。また、年金額の端数処理は、円未満を四捨五入すること。

なお、計算にあたっては、下記の〈条件〉に基づき、年金額は、2023年度価額に基づいて計算するものとする。

① 遺族基礎年金の年金額はいくらか。
② 遺族厚生年金の年金額（本来水準による価額）はいくらか。

〈条件〉
(1) 厚生年金保険の被保険者期間
　　・総報酬制導入前の被保険者期間： 84月
　　・総報酬制導入後の被保険者期間：165月
　　（注）要件を満たしている場合、300月のみなし計算を適用すること。
(2) 平均標準報酬月額・平均標準報酬額（2023年度再評価率による額）
　　・総報酬制導入前の平均標準報酬月額：280,000円
　　・総報酬制導入後の平均標準報酬額　：393,000円
(3) 乗率
　　・総報酬制導入前の乗率：1,000分の7.125
　　・総報酬制導入後の乗率：1,000分の5.481
(4) 中高齢寡婦加算額
　　596,300円（要件を満たしている場合のみ加算すること）

【第5問】

《問1》 正解 ① **全国** ② **終身** ③ **確定** ④ **付加年金**
⑤ **社会保険料** ⑥ **70,000** ⑦ **3,000,000** ⑧ **6**

① 加入員や受給者の利便性の向上、事業運営基盤の強化および事業運営の効率化を主な目的として、すべての地域型および一部の職能型の国民年金基金が合併し、全国国民年金基金が発足した。

《問2》 正解 ① **21,000** ② **4** ③ **173,820** ④ **186,180**

国民健康保険の療養の給付や高額療養費は、健康保険に準じて行われている。70歳未満の者の場合、同一人が複数の医療機関にかかり、それぞれ**21,000円**以上の額は、医科・歯科、入院・通院を合算することができる。また、直前の12カ月間に、すでに3回以上高額療養費の支給を受けており、さらに4回以上の高額療養費が支給される場合は、**4回**目から自己負担限度額が軽減される。

自己負担限度額 ：167,400円 +（1,200,000円 − 558,000円）× 1 ％ = **173,820円**
一部負担金（3割）：1,200,000円 × 30％ = 360,000円
現物給付額 ：360,000円 − 173,820円 = **186,180円**

《問3》 正解 ① **1,023,700円** ② **392,247円**

① 遺族基礎年金の年金額
795,000円 + 228,700円 = **1,023,700円**

② 遺族厚生年金の年金額

$$\left(280,000円 \times \frac{7.125}{1,000} \times 84月 + 393,000円 \times \frac{5.481}{1,000} \times 165月\right) \times \frac{3}{4} = 392,246.5 \cdots 円$$

→ **392,247円**（円未満四捨五入）

〈解説〉

① 妻Bさんは1956年4月2日以後生まれであるため、新規裁定者である。また、二男Dさんが18歳到達年度末日までの子に該当するため、妻Bさんは遺族基礎年金を受給することができる。したがって、新規裁定者に係る基本年金額795,000円（2023年度価額）に1人分の子の加算額（228,700円、2023年度価額）が加算される。

② Aさんは死亡当時、国民年金第1号被保険者であり、保険料納付済期間が1994年1月から2023年12月までの30年（25年以上）であるため長期要件に該当する。したがって、300月のみなし計算の適用はない。また、遺族厚生年金の年金額は老齢厚生年金の報酬比例部分の4分の3相当額であり、遺族基礎年金を受給できるため中高齢寡婦加算額は加算されない。

【第6問】（2022年5月 第1問《問51》〜《問53》改題）　　　チェック欄 □□□□□

次の設例に基づいて、下記の各問（《問1》〜《問3》）に答えなさい。

────────────── 《設　例》──────────────

　個人事業主のAさん（51歳）は、高校卒業後に入社した会社を11年前に退職して家業を引き継ぎ、現在に至っている。Aさんは、加入している生命保険の見直しをするにあたり、公的年金制度の障害給付および遺族給付について知りたいと思っている。また、老後の生活資金を準備するために、小規模企業共済制度への加入を検討している。さらに、友人から公的年金の受給開始年齢を繰り下げることで年金額を増やすことができると聞き、その仕組みについて知りたいと思っている。

　Aさんは、今後の生活設計について、ファイナンシャル・プランナーのMさんに相談することにした。Aさんの家族に関する資料は、以下のとおりである。

〈Aさんの家族に関する資料〉
（1）Aさん（本人）
　・1971年10月12日生まれ
　・公的年金の加入歴
　　1990年4月から2011年12月まで厚生年金保険の被保険者である（厚生年金基金の加入期間はない）。
　　2012年1月から現在に至るまで国民年金の第1号被保険者として国民年金保険料を納付している（付加保険料は納付していない）。
　・2012年1月から現在に至るまで国民健康保険の被保険者である。
（2）Bさん（妻）
　・1975年12月17日生まれ
　・公的年金の加入歴
　　1994年4月から2001年3月まで厚生年金保険の被保険者である。
　　2001年4月から2011年12月まで国民年金の第3号被保険者である。
　　2012年1月から現在に至るまで国民年金の第1号被保険者として国民年金保険料を納付している（付加保険料は納付していない）。
　・2012年1月から現在に至るまで国民健康保険の被保険者である。
（3）Cさん（長女、高校3年生、2005年8月8日生まれ）
（4）Dさん（長男、高校1年生、2007年10月19日生まれ）
（5）Eさん（二男、中学2年生、2009年7月15日生まれ）

　※妻Bさん、長女Cさん、長男Dさん、二男Eさんは、Aさんと同居し、現在

および将来においても、Ａさんと生計維持関係にあるものとする。

※家族全員、現在および将来においても、公的年金制度における障害等級に該当する障害の状態にないものとする。

※上記以外の条件は考慮せず、各問に従うこと。

第2章 年金・社会保険 応用編

《問1》Ｍさんは、Ａさんに対して、公的年金制度の障害給付について説明した。Ｍさんが説明した以下の文章の空欄①〜⑥に入る最も適切な語句または数値を、解答用紙に記入しなさい。

〈障害基礎年金の受給要件〉

Ⅰ 「国民年金の被保険者期間中に初診日のある傷病によって、その初診日から起算して（ ① ）を経過した日、または（ ① ）以内に傷病が治ったときはその治った日において、国民年金法に規定される障害等級1級または2級に該当する程度の障害の状態にあり、かつ、一定の保険料納付要件を満たしている方には、障害基礎年金が支給されます。障害基礎年金の保険料納付要件は、初診日の前日において、初診日の属する月の前々月までに被保険者期間があるときは、当該被保険者期間に係る保険料納付済期間と保険料免除期間とを合算した期間が当該被保険者期間の（ ② ）以上あることです。なお、初診日が2026年4月1日前にある傷病による障害については、初診日の前日において、初診日の属する月の前々月までの（ ③ ）年間のうちに保険料納付済期間および保険料免除期間以外の被保険者期間がないときは、保険料納付要件を満たしていることとされます」

〈障害基礎年金の額〉

Ⅱ 「現時点において、仮にＡさんが国民年金法に規定される障害等級2級に該当する程度の障害の状態にあると認定され、障害基礎年金を受給することとなった場合、障害基礎年金の額（2023年度価額）は、（ ④ ）円に子の加算額を加えた額となります。子の加算額は、2人目までは1人につき228,700円、3人目以降は1人につき（ ⑤ ）円です。また、障害等級1級に該当する程度の障害の状態にあると認定された場合の障害基礎年金の額は、（ ④ ）円の（ ⑥ ）倍相当額に子の加算額を加えた額となります」

205

《問2》Ａさんが現時点（2023年5月22日）で死亡し、妻Ｂさんが遺族基礎年金、遺族厚生年金および遺族年金生活者支援給付金の受給権を取得した場合、Ａさんの死亡時における妻Ｂさんに係る遺族給付について、下記の〈条件〉に基づき、次の①・②に答えなさい。〔計算過程〕を示し、〈答〉は円単位とすること。また、年金額の端数処理は、円未満を四捨五入すること。

　なお、年金額および給付金の額は年額とし、2023年度価額に基づいて計算するものとする。

① 遺族厚生年金の年金額（本来水準による価額）はいくらか。
② 遺族年金生活者支援給付金の額（年額）はいくらか。

〈条件〉
(1) 厚生年金保険の被保険者期間
　・総報酬制導入前の被保険者期間：156月
　・総報酬制導入後の被保険者期間：105月
　　(注) 要件を満たしている場合、300月のみなし計算を適用すること。
(2) 平均標準報酬月額・平均標準報酬額（2023年度再評価率による額）
　・総報酬制導入前の平均標準報酬月額：240,000円
　・総報酬制導入後の平均標準報酬額　：300,000円
(3) 乗率
　・総報酬制導入前の乗率：1,000分の7.125
　・総報酬制導入後の乗率：1,000分の5.481
(4) 中高齢寡婦加算額
　　596,300円（要件を満たしている場合のみ加算すること）

《問3》Ｍさんは、Ａさんに対して、公的年金の老齢給付の繰下げ支給および小規模企業共済制度について説明した。Ｍさんが説明した以下の文章の空欄①〜⑥に入る最も適切な語句または数値を、解答用紙に記入しなさい。

〈繰下げによる増額率〉
Ⅰ 「Ａさんが希望すれば、66歳以後、老齢基礎年金および老齢厚生年金の繰下げ支給の申出をすることができます。繰下げの上限年齢の改正が2022年4月1日に施行されており、施行日以降に（ ① ）歳に到達する方は、繰下げの上限年齢が75歳となります。Ａさんが75歳0カ月で老齢基礎年金の繰下げ支給の申出をした場合の改正を前提とした増額率は（ ② ）％となります」

〈老齢厚生年金を繰り下げて受け取る場合の留意点〉

Ⅱ　「Ａさんが66歳０カ月で老齢厚生年金の繰下げ支給の申出をした場合、老齢厚生年金を受給していなかった待機期間中は、当該年金に加算される（　③　）額も受け取れないことになります。配偶者に係る（　③　）額の支給要件は、受給権者の厚生年金保険の被保険者期間が（　④　）年以上あること、受給権者と生計維持関係にある配偶者の年齢が65歳未満であることなどです。また、繰下げ支給の申出をすることで、毎年の受給額は多くなりますが、受給総額が多くなるとは限りません。受給開始年齢によって受給総額がどのように推移するのか、シミュレーションをしてみましょう」

〈小規模企業共済制度〉

Ⅲ　「小規模企業共済制度は、Ａさんのような個人事業主が廃業等した場合に必要となる資金を準備しておくための共済制度です。毎月の掛金は、1,000円から70,000円までの範囲内で、500円単位で選択することができます。共済契約者が掛金を前納したときは、前納月数に応じた前納減額金を受け取ることができます。

　　また、加入後に任意解約した場合、掛金合計額の（　⑤　）％から120％に相当する額の解約手当金の額が受け取れますが、掛金納付月数が240月未満の場合は解約手当金の額が掛金合計額を下回り、掛金納付月数が（　⑥　）月未満の場合は、解約手当金を受け取ることができませんので、早期の解約はお勧めできません」

【第6問】

《問1》 正解	① **1年6カ月**	② **3分の2**	③ **1**	④ **795,000**
	⑤ **76,200**	⑥ **1.25**		

〈解説〉

Ⅰ 障害の程度を認定する日を障害認定日という。障害認定日は、初診日から起算して1年6カ月を経過した日、または1年6カ月以内に治った場合にはその治った日とされている。

　　障害基礎年金を受給するためには、初診日の前日において、次のいずれかの保険料納付要件を満たす必要がある。

原則	国民年金の保険料納付済期間と保険料免除期間の合計が、初診日のある月の前々月までの保険料を納付しなければならない期間の3分の2以上あること
特例	初診日が2026年4月1日前の場合は、初診日に65歳未満であれば、初診日のある月の前々月までの1年間に保険料の滞納がないこと

Ⅱ Aさんは1956年4月2日以後生まれであるため、新規裁定者である。また、新規裁定者に係る障害基礎年金の額（2023年度）は次のとおりである。1級は2級の1.25倍である。

1級	993,750円＋子の加算
2級	795,000円＋子の加算

　　障害基礎年金の受給権を得たときに、生計維持関係にある子がいる場合には、子の加算額が加算される。なお、受給権を得た後に生計維持関係ができた場合でも加算される。

1人目の子・2人目の子（1人につき）	228,700円
3人目以降（1人につき）	76,200円

《問2》 正解	① **329,559円**	② **61,680円**

① 遺族厚生年金の年金額

$$\left(240,000円 \times \frac{7.125}{1,000} \times 156月 + 300,000円 \times \frac{5.481}{1,000} \times 105月\right) \times \frac{3}{4} \fallingdotseq \textbf{329,559円}$$

（円未満四捨五入）

② 遺族年金生活者支援給付金の額（年額）

　5,140円×12月＝**61,680円**

〈解説〉

① Aさんは死亡当時、国民年金の第1号被保険者であり、保険料納付済期間が25年以上あるため長期要件に該当する。したがって、300月のみなし計算の適用はない。また、遺族厚生年金の年金額は老齢厚生年金の報酬比例部分の4分の3相当額であり、遺族基礎年金を受給できるため中高齢寡婦加算額は加算されない。

② 一定の所得要件を満たし、遺族基礎年金を受給している者は、月額5,140円（2023年度価額）の遺族年金生活者支援給付金を受給することができる。

《問3》	正解 ①	70	②	84	③	加給年金	④	20	⑤	80
	⑥	12								

〈解説〉

Ⅰ 繰下げの上限年齢が改正され、2022年4月1日以後に70歳になる者（1952年4月2日以後生まれの者）は、75歳まで繰り下げることができる。繰下げによる増額率は、1カ月当たり0.7％である。75歳0カ月で繰下げ支給の申出をした場合の増額率は、次のとおりである。

$$0.7％×（75歳－65歳）×12月＝\textbf{84\%}$$

Ⅱ 加給年金額の支給要件は、受給権者の厚生年金保険の被保険者期間が20年以上あること、受給権者と加給年金額の対象者との間に生計維持関係があることである。さらに、対象者が配偶者の場合、その配偶者は65歳未満でなければならず、配偶者自身が被保険者期間20年以上の老齢厚生年金、障害を支給事由とする公的年金給付等の支給を受けている場合、加給年金額は支給停止となる。また、加給年金額は、老齢厚生年金を繰下げしたとしても増額されず、繰下げ待機期間中は支給されない。

Ⅲ 解約手当金は掛金納付月数が12月以上である場合に受け取ることができ、その額は、掛金納付月数に応じて、掛金合計額の80％～120％相当額となる。掛金納付月数が240月未満である場合は、解約手当金額は掛金合計額を下回る。

第2章 年金・社会保険 応用編

【第7問】（2018年1月 第1問《問51》〜《問53》改題）　　　チェック欄 ☐☐☐☐☐

次の設例に基づいて、下記の各問（《問1》〜《問3》）に答えなさい。

《設　例》

　X株式会社（以下、「X社」という）に勤務するAさん（59歳）は、妻Bさん（64歳）との2人暮らしである。Aさんは、先日、親の介護のために休業を予定している同僚から、介護休業に係る雇用保険からの給付があることを聞き、それについて詳しく知りたいと思っている。

　また、X社は65歳定年制を採用しており、Aさんは65歳になるまでX社に勤務する予定であるが、今後、自分に介護が必要となった場合における公的介護保険からの給付や、自分が死亡した場合に妻Bさんに支給される公的年金制度の遺族給付についても知りたいと思っている。

　そこで、Aさんは、ファイナンシャル・プランナーのMさんに相談することにした。Aさんの家族に関する資料は、以下のとおりである。

〈Aさんの家族に関する資料〉
（1）Aさん（本人）
・1964年5月10日生まれ
・公的年金の加入歴
　1984年5月から1987年3月までの大学生であった期間（35月）は、国民年金に任意加入していない。
　1987年4月から現在に至るまで厚生年金保険の被保険者である。
・全国健康保険協会管掌健康保険の被保険者である。
・1987年4月から現在に至るまで雇用保険の一般被保険者である。
（2）Bさん（妻）
・1959年1月30日生まれ
・公的年金の加入歴
　1977年4月から1989年3月まで厚生年金保険の被保険者である（基金の加入歴なし）。
　1989年4月から1992年3月までの間、国民年金保険料を納付していない。
　1992年4月から2018年12月まで国民年金の第3号被保険者である。
・現在、特別支給の老齢厚生年金を受給している。
・Aさんが加入する健康保険の被扶養者である。
（3）子ども（2人）
・長男と長女がおり、いずれも結婚して独立している。

※妻Ｂさんは、Ａさんと同居し、現在および将来においても、Ａさんと生計維持関係にあるものとする。

※Ａさんと妻Ｂさんは、現在および将来においても、公的年金制度における障害等級に該当する障害の状態にないものとする。

※上記以外の条件は考慮せず、各問に従うこと。

《問１》 Ｍさんは、Ａさんに対して、雇用保険の介護休業給付金について説明した。Ｍさんが説明した以下の文章の空欄①〜⑤に入る最も適切な数値を、解答用紙に記入しなさい。

「雇用保険の一般被保険者および高年齢被保険者（以下、『被保険者』という）が、『育児休業、介護休業等育児又は家族介護を行う労働者の福祉に関する法律』に基づいて、配偶者、父母、子等の対象家族に係る介護休業を取得し、かつ、原則として、介護休業開始日前２年間にみなし被保険者期間が通算して12カ月以上ある被保険者は、雇用保険の介護休業給付金の支給対象となります。

介護休業給付金は、同一の対象家族について介護休業を分割して取得する場合、介護休業を開始した日から通算して（ ① ）日を限度に３回までに限り支給されます。なお、介護休業給付金は、一支給単位期間中に、公共職業安定所長が就業をしていると認める日数が（ ② ）日以下でなければ、その支給単位期間については支給対象となりません。

介護休業給付金の額は、介護休業期間中に事業主から賃金の支払がない場合、一支給単位期間当たり『休業開始時賃金日額×支給日数×（ ③ ）％』の算式で算出されます。休業開始時賃金日額には、上限額および下限額が設けられており、この額は毎年（ ④ ）月１日に改定されます。

介護休業給付金の支給申請は、原則として、介護休業終了日（介護休業期間が３カ月以上にわたるときは介護休業開始日から３カ月を経過する日）の翌日から起算して（ ⑤ ）カ月を経過する日の属する月の末日までに行う必要があります」

《問２》 Ｍさんは、Ａさんに対して、公的介護保険（以下、「介護保険」という）について説明した。Ｍさんが説明した以下の文章の空欄①〜⑦に入る最も適切な語句または数値を、解答用紙に記入しなさい。

「介護保険の被保険者は、65歳以上の第１号被保険者と40歳以上65歳未満の医療保

険加入者である第２号被保険者に分けられます。介護保険料は、第１号被保険者で公的年金制度から年額（　①　）万円以上の年金を受給している者については、原則として公的年金から特別徴収され、第２号被保険者については、各医療保険者が医療保険料と合算して徴収します。

　保険給付は、市町村（特別区を含む）から要介護認定または要支援認定を受けた被保険者に対して行われますが、第２号被保険者に係る保険給付は、脳血管疾患などの（　②　）が原因で要介護状態または要支援状態となった場合に限られます。また、介護給付の施設サービスのうち、介護老人福祉施設（特別養護老人ホーム）を利用できる要介護被保険者は、原則として、要介護状態区分が（　③　）以上の者に限られます。

　要介護認定または要支援認定の申請に対する処分は、原則として申請のあった日から（　④　）日以内に行われ、その処分に不服がある場合、被保険者は（　⑤　）に審査請求をすることができます。ただし、審査請求は、原則として、処分があったことを知った日の翌日から（　⑥　）カ月以内に行う必要があります。

　介護保険の保険給付を受ける被保険者は、介護サービス（または介護予防サービス）を提供する事業者との間で契約を結び、当該事業者からサービスの提供を受け、原則として、費用（食費、居住費等を除く）の１割を事業者に支払うことになります。ただし、本人の合計所得金額が220万円以上であり、かつ、公的年金等の収入とその他の合計所得金額の合計額が340万円以上の単身世帯の第１号被保険者の場合は（　⑦　）割負担となります」

《問３》仮に、Ａさんが2024年１月31日で死亡し、妻Ｂさん（65歳）が遺族厚生年金の受給権を取得した場合、妻Ｂさんが受給することができる遺族厚生年金について、次の①および②に答えなさい。

　計算にあたっては、以下の〈条件〉と〈資料〉の計算式を利用し、年金額は、2023年度価額（本来水準による価額）に基づいて計算するものとする。また、解答用紙には、〔計算過程〕を示し、〈答〉は円単位とし、年金額の端数処理は円未満を四捨五入すること（①については、解答用紙の〔計算過程〕欄に〈資料〉の（ⅰ）の額および（ⅱ）の額をいずれも記入すること）。

　なお、〈資料〉の「○○○」「□□□」「ａ〜ｆ」は、問題の性質上、伏せてある。

①　遺族厚生年金の基本年金額（支給停止分が控除される前の額）はいくらか。
②　遺族厚生年金として実際に支給される額（支給停止分が控除された後の額）はいくらか。

〈条件〉
(1) Aさんに関する条件
　　・総報酬制導入前の厚生年金保険の被保険者期間　：192月
　　・総報酬制導入前の平均標準報酬月額　　　　　　：328,000円
　　・総報酬制導入後の厚生年金保険の被保険者期間　：250月
　　・総報酬制導入後の平均標準報酬額　　　　　　　：492,000円
　　※平均標準報酬月額、平均標準報酬額は2023年度再評価率による額
(2) 妻Bさんに関する条件
　　（65歳到達時点、本来水準の額による2023年度価額）
　　・老齢厚生年金
　　　基本年金額（報酬比例部分の額＋経過的加算額）：163,580円
　　・老齢基礎年金の額　　　　　　　　　　　　　　：735,375円

〈資料〉

遺族厚生年金の年金額（2023年度価額、本来水準による価額）

　下記（ⅰ）の額または（ⅱ）の額のうちいずれか○○○額

（ⅰ）の額＝基本額＋経過的寡婦加算額

　・基本額＝（①＋②）× $\dfrac{a}{b}$

　　① 総報酬制導入前の期間分

　　　平均標準報酬月額×乗率×総報酬制導入前の被保険者期間の月数

　　② 総報酬制導入後の期間分

　　　平均標準報酬額×乗率×総報酬制導入後の被保険者期間の月数

報酬比例部分の給付乗率（1,000分の）			
総報酬制導入前		総報酬制導入後	
新乗率	旧乗率	新乗率	旧乗率
7.125	7.5	5.481	5.769

　・経過的寡婦加算額＝19,865円（要件を満たしている場合のみ加算すること）

（ⅱ）の額＝上記（ⅰ）の額× $\dfrac{c}{d}$ ＋□□□円× $\dfrac{e}{f}$

【第7問】

《問1》 正解 ① 93 ② 10 ③ 67 ④ 8 ⑤ 2

《問2》 正解 ① 18 ② 特定疾病 ③ 3 ④ 30
⑤ 介護保険審査会 ⑥ 3 ⑦ 3

《問3》 正解 ① 842,150円 ② 678,570円

① 遺族厚生年金の基本年金額

$$\left(328,000円 \times \frac{7.125}{1,000} \times 192月 + 492,000円 \times \frac{5.481}{1,000} \times 250月\right) \times \frac{3}{4}$$

≒842,150円（円未満四捨五入）

$$842,150円 \times \frac{2}{3} + 163,580円 \times \frac{1}{2} ≒ 643,223円（円未満四捨五入）$$

842,150円＞643,223円　∴　**842,150円**

② 遺族厚生年金として実際に支給される額
842,150円 － 163,580円 ＝ **678,570円**

〈解説〉

① 経過的寡婦加算は、1956年4月1日以前生まれの妻が65歳以降に受給できるものであるため、妻Bさんは受給できない。なお、65歳以降に初めて遺族厚生年金（死亡した夫が長期要件に該当する場合、原則として、夫の被保険者期間が20年以上）を受け始めた妻にも加算され、その額は妻の生年月日によって異なる。

② 下図Ⓐが優先され自分自身の老齢厚生年金が全額支給されるが、その額がⒷⒸの額より低い場合には、差額が遺族厚生年金として支給される。

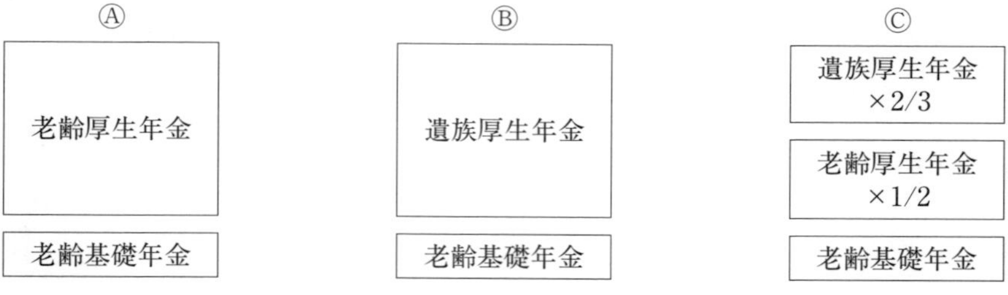

Ⓐ	Ⓑ	Ⓒ
老齢厚生年金	遺族厚生年金	遺族厚生年金 ×2/3
		老齢厚生年金 ×1/2
老齢基礎年金	老齢基礎年金	老齢基礎年金

重要ポイントまとめ 基礎編

1 健康保険

1．被保険者
（1）要件
労働時間が次の条件をともに満たす場合

① 1週間の所定労働時間が、一般従業員の4分の3以上
② 1カ月の所定労働日数が、一般従業員の4分の3以上

（2）短時間労働者
2022年10月以降、被保険者が常時101人以上の事業所を特定適用事業所とし、次の要件を満たす短時間労働者は、被保険者となる。

① 1週間の所定労働時間が20時間以上
② 賃金月額が88,000円以上
③ 雇用期間の見込みが2カ月超
④ 学生でない者

なお、2024年10月以降、被保険者が常時51人以上の事業所に使用される短時間労働者は、被保険者となる予定である。

2．被扶養者
被扶養者は、被保険者により**生計を維持する者**でなければならない。また、被扶養者は**日本国内に住所を有する者**、または海外留学生のように日本国内に住所を有しないが渡航目的その他の事情を考慮して**日本国内に生活の基礎がある**と認められる一定の者に限られる。ただし、国内に住所を有していても、被扶養者になれない一定の場合（医療滞在ビザで来日した者など）がある。

〈被扶養者の範囲〉

被保険者と別居していてもよい者	被保険者と同居が条件となる者
・配偶者（内縁も含む） ・子、孫、兄弟姉妹 ・直系尊属	・左記以外の3親等内の親族 ・被保険者の内縁の配偶者の父母および子 ・内縁の配偶者死亡後の父母、連れ子

〈収入基準〉

被保険者と同一世帯の者	被保険者と別世帯の者
年間収入が**130万円未満**（60歳以上または障害者は**180万円未満**）	
原則として、被保険者の年収の**2分の1未満**	被保険者からの援助額（仕送り額など）より収入が**少ないこと**

３．保険料
（１）保険料率
① 全国健康保険協会管掌健康保険（協会けんぽ）の一般保険料率（都道府県単位保険料率）

協会けんぽの一般保険料率は、都道府県ごとに地域の医療費や所得水準に応じた都道府県単位保険料率になっている。2023年度の全国平均の保険料率は10.0％である。

> 報酬に関する一般保険料額＝標準報酬月額×一般保険料率
> 賞与に関する一般保険料額＝標 準 賞 与 額×一般保険料率

② 組合管掌健康保険（組合健保）の一般保険料率

組合健保の一般保険料率は、1,000分の30から1,000分の130までの範囲内において決定する。

③ 標準報酬月額と標準賞与額

標準報酬月額：58,000円から1,390,000円までの50等級

標準賞与額：年度の累計額573万円が上限

（２）保険料の負担

協会けんぽでは、労使折半である。組合健保では、規約によって事業主負担分を増加することが認められている。

（３）保険料の免除

３歳未満の子を養育するために育児休業等をしている被保険者の健康保険料は、事業主の申出により、育児休業等開始月から育児休業等終了日の翌日が属する月の前月までの間、被保険者負担分および事業主負担分のいずれも免除される。

産前産後休業期間の保険料も同様に、免除される。

４．保険給付
（１）高額療養費
　高額療養費は、同一月に同一医療機関で療養の給付を受けたときに、窓口で支払った一部負担金等の額が自己負担限度額を超えた場合に、被保険者の請求に基づいて支給される現金給付である。ただし、**70歳未満**の者が、**事前**に保険者から「健康保険限度額適用認定証」の交付を受け、医療機関の窓口に当該認定証と被保険者証を提出すると、**入院および外来診療**の場合、窓口での支払額が自己負担限度額までとなり、高額療養費が**現物給付**として支給される。

■70歳未満の高額療養費の自己負担限度額（月額）

所得区分	医療費の自己負担限度額
①区分ア （標準報酬月額83万円以上）	252,600円＋（総医療費－842,000円）×１％
②区分イ （標準報酬月額53万〜79万円）	167,400円＋（総医療費－558,000円）×１％
③区分ウ （標準報酬月額28万〜50万円）	80,100円＋（総医療費－267,000円）×１％
④区分エ （標準報酬月額26万円以下）	57,600円
⑤区分オ（低所得者） （被保険者が住民税の非課税者など）	35,400円

（２）高額介護合算療養費
　高額介護合算療養費は、世帯内の同一の医療保険の加入者について、毎年８月から１年間にかかった医療保険と介護保険の自己負担（高額療養費および高額介護《予防》サービス費の支給を受けることができる場合はその額を除く）を合計した額が基準額を超えた場合に、その超えた金額が支給される。医療保険・介護保険の自己負担額のいずれかが０円である場合は支給されない。手続きは、まず、介護保険（市区町村）の窓口へ申請手続を行い、介護保険の自己負担額証明書の交付を受け、その証明書を添付して申請することとなる。

（３）傷病手当金
　傷病手当金は、被保険者が病気やケガで療養のため休業し、報酬が受けられない場合に、１日につき支給開始日以前の継続した12カ月間の各月の標準報酬月額を平均した額を30で除した額の**３分の２**相当額が、療養のため休業した日が連続して３日間あったうえで、４日目から支給される。支給期間は、支給を始めた日から起算して通算１年６カ月が限度である。なお、傷病手当金の額より多い報酬が支給される場合は、

傷病手当金は支給されない。報酬の額が傷病手当金の額を下回る場合は、その差額が支給される。

（4）出産育児一時金（家族出産育児一時金）

被保険者およびその被扶養者が出産をしたときの出産育児一時金（家族出産育児一時金）は、1児ごとに50万円である（産科医療補償制度に加入する医療機関等において出産した場合。それ以外の場合は488,000円）。

（5）出産手当金

被保険者が出産のため会社を休み、報酬が受けられないときに、出産の日（実際の出産が予定日後のときは出産の予定日）以前42日（多胎妊娠の場合は98日）から、出産の日の翌日以後56日までの範囲内で、1日につき支給開始日以前の継続した12カ月間の各月の標準報酬月額を平均した額を30で除した額の3分の2相当額が、休業した期間について支給される。なお、出産手当金の額より多い報酬が支給される場合は、出産手当金は支給されない。

5．任意継続被保険者

退職して被保険者の資格を失ったときは、一定の条件のもとに個人の希望により被保険者として、最長2年間継続できる。保険料を納付期日までに納付しなかった場合は、原則として、納付期日の翌日に資格を喪失する。

（1）任意継続被保険者となるための要件

① 資格喪失日の前日までに、継続して2カ月以上の被保険者期間があること

② 資格喪失日から20日以内に保険者に届け出ること

（2）任意継続被保険者の保険料

全額自己負担となる。協会けんぽにおいて、保険料算出の基礎となる標準報酬月額は、「退職時の標準報酬月額」「前年の9月30日（1月～3月については前々年の9月30日）における任意継続被保険者が属する健康保険の全被保険者の標準報酬月額の平均額」のうちいずれか少ない額となる。

（3）任意継続被保険者の保険給付

任意継続被保険者である間は、在職中の被保険者が受けられる保険給付と同様の給付を原則として受けることができるが、傷病手当金・出産手当金は支給されない。ただし、資格喪失日前日までに継続して1年以上被保険者であった者は、資格を喪失した際に現に受けていた傷病手当金および出産手当金を引き続き受けることができる。

② 後期高齢者医療制度

1．保険者
都道府県ごとの区域内のすべての市区町村が加入する後期高齢者医療広域連合。

2．被保険者
75歳以上の者および65歳から74歳で一定の障害があると認定を受けた者。被扶養者という概念はない。

3．保険料
被保険者が等しく負担する**均等割額**と、前年所得に応じて決まる**所得割額**との合計額。都道府県ごとに異なる。均等割額には所得に応じて**軽減制度**がある。

（1）納付方法
公的年金制度から年額**18万円以上**の年金を受給している者は、原則として公的年金（老齢年金、障害年金、遺族年金）から**特別徴収**されるが、市区町村の窓口に納付方法変更の申出を行い、**普通徴収**（納付書や口座振替による納付）に変更できる。なお、後期高齢者医療保険の保険料と介護保険料との合算額が年金受給額の**50%**を超える者は特別徴収されず普通徴収となる。

（2）軽減措置

	低所得者	元被扶養者
均等割額	所得に応じて７割、５割、２割の軽減措置あり	2018年度…５割軽減 2019年度以降…制度加入後、２年を経過する月までは５割軽減
所得割額	2018年度以降…軽減措置なし （注）老齢給付以外に収入がなく、その収入額が153万円以下である被保険者の場合、所得割額は賦課されない。	負担なし

4．自己負担割合
現役並み所得者は**3割**であるが、その他の者は１割または２割に区分される。
同一月の医療費の自己負担が高額になったときには、自己負担限度額を超えた分が高額療養費として支給される。

3 公的介護保険制度

1．保険者

市区町村。

2．被保険者の種類

	第1号被保険者	第2号被保険者
被保険者	65歳以上の者 ・被保険者全員に被保険者証を交付	40歳以上65歳未満の医療保険加入者 ・認定者にのみ被保険者証を交付
保険料	市区町村が徴収（額は市区町村により異なる） ・所得段階別定額保険料 ・年額18万円以上の公的年金を受給している者は、公的年金から特別徴収。複数の年金を受給している者は①老齢年金、②障害年金、③遺族年金の順により特別徴収される。	医療保険者が医療保険料として徴収 〈協会けんぽ〉 労使折半 （注）介護保険料率は全国一律 〈国民健康保険〉 所得割、均等割等（市区町村により異なる）
受給権者	原因を問わず、要介護被保険者・居宅要支援被保険者となった者	**特定疾病**（老化に起因する16種類の疾病）によって、要介護被保険者・居宅要支援被保険者となった者に限定

3．保険給付の手続き

① 市区町村への申請
② 認定調査員による認定調査・医師の意見書
③ **介護認定審査会**による審査・判定
④ 市区町村から結果の通知（要介護認定・要支援認定・非該当）
⑤ 給付

（注1）認定結果が納得できない場合、認定結果を知った日の翌日から3カ月以内に**介護保険審査会**に審査請求できる。
（注2）要介護認定・要支援認定とされた者には、状態区分、有効期間（原則6カ月）が記載された被保険者証が交付される。
（注3）有効期間満了日の60日前から満了日前までに「更新申請」を行う。有効期間の途中で状態が変わった場合には、再申請（変更申請）もできる。

4．保険給付の種類

介護給付	予防給付	市町村特別給付（任意）
要介護被保険者 （在宅サービス・居宅サービス）	居宅要支援被保険者 （在宅サービス）	要介護被保険者 居宅要支援被保険者

5．利用者負担

	所得区分		自己負担割合
本人の合計所得金額	世帯の年金収入とその他の合計所得金額の合計額		
	単身世帯	2人以上世帯	
220万円以上	340万円以上	463万円以上	3割
	280万円以上340万円未満	346万円以上463万円未満	2割
	280万円未満	346万円未満	1割
160万円以上220万円未満	280万円以上	346万円以上	2割
	280万円未満	346万円未満	1割
160万円未満	―		

　限度額を超えて利用した場合、限度額を超える部分は全額利用者負担となるが、利用者負担が高額になったときには、高額介護（予防）サービス費として還付される。

（注1）ケアプランの作成は無料。

（注2）施設入所者の食費、居住費は全額利用者負担。

4 労働者災害補償保険

1．強制適用事業
　原則として、1人でも労働者を使用するすべての事業所は、当然に適用事業となる。

2．適用労働者
　アルバイト、パートタイマー、外国人労働者などすべての労働者が適用労働者。

3．保険料
　保険料の乗率は事業の種類ごとに異なり、保険料の負担は全額事業主負担である。

4．業務災害と通勤災害
（1）業務災害
　業務災害は、「業務遂行性（労働契約に基づき事業主の支配下にある）」「業務起因性（業務や付随行為を原因とする事故によって傷病にかかった）」の2つの要件を満たした場合に認められる。
（2）通勤災害
　通勤とは、「就業に関し、住居と就業の場所との往復行為」のこと。合理的な経路および方法でなければならず、業務の性質を有するもの（**出張**など）を除く。逸脱・中断中とその後は通勤と認められないが、**日用品の購入などやむを得ない行為で最小限の範囲内で行う場合は、逸脱・中断中を除き合理的な経路に戻った後は通勤**と認める。
（注）単身赴任者の帰省先住居と赴任先住居間の移動は、通勤と認める。

5．給付内容
（1）休業（補償）給付
　療養のため4日以上会社を休み、賃金が支払われないとき、休業4日目から給付基礎日額の**60%**が支給される。さらに休業特別給付金として給付基礎日額の**20%**が支給される。
（2）遺族（補償）給付
　遺族（補償）年金の額は、受給資格者の数によって給付基礎日額の153日分から245日分に定められている。さらに支給される遺族特別支給金は、一律300万円である。
（3）障害（補償）給付
　障害の程度が障害等級1級〜7級の場合は障害（補償）年金が、8級〜14級の場合は障害（補償）一時金が支給される。さらに支給される障害特別支給金は、障害等

級に応じて8万円〜342万円が一時金で支給される。

6. 特別加入制度

　本来、労災保険の加入対象とならない者でも、次の者は、特別加入を申請できる。保険給付は、原則として労働者と同様に行われる。

（1）中小事業主等

　一定人数以下の労働者を使用する事業の事業主およびその事業に従事する家族従事者は、特別加入できる。ただし、労働保険事務の処理を労働保険事務組合に委託する必要がある。また、事業に従事する家族従事者、役員がいるときは原則としてそれらの者も包括して特別加入しなければならない。

（2）一人親方等

　個人タクシー業者、大工など一定の一人親方等は、特別加入できる。労働保険事務組合への委託は必要ないが、自営業者が組織した団体を通じて保険契約を成立させる。

（注）個人タクシー業者など一部の者は、通勤災害の適用はない（通勤と就業の場所との通勤の実態がはっきりしないため）。

（3）海外派遣者

　海外支店に転勤した場合など海外派遣者は、事業場が海外にあるため適用が除外されているが、労働者として海外に派遣されている場合、特別加入できる。

第2章　年金・社会保険　重要ポイントまとめ　基礎編

5 雇用保険

1．被保険者

　一般被保険者とは、１週間の所定労働時間が20時間以上であり、かつ、同一の事業主に引き続き31日以上の雇用の見込みがある労働者のこと。

2．基本手当

（1）支給要件

　離職の日以前**２年間**に、被保険者期間が**通算12カ月**以上あること。特定受給資格者・特定理由離職者は、離職の日以前**１年間**に、被保険者期間が**通算６カ月**以上あること。被保険者期間は、離職日から１カ月ごとに区切った期間のうち、賃金支払いの基礎となった日数が**11日以上**ある月、または賃金支払いの基礎となった労働時間数が**80時間以上**ある月を１カ月として計算した期間である。

（2）所定給付日数

① 自己都合等（**定年退職**含む）による離職者

離職時の年齢	算定基礎期間		
全年齢共通 （65歳未満）	10年未満	10年以上 20年未満	20年以上
	90日	120日	150日

② 特定受給資格者（倒産・解雇等）・特定理由離職者（雇止め等による離職）

離職時の年齢		算定基礎期間				
		1年未満	1年以上 5年未満	5年以上 10年未満	10年以上 20年未満	20年以上
	30歳未満	90日	90日	120日	180日	－
30歳以上	35歳未満	90日	120日	180日	210日	240日
35歳以上	45歳未満	90日	150日	180日	240日	270日
45歳以上	60歳未満	90日	180日	240日	270日	330日
60歳以上	65歳未満	90日	150日	180日	210日	240日

3．教育訓練給付

　雇用保険の被保険者期間が３年以上（初回に限り１年以上）ある被保険者（被保険者であった者は、離職日の翌日から受講開始まで原則１年以内）が、厚生労働大臣が指定する教育訓練を受講・修了した場合、教育訓練給付金として、実際に支払った費用の20％（上限10万円）が支給される。ただし、実際に支払った費用が4,000円を超えないときは支給されない。

　また、専門的・実践的な教育訓練を受ける場合、費用の50％が支給される。さらに

資格取得等の上で就職に結びついた場合には20％を追加で支給される。

４．高年齢雇用継続給付

　60歳以上65歳未満で被保険者期間が５年以上の者が、**60歳到達時点**と比較をして**75％未満**の賃金で就労している場合、賃金月額の**最大15％**相当額が支給される。最大の15％相当額が支給されるのは、60歳到達時点と比較をして**61％未満**の賃金となった場合である。

高年齢雇用継続基本給付金	基本手当を受給しないで雇用を継続する者に60歳から65歳になるまで支給される。
高年齢再就職給付金	基本手当の一部を受給後に再就職した者に支給される。基本手当の支給残日数100日以上の者は１年間受給できる。200日以上の者は２年間受給できる。

５．介護休業給付

　家族を介護するための休業をした被保険者で、介護休業を開始した日前２年間に、みなし被保険者期間が12カ月以上ある場合に介護休業給付金が支給される。介護休業給付金の支給額は、原則として休業開始時賃金日額の**67％**である。介護休業は、支給対象となる同じ家族について**通算93日**を限度に３回を上限として分割取得できる。

　対象となる家族は、被保険者の配偶者（事実婚含む）・父母（養父母を含む）・子（養子を含む）・祖父母・兄弟姉妹・孫・配偶者の父母（養父母を含む）である。

６．育児休業給付
（１）出生時育児休業給付金

　子の出生日から**8週間**を経過する日の翌日までの期間内に、**4週間**以内の期間を定めて取得した休業（**2回**まで分割取得可能）を**出生時育児休業**（産後パパ育休）という。この休業をした者に対して、出生時育児休業給付金が支給される。給付率は、休業前賃金の**67％**であり、支給日数の上限は**28日**（４週間）である。

（２）育児休業給付金

　満１歳または１歳２カ月（保育所が見つからない場合などは１歳６カ月または２歳）未満の子を養育するために休業をした者に対して、育児休業給付金が支給される。給付率は、休業開始後180日目までは休業前賃金の**67％**、181日目以降は**50％**である。

6 公的年金

1．国民年金保険料

　毎月の保険料は翌月末日が納期限である。納期限までに納付できなかった保険料は、納期限から2年を経過するとその徴収権が時効となる。

2．国民年金保険料の免除

　第1号被保険者には保険料の納付が免除される制度がある。産前産後期間以外の期間は、10年以内であれば追納できる（追納すれば保険料納付済期間となる）。

法定免除	障害基礎年金、障害厚生年金（1・2級）などの受給権者、生活保護法の生活扶助などを受ける者は、法律上当然に保険料が免除になる（全額）。
申請免除	本人と配偶者および世帯主の前年の所得が一定額以下であれば、申請により保険料が免除になる。保険料の全額が免除される全額免除のほか、3/4免除、半額免除、1/4免除の4段階がある。
学生納付特例制度	20歳以上の学生本人の前年の所得が一定額以下であれば、申請により保険料の納付が猶予される（全額）。 （注1）学生納付特例期間中に一定の障害に該当する事由が生じた場合は、障害基礎年金が支給される。 （注2）指定を受けた大学等は、学生の委託を受けて、学生納付特例の申請を行うことができる。
納付猶予制度	50歳未満で、本人と配偶者の前年の所得が一定額以下であれば、申請により保険料の納付が猶予される（全額）。
産前産後期間の免除制度	産前産後期間（出産予定日の前月から4カ月間（多胎妊娠の場合は出産予定日の3カ月前から6カ月間））の保険料が免除される（任意加入被保険者は除く）。免除された期間は保険料納付済期間となるため、老齢基礎年金の額に反映される。

■年金額への反映

		受給資格期間	年金額
法定免除		○ 反映される	△ 一部反映される
申請免除	全額免除		
	4分の3免除		
	半額免除		
	4分の1免除		
学生納付特例制度			× 反映されない
納付猶予制度			
合算対象期間			
産前産後期間の免除制度			○ 反映される

3．老齢厚生年金の繰上げ・繰下げ

生年月日（女性は5年遅れ）	60歳 61歳 62歳 63歳 64歳 65歳

（定額部分の減額開始）

① 男性）1941. 4. 2生～1943. 4. 1生
　　女性）1946. 4. 2生～1948. 4. 1生

報酬比例部分	老齢厚生年金
定額部分	老齢基礎年金

② 男性）1943. 4. 2生～1945. 4. 1生
　　女性）1948. 4. 2生～1950. 4. 1生

報酬比例部分	老齢厚生年金
定額部分	老齢基礎年金

③ 男性）1945. 4. 2生～1947. 4. 1生
　　女性）1950. 4. 2生～1952. 4. 1生

報酬比例部分	老齢厚生年金
定額部分	老齢基礎年金

④ 男性）1947. 4. 2生～1949. 4. 1生
　　女性）1952. 4. 2生～1954. 4. 1生

報酬比例部分	老齢厚生年金
定額部分	老齢基礎年金

⑤ 男性）1949. 4. 2生～1953. 4. 1生
　　女性）1954. 4. 2生～1958. 4. 1生

報酬比例部分	老齢厚生年金
	老齢基礎年金

（報酬比例部分の減額開始）

⑥ 男性）1953. 4. 2生～1955. 4. 1生
　　女性）1958. 4. 2生～1960. 4. 1生

報酬比例部分	老齢厚生年金
	老齢基礎年金

⑦ 男性）1955. 4. 2生～1957. 4. 1生
　　女性）1960. 4. 2生～1962. 4. 1生

報酬比例部分	老齢厚生年金
	老齢基礎年金

⑧ 男性）1957. 4. 2生～1959. 4. 1生
　　女性）1962. 4. 2生～1964. 4. 1生

報酬比例部分	老齢厚生年金
	老齢基礎年金

⑨ 男性）1959. 4. 2生～1961. 4. 1生
　　女性）1964. 4. 2生～1966. 4. 1生

報酬比例部分	老齢厚生年金
	老齢基礎年金

⑩ 男性）1961. 4. 2生～
　　女性）1966. 4. 2生～

老齢厚生年金
老齢基礎年金

（1）老齢厚生年金の繰上げ

　特別支給の老齢厚生年金のうち定額部分の支給がされない者（図⑥～⑨）は、支給開始年齢に達する前であれば、老齢厚生年金の繰上げ請求ができる（早ければ60歳から）。また、特別支給の老齢厚生年金が支給されない者（図⑩）は、65歳に達する前に老齢厚生年金の繰上げ請求ができる（早ければ60歳から）。1カ月繰り上げるごとに**0.4%**（1962年4月1日以前生まれの者は0.5%）が減額される。

（注）老齢厚生年金の繰上げ請求は、老齢基礎年金の繰上げ請求と**同時**に行う必要がある。

（2）老齢厚生年金の繰下げ

　老齢厚生年金の受給権のある人で、66歳に到達する前に老齢厚生年金の請求をしていなかった人は、老齢厚生年金の支給の繰下げの申出ができる（最高75歳まで。1952年4月1日以前生まれの者は70歳まで）。1カ月繰り下げるごとに**0.7%**が増額される。なお、60歳台前半に支給される「特別支給の老齢厚生年金」は繰り下げることはできない。

（注1） 老齢厚生年金の繰下げの申出と老齢基礎年金の繰下げの申出は、**同時に行う必要は
ないため**、いずれかのみ繰り下げて受給することも可能である。
（注2） 在職老齢年金の対象となっている者の場合、繰下げ支給による増額の対象となる年
金額は、在職老齢年金の**支給調整後**の年金額となる。したがって、在職による支給停
止部分は繰下げ支給の対象とはならない。

4．在職老齢年金

基本月額＝老齢厚生年金額（加給年金額を除く）÷12

総報酬月額相当額＝標準報酬月額＋（その月以前1年間の標準賞与額の合計額÷12）

（1）60歳台前半の在職老齢年金（月額）

① 基本月額＋総報酬月額相当額＝**48万円以下** → 基本月額は全額**支給**（支給停止
されない）

② 基本月額＋総報酬月額相当額＝**48万円超** → 超えた額の**2分の1**が支給停止と
なる。

（2）60歳台後半の在職老齢年金

支給停止される年金額の計算方法は、60歳台前半の在職老齢年金と同じである。減
額されるのは老齢厚生年金のみで、老齢基礎年金は全額支給される。在職老齢年金が
少しでも支給される場合は、加給年金額は全額支給される。

（3）70歳以降の在職老齢年金

70歳以降の者は、在職者であっても厚生年金保険の被保険者とはならず、保険料は
負担しない。しかし、老齢厚生年金の額は、60歳台の者と同様の仕組みが適用され、
一部または全部が支給停止となる場合がある。老齢基礎年金は全額支給される。

第2章 年金・社会保険 重要ポイントまとめ 基礎編

7 企業年金等

1．確定拠出年金

（1）確定拠出年金とは

　確定拠出年金とは、毎月の拠出額（掛金）を先に定め、その掛金の運用実績によって将来の給付額が決まる年金制度である。企業が企業年金として実施する「企業型年金」と、個人が任意で加入する「個人型年金」の2つのタイプがある。企業型年金では、原則として企業のみが掛金を拠出するが、一定の範囲内で加入者本人による上乗せ拠出（マッチング拠出）ができる。個人型年金では加入者本人が掛金を拠出する。

（2）加入者と拠出限度額

　加入対象者および加入者1人あたりの拠出限度額が下表のように定められている。また、掛金の拠出を1年単位で考え、加入者が年1回以上、任意に決めた月にまとめて拠出（年単位拠出）が可能となっている。

	加入対象者	拠出限度額（年額）
企業型年金	他に企業年金を実施する企業の加入者	330,000円
	企業年金を実施していない企業の加入者	660,000円
個人型年金	国民年金第1号被保険者	**816,000円** （国民年金基金の掛金との合計額）
	他の企業年金も確定拠出年金（企業型）も実施しない企業の加入者	276,000円
	確定拠出年金（企業型）のみを実施する企業の加入者[※1]	240,000円
	確定給付型年金と確定拠出年金（企業型）の両方を実施する企業の加入者[※2]	144,000円
	確定給付型年金のみを実施する企業の加入者	144,000円
	公務員・私学共済加入者	144,000円
	国民年金第3号被保険者	276,000円

※1　確定拠出年金（企業型）のみを実施する企業の場合、事業主掛金は月額55,000円以内、個人型年金（iDeCo）の掛金は月額20,000円以内となり、合計額は月額55,000円が限度となる。なお、マッチング拠出を選択している場合や、事業主掛金が各月の拠出限度額の範囲内での各月拠出となっていない場合は、個人型年金（iDeCo）に加入できない。

※2　確定給付型年金と確定拠出年金（企業型）の両方を実施する企業の場合、事業主掛金は月額27,500円以内、個人型年金（iDeCo）の掛金は月額12,000円以内となり、合計額は月額27,500円が限度となる。なお、マッチング拠出を選択している場合や、事業主掛金が各月の拠出限度額の範囲内での各月拠出となっていない場合は、個人型年金（iDeCo）

に加入できない。

（3）掛金と課税関係

個人が拠出した掛金は、小規模企業共済等掛金控除として全額所得控除の対象になる。

第2章 年金・社会保険 重要ポイントまとめ 基礎編

重要ポイントまとめ　応用編

老齢年金等の計算

1．老齢基礎年金の計算式（保険料免除期間がない新規裁定者の場合）

$$老齢基礎年金の額＝795,000円×\frac{保険料納付済期間の月数}{加入可能年数^※×12}$$

※　加入可能年数は、原則として40年。
（注1）　1カ月繰り上げるごとに**0.4%**（1962年4月1日以前生まれの者は**0.5%**）が減額され、1カ月繰り下げるごとに**0.7%**が増額される。
（注2）　保険料全額免除期間がある場合、2009年3月以前の全額免除期間については、保険料納付済期間の3分の1として計算する。2009年4月以降の全額免除期間については、保険料納付済期間の2分の1として計算する。

2．付加年金の計算式

付加年金の額＝**200円**×付加保険料納付済月数

（注1）　付加保険料：月額400円
（注2）　老齢基礎年金を繰上げ・繰下げすると、付加年金も同じ割合で同時に繰上げ・繰下げとなる。

3．特別支給の老齢厚生年金の計算式（60歳台前半、新規裁定者）

特別支給の老齢厚生年金の額＝
（①定額部分の額＋②報酬比例部分の額）＋加給年金額[※1]
①　定額部分の額＝1,657円×被保険者期間の月数[※2]
②　A＋B
　　A＝平均標準報酬月額×乗率[※3]×総報酬制導入前の被保険者期間の月数
　　B＝平均標準報酬額×乗率[※3]×総報酬制導入後の被保険者期間の月数

■1946年4月2日以後生まれの者の乗率

報酬比例部分の給付乗率（1,000分の）			
総報酬制導入前		総報酬制導入後	
新乗率	旧乗率	新乗率	旧乗率
7.125	7.5	5.481	5.769

（注）「①＋②」の額を円未満四捨五入する。
※1　加給年金額は、支給要件を満たしている場合のみ加算。
※2　1946年4月2日以後生まれの者の場合、480月が上限。
※3　乗率については、本来水準で計算する場合は新乗率を使用する。

■**長期加入者の特例**

　65歳未満の老齢厚生年金の受給権者であり、かつ、その権利を取得した当時、次のいずれにも該当する者には、報酬比例部分が支給される年齢から、特別支給の老齢厚生年金に相当する年金（報酬比例部分、定額部分をあわせた額）が支給される。

　①　厚生年金保険の被保険者でないこと
　②　厚生年金保険の被保険者期間が**44年**（**528月**）以上あること

４．老齢厚生年金の計算式（65歳以降、新規裁定者）

老齢厚生年金の年金額＝
①報酬比例部分の額＋②経過的加算額＋加給年金額[※1]

①　報酬比例部分の額＝**3.**②

②　経過的加算額
　＝定額部分の額－老齢基礎年金相当額
　＝1,657円×被保険者期間の月数[※2]
$$-\left(795,000円\times\frac{1961年4月以後で20歳以上60歳未満の厚生年金保険の被保険者期間の月数}{加入可能年数\times12}\right)$$

※1　加給年金額は、支給要件を満たしている場合のみ加算。
※2　1946年4月2日以後生まれの者の場合、480月が上限。
(注)「①＋②」の額を円未満四捨五入する。

５．遺族基礎年金の計算式

　子のある配偶者が受給する場合の遺族基礎年金の計算式は次のとおりである。

795,000円（新規裁定者）＋子の加算[※]

※　2人目までは1人につき228,700円、3人目からは1人につき76,200円。

６．遺族厚生年金の計算式

遺族厚生年金の年金額＝（**3.**②）$\times\dfrac{3}{4}$

　短期要件の遺族厚生年金では、加入期間が300月に満たない場合は、次のように被保険者期間の月数を300月として計算する。

遺族厚生年金の年金額＝（**3.**②）$\times\dfrac{300}{被保険者期間の総月数}\times\dfrac{3}{4}$

7．65歳以降の遺族厚生年金の計算式

　次の①②の額を比較し、多いほうの額が支給されるが、老齢厚生年金は必ず受給するため、実際に支給される遺族厚生年金は、老齢厚生年金の額を差し引いた額となる。

　なお、老齢厚生年金の額が①②よりも多ければ、老齢厚生年金のみが支給され、遺族厚生年金は支給されない。

① 　遺族厚生年金の年金額＝夫の老齢厚生年金の額（**3.**②）$\times \dfrac{3}{4}$

② 　①$\times \dfrac{2}{3}$＋妻の老齢厚生年金の額（**3.**②）$\times \dfrac{1}{2}$

第３章

金融資産運用

第3章

問題記述

基　礎　編

1　マーケット環境の理解

【問題1】（2021年1月 問16）　　　　　　　チェック欄☐☐☐☐☐

わが国の経済指標に関する次の記述のうち、最も適切なものはどれか。

1．国内で一定期間内に生産された財やサービスの付加価値の合計額であるGDPに
　は、参照年からの物価の上昇・下落分を取り除いた値である名目値と、実際に市場
　で取引されている価格に基づいて推計された値である実質値がある。
2．景気動向指数のCI（コンポジット・インデックス）は、採用系列の各月の値を
　3カ月前と比べた変化方向を合成して作成した指数であり、景気拡張の動きの各経
　済部門への波及度合いの測定を主な目的としている。
3．全国企業短期経済観測調査（短観）は、資本金1億円以上の民間企業を調査対象
　とし、業況や資金繰り等の判断項目や売上高や設備投資額等の定量的な計数項目、
　企業の物価見通しが四半期ごとに調査されている。
4．消費者物価指数（CPI）は、全国の世帯が購入する家計に係る財やサービスの価
　格等を総合した物価の変動を時系列的に測定したものであり、いわゆるコアCPIと
　は、「生鮮食品」を除いて算出された物価指数である。

第3章　金融資産運用　基礎編

【問題1】 正解 **4**

1. **不適切** GDPには、実際に市場で取引されている価格に基づいて推計された値である名目値と、参照年からの物価の上昇・下落分を取り除いた値である実質値がある。

2. **不適切** 景気動向指数のCI（コンポジット・インデックス）は、採用系列の前月と比べた変化の大きさを合成して作成され、**景気変動の大きさやテンポ（量感）**の測定を主な目的としている。本文は、DI（ディフュージョン・インデックス）の内容である。

3. **不適切** 全国企業短期経済観測調査（短観）は、資本金**2,000万円**以上の民間企業を調査対象としている。

4. **適　切**

1　マーケット環境の理解

【**問題2**】（2016年9月　問16改題）　　　　　　　チェック欄☐☐☐☐☐☐

経済指標に関する次の記述のうち、最も不適切なものはどれか。

1．国内総生産（GDP・支出側）は、消費支出として民間および政府最終消費支出、投資支出として総固定資本形成および在庫品増加、海外から国内生産物に対して行われる支出として財貨・サービスの輸出および輸入（控除項目）で構成され、そのうち民間最終消費支出が最も高い構成比を占めている。

2．経済産業省が毎月公表している鉱工業指数は、価格の変動を除いた量的変動を示す数量指数であり、生産指数、生産者出荷指数、生産者製品在庫指数などで構成されている。

3．景気動向指数において、CI（コンポジット・インデックス）は主として景気変動の大きさやテンポ（量感）の測定を目的とし、DI（ディフュージョン・インデックス）は景気拡張の動きの各経済部門への波及度合いの測定を主な目的としている。

4．完全失業率は、全国の公共職業安定所に登録された有効求職者数を労働力人口で除して算出され、景気動向指数において、有効求人倍率が一致系列に位置付けられているのに対して、完全失業率は遅行系列に位置付けられている。

【**問題3**】（2022年5月　問16改題）　　　　　　　チェック欄☐☐☐☐☐☐

景気動向指数に関する次の記述のうち、最も適切なものはどれか。

1．景気動向指数のDI（ディフュージョン・インデックス）は、主として景気拡張の動きの各経済部門への波及度合いを測定することを目的としており、基準年を100として、3カ月以上連続して、3カ月後方移動平均が下降していれば、景気後退の可能性が高いと判断される。

2．日本銀行が公表するマネーストック統計は、金融機関および中央政府以外の経済主体が保有する通貨量の残高を集計した統計であり、最も容易に決済手段として用いることができる現金通貨と預金通貨から構成される「M1」が景気動向指数の先行系列に採用されている。

3．先行系列には、東証株価指数、実質機械受注（製造業）、新設住宅着工床面積など、11系列が採用されている。

4．厚生労働省が公表する有効求人倍率（除学卒）は先行系列に採用され、総務省が公表する完全失業率は遅行系列に採用されている。

【問題2】 正解 4

1. **適 切** なお、民間最終消費支出の構成比は50％を超えている。

2. **適 切** 鉱工業指数は、鉱工業製品を生産する国内の事業所における生産・出荷・在庫に係る諸活動、製造工業の設備の稼働状況、各種設備の生産能力の動向を捉え、また、生産の先行き2カ月の計画を把握することを目的としている。

3. **適 切** なお、公表の中心はCIである。

4. **不適切** 完全失業率は、**完全失業者数**を**労働力人口**（15歳以上の就業者および完全失業者）で除して算出する。なお、全国の公共職業安定所に登録された有効求人数を有効求職者数で除して算出したものを有効求人倍率という。後半の記述は適切である。

【問題3】 正解 3

1. **不適切** 基準年（2023年4月現在は2015年）を100として、3カ月以上連続して、3カ月後方移動平均が下降していれば、景気後退の可能性が高いとする判断で用いるものは、**CI**（コンポジット・インデックス）である。

2. **不適切** 景気動向指数の先行系列に採用されているのは、**M2**である。M2は、現金通貨および国内銀行（ゆうちょ銀行等除く）等に預けられた預金通貨で構成される。

3. **適 切** 東証株価指数、実質機械受注（製造業）、新設住宅着工床面積のほか、消費者態度指数、新規求人数（除学卒）なども先行系列に採用されている。

4. **不適切** 有効求人倍率（除学卒）は、**一致系列**に採用されている。なお、完全失業率（逆サイクル）は、遅行系列に採用されている。

1 マーケット環境の理解

【**問題4**】 (2021年9月 問16)　　　　　　　　　　チェック欄 □□□□□

景気動向指数に関する次の記述のうち、最も適切なものはどれか。

1. 景気動向指数のCI（コンポジット・インデックス）は、主として景気変動の大きさやテンポ（量感）を測定することを目的としており、景気の拡張局面では50%を上回り、景気の後退局面では50%を下回る傾向がある。
2. 内閣府が公表する消費者態度指数は、今後の暮らし向きの見通しなどについての消費者の意識を調査して数値化した指標であり、先行系列に採用されている。
3. 国土交通省が公表する新設住宅着工床面積は、住宅の建築着工状況を集計した指標であり、一致系列に採用されている。
4. 有効求人倍率（除学卒）は、先行系列に採用されており、新型コロナウイルス感染症の影響を受け、2020年4月以降、1.0倍を下回る状態が続いている。

第3章 金融資産運用 基礎編

241

【問題4】 正解 2

1. 不適切 一般的に、景気拡張局面ではCI一致指数が上昇し、景気後退局面ではCI一致指数が低下する傾向がある。

2. 適 切 消費者態度指数は、「暮らし向き」「収入の増え方」「雇用環境」「耐久消費財の買い時判断」の4項目に関して、今後半年間の見通しについて5段階評価による回答から算出した消費者意識指標を平均して算出するものである。

3. 不適切 新設住宅着工床面積は、景気動向指数の**先行系列**に採用されている。

4. 不適切 有効求人倍率（除学卒）は、景気動向指数の**一致系列**に採用されている。新型コロナウイルス感染症の影響はあるものの、1.0倍を下回る状態が続いているわけではない。

2　投資信託

【問題１】（2022年９月　問17改題）　　　　　チェック欄 □□□□□

投資信託の費用に関する次の記述のうち、適切なものはいくつあるか。

(a) 購入時手数料を徴収しない投資信託はノーロード型（ノーロードファンド）と呼ばれ、2023年におけるつみたてNISA（非課税累積投資契約に係る少額投資非課税制度）の対象となる公募株式投資信託は、すべてノーロード型（ノーロードファンド）である。

(b) 運用管理費用（信託報酬）は、投資信託を保有している期間、信託財産から日々差し引かれ、その全額が投資信託委託会社の収入となる。

(c) 信託財産留保額は、長期に投資信託を保有する投資家との公平性を確保するためのものであり、すべての投資信託において換金する際に投資家から徴収される。

1．1つ
2．2つ
3．3つ
4．0（なし）

【問題２】（2017年９月　問17）　　　　　　チェック欄 □□□□□

ドルコスト平均法を利用して投資信託を15万円ずつ購入した場合、各回の購入単価（基準価額）が以下のとおりであるときの平均購入単価として、次のうち最も適切なものはどれか。なお、手数料等は考慮せず、計算結果は円未満を四捨五入すること。

購入時期	第１回	第２回	第３回	第４回	第５回
購入単価	5,000円	6,000円	7,500円	6,250円	6,000円

1．6,048円
2．6,061円
3．6,150円
4．6,383円

【問題1】 正解 **1**

(a) 適 切 2023年におけるつみたてNISA（2024年以降は新NISA（つみたて投資枠））の投資対象となる公募株式投資信託は、次の要件をすべて満たしたものである。

・販売手数料はゼロ（ノーロード）
・信託報酬は一定水準以下に限定
・顧客に対して、その顧客が過去1年間に負担した信託報酬の概算金額を通知すること
・信託契約期間が無期限または20年以上であること
・分配頻度が毎月でないこと
・ヘッジ目的の場合等を除き、デリバティブ取引による運用を行っていないこと

(b) 不適切 運用管理費用（信託報酬）は、投資信託委託会社、販売会社、信託銀行の3者の収入となる。

(c) 不適切 信託財産留保額が徴収されない投資信託もある。

以上より、適切なものは1つであり、正解は**1**となる。

【問題2】 正解 **1**

ドルコスト平均法とは、価格変動商品を、定期的に一定金額ずつ購入する投資手法のことである。

購入時期	第1回	第2回	第3回	第4回	第5回	合計
購入単価	5,000円	6,000円	7,500円	6,250円	6,000円	—
購入金額	15万円	15万円	15万円	15万円	15万円	①75万円
購入口数	15万円÷5,000円=30口	15万円÷6,000円=25口	15万円÷7,500円=20口	15万円÷6,250円=24口	15万円÷6,000円=25口	②124口

平均購入単価＝①75万円÷②124口＝6,048.3…→ **6,048円**

2 投資信託

【問題3】（2022年5月 問18）　　　　　　　　　　　チェック欄 ▢▢▢▢▢

投資信託の一般的な商品性に関する次の記述のうち、最も不適切なものはどれか。

1．MRFは、格付けの高い公社債やコマーシャルペーパー等を投資対象としたオープン型の公社債投資信託であり、主に証券会社で行う有価証券の売買その他の取引に係る金銭の授受の用に供することを目的とした投資信託である。
2．ロング・ショート型ファンドは、株価の相対的な上昇が予想される株式を購入すると同時に、株価の相対的な下落が予想される株式を空売りすることで、株式市場の上昇・下落にかかわらず、収益の獲得を目指す投資信託である。
3．インバース型ファンドは、先物やオプションなどを利用して、基準となる指数の値動きを上回る投資成果を目指す投資信託であり、相場の上昇局面において、より高い収益率が期待できる。
4．ベア型ファンドは、原指標の変動率に一定の負の倍数を乗じて算出される指標に連動する運用成果を目指して運用される投資信託である。

【問題4】（2023年1月 問17）　　　　　　　　　　　チェック欄 ▢▢▢▢▢

投資信託のディスクロージャーに関する次の記述のうち、最も不適切なものはどれか。

1．交付目論見書は、投資者が直接的または間接的に負担することとなる費用について、購入時手数料の上限金額または上限料率、運用管理費用（信託報酬）の金額または料率に関する事項に加え、当該費用を対価とする役務の内容等を記載しなければならない。
2．交付運用報告書は、日々決算型投資信託を除き、投資信託の決算期ごとに作成し、投資家に交付しなければならない。
3．交付運用報告書は、運用経過の説明や今後の運用方針などのほか、一定の期間における当該投資信託の騰落率と代表的な資産クラスの騰落率を比較して記載することとされている。
4．投資信託委託会社または販売会社は、運用報告書（全体版）について、投資信託約款に定められた電磁的方法により提供することができるが、投資者から当該運用報告書の交付の請求があった場合には、これを交付しなければならない。

245

【問題3】 正解 3

1．適 切 MRFは、証券総合口座専用の追加型公社債投資信託であり、高格付の公社債のほか、CD、CPなど短期金融商品で運用されている。

2．適 切 ロング・ショート型ファンドは、割安と判断される銘柄を買い建て（ロング・ポジション）、同時に割高と判断される銘柄を売り建てる（ショート・ポジション）投資信託である。

3．不適切 インバース型ファンドは、相場の**下落局面**において、より高い収益率が期待できる。

4．適 切 なお、ブル型ファンドは、原指標の変動率に一定の正の倍数を乗じて算出される指標に連動する運用成果を目指して運用される投資信託である。

【問題4】 正解 2

1．適 切 交付目論見書には、投資者が負担することとなる費用について、一定の事項等を記載しなければならない。

2．不適切 交付運用報告書は、原則として、投資信託の決算期ごとに作成し、投資家に交付しなければならない。ただし、決算期間が6カ月未満の投資信託は、**6カ月に一度**投資家に交付すればよく、日々決算型投資信託のうちMRFは、交付する必要がない。

3．適 切 交付運用報告書は、投資家に交付しなければならない運用報告書で、重要な項目が記載されている。

4．適 切 運用報告書（全体版）は、ホームページに記載するなど電磁的方法により提供することができるが、投資者から交付の請求があった場合には、交付しなければならない。

【問題 5】 （2022年 5 月 問23改題）　　　　チェック欄 □□□□□

　Ａさん（居住者）は、2020年 4 月に特定口座でＸファンド（公募追加型株式投資信託、当初 1 口 1 円、年 1 回分配）10,000口を基準価額11,000円で購入した。下記の〈Ｘファンドの分配金実績・分配落後基準価額の推移〉に基づき、2023年 3 月期における10,000口当たりの収益分配金について、所得税および復興特別所得税、住民税の源泉（特別）徴収後の手取金額として、次のうち最も適切なものはどれか。なお、源泉（特別）徴収される税額は円未満切捨てとすること。

〈Ｘファンドの分配金実績・分配落後基準価額の推移〉（10,000口当たりの金額）

決 算 日	2021年 3 月期	2022年 3 月期	2023年 3 月期
分配金実績	1,000円	1,000円	600円
分配落後基準価額	11,500円	11,200円	10,800円

1．479円
2．519円
3．560円
4．600円

【問題 5】　正解 2

収益分配金を受け取る都度、個別元本が修正されるか確認する。

2021年 3 月期

　分配落後基準価額11,500円≧個別元本11,000円　　∴　個別元本の修正なし

2022年 3 月期

　分配落後基準価額11,200円≧個別元本11,000円　　∴　個別元本の修正なし

2023年 3 月期

　分配落後基準価額10,800円＜個別元本11,000円

　かつ

　個別元本11,000円≦決算時基準価額11,400円（＝600円＋10,800円）

　∴　個別元本と分配落後基準価額との差額200円（11,000円－10,800円）が元本払
　　戻金となり、残額400円（600円－200円）は普通分配金となる。

　税額：400円×20.315％＝81.26 → 81円（円未満切捨て）

　手取り額：600円－81円＝**519円**

3　債券投資

【問題1】　(2021年1月　問18)　　　　　　　　　チェック欄　☐☐☐☐☐

個人向け国債に関する次の記述のうち、最も不適切なものはどれか。

1．個人向け国債には、「固定金利型3年満期」「固定金利型5年満期」「変動金利型10年満期」の3種類があり、いずれも毎月発行されている。

2．変動金利型の個人向け国債の各利払期における適用利率（年率）は、基準金利に0.66を掛けた値であるが、0.05％が下限とされ、その利払日は、原則として毎年の発行月および発行月の半年後の15日である。

3．個人向け国債の利子は、原則として、支払時に20.315％の税率により源泉（特別）徴収され、申告分離課税の対象とされているが、確定申告不要制度を選択することもできる。

4．個人向け国債は、原則として発行から1年経過後、1万円単位で中途換金することができ、その換金金額は、額面金額に経過利子相当額を加えた金額から換金手数料および中途換金調整額を差し引いた金額となる。

【問題2】　(2020年1月　問18)　　　　　　　　　チェック欄　☐☐☐☐☐

地方債に関する次の記述のうち、最も適切なものはどれか。

1．全国型市場公募地方債（個別債）は、すべての都道府県と一部の政令指定都市が単独で発行している債券であり、購入者に制限はなく、投資家は取扱金融機関を通じて購入することができる。

2．共同発行市場公募地方債は、複数の地方公共団体が共同して発行する10年満期の債券であり、毎年4月に年1回発行されている。

3．共同発行市場公募地方債は、実際に資金調達する地方公共団体は銘柄ごとに異なるが、資金調達の有無にかかわらず、共同して発行する全団体が発行額全額について連帯して当該地方債の償還および利息の支払の責任を負う。

4．住民参加型市場公募地方債は、当該債券を発行する地方公共団体に居住している個人に購入者が限定された債券であり、当該地方公共団体で開催されるイベントの招待券や施設利用券などの特典が付与されたものもある。

第3章　金融資産運用　基礎編

【問題1】 正解 4

1. 適 切

2. 適 切 なお、「固定金利型3年満期」「固定金利型5年満期」の下限金利も0.05％である。

3. 適 切

4. 不適切 個人向け国債を中途換金した場合の換金金額は、額面金額に経過利子相当額を加えた金額から中途換金調整額を差し引いた金額であり、換金手数料は差し引かれない。

【問題2】 正解 3

1. 不適切 全国型市場公募地方債（個別債）は、**一部**の都道府県と**すべて**の政令指定都市が単独で発行している債券で、購入者に制限はない。

2. 不適切 共同発行市場公募地方債は、複数の地方公共団体が共同して発行する10年満期の債券であり、**毎月**発行されている。

3. 適 切

4. 不適切 住民参加型市場公募地方債は、当該債券を発行する地方公共団体に居住している個人や**法人**に購入者が限定された債券である（一部、限定されていない債券もある）。

【問題3】（2021年5月 問19）　　　　　　　チェック欄 □□□□□

　以下の表に記載されている固定利付債券の単利計算による最終利回り（空欄①）と割引債券の1年複利計算による最終利回り（空欄②）の組合せとして、次のうち最も適切なものはどれか。なお、税金や手数料等は考慮せず、計算結果は表示単位の小数点以下第3位を四捨五入すること。

	固定利付債券	割引債券
単　　　　　価	100.80円	98.25円
償　還　価　格	100.00円	100.00円
表　面　利　率	0.65%	—
最　終　利　回　り	（①）%	（②）%
残　存　期　間	4年	4年

1. ①　0.45　　②　0.44
2. ①　0.45　　②　0.89
3. ①　0.84　　②　0.44
4. ①　0.84　　②　0.89

【問題3】 正解 **1**

$$\text{利付債券の最終利回り（単利）（\%）} = \frac{\text{クーポン} + \dfrac{100 - \text{単価}}{\text{残存年数}}}{\text{単価}} \times 100$$

① 固定利付債券の最終利回り $= \dfrac{0.65 + \dfrac{100 - 100.80}{4}}{100.80} \times 100 = 0.446\cdots \rightarrow \textbf{0.45}\%$

$$\text{割引債券の最終利回り（1年複利）（\%）} = \left(\sqrt[\text{残存年数}]{\dfrac{100}{\text{単価}}} - 1 \right) \times 100$$

② 割引債券の利回り $= \left(\sqrt[4]{\dfrac{100}{98.25}} - 1 \right) \times 100 = 0.442\cdots \rightarrow \textbf{0.44}\%$

3 債券投資

【問題4】（2021年9月 問18）　チェック欄☐☐☐☐☐

以下の表に記載されている割引債券の１年複利計算による単価（空欄①）と固定利付債券の単利計算による最終利回り（空欄②）の組合せとして、次のうち最も適切なものはどれか。なお、税金や手数料等は考慮せず、計算結果は表示単位の小数点以下第３位を四捨五入すること。

	割引債券	固定利付債券
単　　　　　価	（①）円	100.90円
償　還　価　格	100.00円	100.00円
表　面　利　率	—	0.75%
最　終　利　回　り	0.50%	（②）%
残　存　期　間	４年	５年

1．① 98.02　② 0.56
2．① 98.02　② 0.57
3．① 99.01　② 0.56
4．① 99.01　② 0.57

【問題5】（2019年5月 問19）　チェック欄☐☐☐☐☐

債券投資とイールドカーブに関する次の記述のうち、最も適切なものはどれか。

1．残存期間の短い債券の利回りよりも残存期間の長い債券の利回りのほうが高く、イールドカーブが右上がりの曲線となる状態を、パー・イールドという。
2．残存期間の短い債券の利回りよりも残存期間の長い債券の利回りのほうが低く、イールドカーブが右下がりの曲線となる状態を、逆イールドという。
3．残存期間の短い債券の利回りよりも残存期間の長い債券の利回りのほうが高い状態のとき、両者の差が縮小することを、イールドカーブのスティープ化という。
4．イールドカーブが逆イールドの状態にあるとき、時間の経過に伴って債券価格が上昇し、キャピタルゲインが期待される効果を、ロールダウン効果という。

第3章　金融資産運用　基礎編

【問題4】 正解 1

$$割引債券の単価（円）＝\frac{100}{（1＋最終利回り）^{残存期間}}$$

① $割引債券の単価＝\dfrac{100}{（1＋0.005）^{4}}＝98.024\cdots → \textbf{98.02}円$

$$利付債券の最終利回り（単利）（％）＝\frac{クーポン＋\dfrac{100－単価}{残存年数}}{単価}×100$$

② $固定利付債券の最終利回り＝\dfrac{0.75＋\dfrac{100－100.90}{5}}{100.90}×100＝0.564\cdots → \textbf{0.56}％$

【問題5】 正解 2

1．不適切 イールドカーブが右上がりの曲線になる状態を**順イールド**という。イールドカーブ（利回り曲線）は、債券の残存年限を横軸、利回りを縦軸に設定し、残存年限と利回りの関係を図示したものである。

2．適 切 イールドカーブが右下がりの曲線になる状態を逆イールドという。

3．不適切 残存期間の短い債券の利回りと残存期間の長い債券の利回りの差が縮小することを、イールドカーブの**フラット化**という。逆に利回りの差が拡大することをスティープ化という。

4．不適切 ロールダウン効果を期待できるのは、イールドカーブが**順イールド**の状態にあるときである。イールドカーブが順イールドの状態にあるとき、たとえば、残存年限10年の債券は1年が経過すると残存年限9年の債券になる。したがって、イールドカーブの傾きに沿って利回りが低下することになる。利回りが低下すると、債券価格が上昇する。この効果によりキャピタルゲインが期待できる効果のことをロールダウン効果という。

4　株式投資

【問題1】（2021年5月 問20）　　　　　　　　　　チェック欄☐☐☐☐☐
海外の株価指標に関する次の記述のうち、最も適切なものはどれか。

1．ダウ工業株30種平均は、ニューヨーク証券取引所に上場し、米国経済を代表する30銘柄を対象とする時価総額加重型の株価指数である。
2．CAC40指数は、フランクフルト証券取引所に上場している銘柄のうち、ドイツ企業の主要な40銘柄を対象とする時価総額加重型の株価指数である。
3．DAX指数は、香港証券取引所に上場している銘柄のうち、時価総額や流動性の観点から選定された最大50銘柄を対象とする時価総額加重型の株価指数である。
4．FTSE100指数は、ロンドン証券取引所に上場している銘柄のうち、時価総額が大きい100銘柄を対象とする時価総額加重型の株価指数である。

【問題2】（2022年9月 問20）　　　　　　　　　　チェック欄☐☐☐☐☐
株式等の信用取引に関する次の記述のうち、最も適切なものはどれか。

1．制度信用取引において、品貸料（逆日歩）が発生した銘柄について、売り方は品貸料（逆日歩）を受け取ることができる。
2．信用取引による売買が成立した後に相場の変動による評価損が発生し、金融商品取引業者が定める最低委託保証金維持率を下回った場合、追加保証金（追証）を差し入れるなどの方法により、委託保証金の不足を解消しなければならない。
3．信用取引の決済は、反対売買による差金決済によって行わなければならない。
4．上場投資信託（ETF）は、現物取引による売買に限られており、信用取引による売買はできない。

【問題1】 正解 **4**

1. **不適切** ダウ工業株30種平均は、ニューヨーク証券取引所とNASDAQ市場に上場し、米国経済を代表する30銘柄を対象とする**株価平均型（修正平均型）**の株価指数である。

2. **不適切** CAC40指数は、**ユーロネクスト・パリ**に上場されている銘柄のうち、時価総額上位40銘柄を対象とする時価総額加重型の株価指数である。

3. **不適切** DAX指数は、**フランクフルト取引所**に上場している銘柄のうち、ドイツ企業の主要40銘柄を対象とする時価総額加重型の株価指数である。

4. **適 切**

【問題2】 正解 **2**

1. **不適切** 制度信用取引において、品貸料（逆日歩）が発生した銘柄について、売り方は品貸料（逆日歩）を**支払う**ことになる。

2. **適 切** なお、委託保証金率は、原則として30％以上（最低30万円）となっている。また、最低委託保証金維持率は、通常、20％である。

3. **不適切** 信用取引の決済は、反対売買による差金決済または現引き・現渡しによる**受渡決済**のいずれかで行う。

4. **不適切** 上場投資信託（ETF）は信用取引による売買ができる。

4　株式投資

【問題３】（2021年９月 問19）　チェック欄□□□□□

株式の制度信用取引において、保有するＡ社株式4,000株（１株当たり時価1,250円）と金銭200万円を担保として差し入れ、Ｂ社株式（１株当たり時価4,000円）を新規に売建てする場合、売建てが可能な最大株数として、次のうち最も適切なものはどれか。なお、株式担保の代用掛目は80％、委託保証金率は30％であるものとし、手数料等は考慮しないものとする。

1.　　450株
2.　　700株
3.　1,500株
4.　5,000株

【問題４】（2021年１月 問21）　チェック欄□□□□□

下記の〈資料〉から算出されるサスティナブル成長率として、次のうち最も適切なものはどれか。なお、自己資本の額は純資産の額と同額であるものとし、計算結果は表示単位の小数点以下第３位を四捨五入すること。

〈資料〉

株 価 収 益 率	17.60倍
株 価 純 資 産 倍 率	1.10倍
配 当 利 回 り	2.50％
配 当 性 向	30.00％

1.　 4.38％
2.　 6.09％
3.　11.20％
4.　15.60％

第3章　金融資産運用　基礎編

257

【問題3】 正解 4

① A社株式の評価額

1,250円×4,000株×80%（代用掛目）＝400万円

② 売建て可能金額

（①400万円＋200万円）÷30%（委託保証金率）＝2,000万円

③ B社株式の売建て可能な最大株数

②2,000万円÷4,000円＝**5,000株**

【問題4】 正解 1

$$ROE＝\frac{株価純資産倍率（PBR）}{株価収益率（PER）}＝\frac{1.10倍}{17.60倍}＝0.0625 \to 6.25\%$$

サスティナブル成長率＝ROE×（1－配当性向）

$$＝6.25\%×（1－30.00\%）＝4.375\% \to \textbf{4.38\%}$$

4　株式投資

【問題5】（2014年1月 問19）　　　　　　　　チェック欄☐☐☐☐☐

以下の財務指標から算出される自己資本比率およびROA（総資産事業利益率または使用総資本事業利益率）の組合せとして、次のうち最も適切なものはどれか。なお、計算結果は％表示の小数点以下第2位を四捨五入すること。

売上高事業利益率	8.0%
売上高純利益率	3.0%
使用総資本回転率	0.8回
自己資本比率	（ ① ）%
ROA	（ ② ）%
ROE	4.8%

1．① 37.5　　② 2.4
2．① 37.5　　② 6.4
3．① 50.0　　② 6.4
4．① 50.0　　② 2.4

第3章 金融資産運用　基礎編

【問題6】（2022年5月 問20）　　　　　　　　チェック欄☐☐☐☐☐

株価が1,000円で期待利子率（割引率）が5.0％、1株当たりの予想配当が35円の場合、定率で配当が成長する配当割引モデルにより計算した当該株式の予想配当に対する期待成長率として、次のうち最も適切なものはどれか。なお、計算結果は表示単位の小数点以下第3位を四捨五入すること。

1．1.33%
2．1.50%
3．3.33%
4．8.50%

259

【問題5】 正解 3

① 自己資本比率

$$\text{ROE}(\%) = \frac{\text{当期純利益}}{\text{自己資本}} \times 100$$

$$= \text{売上高純利益率} \times \text{使用総資本回転率} \times \frac{1}{\text{自己資本比率}}$$

$$= 3.0\% \times 0.8\text{回} \times \frac{1}{\text{自己資本比率}}$$

$$= 4.8\% \ \rightarrow \ \text{自己資本比率} = \textbf{50.0}\%$$

② ROA

$$\text{ROA}(\%) = \frac{\text{事業利益}}{\text{使用総資本（資産）}} \times 100$$

$$= \text{売上高事業利益率} \times \text{使用総資本回転率}$$

$$= 8.0\% \times 0.8\text{回}$$

$$= \textbf{6.4}\%$$

【問題6】 正解 2

　株式の価値は、将来支払われる配当の現在価値の総合計であるとの考え方を、配当割引モデルという。将来にわたって定率で配当が成長して支払われると予想する場合、次の計算式が成り立つ。

$$\text{株式の内在価値（株価）} = \frac{1\text{株当たりの予想配当}}{\text{期待利子率} - \text{期待成長率}}$$

　株式の内在価値（株価）＝1,000円、1株当たりの予想配当＝35円、期待利子率＝5.0％を当てはめて、期待成長率をXとして計算する。

$$\frac{35\text{円}}{5.0\% - X} = 1,000\text{円}$$

$$1,000\text{円} \times (5.0\% - X) = 35\text{円}$$

$$X \times 1,000\text{円} = 15\text{円}$$

$$\therefore \quad X = 15\text{円} \div 1,000\text{円} = 0.015 \ \rightarrow \ \textbf{1.50\%}$$

5　外貨建商品

【問題１】（2022年5月 問21）　　　　　チェック欄 ☐☐☐☐☐

　以下の〈条件〉で、為替予約を付けずに円貨を外貨に交換して外貨預金に預け入れ、満期時に円貨で受け取る場合における利回り（単利による年換算）として、次のうち最も適切なものはどれか。なお、1カ月は「30日÷360日」として計算し、税金等は考慮せず、計算結果は表示単位の小数点以下第3位を四捨五入すること。

〈条件〉

・外貨預金の通貨、期間、利率

　豪ドル建て定期預金、期間1カ月、利率3.00%（年率）

・為替レート

	TTS	TTM	TTB
預入時為替レート	80.00円	79.50円	79.00円
満期時為替レート	82.00円	81.50円	81.00円

1．　0.13%

2．　1.50%

3．　4.29%

4．18.04%

第3章 金融資産運用 基礎編

【問題1】 正解 **4**

1豪ドル預け入れたとして計算すると、次のとおりとなる。

・円貨の元本

1豪ドル×80.00円（**TTS**）=80.00円

・満期時（1カ月後）の豪ドル元利合計

$$1豪ドル×(1+0.03×\frac{30日}{360日})=1.0025豪ドル$$

・円換算の受取金額

1.0025豪ドル×81.00円（**TTB**）=81.2025円

・円換算による年利回り

$$\frac{81.2025円-80.00円}{80.00円}÷\frac{30日}{360日}×100=18.0375 \rightarrow \textbf{18.04\%}$$

5 外貨建商品

【問題2】（2023年1月 問19）　チェック欄 □□□□□

外貨建商品等に関する次の記述のうち、最も適切なものはどれか。

1．外国為替証拠金取引において、投資家の建玉に係る評価損の額が、外国為替証拠金取引を取り扱う金融商品取引業者の定めた水準に達した場合、建玉は強制的に決済されて取引が終了するため、証拠金の額を上回る損失が生じることはない。

2．外貨建MMFは、一般に外貨預金と比べて為替手数料が安く、購入時手数料および解約手数料は不要であるが、買付後30日以内に解約する場合、所定の信託財産留保額が差し引かれる。

3．外国株式の海外委託取引（外国取引）は、国外の株式市場に上場している外国株式について、投資家の注文を国内の証券会社が国外の証券取引所に取り次いで売買する取引であり、指値注文をすることができる。

4．米国株式信用取引は、米国の株式市場に上場している株式を対象としており、品貸料、返済期限等は、証券取引所の規則で定められている制度信用取引である。

第3章 金融資産運用 基礎編

263

【問題2】 正解 3

1. **不適切** 建玉が強制決済されることにより、証拠金の額を上回る損失が生じることがある。

2. **不適切** 外貨建MMFは、解約時期にかかわらず、信託財産留保額は差し引かれない。

3. **適 切** 外国株式の海外委託取引（外国取引）では、成行注文および指値注文をすることができる。

4. **不適切** 米国株式信用取引は、金利や返済期限等を証券会社と顧客の合意に基づいて定めることができる**一般信用取引**の一種である。

6　金融派生商品

【問題1】 (2021年1月 問22)　　　　チェック欄 □□□□□

一般的なオプション取引に関する次の記述のうち、最も不適切なものはどれか。なお、記載のない事項については考慮しないものとする。

1. 原資産価格が上昇すると、コール・オプションのプレミアムは高くなり、プット・オプションのプレミアムは低くなる。
2. 権利行使価格が高いほど、コール・オプションのプレミアムは低くなり、プット・オプションのプレミアムは高くなる。
3. 満期までの残存期間が長いほど、コール・オプション、プット・オプションのプレミアムはいずれも高くなる。
4. ボラティリティが低下すると、コール・オプション、プット・オプションのプレミアムはいずれも高くなる。

【問題2】 (2018年9月 問21)　　　　チェック欄 □□□□□

オプションのプレミアムに関する次の記述のうち、最も適切なものはどれか。なお、各選択肢において、記載されているもの以外の条件はすべて同一であるものとする。

1. 1米ドル当たり110円を権利行使価格とする米ドルのコール・オプションでは、為替相場が1米ドル＝120円から1米ドル＝115円になると、プレミアムは高くなる。
2. 日経平均株価が22,000円のとき、権利行使価格を22,500円とする日経平均株価のプット・オプションと、権利行使価格を23,000円とする日経平均株価のプット・オプションを比較すると、権利行使価格を23,000円とするプット・オプションのほうがプレミアムは高い。
3. 1トロイオンス当たり1,300米ドルを権利行使価格とする金のコール・オプションで、行使日（満期日）が6カ月先のものと1年先のものを比較すると、行使日が6カ月先のもののほうがプレミアムは高い。
4. 権利行使価格を額面100円当たり150円とする長期国債先物のプット・オプションでは、ボラティリティが10％から5％に低下すると、プレミアムは高くなる。

265

【問題1】 正解 4

1．適 切

2．適 切 コール・オプションは買う権利であるため、「安く買える権利（権利行使価格が低い）」の方がプレミアムは高くなる。一方、プット・オプションは売る権利であるため、「高く売れる権利（権利行使価格が高い）」の方がプレミアムは高くなる。

3．適 切

4．不適切 ボラティリティが低下すると、コール・オプション、プット・オプションのプレミアムはいずれも**低く**なる。

【問題2】 正解 2

1．不適切 米ドルのコール・オプションは原資産価格が権利行使価格を超えれば利益が生じるため、原資産価格（米ドル）が下落すると、プレミアムは低くなる。したがって、為替相場が1米ドル＝120円から1米ドル＝115円に下落すると、プレミアムは**低く**なる。

2．適 切 プット・オプションは売る権利であるため、「高く売れる権利（権利行使価格が高い）」の方がプレミアムは高くなる。したがって、権利行使価格を23,000円とするプット・オプションの方が権利行使価格を22,500円とするプット・オプションよりプレミアムは高い。

3．不適切 残存期間が長いほど、その間に原資産価格が有利な価格に動く可能性が高まる（収益機会が多くなる）ため、コール・オプション、プット・オプションともにプレミアムは高くなる。したがって、行使日（満期日）が6カ月先のコール・オプションの方が1年先のコール・オプションよりもプレミアムは**低い**。

4．不適切 ボラティリティが低下する（原資産価格の値動きが緩やかになる）ほど、原資産価格が有利な価格となる可能性が低くなる（収益機会が少なくなる）ため、コール・オプション、プット・オプションともにプレミアムは低くなる。したがって、長期国債先物のプット・オプションで、ボラティリティが10％から5％に低下するとプレミアムは**低く**なる。

6 金融派生商品

【問題3】（2023年1月 問21）　　　　　　　　チェック欄□□□□□

デリバティブを活用したリスクヘッジに関する次の記述のうち、**最も適切な**ものはどれか。

1. 外貨建債券を発行する日本国内の事業会社が、将来の円安による償還負担の増加をヘッジするために、債券の償還日に合わせて外貨売り／円買いの為替予約を行った。
2. 多くの銘柄の国内上場株式を保有している個人投資家が、国内株式市場における全体的な株価の下落をヘッジするために、TOPIX先物の買建てを行った。
3. 大量の固定利付国債を保有する銀行が、今後の金利上昇リスクをヘッジするために、長期国債先物の買建てを行った。
4. 継続的に米ドルの支払が発生する日本国内の輸入業者が、将来の円安による支払額の増加をヘッジするために、外貨固定金利受取り／円固定金利支払のクーポン・スワップを行った。

【問題4】（2022年5月 問22）　　　　　　　　チェック欄□□□□□

オプション取引による一般的なリスクヘッジに関する次の記述のうち、**最も不適切な**ものはどれか。

1. 東証株価指数（TOPIX）を原資産とするプット・オプションの購入は、東証株価指数（TOPIX）が下落することに対するヘッジとなる。
2. ドル・コール／円・プットの購入は、ドルの対円相場が上昇するドル高／円安に対するヘッジとなる。
3. キャップの購入は、対象となる金利が上昇することに対するヘッジとなる。
4. ペイヤーズ・スワップションの購入は、固定金利が低下することに対するヘッジとなる。

第3章　金融資産運用　基礎編

267

【問題3】　正解　4

1. **不適切**　外貨建債券を発行する日本国内の事業会社が、将来の円安による償還負担の増加をヘッジするためには、債券の償還日に合わせて**外貨買い／円売り**の為替予約を行うのがよい。

2. **不適切**　多くの銘柄の国内上場株式を保有している個人投資家が、国内株式市場における全体的な株価の下落をヘッジするためには、TOPIX先物の**売建て**を行うのがよい。

3. **不適切**　大量の固定利付国債を保有する銀行が、今後の金利上昇リスクをヘッジするということは、国債価格の下落リスクに対応することであるため、長期国債先物の**売建て**を行うのがよい。

4. **適　切**　なお、クーポン・スワップとは、元本は交換せず、金利のみ交換する取引のことである。

【問題4】　正解　4

1. **適　切**　現物の下落リスクに備えるのが、売りヘッジである。オプション取引では、プット・オプションの購入が、原資産価格の下落に対するヘッジとなる。

2. **適　切**　例えば、ドル支払いがある輸入企業が、将来のドルに対するドル高／円安をヘッジするために、ドル・コール／円・プットを購入することがある。

3. **適　切**　キャップとは変動金利の上限のことであり、資金調達者の金利上昇リスクのヘッジに利用される。

4. **不適切**　ペイヤーズ・スワップションは、買い手が固定金利を支払い、変動金利を受け取る金利スワップを原資産とするオプション取引であり、**金利上昇リスクのヘッジ**となる。

7　その他の金融商品

【問題1】 (2021年5月 問17)　　　　　　　　　　チェック欄□□□□□

各種信託商品の一般的な特徴に関する次の記述のうち、最も不適切なものはどれか。

1．暦年贈与信託は、あらかじめ委託者と受益者が定期の給付を目的とする贈与契約を締結して設定される信託であり、委託者が拠出する信託財産について、毎年のあらかじめ決められた日に均等額が受益者に給付される。

2．特定贈与信託は、特定障害者の生活の安定に資すること等を目的に設定される信託であり、委託者が拠出する信託財産について、受益者が特別障害者の場合は6,000万円、特別障害者以外の特定障害者の場合は3,000万円を限度に贈与税が非課税とされる。

3．後見制度支援信託は、被後見人の生活の安定に資すること等を目的に設定される信託であり、信託契約の締結、信託の変更・解約等の手続があらかじめ家庭裁判所が発行する指示書に基づいて行われ、信託財産は金銭に限定されている。

4．遺言代用信託は、委託者の生存中は委託者が第一受益者となり、委託者の死亡後は委託者があらかじめ指定した者が第二受益者となる信託であり、第二受益者に対する給付は、一時金のほか、定期的に一定額を給付することも可能である。

【問題2】 (2023年1月 問16)　　　　　　　　　　チェック欄□□□□□

金投資に関する次の記述のうち、最も不適切なものはどれか。

1．金ETF（上場投資信託）は、上場株式のように成行注文や指値注文による売買や信用取引による信用売り、信用買いもできる投資信託であり、一定の受益権口数以上で金地金の現物と交換することができるものもある。

2．金先物取引は、東京商品取引所で取引が行われており、標準取引のほか、取引単位が標準取引の10分の1となるミニ取引や、先物取引を行う権利を売買する先物オプション取引などがある。

3．金の国内小売価格は、通常、国際表示価格である1トロイオンス当たりの米ドル価格を円貨換算した1グラム当たりの金額を基礎にして、取扱会社の諸費用と消費税を上乗せして算出される。

4．個人が金地金や金貨を譲渡した場合、原則として、譲渡益は譲渡所得として総合課税の対象となり、譲渡損失は譲渡所得以外の所得と損益通算することはできない。

269

【問題1】 正解 1

1. 不適切 暦年贈与信託は、原則として、贈与の都度（毎年）、贈与契約を締結する。金額や贈与時期は自由に決めることができる。

2. 適 切 特定贈与信託は、特定障害者の生活の安定を図ることを目的に、その親族等が委託者となり、受託者に金銭等の財産を信託し、受益者（特定障害者）へ定期的かつ必要に応じて金銭を交付する信託である。

3. 適 切 なお、後見制度支援信託は、成年後見（法定後見）と未成年後見において利用することができるが、保佐、補助、任意後見では利用することができない。

4. 適 切 なお、遺言代用信託は、遺言の代わりとなる信託であるため、遺言の作成は不要である。

【問題2】 正解 2

1. 適 切 金ETF（上場投資信託）のうち、現物拠出型では、一定の受益権口数以上で金地金の現物と交換することができる。

2. 不適切 金先物取引（標準取引、ミニ取引）、金先物オプション取引は、**大阪取引所**で取引が行われている。

3. 適 切 なお、金の国際表示価格は米ドル価格であるため、国内で行われる金取引には、米ドルに対する為替変動リスクがある。

4. 適 切 金地金や金貨の譲渡は、生活に通常必要ではない資産の譲渡とされ、その譲渡損失は、譲渡所得以外の所得と損益通算することはできない。

8　ポートフォリオ理論

【問題1】（2012年9月 問23）　　　　　　　　　　チェック欄☐☐☐☐☐

　証券Ａと証券Ｂに３：７の割合で投資するポートフォリオの期待収益率とリスク（標準偏差）の組合せとして、最も適切なものはどれか。

経済状況	生起確率	証券Ａの収益率	証券Ｂの収益率
好況	25%	0%	16%
普通	50%	10%	8%
不況	25%	20%	4%

1．期待収益率　9.5%　リスク（標準偏差）　1.5%
2．期待収益率　9.5%　リスク（標準偏差）　2.25%
3．期待収益率　9.3%　リスク（標準偏差）　1.1%
4．期待収益率　9.3%　リスク（標準偏差）　1.21%

【問題2】（2022年9月 問21）　　　　　　　　　　チェック欄☐☐☐☐☐

　以下の表におけるＡ資産とＢ資産をそれぞれ６：４の割合で購入した場合のポートフォリオの標準偏差として、次のうち最も適切なものはどれか。なお、計算結果は小数点以下第３位を四捨五入すること。

〈Ａ資産とＢ資産の期待収益率・標準偏差・共分散〉

	期待収益率	標準偏差	Ａ資産とＢ資産の共分散
Ａ資産	5.00%	10.00%	72.00
Ｂ資産	11.00%	25.00%	

1．　6.51%
2．　8.46%
3．11.82%
4．13.06%

【問題1】 正解 3

・経済状況ごとの予想投資収益率

証券Aと証券Bにそれぞれ3：7の割合で投資する場合、0.3：0.7の投資比率となる。

好況の場合＝ 0 ％×0.3＋16％×0.7＝11.2％

普通の場合＝10％×0.3＋ 8 ％×0.7＝8.6％

不況の場合＝20％×0.3＋ 4 ％×0.7＝8.8％

・期待収益率

11.2％×0.25＋8.6％×0.5＋8.8％×0.25＝**9.3％**

・分散

$(11.2％－9.3％)^2×0.25＋(8.6％－9.3％)^2×0.5＋(8.8％－9.3％)^2×0.25＝1.21$

・リスク（標準偏差）

$\sqrt{分散}＝\sqrt{1.21}＝$**1.1％**

【問題2】 正解 4

A資産とB資産のポートフォリオの標準偏差を求める算式は、次のとおりである。

分散＝（Aの組入比率）^{2}×（Aの標準偏差）^{2}＋（Bの組入比率）^{2}×（Bの標準偏差）^{2}

＋ 2 ×Aの組入比率×Bの組入比率×AとBの共分散

標準偏差＝$\sqrt{分散}$

・ポートフォリオの分散

$0.6^2×10.00^2＋0.4^2×25.00^2＋ 2 ×0.6×0.4×72.00＝170.56$

・ポートフォリオの標準偏差

$\sqrt{170.56}＝13.059\cdots →$ **13.06％**

8　ポートフォリオ理論

【問題３】（2021年９月 問22）　　　　　　　　　　　　チェック欄 □□□□□

下記の〈Ａ資産とＢ資産の期待収益率・標準偏差・共分散〉から算出されるＡ資産とＢ資産の相関係数として、次のうち最も適切なものはどれか。なお、計算結果は小数点以下第３位を四捨五入すること。

〈Ａ資産とＢ資産の期待収益率・標準偏差・共分散〉

	期待収益率	標準偏差	Ａ資産とＢ資産の共分散
Ａ資産	6.00%	12.00%	−70.00
Ｂ資産	8.00%	11.00%	

1．　−0.44
2．　−0.53
3．　　0.44
4．　　0.53

【問題４】（2011年１月 問22）　　　　　　　　　　　　チェック欄 □□□□□

ポートフォリオ理論に関する次の記述のうち、最も不適切なものはどれか。

1．ポートフォリオのリスクは、アンシステマティックリスク（非市場リスク）とシステマティックリスク（市場リスク）に分けられるが、最適ポートフォリオにおいても、システマティックリスク（市場リスク）がゼロとなることはない。
2．２つの資産間の相関係数は、２つの資産の共分散に、それぞれの資産の標準偏差を乗じて算出することができる。
3．ポートフォリオのリスクは、組入資産間の相関係数が１でない限り、組入資産のリスクの加重平均を下回る。
4．収益率の散らばりが正規分布していると仮定した場合、理論上、収益率は約68％の確率で、「期待収益率（平均値）±標準偏差」の範囲内に収まる。

【問題3】 正解 **2**

相関係数は次の算式で求める。

$$
\text{A資産とB資産の相関係数} = \frac{\text{A資産とB資産の共分散}}{\text{A資産の標準偏差} \times \text{B資産の標準偏差}}
$$

$$
\text{A資産とB資産の相関係数} = \frac{-70.00}{12.00 \times 11.00}
$$

$$
= -0.530\cdots \rightarrow \mathbf{-0.53}
$$

【問題4】 正解 **2**

1. 適 切 システマティックリスク（市場リスク）とは、分散投資しても消去できないリスクのことである。したがって、最適ポートフォリオにおいてもゼロとなることはない。

2. 不適切 相関係数は、2つの資産の共分散を、それぞれの資産の標準偏差の積で**除して**算出することができる。

$$
\text{A資産とB資産の相関係数} = \frac{\text{A資産とB資産の共分散}}{\text{A資産の標準偏差} \times \text{B資産の標準偏差}}
$$

3. 適 切 相関係数は、-1から1までの数値をとるが、相関係数が1でない限り、リスク軽減効果がある（組入資産のリスクの加重平均を下回る）。

4. 適 切

8 ポートフォリオ理論

【問題5】 （2019年1月 問21）　　　　　　チェック欄 ☐☐☐☐☐

資本資産評価モデル（CAPM）に関する次の記述のうち、最も適切なものはどれか。なお、β（ベータ）値は1より大きく、安全資産利子率はゼロではないものとする。

1．資本資産評価モデル（CAPM）によるポートフォリオの期待収益率の算出にあたって、安全資産利子率は、一般に、当該ポートフォリオに組み入れる資産の過去の平均収益率を用いる。
2．資本資産評価モデル（CAPM）における β（ベータ）値は、市場全体に対するポートフォリオのアンシステマティック・リスクを測定した値である。
3．ポートフォリオの β（ベータ）値が、同じ市場を対象とする他のポートフォリオの β（ベータ）値の2倍である場合、資本資産評価モデル（CAPM）により算出されるポートフォリオの期待収益率も2倍となる。
4．資本資産評価モデル（CAPM）によれば、同じ市場を対象とする2つのポートフォリオを比較した場合、β（ベータ）値が大きいポートフォリオのほうが、市場全体の変動の影響をより大きく受けるため、ポートフォリオのリスクが高いといえる。

【問題6】 （2022年1月 問22）　　　　　　チェック欄 ☐☐☐☐☐

以下の表における①ポートフォリオXのシャープ・レシオ（シャープの測度）と②ポートフォリオYのトレイナーの測度の組合せとして、次のうち最も適切なものはどれか。なお、計算結果は小数点以下第3位を四捨五入すること。

	収益率	標準偏差	ポートフォリオの β
安全資産	1.0%	―	―
ベンチマーク	5.0%	10.0%	1.00
ポートフォリオX	8.0%	6.0%	1.10
ポートフォリオY	12.0%	15.0%	1.20

1．① 1.17　② 9.17
2．① 1.17　② 6.20
3．① 6.36　② 0.73
4．① 6.36　② 6.20

第3章 金融資産運用 基礎編

275

【問題5】 正解 4

1．不適切 安全資産利子率は、一般に、無担保コール翌日物レート、10年長期国債の利回り、銀行等の利回りなどが使用される。

2．不適切 資本資産評価モデル（CAPM）における β 値は、市場全体に対するポートフォリオのシステマティック・リスク（市場リスク）を測定した値である。

3．不適切 資本資産評価モデル（CAPM）では、以下の算式が成り立つ。

> ポートフォリオの期待収益率
> ＝安全資産利子率＋（市場の期待収益率－安全資産利子率）× β

上記の算式において、ポートフォリオの β 値が2倍である場合、ポートフォリオの期待収益率は2倍にはならない。

4．適　切 資本資産評価モデル（CAPM）によれば、β 値が大きいポートフォリオのほうが、リスクが高い。

【問題6】 正解 1

① ポートフォリオXのシャープ・レシオ（シャープの測度）

$$シャープ・レシオ ＝ \frac{ポートフォリオの収益率－安全資産利子率}{ポートフォリオの標準偏差}$$

ポートフォリオXのシャープ・レシオ $= \dfrac{8.0\% - 1.0\%}{6.0\%} = 1.166\cdots$ → **1.17**

② ポートフォリオYのトレイナーの測度

$$トレイナーの測度 ＝ \frac{ポートフォリオの収益率－安全資産利子率}{ポートフォリオの \beta}$$

ポートフォリオYのトレイナーの測度 $= \dfrac{12.0\% - 1.0\%}{1.20} = 9.166\cdots$ → **9.17**

8　ポートフォリオ理論

【問題7】 （2019年9月 問22）　　　　　　　　　チェック欄 ☐☐☐☐☐

　国内ポートフォリオ運用におけるパフォーマンス評価に関する次の記述のうち、最も適切なものはどれか。

1．資本資産評価モデル（CAPM）におけるβ（ベータ）値は、市場全体に対するポートフォリオのアンシステマティック・リスクを測定した値である。
2．トレイナーの測度は、資本資産評価モデル（CAPM）により算出される収益率に対するポートフォリオの超過収益率により、ポートフォリオの運用成果を評価する手法である。
3．ジェンセンの測度は、安全資産の収益率に対するポートフォリオの超過収益率をポートフォリオの標準偏差で除したものにより、ポートフォリオの運用成果を評価する手法である。
4．インフォメーション・レシオ（情報比）は、ベンチマークの収益率に対するポートフォリオの超過収益率をトラッキングエラー（超過収益率の標準偏差）で除したものにより、ポートフォリオの運用成果を評価する手法である。

【問題8】 （2023年1月 問20）　　　　　　　　　チェック欄 ☐☐☐☐☐

　時価総額が100万円のポートフォリオの運用を開始し、第1期末に時価総額が120万円となったため20万円を引き出し、第2期は100万円で運用を行った結果、第2期末に時価総額が80万円となった。この場合、当該ポートフォリオの第2期末までの時間加重収益率（厳密法による年率換算）として、次のうち最も適切なものはどれか。なお、記載のない事項については考慮しないものとする。また、計算結果は表示単位の小数点以下第2位を四捨五入すること。

	当　初	第1期末	第2期末
時価総額	100万円	120万円	80万円
資金引出額	―	20万円	―

1．−20.0%
2．−4.0%
3．−2.0%
4．　0.0%

【問題7】 正解 4

1．不適切 β（ベータ）とは、市場全体（市場ポートフォリオ）が1％動いたとき にその証券が何％変動するかを表した数値で、市場全体のリスク（**システマティック・リスク**）を測定した値である。

2．不適切 トレイナーの測度は、資本資産評価モデル（CAPM）により算出される**β（ベータ）によるリスク1単位当たりの超過収益率**により、評価する手法である。

3．不適切 本肢の記述は、**シャープ・レシオ**に関する説明である。ジェンセンの測度は、資本資産評価モデル（CAPM）による期待収益率（均衡収益率）を上回った超過収益率を測るものである。

4．適 切 なお、インフォメーション・レシオ（情報比）は、ベンチマークに対する相対的な指標で、アクティブ運用の投資信託を評価する場合に用いる。

【問題8】 正解 3

$$時間加重収益率（\%）=\left(\sqrt[t_n]{\frac{V_1}{V_0} \times \frac{V_2}{V_1+C_1} \times \cdots \times \frac{V_n}{V_{n-1}+C_{n-1}}} - 1 \right) \times 100$$

V_0：測定期間における期首のポートフォリオの時価

V_n：測定期間における期末のポートフォリオの時価

V_i：測定期間中 i 回目のキャッシュフロー発生直後のファンドの時価

t_n：測定期間

C_i：測定期間中 i 回目のキャッシュフロー

本問では、V_0＝100万円、V_1＝120万円、C_1＝－20万円、V_2＝80万円、t_n＝2期を算式に当てはめて計算する。

$$時間加重収益率=\left(\sqrt[2]{\frac{120}{100} \times \frac{80}{120-20}} - 1 \right) \times 100 = -2.02\cdots → \mathbf{-2.0\%}$$

9　金融商品と税金

【問題1】（2020年9月 問23改題）　　　　　　　　　　チェック欄 ☐☐☐☐☐

　居住者（一定の大口株主等である者を除く）が受け取る株式の配当および株式の譲渡に係る所得税の取扱いに関する次の記述のうち、最も適切なものはどれか。なお、上場株式については一般口座で保有しているものとし、記載のない事項については考慮しないものとする。

1．内国法人から支払を受ける上場株式の配当については、その金額の多寡にかかわらず、確定申告不要制度を選択することができ、確定申告不要制度を適用するかどうかは1回に支払を受けるべき配当ごとに選択することができる。
2．内国法人から支払を受ける非上場株式の配当については、申告分離課税を選択することにより、その配当所得の金額を同一年中に非上場株式を譲渡したことにより生じた損失の金額と損益通算することができる。
3．2020年分において生じた上場株式に係る譲渡損失の金額で確定申告により繰り越されたものについては、2023年中に非上場株式を譲渡したことにより生じた譲渡所得の金額から控除することができる。
4．年末調整の対象となる給与所得者が20万円以下の上場株式に係る譲渡所得の金額を有し、その他の所得がない場合、その者が医療費控除の適用を受けるための還付申告を行うときであっても、当該譲渡所得の金額については申告する必要はない。

【問題1】 正解 1

1. 適切

2. 不適切 非上場株式の配当については、申告分離課税を選択することができない。また、非上場株式の配当所得と、非上場株式の譲渡損失の損益通算もできない。

3. 不適切 繰り越された上場株式の譲渡損失は、非上場株式の譲渡所得の金額から控除することはできない。

4. 不適切 1カ所から給与等の支払いを受けている給与所得者において、給与等の収入金額が2,000万円以下であり、その給与について源泉徴収および年末調整が行われる場合において、給与所得および退職所得以外の所得金額の合計額が20万円以下であるときは、原則として確定申告を要しない。ただし、医療費控除などの適用を受けるために確定申告（還付申告）をする場合は、20万円以下の所得であっても確定申告しなければならない。

9　金融商品と税金

【問題2】（2023年1月　問22）　　　　　　　　　　チェック欄 ☐☐☐☐☐

　特定口座に関する次の記述のうち、最も不適切なものはどれか。なお、本問における簡易申告口座とは、特定口座のうち源泉徴収がされない口座をいう。

1．複数の金融機関で源泉徴収選択口座を開設した場合、源泉徴収選択口座内の上場株式等を譲渡したことによる譲渡所得を申告するかどうかは口座ごとに選択することができる。

2．源泉徴収選択口座内における上場株式等の譲渡益と、当該口座に受け入れた上場株式等の配当等に係る配当所得について、いずれかのみを申告することはできない。

3．源泉徴収選択口座内における上場株式等の譲渡益は、申告をしなければ合計所得金額に含まれないが、申告をすると合計所得金額に含まれる。

4．簡易申告口座は、当該口座において毎年最初の売却取引または信用取引等の差金決済を行う前であれば、年の途中であっても、所定の手続により当該口座を源泉徴収選択口座に変更することができる。

第3章　金融資産運用　基礎編

281

【問題2】 正解 2

1. 適 切 源泉徴収選択口座内の上場株式等を譲渡したことによる譲渡所得は、申告不要とすることができるが、複数の金融機関に口座を開設した場合、申告するかどうかは口座ごとに選択することができる。

2. 不適切 源泉徴収選択口座内における上場株式等の譲渡益と、当該口座に受け入れた上場株式等の配当等に係る配当所得について、いずれかのみを申告することができる。

3. 適 切 源泉徴収選択口座内における上場株式等の譲渡益は、申告をすると合計所得金額に含まれる。

4. 適 切 特定口座の種類は、毎年最初の売却取引または信用取引等の差金決済を行う前であれば、種類の変更をすることができる。

9　金融商品と税金

【**問題3**】 (2018年9月　問23改題)　　　　　　チェック欄☐☐☐☐☐

「非課税口座内の少額上場株式等に係る配当所得および譲渡所得等の非課税措置」
（以下、当該非課税口座を「NISA口座」という）に関する次の記述のうち、最も不適
切なものはどれか。

1．2023年中にNISA口座の非課税管理勘定に受け入れることができる上場株式等の
　　限度額（非課税枠）は年間120万円であり、その配当金や譲渡益等の非課税期間は、
　　当該非課税管理勘定が設けられた日の属する年の1月1日から最長で5年間であ
　　る。
2．2022年中に開設したNISA口座の非課税管理勘定に上場株式を受け入れた場合で
　　あっても、2023年中に別の金融機関にNISA口座を開設して、当該NISA口座に非課
　　税管理勘定を設定することは可能である。
3．2024年1月1日から、当該措置は新たな制度に組み替えられ、非課税期間は無期
　　限とされるほか、生涯非課税限度額が新たに設定され、当該限度額は2,000万円
　　（うち成長投資枠1,200万円）となる。
4．NISA口座に受け入れた上場株式の配当金を個別銘柄指定方式により銀行口座で
　　受け取った場合、当該配当金は非課税とはならないが、所定の要件を満たせば、確
　　定申告により総合課税を選択して配当控除の適用を受けることができる。

第3章　金融資産運用　基礎編

283

【問題３】 正解 **3**

1. 適 切 なお、非課税枠120万円の未使用部分は、翌年以後へ繰り越しできない。

2. 適 切 1年ごとに、NISA口座を開設する金融機関を変更することができる。

3. 不適切 2024年1月1日から、当該措置は新たな制度に組み替えられ、非課税期間は無期限とされるほか、生涯非課税限度額が新たに設定され、当該限度額は **1,800万円**（うち成長投資枠1,200万円）となる。

4. 適 切 なお、個別銘柄指定方式とは、銘柄ごとに指定した金融機関で配当金を受け取る方式である。NISA口座に受け入れた上場株式の配当金を非課税とするためには、株式数比例配分方式としなければならない。

10　セーフティネット・関連法規

【問題1】（2021年5月 問24）　　　　　　　チェック欄☐☐☐☐☐

わが国の預金保険制度に関する次の記述のうち、最も不適切なものはどれか。

1．日本国内に本店のある銀行の国内支店に預け入れた外貨預金は、その金額の多寡にかかわらず、預金保険制度の保護の対象とならない。
2．日本国内に本店のある銀行の海外支店や外国銀行の在日支店に預け入れた預金は、その預金の種類にかかわらず、預金保険制度の保護の対象とならない。
3．預金保険制度で保護される預金等の額の算定にあたり、単に名義を借りたにすぎない他人名義預金については、名義の借主が破綻金融機関に有する他の預金等と合算される。
4．同一の預金者が、破綻金融機関に、担保権の目的となっている一般預金等と担保権の目的となっていない一般預金等の口座を有し、その元本の合計額が1,000万円を超える場合、付保預金の特定にあたっては、担保権の目的となっていないものが優先される。

【問題2】（2021年9月 問24）　　　　　　　チェック欄☐☐☐☐☐

わが国の預金保険制度に関する次の記述のうち、最も不適切なものはどれか。

1．日本国内に本店のある銀行の海外支店や外国銀行の在日支店に預け入れた預金は、その預金の種類にかかわらず、預金保険制度の保護の対象とならない。
2．日本国内に本店のある銀行の国内支店に預け入れた支払対象決済用預金に該当する預金は、その金額の多寡にかかわらず、全額が預金保険制度の保護の対象となる。
3．破綻金融機関に対して借入金を有している預金者は、借入約定等の特約により相殺が禁止されている場合などを除き、破綻金融機関に相殺を申し出ることで、預金と借入を相殺することができる。
4．銀行に預け入れた一般預金等のうち、預金保険制度の保護の対象となる金額は、当該銀行の支店ごとに元本1,000万円までとその利息等とされている。

【問題1】 正解 3

1．適　切　外貨預金は、預金保険制度の保護の対象ではない。

2．適　切　日本国内に本店のある銀行の海外支店や外国銀行の在日支店は、預金保険制度の対象とならない金融機関である。

3．不適切　他人名義預金は、**預金保険制度の保護の対象ではない**。したがって、名義の借主が破綻金融機関に有する他の預金等と合算（名寄せ）されない。

4．適　切　1預金者の預金等を合算した結果、一般預金等が元本1,000万円を超え、かつ、複数の預金等が存在する場合、次の優先順位で元本1,000万円を特定する。

　　① 担保権の目的となっていないもの
　　② 満期の早いもの（満期がないものが最優先）
　　③ 満期が同じ預金等がある場合は金利の低いもの

【問題2】 正解 4

1．適　切　日本国内に本店のある銀行の海外支店や外国銀行の在日支店は、預金保険制度の対象とならない金融機関である。

2．適　切　なお、決済用預金とは「無利息」「要求払い」「決済サービスを提供できること」をすべて満たす預金のことである。

3．適　切　預金者が相殺を行うためには、民法および預金規定・借入約定等に基づいて、預金者側から破綻金融機関に対して、所定の手続きにより相殺をする旨の意思表示が必要である。

4．不適切　一般預金等は、**1金融機関ごとに**預金者1人当たり元本1,000万円までとその利息等が保護される。同一金融機関の複数の支店に口座がある場合は合算（名寄せ）され、元本1,000万円までとその利息等が保護される。

10 セーフティネット・関連法規

【問題3】（2021年1月 問24）　　　　　チェック欄□□□□□

　消費者契約法および金融商品取引法に関する次の記述のうち、最も適切なものはどれか。

1. 消費者契約法において、消費者契約の解除に伴って消費者が支払う損害賠償額を予定する条項を定めた場合に、その額が、当該契約と同種の消費者契約の解除に伴って事業者に生ずべき平均的な損害の額を超えるときは、当該条項自体が無効とされる。
2. 消費者契約法による消費者の消費者契約の取消権は、原則として、消費者が追認をすることができる時から6カ月間行わないとき、または消費者契約の締結時から5年を経過したときに消滅する。
3. 金融商品取引法では、金融商品取引業者等が顧客に交付する契約締結前交付書面について、顧客から当該書面の交付を要しない旨の意思表示があった場合には、当該書面の交付を省略することができるとされている。
4. 金融商品取引法では、上場会社の役員を退任して1年以内の者が、在任中に当該上場会社に係る業務等に関する重要事実を自身の職務等に関して知り、退任後、その公表前に当該上場会社の株式を売買することは原則として禁止されている。

第3章 金融資産運用 基礎編

【問題4】（2015年1月 問24改題）　　　　　チェック欄□□□□□

　金融商品の販売および取引等に係る関連法規等に関する次の記述のうち、最も不適切なものはどれか。

1. 上場企業の役職員が当該企業の株価に著しい影響を及ぼす重要事実を入手し、その重要事実が公表される前に当該企業の株式を売買することは、金融商品取引法により規制されている。
2. 円建ての普通預金は、金融サービスの提供に関する法律（金融サービス提供法）の適用を受ける一方、金融商品取引法の適用対象とはならない。
3. 犯罪による収益の移転防止に関する法律（犯罪収益移転防止法）では、利用者が金融機関の窓口から10万円を超える現金を振り込む場合や200万円を超える現金の受払いをする場合、金融機関に取引時確認の義務を課している。
4. 金融ADR制度において、利用者（顧客）の申立てにより紛争解決手続が開始され、金融機関が指定紛争解決機関から手続に応じるように求められた場合、金融機関は、理由のいかんを問わず、それを拒むことができる。

287

【問題3】 正解 **4**

1. **不適切** 消費者契約法において、消費者契約の解除に伴って消費者が支払う損害賠償額を予定する条項を定めた場合に、その額が、当該契約と同種の消費者契約の解除に伴って事業者に生ずべき平均的な損害の額を超えるときは、その**超える部分**が無効とされる。

2. **不適切** 消費者契約法による消費者の消費者契約の取消権は、原則として、消費者が追認をすることができる時から**1年間**行わないとき、または消費者契約の締結時から5年を経過したときに消滅する。

3. **不適切** 金融商品取引法では、一般投資家から金融商品取引業者に対して契約締結前交付書面の交付を要しない旨の意思表示があった場合に、当該書面の交付を省略することはできない。なお、特定投資家に対しては、当該書面の交付義務はない。

4. **適　切** 本肢の記述は、**インサイダー取引**規制に関する説明である。

【問題4】 正解 **4**

1. **適　切** 本肢の記述は、**インサイダー取引**規制に関する説明である。インサイダー取引は、金融商品取引法により規制されている。

2. **適　切** 円建ての普通預金は、金融商品として金融サービス提供法の適用を受ける一方、金融商品取引法上の有価証券には該当しないため、金融商品取引法の適用対象とはならない。

3. **適　切** なお、公共料金や入学金等を現金で振り込む際は、10万円を超える場合であっても本人確認書類の提示は不要とされている。

4. **不適切** 金融ADR制度（金融分野における裁判外紛争解決制度）において、利用者（顧客）の申立てにより紛争解決手続が開始され、金融機関が指定紛争解決機関（金融ADR機関）から手続に応じるように求められた場合、金融機関は、原則として、応じなければならない。

応 用 編

財務分析を中心とした設例

【第1問】（2022年9月 第2問《問54》～《問56》）　　チェック欄 ☐☐☐☐☐

次の設例に基づいて、下記の各問（《問1》～《問3》）に答えなさい。

《設 例》

　Aさん（35歳）は、資産形成のために投資信託Yと投資信託Zについて長期保有するつもりで投資しており、さらに余裕資金を活用して上場株式への投資を検討している。

　Aさんは、東京証券取引所に上場している同業種のW社とX社について、〈W社とX社の財務データ〉を参考にして投資判断を行うつもりであるが、上場株式への投資にあたり、株式取引の基本的な仕組みを確認しておきたいと思っている。

　また、保有している投資信託について、〈直近1年間の投資信託Yと投資信託Zに関するデータ〉によるパフォーマンス評価を知りたいと思っている。なお、Aさんが保有する投資信託は、いずれも日経平均株価をベンチマークとするアクティブ運用の投資信託である。

　そこで、Aさんは、ファイナンシャル・プランナーのMさんに相談することにした。

〈W社とX社の財務データ〉　　　　　　（単位：百万円）

		W社	X社
資 産 の 部 合 計		2,750,000	4,750,000
負 債 の 部 合 計		1,450,000	3,750,000
純 資 産 の 部 合 計		1,300,000	1,000,000
内訳	株 主 資 本 合 計	1,200,000	650,000
	その他の包括利益累計額合計	35,000	44,000
	新 株 予 約 権	1,500	1,000
	非 支 配 株 主 持 分	63,500	305,000
売 上 高		2,400,000	3,700,000
売 上 総 利 益		500,000	1,000,000
営 業 利 益		195,000	105,000
営 業 外 収 益		6,000	14,000

第3章　金融資産運用　応用編

289

内訳	受 取 利 息	3,000	1,500
	受 取 配 当 金	600	1,000
	そ の 他	2,400	11,500
営 業 外 費 用		6,500	12,000
内訳	支 払 利 息	3,250	7,500
	社 債 利 息	1,000	500
	そ の 他	2,250	4,000
経 常 利 益		194,500	107,000
親会社株主に帰属する当期純利益		90,000	62,000

〈直近1年間の投資信託Yと投資信託Zに関するデータ〉

	実績収益率	実績収益率の標準偏差	日経平均株価に対するトラッキング・エラー
投資信託Y	14.50%	20.00%	12.00%
投資信託Z	11.50%	17.00%	8.00%
日経平均株価	10.00%	18.00%	―
安全資産	1.00%	0.00%	―

※投資信託Yおよび投資信託Zは、日経平均株価をベンチマークとするアクティブ運用の投資信託である。

※上記以外の条件は考慮せず、各問に従うこと。

《問1》 Mさんは、Aさんに対して、東京証券取引所における株式取引について説明した。Mさんが説明した以下の文章の空欄①～⑥に入る最も適切な語句または数値を、解答用紙に記入しなさい。なお、問題の性質上、明らかにできない部分は「□□□」で示してある。

「東京証券取引所に上場している内国株式を普通取引により売買する場合、売買が成立した日（約定日）から起算して（ ① ）営業日目に決済されます。

注文方法には（ ② ）注文や指値注文があり、前者は希望する売買価格を明示せず、希望する銘柄、売り買いの別および数量を指定して注文する方法です。

売買立会による売買は、競争売買により行われ、価格優先の原則と時間優先の原則に従って連続的に売買が成立していきます。（ ③ ）方式は、始値が決定された後に、立会時間中、継続して個別に行われる売買契約の締結方法で、（ ③ ）とは、寄付きと引けの間の時間のことをいいます。

売手と買手の指値を気配値といい、この気配値の売買注文状況を並べたものを板といいます。例えば、〈資料〉甲株の板の例のように、甲株の約定値段（板中心値段）が100円で、❶から❸の順に指値の売注文が発注された場合、その後、103円の指値の買注文300株が発注されると、最初に（ ④ ）円の売注文と約定し、買注文の残数量は200株となります。この買注文は、次に□□□円の売注文と約定します。買注文の残数量が100株となりますが、これは板にある最も安い値段の売注文である（ ⑤ ）円よりも安い値段であるため約定せず、103円の買注文100株が板に残ることになります。

上場株式の配当は、権利確定日時点で株主名簿に登録されている株主に対して支払われます。そのため、権利確定日を過ぎてから株主名簿に登録された株主は、その権利確定日にかかる期の配当を受け取ることができません。配当を受け取るためには、株式の発行会社が定めている権利確定日の（ ⑥ ）営業日前である権利付最終日までに株式を購入する必要があります」

〈資料〉甲株の板の例

売数量	値段（気配値）	買数量
❷100株	104円	
	103円	
❶100株	102円	
❸100株	100円	

《問2》《設例》の〈W社とX社の財務データ〉に基づいて、次の①および②に答えなさい。〔計算過程〕を示し、〈答〉は表示単位の小数点以下第3位を四捨五入し、小数点以下第2位までを解答すること。

① W社の自己資本当期純利益率はいくらか。
② X社の使用総資本事業利益率はいくらか。

《問3》Mさんは、Aさんに対して、《設例》の〈直近1年間の投資信託Yと投資信託Zに関するデータ〉に基づいて、投資信託のパフォーマンスについて説明した。Mさんが説明した以下の文章の空欄①～④に入る最も適切な語句または数値を、解答用紙に記入しなさい。なお、②および③については、小数点以下第3位を四捨五入し、小数点以下第2位までを解答すること。

I 「トラッキング・エラーとは、ポートフォリオの収益率とベンチマークの収益率との差（超過収益率）のバラツキ度合いを表したもので、通常、（ ① ）で測定します。この数値が大きいほど、ポートフォリオの収益率の動きがベンチマークの収益率から乖離していたことを示します。パッシブ運用の投資信託の場合、0（ゼロ）に近いほど連動性が高い運用がなされていたと判断できます」

II 「アクティブ運用である投資信託Yと投資信託Zを比較すると、シャープ・レシオの値は投資信託Yが（ ② ）、投資信託Zが□□□であり、投資信託Yのほうが効率的な運用であったといえます。また、インフォメーション・レシオの値は投資信託Yが□□□、投資信託Zが（ ③ ）であり、（ ④ ）のほうが効率的な運用であったといえます」

【第1問】

《問1》 正解 ① **3** ② **成行** ③ **ザラバ（ザラ場）** ④ **100**
⑤ **104** ⑥ **2**

　例えば、〈図1〉のように、甲株の約定値段（板中心値段）が100円で、❶から❸の順に指値の売注文が発注された場合、その後、〈図2〉のように103円の指値の買注文300株が発注されると、価格優先の原則により、最初に最も低い価格の**100円**の売注文と約定し（ⓐ）、買注文の残数量は200株となる。この買注文は、次に低い価格の102円の売注文と約定する（ⓑ）。〈図3〉のように、買注文の残数量が100株となるが、これは板にある最も安い値段の売注文である**104円**よりも安い値段であるため約定せず、103円の買注文100株が板に残ることになる（ⓒ）。

〈図1〉

売数量	値段（気配値）	買数量
❷100株	104円	
	103円	
❶100株	102円	
❸100株	100円	

〈図2〉

売数量	値段（気配値）	買数量
❷100株	104円	
	103円	300株
❶100株	102円	
❸100株	100円	

〈図3〉

売数量	値段（気配値）	買数量
❷100株	104円	
	103円	ⓒ100株
❶100株	102円	ⓑ100株
❸100株	100円	ⓐ100株

《問2》 正解 ① 7.29%　② 2.26%

① W社の自己資本当期純利益率

$$\frac{90{,}000百万円}{1{,}300{,}000百万円-1{,}500百万円-63{,}500百万円}\times100=7.287\cdots\ \rightarrow\ \textbf{7.29\%}$$

> 自己資本当期純利益率（％）＝ $\dfrac{当期純利益}{自己資本^{※}}\times100$
>
> ※　自己資本＝純資産－新株予約権－非支配株主持分

② X社の使用総資本事業利益率

$$\frac{105{,}000百万円+1{,}500百万円+1{,}000百万円}{4{,}750{,}000百万円}\times100=2.263\cdots\ \rightarrow\ \textbf{2.26\%}$$

> 使用総資本事業利益率＝ $\dfrac{事業利益^{※}}{総資本（総資産）}\times100$
>
> ※　事業利益＝営業利益＋受取利息および受取配当＋有価証券利息

《問3》 正解 ① 標準偏差　② 0.68　③ 0.19　④ 投資信託Y

② シャープ・レシオ＝ $\dfrac{ポートフォリオの収益率-安全資産利子率}{ポートフォリオの標準偏差}$

投資信託Yのシャープ・レシオ＝ $\dfrac{14.50\%-1.00\%}{20.00\%}=0.675\ \rightarrow\ \textbf{0.68}$

③ インフォメーション・レシオ＝ $\dfrac{ポートフォリオの収益率-ベンチマークの収益率}{トラッキングエラー}$

投資信託Zのインフォメーション・レシオ＝ $\dfrac{11.50\%-10.00\%}{8.00\%}=0.1875\ \rightarrow\ \textbf{0.19}$

④ 投資信託Yのインフォメーション・レシオ＝ $\dfrac{14.50\%-10.00\%}{12.00\%}=0.375$

∴　数値の大きな、**投資信託Y**のほうが効率的な運用であったといえる。

【第2問】（2022年1月 第2問《問54》〜《問56》改題）　　チェック欄 □□□□□

次の設例に基づいて、下記の各問（《問1》〜《問3》）に答えなさい。

《設　例》

　不動産賃貸業を営むAさん（45歳）は、短期の売買は望まず、財務の安全性を重視して、長期的なスタンスで投資したいと思っている。具体的には、上場企業X社に興味があり、下記の財務データを参考にして、投資判断を行いたいと考えている。

　そこで、Aさんは、ファイナンシャル・プランナーのMさんに相談することにした。

〈X社の財務データ等〉　　　　　（単位：百万円）

		2023年1月期
資　産　の　部　合　計		1,552,000
内訳	流　動　資　産	602,000
	固　定　資　産	950,000
負　債　の　部　合　計		1,110,000
内訳	流　動　負　債	475,000
	固　定　負　債	635,000
純　資　産　の　部　合　計		442,000
内訳	株　主　資　本　合　計	388,000
	その他の包括利益累計額合計	54,000
売　　　上　　　高		1,050,000
売　上　総　利　益		210,000
営　業　利　益		35,000
営　業　外　収　益		7,800
内訳	受　取　利　息	300
	受　取　配　当　金	1,800
	持分法による投資利益	4,500
	そ　　の　　他	1,200
営　業　外　費　用		11,700
内訳	支　払　利　息	7,500
	そ　　の　　他	4,200
経　常　利　益		31,100
親会社株主に帰属する当期純利益		14,000
配　当　金　総　額		4,000
発　行　済　株　式　総　数		1億株

※決算期：2024年1月31日（水）（配当の権利が確定する決算期末）

※上記以外の条件は考慮せず、各問に従うこと。

《問1》Mさんは、Aさんに対して、株式の内在価値（理論株価）について説明した。Mさんが説明した以下の文章の空欄①〜④に入る最も適切な語句または数値を、解答用紙に記入しなさい。

I 「配当割引モデルでは、株式の内在価値は将来受け取る配当の現在価値の総和として計算されます。ある企業（以下、「Y社」という）のROEを12.0％、予想EPSを120円、株主の期待（ ① ）率を8.0％、負債はないものとした場合において、Y社が来期以降のEPSの全額を配当すると仮定した場合、Y社の理論株価は（ ② ）円になります。これをゼロ成長モデルと呼びます」

II 「配当金額が長期的に同じ率で成長をするという前提のもとで株式の内在価値を求める定率成長モデルという考え方もあります。来期以降、上記IにおけるY社がEPSの4割を内部留保して再投資する場合（配当性向が6割の場合）、（ ③ ）率を期待成長率と仮定すれば、Y社の理論株価は（ ④ ）円になります。このケースにおいて、配当性向を上げると、（ ③ ）率は下がり、理論株価は低くなります」

《問2》《設例》の〈X社の財務データ等〉に基づいて、①固定長期適合率と②インタレスト・カバレッジ・レシオを、それぞれ求めなさい。〔計算過程〕を示し、〈答〉は表示単位の小数点以下第3位を四捨五入し、小数点以下第2位までを解答すること。

《問3》Mさんは、Aさんに対して、上場株式の配当について説明した。Mさんが説明した以下の文章の空欄①〜④に入る最も適切な数値を、解答用紙に記入しなさい。

Ⅰ 「Aさんが特定口座（源泉徴収選択口座）において、X社株式を購入し、その配当金を特定口座に受け入れた場合、所得税および復興特別所得税と住民税の合計で、配当金額の（ ① ）％相当額が源泉徴収等されます。AさんがX社株式の次回の配当を受け取るためには、権利付き最終日までにX社株式を購入しておく必要があります。次回の配当の権利が確定する決算期末は2024年1月31日（水）となりますので、権利付き最終日は2024年1月（ ② ）日となります」

Ⅱ 「上場株式の配当金については、総合課税、申告分離課税、確定申告不要制度のいずれかの課税方式を選択することができます。総合課税の対象とした配当所得については、一定のものを除き、配当控除の適用を受けることができます。仮に、配当所得の金額を除いたAさんの課税総所得金額等が1,000万円を超える場合、X社株式に係る配当所得の金額に乗ずる配当控除率は、所得税で（ ③ ）％、住民税で（ ④ ）％となります。3つの課税方式のうち、どの課税方式が有利となるかは、課税総所得金額等の多寡、所得税の累進税率、上場株式等の譲渡損失に係る損益通算や繰越控除の適用の有無などに応じて、総合的に判断をしてください」

【第2問】

《問1》 正解 ① 利子 ② 1,500 ③ サスティナブル成長 ④ 2,250

① ゼロ成長モデルによる理論株価 $=\dfrac{1\text{株当たり（予想）配当金額}}{\text{期待}\textbf{利子}\text{率}}$

② Y社の理論株価 $=\dfrac{120\text{円}^{※}}{0.08}=$ **1,500**円

　　※　来期以降のEPS（1株当たり純利益）を全額配当すると仮定するため、1株当たり（予想）配当金額は120円となる。

③ 企業の内部留保を事業に再投資して得られる理論成長率を**サスティナブル成長**率という。

④ サスティナブル成長率＝ROE×（1－配当性向）

　　Y社のサスティナブル成長率＝12.0%×（1－60%）＝4.8%

　　定率成長モデルによる理論株価 $=\dfrac{1\text{株当たり（予想）配当金額}}{\text{期待利子率}-\text{期待成長率}}$

　　Y社の理論株価 $==\dfrac{72\text{円}^{※}}{0.08-0.048}=$ **2,250**円

　　※　配当性向が6割であるため「予想EPS120円×60%＝72円」となる。

《問2》 正解 ① 88.21% ② 5.55倍

① 固定長期適合率

$$\dfrac{950,000\text{百万円}}{442,000\text{百万円}+635,000\text{百万円}}\times100=88.207\cdots \rightarrow \textbf{88.21\%}$$

> 固定長期適合率 $=\dfrac{\text{固定資産}}{\text{自己資本}^{※}+\text{固定負債}}\times100$
>
> ※　自己資本＝純資産－新株予約権－非支配株主持分
> 　　　　　　＝株主資本＋その他の包括利益累計額

② インタレスト・カバレッジ・レシオ

$$\dfrac{35,000\text{百万円}+300\text{百万円}+1,800\text{百万円}+4,500\text{百万円}}{7,500\text{百万円}}=5.546\cdots \rightarrow \textbf{5.55倍}$$

$$\text{インタレスト・カバレッジ・レシオ} = \frac{\text{事業利益}^{※1}}{\text{金融費用}^{※2}}$$

※1　事業利益＝営業利益＋受取利息および受取配当＋有価証券利息
　　（注）持分法による投資利益は、事業利益に含まれる。持分法
　　　　　による投資利益とは、持分法適用会社（非連結子会社・関
　　　　　連会社）の利益のうち投資会社（親会社）が保有している
　　　　　持分割合の利益のこと。
※2　金融費用＝支払利息および割引料＋社債利息

《問3》　正解　①　**20.315**　　②　**29**　　③　**5**　　④　**1.4**

①　特定口座（源泉徴収選択口座）に受け入れた配当金の源泉徴収税率は、**20.315**
　　％である。
②　権利確定日（1月31日（水））の2営業日前（1月**29**日（月））が権利付き最終
　　日となる。
③④　上場株式の配当金に係る配当控除率（配当所得の金額に乗ずる率）は、下記の
　　とおりである。

	所得税	住民税
課税総所得金額等が1,000万円以下の部分	10%	2.8%
課税総所得金額等が1,000万円超の部分	**5**％	**1.4**%

299

【第3問】 (2020年1月 第2問《問54》～《問56》)　　　チェック欄 ☐☐☐☐☐

次の設例に基づいて、下記の各問（《問1》～《問3》）に答えなさい。

───────────────────── 《設　例》 ─────────────────────

　Aさん（40歳）は、上場株式と投資信託への投資を行いたいと考えている。A
さんは、上場株式については同業種のW社とX社に興味を持ち、下記の財務デー
タ等を入手した。投資信託については、YファンドとZファンドの購入を考えて
いる。

　そこで、Aさんは、ファイナンシャル・プランナーのMさんに相談することに
した。

〈W社・X社の財務データ等〉　　　　　　　　　　（単位：百万円）

		W社	X社
	資 産 の 部 合 計	1,900,000	1,300,000
	負 債 の 部 合 計	1,500,000	900,000
	純 資 産 の 部 合 計	400,000	400,000
内訳	株 主 資 本 合 計	290,000	350,000
	その他の包括利益累計額合計	88,000	36,000
	新 株 予 約 権	—	—
	非 支 配 株 主 持 分	22,000	14,000
	売 上 高	1,250,000	520,000
	売 上 総 利 益	430,000	160,000
	営 業 利 益	68,000	55,000
	営 業 外 収 益	8,000	5,000
内訳	受 取 利 息	500	200
	受 取 配 当 金	1,000	1,800
	そ の 他	6,500	3,000
	営 業 外 費 用	12,000	7,500
内訳	支 払 利 息	8,000	5,800
	そ の 他	4,000	1,700
	経 常 利 益	64,000	52,500
	親会社株主に帰属する当期純利益	35,000	32,000
	配 当 金 総 額	9,500	7,600
	発 行 済 株 式 総 数	200百万株	320百万株
	株 価	5,600円	2,500円

〈Yファンド・Zファンドの予想収益率〉

	生起確率	Yファンドの 予想収益率	Zファンドの 予想収益率
シナリオ1	40%	15%	△5%
シナリオ2	40%	10%	15%
シナリオ3	20%	△5%	10%

（注）「△」はマイナスを表している。

※上記以外の条件は考慮せず、各問に従うこと。

《問1》《設例》の〈W社・X社の財務データ等〉に基づき、Mさんが、Aさんに対して説明した以下の文章の空欄①～⑧に入る最も適切な語句または数値を、解答用紙に記入しなさい。なお、計算結果は表示単位の小数点以下第3位を四捨五入し、小数点以下第2位までを解答すること。また、問題の性質上、明らかにできない部分は「□□□」で示してある。

I 「W社とX社を自己資本当期純利益率で比較すると、W社の値が（ ① ）％、X社の値が□□□％であり、W社の値のほうが上回っています。この自己資本当期純利益率について、売上高当期純利益率、使用総資本回転率、（ ② ）の3指標に分解して、その要因分析を行うと、W社の使用総資本回転率は（ ③ ）回、（ ② ）は（ ④ ）倍で、いずれもX社の値を上回っており、W社のほうが資本効率性が高いと評価することができます」

II 「W社とX社を財務的な安定性を測る指標であるインタレスト・カバレッジ・レシオで比較すると、W社の値が□□□倍、X社の値が（ ⑤ ）倍であり、X社のほうが財務的な余裕があるといえます」

III 「W社とX社を代表的な投資指標であるPERとPBRで比較すると、W社のPERは（ ⑥ ）倍、PBRは（ ⑦ ）倍で、いずれもX社の値を上回っており、W社株式のほうが相対的に割高であるといえます。また、配当性向で比較すると、W社の値が（ ⑧ ）％、X社の値が□□□％であり、W社のほうが株主への利益還元の度合いが高いといえます」

《問２》《設例》の〈Ｗ社・Ｘ社の財務データ等〉に基づき、Ｘ社の使用総資本事業利益率を求めなさい。〔計算過程〕を示し、〈答〉は表示単位の小数点以下第３位を四捨五入し、小数点以下第２位までを解答すること。

《問３》《設例》の〈Ｙファンド・Ｚファンドの予想収益率〉に基づいて、Ｙファンドとｚファンドをそれぞれ６：４の割合で購入した場合の①ポートフォリオの期待収益率と②ポートフォリオの標準偏差を、それぞれ求めなさい。〔計算過程〕を示し、〈答〉は表示単位の小数点以下第３位を四捨五入し、小数点以下第２位までを解答すること。

【第3問】

《問1》 正解 ① 9.26 ② 財務レバレッジ ③ 0.66 ④ 5.03
⑤ 9.83 ⑥ 32.00 ⑦ 2.80または2.96 ⑧ 27.14

① 自己資本当期純利益率 $= \dfrac{\text{当期純利益}}{\text{自己資本}^{※}} \times 100$

W社の自己資本当期純利益率 $= \dfrac{35,000\text{百万円}}{400,000\text{百万円}-22,000\text{百万円}} \times 100$

$= 9.259\cdots \rightarrow$ **9.26%**

※ 自己資本＝純資産－新株予約権－非支配株主持分

② 自己資本当期純利益率＝売上高当期純利益率×使用総資本回転率×**財務レバレッジ**

③ 使用総資本回転率 $= \dfrac{\text{売上高}}{\text{使用総資本（資産）}}$

W社の使用総資本回転率 $= \dfrac{1,250,000\text{百万円}}{1,900,000\text{百万円}} = 0.657\cdots \rightarrow$ **0.66回**

④ 財務レバレッジ $= \dfrac{\text{使用総資本（資産）}}{\text{自己資本}}$

W社の財務レバレッジ $= \dfrac{1,900,000\text{百万円}}{400,000\text{百万円}-22,000\text{百万円}} = 5.026\cdots \rightarrow$ **5.03倍**

⑤ インタレスト・カバレッジ・レシオ $= \dfrac{\text{事業利益}^{※1}}{\text{金融費用}^{※2}}$

X社のインタレスト・カバレッジ・レシオ

$\dfrac{55,000\text{百万円}+200\text{百万円}+1,800\text{百万円}}{5,800\text{百万円}} = 9.827\cdots \rightarrow$ **9.83倍**

※1 事業利益＝営業利益＋受取利息および受取配当＋有価証券利息

※2 金融費用＝支払利息および割引料＋社債利息

⑥ PER $= \dfrac{\text{株価}}{1\text{株当たり純利益}}$

W社のPER $= \dfrac{5,600\text{円}}{35,000\text{百万円}\div200\text{百万株}} =$ **32.00倍**

⑦ PBR $= \dfrac{\text{株価}}{1\text{株当たり純資産}}$

W社のPBR $= \dfrac{5,600\text{円}}{400,000\text{百万円}\div200\text{百万株}} =$ **2.80倍**

なお、非支配株主持分を考慮したPBRは、以下のとおり。

$$\text{W社のPBR} = \frac{5,600円}{(400,000百万円 - 22,000百万円) \div 200百万株} = 2.962\cdots \rightarrow \textbf{2.96倍}$$

⑧　$配当性向 = \dfrac{配当金総額}{当期純利益} \times 100$

　　$\text{W社の配当性向} = \dfrac{9,500百万円}{35,000百万円} \times 100 = 27.142\cdots \rightarrow \textbf{27.14\%}$

《問2》　正解 **4.38%**

$$\frac{55,000百万円 + 200百万円 + 1,800百万円}{1,300,000百万円} \times 100 = 4.384\cdots \rightarrow \textbf{4.38\%}$$

$$使用総資本事業利益率 = \frac{事業利益^{※}}{使用総資本（資産）} \times 100$$

※　事業利益＝営業利益＋受取利息および受取配当＋有価証券利息

《問3》　正解 ① **7.80%**　② **4.07%**

① ポートフォリオの期待収益率

　　Yファンド　$15\% \times 0.4 + 10\% \times 0.4 + (-5\%) \times 0.2 = 9\%$

　　Zファンド　$(-5\%) \times 0.4 + 15\% \times 0.4 + 10\% \times 0.2 = 6\%$

　　期待収益率　$9\% \times 0.6 + 6\% \times 0.4 = \textbf{7.80\%}$

〈別解〉

　　シナリオ1　$15\% \times 0.6 + (-5\%) \times 0.4 = 7\%$

　　シナリオ2　$10\% \times 0.6 + 15\% \times 0.4 = 12\%$

　　シナリオ3　$(-5\%) \times 0.6 + 10\% \times 0.4 = 1\%$

　　期待収益率　$7\% \times 0.4 + 12\% \times 0.4 + 1\% \times 0.2 = \textbf{7.80\%}$

② ポートフォリオの標準偏差

　　シナリオ1　$15\% \times 0.6 + (-5\%) \times 0.4 = 7\%$

　　シナリオ2　$10\% \times 0.6 + 15\% \times 0.4 = 12\%$

　　シナリオ3　$(-5\%) \times 0.6 + 10\% \times 0.4 = 1\%$

　　分散　　　　$(7\% - 7.8\%)^2 \times 0.4 + (12\% - 7.8\%)^2 \times 0.4 + (1\% - 7.8\%)^2 \times 0.2$

　　　　　　　　$= 16.56$

　　標準偏差　　$\sqrt{分散} = \sqrt{16.56} = 4.069\cdots \rightarrow \textbf{4.07\%}$

【第4問】 （2020年9月 第2問《問54》〜《問56》）　　チェック欄□□□□□

次の設例に基づいて、下記の各問（《問1》〜《問3》）に答えなさい。

――――――――――――《設　例》――――――――――――

　Aさん（40歳）は、上場株式と外貨建金融商品による資産運用を始めたいと考えている。Aさんは、上場株式については同業種のX社とY社に興味を持ち、外貨建金融商品については下記の米ドル建債券に関心がある。

　そこで、Aさんは、ファイナンシャル・プランナーのMさんに相談することにした。

〈X社とY社の財務データ等〉　　　　　　　　　　（単位：百万円）

		X社	Y社
資　産　の　部　合　計		1,540,000	1,120,000
負　債　の　部　合　計		924,000	550,000
純　資　産　の　部　合　計		616,000	570,000
内訳	株　主　資　本　合　計	580,000	550,000
	その他の包括利益累計額合計	20,000	10,000
	新　株　予　約　権	—	—
	非　支　配　株　主　持　分	16,000	10,000
売　　　上　　　高		2,000,000	1,600,000
売　上　総　利　益		188,000	111,000
営　業　利　益		80,000	58,000
営　業　外　収　益		12,500	3,000
内訳	受　取　利　息	500	500
	受　取　配　当　金	3,000	800
	そ　の　他	9,000	1,700
営　業　外　費　用		6,000	7,000
内訳	支　払　利　息	3,800	2,200
	そ　の　他	2,200	4,800
経　常　利　益		86,500	54,000
親会社株主に帰属する当期純利益		55,200	25,000
配　当　金　総　額		13,800	11,400
発　行　済　株　式　総　数		92百万株	380百万株

〈米ドル建債券の概要〉

・利率（年率）：1.5％（米ドルベース、年2回利払）

・残存期間　　：5年

・単価（額面100米ドル当たり）および適用為替レート（円／米ドル）

	単価	TTS	TTM	TTB
購入時	102.50米ドル	110.00円	109.00円	108.00円
売却時	101.75米ドル	111.75円	110.75円	109.75円

※上記以外の条件は考慮せず、各問に従うこと。

《問1》《設例》の〈X社とY社の財務データ等〉に基づいて、Mさんが、Aさんに対して説明した以下の文章の空欄①～⑤に入る最も適切な数値を、解答用紙に記入しなさい。なお、計算結果は表示単位の小数点以下第3位を四捨五入し、小数点以下第2位までを解答すること。また、問題の性質上、明らかにできない部分は「□□□」で示してある。

Ⅰ 「X社とY社を総資産経常利益率で比較すると、X社の値が（ ① ）％、Y社の値が□□□％であり、X社の値のほうが上回っています。この総資産経常利益率を売上高経常利益率と総資産回転率の2指標に分解して比較すると、前者についてはX社の値が（ ② ）％、Y社の値が□□□％、後者についてはX社の値が□□□回、Y社の値が（ ③ ）回であり、X社のほうが売上高に対する経常的な利益の割合がより高いことがわかります」

Ⅱ 「X社とY社を財務的な安定性を測る指標であるインタレスト・カバレッジ・レシオで比較すると、X社の値が□□□倍、Y社の値が（ ④ ）倍であり、Y社のほうが財務的な余裕があるといえます」

Ⅲ 「X社とY社を今後の成長性を測る指標であるサスティナブル成長率で比較すると、X社の値が（ ⑤ ）％、Y社の値が□□□％であり、X社の値のほうが上回っています」

《問2》《設例》の〈X社とY社の財務データ等〉に基づいて、X社の損益分岐点比率を求めなさい。〔計算過程〕を示すこと。なお、計算過程においては端数処理せず、〈答〉は表示単位の小数点以下第3位を四捨五入し、小数点以下第2位までを解答すること。また、変動費は売上原価に等しく、固定費は販売費及び一般管理費に等しいものとする。

《問3》《設例》の〈米ドル建債券の概要〉の条件で、為替予約を付けずに円貨を外貨に交換して当該債券を購入し、1年6カ月後に売却して、売却金額と3回分の利子をまとめて円貨に交換した場合における所有期間利回り（単利による年換算）を求めなさい。〔計算過程〕を示し、〈答〉は表示単位の小数点以下第3位を四捨五入し、小数点以下第2位までを解答すること。また、1年6カ月は1.5年として計算し、税金等は考慮しないものとする。

第3章 金融資産運用 応用編

【第4問】

《問1》 正解 ① **5.62**　② **4.33**　③ **1.43**　④ **26.95**　⑤ **6.90**

① 総資産経常利益率 $= \dfrac{経常利益}{総資産} \times 100$

　X社の総資産経常利益率 $= \dfrac{86,500百万円}{1,540,000百万円} \times 100 = 5.616\cdots \rightarrow$ **5.62**%

② 売上高経常利益率 $= \dfrac{経常利益}{売上高} \times 100$

　X社の売上高経常利益率 $= \dfrac{86,500百万円}{2,000,000百万円} \times 100 = 4.325 \rightarrow$ **4.33**%

③ 総資産回転率 $= \dfrac{売上高}{総資産}$

　Y社の総資産回転率 $= \dfrac{1,600,000百万円}{1,120,000百万円} = 1.428\cdots \rightarrow$ **1.43**回

④ インタレスト・カバレッジ・レシオ $= \dfrac{事業利益^{※1}}{金融費用^{※2}}$

　Y社のインタレスト・カバレッジ・レシオ $=$

$\dfrac{58,000百万円 + 500百万円 + 800百万円}{2,200百万円} = 26.954\cdots \rightarrow$ **26.95**倍

　※1　事業利益＝営業利益＋受取利息および受取配当＋有価証券利息
　※2　金融費用＝支払利息および割引料＋社債利息

⑤ サスティナブル成長率＝ROE×（1－配当性向）

$= \dfrac{当期純利益}{自己資本^{※}} \times 100 \times \left(1 - \dfrac{配当金総額}{当期純利益}\right)$

　※　自己資本＝純資産－新株予約権－非支配株主持分

　X社のサスティナブル成長率 $=$

$\dfrac{55,200百万円}{616,000百万円 - 16,000百万円} \times 100 \times \left(1 - \dfrac{13,800百万円}{55,200百万円}\right)$

$=$ **6.90**%

《問2》 正解 **57.45%**

「限界利益＝売上高－変動費」であるため、変動費は売上原価に等しいと仮定した場合、「売上総利益＝売上高－売上原価」であることから、限界利益は売上総利益と等しくなる（188,000百万円）。

また、「売上総利益－販売費及び一般管理費＝営業利益」であるため、固定費は販売費及び一般管理費に等しいとした場合、固定費（販売費及び一般管理費）は、「売上総利益－営業利益＝188,000百万円－80,000百万円＝108,000百万円」となる。

$$損益分岐点比率 = \frac{損益分岐点売上高}{売上高} \times 100$$

$$= (固定費 \div 限界利益率) \times \frac{1}{売上高} \times 100$$

$$= \left(固定費 \div \frac{限界利益}{売上高}\right) \times \frac{1}{売上高} \times 100$$

$$= \left(108,000百万円 \div \frac{188,000百万円}{2,000,000百万円}\right) \times \frac{1}{2,000,000百万円} \times 100$$

$$= 108,000百万円 \times \frac{2,000,000百万円}{188,000百万円} \times \frac{1}{2,000,000百万円} \times 100$$

$$= 57.446\cdots \rightarrow \textbf{57.45\%}$$

《問3》 正解 0.82%

$$\frac{\left(\dfrac{(101.75\text{米ドル}+100\text{米ドル}\times0.015\times1.5\text{年})\times109.75\text{円}}{102.50\text{米ドル}\times110.00\text{円}}\right)-1}{1.5\text{年}}\times100=0.821\cdots\rightarrow \textbf{0.82\%}$$

〈別解〉

以下のように、計算手順を分割してもよい。

① 投資額

102.50米ドル×110.00円（TTS）＝11,275円

② 収入金額

売却金額＋利息＝(101.75米ドル＋100米ドル×0.015×1.5年)×109.75円（TTB）

＝11,414円

③ 所有期間利回り（年換算）

$$\frac{②-①}{①}\times\frac{1}{1.5\text{年}}\times100=0.821\cdots\rightarrow \textbf{0.82\%}$$

【第5問】（2022年5月 第2問《問54》～《問56》改題）　　チェック欄 ☐☐☐☐☐☐

次の設例に基づいて、下記の各問（《問1》～《問3》）に答えなさい。

《設　例》

Aさん（46歳）は、企業の安全性を重視して、長期的なスタンスで投資したいと思っている。具体的には、製造業の上場企業X社に興味があり、下記の財務データを参考にして、投資判断を行いたいと考えている。また、投資信託についてはYファンドとZファンドの購入を考えている。Aさんは、X社株式や投資信託の購入にあたり、2023年中に一般NISAを利用してみたいと考えている。

そこで、Aさんは、ファイナンシャル・プランナーのMさんに相談することにした。

〈X社の財務データ等〉　　　　　（単位：百万円）

		2023年5月期
資　産　の　部　合　計		1,753,000
内訳	流　動　資　産	680,000
	固　定　資　産	1,073,000
負　債　の　部　合　計		1,254,000
内訳	流　動　負　債	537,000
	固　定　負　債	717,000
純　資　産　の　部　合　計		499,000
内訳	株　主　資　本　合　計	438,000
	その他の包括利益累計額合計	61,000
売　　　　上　　　　高		1,186,000
売　上　総　利　益		237,000
営　業　利　益		39,000
営　業　外　収　益		8,800
内訳	受　取　利　息	400
	受　取　配　当　金	2,000
	持分法による投資利益	5,100
	そ　　の　　他	1,300
営　業　外　費　用		13,200
内訳	支　払　利　息	8,500
	そ　　の　　他	4,700
経　常　利　益		34,600
親会社株主に帰属する当期純利益		15,600
配　当　金　総　額		5,000
発　行　済　株　式　総　数		1億株

※中間配当の権利確定日：2023年11月30日（木）

〈Yファンド・Zファンドの実績収益率・標準偏差・共分散〉

	実績収益率	標準偏差	Yファンドとハッファンドの共分散
Yファンド	6.00%	10.00%	80.00
Zファンド	12.00%	25.00%	

※上記以外の条件は考慮せず、各問に従うこと。

《問1》 Mさんは、Aさんに対して、2023年中に一般NISA口座を通じてX社株式を購入した場合の留意点を説明した。Mさんが説明した以下の文章の空欄①～④に入る最も適切な語句または数値を、解答用紙に記入しなさい。

Ⅰ 「Aさんが、X社株式の中間配当を受け取るためには、権利付き最終日である2023年11月（ ① ）日までにX社株式を購入する必要があります。また、Aさんが一般NISA口座においてX社株式を購入し、その配当金を一般NISA口座に受け入れる場合、一般NISA口座に受け入れた配当金を非課税とするためには、（ ② ）方式を選択する必要があります」

Ⅱ 「仮に、Aさんが2023年中に一般NISA口座において、株価1,200円のX社株式を500株購入し、同年中に株価1,300円で全株を売却した後の2023年中の非課税枠の残額は（ ③ ）万円となります。なお、2024年1月1日から、一般NISAは新たな制度に組み替えられます。新しい制度において、非課税枠は、「つみたて投資枠」については年間（ ④ ）万円とされ、「成長投資枠」については年間240万円とされています」

《問２》《設例》の〈Ｘ社の財務データ等〉に基づいて、Ｍさんが、Ａさんに対して
説明した以下の文章の空欄①〜④に入る最も適切な語句または数値を、解答用紙に記
入しなさい。なお、計算結果は表示単位の小数点以下第３位を四捨五入し、小数点以
下第２位までを解答すること。また、問題の性質上、明らかにできない部分は「□□
□」で示してある。

Ⅰ　「財務的な安全性を測る指標である流動比率は（　①　）％です。流動比率が良好
　　であっても、流動資産の大部分が棚卸資産であれば、実質的に支払能力は劣るとい
　　うことになります。そこで、流動資産から棚卸資産を除いた（　②　）比率を用いる
　　ことで、さらに厳密な分析を行います。一般に、（　②　）比率は100％以上が望ま
　　しいとされています」

Ⅱ　「財務的な安全性を測る指標である固定比率は（　③　）％、固定長期適合率は□
　　□□％です。固定比率は100％以下が理想とされますが、固定長期適合率が100％以
　　下であれば、通常、安全性に大きな問題があるとは考えません。なお、固定長期適
　　合率が100％を大きく超えるようであれば、危険な状態であり、安全性に問題があ
　　ると判断しますが、設備投資額が大きい製造業などであれば、水準が高めになる傾
　　向があります」

Ⅲ　「財務的な安全性を測る指標であるインタレスト・カバレッジ・レシオは（　④　）
　　倍です。この数値が高いほど金利負担の支払能力が高く、財務に余裕があることを
　　示しますが、同業他社と比較することをお勧めします。また、単年の数値だけでは
　　なく、過去のトレンドを把握することで、財務体質が悪化しているか否かを判断す
　　ることが大切です」

《問３》《設例》の〈Ｙファンド・Ｚファンドの実績収益率・標準偏差・共分散〉に
基づいて、①Ｙファンドとｚファンドの相関係数、②Ｙファンドのシャープ・レシ
オ、③Ｙファンドとｚファンドをそれぞれ６：４の割合で購入した場合のポートフォ
リオの標準偏差を、それぞれ求めなさい。〔計算過程〕を示し、〈答〉は表示単位の小
数点以下第３位を四捨五入し、小数点以下第２位までを解答すること。なお、シャー
プ・レシオについては、安全資産利子率を0.10％として計算すること。

【第5問】

《問1》 正解 ① 28　② 株式数比例配分　③ 60　④ 120

① Ｘ社株式の中間配当を受け取るためには、権利確定日である2023年11月30日（木）の２営業日前である2023年11月**28**日（火）までにＸ社株式を購入する必要がある。

③ 2023年中の一般NISAにおける年間非課税枠の金額は120万円である。株価1,200円のＸ社株式を500株購入した場合、非課税枠の残額は次のとおりである。

120万円－1,200円×500株＝**60**万円

④ 2024年１月１日からの新たな制度における非課税枠は、「つみたて投資枠」については年間**120**万円とされ、「成長投資枠」については年間240万円とされている。

《問2》 正解 ① 126.63　② 当座　③ 215.03　④ 5.47

① 流動比率 $= \dfrac{流動資産}{流動負債} \times 100 = \dfrac{680,000百万円}{537,000百万円} \times 100 = 126.629\cdots \rightarrow$ **126.63%**

② **当座**比率 $= \dfrac{当座資産}{流動負債} \times 100$

③ 固定比率 $= \dfrac{固定資産}{自己資本^※} \times 100 = \dfrac{1,073,000百万円}{499,000百万円} \times 100 = 215.030\cdots \rightarrow$ **215.03%**

※自己資本＝純資産－新株予約権－非支配株主持分
　　　　　＝株主資本＋その他の包括利益累計額

④ インタレスト・カバレッジ・レシオ $= \dfrac{事業利益^{※1}}{金融費用^{※2}}$

$$= \dfrac{39,000百万円＋400百万円＋2,000百万円＋5,100百万円}{8,500百万円}$$

$= 5.470\cdots \rightarrow$ **5.47倍**

※１ 事業利益＝営業利益＋受取利息および受取配当＋有価証券利息
　　　　　　　＋持分法による投資利益

※２ 金融費用＝支払利息および割引料＋社債利息

《問3》 正解 ① 0.32 ② 0.59 ③ 13.21%

① YファンドとZファンドの相関係数

$$\frac{80.00}{10.00 \times 25.00} = \mathbf{0.32}$$

> 相関係数 = $\dfrac{\text{YファンドとZファンドの共分散}}{\text{Yファンドの標準偏差} \times \text{Zファンドの標準偏差}}$

② Yファンドのシャープ・レシオ

$$\frac{6.00\% - 0.10\%}{10.00\%} = \mathbf{0.59}$$

> シャープ・レシオ = $\dfrac{\text{ポートフォリオの収益率} - \text{安全資産利子率}}{\text{ポートフォリオの標準偏差}}$

③ ポートフォリオの標準偏差

分散：$0.6^2 \times 10.0^2 + 0.4^2 \times 25.0^2 + 2 \times 0.6 \times 0.4 \times 80.00 = 174.4$
〈別解〉$0.6^2 \times 10.0^2 + 0.4^2 \times 25.0^2 + 2 \times 0.6 \times 0.4 \times 0.32 \times 10.0 \times 25.0 = 174.4$
標準偏差：$\sqrt{174.4} = 13.206\cdots$ → **13.21%**

分散 = （Yファンドの組入比率）$^2 \times$（Yファンドの標準偏差）^{2}
+（Zファンドの組入比率）$^2 \times$（Zファンドの標準偏差）^{2}
+ 2 × Yファンドの組入比率 × Zファンドの組入比率 × <u>Yファンドとzファンドの共分散</u>
※ 波線部分は「相関係数 × Yファンドの標準偏差 × Zファンドの標準偏差」でもよい。
標準偏差 = $\sqrt{\text{分散}}$

重要ポイントまとめ

1 マーケット環境の理解

1. 雇用関連統計

完全失業率	**労働力人口**（15歳以上の就業者および完全失業者）に占める完全失業者の割合で、**総務省**が「労働力調査」で毎月公表する。完全失業者とは、求職活動をしたが職につかなかった者。数値が高いほど景気が悪いことを示す。景気動向指数の**遅行系列**に採用。
有効求人倍率	公共職業安定所で扱った有効求人数を求職者数で除したもので、**厚生労働省**が「職業安定業務統計」で毎月公表する。倍率が高いと人手不足（好況）、倍率が低いと就職難（不況）であることを示す。景気動向指数の**一致系列**に採用。

2. マネーストック統計

　マネーストックとは、通貨保有主体が保有する通貨量の残高のことで、金融機関や中央政府が保有する預金などは除く。一般に、マネーストックの伸び率が高いときには、景気拡張局面にあると判断される。**M2**は景気動向指数の**先行系列**に採用。

■マネーストックの4指標

広義流動性	M3	M1	現金通貨
			預金通貨（要求払預金）
		準通貨（定期預金＋据置貯金＋定期積金＋外貨預金）	
		CD（譲渡性預金）	
	金銭の信託＋投資信託＋金融債＋銀行発行普通社債＋金融機関発行CP＋国債＋外債		

（注1）**M2**＝現金通貨＋国内銀行等（除くゆうちょ銀行等）に預けられた預金（M3と同範囲の金融商品）。外国銀行在日支店、信用金庫、信金中央金庫、農林中央金庫、商工組合中央金庫を含む。

（注2）M1とM3の対象金融機関は、全預金取扱機関。

3. 景気動向指数

　内閣府の経済社会総合研究所により毎月公表。**コンポジット・インデックス（CI）** と**ディフュージョン・インデックス（DI）** があるが、2008年4月値以降、CIを中心の公表形態に移行している。景気転換点の判定等には**ヒストリカルDI**を用いる。

　CIとDIには、それぞれ、景気に先行して動く先行指数、ほぼ一致して動く一致指

数、遅れて動く遅行指数の３本の指数がある。CIとDIは共通の指標を採用しており、2023年４月１日現在、先行指数11、一致指数10、遅行指数９の**30系列**である。

CI	採用系列の変化率を合成することで、主として景気変動の大きさやテンポ（量感）を測定することを目的としている。一般的に、一致CIが上昇している時は景気拡張局面、低下している時は景気後退局面である。
DI	採用系列のうち改善している指標の割合で、景気の**各経済部門への波及度合い**を測定することをおもな目的とする。一致DIは、景気拡張局面では**50%を上回り**、景気後退局面では**50%を下回る**傾向がある。

② 投資信託

１．投資信託の運用スタイル

（1）パッシブ運用

目標となるベンチマークと連動する投資成果を目指す運用スタイル。

（2）アクティブ運用

目標となるベンチマークを上回る投資成果を目指す運用スタイル。

① トップダウン・アプローチとボトムアップ・アプローチ

トップダウン・アプローチ	金利、為替、景気などの**マクロ経済**の動向を分析して投資比率・業種などを決める手法
ボトムアップ・アプローチ	**個別企業の情報**をもとにして投資魅力の高い銘柄をピックアップする手法

② グロース運用とバリュー運用

グロース運用	個別銘柄の**成長性**を重視して銘柄選択を行うスタイル。高PERで低配当銘柄のポートフォリオになりやすい。
バリュー運用	個別銘柄の**割安性**を重視して銘柄選択を行うスタイル。PER・PBR等の指標や配当割引モデル等から割安性を判断する。

（3）マーケット・ニュートラル運用

割安銘柄の買建てと**割高銘柄の売建て**を同程度行い、市場の価格変動による影響を排除して、安定的な収益機会の獲得を目指す運用手法。

（4）スマートベータ運用

東証株価指数（TOPIX）などの時価総額加重方式とは異なる方法で、構成銘柄やウェイトを決定したインデックスに連動する投資成果を目指す運用手法。

２．投資信託のディスクロージャー

（1）目論見書（投資信託説明書）

投資信託委託会社が作成し、販売会社から販売する前または同時に投資家へ交付さ

れる。投資家に交付が義務づけられている**交付目論見書**と、投資家から請求があった場合に交付される**請求目論見書**に区分される。

(2) 運用報告書

　投資信託委託会社が作成し、販売会社を通じて投資家へ交付される。「交付運用報告書」と「運用報告書（全体版）」の二段階で発行される。原則として決算期ごとに作成・交付されるが、決算期間が6カ月未満の投資信託は**6カ月**に一度作成される。ただし、MRFに作成・交付義務はない。

(3) トータルリターン通知制度

　販売会社は、投資家に対して**年1回以上**、投資信託の累積損益（トータルリターン）状況を通知しなければならない。トータルリターンは、以下のように計算する。

トータルリターン＝評価金額＋受取分配金累計＋売付金額累計－買付金額累計

3．個別元本方式

　追加型株式投資信託は、個別元本方式によって受益者ごとに個別元本を把握し、個別元本超過部分が課税対象になる。同じファンドを追加で買付けした場合には、**移動平均法**により個別元本がその都度変更される。

　公募追加型株式投資信託における収益分配金は、配当所得として**20.315%**（所得税15.315%、住民税5％）源泉徴収となる**普通分配金**と、元本の払戻しとみなされて**非課税**となる**元本払戻金**（特別分配金）の2つに区分される。

(1) 分配落ち後の基準価額 ≧ 個別元本

　・全額が普通分配金として課税される。
　・分配金受取後の個別元本は修正されない。

(2) 分配落ち後の基準価額 ＜ 個別元本

　・個別元本と分配落ち後の基準価額の差額は元本払戻金（特別分配金）として非課税となる。
　・残額は普通分配金として課税される。
　・分配金受取後の個別元本は、元本払戻金（特別分配金）の分だけ**減額修正**される。

❸ 債券投資

１．個人向け国債

分　類	変動10年	固定５年	固定３年
金利	変動金利	固定金利	
償還期限	10年	５年	３年
金利水準	基準金利×0.66	基準金利－0.05%	基準金利－0.03%
下限金利	0.05%		
利払い	半年ごとに年２回		
発行頻度	毎月		
購入単位	最低１万円から**１万円単位**		
発売価格	額面100円につき100円		
中途換金	第２期利子支払日以後（発行後１年経過後）、中途換金可能。中途換金調整額として、「直前２回分の各利子（税引前）×0.79685」が差し引かれる。		

２．物価連動国債

　想定元本が物価の動向に連動して増減する国債。2013年度以降に発行される物価連動国債には、償還時の物価が下落している場合（償還時の連動係数が１を下回る場合）、額面金額にて償還される元本保証が設定されている。2015年１月より、個人保有が可能となっている。

３．債券の利回り計算

$$
\text{利付債券の最終利回り（単利）(\%)} = \frac{\text{クーポン} + \dfrac{100 - \text{単価}}{\text{残存年数}}}{\text{単価}} \times 100
$$

$$
\text{割引債券の最終利回り（１年複利）(\%)} = \left(\sqrt[\text{残存年数}]{\frac{100}{\text{単価}}} - 1 \right) \times 100
$$

（注）$\sqrt{\ }$（２乗根）は、電卓で $\boxed{\sqrt{\ }}$ を１回押すと $\sqrt{\ }$ が外れ、$\sqrt[4]{\ }$（４乗根）は、$\boxed{\sqrt{\ }}$ を２回押すと $\sqrt{\ }$ が外れる。

$$
\text{割引債券の単価（円）} = \frac{100}{(1 + \text{利回り})^{\text{残存年数}}}
$$

4．イールドカーブ

利回りと残存期間の関係をグラフ化した曲線をイールドカーブという。残存期間が長い債券の利回りの方が残存期間の短い債券の利回りよりも高い場合を**順イールド**の状態（右上がりの曲線）といい、反対に残存期間の短い債券の利回りの方が残存期間の長い債券の利回りよりも高い場合を**逆イールド**の状態（右下がりの曲線）という。

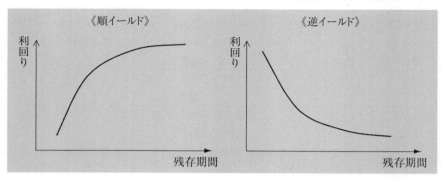

イールドカーブは、一般に、順イールドの形態をとるが、金利低下が予想されているような場合には、逆イールドとなることがある。

長短金利差が縮小するとイールドカーブは**フラット化**する（なだらかになる）。一方、長短金利差が拡大するとイールドカーブは**スティープ化**する（傾きが急になる）。

4 株式投資

1．信用取引

信用取引とは、証券会社に委託保証金を差し入れ、証券会社から資金を借りて株式を買い建てたり、株券を借りて売り建てる取引である。

	制度信用取引	一般信用取引
内　容	品貸料、返済期限等が、取引所の規則で一律に決められる ※　金利は証券会社が決める	返済期限等を、顧客と証券会社との間で自由に決めることができる
対象銘柄	取引所が選定した制度信用銘柄	証券会社により異なる
貸借取引	利用できる	利用できない
逆日歩	発生することがある	発生しない
返済期限 （弁済期限）	最長6カ月	顧客と証券会社との間で自由に決められる。無期限も可能

2．投資指標
（1）PER（株価収益率）とPBR（株価純資産倍率）

PERは利益水準から、PBRは資産価値からみて株価の割高割安を判断するが、いずれも、数値が**低い**ほど**割安**と判断する。

$$PER（倍） = \frac{株価}{1株当たり純利益（EPS）}$$

$$PBR（倍） = \frac{株価}{1株当たり純資産（BPS）}$$

なお、後述の **(5)** ROE（自己資本当期純利益率）との関係から、以下の式が成り立つ。

$$PBR = ROE \times PER$$

（2）配当利回り

$$配当利回り（\%） = \frac{1株当たり配当金}{株価} \times 100$$

（3）配当性向と内部留保率

配当性向は、利益の株主還元状況を示す指標であり、内部留保率とは表裏の関係にある。

$$配当性向（\%） = \frac{配当金総額}{当期純利益} \times 100$$

$$内部留保率（\%） = 1 - 配当性向$$

（4）使用総資本事業利益率（ROA）

$$使用総資本事業利益率（ROA）（\%） = \frac{事業利益^{※}}{使用総資本（資産）} \times 100$$

※　事業利益＝営業利益＋受取利息および受取配当＋有価証券利息

【2指標分解】＝ **売上高事業利益率** × **総資本(資産)回転率**

$$\left(\frac{事業利益}{売上高} \right) \qquad \left(\frac{売上高}{総資本（総資産）} \right)$$

（注）分子の利益を経常利益とした場合、**総資産経常利益率**となる。

(5) 自己資本当期純利益率（ROE）

$$自己資本当期純利益率（ROE）（\%）= \frac{当期純利益}{自己資本} \times 100$$

【3指標分解】＝ 売上高純利益率 × 総資本回転率 × 財務レバレッジ

$$\left(\frac{当期純利益}{売上高} \right) \quad \left(\frac{売上高}{総資本（資産）} \right) \quad \left(\frac{総資本（総資産）}{自己資本} \right)$$

$$= 売上高純利益率 \times 総資本回転率 \times \frac{1}{自己資本比率}$$

$$自己資本比率（\%）= \frac{自己資本}{総資本（資産）} \times 100$$

自己資本(連結)＝**純資産**－**新株予約権**－**非支配株主持分**

(6) サスティナブル成長率

企業の内部留保を事業に再投資して得られる理論成長率である。

サスティナブル成長率（％）＝ROE×内部留保率
＝ROE×（1－配当性向）

(7) インタレスト・カバレッジ・レシオ

安全性を測る指標の1つで、金融費用の支払原資が事業利益でまかなわれている程度を示す。

$$インタレスト・カバレッジ・レシオ（倍）= \frac{事業利益^{※1}}{金融費用^{※2}}$$

※1　事業利益＝営業利益＋受取利息および受取配当＋有価証券利息
　　　　＋持分法による投資利益

※2　金融費用＝支払利息および割引料＋社債利息

(8) 配当割引モデル

$$配当が定額　　：株式の内在価値 = \frac{1株当たり予想配当}{期待利子率}$$

$$配当が定率成長：株式の内在価値 = \frac{1株当たり予想配当}{期待利子率－期待成長率}$$

（9）損益分岐点分析

$$限界利益 = 売上高 - 変動費$$

$$限界利益率（\%） = \frac{限界利益}{売上高} \times 100 = \left(1 - \frac{変動費}{売上高} \right) \times 100$$

$$損益分岐点売上高 = \frac{固定費}{限界利益率} = \frac{固定費}{1 - \dfrac{変動費}{売上高}}$$

$$損益分岐点比率（\%） = \frac{損益分岐点売上高}{売上高} \times 100$$

5 外貨建商品

1．外貨建MMF

　外国公社債投資信託の１つ。取引するためには、外国証券取引口座の開設が必要である。購入時手数料や信託財産留保額はかからない。為替差益は、**申告分離課税**となる。

2．為替レート

　預入時為替レートはTTSを適用し、換金時為替レートはTTBを適用する。

6 金融派生商品

1．先物取引

　先物取引とは、ある商品（対象商品）を、将来のあらかじめ決められた受渡日（期限日）に、あらかじめ決められた価格で売買することを契約する取引のことで、取引所で取引される。期限日の前に、その時点で定める価格で反対売買することにより差金決済することができる。**ヘッジ取引**とは、現物の価格変動リスクを、現物と反対の先物を売買することによって回避する取引である。

売りヘッジ	保有している現物が今後値下がりすると予想されてもすぐに売却できない場合、先物をあらかじめ売り建てておき、値下がりしたときに先物を買い戻す。
買いヘッジ	今後現物の値上がりが予想されるものの購入資金がすぐに用意できない場合、先物をあらかじめ買い建てておき、値上がりした後で先物を転売する。

２．オプション取引

オプション取引とは、特定の商品（原資産）をあらかじめ定められた期日（満期日）までに、そのときの市場価格に関係なく、あらかじめ決められた特定の価格（権利行使価格）で、買う権利または売る権利の売買のことである。

（1）コール・オプションとプット・オプション

原資産を買う権利を**コール・オプション**といい、原資産を売る権利を**プット・オプション**という。それぞれの買い手はオプション料（**プレミアム**）を支払い、売り手はプレミアムを受け取る。

・買い手の損失は支払うプレミアムに限定され、利益は無限定である。

・売り手の利益は受け取るプレミアムに限定され、損失は無限定である。

（2）原資産価格と権利行使価格の関係

	コール・オプション	プット・オプション
イン・ザ・マネー	原資産価格＞権利行使価格	原資産価格＜権利行使価格
アウト・オブ・ザ・マネー	原資産価格＜権利行使価格	原資産価格＞権利行使価格
アット・ザ・マネー	原資産価格＝権利行使価格	原資産価格＝権利行使価格

（3）プレミアムの価格変動要因

要因	条件	コールのプレミアム	プットのプレミアム
権利行使価格	高い	低い	高い
	低い	高い	低い
原資産価格	上昇	高い	低い
	低下	低い	高い
残存期間	長い	高い	
	短い	低い	
ボラティリティ	上昇	高い	
	低下	低い	

（4）金利オプション

キャップ	変動金利の上限のこと。**金利上昇リスク**のヘッジに利用される。
フロア	変動金利の下限のこと。金利低下リスクのヘッジに利用される。

（5）通貨オプション

通貨を一定期間内または将来の一定の期日に、一定のレートで買うことができる権利・売ることができる権利を売買する取引のことである。

輸入企業	将来の米ドルに対する**ドル高／円安**をヘッジするためには、**円プット／ドルコール**の通貨オプションを購入することが効果的。
輸出企業	将来の米ドルに対する**ドル安／円高**をヘッジするためには、**ドルプット／円コール**の通貨オプションを購入することが効果的。

3．スワップ取引

将来の一定期間における経済的に等価と考えるキャッシュフローの受払い取引のことである。

金利スワップ	同一通貨間の異なる種類の金利（固定金利と変動金利）の将来のキャッシュフローを交換する取引。元本の受払いは行われない。
通貨スワップ	異なる通貨間の異なる種類の金利の将来のキャッシュフローを交換する取引で、原則として元本の受払いが行われるが、元本の受払いを行わないもの（**クーポンスワップ**）もある。

7 ポートフォリオ理論

1．期待収益率と標準偏差

（1）期待収益率

複数のシナリオと、そのシナリオの実現しそうな確率（生起確率）を決めて、それぞれの予想収益率を加重平均することで投資対象証券の収益率を算出したもの。

（2）標準偏差

リスクは、収益率の散らばり具合を数値化して求め、統計学の分散や標準偏差を用いる。分散とは、各シナリオの予想収益率から期待収益率を差し引き、その差を二乗した値に各シナリオの生起確率を乗じ、これらの数値を合計したもので、分散の平方根が標準偏差である（**標準偏差 = $\sqrt{分散}$**）。なお、収益率の散らばりが正規分布していると仮定した場合、理論上、収益率は約68％の確率で、「期待収益率 ± 標準偏差」の範囲内に収まる。

2．非市場リスクと市場リスク

ポートフォリオのリスクは、分散投資により消去可能な非市場リスク（**アンシステマティック・リスク**）と、分散投資によっても消去不可能な市場リスク（**システマティック・リスク**）に分けられる。

3．相関係数

2資産（A資産とB資産）の値動きの関連性を数値化したものが相関係数である。相関係数は、－1から1までの数値をとるが、相関係数が1でない限り、リスク軽減

第3章 金融資産運用 重要ポイントまとめ

325

効果がある。

$$
\text{A資産とB資産の相関係数} = \frac{\text{A資産とB資産の共分散}}{\text{A資産の標準偏差} \times \text{B資産の標準偏差}}
$$

４．資本資産評価モデル（CAPM）

資本資産評価モデルでは、資産の期待収益率を下記の算式によって求める。

$$
\text{資産の期待収益率} = \text{安全資産利子率} + （\text{市場の期待収益率} - \text{安全資産利子率}）\times \beta
$$

β（ベータ）とは、市場に対する資産のリスク（システマティックリスク）を図る指標で、下記の算式によって求める。β が１より大きい場合、そのポートフォリオの価格変動は市場全体の価格変動に比べて大きいといえる。

$$
\beta = \frac{\text{資産と市場の共分散}}{\text{市場の分散}}
$$

５．リスク調整後のパフォーマンス評価

（1）トレイナーの測度

$$
\text{トレイナーの測度} = \frac{\text{ポートフォリオの収益率} - \text{安全資産利子率}}{\text{ポートフォリオの} \beta}
$$

数値が大きいほどパフォーマンスが優れていたといえる。市場リスクの尺度である β をリスク指標としているため、株式ポートフォリオと債券ポートフォリオのように異なる市場間のパフォーマンスの比較には適さない。

（2）シャープ・レシオ

$$
\text{シャープ・レシオ} = \frac{\text{ポートフォリオの収益率} - \text{安全資産利子率}}{\text{ポートフォリオの標準偏差}}
$$

数値が大きいほどパフォーマンスが優れていたといえる。総リスクの尺度である標準偏差をリスク指標としているため、異なる市場間のパフォーマンスの比較にも適している。

（3）ジェンセンのアルファ

$$
\text{ジェンセンのアルファ} = \text{ポートフォリオの収益率} - \text{CAPMによる収益率}
$$

（4）インフォメーション・レシオ

$$
\text{インフォメーション・レシオ} = \frac{\text{ポートフォリオの収益率} - \text{ベンチマークの収益率}}{\text{トラッキングエラー}}
$$

トラッキングエラーとは、ベンチマークのリスクに対するポートフォリオのリスクの乖離のことで、標準偏差で表される。

8 金融商品と税金

1．上場株式等の課税関係

（1）配当等

　大口株主以外は**20.315%**（所得税15.315%、住民税5％）が源泉徴収され、申告不要とできる。確定申告する場合は、総合課税か申告分離課税を選択する。

（2）譲渡益

　20.315%（所得税15.315%、住民税5％）の申告分離課税。特定口座（源泉徴収選択口座）では税額が源泉徴収され、申告不要とできる。譲渡損失は、翌年以後**3年間**繰越控除できる。上場株式の譲渡損益と非上場株式の譲渡損益の通算はできない。

（3）NISA（少額投資非課税制度）

　①〜③は、2023年までの制度である。

　①　一般NISA

利用可能者	その年の1月1日において18歳以上の居住者等
口座開設数	投資できるのは各年1人1口座 （注）NISA口座を開設する金融機関は、1年単位で変更可能。
非課税対象	NISA口座内の上場株式等の配当等と譲渡益 （注）株式の配当は、**株式数比例配分方式**による受取りに限る。
年間投資上限額	**120万円** （注）他の口座で保有している上場株式等をNISA口座に移管できない。 （注）未使用の非課税枠の翌年以後への繰越しは不可。
非課税期間	投資した年から最長**5年間** （注）非課税期間終了後は、翌年設定される同一の金融機関のNISA口座に移管できる（上限なし）。
損益通算	NISA口座で生じた譲渡損失は、他の口座で生じた譲渡益や配当等と損益通算することはできない。

第3章　金融資産運用　重要ポイントまとめ

② ジュニアNISA（①一般NISAとの相違点）

制度利用可能者	その年の１月１日において18歳未満の居住者等
口座開設数	１人１口座 （注）ジュニアNISA口座を開設する金融機関の変更は**不可**。
年間投資上限額	**80万円**
非課税期間	投資した年から最長５年間 （注）ただし、2024年以後も18歳に達するまでは非課税保有を継続可能。
運用管理	原則、親権者等が未成年者のために代理して運用を行う。
払出制限	原則、その年の３月31日において**18歳**である年の前年12月31日まで払出不可。ただし、この払出制限は、2024年以降、撤廃される。

③ つみたてNISA

制度利用可能者	その年の１月１日において18歳以上の居住者等
口座開設数	１人１口座 （注）①一般NISAとの選択制（同一年の新規投資に関して併用不可）。
非課税対象	長期の積立・分散投資に適した一定の**公募株式投資信託**（信託期間20年以上、非毎月分配型など）と**ETF（上場投資信託）**の分配金と譲渡益 （注）上場株式やJ-REIT（上場不動産投資信託）は対象外。
年間投資上限額	**40万円**
非課税期間	投資した年から最長20年間

④ 2024年以降の新NISA

制度利用可能者	その年の１月１日において18歳以上の居住者等
年間投資上限額	〈つみたて投資枠〉**120万円** 〈成長投資枠〉**240万円** （注）両者は併用可（最大360万円）
生涯非課税限度額	**1,800万円**（うち成長投資枠1,200万円）
非課税期間	**無期限**
投資可能商品	〈つみたて投資枠〉一定の公募株式投資信託、ETF（2023年までのつみたてNISAと同じ） 〈成長投資枠〉上場株式、ETF、REIT、一定の公募株式投資信託

※ 生涯非課税限度額は取得対価の額の合計額で判定され、口座内で売却をした場合には再投資が可能。一方、年間非課税投資額は、売却部分の枠は再利用不可。

２．特定公社債等の課税関係

特定公社債等※の利子、譲渡益、償還差益は、**20.315％**（所得税15.315％、住民税５％）の**申告分離課税**となり、すべて**特定口座の対象**となる。

※ 国債、地方債、外国国債、外国地方債、公募公社債、上場公社債、公募公社債投資信託などが該当。

利子等	**利子所得**として、支払時に20.315％（所得税15.315％、住民税５％）が源泉徴収され、**申告不要**または**申告分離課税**を選択する。
譲渡益、償還差益	**上場株式等の譲渡所得等**として、上場株式と同様の扱いとなる。

特定公社債等の譲渡損益・償還差損益・利子所得と、上場株式等の譲渡損益・配当所得を損益通算することができる。控除しきれない損失は、翌年以降**３年間**にわたり繰越控除できる。

9 セーフティネット・関連法規

１．セーフティネット
（1）預金保険制度
① 対象となる金融機関

> 日本国内に本店のある銀行、信用金庫、信用組合、労働金庫、信金中央金庫、全国信用協同組合連合会、労働金庫連合会、商工組合中央金庫

（注）これらの金融機関の海外支店、**外国銀行の在日支店**は対象外。

② 保護される預金等の種類

> 預金、定期積金、掛金、元本補てん契約のある金銭信託、金融債（保護預り専用商品に限る）

（注）**外貨預金**は対象外。

③ 保護される預金等の範囲

・**決済用預金**（無利息、要求払い、決済サービスを提供できること、という３要件を満たす預金）は**全額保護**。
・決済用預金以外の一般預金等は、１金融機関ごとに預金者１人当たり元本1,000万円までとその利息等が保護。

（2）農水産業協同組合貯金保険制度

農業協同組合等に預け入れた貯金等は、農水産業協同組合貯金保険制度の対象となる。保護される貯金等の範囲は、**預金保険制度と同様**である。

（3）投資者保護基金

証券会社が破綻し、分別管理が適切に行われていなかったために顧客資産が返還されない事態が生じた場合、一般顧客１人当たり**1,000万円**を上限に補償される。

329

２．金融サービス提供法

　金融サービス提供法は民法の特別法である。金融商品販売業者が顧客（特定投資家を除く）に金融商品を販売する際には重要事項の説明を義務づけているほか、断定的判断の提供による勧誘を禁止している。金融商品販売業者がこれらに違反し、顧客に損失が生じた場合には、顧客は**損害賠償を請求**できる。なお、元本欠損額が損害額と推定される。

３．金融商品取引法

　金融商品取引法は、金融商品取引業者を規制する業法である。

（１）金融商品取引業者の行為規制

```
●広告規制
●契約締結前の書面交付義務
●契約締結時の書面交付義務
●断定的判断の提供の禁止
●不招請勧誘の禁止
●損失補てんの禁止
●適合性の原則　　　　　　など
```

　契約締結前交付書面では、手数料や商品のリスクなどの留意点を記載して一般投資家へ交付することが義務づけられている（一般投資家から交付は不要である旨の意思表示があっても交付義務は免除されない）。

（２）特定投資家と一般投資家

　投資家を、知識、経験、財産等の属性により特定投資家（プロ）と一般投資家（アマ）に区分し、行為規制の適用に差異を設けている。特定投資家には、情報格差の是正を目的とする行為規制（書面交付義務、適合性の原則など）は適用除外とされる。なお、断定的判断の禁止や損失補てんの禁止などは適用除外とはならない。

（３）インサイダー取引規制

　上場会社の会社関係者が、当該会社の重要事実を知りながら、その情報が公表される前に当該会社の株式等を売買することは禁止されている。なお、会社関係者でなくなってから**1年以内**の者や、会社関係者から重要事実の伝達を受けた者も規制の対象である。

第４章

タックスプランニング

基　礎　編

1　納税義務者・非課税所得

【問題1】（2023年1月 問25）　　　　　　　　チェック欄 □□□□□

　所得税の納税義務者と課税所得の範囲に関する次の記述のうち、最も適切なものはどれか。

1. 日本国籍を有していない者で、日本国内に住所を有し、または現在まで引き続いて1年以上居所を有する個人は、居住者となる。
2. 日本国籍を有している者で、過去10年以内において日本国内に住所または居所を有していた期間の合計が5年以下である個人は、非永住者となる。
3. 非永住者の所得について、国内源泉所得および国外源泉所得のうち日本国内において支払われたものは所得税の課税対象とされ、国外源泉所得のうち、国外から日本国内に送金されたものは所得税の課税対象とならない。
4. 非居住者が、年の途中において非永住者以外の居住者となった場合、その年に生じた国内源泉所得や国外源泉所得は、1年を通じて非永住者以外の居住者であったものとして所得税が課される。

【問題2】（2022年1月 問25）　　　　　　　　チェック欄 □□□□□

　所得税の納税義務者と課税所得の範囲に関する次の記述のうち、適切なものはいくつあるか。

(a) 非永住者以外の居住者は、日本国内および日本国外で生じたすべての所得に対して、日本国内において所得税が課される。
(b) 非永住者が日本国内の企業に勤務して得られる給与所得については、日本国内において所得税が課される。
(c) 非居住者が日本国内に有する不動産を他人に賃貸することで得られる不動産所得については、日本国内において所得税が課される。

1. 1つ
2. 2つ
3. 3つ
4. 0（なし）

第4章　タックスプランニング　基礎編

333

【問題1】 正解 1

種　　　類		課税所得の範囲
居住者 （国内に住所を有し、または、引き続いて1年以上居所を有する個人）	非永住者以外	すべての所得 （日本国内および国外で生じたすべての所得）
	非永住者 （日本国籍を有しておらず、かつ過去10年以内に日本に住所または居所を有していた期間が5年以下の個人）	国外源泉所得以外の所得および国外源泉所得で国内で支払われまたは国外から送金されたもの
非居住者（居住者以外の個人）		国内源泉所得

1. **適　切**　「居住者」とは、国内に住所を有し、または、現在まで引き続き1年以上居所を有する個人をいう。たとえ外国籍を有していてもこの要件に該当すれば居住者となる。

2. **不適切**　日本国籍を有していれば、過去10年以内に日本に住所または居所を有していた期間が5年以下でも非永住者には該当しない。

3. **不適切**　国外から送金されたものも所得税の課税対象になる。

4. **不適切**　個人が同一年中に非居住者であった期間と非永住者以外の居住者に該当する期間を有する場合、非居住者であった期間は、国内源泉所得に対してのみ所得税が課税され、非永住者以外の居住者であった期間は、すべての所得に所得税が課税される。

【問題2】 正解 3

(a) 適　切　非永住者以外の居住者は、日本国内および国外で生じたすべての所得が課税対象となる。

(b) 適　切　非永住者は、国外源泉所得以外の所得および国外源泉所得で日本国内において支払われ、または国外から送金されたものが所得税の課税対象となる。

(c) 適　切　非居住者は、日本国内で得た所得が所得税の課税対象となる。

したがって、適切なものは3つであり、正解は**3**となる。

1 納税義務者・非課税所得

【問題3】（2021年9月 問25）　　　　　　　　チェック欄 ☑☐☐☐☐

所得税の非課税所得に関する次の記述のうち、最も適切なものはどれか。

1. 自転車を利用して通勤している給与所得者に対し、勤務先から通常の給与に加算して支払われるべき通勤手当は、片道の通勤距離に応じて、非課税限度額が定められている。
2. 雇用保険法により失業等給付として支給を受ける金銭のうち、基本手当や傷病手当等の求職者給付は非課税とされるが、高年齢雇用継続基本給付金や高年齢再就職給付金等の雇用継続給付は課税の対象となる。
3. 生命保険契約の収入保障特約において、当該年金受給権を相続により取得した相続人が受け取る毎年の年金額は、その全額が非課税とされる。
4. 地方公共団体に寄附（ふるさと納税）をした者が、寄附に対する謝礼として受け取った返礼品に係る経済的利益は、当該経済的利益が寄附金の額の3割以下であるときは非課税とされる。

第4章 タックスプランニング 基礎編

【問題3】　正解　1

1．適　切　自家用車や自転車を利用して通勤している給与所得者に対して支払われる通勤手当は、片道の通勤距離に応じた非課税限度額が定められている。

2．不適切　求職者給付（基本手当、傷病手当など）、就職促進給付（就業手当、再就職手当など）、教育訓練給付（教育訓練給付金など）、雇用継続給付（高年齢雇用継続基本給付金、高年齢再就職給付金、介護休業給付金）は、雇用保険法により失業等給付として支給を受ける金銭であるため、非課税とされる。

3．不適切　生命保険契約等に基づく年金は、公的年金等以外の雑所得として課税対象となる。

4．不適切　ふるさと納税による謝礼として受け取った経済的利益は、地方公共団体（法人）からの贈与により取得したものであるため、一時所得として課税の対象となる。

2 各種所得の金額

【問題1】（2022年5月 問26）　　　　　　チェック欄☐☐☐☐☐

　居住者に係る所得税の不動産所得に関する次の記述のうち、最も適切なものはどれか。なお、記載のない事項については考慮しないものとする。

1．賃貸アパートの建物およびその敷地を譲渡するために、賃借人に支払う立退料は、不動産所得の金額の計算上、必要経費に算入する。
2．広告等の看板を設置するため、家屋の屋上や塀等を使用させることにより受け取る使用料は、不動産所得に該当する。
3．所有する賃貸アパートを取り壊したことにより生じた損失の金額は、当該貸付が事業的規模で行われている場合、不動産所得の金額の計算上、その損失の金額を控除する前の不動産所得の金額を限度として必要経費に算入することができる。
4．国外中古建物の不動産所得に係る損益通算等の特例により、賃貸している国外中古建物について簡便法により算定した短い耐用年数による減価償却費を計上して損失の金額を生じさせることで、その損失の金額を給与所得や事業所得の金額と損益通算することができる。

【問題1】 正解 2

1. 不適切 賃貸アパートの建物およびその敷地を譲渡するために、賃借人に支払う立退料は、譲渡のために直接要した費用として、譲渡所得の金額の計算上、譲渡費用となる。

2. 適 切 広告等のために、土地、家屋の屋上または側面、塀等を使用させることにより受け取る使用料は、不動産所得に該当する。

3. 不適切 賃貸アパートを取り壊したことにより生じた損失の金額は、当該貸付が事業的規模で行われている場合、不動産所得の金額の計算上、その取壊損失の金額の全額を、必要経費に算入することができる。貸付が事業的規模でない場合は、その損失の金額を控除する前の不動産所得の金額を限度として必要経費に算入することができる。

4. 不適切 国外中古建物の不動産所得に係る損益通算等には特例があり、不動産所得の損失の金額のうち、国外中古建物から生ずる不動産所得の損失の金額はなかったものとみなされる。なお、国外中古建物とは、個人使用または法人の事業用の国外建物であって、個人が取得した不動産所得を生ずべき業務の用に供したもののうち、建物の減価償却費を計算する際の耐用年数を簡便法等により算定しているものをいう。

338

2　各種所得の金額

【問題2】（2021年1月　問26）　　　　　　　　　　　チェック欄☐☐☐☐☐

　居住者に係る所得税の不動産所得に関する次の記述のうち、最も不適切なものはどれか。なお、記載のない事項については考慮しないものとする。

1．貸間やアパート等について貸与することができる独立した室数が10室以上である場合や、貸与する独立家屋が5棟以上である場合には、特に反証がない限り、不動産所得を生ずべき当該建物の貸付は事業として行われているものとされる。
2．所有する土地に他者の建物の所有を目的とする借地権を設定し、その対価として当該土地の時価の2分の1以下である権利金を受け取ったことによる収入は、不動産所得の金額の計算上、総収入金額に算入する。
3．所有する賃貸アパートを取り壊したことにより生じた損失の金額は、当該貸付が事業的規模に満たない場合、不動産所得の金額の計算上、その損失の金額を控除する前の不動産所得の金額を限度として必要経費に算入することができる。
4．居住の用に供していた自宅の建物を取り壊して賃貸アパートを建築し、貸付の用に供した場合、自宅の取壊しに要した費用は、不動産所得の金額の計算上、必要経費とはならないが、賃貸アパートの取得価額に算入することができる。

【問題3】（2020年1月　問25）　　　　　　　　　　　チェック欄☐☐☐☐☐

　居住者に係る所得税の事業所得に関する次の記述のうち、最も不適切なものはどれか。

1．個人事業主が、事業所得を生ずべき事業の遂行上、取引先に対して貸し付けた貸付金の利子は、事業所得の金額の計算上、総収入金額に算入する。
2．個人事業主が、事業所得を生ずべき事業の用に供している取得価額130万円の車両を売却した場合、事業所得の金額の計算上、当該車両の売却価額を総収入金額に算入し、当該車両の未償却残高を必要経費に算入することができる。
3．個人事業主が、生計を一にする親族が所有する土地を賃借して事業所得を生ずべき事業の用に供している場合、事業所得の金額の計算上、当該親族が納付した当該土地に係る固定資産税に相当する金額を必要経費に算入することができる。
4．個人事業主が、生計を一にする親族が発行済株式の全部を保有する会社が所有する建物を賃借して事業所得を生ずべき事業の用に供している場合において、当該会社に支払った賃借料は、事業所得の金額の計算上、必要経費に算入することができる。

第4章　タックスプランニング　基礎編

339

【問題2】 正解 4

1. 適 切 建物の貸与については、次のいずれかの基準（5棟10室基準）に該当すれば原則として事業として行われているものとして取り扱われる。
①アパート等については、貸与することのできる独立した室数がおおむね10室以上
②独立家屋の貸与については、おおむね5棟以上

2. 適 切 借地権の設定の対価として受け取る権利金は、原則として不動産所得の総収入金額に算入する。なお、受け取った権利金の額がその土地の時価の2分の1を超える場合には、その権利金は譲渡所得となる。

3. 適 切 賃貸用固定資産の取り壊しに要した費用は、不動産の貸付が事業として行われている場合は、その全額を必要経費に算入できるが、事業的規模ではない場合は、その年分の資産損失を差し引く前の不動産所得の金額を限度として必要経費に算入される。

4. 不適切 自宅の取り壊し費用は不動産所得の経費にもならず、賃貸アパートの取得価額に算入することもできない。

【問題3】 正解 2

1. 適 切 事業の遂行上取引先または使用人に対して貸し付けた貸付金の利子は、事業の遂行に付随して生じた収入として、事業所得の総収入金額となる。

2. 不適切 事業の用に供している資産であっても、その資産を譲渡した場合には譲渡所得となる。譲渡所得とは、資産の譲渡による所得をいい、譲渡所得の基因となる資産とは、棚卸資産、山林の伐採または譲渡による所得を除く一切の資産をいう。

3. 適 切 個人事業主が、生計を一にする親族に対しその事業に従事したことその他の事由により対価を支払った場合には、その事業主の事業所得の金額の計算上なかったものとみなされ、必要経費に算入できず、その親族が受け取った対価は総収入金額に算入しない。一方、その親族が支払うべき固定資産税等は事業主の事業所得の金額の計算上、必要経費に算入することができる。

4. 適 切 法人に対して支払った賃借料は、個人事業主の事業所得の必要経費に算入することができる。

2　各種所得の金額

【問題4】 （2021年5月 問26）　　　　チェック欄 □□□□□
　居住者に係る所得税の給与所得に関する次の記述のうち、最も適切なものはどれ
か。

1．交通機関を利用して通勤する給与所得者が、その通勤に必要な費用に充てるもの
　として通常の給与に加算して受ける通勤手当のうち、経済的かつ合理的と認められ
　る通常の運賃等の額は、月額10万円を上限として非課税とされる。
2．給与所得控除額は、給与等の収入金額に応じて計算されるが、給与等の収入金額
　が162万5,000円以下である場合は65万円となり、給与等の収入金額が1,000万円を超
　える場合は220万円となる。
3．給与所得者がその年中に支出した特定支出の額の合計額が給与所得控除額の2分
　の1相当額を超える場合、「給与所得者の特定支出の控除の特例」の適用を受ける
　ことにより、給与所得の金額の計算上、給与等の収入金額から給与所得控除額を控
　除した残額からその超える部分の金額を控除することができる。
4．給与等の収入金額が850万円を超える給与所得者が23歳未満の扶養親族を有する
　場合、総所得金額の計算上、給与所得の金額から所得金額調整控除として最大10万
　円が控除される。

第4章 タックスプランニング 基礎編

【問題4】 正解 3

1．不適切 非課税とされる通勤手当の上限額は、**月額15万円**である。

2．不適切 給与所得控除額は、給与等の収入金額が162万5,000円以下である場合は**55万円**であり、給与等の収入金額が**850万円を超える場合は195万円**である。

3．適 切 なお、特定支出とは、次の支出（給与等の支払者から補てんされる部分のうち、所得税が課税されない部分の金額を除く）をいう。

① 通勤費

② 転勤に伴う転居費

③ 職務に直接必要な研修費

④ 職務に直接必要な資格取得費

⑤ 単身赴任者の帰宅旅費

⑥ 職務に関連する図書費・衣服費・交際費などの勤務必要経費（65万円を限度とする）

4．不適切 給与等の収入金額が850万円を超える給与所得者が23歳未満の扶養親族を有する場合、次の算式により計算した金額を給与所得の金額から控除する。

$$|給与等の収入金額(1,000万円を超える場合は1,000万円)-850万円| \times 10\%$$

所得金額調整控除が最大となるのは、給与等の収入金額が1,000万円以上となる場合であり、**15万円**（（1,000万円−850万円）×10％）である。

2　各種所得の金額

【問題5】（2022年1月 問26）　　　　　　　　チェック欄 □□□□□

　居住者に係る所得税の退職所得に関する次の記述のうち、最も不適切なものはどれか。

1．会社員のAさん（55歳）は、勤続25年3カ月で障害者になったことに直接基因して退職することとなり、退職金を受け取った。この場合、退職所得の金額の計算上、退職所得控除額は1,320万円となる。

2．会社員のBさん（65歳）は、退職金の支払を受ける時までに退職所得の受給に関する申告書を支払者に提出した。この場合、その支払われる退職手当等の金額に20.42％の税率を乗じて計算した金額に相当する税額が源泉徴収されるが、確定申告をすることにより、当該税額を精算することができる。

3．会社員のCさん（60歳）は、確定拠出年金の個人型年金の老齢給付金を一時金として一括で受け取った。この場合、老齢給付金として支給される一時金の額が退職所得の収入金額となる。

4．常勤監査役のDさん（64歳）は、上場企業を定年退職した後に入社した関連会社の常勤監査役を勤続4年3カ月で退職し、退職金を受け取った。この場合、特定役員退職手当等として退職所得の金額を計算する。

第4章 タックスプランニング 基礎編

343

【問題5】 正解 2

1. 適 切 退職所得控除額は、次のように計算する。

勤続年数（A）	退職所得控除額
20年以下	40万円×A（80万円に満たない場合には80万円）
20年超	800万円＋70万円×（A－20年）

障害者になったことが直接の原因で退職した場合の退職所得控除額は、上記の方法により計算した額に、100万円を加えた金額となる。

勤続年数に1年未満の期間がある場合は切り上げる。

勤続年数：25年3カ月→26年

退職所得控除額＝800万円+70万円×（26年－20年）＋100万円＝1,320万円

2. 不適切 「退職所得の受給に関する申告書」を提出した場合、適切な額の所得税・復興特別所得税および住民税が源泉徴収されるため、確定申告は不要である。

3. 適 切 確定拠出年金の老齢給付金は、一時金として受け取る場合は退職所得として課税される。なお、確定拠出年金の老齢給付金を年金として受け取る場合は、公的年金等の雑所得として総合課税の対象となる。

4. 適 切 退職所得＝（退職収入－退職所得控除）$\times \dfrac{1}{2}$ により計算するが、役員としての勤続年数が5年以下の者が受け取る退職手当等は、特定役員退職手当等となり、上記計算式における $\dfrac{1}{2}$ の適用がない。

2　各種所得の金額

【問題6】（2022年9月 問26）　　　　　　　　　　　チェック欄 □□□□□

　居住者に係る所得税の利子所得と配当所得に関する次の記述のうち、最も適切なものはどれか。なお、記載のない事項については考慮しないものとする。

1．外国銀行の在日支店に預け入れた外貨預金の利子は、利子所得として源泉分離課税の対象となり、外国銀行の海外支店に預け入れた外貨預金の利子は、利子所得として総合課税の対象となる。

2．同一年中に受け取った複数の上場株式の配当について確定申告を行う場合、1銘柄ごとに総合課税または申告分離課税を選択することができる。

3．同一年中にX社株式の配当金20万円とY社株式の配当金20万円を受け取り、X社株式を取得するために要した負債の利子30万円を支払った者が、当該配当について確定申告を行う場合、配当所得の金額は20万円となる。

4．内国法人から支払を受ける上場株式の配当について、確定申告において申告分離課税を選択した場合、配当控除の適用を受けることができる。

第4章 タックスプランニング 基礎編

345

【問題6】 正解 1

1. **適 切** 外貨預金の利子は利子所得となるが、預け入れた金融機関が日本国内に
あるか、国外にあるかによって取り扱いが異なる。日本国内の金融機関の場合は源
泉分離課税の対象となり確定申告は不要である。国外の金融機関の場合は源泉徴収
は適用されないため総合課税の対象として確定申告が必要である。

2. **不適切** 同一年中に受け取った複数の上場株式の配当について確定申告を行う場
合、その申告をする配当所得のすべてについて、総合課税または申告分離課税のい
ずれかを選択しなければならない。

3. **不適切** 株式を取得するための負債の利子は、当該負債によって取得した株式等
の配当等からだけでなく、他の株式等の配当等からも控除できる。本肢の配当所得
の金額は、次のとおりである。

20万円（X株式配当）＋20万円（Y株式配当）－30万円（負債の利子）＝10万円

4. **不適切** 配当控除の適用を受けるためには、確定申告において総合課税を選択し
なければならない。

2　各種所得の金額

【問題7】（2021年9月　問26改題）　　　　　　　　チェック欄 □□□□□

　居住者に係る所得税の一時所得および雑所得に関する次の記述のうち、最も不適切なものはどれか。なお、記載のない事項については考慮しないものとする。

1．一時払終身保険を契約から4年後に解約した場合、当該解約返戻金は、一時所得の収入金額として総合課税の対象となる。
2．個人年金保険（保証期間付終身年金）の年金受取人が、年金支払開始日後に保証期間分の年金額を一括で受け取った場合、その一時金は、一時所得の収入金額として総合課税の対象となる。
3．暗号資産取引により生じた損益は、その暗号資産取引自体が事業と認められる場合等を除き、雑所得に区分される。
4．2023年中に65歳以上の納税者が受け取った老齢基礎年金の額が78万円である場合、2023年分の所得税において公的年金等に係る雑所得の金額は算出されない。

第4章　タックスプランニング　基礎編

347

【問題7】 正解 2

1. 適　切　一時払終身保険は金融類似商品に該当しないため、その解約返戻金は一時所得の収入金額として総合課税の対象となる。

2. 不適切　個人年金保険（保証期間付終身年金）の年金受取人が、年金支払開始日後に保証期間分の年金額を一括で受け取った場合、その一時金は、雑所得として課税の対象となる。

3. 適　切　暗号資産取引により生じた損益（邦貨または外貨との相対的な関係により認識される損益）は、その暗号資産取引自体が事業と認められる場合等を除き、雑所得に区分される。なお、暗号資産取引自体が事業と認められる場合とは、暗号資産取引の収入によって生計を立てていることが客観的に明らかである場合等が挙げられる。

4. 適　切　2023年分の所得税において、65歳以上の者に係る公的年金等の収入金額が330万円以下である場合、公的年金等控除額は、公的年金等に係る雑所得以外の所得に係る合計所得金額が1,000万円以下である場合は110万円、1,000万円超2,000万円以下である場合は100万円、2,000万円超である場合は90万円である。したがって、65歳以上の納税者が受け取った老齢基礎年金の額が78万円である場合、公的年金等に係る雑所得以外の所得に係る合計所得金額の多寡にかかわらず、公的年金等に係る雑所得の金額は算出されない。

2 各種所得の金額

【問題8】 （2018年1月 問26改題）　　　　　　　　　　　　　チェック欄 ☐☐☐☐☐

　不動産を譲渡したことによる譲渡所得の金額の計算における取得費に関する次の記述のうち、**適切なもの**はいくつあるか。なお、記載のない事項については考慮しないものとする。

（a）Aさんは、2014年4月に父親の相続により土地（取得費は不明）を取得し、相続登記関係費用として30万円を支払った。その後、当該土地を2023年4月に5,000万円で譲渡した。この場合、譲渡所得の金額の計算上、取得費は、概算取得費の250万円に相続登記関係費用の30万円を加算した280万円とすることができる。

（b）Bさんは、1961年4月に自宅建物の所有を目的として借地権を設定し、地主に権利金等の一時金を支払うことなく、地代のみを支払っていた。その後、当該借地権を2023年4月に2,000万円で譲渡した。この場合、借地権設定時に設定の対価を支払っていないため、譲渡所得の金額の計算上、概算取得費控除の適用は受けられない。

（c）Cさんは、2022年4月に父親の相続により複数の土地を取得し、そのうちの一部の土地を2023年4月に3,000万円で譲渡した。この場合、「相続財産に係る譲渡所得の課税の特例」の適用を受けることにより、譲渡所得の金額の計算上、Cさんが納付した相続税額のうち、Cさんが相続により取得したすべての土地に対応する額を取得費に加算することができる。

1．1つ
2．2つ
3．3つ
4．0（なし）

第4章　タックスプランニング　基礎編

349

【問題 8】 正解 4

(a) 不適切 概算取得費の適用を受けた場合には、取得費とすることができるのは「譲渡対価の額×5％」のみである。相続登記関係費用を取得費に加算することはできない。

(b) 不適切 無償で取得した借地権を譲渡した場合も概算取得費控除の適用は受けられる。

(c) 不適切 相続税額の取得費加算は、納付した相続税額のうち、譲渡した相続財産に対応する部分の金額を取得費に加算することができる特例である。

したがって、適切なものはなく、正解は**4**となる。

3 損益通算・損失の繰越控除

【問題1】 (2022年1月 問27改題)　　　　　　　　チェック欄 ☐☐☐☐☐

　居住者であるＡさんの2023年分の各種所得の収入金額等が下記のとおりであった場合の総所得金額として、次のうち最も適切なものはどれか。なお、Ａさんは青色申告を行っていないものとし、記載のない事項については考慮しないものとする。

事 業 所 得	個人商店を営むことによる所得
	総収入金額：800万円 必 要 経 費：900万円
不動産所得	賃貸アパートの経営による所得
	総収入金額：700万円 必 要 経 費：640万円（当該所得を生ずべき土地の取得に要した負債の利子10万円を含んだ金額）
一 時 所 得	養老保険（30年満期）の満期保険金を受け取ったことによる所得
	総収入金額：500万円 収入を得るために支出した金額：350万円

1．10万円
2．20万円
3．30万円
4．35万円

【問題1】 正解 **3**

3. が正しい。

各種所得の金額

　　事業所得の金額＝800万円－900万円＝▲100万円

　　不動産所得の金額＝700万円－640万円＝60万円

　　一時所得の金額＝500万円－350万円－50万円＝100万円

損益通算

　　60万円（不動産）－100万円（事業）＝▲40万円（事業）

　　100万円（一時）－40万円（事業）＝60万円（一時）

　　総所得金額＝60万円×$\dfrac{1}{2}$＝**30万円**

【問題 2】 （2022年 9 月 問28改題）　　　　チェック欄 □□□□□

　Aさん（居住者）の2023年分の各種所得の収入金額等が下記のとおりであった場合の総所得金額として、次のうち最も適切なものはどれか。なお、記載のない事項については考慮しないものとする。

給与所得	勤務先から給与を受け取ったことによる所得
	収　入　金　額：850万円 給与所得控除額：195万円
譲渡所得	上場株式を譲渡したことによる所得
	総収入金額：200万円 取得費・譲渡費用：260万円
不動産所得	賃貸アパートの経営による所得
	総収入金額：200万円 必　要　経　費：240万円（当該所得を生ずべき土地の取得に要した負債の利子40万円を含んだ金額）
一時所得	生命保険（保険期間20年）の満期保険金を受け取ったことによる所得
	総収入金額：1,100万円 収入を得るために支出した金額：1,000万円

1．620万円
2．640万円
3．680万円
4．705万円

【問題2】 正解 3

3. が正しい。

・各種所得の金額の計算

給与所得＝850万円－195万円＝655万円

上場株式の譲渡所得＝200万円－260万円＝▲60万円

不動産所得＝200万円－240万円＝▲40万円

一時所得＝1,100万円－1,000万円－50万円(特別控除額)＝50万円

・損益通算

不動産所得の損失の金額（40万円）のうち、土地の取得に要した負債の利子（40万円）は損益通算の対象外。また、上場株式を譲渡したことによる所得は、損益通算の対象外。

・総所得金額

一時所得の金額の2分の1を総所得金額に算入する。

655万円(給与所得)＋50万円×$\dfrac{1}{2}$(一時所得)＝680万円

3　損益通算・損失の繰越控除

【問題3】（2020年9月 問27改題）　　　　　　　　チェック欄□□□□□

　居住者であるAさんの2023年分の各種所得の収入金額等が下記のとおりであった場合の総所得金額として、次のうち最も適切なものはどれか。なお、Aさんは青色申告を行っていないものとし、記載のない事項については考慮しないものとする。

事業所得	個人商店を営むことによる所得
	総 収 入 金 額：750万円 必 要 経 費：830万円
不動産所得	賃貸アパートの経営による所得
	総 収 入 金 額：680万円 必 要 経 費：620万円（当該所得を生ずべき土地の取得に要した負債の利子20万円を含んだ金額）
譲渡所得	上場株式を譲渡したことによる所得
	総 収 入 金 額：290万円 取 得 費 等：300万円
一時所得	変額個人年金保険（終身年金）の解約返戻金を受け取ったことによる所得
	総 収 入 金 額：320万円 収入を得るために支出した金額 　　　　　　　：200万円

1．15万円
2．20万円
3．25万円
4．35万円

第4章　タックスプランニング　基礎編

355

【問題3】 正解 3

3. が正しい。

各種所得の金額

事業所得：750万円 − 830万円 = ▲80万円

不動産所得：680万円 − 620万円 = 60万円

不動産所得の損失の金額のうち、土地取得のための借入金の利子からなる部分の金額は損益通算の対象とならないが、不動産所得が損失にならない場合、土地取得のための借入金の利子からなる部分の金額は、全額必要経費に算入する。

上場株式等に係る譲渡所得：290万円 − 300万円 = ▲10万円

上場株式を譲渡した場合の譲渡所得の損失は、申告分離課税を選択した配当所得以外の所得とは損益通算できない。

一時所得：320万円 − 200万円 − 50万円(特別控除) = 70万円

事業所得の損失の金額は、まず経常所得の金額から控除する。

60万円(不動産) − 80万円(事業) = ▲20万円(事業)

経常所得から引ききれない事業所得の損失の金額は、一時所得の金額から控除する。

70万円(一時) − 20万円(事業) = 50万円(一時)

一時所得は2分の1を総所得金額に算入する。

$$50万円 \times \frac{1}{2} = \textbf{25万円}$$

3 損益通算・損失の繰越控除

【問題4】（2010年11月 問32）　　　　　　　　チェック欄 □□□□□

所得税の確定申告において純損失の繰越控除と雑損失の繰越控除の適用を受ける場合、次の記述のうち、最も適切なものはどれか。

1．青色申告者について、同じ年に純損失の金額と雑損失の金額が発生した場合、翌年の申告にあたっては純損失の金額を優先して控除しなければならない。また、繰越控除の適用を受けるためには、損失の生じた翌年以後においても連続して青色申告による確定申告書を提出しなければならない。

2．青色申告者について、同じ年に純損失の金額と雑損失の金額が発生した場合、翌年の申告にあたっては純損失の金額を優先して控除しなければならない。また、繰越控除の適用を受けるためには、損失の生じた翌年以後においては連続して確定申告書を提出しなければならないが、青色申告である必要はない。

3．青色申告者について、同じ年に純損失の金額と雑損失の金額が発生した場合、翌年の申告にあたっては雑損失の金額を優先して控除しなければならない。また、繰越控除の適用を受けるためには、損失の生じた翌年以後においても連続して青色申告による確定申告書を提出しなければならない。

4．青色申告者について、同じ年に純損失の金額と雑損失の金額が発生した場合、翌年の申告にあたっては雑損失の金額を優先して控除しなければならない。また、繰越控除の適用を受けるためには、損失の生じた翌年以後においては連続して確定申告書を提出しなければならないが、青色申告である必要はない。

第4章 タックスプランニング 基礎編

357

【問題4】 正解 2

1．不適切 純損失の繰越控除と雑損失の繰越控除の両方の適用がある場合には、純損失の繰越控除を先に行う。

〈純損失の繰越控除〉

・損失発生年が、青色申告であれば、純損失の金額の全額が控除される。

・繰越控除を受けるためには毎年確定申告書の提出が必要であるが、控除を受ける年は青色申告、白色申告どちらでもかまわない。

〈雑損失の繰越控除〉

・青色申告、白色申告どちらでも適用がある。

したがって繰越控除を受ける場合、「連続して青色申告書を提出しなければならない」という部分が不適切である。

2．適　切

3．不適切 純損失の繰越控除を優先して行う。控除を受ける年は白色申告でもかまわない。

4．不適切 純損失の繰越控除を優先して行う。後半は適切である。

4 所得控除

【問題1】（2020年9月 問28）　　　　チェック欄 ☐☐☐☐☐

居住者に係る所得税の雑損控除に関する次の記述のうち、最も適切なものはどれか。

1. 会社員である納税者が、所有する生活に通常必要な資産について詐欺によって一定額以上の損失が生じた場合、確定申告をすることにより、雑損控除の適用を受けることができる。
2. 個人事業主である納税者が、所有する事業用固定資産について災害によって一定額以上の損失が生じた場合、確定申告をすることにより、雑損控除の適用を受けることができる。
3. 雑損控除の控除額は、災害関連支出がない場合、損害金額（保険金等により補填される金額を除く）からその年分の総所得金額等の合計額の5％相当額を控除して計算される。
4. 雑損控除としてその年分の総所得金額等から控除しきれなかったことによる雑損失の金額は、翌年以後最長で3年間繰り越して、翌年以後の総所得金額等から控除することができる。

【問題1】 正解 **4**

1. **不適切** 詐欺、恐喝による損失が生じた場合、雑損控除の適用を受けることはできない。

2. **不適切** 雑損控除が適用される資産は、生活に通常必要な住宅、家具、衣類などの資産および現金である。事業用固定資産につき損失が発生しても、雑損控除の適用を受けることはできない。

3. **不適切** 災害関連支出がない場合、損害金額（保険金等により補塡される金額を除く）からその年分の総所得金額等の合計額の10％相当額を控除した額が雑損控除の控除額となる。

4. **適 切** 雑損失の繰越控除は、青色申告であるか白色申告であるかを問わず、翌年以後最長で3年間、適用を受けることができる。

4 所得控除

【問題2】（2021年9月 問27）　　　　　　　　　　　チェック欄 ☐☐☐☐☐

居住者に係る所得税の所得控除に関する次の記述のうち、最も不適切なものはどれか。なお、各選択肢において、ほかに必要な要件等はすべて満たしているものとする。

1．納税者が生計を一にする長女に係る医療費を支払った場合、その支払った医療費は納税者の医療費控除の対象となる。

2．納税者が生計を一にする長女に係る国民年金の保険料を支払った場合、その支払った保険料は納税者の社会保険料控除の対象となる。

3．納税者が生計を一にする配偶者に係る確定拠出年金の個人型年金加入者掛金を支払った場合、その支払った掛金は納税者の小規模企業共済等掛金控除の対象となる。

4．納税者が、生計を一にする配偶者が有する家屋を目的とした地震保険の保険料を支払った場合、その支払った保険料は納税者の地震保険料控除の対象となる。

第4章 タックスプランニング 基礎編

361

【問題2】 正解 3

1. **適 切** 医療費控除は、納税者の医療費に限らず、同一生計の配偶者その他の親族の医療費を支払った場合も適用を受けることができる。

2. **適 切** 社会保険料控除は、納税者の社会保険料に限らず、同一生計の配偶者その他の親族の負担すべき社会保険料を支払った場合も適用を受けることができる。

3. **不適切** 納税者が生計を一にする配偶者に係る確定拠出年金の個人型年金加入者掛金を支払った場合でも、その支払った掛金は配偶者の小規模企業共済等掛金控除の対象となるため、納税者の小規模企業共済等掛金控除の対象とすることはできない。

4. **適 切** 地震保険料控除は、納税者または同一生計の配偶者その他の親族の有する居住家屋または生活用動産を保険の目的とする地震保険契約の保険料が対象となる。

4　所得控除

【問題3】(2021年1月　問27改題)　　　　　　　　　　チェック欄 ▢▢▢▢▢

　居住者であるAさんが2023年中に支払った所得税の医療費控除の対象となる金額が下記のとおりであった場合、Aさんが適用を受けることができる医療費控除の最大控除額として、次のうち最も適切なものはどれか。

　なお、Aさんの2023年分の総所得金額等の合計額は600万円であるものとし、「特定一般用医薬品等購入費を支払った場合の医療費控除の特例」の適用要件は満たしているものとする。また、保険金等で補填される金額はなく、記載のない事項については考慮しないものとする。

〈Aさんが2023年中に支払った医療費等の金額〉
(1)　Aさんの入院に伴って病院に支払った費用
　　5万円
(2)　Aさんの通院に伴って病院に支払った費用
　　2万円
(3)　Aさんの通院のための電車賃・バス賃(交通費)
　　1万円
(4)　Aさんが医薬品の購入のために薬局に支払った費用
　　3万円(全額が特定一般用医薬品等購入費に該当する)

1．1万円
2．1万8,000円
3．2万8,000円
4．3万円

第4章

タックスプランニング

基礎編

363

【問題3】 正解 **2**

2. が正しい。

　医療費控除は、従来の医療費控除と「特定一般用医薬品等購入費を支払った場合の医療費控除の特例」（セルフメディケーション税制）の選択適用となる。本問の場合、セルフメディケーション税制が適用できる。セルフメディケーション税制とは、対象となる医薬品の購入費用が1万2,000円を超えたときは、その超える部分の金額（8万8,000円を限度とする）を控除することができるというものである。

　医療費控除額＝3万円（医薬品購入費用）－1万2,000円＝**1万8,000円**

　なお、従来の医療費控除は、支払った医療費の額の合計額が10万円と総所得金額の5％とのいずれか低い金額を超えた場合にその超えた部分の金額を控除できるというものであるが、本問の場合、セルフメディケーション税制を選択した方が有利となる。

4　所得控除

【問題4】（2021年9月 問29）　　　　　　　　　　チェック欄□□□□□

「ふるさと納税ワンストップ特例制度」（以下、「本制度」という）に関する次の記述のうち、最も不適切なものはどれか。なお、記載のない事項については考慮しないものとする。

1．寄附者が1年間に5団体を超える自治体に対して寄附を行った場合、本制度の適用を受けることができない。
2．給与所得者のうち、最初の年分の住宅借入金等特別控除の適用を受けるために所得税の確定申告を行う者は、本制度の適用を受けることができない。
3．本制度の適用を受けるためには、「寄附金税額控除に係る申告特例申請書」を寄附者本人の住所地の市町村（特別区を含む）に提出しなければならない。
4．本制度の適用を受けた場合、所得税からの還付は発生せず、翌年度分の住民税から控除される。

【問題5】（2022年1月 問28）　　　　　　　　　　チェック欄□□□□□

居住者に係る所得税の所得控除に関する次の記述のうち、最も不適切なものはどれか。

1．居住者と生計を一にする扶養親族が特別障害者で、居住者との同居を常況としている者である場合、その者に係る障害者控除の額は75万円である。
2．青色申告者の配偶者で青色事業専従者として給与の支払を受ける者、または白色申告者の配偶者で事業専従者に該当する者は、その者の合計所得金額の多寡にかかわらず、控除対象配偶者または老人控除対象配偶者には該当しない。
3．夫と死別後に婚姻していない者が寡婦控除の適用を受けるためには、扶養親族を有すること、居住者本人の合計所得金額が500万円以下であること、居住者本人と事実上婚姻関係と同様の事情にあると認められる一定の人がいないことの3つの要件を満たす必要がある。
4．現に婚姻していない者がひとり親控除の適用を受けるためには、総所得金額等が48万円以下の生計を一にする子を有すること、居住者本人の合計所得金額が500万円以下であること、居住者本人と事実上婚姻関係と同様の事情にあると認められる一定の人がいないことの3つの要件を満たす必要がある。

第4章　タックスプランニング　基礎編

【問題4】 正解 **3**

1. 適 切 本制度の適用を受けるためには、1年間の寄附先を5団体以下とする必要がある。

2. 適 切 本制度の適用を受けることができる者は、確定申告を行う必要のない給与所得者や年金所得者である。

3. 不適切 本制度の適用を受けるためには、寄附の都度、寄附先の自治体に「寄附金税額控除に係る申告特例申請書」を提出しなければならない。

4. 適 切 本制度の適用を受けた場合、所得税における所得控除は適用されず、すべて住民税からの控除となり、所得税の控除分相当額が翌年の住民税から控除される。

【問題5】 正解 **3**

1. 適 切 居住者本人、居住者の同一生計配偶者または扶養親族が障害者の場合には障害者控除を受けることができる。なお、障害者控除は、扶養控除の適用がない16歳未満の扶養親族を有する場合も受けることができる。

区分	控除額
一 般 障 害 者	27万円
特 別 障 害 者	40万円
同居特別障害者	75万円

2. 適 切 配偶者が、青色事業専従者または白色事業専従者として給与の支払いを受けている場合には、配偶者控除も配偶者特別控除も受けられない。

3. 不適切 夫と死別した後に婚姻をしていない者が寡婦控除を受ける場合、扶養親族の要件はない。夫と離婚した者が寡婦控除の適用を受けるためには、①離婚後婚姻をしていない、②扶養親族がいる、③合計所得金額が500万円以下であるという3つの要件を満たすことが必要である。なお、寡婦控除の控除額は27万円である。

4. 適 切 婚姻をしていない者が、①総所得金額等が48万円以下の同一生計の子がいる、②本人の合計所得金額が500万円以下である、③事実上婚姻関係と同様の事情にあると認められる者がいないという3つの要件を満たした場合には、ひとり親控除として35万円が控除される。

4 所得控除

【問題6】 (2021年5月 問28)　　　　　　　　　チェック欄☐☐☐☐☐

　居住者に係る所得税の所得控除に関する次の記述のうち、適切なものはいくつある
か。

(a) 合計所得金額が1,000万円を超える納税者は、配偶者の合計所得金額の多寡にか
　　かわらず、配偶者控除および配偶者特別控除のいずれの適用も受けることができな
　　い。
(b) 扶養控除の対象となる扶養親族は、納税者と生計を一にする親族（納税者の配
　　偶者を除く）のうち、合計所得金額が38万円以下で、16歳以上の者である。
(c) ひとり親控除は、現に婚姻をしていない納税者で、生計を一にする子を有し、合
　　計所得金額が500万円以下である者が適用を受けることができ、その控除額は38万
　　円である。
(d) 基礎控除は、すべての納税者が適用を受けることができ、その控除額は、納税
　　者の合計所得金額の多寡にかかわらず、一律48万円である。

1．1つ
2．2つ
3．3つ
4．4つ

【問題7】 (2019年1月 問28)　　　　　　　　　チェック欄☐☐☐☐☐

　居住者に係る所得税の所得控除に関する次の記述のうち、最も不適切なものはどれ
か。

1．「特定一般用医薬品等購入費を支払った場合の医療費控除の特例」による控除額
　　は、納税者がその年中に支払った特定一般用医薬品等購入費（保険金等により補て
　　んされる部分の金額を除く）の合計額であり、8万8,000円が上限となる。
2．納税者の合計所得金額が1,000万円を超えている場合は、配偶者の合計所得金額
　　の多寡にかかわらず、配偶者控除および配偶者特別控除のいずれの適用も受けるこ
　　とはできない。
3．納税者の控除対象扶養親族が一定の障害者に該当する場合、納税者は、当該控除
　　対象扶養親族に係る扶養控除と障害者控除の適用を受けることができる。
4．年の中途で死亡した納税者の準確定申告において配偶者控除の対象となった者
　　は、所定の要件を満たせば、その後その年中において他の納税者の控除対象配偶者
　　や控除対象扶養親族となることができる。

367

【問題6】 正解 1

(a) 適 切 配偶者控除または配偶者特別控除の適用を受けるためには、納税者の合計所得金額は1,000万円以下でなければならない。

(b) 不適切 扶養控除の対象となる扶養親族の合計所得金額は、48万円以下でなければならない。

(c) 不適切 ひとり親控除の控除額は**35万円**である。なお、ひとり親控除は、合計所得金額が500万円以下の者で、次の①および②の要件を満たす場合に適用を受けることができる。

① 現に婚姻をしていないことまたは配偶者の生死が不明であること

② 生計を一にする子（総所得金額等の合計額が48万円以下）を有していること

(d) 不適切 基礎控除の適用を受けるためには、合計所得金額が2,500万円以下でなければならない。

以上より、適切なものは1つであり、正解は**1**となる。

【問題7】 正解 1

1．不適切 「特定一般用医薬品等購入費を支払った場合の医療費控除の特例」は、納税者がその年中に支払った特定一般用医薬品等購入費（保険金等により補てんされる部分の金額を除く）の合計額が1万2千円を超える場合に、その超える部分の金額（8万8,000円を限度とする）を控除することができる。

2．適 切 配偶者控除および配偶者特別控除は、いずれも納税者の合計所得金額が1,000万円以下でなければ適用を受けることができない。

3．適 切 障害者控除は、納税者本人が障害者である場合だけでなく、扶養親族が障害者である場合にも適用を受けることができる。扶養親族については、扶養控除の適用がない16歳未満の扶養親族を有する場合でも障害者控除を受けることができる。

4．適 切 年の中途で納税者が死亡した場合には、その死亡した時において控除対象配偶者や控除対象扶養親族に該当する者がいるときは、配偶者控除や扶養控除を受けることができる。また、その死亡した者の控除対象配偶者や控除対象扶養親族とされた者が、その年の12月31日において他の納税者の控除対象配偶者や控除対象扶養親族に該当する場合には、その納税者が配偶者控除や扶養控除を受けることができる。

5 税額控除

【問題1】 （2018年9月 問28）　　　　　　　チェック欄☐☐☐☐☐

居住者に係る所得税の配当控除に関する次の記述のうち、最も適切なものはどれか。

1．J-REIT（不動産投資信託）の分配金に係る配当所得については、確定申告により総合課税を選択することにより、配当控除の適用を受けることができる。
2．内国法人から支払を受ける非上場株式の配当に係る配当所得については、確定申告により総合課税を選択したとしても、配当控除の適用を受けることはできない。
3．上場株式の配当に係る配当所得について配当控除の適用を受ける場合、控除額は、課税総所得金額が1,000万円以下である場合は配当所得の金額の10％相当額となり、課税総所得金額が1,000万円を超える場合は配当所得の金額の5％相当額となる。
4．総所得金額の計算にあたって配当所得の金額と他の所得の金額を損益通算していた場合であっても、配当控除の控除額を計算する際の配当所得の金額は、損益通算する前の配当所得の金額によることとなる。

【問題2】 （2021年5月 問29改題）　　　　　　　チェック欄☐☐☐☐☐

居住者であるAさんの2023年分の所得の金額等が下記のとおりであった場合の所得税の配当控除の額として、最も適切なものはどれか。なお、配当所得は、東京証券取引所に上場している国内株式の配当を受け取ったことによる所得で、総合課税を選択したものとする。また、記載のない事項については考慮しないものとする。

配当所得の金額	：255万円
不動産所得の金額	：890万円
所得控除の額の合計額	：135万円

1．12万7,500円
2．18万2,500円
3．25万円
4．25万5,000円

第4章 タックスプランニング 基礎編

369

【問題1】 正解 4

1. 不適切 J-REIT（不動産投資信託）の投資法人では法人税が非課税であるため、分配金に所得税が課されても二重課税にならない。したがって、配当控除の適用を受けることができない。

2. 不適切 非上場株式の配当に係る配当所得でも、確定申告により総合課税を選択すると、配当控除の適用を受けることができる。

3. 不適切 課税総所得金額等が1,000万円を超える場合の配当控除額は、次の①および②の合計額となる。

① 配当所得の金額のうち、課税総所得金額等から1,000万円を控除した金額に達するまでの金額の5％

② 配当所得の金額のうち、①以外の金額の10％

4. 適 切 配当所得と他の赤字の所得の金額を損益通算をした場合でも、損益通算前の配当所得の金額で配当控除の計算をする。

【問題2】 正解 3

配当控除の額は次のように計算する。

(1) 課税総所得金額等が1,000万円以下の場合

　配当控除の額＝配当所得の金額×10％

(2) 課税総所得金額等が1,000万円超の場合

　配当控除の額＝①×10％＋②×5％

① 配当所得の金額－（課税総所得金額等－1,000万円）

② 配当所得の金額－①

〈計算〉

(1) 課税総所得金額等（所得控除後の金額）

　255万円＋890万円－135万円＝1,010万円＞1,000万円

(2) 配当控除の額

① 255万円－（1,010万円－1,000万円）＝245万円

② 255万円－245万円＝10万円

③ ①×10％＋②×5％＝**25万円**

5　税額控除

【問題3】（2022年9月 問30改題）　　　　　　　チェック欄 ☐☐☐☐☐

　2023年中に新築住宅を取得し、同月中に入居した居住者が適用を受ける住宅借入金等特別控除に関する次の記述のうち、最も不適切なものはどれか。なお、ZEH水準省エネ住宅とは、租税特別措置法第41条第10項第3号に規定する特定エネルギー消費性能向上住宅をいう。

1．住宅借入金等特別控除の適用を受けることができる控除期間は、最長13年間である。

2．取得した住宅が認定長期優良住宅に該当する場合、住宅借入金等特別控除による各年の控除額は、住宅借入金等の年末残高等に0.7％を乗じた金額であり、最大35万円となる。

3．取得した住宅がZEH水準省エネ住宅に該当する場合、住宅借入金等特別控除による各年の控除額は、住宅借入金等の年末残高等に0.7％を乗じた金額であり、最大31万5,000円となる。

4．取得した住宅の床面積が120㎡である場合、住宅借入金等特別控除の適用を受けるためには、納税者のその年分の合計所得金額が3,000万円以下でなければならない。

第4章 タックスプランニング 基礎編

【問題3】 正解 **4**

1. 適 切 2023年中に新築住宅を取得した場合の控除期間は最長13年である。なお、2023年中に中古住宅を取得し、同月中に入居した居住者が住宅借入金等特別控除の適用を受ける場合、控除期間は最長10年間である。

2. 適 切 2023年中に新築の認定長期優良住宅を取得し、同月中に入居した居住者が住宅借入金等特別控除の適用を受ける場合、2023年末のローン残高限度額は5,000万円、控除率は0.7％であるため、最大控除額は35万円（5,000万円×0.7％）である。

3. 適 切 2023年中に新築のZEH水準省エネ住宅を取得し、同月中に入居した居住者が住宅借入金等特別控除の適用を受ける場合、2023年末のローン残高限度額は4,500万円、控除率は0.7％であるため、最大控除額は31万5,000円（4,500万円×0.7％）である。

4. 不適切 床面積が50㎡以上である場合、合計所得金額は2,000万円以下でなければならない。なお、床面積が40㎡以上50㎡未満である場合、合計所得金額は1,000万円以下でなければならない。

【問題4】 （2017年1月 問28）　チェック欄 □□□□□

「既存住宅に係る特定の改修工事をした場合の所得税額の特別控除」（租税特別措置法第41条の19の3）に関する次の記述のうち、最も適切なものはどれか。

1. 「高齢者等居住改修工事等に係る税額控除」は、一定のバリアフリー改修工事を行う者が50歳以上である者または介護保険法に規定する要介護または要支援の認定を受けている者である場合に限り、適用を受けることができる。
2. 「多世帯同居改修工事等に係る税額控除」の適用対象となる多世帯同居改修工事等とは、改修工事に要した費用（補助金等の交付を受ける場合には、その額を控除した後の金額）が100万円を超えるものとされている。
3. 「多世帯同居改修工事等に係る税額控除」の控除額は、多世帯同居改修工事等に係る標準的費用額の10％相当額で、30万円が限度とされている。
4. 「高齢者等居住改修工事等に係る税額控除」「一般断熱改修工事等に係る税額控除」「多世帯同居改修工事等に係る税額控除」のいずれも、改修工事を行った年分の納税者の合計所得金額が3,000万円を超える場合には、適用を受けることができない。

【問題4】 正解 4

1. **不適切** バリアフリー改修工事を行った場合の、既存住宅に係る特定の改修工事をした場合の所得税額の特別控除の適用を受けることができるのは次のいずれかに該当する者である。

① 50歳以上の者

② 介護保険法に規定する要介護または要支援の認定を受けている者

③ 所得税法上の障害者である者

④ 65歳以上の親族または上記②もしくは③に該当する親族と同居を常況としている者

2. **不適切** 適用対象となる工事とは、多世帯同居改修工事等に係る標準的な費用の額が50万円（補助金等の交付を受ける場合には、その補助金等の額を差し引いた金額）を超えるものをいう。

3. **不適切** 標準的な費用相当額は250万円を限度とし、控除率は10％である。控除限度額は、250万円×10％＝25万円となる。

4. **適 切** いずれの控除も合計所得金額が3,000万円を超える場合には適用を受けることができない。

374

5　税額控除

【問題5】（2023年1月 問28）　チェック欄□□□□□

　所得税の雑損控除および災害被害者に対する租税の減免、徴収猶予等に関する法律（以下、「災害減免法」という）に関する次の記述のうち、最も適切なものはどれか。なお、記載のない事項については考慮しないものとする。

1．災害のうち、火災、風水害、雪害、干害などの異常気象による災害や、害虫、害獣などの生物による異常な災害によって被った損失は雑損控除の対象となるが、地震および噴火によって被った損失は雑損控除の対象とならない。

2．災害によって自己の所有する住宅について生じた損失の金額が400万円（うち災害関連支出の金額が100万円）である場合、被害を受けた年分の総所得金額等が700万円である居住者が雑損控除の適用を受けるときは、雑損控除の控除額は330万円である。

3．災害によって自己の所有する住宅（時価1,500万円）について生じた損害金額が1,000万円である場合、被害を受けた年分の合計所得金額が700万円である居住者が災害減免法の適用を受けるときは、当該年分の所得税額の全額が免除される。

4．雑損控除の控除額がその年分の所得金額から控除しきれない場合、所定の要件を満たす青色申告者については、控除しきれない額を前年分の所得に繰り戻して控除し、前年分の所得税額の還付を請求することができる。

第4章　タックスプランニング　基礎編

375

【問題5】 正解 2

1. 不適切 地震および噴火によって被った損失も雑損控除の対象となる。

2. 適 切 雑損控除の控除額の計算は次のいずれか多い金額である。

① 損失額（災害関連支出を含む）－総所得金額等×10%

② 損失額のうち災害関連支出－5万円

400万円－700万円×10％＝330万円＞100万円－5万円＝95万円 ∴ 330万円

3. 不適切 本問の場合、軽減されるのは所得税の額の2分の1である。

災害により住宅・家財に損害を受けた場合には、①所得金額の合計が1,000万円以下である、かつ、②災害により受けた損害額が住宅・家財の時価の2分の1以上であるときは、災害減免法の適用により、以下の所得税額の減免を受けることができる。

所得金額の合計額	軽減または免除される所得税の額
500万円以下	所得税の額の全額
500万円以上 750万円以下	所得税の額の2分の1
750万円以上 1,000万円以下	所得税の額の4分の1

4. 不適切 雑損控除の控除額がその年分の所得税額から控除しきれない場合は、翌年以後3年間繰り越して、各年分の所得金額から控除することができる。これを雑損失の繰越控除といい、青色申告か白色申告かを問わず適用を受けることができる。

5　税額控除

【**問題6**】（2016年9月　問28）　　　　　　　　　チェック欄 ☐☐☐☐☐

　所得税の雑損控除および災害被害者に対する租税の減免、徴収猶予等に関する法律
（以下、「災害減免法」という）に関する次の記述のうち、最も適切なものはどれか。

1．雑損控除の対象となる損失の発生原因としての災害は、風水害、雪害、干害など
　　の異常気象による災害、火災、害虫、害獣などの生物による異常な災害に限定され
　　ており、地震および噴火によって被った損失は雑損控除の対象とならない。
2．雑損控除の控除額は、災害関連支出がない場合、損害金額（保険金等により補
　　てんされる金額を除く）から総所得金額等の合計額の5％相当額を差し引いて計算さ
　　れる。
3．雑損控除の控除額がその年分の所得金額から控除しきれない場合、所定の要件を
　　満たす青色申告者については、控除しきれない額を前年分の所得に繰り戻して控除
　　し、前年分の所得税額の還付を請求することができる。
4．災害によって自己の所有に係る住宅や家財について生じた損害金額（保険金等に
　　より補てんされる金額を除く）がその時価の2分の1以上で、かつ、被害を受けた
　　年分の合計所得金額が500万円以下である者が災害減免法の適用を受けた場合、当
　　該年分の所得税額の全額が免除される。

第**4**章　タックスプランニング　基礎編

377

【問題6】 正解 **4**

1．不適切 地震および噴火によって被った損失も雑損控除における「災害」に該当する。

2．不適切 雑損控除の控除額は、災害関連支出がない場合、損害金額（保険金等により補填される金額を除く）から総所得金額等の合計額の10％相当額を差し引いて計算する。

3．不適切 雑損失の金額については、青色申告者に限らず、白色申告者でも3年間繰り越して控除することができる。雑損控除には繰戻還付の制度はない。

4．適　切 災害により住宅、家財に損害を受けた場合に、①所得金額の合計が1,000万円以下であり、かつ②災害によって受けた損害額が住宅・家財の価額の時価の2分の1以上であるときは、災害減免法の適用により、以下の所得税額の減免を受けることができる。なお、雑損控除と災害減免法の適用は、どちらか選択適用となる。

所得金額の合計額	軽減または免除される所得税の額
500万円以下	所得税の額の全額
500万円超　750万円以下	所得税の額の2分の1
750万円超　1,000万円以下	所得税の額の4分の1

6 所得税の申告と納付

【問題1】 （2019年5月 問28改題）　　　　　　　チェック欄 ☐☐☐☐☐

　居住者に係る所得税の青色申告に関する次の記述のうち、**最も不適切なもの**はどれか。なお、**各選択肢において、ほかに必要とされる要件等はすべて満たしている**ものとする。

1．青色申告者が不動産所得と事業所得を有し、不動産の貸付が事業的規模に満たない場合、不動産所得の金額の計算上、原則として最大55万円の青色申告特別控除を控除することはできない。
2．事業所得の金額の計算上、売上原価に計上する棚卸資産の期末評価額の評価方法として低価法を選定することができるのは、青色申告者に限られる。
3．青色申告者が、青色申告書を提出する年分に生じた純損失の金額を前年に繰り戻し、前年分の所得に対する所得税額の還付を受けるためには、その年の前年分の所得税について青色申告書を提出していることが要件となる。
4．青色申告者は、仕訳帳、総勘定元帳などの帳簿や貸借対照表、損益計算書などの決算関係書類を7年間保存しなければならない。

第4章 タックスプランニング　基礎編

【問題1】 正解 1

1. 不適切 通常、不動産所得に対する青色申告特別控除は、事業的規模である5棟10室基準を満たした場合に、最大55万円の控除を受けることができる。しかし、不動産の貸付が事業的規模に満たない青色申告者であっても、事業所得を有する場合には、不動産所得の金額の計算上、最大55万円の青色申告特別控除を控除することができる。なお、①e-Taxにより申告書を提出する。または②仕訳帳および総勘定元帳を電子帳簿により保存する場合は、最大65万円となる。

2. 適 切

3. 適 切 青色申告者のうち、その年に生じた純損失の金額の全部または一部を前年分の所得金額から控除して税額を再計算すると差額の税額が還付となる場合、前年分の所得に対する所得税額の還付を受けることができる。ただし、その年の前年分の所得税について青色申告書を提出していることが要件となる。なお、翌年以降に繰り越す場合には、青色申告書を提出するという要件はない。

4. 適 切

■帳簿書類の保存期間

	保存が必要なもの		保存期間
帳簿	仕訳帳、総勘定元帳、現金出納帳、売掛帳、買掛帳、経費帳、固定資産台帳など		7年
書類	決算関係書類	損益計算書、貸借対照表、棚卸表など	7年
	現金預金取引等関係書類	領収証、小切手控、預金通帳、借用証など	7年（※）
	その他の書類	取引に関して作成し、又は受領した上記以外の書類（請求書、見積書、契約書、納品書、送り状など）	5年

※ 前々年分所得が300万円以下の者は5年。 （出所：国税庁HPから）

6 所得税の申告と納付

【問題2】（2022年5月 問29）　　　　　　チェック欄☐☐☐☐☐

　居住者に係る所得税の確定申告に関する次の記述のうち、適切なものはいくつあるか。なお、記載のない事項については考慮しないものとする。

(a) 年末調整の対象となる給与所得者が給与所得以外に一時所得を有する場合、確定申告書の提出の要否は、一時所得の金額に2分の1を乗じる前の金額が20万円を超えるか否かにて判定する。

(b) 公的年金等に係る雑所得を有する納税者で、その年中の公的年金等の収入金額が400万円以下である者が、その年分の公的年金等に係る雑所得以外の所得金額が20万円以下である場合には、原則として、確定申告書を提出する必要はない。

(c) 年末調整の対象となる給与所得者が給与所得以外に5万円の雑所得の金額がある場合において、その者が医療費控除の適用を受けるために還付申告を行うときは、5万円の雑所得の金額についても申告する必要がある。

1. 1つ
2. 2つ
3. 3つ
4. 0（なし）

【問題3】（2020年1月 問28）　　　　　　チェック欄☐☐☐☐☐

　居住者に係る所得税の確定申告および納付に関する次の記述のうち、最も不適切なものはどれか。なお、記載のない事項については考慮しないものとする。

1. 年末調整の対象となる給与所得者が給与所得以外に一時所得を有する場合に、一時所得の金額を2分の1にした後の金額が20万円以下であるときは、原則として、確定申告書を提出する必要はない。

2. 源泉徴収の対象となる公的年金等の収入金額が400万円以下である場合に、その年分の公的年金等に係る雑所得以外の所得金額が20万円以下であるときは、原則として、確定申告書を提出する必要はない。

3. 所得税の確定申告書を申告期限内に提出した場合において、当該申告書の提出により納付すべき所得税をその納期限までに完納しないときは、原則として、納期限の翌日から完納する日までの日数に応じた延滞税が課される。

4. 所得税の確定申告書を申告期限内に提出した場合において、税務調査に基づく更正により納付すべき所得税額が生じたときは、原則として、納付すべき税額に応じた無申告加算税が課される。

第4章 タックスプランニング 基礎編

381

【問題2】 正解 **2**

(a) 不適切 給与所得および退職所得以外の所得金額が20万円を超える給与所得者は、確定申告書を提出しなければならない。総合長期譲渡所得および一時所得の場合、2分の1を乗じた後の金額が20万円を超えるか否かを判定する。

(b) 適 切 なお、医療費控除の適用を受けるような場合には、確定申告書を提出することができる。

(c) 適 切 1カ所から支払を受けた給与等の金額が2,000万円以下である給与所得者が、その給与について源泉徴収や年末調整が行われる場合、給与所得および退職所得以外の所得金額の合計額が20万円以下であるときは、原則として確定申告を要しない。ただし、医療費控除の適用を受けるために還付申告を行う場合、20万円以下である所得も併せて申告しなければならない。

以上より、適切なものは2つであり、正解は**2**となる。

【問題3】 正解 **4**

1. 適 切 1カ所から給与の支払を受けている者で、給与所得および退職所得以外の所得の金額の合計額が20万円以下である場合は、確定申告は不要である。一時所得の場合、2分の1にした後の金額が20万円以下かどうかで判定する。

2. 適 切 公的年金等の収入金額が400万円以下で、かつ、公的年金等に係る雑所得以外の所得金額が20万円以下の場合には確定申告は不要である。

3. 適 切 期限内申告をした場合でも、納付が期限までに行われなければ、法定納期限の翌日から納付の日までの期間につき延滞税が課される。

4. 不適切 更正とは、期限内申告をした申告書の記載事項に誤りがある場合に税務署長が行う処分である。更正の結果、納付すべき所得税額が生じた場合には、過少申告加算税を納付しなければならない。無申告加算税が課されるのは、期限内に申告をしなかった場合である。

6　所得税の申告と納付

【**問題4**】（2023年1月 問29）　　　　　　　　チェック欄 ☐☐☐☐☐

　所得税の申告と納付に関する次の記述のうち、最も適切なものはどれか。

1．予定納税基準額が15万円以上である場合、原則として、第1期および第2期の計
　2回において、それぞれ予定納税基準額の2分の1に相当する金額の所得税を納付
　することとされている。
2．確定申告により納付すべき所得税額の2分の1に相当する金額以上の所得税を納
　期限までに納付した者が、納期限までに納税地の所轄税務署長に延納届出書を提出
　した場合、原則として、その年の5月15日までにその残額を納付しなければならな
　い。
3．国税電子申告・納税システム（e-Tax）を利用して確定申告書を提出する際に、
　第三者作成書類（給与所得の源泉徴収票等）の添付を省略した場合、その書類は、
　原則として法定申告期限から5年間、保存しなければならない。
4．国税電子申告・納税システム（e-Tax）は、インターネット等を利用して電子的
　に所得税や法人税等の申告および納税を行うためのシステムであり、申請や届出等
　の手続を行うことはできない。

第4章 タックスプランニング **基礎編**

【問題4】 正解 3

1. **不適切** 予定納税は、予定納税基準額の3分の1の金額を、第1期分として7月1日から7月31日までに、第2期分として11月1日から11月30日までに納めることになっている。

2. **不適切** 所得税等の延納は、納期限である3月15日までに納付すべき税額の2分の1以上を納付すれば、残りの税額の納付をその年の5月31日まで延長することができる制度である。

3. **適　切** 所得税の確定申告書の提出をe-Taxを利用して行う場合、給与所得の源泉徴収票などの第三者作成書類については、その記載内容を入力して送信することにより確定申告書への添付が不要となる。この場合、これらの書類は、5年間保存しなければならない。

4. **不適切** e-Taxは、申告納税だけでなく、各種申請や届出等の手続きも行うことができる。

384

7　法人税

【問題1】 （2021年1月　問30改題）　　　　　　　チェック欄 □□□□□

　内国法人に係る法人税における減価償却に関する次の記述のうち、最も適切なものはどれか。なお、各選択肢において、当期とは2023年4月1日から2024年3月31日までの事業年度であるものとする。

1．生産調整のために稼働を休止している機械装置については、事業の用に供していないため、必要な維持補修が行われていつでも稼働し得る状態にあるものであっても、その償却費を損金の額に算入することはできない。

2．当期に取得価額が10万円未満の減価償却資産を取得して事業の用に供した場合、その使用可能期間の長短にかかわらず、当期においてその取得価額の全額を損金経理により損金の額に算入することができる。

3．当期において取得した取得価額が30万円未満の減価償却資産について「中小企業者等の少額減価償却資産の取得価額の損金算入の特例」の適用を受けることができる法人は、中小企業者等で青色申告法人のうち、常時使用する従業員の数が1,000人以下の法人とされている。

4．事業の用に供している減価償却資産の償却方法を変更する場合、原則として、新たな償却方法を採用しようとする事業年度開始の日から2カ月以内に「減価償却資産の償却方法の変更承認申請書」を納税地の所轄税務署長に提出しなければならない。

第4章　タックスプランニング　基礎編

385

【問題1】 正解 2

1. 不適切 稼働を休止している資産であっても、その休止期間中に必要な維持補修が行われており、いつでも稼動できる状態にあるものは、減価償却資産に該当するものとして減価償却をすることができる。

2. 適 切 使用可能期間が1年未満のものまたは取得価額が10万円未満のものは少額減価償却資産として、その減価償却資産を事業の用に供した事業年度において取得価額に相当する金額を損金経理した場合には、その損金経理をした金額は、損金の額に算入される。取得価額が10万円未満のものは使用可能期間を問わない。

3. 不適切 青色申告法人である中小企業者等で、常時使用する従業員の数が500人以下であるものは、取得価額が30万円未満の減価償却資産についてその取得価額に相当する金額を損金の額に算入することができる。

4. 不適切 減価償却資産の償却方法を変更しようとするときは、原則として、新たな償却方法を採用しようとする事業年度開始の日の前日までに「減価償却資産の償却方法の変更承認申請書」を所轄税務署長に提出しなければならない。

7　法人税

【問題2】（2020年9月 問30）　　　　　　　　　　チェック欄☐☐☐☐☐

　法人税法上の益金に関する次の記述のうち、**最も不適切なもの**はどれか。なお、各選択肢において、法人はいずれも内国法人（普通法人）であるものとする。

1．法人がその有する資産の評価換えをしてその帳簿価額を増額した場合、その増額した部分の金額は、原則として、益金の額に算入する。
2．法人が個人から債務の免除を受けた場合、その免除された債務の金額は、原則として、益金の額に算入する。
3．法人が法人税の還付を受けた場合、その還付された金額は、原則として、還付加算金を除き、益金の額に算入しない。
4．法人が完全支配関係のある法人から受けた株式（完全子法人株式等）に係る配当の額は、所定の手続により、その全額が益金不算入となる。

【問題3】（2022年1月 問31改題）　　　　　　　　チェック欄☐☐☐☐☐

　青色申告法人の欠損金の繰越控除に関する次の記述のうち、**最も不適切なもの**はどれか。なお、各選択肢において、法人は資本金の額が5億円以上の法人に完全支配されている法人等ではない中小法人等であるものとし、ほかに必要とされる要件等はすべて満たしているものとする。

1．欠損金の繰越控除の適用を受けるためには、欠損金の生じた事業年度において青色申告書である確定申告書を提出し、かつ、その後において、連続して確定申告書を提出する必要がある。
2．繰り越された欠損金額が2以上の事業年度において生じたものからなる場合、そのうち最も古い事業年度において生じた欠損金額に相当する金額から順次損金の額に算入する。
3．2014年4月1日に開始した事業年度以後の各事業年度において生じた欠損金額は、2023年4月1日に開始する事業年度において損金の額に算入することができる。
4．資本金の額が1億円以下である普通法人が、2023年4月1日に開始する事業年度において欠損金額を損金の額に算入する場合、損金の額に算入することができる欠損金額は、当該事業年度の所得の金額の50％相当額が限度となる。

【問題2】 正解 1

1．不適切 法人がその有する資産の評価換えをしてその帳簿価額を増額した場合には、その増額した部分の金額は、原則として、所得金額の計算上、益金の額に算入しない。

2．適 切 法人が債務の免除により受けた利益は、益金の額に算入される。

3．適 切 還付加算金とは、税金を納め過ぎた時に還付金とともに払われるもので、利息に相当するものである。「受取利息」と同じ取扱いとなり、益金の額に算入される。法人税は納付した時は損益不算入であり、納付時に損金不算入である税金は、還付を受けた時には益金不算入となる。

4．適 切 受取配当等は、株式保有割合により益金不算入額が異なる。

区分	益金不算入額の計算
完全子法人株式等（株式保有割合100％）	受取配当等の額×100％
関連法人株式等（株式保有割合３分の１超）	（受取配当等の額－負債利子）×100％
その他の株式等	受取配当等の額×50％
非支配目的株式等（株式保有割合５％以下）	受取配当等の額×20％

【問題3】 正解 4

1．適 切 欠損金の繰越控除は、欠損金額が生じた事業年度において青色申告書である確定申告書を提出し、かつ、その後の各事業年度について連続して確定申告書を提出している場合に適用される。欠損金額が生じた事業年度において青色申告書である確定申告書を提出していれば、その後の事業年度においては、白色申告書であってもその欠損金額については繰越控除が適用される。

2．適 切 欠損金が２以上の事業年度において生じている場合には、最も古い事業年度において生じたものから順次損金の額に算入する。

3．適 切 各事業年度開始の日前10年以内に開始した事業年度で青色申告書を提出した事業年度において生じた欠損金額は、各事業年度の所得金額の計算上損金額に算入できる。ただし、2018年４月１日前に開始した事業年度において生じた欠損金額の繰越期間は９年となる。したがって、2014年４月１日に開始した事業年度以後の各事業年度において生じた欠損金額は、2023年４月１日に開始する事業年度において損金の額に算入できる。

4．不適切 資本金等の額が１億円以下の中小法人等には控除限度額はなく、各事業年度の所得の金額まで欠損金を損金の額に算入できる。中小法人等以外の法人は、各事業年度の所得の金額の50％を限度として欠損金を損金の額に算入できる。

7　法人税

【問題4】 （2023年1月 問30改題）　　チェック欄 ☐☐☐☐☐

　期末の資本金の額が1億2,000万円であるX株式会社（1年決算法人。以下、「X社」という）は、2023年4月1日に開始する事業年度において下記の交際費等を損金経理により支出した。次のうち、X社の法人税の計算における交際費等の損金不算入額として、最も適切なものはどれか。なお、接待飲食費は、得意先との会食によるもので、専ら社内の者同士で行うものは含まれておらず、所定の事項を記載した書類も保存されているものとする。

〈X社が支出した金額〉

接待飲食費の金額	1,300万円	参加者1人当たり5,000円以下の飲食費300万円を含む金額
接待飲食費以外の交際費等の金額	800万円	—

1．　900万円
2．1,000万円
3．1,150万円
4．1,300万円

【問題5】 （2021年5月 問31）　　チェック欄 ☐☐☐☐☐

　内国法人に係る法人税における役員給与に関する次の記述のうち、最も適切なものはどれか。

1．法人税法上の役員給与は、法人の取締役、執行役、監査役などに就任し、役員登記されている者に対して支給する給与とされ、使用人に対して支給する給与が役員給与とされることはない。
2．役員に対して支給する定期給与を、事業年度開始の日から6カ月経過後に開催した臨時株主総会により増額改定した場合、原則として、増額改定後の定期給与は定期同額給与に該当せず、増額改定後に支給した全額が損金不算入となる。
3．新たに設立した法人が設立時に開始する役員の職務につき所定の時期に支給した給与を事前確定届出給与として損金の額に算入する場合、原則として、設立後2カ月以内に納税地の所轄税務署長に所定の届出をしている必要がある。
4．業績連動給与は、法人が業務執行役員に対して支給する給与で、利益の状況を示す指標等を基礎として設定された条件により、その全額を支給するか、またはその全額を不支給とするかのいずれかとする旨が定められたものである。

第4章　タックスプランニング　基礎編

【問題4】　正解 **4**

4. が正しい。

　期末資本金が１億円超100億円以下の法人は、交際費等のうち接待飲食費の50％に相当する金額を超える部分の金額が損金不算入となる。

① 交際費等の額

　　1,300万円－300万円＋800万円＝1,800万円

　　※　１人当たり5,000円以下の飲食費は交際費等に該当しない。

② 損金算入限度額

　　（1,300万円－300万円）×50％＝500万円

③ 損金不算入額

　　①－②＝**1,300万円**

【問題5】　正解 **3**

1. 不適切　同族会社の使用人のうち、その法人の経営に従事しているもので一定のものに対して支給する給与は、役員給与とされる。

2. 不適切　増額改定後の定期給与は、その増額改定前の定期給与の額に相当する部分が引き続き定期同額給与として支給されているものと考える。したがって、増額分のみ損金不算入となる。

3. 適　切　なお、事前確定届出給与の届出期限は、原則として、次の①または②のいずれか早い日である。

　① 株主総会の決議日から１カ月を経過する日

　② その会計期間開始の日から４カ月を経過する日

4. 不適切　業績連動給与は、業務執行役員に対して支給するもので、利益の状況を示す指標、株式の市場価格の状況を示す指標、売上の状況を示す指標を基礎に算定される金銭または株式もしくは新株予約権で、役務の提供期間以外の事由により**変動するもの**をいう。

7　法人税

【問題6】（2021年5月 問32）　　　　　　　　　　チェック欄 ☐☐☐☐☐☐

　内国法人に係る法人税における貸倒損失の取扱いに関する次の記述のうち、最も適切なものはどれか。なお、記載のない事項については考慮しないものとする。

1．遠方にある取引先A社に対して売掛金5万円を有しているが、再三支払の督促をしても弁済がなされず、また取立てに要する旅費等が10万円程度かかると見込まれ、同一地域に他の債務者はいない。この場合、売掛金5万円から備忘価額を控除した残額が貸倒損失として認められる。

2．取引先B社に対して貸付金200万円を有しているが、B社の債務超過の状態が相当期間継続し、事業好転の見通しもなく、その貸付金の弁済を受けることができないと認められるため、口頭により貸付金の全額を免除する旨をB社に申し出た。この場合、債務免除をした金額の全額が貸倒損失として認められる。

3．取引先C社に対して貸付金600万円を有しているが、C社の資産状況、支払能力等からみてその全額が回収できないことが明らかとなった。この貸付金に係る担保物がある場合、貸付金600万円から担保物の処分可能見込額を控除した残額が貸倒損失として認められる。

4．単発の不動産取引のみを行った取引先D社に対して当該取引に係る売掛金800万円を有しているが、D社の資産状況、支払能力等が悪化し、売掛金の回収ができないまま1年以上が経過した。この場合、売掛金800万円から備忘価額を控除した残額が貸倒損失として認められる。

第4章 タックスプランニング 基礎編

391

【問題6】 正解 1

1. **適 切** 売掛金等の債権につき、次の場合には、その債権の額から備忘価額（1円以上）を控除した金額の損金経理を要件として、貸倒損失として損金の額に算入できる。なお、貸付金にはこの適用はない。

① 継続的取引を行っていた取引先との取引停止の時と最後の弁済の時のうち遅い時から1年以上経過している。

② 売掛金等の額が取立旅費の額に満たない場合において、支払督促したにもかかわらずその弁済がなされない。

したがって、本肢は上記②に該当するため、備忘価額を控除した金額を損金算入できる。

2. **不適切** 貸金等につき、会社更生法の決定、債権者集会等の協議決定、書面による債務免除等により、法的に取引先に対する債権が消滅した場合、その消滅した金額を、その金額が決定した事業年度に貸倒損失として損金の額に算入する。口頭による債務免除は認められない。

3. **不適切** 債務者の資産状況、支払能力からみて、債権の全額の回収不能が明らかである場合には、損金経理を要件として、その全額を貸倒損失として損金に算入できる。この取扱いは、担保物がある場合、その担保物を処分した後に限られる。本肢は、「担保物の処分可能見込額を控除」とあり担保物の処分が終わっていないため、貸倒損失として認められない。

4. **不適切** 継続的な取引を行っていないため、貸倒損失として認められない。選択肢1の解説①参照。

7　法人税

【問題7】（2019年9月　問30改題）　　　　　　チェック欄□□□□□

　製造業を営むX株式会社（以下、「X社」という）は、当期（2023年4月1日〜2024年3月31日）において損金経理により一括評価金銭債権に係る貸倒引当金を200万円繰り入れた。X社の当期末における一括評価金銭債権の帳簿価額等が下記のとおりである場合、損金の額に算入されない貸倒引当金の繰入限度超過額として、次のうち最も適切なものはどれか。

　なお、X社は資本金3,000万円の中小法人であり、資本金5億円以上の法人に完全支配されている法人等ではないものとする。また、繰入限度額が最も高くなるように計算することとし、記載のない事項については考慮しないものとする。

期末の一括評価金銭債権の帳簿価額	：2億円
実質的に債権とみられない金銭債権の金額	：1,000万円
製造業に係る法定繰入率	：1,000分の8
貸倒実績率（実績繰入率）	：1,000分の7.1

1．40万円
2．48万円
3．58万円
4．65万1,000円

【問題7】 正解 **2**

2. が正しい。

　貸倒引当金の繰入限度額は、個別評価金銭債権と一括評価金銭債権とに区分して計算することとされている。このうち、一括評価金銭債権は、原則として実績繰入率による計算をするが、中小法人は実績繰入率に代えて法定繰入率を選択適用することができる。

① 実績繰入率による繰入限度額の計算

　　一括評価金銭債権の帳簿価額の合計額×実績繰入率

$$= 2億円 \times \frac{7.1}{1,000} = 142万円$$

② 法定繰入率による繰入限度額の計算

　　（一括評価金銭債権の帳簿価額の合計額－実質的に債権とみられない金額）
　　×法定繰入率

$$= (2億円 - 1,000万円) \times \frac{8}{1,000} = 152万円$$

③ 判定

　　142万円＜152万円　　∴　152万円

④ 損金の額に算入されない貸倒引当金の繰入限度超過額

　　200万円－152万円＝**48万円**

8 会社・役員間および会社間の税務

【問題1】（2021年9月 問33）　　　　　　　　　チェック欄 □□□□□

　X株式会社（以下、「X社」という）とその役員の間の取引における法人税および所得税の取扱いに関する次の記述のうち、最も不適切なものはどれか。

1．役員が所有する資産を適正な時価の2分の1未満の価額でX社に譲渡した場合、役員側では時価で譲渡したものとされ、時価と譲渡価額との差額が給与所得の収入金額として課税対象となる。
2．役員が所有する資産を適正な時価よりも高い価額でX社に譲渡した場合、X社側では時価と買入価額との差額について、役員に対して給与を支払ったものとして取り扱われ、役員側では時価と譲渡価額との差額が給与所得の収入金額として課税対象となる。
3．X社が所有する社宅をその規模等に応じた所定の方法により計算した通常支払われるべき賃貸料よりも低い家賃で役員に貸し付けた場合、役員側では実際に支払った賃貸料との差額が給与所得の収入金額として課税対象となる。
4．権利金を授受する慣行がある地域において、役員が所有する土地をX社に建物の所有を目的として賃貸する場合に、X社から役員に権利金や相当の地代の支払がなく、「土地の無償返還に関する届出書」の提出がないときには、X社側では原則として借地権の受贈益が認定課税される。

第4章 タックスプランニング 基礎編

【問題1】　正解　1

1. **不適切**　役員が所有する資産を適正な時価の2分の1未満の価額でX社に譲渡した場合、役員側では時価で譲渡したものとみなされ、時価が譲渡所得の総収入金額となる。

2. **適　切**　なお、役員側では、時価と譲渡価額との差額が給与所得の収入金額となるとともに、時価が譲渡所得の総収入金額となる。

3. **適　切**　なお、給与課税される社宅の家賃等のように、役員が受ける経済的利益の額が毎月おおむね一定であるものについては、定期同額給与となる。

4. **適　切**　役員が所有する土地を法人に貸し付けた場合の課税関係は、次のとおりである。

・権利金の授受がない場合
　法人に借地権の認定課税がされるが、役員には借地権の認定課税はされない。
・権利金の授受をした場合
　役員は権利金相当額が不動産所得または譲渡所得として課税される。
・権利金を授受することに代えて、相当の地代を支払う場合
　法人に借地権の認定課税はされない
・権利金の授受も相当の地代の支払いもなく「土地の無償返還に関する届出書」を提出した場合
　法人に借地権の認定課税はされない

8 会社・役員間および会社間の税務

【問題2】(2019年5月 問33) チェック欄 ☐☐☐☐☐

X株式会社（以下、「X社」という）とその役員の間の取引における法人税および所得税の取扱いに関する次の記述のうち、最も不適切なものはどれか。

1. 役員が所有する資産を適正な時価の2分の1未満の価額でX社に譲渡した場合、役員側では時価で譲渡したものとされ、時価と譲渡価額との差額が給与所得の収入金額として課税対象となる。
2. X社が所有する資産を適正な時価よりも高い価額で役員に譲渡した場合、X社側では時価で譲渡したものとされ、譲渡価額と時価との差額が受贈益として益金算入となる。
3. 役員がX社から無利息で金銭を借り入れた場合、原則として、X社側では通常収受すべき利息が益金算入となり、役員側では通常支払うべき利息が給与所得の収入金額として課税対象となる。
4. X社が所有する社宅をその規模等に応じた所定の方法により計算した通常支払われるべき賃貸料よりも低い家賃で役員に貸し付けた場合、役員側では通常支払うべき賃貸料と実際に支払った賃貸料との差額が給与所得の収入金額として課税対象となる。

【問題3】(2020年9月 問33) チェック欄 ☐☐☐☐☐

X株式会社（以下、「X社」という）とその役員の間の取引における法人税および所得税の取扱いに関する次の記述のうち、最も不適切なものはどれか。

1. X社が所有する資産を適正な時価よりも高い価額で役員に譲渡した場合、X社側では時価で譲渡したものとされ、譲渡価額と時価との差額が受贈益として益金算入となる。
2. 権利金を授受する慣行がある地域において、役員が所有する土地をX社に建物の所有を目的として賃貸する場合に、X社から役員に権利金や相当の地代の支払がなく、「土地の無償返還に関する届出書」の提出がないときには、X社側では原則として借地権の受贈益が認定課税される。
3. X社が役員から無利息で金銭を借り入れた場合、原則として、役員側では通常支払われるべき利息が雑所得の収入金額として課税対象となる。
4. X社が所有する社宅をその規模等に応じた所定の方法により計算した通常支払われるべき賃貸料よりも低い家賃で役員に貸し付けた場合、役員側では実際に支払った賃貸料との差額が給与所得の収入金額として課税対象となる。

397

【問題2】 正解 1

1. 不適切 役員が所有する資産を適正な時価の2分の1未満の価額でX社に譲渡した場合、役員側では時価で譲渡したものとされ、時価を収入金額として譲渡所得の金額を計算する。

2. 適 切 X社側では時価で譲渡したものとされ、時価と売買価額の差額が受贈益として益金算入となる。

3. 適 切 X社側では受取利息として、益金に算入される。一方、役員側では通常支払うべき利息が給与所得の収入金額となる。

4. 適 切 家賃のように毎月発生するものは、給与所得の収入金額として課税対象となる。

【問題3】 正解 3

1. 適 切 なお、役員側では、適正な時価で取得したものとされ、時価と譲受価額との差額は法人への寄附(贈与)とみなされる。

2. 適 切 なお、役員側では、借地権の認定課税はされない。また、「土地の無償返還に関する届出書」を提出した場合、法人側では、借地権の認定課税はされない。

3. 不適切 法人が役員から無利息で金銭を借り入れた場合、同族会社の行為計算の否認の適用があるときを除き、会社側および役員側ともに特別な取り扱いはない。

4. 適 切 なお、通常支払われるべき賃貸料と実際に支払った賃貸料との差額(経済的利益)が役員に対して継続的に供与され、その経済的利益の額が毎月おおむね一定である場合は、定期同額給与に該当し、損金の額に算入される。

8 会社・役員間および会社間の税務

【問題４】（2019年９月 問32）　　　　　　　チェック欄 □□□□□

株式を100％保有する関係にある内国法人の親法人と子法人間の取引において適用されるグループ法人税制（完全支配関係にある法人を対象とした税制）に関する次の記述のうち、最も不適切なものはどれか。

１．親法人による完全支配関係がある子法人が保有する譲渡損益調整資産を親法人に対して時価で移転した場合、その譲渡損益は、親法人がその資産をグループ外の法人等に譲渡したときに、親法人において計上する。

２．親法人による完全支配関係がある子法人が親法人に対して適格現物分配を行った場合には、その直前の帳簿価額により譲渡したものとされ、譲渡損益の計上が繰り延べられる。

３．親法人による完全支配関係がある子法人が親法人から寄附金を受け取った場合、親法人では支払った寄附金の額の全額が損金不算入となり、子法人では受け取った寄附金の額の全額が益金不算入となる。

４．親法人が完全支配関係がある子法人からその子法人の株式に係る配当等を受け取った場合、負債利子控除はなく、受け取った配当等の額の全額が益金不算入となる。

第４章 タックスプランニング 基礎編

399

【問題4】 正解 **1**

1. 不適切 譲渡損益調整資産を譲り受けた法人が他の法人等に譲渡した場合、譲渡した法人において、繰り延べていた譲渡損益を計上する。

2. 適 切 現物分配とは、法人がその株主等に対し当該法人の剰余金の配当などの一定の事由により金銭以外の資産を交付することをいう。また、適格現物分配とは、内国法人を現物分配法人（現物分配によりその有する資産の移転を行った法人をいう）とする現物分配のうち、その現物分配により資産の移転を受ける者がその現物分配の直前において当該内国法人との間に完全支配関係がある内国法人のみであるものをいう。適格現物分配を行った場合、その直前の帳簿価額により譲渡したものとされ、譲渡損益の計上が繰り延べられる。

3. 適 切 100％グループ内の法人間の寄附金については、支出法人において全額損金不算入とするとともに、寄附を受けた法人においても全額益金不算入とされる。

4. 適 切 100％グループ内の内国法人からの受取配当について、益金不算入制度を適用する場合には、負債利子控除を適用しない。

8 会社・役員間および会社間の税務

【問題5】 （2013年1月 問33）　　　チェック欄☐☐☐☐☐

財務諸表に関する次の記述のうち、最も不適切なものはどれか。

1．連結財務諸表は、支配従属関係にある2つ以上の会社からなる企業集団を単一の組織体とみなし、親会社がその企業集団の財政状態、経営成績およびキャッシュ・フローの状態を総合的に報告するために作成する財務諸表で、一般に、連結貸借対照表、連結損益計算書、連結キャッシュ・フロー計算書等で構成される。
2．キャッシュ・フロー計算書は、現金および現金同等物を営業、投資、財務の3つの活動に区分してその収支を計算し、一会計期間におけるキャッシュの増減を示すものである。
3．営業活動によるキャッシュ・フローのマイナスは、投資活動によるキャッシュ・フローである投資資金回収（有価証券の売却等）や、財務活動によるキャッシュ・フローである借入金等による資金調達により賄うことが可能であるため、たとえ連続してマイナスであっても、資金面での破綻の危険性はないといえる。
4．投資活動によるキャッシュ・フローがマイナスであっても、その投資が長期借入金、社債等の長期安定資金によって賄われ、借入償還年数や自己資本比率、固定長期適合率等に問題がなければ、その投資活動は資金面から合理性があるといえる。

第4章 タックスプランニング 基礎編

401

【問題5】 正解 3

1. 適 切 本肢のとおり。

2. 適 切 本肢のとおり。

3. 不適切 営業活動によるキャッシュ・フローは、本来の業務から生じたキャッシュの増減を示したもので、連続してマイナスの場合は資金繰りが厳しく、破綻の危険性がある。

4. 適 切 投資活動によるキャッシュ・フローは、有価証券や固定資産の取得や売却によるキャッシュの増減を示す。設備投資をある程度行うとマイナスとなるが、長期の安定資金により賄われていれば問題はない。

8 会社・役員間および会社間の税務

【問題6】 (2015年1月 問33) チェック欄 □□□□□

企業の安全性を分析する指標に関する次の記述のうち、最も不適切なものはどれか。

1. 当座比率は、その企業の短期の負債に対する支払能力をみるための指標であり、100％を超えることが望ましいが、当座資産に含まれる棚卸資産が実質的に不良在庫となっている場合には、注意する必要がある。
2. 固定長期適合率は、企業の設備投資等の固定資産への投資が自己資本と長期の安定資金である固定負債によって、どの程度賄われているかを測定するための指標であるが、その値が適正であるか否かは業種別や企業の個別要因を勘案する必要がある。
3. 自己資本比率は、その企業の総資本に対する自己資本の割合を示したものであるが、その水準は同業他社との比較と同時に、過去の数値と比較することのほか、自己資本を構成する利益剰余金の額から過去の業績が順調であったか否かなど、注意深い判断を行う必要がある。
4. インタレスト・カバレッジ・レシオは、その値が高いほど財務的に余裕があると判断されるが、成長性のある企業では負債を増加させて事業を拡大する傾向があるため、企業の個別要因を勘案する必要がある。

第4章 タックスプランニング 基礎編

【問題6】 正解 1

1. 不適切 当座資産には棚卸資産は含まれない。

2. 適 切 固定長期適合率は企業の安全性を判断するための指標で、100%以下であればその企業は安全とされ、原則として低いほど安全であると判断されるが、多額の設備投資が必要な企業とそうでない企業とでは当然適正値は変わってくる。また、設備投資に積極的な企業は固定長期適合率が高いケースもあり、業種や企業の個別要因なども勘案して判断する必要がある。

3. 適 切 同業他社と比較をしたり、自社の過去の数値と比較することで、自社の水準や業績の推移などが明確になる。

4. 適 切 インタレスト・カバレッジ・レシオは企業の安全性、つまり財務体質の健全性を評価する要素の1つで、この比率が高いほど、財務的に余裕があることを意味する。ただし、成長段階にある企業では、借入れによって事業を拡大する場合もあるため、企業の成長ステージなども考慮して判断する必要がある。

8　会社・役員間および会社間の税務

【問題7】（2019年9月 問33）　チェック欄☐☐☐☐☐

損益分岐点分析に関する次の記述のうち、適切なものはいくつあるか。

（a）売上高が2億円である場合の変動費が6,000万円、固定費が4,000万円である企業は、固定費を1,400万円削減すれば、損益分岐点が2,000万円低下することになる。

（b）売上高が2億円である場合の変動費が8,000万円、固定費が3,000万円である企業は、変動費率が10ポイント上昇すると、損益分岐点が2,000万円上昇することになる。

（c）売上高が2億円である場合の変動費が8,000万円、固定費が4,000万円である企業が2億円の利益をあげるために必要な売上高は、4億円である。

1．1つ
2．2つ
3．3つ
4．0（なし）

【問題7】 正解 **2**

(a) 適 切 現状では、以下のとおり。

$$変動費率 = \frac{変動費}{売上高} = \frac{6,000万円}{2億円} = 0.3 \quad 限界利益率 = 1 - 変動費率 = 0.7$$

$$損益分岐点売上高 = \frac{固定費}{限界利益率} = \frac{4,000万円}{0.7} \fallingdotseq 5,714万円$$

固定費を1,400万円削減した場合は、以下のとおり。

$$損益分岐点売上高 = \frac{4,000万円 - 1,400万円}{0.7} \fallingdotseq 3,714万円$$

　したがって、損益分岐点売上高は**2,000万円**（＝5,714万円 − 3,714万円）低下する。なお、低下する2,000万円は、次のように求めることもできる。

$$損益分岐点売上高の低下額 = \frac{固定費削減額}{限界利益率} = \frac{1,400万円}{0.7} = 2,000万円$$

(b) 不適切 現状では、以下のとおり。

$$変動費率 = \frac{8,000万円}{2億円} = 0.4 \quad 限界利益率 = 1 - 0.4 = 0.6$$

$$損益分岐点売上高 = \frac{固定費}{限界利益率} = \frac{3,000万円}{0.6} = 5,000万円$$

変動費率が10ポイント上昇した場合は、以下のとおり。

$$変動費率 = 0.4 + 0.1 = 0.5 \quad 限界利益率 = 1 - 0.5 = 0.5$$

$$損益分岐点売上高 = \frac{3,000万円}{0.5} = 6,000万円$$

　したがって、損益分岐点売上高は**1,000万円**（＝6,000万円 − 5,000万円）上昇する。

(c) 適 切 限界利益率は**(b)**と同様0.6である。

$$目標利益を達成する売上高 = \frac{固定費 + 目標利益}{限界利益率}$$

$$= \frac{4,000万円 + 2億円}{0.6} = \textbf{4億円}$$

　したがって、適切なものは2つであり、正解は**2**となる。

9　消費税

【問題１】 (2020年1月 問33)　　　　　　チェック欄 ☐☐☐☐☐

　2019年10月以降の消費税の軽減税率（８％）に関する次の記述のうち、最も不適切なものはどれか。

1．軽減税率の適用対象となる飲食料品は、人の飲用または食用に供されるものに限られるため、家畜の飼料やペットフードの販売は軽減税率の適用対象とならない。
2．軽減税率の適用対象となる新聞は、定期購読契約に基づくものに限られるため、駅の売店やコンビニエンスストアにおける新聞の販売は軽減税率の適用対象とならない。
3．医薬品や医薬部外品の販売は軽減税率の適用対象となるが、特定保健用食品や栄養機能食品の販売は軽減税率の適用対象とならない。
4．酒税法に規定する酒類の販売は、飲食設備のある場所において飲用させる役務の提供に該当するかどうかにかかわらず、軽減税率の適用対象とならない。

第4章　タックスプランニング　基礎編

【問題1】 正解 3

1. **適　切**　消費税の軽減税率の対象となる飲食料品とは、人用の飲用または食用に供されるものをいう。家畜飼料やペットフードは人用の飲用または食用に供されるものではないため軽減税率の対象とならない。

2. **適　切**　軽減税率の対象となる新聞とは、週に2回以上発行されるもので、定期購読契約に基づくものである。

3. **不適切**　医薬品、医薬部外品は標準税率（10%）が適用される。健康食品や特定保健用食品は、医薬品・医薬部外品を除き軽減税率の対象となる。

4. **適　切**　酒類は標準税率（10%）である。

9 消費税

【問題2】（2021年5月 問33） チェック欄 ☐☐☐☐☐

　消費税の簡易課税制度に関する次の記述のうち、最も不適切なものはどれか。な
お、納付すべき消費税額（地方消費税額を含む）が最も低くなるようにみなし仕入率
を適用するものとし、記載のない事項については考慮しないものとする。

〈簡易課税制度におけるみなし仕入率〉

事業区分	みなし仕入率
第1種事業	90％
第2種事業	80％
第3種事業	70％
第4種事業	60％
第5種事業	50％
第6種事業	40％

1．全体の課税売上高に占める第1種事業の割合が60％、第3種事業の割合が40％で
　ある場合、みなし仕入率は、第1種事業に係る消費税額に90％を適用し、第3種事
　業に係る消費税額に70％を適用する。
2．全体の課税売上高に占める第1種事業の割合が95％、第3種事業の割合が5％で
　ある場合、みなし仕入率は、第1種事業および第3種事業のいずれの消費税額にも
　90％を適用する。
3．全体の課税売上高に占める第1種事業の割合が20％、第3種事業の割合が80％で
　ある場合、みなし仕入率は、第1種事業および第3種事業のいずれの消費税額にも
　70％を適用する。
4．全体の課税売上高に占める第1種事業の割合が50％、第2種事業の割合が35％、
　第5種事業の割合が15％である場合、みなし仕入率は、第1種事業に係る消費税額
　に90％を適用し、第2種事業および第5種事業のいずれの消費税額にも80％を適用
　する。

第4章 タックスプランニング 基礎編

409

【問題2】 正解 3

1．適 切 簡易課税制度適用事業者において、2種類の事業を営んでいる場合、原則として、事業ごとにみなし仕入率を用いる。したがって、みなし仕入率は、第1種事業については90％を適用し、第3種事業については70％を適用する。

2．適 切 2種類の事業を営んでいる場合、特定の1種類の課税売上高が全体の課税売上高の75％以上である場合には、特例として、すべての課税売上高について、そのみなし仕入率を適用することができる。本肢では、すべての課税売上高について、第1種事業のみなし仕入率を適用できる。

原則：95％×（1－90％）＋5％×（1－70％）＝11％

特例：100％×（1－90％）＝10％

※ 納税額を比較するため、「1－みなし仕入率」として計算する。以下同様。

したがって、納付すべき消費税額が最も低くなるのは、特例を適用した場合であるため、みなし仕入率は、第1種事業および第3種事業のいずれの消費税額にも90％を適用する。

3．不適切 選択肢2と同様に計算し、原則と特例を比較する。本肢では、第3種事業の課税売上高が全体の75％以上であるため、すべての課税売上高について、第3種事業のみなし仕入率を適用できる。

原則：20％×（1－90％）＋80％×（1－70％）＝26％

特例：100％×（1－70％）＝30％

したがって、納付すべき消費税額が最も低くなるのは、原則を適用した場合であるため、みなし仕入率は、**第1種事業については90％を適用し、第3種事業については70％を適用する。**

4．適 切 3種類の事業を営んでいる場合には、特例として、特定の2種類の事業の課税売上高の合計額が、全体の課税売上高の75％以上を占めるとき、次のように分けてみなし仕入率を適用する。

① その2業種のうちみなし仕入率の高い方の事業に係る課税売上高については、そのみなし仕入率を適用する。

② それ以外の課税売上高については、その2種類の事業のうち低い方のみなし仕入率をその事業以外の課税売上げに対して適用する。

原則：50％×（1－90％）＋35％×（1－80％）＋15％×（1－50％）＝19.5％

特例：50％（第1種事業）＋35％（第2種事業）＝85％ ≧75％

∴ 第1種事業にはみなし仕入率90％を適用し、第2種事業および第5種事業は第2種事業のみなし仕入率80％を適用

50％×（1－90％）＋（35％＋15％）×（1－80％）＝15％

したがって、納付すべき消費税額が最も低くなるのは、特例を適用した場合であるため、みなし仕入率は、第1種事業については90％を適用し、第2種事業および第5種事業については80％を適用する。

9　消費税

【問題3】（2021年1月 問33）　　　　　　　チェック欄□□□□□□

消費税に関する次の記述のうち、最も適切なものはどれか。

1．居住の用に供する家屋や土地の貸付は、貸付期間が1カ月未満である場合等を除き、消費税の非課税取引に該当し、その家賃や地代について消費税は課されない。
2．インターネットを通じて行われる音楽や映像の配信などの役務の提供について、その提供を行う事業者の事務所等の所在地が国外にある場合、消費税の課税対象となる国内取引に該当することはなく、その配信の対価について消費税は課されない。
3．新たに開業した個人事業者のうち、開業した年分における課税売上高が1,000万円を超える者は、その年分について消費税の免税事業者となることができない。
4．簡易課税制度の適用を受ける事業者が2種類以上の事業を行い、そのうち1種類の事業の課税売上高が全体の課税売上高の50％以上を占める場合は、その事業のみなし仕入率を全体の課税売上に対して適用することができる。

第4章　タックスプランニング　基礎編

411

【問題3】 正解 **1**

1. 適 切 土地の譲渡・貸付けおよび住宅の貸付けは消費税の非課税取引であるが、貸付期間が1カ月未満であるときは課税取引となる。

2. 不適切 インターネットを通じて行われる音楽や映像の配信などの役務の提供については、その役務の提供を受けた事業者が国内事業者である場合は、国内取引となり消費税の課税対象となる。

3. 不適切 消費税は、基準期間（個人事業者は前々年）における課税売上高が1,000万円を超えた場合、または基準期間における課税売上高が1,000万円以下であっても特定期間（個人事業者は前年の1月1日から6月30日）における課税売上高および支払った給与の額のいずれもが1,000万円を超えた場合、その課税期間は課税事業者となる。新たに開業した年は基準期間も前年の実績もないため、免税事業者となる。

4. 不適切 2種類以上の事業を営む事業者で、1種類の事業の課税売上高が全体の課税売上高の75％以上を占める場合には、その事業のみなし仕入率を全体の課税売上げに対して適用することができる。

応 用 編

【第1問】(2021年5月 第3問《問57》～《問59》改題)　　チェック欄☐☐☐☐☐☐
次の設例に基づいて、下記の各問（《問1》～《問3》）に答えなさい。

《設 例》

　小売業を営むX株式会社（資本金10,000千円、青色申告法人、同族会社かつ非上場会社で株主はすべて個人、租税特別措置法上の中小企業者等に該当し、適用除外事業者ではない。以下、「X社」という）の2024年3月期（2023年4月1日～2024年3月31日。以下、「当期」という）における法人税の確定申告に係る資料は、以下のとおりである。

〈資料〉
1．減価償却費に関する事項
　　当期における減価償却費は、その全額について損金経理を行っている。このうち、建物の減価償却費は7,800千円であるが、その償却限度額は6,900千円であった。一方、器具備品の減価償却費は3,000千円で、その償却限度額は3,200千円であったが、この器具備品の前期からの繰越償却超過額が300千円ある。
2．交際費等に関する事項
　　当期における交際費等の金額は12,600千円で、全額を損金経理により支出している。このうち、参加者1人当たり5千円以下の飲食費が100千円含まれており、その飲食費を除いた接待飲食費に該当するものが9,000千円含まれている（いずれも得意先との会食によるもので、専ら社内の者同士で行うものは含まれておらず、所定の事項を記載した書類も保存されている）。その他のものは、すべて税法上の交際費等に該当する。
3．退職給付引当金に関する事項
　　当期において、決算時に退職給付費用3,900千円を損金経理するとともに、同額を退職給付引当金として負債に計上している。また、従業員の退職金支払の際に退職給付引当金を8,000千円取り崩し、同額を現金で支払っている。
4．税額控除に関する事項
　　当期における「給与等の支給額が増加した場合の法人税額の特別控除」に係る税額控除額が280千円ある。
5．「法人税、住民税及び事業税」等に関する事項
　　(1)　損益計算書に表示されている「法人税、住民税及び事業税」は、預金の利子について源泉徴収された所得税額40千円・復興特別所得税額840円および

当期確定申告分の見積納税額9,700千円の合計額9,740,840円である。なお、貸借対照表に表示されている「未払法人税等」の金額は9,700千円である。

(2) 当期中に「未払法人税等」を取り崩して納付した前期確定申告分の事業税（地方法人特別税を含む）は1,030千円である。

(3) 源泉徴収された所得税額および復興特別所得税額は、当期の法人税額から控除することを選択する。

(4) 中間申告および中間納税については、考慮しないものとする。

※上記以外の条件は考慮せず、各問に従うこと。

《問1》 X社の当期の〈資料〉と下記の〈条件〉に基づき、同社に係る〈略式別表四（所得の金額の計算に関する明細書）〉の空欄①〜⑧に入る最も適切な数値を、解答用紙に記入しなさい。なお、別表中の「＊＊＊」は、問題の性質上、伏せてある。

〈条件〉
・設例に示されている数値等以外の事項については考慮しないものとする。
・所得の金額の計算上、選択すべき複数の方法がある場合は、所得の金額が最も低くなる方法を選択すること。

〈略式別表四（所得の金額の計算に関する明細書）〉（単位：円）

区　　分		総　　額
当期利益の額		21,189,160
加算	損金経理をした納税充当金	（①）
	減価償却の償却超過額	（②）
	交際費等の損金不算入額	（③）
	退職給付費用の損金不算入額	（④）
	小　　計	＊＊＊
減算	減価償却超過額の当期認容額	（⑤）
	納税充当金から支出した事業税等の金額	1,030,000
	退職給付引当金の当期認容額	（⑥）
	小　　計	＊＊＊
仮　　計		＊＊＊
法人税額から控除される所得税額（注）		（⑦）
合　　計		＊＊＊
欠損金又は災害損失金等の当期控除額		0
所得金額又は欠損金額		（⑧）

（注）法人税額から控除される復興特別所得税額を含む。

《問2》前問《問1》を踏まえ、X社が当期の確定申告により納付すべき法人税額を求めなさい。〔計算過程〕を示し、〈答〉は100円未満を切り捨てて円単位とすること。

〈資料〉普通法人における法人税の税率表

	課税所得金額の区分	税率
資本金または出資金100,000千円超の法人および一定の法人	所得金額	23.2%
その他の法人	年8,000千円以下の所得金額からなる部分の金額	15%
	年8,000千円超の所得金額からなる部分の金額	23.2%

《問3》法人税に関する以下の文章ⅠおよびⅡの下線部①～③のうち、最も不適切なものをそれぞれ1つ選び、その適切な内容について簡潔に説明しなさい。

〈特別新事業開拓事業者に対し特定事業活動として出資をした場合の課税の特例〉

Ⅰ 「特別新事業開拓事業者に対し特定事業活動として出資をした場合の課税の特例」（オープンイノベーション促進税制。以下、「本特例」という）は、青色申告法人で一定の特定事業活動を行うものが、一定の特別新事業開拓事業者の株式を出資の払込みにより取得した場合に、所定の要件を満たせば、一定の金額を限度として、①その特定株式の取得価額の25％相当額以下の金額で特別勘定として経理した金額を法人税額から控除することができる特例である。

内国法人である特別新事業開拓事業者の株式を出資の払込みにより取得した中小企業者が本特例の適用を受けるためには、②その払込金額が1,000万円以上でなければならない。

なお、本特例の適用を受けた法人において、③その特定株式を取得した日から3年を経過する日までの間に、当該株式を譲渡した場合や当該株式に係る配当の支払を受けた場合には、特別勘定の金額のうちその対応する部分の金額を取り崩して益金の額に算入しなければならない。

〈法人税の確定申告・中間申告〉

Ⅱ 法人税の申告には中間申告と確定申告がある。事業年度が6カ月を超える普通法人は、所轄税務署長に対し、原則として、①事業年度開始の日から6カ月以内に中間申告書を提出し、事業年度終了の日の翌日から2カ月以内に確定申告書を提出しなければならない。

中間申告には、納付税額を、前事業年度の確定法人税額を前事業年度の月数で

除した値に6を乗じて算出する方法（予定申告）と、当該事業年度開始の日以後6カ月の期間を一事業年度とみなして仮決算を行い、それに基づいて算出する方法がある。ただし、原則として、仮決算による中間申告税額が予定申告税額を超える場合や、②予定申告税額が10万円以下である場合には、仮決算による中間申告をすることはできない。

　なお、納付すべき法人税の額がない場合であっても、確定申告書の提出は必要である。また、③事業年度開始時における資本金の額が1億円を超える内国法人は、原則として、中間申告書および確定申告書をe-Tax（国税電子申告・納税システム）で提出しなければならない。

【第1問】

《問1》 正解 ① **9,700,000** ② **900,000** ③ **4,500,000**
④ **3,900,000** ⑤ **200,000** ⑥ **8,000,000**
⑦ **40,840** ⑧ **31,000,000**

〈略式別表四（所得の金額の計算に関する明細書）〉（単位：円）

	区　　　分		総　　額
	当期利益の額		21,189,160
加	損金経理をした納税充当金	（ ① **9,700,000** ）	
	減価償却の償却超過額	（ ② **900,000** ）	
	交際費等の損金不算入額	（ ③ **4,500,000** ）	
算	退職給付費用の損金不算入額	（ ④ **3,900,000** ）	
	小　　計		19,000,000
減	減価償却超過額の当期認容額	（ ⑤ **200,000** ）	
	納税充当金から支出した事業税等の金額		1,030,000
算	退職給付引当金の当期認容額	（ ⑥ **8,000,000** ）	
	小　　計		9,230,000
	仮　　計		30,959,160
	法人税額から控除される所得税額（注）	（ ⑦ **40,840** ）	
	合　　計		31,000,000
	欠損金又は災害損失金等の当期控除額		0
	所得金額又は欠損金額	（ ⑧ **31,000,000** ）	

（注）法人税額から控除される復興特別所得税額を含む。

〈解説〉

① 損金経理をした納税充当金

　　見積納税額（未払法人税等の当期末残高）**9,700,000円**は、損益計算書上、費用とされているが、法人税では損金算入できないため、「損金経理をした納税充当金」として加算する。

② 減価償却の償却超過額

　　建物の減価償却費は、償却限度額を超過した**900,000円**（7,800千円－6,900千円）が損金不算入となる。

③ 交際費等の損金不算入額

　　中小企業者等は、交際費等の額のうち、ⓐ8,000千円とⓑ接待飲食費×50％とのいずれか大きい方まで損金の額に算入することができる。

　　損金算入限度額：8,000千円＞9,000千円×50％＝4,500千円　∴　8,000千円が有利

　　損金不算入額＝12,600千円－100千円－8,000千円＝**4,500,000円**

④ 退職給付費用の損金不算入額

税務上、引当経理は認められていないため、当期において退職給付引当金として計上した**3,900,000円**を加算する。

⑤ 減価償却超過額の当期認容額

器具備品は当期が償却不足で、前期からの繰越償却超過額があるため、繰越償却超過額を限度として、償却不足額を認容（減算）する。

償却不足額＝3,200千円－3,000千円＝200千円＜繰越償却超過額300千円

∴ 認容額 **200,000円**

⑥ 退職給付引当金の当期認容額

当期において、実際に退職金を支払った部分に相当する退職給付引当金の取崩額**8,000,000円**は、損金の額に算入することができる。

⑦ 法人税額から控除される所得税額

所得税額および復興特別所得税額は、当期の法人税額から控除することを選択するため、合計額を加算する。

40千円＋840円＝**40,840円**

※ 所得税額および復興特別所得税額は、別表四では加算するが、この後《問2》の「納付すべき法人税額」の計算過程において控除される。

⑧ 所得金額又は欠損金額

所得金額＝21,189,160円（当期利益の額）＋19,000,000円（加算項目）

　　　　　－9,230,000円（減算項目）＋40,840円（所得税額・復興特別所得税額）

　　　　　＝**31,000,000円**

《問2》 正解 6,215,100円

8,000,000円×15％＋（31,000,000円－8,000,000円）×23.2％＝6,536,000円

6,536,000円－280,000円（給与等の支給額が増加した場合の法人税額の特別控除）－40,840円（所得税額・復興特別所得税）

　＝6,215,160円　→　**6,215,100円**（百円未満切捨て）

《問3》 正解

	下線部の番号	適切な内容
Ⅰ	①	その特定株式の取得価額の25％相当額以下の金額で特別勘定として経理した金額を損金の額に算入することができる。
Ⅱ	①	中間申告書は、事業年度開始の日以後6カ月を経過した日から2カ月以内に提出しなければならない。

【第2問】（2022年9月 第3問《問57》〜《問59》改題）　　チェック欄 □□□□□

次の設例に基づいて、下記の各問（《問1》〜《問3》）に答えなさい。

《設　例》

　製造業を営むX株式会社（資本金10,000千円、青色申告法人、同族会社かつ非上場会社で株主はすべて個人、租税特別措置法上の中小企業者等に該当し、適用除外事業者ではない。以下、「X社」という）の2024年3月期（2023年4月1日〜2024年3月31日。以下、「当期」という）における法人税の確定申告に係る資料は、以下のとおりである。

〈X社の当期における法人税の確定申告に係る資料〉

1．役員給与に関する事項

　　当期において、取締役のAさんに対して支給した役員給与は2023年4月分から2023年9月分までは月額900千円であったが、2023年10月分から2024年3月分までは月額1,100千円に増額した。このAさんに対する役員給与について、増額する臨時改定事由は特になく、X社は所轄税務署長に対して事前確定届出給与に関する届出書は提出していない。

2．交際費等に関する事項

　　当期における交際費等の金額は9,900千円で、全額を損金経理により支出している。このうち、参加者1人当たり5千円以下の飲食費が300千円含まれており、その飲食費を除いた接待飲食費に該当するものが5,000千円含まれている（いずれも得意先との会食によるもので、専ら社内の者同士で行うものは含まれておらず、所定の事項を記載した書類も保存されている）。その他のものは、すべて税法上の交際費等に該当する。

3．受取配当金に関する事項

　　当期において、上場会社であるY社から、X社が前期首から同株数保有しているY社株式に係る配当金500千円（源泉所得税控除前）を受け取った。なお、Y社株式は非支配目的株式等に該当する。

4．税額控除に関する事項

　　当期における「中小企業者等が特定経営力向上設備等を取得した場合の特別償却又は法人税額の特別控除」に係る税額控除限度額が300千円ある。

5．「法人税、住民税及び事業税」等に関する事項

　⑴　損益計算書に表示されている「法人税、住民税及び事業税」は、預金の利子について源泉徴収された所得税額15千円・復興特別所得税額315円、受取配当金について源泉徴収された所得税額75千円・復興特別所得税額1,575円および当期確定申告分の見積納税額2,500千円の合計額2,591,890円である。

なお、貸借対照表に表示されている「未払法人税等」の金額は2,500千円である。

(2) 当期中に「未払法人税等」を取り崩して納付した前期確定申告分の事業税（特別法人事業税を含む）は680千円である。

(3) 源泉徴収された所得税額および復興特別所得税額は、当期の法人税額から控除することを選択する。

(4) 中間申告および中間納税については、考慮しないものとする。

※上記以外の条件は考慮せず、各問に従うこと。

《問1》設例のX社の当期の〈資料〉と下記の〈条件〉に基づき、同社に係る〈略式別表四（所得の金額の計算に関する明細書)〉の空欄①～⑥に入る最も適切な数値を、解答用紙に記入しなさい。なお、別表中の「＊＊＊」は、問題の性質上、伏せてある。

〈条件〉
・設例に示されている数値等以外の事項については考慮しないものとする。
・所得の金額の計算上、選択すべき複数の方法がある場合は、所得の金額が最も低くなる方法を選択すること。

〈略式別表四（所得の金額の計算に関する明細書)〉　（単位：円）

区　　分		総　　額
当期利益の額		4,388,110
加算	損金経理をした納税充当金	（①）
	役員給与の損金不算入額	（②）
	交際費等の損金不算入額	（③）
	小　計	＊＊＊
減算	納税充当金から支出した事業税等の金額	680,000
	受取配当等の益金不算入額	（④）
	小　計	＊＊＊
仮　計		＊＊＊
法人税額から控除される所得税額（注）		（⑤）
合　計		＊＊＊
欠損金又は災害損失金等の当期控除額		0
所得金額又は欠損金額		（⑥）

（注）法人税額から控除される復興特別所得税額を含む。

《問2》前問《問1》を踏まえ、X社が当期の確定申告により納付すべき法人税額を求めなさい。〔計算過程〕を示し、〈答〉は100円未満を切り捨てて円単位とすること。

〈資料〉普通法人における法人税の税率表

	課税所得金額の区分	税率
資本金または出資金100,000千円超の法人および一定の法人	所得金額	23.2%
その他の法人	年8,000千円以下の所得金額からなる部分の金額	15%
	年8,000千円超の所得金額からなる部分の金額	23.2%

《問3》「給与等の支給額が増加した場合の法人税額の特別控除」（以下、「賃上げ促進税制」という）および「中小企業者等が特定経営力向上設備等を取得した場合の特別償却又は法人税額の特別控除」（以下、「中小企業経営強化税制」という）に関する以下の文章の空欄①〜⑦に入る最も適切な数値を、解答用紙に記入しなさい。

〈賃上げ促進税制〉
Ⅰ　「賃上げ促進税制は、一定の中小企業者等（以下、「中小企業」という）とそれ以外の法人（以下、「大企業」という）で異なる適用要件と税額控除が設けられています。

　　大企業では、継続雇用者給与等支給額が前事業年度から3％以上増加した場合に、控除対象雇用者給与等支給増加額の（①）％を税額控除することができます。さらに、上乗せ措置として、継続雇用者給与等支給額が前事業年度から（②）％以上増加した場合には、税額控除率に10％が加算されます。また、教育訓練費の額が前事業年度から（③）％以上増加した場合には、税額控除率に5％が加算されます。

　　中小企業では、雇用者給与等支給額が前事業年度から（④）％以上増加した場合に、控除対象雇用者給与等支給増加額の15％を税額控除することができます。さらに、上乗せ措置として、雇用者給与等支給額が前事業年度から2.5％以上増加した場合には、税額控除率に（⑤）％が加算されます。また、教育訓練費の額が前事業年度から10％以上増加した場合には、税額控除率に10％が加算されます。

　　なお、税額控除することができる金額は、大企業、中小企業のいずれも、その事業年度の法人税額の20％相当額が限度になります」

〈中小企業経営強化税制〉

Ⅱ 「青色申告書を提出する中小企業者等が、指定期間内に、中小企業等経営強化法の認定を受けた経営力向上計画に基づき、一定の設備を新規取得等して指定事業の用に供した場合、原則として即時償却または取得価額の（ ⑥ ）％（特定中小企業者等は10％）の税額控除を選択適用することができます。

税額控除限度額がその事業年度の法人税額の20％相当額を超えるために、その事業年度において税額控除限度額の全部を控除しきれなかった場合には、その控除しきれなかった金額について（ ⑦ ）年間の繰越しが認められます」

【第2問】

《問1》 正解
①	2,500,000（円）	②	1,200,000（円）
③	1,600,000（円）	④	100,000（円）
⑤	91,890（円）	⑥	9,000,000（円）

〈略式別表四（所得の金額の計算に関する明細書）〉（単位：円）

区　　分		総　　額
当期利益の額		4,388,110
加算	損金経理をした納税充当金	（① 2,500,000）
	役員給与の損金不算入額	（② 1,200,000）
	交際費等の損金不算入額	（③ 1,600,000）
	小　計	5,300,000
減算	納税充当金から支出した事業税等の金額	680,000
	受取配当等の益金不算入額	（④ 100,000）
	小　計	780,000
仮　計		8,908,110
法人税額から控除される所得税額（注）		（⑤ 91,890）
合　計		9,000,000
欠損金又は災害損失金等の当期控除額		0
所得金額又は欠損金額		（⑥ 9,000,000）

(注)法人税額から控除される復興特別所得税額を含む。

〈解説〉

① 損金経理をした納税充当金

　　見積納税額（未払法人税等の当期末残高）2,500,000円は、損益計算書上、費用とされているが、法人税では損金算入できないため、「損金経理をした納税充当金」として加算する。

② 役員給与の損金不算入額

　　定期同額給与は、損金算入することができる。定期同額給与の改定は、原則として、期首から3カ月以内に行われた場合に認められる。設例の場合、事業年度の中途における改定であり、また、臨時改定事由にも該当しないため、増額前の金額と増額後の金額の差額が損金不算入となる。

　　損金不算入額＝（1,100千円－900千円）× 6カ月＝1,200,000円

③ 交際費等の損金不算入額

　　中小企業者等は、交際費等の額のうち、ⓐ8,000千円とⓑ接待飲食費×50％とのいずれか大きいほうまで損金の額に算入することができる。

　　損金算入限度額：8,000千円＞5,000千円×50％＝2,500千円　∴　8,000千円が有利

　　損金不算入額＝9,900千円－300千円－8,000千円＝1,600,000円

第4章　タックスプランニング　応用編

423

④ 受取配当等の益金不算入額

　非支配目的株式等から受ける配当金は、配当金の20％に相当する金額が益金不算入となる。

　500千円×20％＝100,000円

⑤ 法人税額から控除される所得税額

　所得税額および復興特別所得税額は、当期の法人税額から控除することを選択するため、合計額を加算する。

　15千円＋315円＋75千円＋1,575円＝91,890円

※所得税額および復興特別所得税額は、別表四では加算するが、この後《問2》の「納付すべき法人税額」の計算過程において控除される。

⑥ 所得金額又は欠損金額

　所得金額＝4,388,110円（当期利益の額）＋5,300,000円（加算項目）

　　　　　　－780,000円（減算項目）＋91,890円（所得税額・復興特別所得税額）

　　　　　　＝9,000,000円

《問2》　正解 1,053,700円

8,000,000円×15％＋（9,000,000円－8,000,000円）×23.2％＝1,432,000円

300,000円＞1,432,000円×20％＝286,400円

1,432,000円－286,400円（中小企業経営強化税制）－91,890円（所得税額・復興特別所得税）

＝1,053,700円　（百円未満切捨て）

〈解説〉

　「中小企業者等が特定経営力向上設備等を取得した場合の特別償却又は法人税額の特別控除」（中小企業経営強化税制）の税額控除額は、その事業年度の法人税額の20％が限度となる。

《問3》	正解	①	15（%）	②	4（%）	③	20（%）	④	1.5（%）
		⑤	15（%）	⑥	7（%）	⑦	1（年間）		

〈解説〉

　「給与等の支給額が増加した場合の法人税額の特別控除」（賃上げ促進税制）の概要は、次のとおりである。

	大企業	中小企業
通常要件	継続雇用者給与等支給額が前事業年度から**3**%以上増加	雇用者給与等支給額が前事業年度から**1.5**%以上増加
税額控除額	控除対象雇用者給与等支給増加額の**15**%	控除対象雇用者給与等支給増加額の**15**%
上乗せ措置	ⓐ継続雇用者給与等支給額が前事業年度から**4**%以上増加 ⓑ当期教育訓練費が前事業年度から**20**%以上増加	ⓒ雇用者給与等支給額が前事業年度から2.5%以上増加 ⓓ当期教育訓練費が前事業年度から10%以上増加
税額控除額	ⓐのみ：控除対象雇用者給与等支給増加額の25%（10%加算） ⓑのみ：控除対象雇用者給与等支給増加額の20%（5%加算）	ⓒのみ：控除対象雇用者給与等支給増加額の30%（15%加算） ⓓのみ：控除対象雇用者給与等支給増加額の25%（10%加算）
控除限度額	法人税額の20%相当額	

　「中小企業経営強化税制」の特別償却（即時償却）および税額控除の概要は、次のとおりである。

特別償却 （即時償却）	償却限度額＝普通償却限度額＋特別償却限度額 特別償却限度額＝取得価額－普通償却限度額
	対象設備を事業の用に供した事業年度において、その取得価額の全額を損金の額に算入することができる
税額控除	税額控除限度額＝取得価額×**7**%
	・特別償却（即時償却）とは選択適用 ・資本金が3,000万円以下の法人（特定中小企業者等）は**7**%→10% ・税額控除額はその事業年度の法人税額の20%を限度とする ・控除しきれなかった場合、**1年間**の繰り越しが認められる

【第3問】（2021年9月 第3問《問57》〜《問59》改題）　　チェック欄 □□□□□

次の設例に基づいて、下記の各問（《問1》〜《問3》）に答えなさい。

──────────────── 《設　例》 ────────────────

　小売業を営むＸ株式会社（資本金30,000千円、青色申告法人、同族会社かつ非上場会社で株主はすべて個人、租税特別措置法上の中小企業者等に該当し、適用除外事業者ではない。以下、「Ｘ社」という）の2024年3月期（2023年4月1日〜2024年3月31日。以下、「当期」という）における法人税の確定申告に係る資料は、以下のとおりである。

〈資料〉

1．減価償却費に関する事項

　　当期における減価償却費は、その全額について損金経理を行っている。このうち、器具備品の減価償却費は3,000千円であるが、その償却限度額は2,800千円であった。一方、建物の減価償却費は5,800千円であるが、その償却限度額は6,000千円であった。なお、前期からの繰越償却超過額が当該建物について350千円ある。

2．役員給与に関する事項

　　当期において、取締役のＡさんに対して支給した役員給与は、2023年4月分から2023年11月分までは月額800千円であったが、2023年12月分から2024年3月分までは月額1,000千円に増額した。このＡさんに対する役員給与について、増額する臨時改定事由は特になく、Ｘ社は所轄税務署長に対して事前確定届出給与に関する届出書を提出していない。

3．役員退職金に関する事項

　　当期において、退任した取締役のＢさんに対して役員退職金を35,000千円支給した。この役員退職金の税法上の適正額は、最終報酬月額800千円、役員在任期間15年、功績倍率2.5倍として功績倍率方式により算定した金額が妥当であると判断されたため、支給額のうち功績倍率方式により計算された適正額を上回る部分については、別表四において自己否認を行うことにした。

4．税額控除に関する事項

　　当期における「給与等の支給額が増加した場合の法人税額の特別控除」に係る税額控除額が250千円ある。

5．「法人税、住民税及び事業税」等に関する事項

　(1)　損益計算書に表示されている「法人税、住民税及び事業税」は、預金の利子について源泉徴収された所得税額30千円・復興特別所得税額630円および当期確定申告分の見積納税額2,500千円の合計額2,530,630円である。なお、

貸借対照表に表示されている「未払法人税等」の金額は2,500千円である。

(2) 当期中に「未払法人税等」を取り崩して納付した前期確定申告分の事業税（特別法人事業税を含む）は730千円である。

(3) 源泉徴収された所得税額および復興特別所得税額は、当期の法人税額から控除することを選択する。

(4) 中間申告および中間納税については、考慮しないものとする。

※上記以外の条件は考慮せず、各問に従うこと。

《問1》《設例》のX社の当期の〈資料〉と下記の〈条件〉に基づき、同社に係る〈略式別表四（所得の金額の計算に関する明細書）〉の空欄①～⑦に入る最も適切な数値を、解答用紙に記入しなさい。なお、別表中の「＊＊＊」は、問題の性質上、伏せてある。

〈条件〉
・設例に示されている数値等以外の事項については考慮しないものとする。
・所得の金額の計算上、選択すべき複数の方法がある場合は、所得の金額が最も低くなる方法を選択すること。

〈略式別表四（所得の金額の計算に関する明細書)〉（単位：円）

区　　分		総　額
当期利益の額		5,199,370
加算	損金経理をした納税充当金	（①）
	減価償却の償却超過額	（②）
	役員給与の損金不算入額	（③）
	役員退職給与の損金不算入額	（④）
	小　計	＊＊＊
減算	減価償却超過額の当期認容額	（⑤）
	納税充当金から支出した事業税等の金額	730,000
	小　計	＊＊＊
仮　計		＊＊＊
法人税額から控除される所得税額（注）		（⑥）
合　計		＊＊＊
欠損金又は災害損失金等の当期控除額		0
所得金額又は欠損金額		（⑦）

（注）法人税額から控除される復興特別所得税額を含む。

《問2》前問《問1》を踏まえ、X社が当期の確定申告により納付すべき法人税額を求めなさい。〔計算過程〕を示し、〈答〉は100円未満を切り捨てて円単位とすること。

〈資料〉普通法人における法人税の税率表

	課税所得金額の区分	税率
資本金または出資金100,000千円超の法人および一定の法人	所得金額	23.2%
その他の法人	年8,000千円以下の所得金額からなる部分の金額	15%
	年8,000千円超の所得金額からなる部分の金額	23.2%

《問3》法人税に関する以下の文章の空欄①～⑧に入る最も適切な語句または数値を、解答用紙に記入しなさい。

〈青色申告法人の欠損金の繰越控除〉

Ⅰ 「2023年4月1日から2024年3月31日までの間に開始する事業年度において、損金の額に算入することができる欠損金額は、事業年度終了の日における資本金の額または出資金の額が（ ① ）円以下の中小法人等については、繰越欠損金控除前の所得の金額が限度となりますが、中小法人等以外の法人については、繰越欠損金控除前の所得の金額の（ ② ）％相当額が限度となります。

2021年度税制改正により、カーボンニュートラル、DX、事業再構築・再編等に係る投資額の範囲内において、繰越欠損金の控除上限を、最長（ ③ ）年間、現行の（ ② ）％から最大100％まで引き上げる特例が創設されています。特例の対象となる欠損金は、原則として、2020年度および2021年度に生じた欠損金になります」

〈中小企業の経営資源の集約化に資する税制（経営資源集約化税制）〉

Ⅱ 「2021年度税制改正により、中小企業の経営資源の集約化に資する税制（経営資源集約化税制）が創設されています。M&Aによる規模拡大を通じた中小企業の生産性向上と増加する廃業に伴う地域の経営資源の散逸の回避の双方を実現することを目的として、『設備投資減税・雇用確保を促す税制・準備金の積立』の3つの措置をセットで適用することを可能とする税制です。

中小企業経営強化税制において、M&Aの効果を高める設備として「経営資源集約化設備（D類型）」が追加されています。D類型の対象は、計画終了年度に修正（ ④ ）または有形固定資産回転率が一定以上上昇する経営力向上計画を実

施するために必要不可欠な設備とされています。

　また、M＆Aに伴って行われる労働移転等により、雇用者給与等支給額を前年度比（　⑤　）％以上引き上げる等の一定の要件を満たした場合、所得拡大促進税制の上乗せ措置の適用により、雇用者給与等支給額の増加額の（　⑥　）％を税額控除（法人税額の20％相当額が上限）することができます。

　中小企業等経営強化法の経営力向上計画の認定を受けた中小企業者が、M＆A実施後の株式等の価格の低落による損失に備えるために、その株式等の取得価額の（　⑦　）％以下の金額を中小企業事業再編投資損失準備金として積み立てたときは、当該金額をその事業年度の損金の額に算入することができます。中小企業事業再編投資損失準備金は、取得した株式等を継続保有していれば、積み立てた事業年度終了の日の翌日から（　⑧　）年間は据置き、その後の（　⑧　）年間で準備金残高の均等額を取り崩して、益金の額に算入します」

【第3問】

《問1》 正解　① 2,500,000　② 200,000　③ 800,000
④ 5,000,000　⑤ 200,000　⑥ 30,630
⑦ 12,800,000

〈略式別表四（所得の金額の計算に関する明細書)〉（単位：円）

区　　分		総　　額
当期利益の額		5,199,370
加算	損金経理をした納税充当金	（① 2,500,000）
	減価償却の償却超過額	（② 200,000）
	役員給与の損金不算入額	（③ 800,000）
	役員退職給与の損金不算入額	（④ 5,000,000）
	小　　計	8,500,000
減算	減価償却超過額の当期認容額	（⑤ 200,000）
	納税充当金から支出した事業税等の金額	730,000
	小　　計	930,000
仮　　計		12,769,370
法人税額から控除される所得税額（注）		（⑥ 30,630）
合　　計		12,800,000
欠損金又は災害損失金等の当期控除額		0
所得金額又は欠損金額		（⑦ 12,800,000）

（注）法人税額から控除される復興特別所得税額を含む。

〈解説〉

① 損金経理をした納税充当金

見積納税額（未払法人税等の当期末残高）**2,500,000円**は、損益計算書上、費用とされているが、法人税では損金算入できないため、「損金経理をした納税充当金」として加算する。

② 減価償却の償却超過額

器具備品の減価償却費は、償却限度額を超過した**200,000円**（3,000千円 − 2,800千円）が損金不算入となる。

③ 役員給与の損金不算入額

定期同額給与は、損金算入することができる。定期同額給与の改定は、原則として、期首から3カ月以内に行われた場合に認められる。設例の場合、事業年度の中途における改定であり、また、臨時改定事由にも該当しないため、増額前の金額と増額後の金額の差額が損金不算入となる。

損金不算入額 =（1,000千円 − 800千円）× 4カ月 = **800,000円**

④ 役員退職給与の損金不算入額

功績倍率方式は「最終報酬月額×役員在任期間×功績倍率」により計算し、実際支給額が適正額を超えている部分の金額は、損金不算入とする。

適正額＝800千円×15年×2.5倍＝30,000千円

35,000千円－30,000千円＝**5,000,000円**

⑤　減価償却超過額の当期認容額

建物は当期が償却不足で、前期からの繰越償却超過額があるため、繰越償却超過額を限度として、償却不足額を認容（減算）する。

償却不足額＝6,000千円－5,800千円＝200千円＜繰越償却超過額350千円

∴　認容額　**200,000円**

⑥　法人税額から控除される所得税額

所得税額および復興特別所得税額は、当期の法人税額から控除することを選択するため、合計額を加算する。

30千円＋630円＝**30,630円**

※　所得税額および復興特別所得税額は、別表四では加算するが、この後《問2》の「納付すべき法人税額」の計算過程において控除される。

⑦　所得金額又は欠損金額

所得金額＝5,199,370円（当期利益の額）＋8,500,000円（加算項目）

　　　　　－930,000円（減算項目）＋30,630円（所得税額・復興特別所得税額）

　　　　＝**12,800,000円**

《問2》　正解　**2,032,900円**

8,000,000円×15％＋（12,800,000円－8,000,000円）×23.2％＝2,313,600円

2,313,600円－250,000円（給与等の支給額が増加した場合の法人税額の特別控除）

－30,630円（所得税額・復興特別所得税）

＝2,032,970円　→　**2,032,900円**（百円未満切捨て）

《問3》　正解　① **1億**　② **50**　③ **5**　④ **ROA**　⑤ **2.5**　⑥ **30**　⑦ **70**　⑧ **5**

〈解説〉

Ⅰ　わが国の成長戦略である「2050年カーボンニュートラルの実現」、「デジタル化への対応」、「『新たな日常』に向けた事業再構築」などの必要な取組みを進めるため、産業競争力強化法において、事業再構築、DX（デジタルトランスフォーメーション）、カーボンニュートラルの実現に向けた取組みを「事業適応」と定義し、これに果敢に挑戦する事業者に対して必要な支援措置が講じられている。その一

環として、2021年税制改正において「認定事業適応法人」の欠損金の損金算入の特例が創設された。

Ⅱ　青色申告法人である中小企業者のうち、改正産業競争力強化法の施行日から2024年３月31日までの間に中小企業等経営強化法の経営力向上計画について認定を受けたものが、その認定に係る経営力向上計画に従って行う事業承継等として他の法人の株式等の取得（購入による取得に限る）をし、かつ、これをその取得日を含む事業年度終了日まで引き続き有している場合において、その株式等の取得価額の70％相当額以下の金額を中小企業事業再編投資損失準備金として積み立てたときは、その積立金額を損金の額に算入することができる制度が創設された。この準備金は、その積み立てられた事業年度終了の日の翌日から５年を経過したものがある場合、その後５年間で均等額を取り崩して益金の額に算入することとされている。

【第4問】（2023年1月 第3問《問57》〜《問59》改題）　チェック欄 □□□□□

次の設例に基づいて、下記の各問（《問1》〜《問3》）に答えなさい。

《設　例》

　Aさん（65歳）は、X株式会社の役員として勤務する傍ら、不動産業を営んでおり、二世帯住宅で妻Bさん（65歳）、長男Cさん（35歳）家族と暮らしている。

　妻Bさんは、2023年9月に人間ドックの検査で重大な疾病が発見され、引き続きその疾病の治療のため入院をしていたことから、Aさんは妻Bさんの入院に係る医療費等について医療費控除の適用を受けたいと思っている。

　また、長男Cさんは、2023年10月、Aさん夫妻と暮らすため住宅ローンを利用して省エネ基準適合住宅に該当する二世帯住宅を新築し居住を開始したため、2023年分から住宅借入金等特別控除の適用を受ける予定である。

　Aさん（白色申告者）の2023年分の収入等および2023年中に支払った医療費等は、以下のとおりである。

〈収入等に関する資料〉

1．給与所得

　収入金額　　　　：1,300万円

　給与所得控除額：195万円

2．不動産所得（賃貸アパートの経営による所得）

　総収入金額　　　：500万円

　必要経費　　　　：520万円（注）

　（注）当該所得を生ずべき土地の取得に要した負債の利子10万円を含んだ金額

3．譲渡所得（特定口座内の上場株式を譲渡したことによる所得）

　総収入金額　　　：300万円

　取得費等　　　　：270万円

4．老齢基礎年金の年金額　　　　　　　　：55万円

5．確定給付企業年金の老齢給付金の年金額：100万円

6．定額個人年金保険契約に基づく年金額　：180万円（必要経費120万円）

7．一時払終身保険の解約返戻金

　契約年月　　　　　　　　　　　　：2011年4月

　契約者（＝保険料負担者）・被保険者　：Aさん

　解約返戻金額　　　　　　　　　　：960万円

　正味払込保険料　　　　　　　　　：900万円

8．一時払変額個人年金保険（10年確定年金）の解約返戻金

　契約年月　　　　　　　　　　　　：2019年8月

433

契約者（＝保険料負担者）・被保険者　　：Ａさん
解約返戻金額　　　　　　　　　　　　　：1,200万円
正味払込保険料　　　　　　　　　　　　：1,000万円

〈医療費等に関する資料〉
１．人間ドックの費用　　　　　　　　　：６万円
２．入院用の寝巻きや洗面具などの購入費：１万円
３．入院に伴って病院に支払った費用　　：25万円
　　※妻Ｂさんの希望により個室を使用したために支払った差額ベッド料７万円
　　　と入院時に病院から給付された食事の費用１万5,000円を含んだ金額であ
　　　る。
　　※Ａさんは、入院治療費について、医療保険から入院給付金10万円を受け取
　　　っている。
　　※高額療養費は支給されていない。
４．通院に伴って病院に支払った費用　　：５万円
　　※Ａさんとその家族は、いずれも障害者および特別障害者には該当しない。
　　※Ａさんとその家族の年齢は、いずれも2023年12月31日現在のものである。
　　※Ａさんは給与所得と年金所得の双方を有する者に対する所得金額調整控除
　　　の適用対象者である。
　　※「省エネ基準適合住宅」とは租税特別措置法第41条第10項第４号に規定す
　　　るエネルギー消費性能向上住宅をいう。

　　※上記以外の条件は考慮せず、各問に従うこと。

《問１》《設例》の〈収入等に関する資料〉に基づいて、Ａさんの2023年分の所得金額等である次の①～③をそれぞれ求めなさい。〔計算過程〕を示し、〈答〉は万円単位とすること。

① 総所得金額に算入される一時所得の金額
② 雑所得の金額
③ 総所得金額

〈資料〉公的年金等控除額の速算表（一部抜粋）

公的年金等に係る雑所得以外の所得に係る合計所得金額が1,000万円超2,000万円以下		
年金を受け取る人の年齢	公的年金等の収入金額（A）	公的年金等控除額
65 歳以上	330万円以下	1,000,000円
	330 万円超　410 万円以下	A×25％＋ 175,000円
	410 万円超　770 万円以下	A×15％＋ 585,000円
	770 万円超　1,000 万円以下	A×５％＋1,355,000円
	1,000 万円超	1,855,000 円

《問２》《設例》の〈医療費等に関する資料〉に基づいて、所得税における医療費控除に関する以下の文章の空欄①～③に入る最も適切な数値を、解答用紙に記入しなさい。

「医療費控除は、通常の医療費控除とセルフメディケーション税制（医療費控除の特例）との選択適用とされています。セルフメディケーション税制では、その年中に支払った特定一般用医薬品等購入費の総額から保険金などで補填される金額を控除した金額が12,000円を超えるときは、その超える部分の金額（最高（　①　）円）を総所得金額等から控除することができます。

Ａさんが通常の医療費控除の適用を受ける場合、〈医療費等に関する資料〉に基づく2023年分の所得税に係る医療費控除の控除額は（　②　）円となります。なお、Ａさんが確定申告書を提出する際は、医療費控除の明細書の添付が必要となりますが、確定申告期限等から（　③　）年を経過する日までの間は、税務署から医療費の領収書（医療費通知に係るものを除く）の提示または提出を求められる場合があります」

《問３》所得税における住宅借入金等特別控除に関する以下の文章の空欄①～⑤に入る最も適切な数値を、解答用紙に記入しなさい。なお、問題の性質上、明らかにできない部分は「□□□」で示してある。

「個人が住宅を新築したときの住宅借入金等特別控除の適用を受けるための要件には、次のようなものがあります。

(1)　新築の日から（　①　）カ月以内に居住の用に供し、原則として適用を受ける各年の12月31日まで引き続き居住していること。

(2)　新築した住宅の床面積が、原則として50㎡以上であり、床面積の2分の1以上の部分が専ら自己の居住の用に供するものであること。

(3)　適用を受ける年分の合計所得金額が、原則として（　②　）万円以下であること。

(4)　10年以上にわたり分割して返済する方法になっている新築のための一定の借入金または債務があること。

新築した省エネ基準適合住宅の請負契約が2022年10月以降で、居住開始が2023年中である場合、住宅借入金等特別控除の適用を受けることができる控除期間は、最長（　③　）年間です。各年分の控除額は、その年の12月31日現在の住宅借入金等の残高（□□□万円以下の部分）に、控除率□□□％を乗じて得た金額であり、最大（　④　）万円となります。なお、所得税額から控除しきれない場合、その控除しきれない金額を、所得税の課税総所得金額等の合計額の5％相当額または（　⑤　）円のいずれか少ないほうの額を限度として、翌年度分の住民税の所得割額から控除することができます」

【第4問】

《問1》 正解 ① 5（万円）　② 115（万円）　③ 1,205（万円）

① 総所得金額に算入される一時所得の金額

一時払い終身保険の解約返戻金 = 960万円 − 900万円 − 50万円（特別控除）= 10万円

$$10万円 \times \frac{1}{2} = 5万円$$

※ 一時所得の金額は、2分の1が総所得金額に算入される。

一時払い変額個人年金保険で確定年金を選択した場合は、契約後5年以内の解約は金融類似商品となり、解約差益に対して20.315％（所得税15.315％, 住民税5％）源泉分離課税が行われるため総所得金額には算入されない。5年超の解約は一時所得課税となる。

② 雑所得の金額

公的年金等 = (55万円 + 100万円) − 100万円（公的年金等控除額）= 55万円

公的年金等以外 = 180万円 − 120万円 = 60万円

55万円 + 60万円 = 115万円

③ 総所得金額

給与所得 = 1,300万円 − 195万円 − 10万円（所得金額調整控除額）= 1,095万円

※所得金額調整控除

その年分の給与所得控除後の給与等の金額と公的年金等に係る雑所得の金額がある給与所得者で、その合計額が10万円を超える者は、つぎの金額を所得金額調整控除額として給与所得から控除する。

$\lvert$給与所得控除後の給与等の金額(10万円超の場合は10万円) + 公的年金等に係る雑所得の金額(10万円超の場合は10万円)$\rvert$ − 10万円 = 控除額

不動産所得 = 500万円 − 520万円 = ▲20万円

▲20万円 + 10万円 = ▲10万円（損益通算の対象）

総所得金額 = 1,095万円（給与所得）+ 115万円（雑所得）− 10万円（不動産所得）+ 5万円（一時所得）= 1,205万円

《問2》 正解 ① 88,000（円） ② 90,000（円） ③ 5（年）

「医療費控除は、通常の医療費控除とセルフメディケーション税制（医療費控除の特例）との選択適用とされています。セルフメディケーション税制では、その年中に支払った特定一般用医薬品等購入費の総額から保険金などで補填される金額を控除した金額が12,000円を超えるときは、その超える部分の金額（最高（ ①88,000円 ）を総所得金額等から控除することができます。Ａさんが通常の医療費控除の適用を受ける場合、〈医療費等に関する資料〉に基づく2023年分の所得税に係る医療費控除の控除額は、（ ②90,000 ）円となります。なお、Ａさんが確定申告書を提出する際は、医療費控除の明細書の添付が必要となりますが、確定申告期限等から（ ③5 ）年を経過する日までの間は、税務署から医療費の領収書（医療費通知に係るものを除く）の提示または提出を求められる場合があります」

《問3》 正解 ① 6（カ月） ② 2,000（万円） ③ 13（年間）
　　　　　④ 28（万円） ⑤ 97,500（円）

「個人が住宅を新築したときの住宅借入金等特別控除の適用を受けるための要件には、次のようなものがあります。
(1) 新築の日から（ ①6 ）カ月以内に居住の用に供し、原則として適用を受ける各年の12月31日まで引き続き居住していること。
(2) 新築した住宅の床面積が、原則として50㎡以上であり、床面積の2分の1以上の部分が専ら自己の居住の用に供するものであること。
(3) 適用を受ける年分の合計所得金額が、原則として（ ②2,000 ）万円以下であること。
(4) 10年以上にわたり分割して返済する方法になっている新築のための一定の借入金または債務があること。
　　新築した省エネ基準適合住宅の請負契約が2022年10月以降で、居住開始が2023年中である場合、住宅借入金等特別控除の適用を受けることができる控除期間は、最長（ ③13 ）年間です。各年分の控除額は、その年の12月31日現在の住宅借入金等の残高（□□□万円以下の部分）に、控除率□□□％を乗じて得た金額であり、最大（ ④28 ）万円となります。なお、所得税額から控除しきれない場合、その控除しきれない金額を、所得税の課税総所得金額等の合計額の5％相当額または（ ⑤97,500 ）円のいずれか少ないほうの額を限度として、翌年度分の住民税の所得割額から控除することができます」

【第5問】（2021年1月 第3問《問57》〜《問59》改題）　チェック欄 □□□□□

次の設例に基づいて、下記の各問（《問1》〜《問3》）に答えなさい。

《設　例》

　Aさんは、2023年10月に30年7カ月勤めた商社を退職し、個人で小売店を開業した。会社員時代に培った人脈により、Aさんの人柄をよく知る人たちが懇意にしてくれたこともあり、開業当初から事業は順調に推移した。Aさんが2023年中に得た所得には、給与所得、退職所得、事業所得のほかに、ゴルフ会員権を売却したことによる譲渡所得と加入していた生命保険契約を解約したことによる一時所得がある。

　Aさんの家族および2023年分の収入等に関する資料は、以下のとおりである。なお、Aさんは、2023年は消費税について免税事業者であり、税込経理を行っている。また、棚卸資産の評価方法について、納税地の所轄税務署長に税務上の届出はしていない。

〈Aさんとその家族に関する資料〉
　Aさん（53歳）　　：白色申告者
　妻Bさん（50歳）　：専業主婦であったが、2023年11月からAさんの小売業に
　　　　　　　　　　　従事している。
　長女Cさん（20歳）：大学生。2023年中に収入はない。
　母Dさん（80歳）　：2023年中に老齢基礎年金70万円と遺族厚生年金90万円を
　　　　　　　　　　　受け取っている。

〈Aさんの2023年分の収入等に関する資料〉
　(1)　給与所得に関する事項
　　　給与収入の金額：900万円

　(2)　退職所得に関する事項
　　　退職手当等の収入金額：2,500万円
　　　勤続期間　　　　　　　：30年7カ月
　　　※Aさんは支払者に「退職所得の受給に関する申告書」を提出している。

(3) 事業所得に関する事項

項　　目	金　　額
売上高	1,700万円
仕入高	1,500万円
売上値引および返品高	100万円
年初の商品棚卸高	0円
年末の商品棚卸高	580万円（先入先出法による場合） 600万円（最終仕入原価法による場合）
必要経費※	500万円

※上記の必要経費は税務上適正に計上されている。なお、必要経費には売上原価は
　含まれていない。

(4) 譲渡所得に関する事項

　Aさんが売却したゴルフ会員権に関する事項は、以下のとおりである。

取得年月：2003年8月

売却金額：300万円

取 得 費：400万円

(5) 一時所得に関する事項

　Aさんが解約した生命保険に関する事項は、以下のとおりである。

保険種類　　　　　　　：一時払変額個人年金保険（10年確定年金）

契約年月　　　　　　　：2015年8月

契約者（＝保険料負担者）：Aさん

被保険者　　　　　　　：Aさん

解約返戻金額　　　　　：480万円

正味払込保険料　　　　：400万円

※妻Bさん、長女Cさんおよび母Dさんは、Aさんと同居し、生計を一にして
　いる。

※Aさんとその家族は、いずれも障害者および特別障害者には該当しない。

※Aさんとその家族の年齢は、いずれも2023年12月31日現在のものである。

※上記以外の条件は考慮せず、各問に従うこと。

《問1》所得税の所得控除および所得金額調整控除に関する以下の文章の空欄①～⑧に入る最も適切な数値を、解答用紙に記入しなさい。

〈所得控除〉

Ⅰ 所得控除は、社会政策上の要請や納税者の個人的事情に適合した応能負担の実現を図るなどの目的で設けられている。

　所得控除のうち、扶養控除は、納税者が控除対象扶養親族を有する場合に、納税者のその年分の総所得金額等から所定の金額が控除される所得控除である。控除対象扶養親族とは、扶養親族のうち年齢（ ① ）歳以上の者をいい、扶養親族とは、納税者の親族等でその納税者と生計を一にするもののうち、合計所得金額が（ ② ）万円以下である者をいう。なお、納税者の配偶者や事業専従者等に該当する者は扶養親族とならない。また、控除対象扶養親族に該当するかどうかの判定は、原則として、その年の12月31日の現況によるものとされている。

　扶養控除の控除額は、扶養親族の年齢や同居の有無等により異なり、Aさんの場合、長女Cさんに係る扶養控除の控除額は（ ③ ）万円であり、母Dさんに係る扶養控除の控除額は（ ④ ）万円である。

　一方、基礎控除は、納税者のその年分の合計所得金額の区分に応じて定められた金額が控除される所得控除であり、Aさんの場合、その控除額は（ ② ）万円である。基礎控除は、合計所得金額が（ ⑤ ）万円以下である納税者に適用され、（ ⑤ ）万円を超える納税者には適用されない。

〈所得金額調整控除〉

Ⅱ 所得金額調整控除には、「子ども・特別障害者等を有する者等の所得金額調整控除」と「給与所得と年金所得の双方を有する者に対する所得金額調整控除」があり、Aさんは2023年分の所得税において前者の所得金額調整控除の適用を受けることができる。

　「子ども・特別障害者等を有する者等の所得金額調整控除」は、対象者の総所得金額の計算上、給与等の収入金額（1,000万円を超える場合には1,000万円）から（ ⑥ ）万円を控除した金額の（ ⑦ ）％相当額が、給与所得の金額から控除されるものである。その対象者は、年齢（ ⑧ ）歳未満の扶養親族を有する納税者や特別障害者に該当する扶養親族等を有する納税者等とされている。

441

《問2》 Aさんの2023年分の①事業所得の金額および②退職所得の金額を、それぞれ求めなさい（計算過程の記載は不要）。〈答〉は円単位とすること。なお、事業所得の金額の計算上、妻Bさんが事業専従者の要件を満たしている場合、事業専従者控除額を控除すること。

《問3》 前問《問2》を踏まえ、Aさんの2023年分の課税総所得金額に対する算出所得税額（税額控除前の金額）を求めなさい。〔計算過程〕を示し、〈答〉は100円未満を切り捨てて円単位とすること。なお、Aさんの2023年分の所得控除の合計額を300万円とし、記載のない事項については考慮しないものとする。

〈資料〉給与所得控除額

給与収入金額		給与所得控除額
万円超	万円以下	
	～ 180	収入金額×40%－10万円 （55万円に満たない場合は、55万円）
180	～ 360	収入金額×30%＋8万円
360	～ 660	収入金額×20%＋44万円
660	～ 850	収入金額×10%＋110万円
850	～	195万円

〈資料〉所得税の速算表

課税総所得金額		税率	控除額
万円超	万円以下		
	～ 195	5 %	－
195	～ 330	10%	97,500円
330	～ 695	20%	427,500円
695	～ 900	23%	636,000円
900	～ 1,800	33%	1,536,000円
1,800	～ 4,000	40%	2,796,000円
4,000	～	45%	4,796,000円

【第5問】

《問1》	正解	①	16	②	48	③	63	④	58	⑤	2,500
		⑥	850	⑦	10	⑧	23				

〈所得控除〉

Ⅰ 所得控除は、社会政策上の要請や納税者の個人的事情に適合した応能負担の実現を図るなどの目的で設けられている。所得控除のうち、扶養控除は、納税者が控除対象扶養親族を有する場合に、納税者のその年分の総所得金額等から所定の金額が控除される所得控除である。控除対象扶養親族とは、扶養親族のうち年齢（① **16**）歳以上の者をいい、扶養親族とは、納税者の親族等でその納税者と生計を一にするもののうち、合計所得金額が（② **48**）万円以下である者をいう。なお、納税者の配偶者や事業専従者等に該当する者は扶養親族とならない。また、控除対象扶養親族に該当するかどうかの判定は、原則として、その年の12月31日の現況によるものとされている。扶養控除の控除額は、扶養親族の年齢や同居の有無等により異なり、Ａさんの場合、長女Ｃさんに係る扶養控除の控除額は（③ **63**）万円であり、母Ｄさんに係る扶養控除の控除額は（④ **58**）万円である。一方、基礎控除は、納税者のその年分の合計所得金額の区分に応じて定められた金額が控除される所得控除であり、Ａさんの場合、その控除額は（② **48**）万円である。基礎控除は、合計所得金額が（⑤ **2,500**）万円以下である納税者に適用され、（⑤ **2,500**）万円を超える納税者には適用されない。

〈所得金額調整控除〉

Ⅱ 所得金額調整控除には、「子ども・特別障害者等を有する者等の所得金額調整控除」と「給与所得と年金所得の双方を有する者に対する所得金額調整控除」があり、Ａさんは2023年分の所得税において前者の所得金額調整控除の適用を受けることができる。「子ども・特別障害者等を有する者等の所得金額調整控除」は、対象者の総所得金額の計算上、給与等の収入金額（1,000万円を超える場合には1,000万円）から（⑥ **850**）万円を控除した金額の（⑦ **10**）％相当額が、給与所得の金額から控除されるものである。その対象者は、年齢（⑧ **23**）歳未満の扶養親族を有する納税者や特別障害者に該当する扶養親族等を有する納税者等とされている。

《問 2》 正解 ① 2,000,000円 ② 4,650,000円

事業所得の金額

〈収入金額〉

　売上高：1,700万円

　売上値引および返品高：100万円

　収入金額 = 1,700万円 − 100万円 = 1,600万円

〈必要経費〉

　売上原価：売上原価は「年初棚卸高 + 仕入高 − 年末棚卸高」で求める。年末棚卸高
　　　　　　の評価は、棚卸資産の評価方法について税務上の届出をしていないた
　　　　　　め、原則的評価方法である最終仕入原価法により評価する。

　　　　　　0円 + 1,500万円 − 600万円 = 900万円

〈事業所得の金額〉

　1,600万円 − (500万円(問題資料より) + 900万円) = **200万円**

※白色申告者の専従者控除は、専従者が 1 年間を通じて 6 カ月以上その白色申告者の
　営む事業に専ら従事していなければ控除することができない。

退職所得の金額

〈収入金額〉

　2,500万円

〈退職所得控除額〉

　800万円 + (31年 − 20年) × 70万円 = 1,570万円

〈退職所得の金額〉

　$(2,500万円 − 1,570万円) × \dfrac{1}{2} =$ **465万円**

《問 3》 正解 802,500円

〈給与所得の金額〉

　収入金額：900万円

　給与所得控除額：195万円

　所得金額調整控除：(900万円 − 850万円) × 10% = 5 万円

　給与所得の金額：900万円 − (195万円 + 5 万円) = 700万円

※給与の収入金額が850万円を超え、23歳未満の扶養親族がいるため、所得金額調整
　控除の適用を受ける。

〈事業所得の金額〉

　200万円 (《問 2》より)

〈譲渡所得の金額〉

300万円 − 400万円 = ▲100万円

※ゴルフ会員権の譲渡損失は損益通算の対象とならない。

〈一時所得の金額〉

480万円 − 400万円 − 50万円（特別控除）= 30万円

〈総所得金額〉

700万円 + 200万円 + 30万円 × $\dfrac{1}{2}$ = 915万円

※一時所得の金額は、2分の1が総所得金額に算入される。

〈課税総所得金額〉

915万円 − 300万円（所得控除　問題文より）= 615万円

〈算出所得税額〉

6,150,000円 × 20% − 427,500円 = **802,500円**

重要ポイントまとめ

1 納税義務者・非課税所得

1．納税義務者

種　　　類		課税所得の範囲
居住者 （国内に住所を有し、または、引き続いて1年以上居所を有する個人）	非永住者以外	すべての所得（日本国内および国外で生じたすべての所得）
	非永住者（日本国籍を有しておらず、かつ過去10年以内に日本に住所または居所を有していた期間が5年以下の個人）	国外で生じた所得以外の所得および国外源泉所得で国内で支払われまたは国外から送金されたもの
非居住者（居住者以外の個人）		国内源泉所得

・住所＝生活の本拠、居所＝住所以外の場所で、現実に居住している場所
・1年以上の予定で海外支店勤務や海外子会社に出向する場合は非居住者
・国家公務員または地方公務員は、国内に住所を有しない期間も原則として国内に住所を有するものとする。

2．非課税所得（おもなもの）

・当座預金の利子、「マル優制度」の一定の利子、財形貯蓄制度（住宅・年金）の一定の利子
・オープン型証券投資信託（追加型株式投資信託）の元本払戻金（特別分配金）
・遺族の受ける恩給・年金
・給与所得者の通勤手当（最高月額15万円）、旅費、職務上必要な現物給付
・生活用動産の譲渡による所得（貴金属、宝石、書画、骨董等で1個または1組の価額が30万円を超えるものを除く）
・損害保険金、損害賠償金、慰謝料等
・相続、遺贈または個人からの贈与による所得
・オリンピック・パラリンピックにおける報奨金
・ノーベル賞の賞金

❷ 不動産所得・事業所得・退職所得

1．不動産所得
（1）不動産貸付業の規模により取扱いが異なる規定

	事業的規模	事業的規模以外
個別評価の貸倒引当金	設定できる	設定できない
貸倒損失	必要経費算入	収入計上年にさかのぼって所得を取り消す
固定資産の資産損失	必要経費算入	不動産所得の金額を限度として必要経費に算入する
専従者給与	適用あり	適用なし
青色申告特別控除	最高55万円※	最高10万円

※ 2020年分以後は、e-Taxにより申告をする場合または電子帳簿により帳簿を保存する場合には、65万円となる。

（2）他の所得との区分
① アパートなどの家賃収入

食事を供さない場合……不動産所得

下宿など、食事を提供する場合……事業所得または雑所得
② 駐車場収入

保管責任がない場合……不動産所得

保管責任がある場合……事業所得または雑所得

2．事業所得
（1）家事関連費等
　家事上の経費（生活費）は必要経費に算入しない。家事関連費（家事上の経費と業務上の経費が混在するもの）は、業務の遂行上必要であることが明らかにできる部分だけを必要経費に算入する。
（2）租税公課
・必要経費となるもの：事業税、固定資産税、登録免許税、印紙税など
・必要経費とならないもの：所得税、住民税、加算税、延滞税など
（3）専従者給与等
① 原則として事業主が同一生計親族に対して支払う給与、賃借料や利子などは、その事業主の所得の計算上、必要経費に算入しない。
・受け取った親族については、その対価はなかったものとみなされる。
・事業主が、業務のために親族から借りた土地・建物に課される固定資産税は、

その事業主の必要経費に算入する。

②　専従者給与等

　事業専従者とは、生計を一にする15歳以上の配偶者その他親族で、その事業に1年を通じて6カ月を超える期間（青色申告者の親族の場合は、従事可能期間の2分の1を超える期間）、専ら従事する者をいう。事業主が支払った給与の取扱いは以下のとおり。

（注）退職金は必要経費に算入できない。

白色申告者	青色申告者
一定額までを必要経費に算入できる（配偶者86万円、その他の親族50万円まで）。	「青色事業専従者給与に関する届出書」を提出し、記載した金額の範囲内で実際に支給した額を必要経費に算入できる。

（4）減価償却

①　償却方法

　減価償却費の計算方法には、定額法と定率法があり、償却方法を選定し、税務署長へ届出書を提出する。届け出をしなかった場合は**法定償却方法**（個人の場合は**定額法**）により償却をする。

　　・建物については、1998年（平成10年）4月1日以後に取得したものは定額法しか選択できない。

　　・2016年（平成28年）4月1日以後に取得する建物附属設備および構築物は、定額法しか選択できない。

②　少額減価償却資産

　使用可能期間が1年未満のもの、または取得価額が10万円未満のもの（貸付用を除く）については、取得価額の全額を必要経費に算入する。

　ただし、中小事業者である青色申告者は、取得価額30万円未満（年間300万円を限度とし、貸付用を除く）の資産については、取得価額全額を必要経費に算入することができる。

（5）交際費等

　個人事業者が支払った交際費等は、全額が必要経費に算入される。

3．退職所得

　退職手当、一時恩給など、退職により一時に受ける給与や、社会保険制度・退職金共済制度に基づく一時金が該当する。

　　・解雇予告手当は、退職所得に該当する。

　　・年金として支払われる場合は、雑所得（公的年金等）。

　　・死亡後3年以内に支給が確定した退職手当金は相続税の課税対象。

（1）退職所得の計算

退職所得の金額＝（収入金額－退職所得控除額）× $\frac{1}{2}$

（注）役員としての勤続年数が5年以内の法人役員等については、2分の1を乗じないで計算する。

■退職所得控除額

勤続年数	退職所得控除額
20年以下	40万円×勤続年数（最低80万円）
20年超	800万円＋70万円×（勤続年数－20年）

（注1）勤続年数の1年未満の端数は、1年に切り上げる。

（注2）障害者になったことに直接基因して退職した場合は、上記金額に100万円を加算する。

（2）退職所得の受給に関する申告書の提出の有無による違い

	提出した場合	提出しない場合
源泉徴収	所得税・住民税について適正額が源泉徴収される。	退職金の収入金額×20.42％（復興特別所得税を含む）相当額の所得税が源泉徴収される。
確定申告	不要。ただし、他の所得から控除しきれない所得控除がある場合などは申告により所得税の還付が受けられる。	確定申告により、適正税額との差額は還付される。

3 配当所得・株の譲渡所得

1．配当所得

（1）配当所得の金額

配当所得の金額＝収入金額－株式等を取得するための負債の利子

（2）源泉徴収税率

上場株式等	大口株主以外	20.315％ （所得税15.315％ 住民税5％）
	大口株主	所得税のみ20.42％ （住民税は源泉徴収されないため総合課税）
非上場株式等		

（注1）大口株主とは、発行済株式総数の3％以上を所有している株主をいう。

（注2）上場株式等の配当は、申告不要を選択できる。大口株主が受け取る上場株式等の配

当と非上場株式等の配当は、少額配当のみ申告不要とすることができる。
(注3) 所得税の税率は、復興特別所得税を含む。

(3) 上場株式等の配当所得の課税方法
① 確定申告して総合課税を選択（配当控除の適用可）
② 確定申告して申告分離課税を選択（上場株式等の譲渡損失および特定公社債等の譲渡損失と損益通算可）
③ 申告不要制度を選択

		上場株式等の譲渡損失との損益通算	配当控除の適用
①申告不要とした場合		※	×
申告した場合	②総合課税	×	○
	③申告分離課税	○	×

※ 源泉徴収ありの特定口座内では損益通算できる。

2. 株式等の譲渡所得
(1) 税 率
20.315％（所得税15％、復興特別所得税0.315％、住民税5％）
(2) 所得の区分
株式等に係る譲渡所得等は、次の2つに区分する。
① 上場株式等に係る譲渡所得等の分離課税
② 非上場株式等に係る譲渡所得等の分離課税

(注) ①と②の間では損益通算はできない。

(3) 損益通算および繰越控除

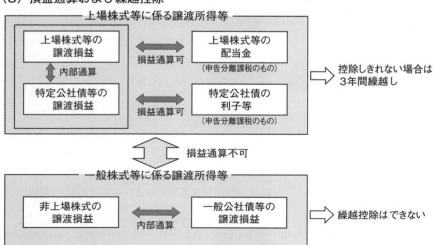

（4）上場株式等の特定口座

　金融機関等が上場株式等の譲渡損益を計算する特定口座には、税額を源泉徴収する「源泉徴収ありの口座」と、「源泉徴収なしの口座」の２種類があり、投資家は金融機関等ごとにいずれかの口座を選択できる。「源泉徴収あり」の口座を選択すれば源泉徴収で課税関係が終了し、申告不要とできる。

(注) 源泉徴収口座に上場株式等の配当等および特定公社債等の利子等を受け入れて、確定申告せずに同一口座内の上場株式等に係る譲渡損失の金額および特定公社債等の譲渡損失の金額と損益通算することができる。

4 損益通算・損失の繰越控除

1．損益通算

　各種所得の金額の計算上生じた損失の金額のうち一定のものについては、一定の順序に従って他の黒字の所得から控除する。

（1）損益通算の対象となるもの

①	不動産所得の損失
②	事業所得の損失
③	山林所得の損失
④	譲渡所得の損失

（2）（1）のうち損益通算の対象とならないもの（おもなもの）

① 不動産所得の損失のうち土地等の取得のための借入金利子からなる部分
② 非課税所得の計算上生じた損失
　・生活用動産の譲渡損失
③ 株式等の譲渡損失
　(注) 上場株式等の譲渡損失および特定公社債等の譲渡損失は上場株式等の配当所得（申告分離課税を選択したもの）および特定公社債等の利子等とは損益通算できる。
④ 土地建物等の譲渡損失
　(注) 居住用財産の買換え等の譲渡損失、特定の居住用財産の譲渡損失は、一定要件を満たした場合、損益通算できる。
⑤ 生活に通常必要でない資産に係る所得の計算上生じた損失
　・ゴルフ会員権、別荘、30万円超の貴金属、書画、骨董品など

(注) 一時所得と総合長期譲渡所得は、損益通算をした後に2分の1にする。

第4章 タックスプランニング 重要ポイントまとめ

(3) 損益通算の順序

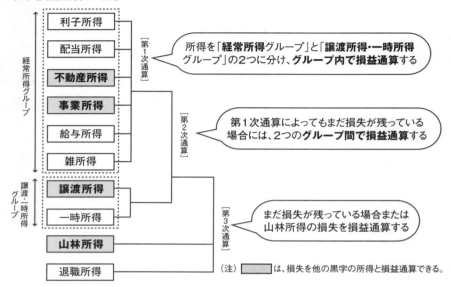

2. 損失の繰越控除

(1) 純損失の繰越控除

損益通算をしても控除しきれない部分の金額を純損失の金額といい、連続して確定申告書を提出することを条件に、翌年以後3年間繰り越すことができる。

損失発生年の申告書	繰越控除の対象
青色申告書	純損失の全額を繰り越す
白色申告書	以下のものだけ繰り越す ① 変動所得の金額の計算上生じた損失の金額 ② 被災事業用資産の損失の金額

(2) 雑損失の繰越控除

雑損控除の適用を受けても控除しきれなかった金額は、連続して確定申告書を提出することを条件に、翌年以後3年間繰り越すことができる。

(注) 雑損控除は青色申告者、白色申告者ともに適用を受けられる。

5 所得控除

1．医療費控除
（1）原則
本人または生計を一にする配偶者その他の親族に対する医療費を支払った場合に適用できる。

① 医療費控除の対象となる医療費

対象となるもの	対象とならないもの
① 医師や歯科医師による診療や治療の費用 ② 出産費用 ③ 治療や療養のための医薬品の購入費 ④ 治療のためのマッサージ代、はり師・きゅう師などによる施術の費用 ⑤ 入院費用 ⑥ 看護師や付添人による療養上の世話の費用 ⑦ 介護保険制度のもとで提供された一定の施設・居宅サービスの自己負担額 ⑧ 松葉杖、補聴器等の購入費用 ⑨ おおむね6カ月以上寝たきりで医師がおむつの使用が必要と認めた人のおむつ代	① 美容整形費用 ② 疾病予防や健康増進などのための医薬品や健康食品の購入費用 ③ 通院のための自家用車のガソリン代や駐車代 ④ 医師や看護師などに対する謝礼 ⑤ 親族に支払う療養上の世話の費用 ⑥ 近視や乱視のためのメガネ、コンタクトレンズなどの購入費用 ⑦ 診断書の作成料 ⑧ 人間ドック、健康診断料（ただし、診断の結果重大な疾病が発見され、かつ治療した場合は対象になる） ⑨ 未払い医療費

② 控除額（200万円を限度とする）

$$控除額 = \left[\begin{matrix} 支払った \\ 医療費 \end{matrix} - \begin{matrix} 保険金等により \\ 補てんされる金額 \end{matrix} \right] - \left[\begin{matrix} ①総所得金額等×5\% \\ ②10万円 \\ ①と②いずれか低い金額 \end{matrix} \right]$$

※ 健康保険からの給付金、生命保険・損害保険等からの給付金（ただし、給付金の対象となった医療費の額を限度とする）

（2）特例（セルフメディケーション税制）
2017年1月1日から2026年12月31日までの間に、自己または同一生計の配偶者その他の親族に係る一定のスイッチOTC医薬品（市販の薬）を購入した場合に、その年中に支払った購入額の合計額が1万2千円を超えるときは、その超える部分の金額（8万8千円を限度とする）を、その年分の総所得金額等から控除する。

※ （1）の原則の医療費控除とは選択適用である。

２．寄附金控除

　居住者が特定寄附金を支払った場合で、その特定寄附金の支出額が２千円を超えるときは、その超える部分の金額を、一定額を限度として総所得金額等から控除する。

（1）　特定寄附金の範囲

① 　国、地方公共団体に対する寄附金
② 　指定寄附金（公益法人等に対する寄附金で、財務大臣が指定したもの）
③ 　特定公益増進法人（独立行政法人、日本赤十字社、日本オリンピック委員会、学校法人（入学に関するものを除く）、社会福祉法人等）に対する寄附金
　・宗教法人に対する寄附金は、寄附金控除の対象とならない
④ 　政党または政治資金団体に対する政治活動に関する寄附金
　・政党等に対する寄附金は、所得控除に代えて税額控除を選択できる
⑤ 　認定特定非営利活動法人（認定NPO法人）に対する寄附金

（2）　控除額

控除額＝特定寄附金の額の合計額－２千円
（注）特定寄附金の額は、総所得金額等×40％を限度とする。

３．扶養控除

　16歳以上の扶養親族を控除対象扶養親族という。

０歳以上16歳未満	０円
16歳以上19歳未満	38万円
19歳以上23歳未満（特定扶養親族）	63万円
23歳以上70歳未満	38万円
70歳以上（老人扶養親族：同居老親等）	58万円
70歳以上（老人扶養親族：同居老親等以外）	48万円

（注）年齢は、その年の12月31日現在。年の中途で死亡した場合は死亡時点。

４．基礎控除

　基礎控除は、納税者本人の合計所得金額に応じてそれぞれ次のとおりである。

納税者の合計所得金額	控除額
2,400万円以下	48万円
2,400万円超2,450万円以下	32万円
2,450万円超2,500万円以下	16万円
2,500万円超	０円

6 税額控除

1．住宅借入金等特別控除

　償還期間が10年以上の住宅ローンを利用して住宅の取得等（増改築含む）をした場合に、居住開始年から10年間または13年間、借入金の年末残高に控除率を乗じた金額を、各年分の所得税額から控除できる。

（1）借入金の限度額と控除期間

① 　一般住宅

区分	居住年	借入金限度額	控除率	控除期間
新築住宅	2022年・2023年	3,000万円	0.7%	13年
	2024年・2025年	2,000万円		10年
中古住宅	2022年〜2025年	2,000万円		

② 　認定住宅等

区分	居住年	借入金限度	控除率	控除期間
認定住宅	2022年・2023年	5,000万円	0.7%	13年
	2024年・2025年	4,500万円		
ZEH水準省エネ住宅	2022年・2023年	4,500万円		
	2024年・2025年	3,500万円		
省エネ基準適合住宅	2022年・2023年	4,000万円		
	2024年・2025年	3,000万円		
中古住宅	2022年〜2025年	3,000万円		10年

※ 　認定住宅とは、認定長期優良住宅および認定低炭素住宅をいう。
※ 　ZEH水準省エネ住宅（ネット・ゼロ・エネルギー・ハウス）とは、住宅の高断熱化および高効率設備による省エネと、太陽光発電等によりエネルギーを創ることで、1年間で消費する住宅のエネルギー量が正味（ネット）で概ねゼロ以下となる住宅をいう。
※ 　省エネ基準適合住宅とは、断熱、遮熱などの一定の基準に適合する住宅をいう。

（2）適用要件（おもなもの）

　・返済期間が10年以上の住宅ローンで住宅を取得等したこと（住宅とともにその敷地も取得した場合は、土地取得に係るローンも対象）。
　・新築または取得の日から6カ月以内に居住の用に供し、適用を受ける各年の12月31日まで引き続いて住んでいること。
　・適用を受ける年分の合計所得金額が、2,000万円以下であること。
　・新築または取得をした住宅の床面積が50㎡以上、床面積の2分の1以上の部分が専ら自己の居住の用に供するものであること。

（3）留意点

・転勤等で住宅に居住しなくなった場合でも、適用期間中に再び居住することになれば、残存期間について再適用を受けることができる（その家屋を賃貸の用に供していた場合は、再居住年の翌年から再適用）。

・住宅ローンの繰上返済を行った結果、償還期間が契約当初の最初の返済月から10年未満となった場合には、その後は適用を受けられない。

・所得税から控除しきれない場合には控除不足分を次の控除限度額の範囲内で翌年度分の個人住民税から控除できる。

居住年	控除限度額
2025年12月31日まで	所得税の課税総所得金額等×5％ （最高97,500円）

２．住宅特定改修特別税額控除（借入金の有無の要件なし）

適用要件	自己所有の住宅にバリアフリー改修工事、省エネ改修工事、多世帯同居改修工事を行い、6カ月以内に居住の用に供した場合
控除期間	居住年のみ。ただし、合計所得金額が3,000万円以下の年に限る。
控除額	①　バリアフリー改修工事 　　バリアフリー改修工事の標準的な費用の額（200万円を限度）×10％ ②　省エネ改修工事 　　省エネ改修工事の標準的な費用の額（250万円を限度）×10％ 　　（太陽光発電設備設置工事は350万円を限度） ③　多世帯同居改修工事 　　多世帯同居改修工事の標準的な費用の額（250万円を限度）×10％
適用期限	2023年12月31日までに居住の用に供していること
その他	住宅借入金等特別控除とは併用できない。

３．住宅耐震改修特別控除（借入金の有無の要件なし）

適用要件	自己所有の住宅（1981年５月31日以前に建築された一定地域の住宅）に住宅耐震改修をした場合
控除期間	その年分のみ
控除額	耐震改修工事の標準的な費用の額（250万円を限度）×10%
適用期限	2023年12月31日までの工事
その他	住宅借入金等特別控除と併用できる。ただし、要耐震住宅を取得して住宅借入金等特別控除を受けた場合を除く。

４．認定住宅新築等特別税額控除（借入金の有無の要件なし）

適用要件	認定長期優良住宅、認定低炭素住宅またはZEH水準省エネ住宅を新築または取得して６カ月以内に居住の用に供した場合
控除期間	居住年のみ。ただし、合計所得金額が3,000万円以下の年に限る。控除しきれない場合、翌年の所得税額から控除可能
控除額	標準的な性能強化費用（650万円限度）×10%
適用期限	2023年12月31日までの新築または取得
その他	住宅借入金等特別控除とは併用できない。

⑦ 所得税の申告（青色申告）

１．青色申告できる者

不動産所得、事業所得または山林所得を生ずべき業務を行う者。

２．青色申告の申請・届出

青色申告の申請	その年の３月15日までに申請 （注） １月16日以降に業務を開始した場合は、その日から２カ月以内。
青色事業専従者給与に関する届出	その年の３月15日までに届出 （注１） １月16日以降に業務を開始した場合や新たに専従者ができた場合は、その日から２カ月以内。 （注２）事業的規模ではない不動産所得では認められていない。

第４章　タックスプランニング　重要ポイントまとめ

3. 記帳義務

帳簿書類等は原則として7年間保存の義務がある。

複式簿記で記帳する場合	貸借対照表・損益計算書を作成できるよう、複式簿記により記帳する。
簡易帳簿で記帳する場合	簡略な記帳でもよい。
現金主義で記帳する場合	前々年分の事業所得と不動産所得の合計額が300万円以下の者は、「現金主義による所得計算の特例を受けることの届出書」を提出し、現金収支を中心とする簡易な記帳ができる。 （注）その年の3月15日までに届出が必要。1月16日以降に業務を開始した場合は、その日から2カ月以内に届出。

4. 青色申告特別控除

10万円	下記以外の青色申告者（事業的規模ではない不動産所得のみの者、山林所得のみの者、記帳要件を満たさない者、期限後申告した者）
55万円	事業的規模の不動産所得または事業所得を生ずべき事業を営む青色申告者が、正規の簿記の原則に従い記帳し、貸借対照表・損益計算書を添付して期限内申告した場合
65万円	55万円の要件を満たす者が、e-Taxにより申告をした場合または電子帳簿により帳簿の保存をしている場合

5. 青色申告の特典一覧

① 青色事業専従者給与の必要経費算入
② 青色申告特別控除
③ 各種引当金の繰入れ
④ 各種準備金の積立て
⑤ 減価償却の特例
⑥ 30万円未満の減価償却資産の全額必要経費算入
⑦ 棚卸資産の低価法の選択
⑧ 純損失の繰越控除
⑨ 純損失の繰戻還付

8 法人税

1．法人税の仕組み
（1）所得の金額
　法人税の課税標準である課税所得金額は、「益金の額－損金の額」により計算するが、会計上の当期純利益は「収益－費用」により計算するため、両者の金額は必ずしも一致しない。法人税の課税所得金額は、会計上の当期純利益をもとにして、益金と収益、損金と費用に相違があるものについて税務調整（加算・減算）を行って計算する（実務上、法人税申告書「別表四」上で計算する）。

【企業会計】　当期純利益 ＝ 収益 － 費用

【法 人 税】　所得 ＝ 益金の額 － 損金の額

（2）税額計算
　法人税は、所得金額にかかわらず23.2％の税率（比例税率）で課税されるが、期末資本金額が1億円以下の中小法人は、特例により、所得が年800万円以下の部分は15％に軽減される。

	原　則	23.2％
中小法人	年800万円以下の部分	15％
	年800万円を超える部分	23.2％

2．法人税の申告と納付
（1）青色申告
① 青色申告の要件
　・青色申告を受けようとする事業年度開始の日の前日までに「青色申告承認申請書」を提出する。
　　（注）新設法人は、設立日以後3カ月経過日と設立後最初の事業年度終了日のうちいずれか早い日の前日までに提出する。
　・法定の帳簿書類を備え付けて取引を記録し、かつ、保存する。
② 青色申告の特典

〈繰越欠損金と欠損金の繰戻還付〉

　・欠損金の繰越控除については、各事業年度開始日前10年以内に開始した事業年度において生じた欠損金額は、損金の額に算入できる。欠損金額の生じた事業年度は青色申告書を提出し、その後の事業年度において連続して確定申告書（青色申告書でなくてもよい）を提出することが必要。

　　(注)　中小法人等（期末資本金が1億円以下の法人）以外の法人の控除限度額は繰越控除前の所得の金額の50%である。

　・欠損金の繰戻還付（中小法人のみ認められる）は、欠損金額を前事業年度に繰り戻して還付を受けることができる。

(2) 申告期限（納付期限）

　原則として、各事業年度終了の日の翌日から2カ月以内。

(3) 中間申告（予定申告）

前年度実績による予定申告	事業年度が6カ月を超える場合、事業年度開始の日以後6カ月経過日から2カ月以内に中間申告書を提出しなければならない。
仮決算による中間申告	事業年度開始日以後6カ月の期間を1事業年度とみなして、所得金額・納付税額を計算して中間申告書を提出することができる。

3．益　金
(1) 受取配当等の益金不算入

〈益金不算入割合〉

区　分	不算入割合
完全子法人株式等（保有割合100%） 関連法人株式等（保有割合3分の1超）	100%
その他の株式等	50%
非支配目的株式等（保有割合5%以下）	20%

(2) 受贈益

　・資産の贈与を受けた場合には、その時価に相当する額を受贈益として益金の額に算入する。

　・時価よりも低い価額で資産の譲渡を受けた場合には、時価と対価との差額を受贈益として益金の額に算入する。

４．損　金
（１）減価償却
損金の額に算入される金額は、法人が償却費として損金経理した金額のうち、償却限度額に達するまでの金額である（限度額以下の金額ならいくらでも可）。

① 減価償却資産の償却方法

定額法または定率法を選定し税務署長へ届出が必要。届出をしなかった場合は、定率法となる（法定評価方法）。ただし、次の資産は定額法しか選択できない。
- ・1998年（平成10年）４月１日以後に取得した建物
- ・2016年（平成28年）４月１日以後に取得した建物附属設備および構築物

(注) 所得税の場合、法定評価方法は定額法である。

② 減価償却費の計算方法

2007年（平成19年）４月以後に取得した資産	帳簿価額が１円になるまで減価償却費を計算 （注）償却可能限度額は廃止。
2007年（平成19年）３月以前に取得した資産	残存価額（取得価額の10％）に達したら償却可能限度額（取得価額の95％）までは通常どおり償却し、残り５％は翌年以降５年間で均等償却

③ 少額減価償却資産

少額減価償却資産（貸付用を除く）	使用期間が１年未満または取得価額10万円未満（青色申告者である中小企業者等は30万円未満。ただし、取得価額の合計額が300万円以下の部分）	事業の用に供した事業年度に、全額損金算入できる。

（２）役員給与
役員給与のうち、役員退職給与、使用人兼務役員給与、定期同額給与、事前確定届出給与、業績連動給与に該当するものは、原則として損金の額に算入できるが、不相当に高額な部分の金額は損金不算入となる。

（３）交際費
〈損金算入限度額〉

区　分	資本金の額等	損金算入限度額
大法人	100億円超	全額損金不算入
	100億円以下	接待飲食費の額×50％
中小法人	１億円以下	①接待飲食費の額×50％ または ②800万円定額控除限度額 いずれか選択

第4章 タックスプランニング **重要ポイントまとめ**

（4）租税公課（おもなもの）

損金算入されるもの……法人事業税、固定資産税など

損金算入されないもの…法人税、法人住民税、源泉所得税など

（5）貸倒損失

発生した事実	内　容	処　理
金銭債権が切り捨てられた場合（法律上の貸倒れ）	・会社更生法の更生計画の認可決定等 ・債務者へ書面による免除	損金経理の有無にかかわらず損金算入される。
金銭債権の全額が回収不能となった場合	債務者の資産状況、支払能力等からその全額が回収できないことが明らか	損金経理により損金算入が認められる。（担保物がある場合には、その担保物を処分した後に限る）
一定期間取引停止後弁済がない場合等	・債務者との取引の停止後1年以上を経過した場合 ・同一地域の債務者に対する売掛債権の総額が取立費用より少なく、支払を督促しても弁済がない場合	売掛債権（貸付金は含まない）の額から備忘価額（1円）を控除した額を、損金経理により損金算入が認められる。

9 会社・役員間および会社間の税務

1．法人と役員間での資産の売買

（1）法人所有資産を役員へ譲渡した場合（法人➡役員）

低額譲渡	譲渡側	法人	適正な時価で譲渡したものとされ、時価と譲渡価額との差額は役員給与（損金不算入）。
	譲受側	役員	時価と譲渡価額との差額は、役員給与（給与所得）として、所得税・住民税の課税対象。
高額譲渡	譲渡側	法人	適正な時価で譲渡したものとされ、時価と譲渡価額との差額は受贈益となる。
	譲受側	役員	適正な時価で取得したものとされる。時価と譲受価額との差額は法人への寄附（贈与）とされる。

（2）役員所有資産を法人へ譲渡した場合（役員➡法人）

低額譲渡	譲渡側	役員	譲渡価額が時価の2分の1未満である場合は、時価が譲渡収入となる。譲渡価額が時価の2分の1以上である場合は、譲渡対価が譲渡収入となる。
	譲受側	法人	適正な時価で取得したものとされ、時価と譲受価額との差額は受贈益となる。
高額譲渡	譲渡側	役員	適正な時価で譲渡したものとされ、時価と譲渡価額との差額は、役員給与（給与所得）として所得税・住民税の課税対象。
	譲受側	法人	適正な時価で取得したものとされ、時価と譲受対価との差額は役員給与（損金不算入）。

2．法人と役員間での資産の賃貸借

（1）法人が所有する土地を役員へ貸し付けた場合（法人➡役員）

① 権利金の授受をしないで、土地を賃貸した場合

貸主側	法人	権利金を受け取り、そのうえで役員に役員給与を支給したものとされる（借地権の認定課税）。
借主側	役員	権利金相当額の経済的利益が、役員給与（給与所得）として所得税・住民税の課税対象。

② 権利金を授受することに代えて、相当の地代※を支払う場合

貸主側	法人	借地権の認定課税はされない。
借主側	役員	役員給与課税は行われない。

※ 相当の地代とは、原則として、更地価額のおおむね年6％程度。

③ 権利金の授受も相当の地代の支払いもなく「土地の無償返還に関する届出書」を提出した場合

貸主側	法人	借地権の認定課税はされない。
借主側	役員	相当の地代と実際の地代との差額が役員給与として、所得税・住民税の課税対象。

第4章 タックスプランニング 重要ポイントまとめ

（2）役員が所有する土地を法人へ貸し付けた場合（役員➡法人）

① 権利金の授受が行われる慣行のある地域で、権利金の授受がなく、建物の所有を目的として土地を賃貸した場合
・法人に借地権相当額の受贈益の認定課税がされる。
・役員に借地権の認定課税はされない。

② 権利金の授受も相当の地代の支払いもなく「土地の無償返還に関する届出書」を提出した場合
・法人に借地権の認定課税はされない。

3．グループ会社間の取引

低額譲渡	譲渡会社	適正な時価で譲渡したものとされ、時価と譲渡価額との差額は寄附金となる。
	譲受会社	適正な時価で取得したものとされ、時価と譲渡価額との差額は受贈益となる。
高額譲渡	譲渡会社	適正な時価で譲渡したものとされ、時価と譲渡価額との差額は受贈益となる。
	譲受会社	適正な時価で取得したものとされ、時価と譲渡価額との差額は寄附金となる。

4．グループ法人税制：完全支配関係がある法人間での取引に係る税制
（1）譲渡取引時の課税の繰延べ

100％グループ内の法人間で、譲渡直前の資産の帳簿価額が1,000万円以上である以下の資産（譲渡損益調整資産）を譲渡したことによる譲渡損益は、その資産が他の内国法人に移転するまでの間繰り延べられる。

① 固定資産 ② 土地 ③ 有価証券（売買目的有価証券を除く） ④ 金銭債権 ⑤ 繰延資産 （注）棚卸資産は対象外（土地を除く）。

（2）寄附の取り扱い

100％グループ内の法人間の寄附は、支出法人では全額損金不算入、受領法人では全額益金不算入となる。

（3）受取配当の益金不算入制度における負債利子控除

100％グループ内の法人からの受取配当については、負債利子の控除は不要とし、全額益金不算入となる。

（4）中小法人向け特例措置の取扱い

資本金5億円以上の法人に株式の100％を保有されている資本金1億円以下の子法人には、次の中小法人向け特例措置が適用されない。

①	中小法人の軽減税率
②	特定同族会社の特別税率（留保金課税）の不適用
③	貸倒引当金の法定繰入率
④	交際費等の損金不算入制度における定額控除制度
⑤	欠損金の繰戻しによる還付制度
⑥	繰越欠損金の100％控除

🔟 消費税

1．課税取引

（1）消費税の課税対象

国内において、事業者が事業として対価を得て行う資産の譲渡、資産の貸付けおよび役務の提供

（2）税率

税率区分	標準税率	軽減税率
消費税率	7.8％	6.24％
地方消費税率	2.2％	1.76％
合計	10.0％	8.0％

軽減税率は以下のものに適用される。

・飲食料品（酒、外食、ケータリングは除く）

・定期購読契約に基づき、週2回以上発行される新聞（電子版は除く）

（3）不動産と消費税

① 土地等の譲渡および貸付け

土地等の譲渡および土地等の貸付けは非課税である。

（注）貸付期間が1カ月未満の貸付けおよびいわゆる青空駐車場以外の駐車場施設の貸付けは課税である。

② 建物の譲渡および貸付け

建物の譲渡および建物の貸付けは課税であるが、居住用建物の貸付け（貸付期間が1カ月未満の貸付けを除く）は非課税である。

③ 仕入税額控除の不適用

住宅の貸付けの用に供する建物で高額特定資産に該当するもの（税抜対価の額が1,000万円以上のもの）については、仕入税額控除を認めない。ただし、その居住

用賃貸建物のうち住宅の貸付けの用に供しないことが明らかな部分については、仕入税額控除の対象となる。

２．課税事業者と免税事業者
（１）課税事業者の判定
次の①②のいずれかに該当する場合には、当課税期間は課税事業者となる。

① 当課税期間の基準期間（個人は前々年、法人は前々事業年度）における課税売上高が1,000万円を超える場合。

(注) 新規開業から２年間は基準期間がないため原則として免税事業者となる（下記②に該当する場合を除く）。

② 前年または前事業年度の上半期の課税売上高が1,000万円を超える場合。

(注) 前年または前事業年度の課税売上高に代えて、給与の支払額で判定することもできる。

（２）新設法人の特例
① 新規設立の場合、設立から２年間は基準期間が存在しないため、原則として免税事業者となるが、資本金の額が1,000万円以上の法人は、設立第１期および第２期は課税事業者となる。

② 課税売上高が５億円を超える事業者が50％超の出資をして設立した法人は、資本金が1,000万円未満であっても、設立第１期および第２期は課税事業者となる。

（３）課税事業者の選択
① 免税事業者は、届出書を提出することにより課税事業者を選択することができる。ただし、いったん課税事業者を選択したら原則として２年間は継続適用となる。

② 次の期間（簡易課税制度の適用を受ける期間を除く）中に調整対象固定資産（棚卸資産以外の資産で税抜価格100万円以上のもの）を取得した場合、その取得があった課税期間から３年間は免税事業者となることはできない。また、免税事業者に戻ることができないとされた課税期間は、簡易課税制度の適用を受けることができない。

> ・課税事業者選択届出書を提出し、事業者免税点制度の適用を受けないこととした事業者の２年間の課税事業者強制適用期間
> ・資本金1,000万円以上の新設法人の設立当初２年間

なお、３年間の通算課税売上割合[1]が、調整対象固定資産を取得した課税期間の課税売上割合に比べて著しく変動[2]した場合には、３年目の課税期間に仕入税額控除の調整が必要となる。

※１ 課税売上割合＝課税売上高÷総売上高

※２ 「著しく変動」とは、通算課税売上割合が取得時課税売上割合に比べ50％以上変動し、

かつ、その変動の幅が5%以上である場合。

3．原則課税制度

　課税売上割合が95％以上の場合、課税仕入れ等の全額を仕入税額控除できる（95％ルール）。ただし、その課税期間の課税売上高が5億円を超える事業者には95％ルールは認められず、課税売上に対応する課税仕入の税額だけが課税売上に係る税額から控除できる。

4．簡易課税制度

　基準期間の課税売上高が5,000万円以下の事業者は、その課税期間の開始の日の前日までに「消費税簡易課税制度選択届出書」を提出すれば、課税売上高に係る消費税額にみなし仕入れ率を乗じた金額を仕入控除税額とすることができる。

（注1）簡易課税を選択すると、2年間は継続適用が義務づけられている。

（注2）簡易課税制度では、消費税額の還付は受けられない（実際の課税仕入高がみなし仕入高よりも多い場合は不利）。

■みなし仕入れ率

●第1種（卸売業）		90%
●第2種（小売業）		80%
●第3種（製造業等）		70%
●第4種（飲食店業等）		60%
●第5種（サービス業等）		50%
●第6種（不動産業）		40%

5．適格請求書等保存方式（インボイス制度）

　2023年10月1日から消費税の仕入税額控除の要件として適格請求書等保存方式（インボイス制度）が導入される。仕入税額控除を受けるためには、原則として、適格請求書発行事業者から交付を受けた（適格請求書（インボイス）の保存が必要になる。

　適格請求書を発行するためには、適格請求書発行事業者として登録を受けなければならない。

第4章　タックスプランニング　重要ポイントまとめ

第５章

不動産

基 礎 編

1 不動産の見方

【問題1】 (2021年5月 問34)　　　チェック欄 □□□□□

不動産登記に関する次の記述のうち、最も適切なものはどれか。

1．登記事項要約書は、登記記録に記録されている事項のうち現に効力を有するものが記載され、登記官による認証文や職印が付された書面であり、誰でもその交付を請求することができる。

2．登記記録のうち、権利部の甲区には所有権の移転の登記、所有権に関する仮登記・差押え・仮処分などの登記事項が記録され、権利部の乙区には抵当権設定、地上権設定、地役権設定などの所有権以外の権利に関する登記の登記事項が記録される。

3．登記されている所有権の登記名義人の住所について変更があったときは、その変更があった日から1カ月以内に、当該住所に関する変更の登記を申請しなければならない。

4．登記の申請を行うにあたって、対象不動産に係る登記識別情報を紛失により提供できない場合は、登記官に対し、登記識別情報の失効の申出および再交付の申請を行い、新たな登記識別情報を取得する必要がある。

【問題2】 (2022年5月 問34)　　　チェック欄 □□□□□

不動産登記に関する次の記述のうち、最も適切なものはどれか。

1．登記記録のうち、権利部の甲区には所有権の移転の登記、所有権に関する仮登記などの登記事項が記録され、権利部の乙区には抵当権の設定の登記、抵当権の実行による競売手続開始を原因とする差押えの登記、地上権の設定の登記などの登記事項が記録される。

2．抵当権の設定の仮登記に基づき本登記を申請する場合に、その本登記について登記上の利害関係を有する第三者があるときは、申請書に当該第三者の承諾書を添付しなければならない。

3．合筆しようとしている2筆の土地のうち、1筆のみに抵当権の設定の登記がある場合、抵当権者の承諾書を添付すれば、合筆の登記をすることができる。

4．現在事項証明書には、登記記録に記録されている事項のうち現に効力を有するものが記載され、何区何番事項証明書には、権利部の相当区に記録されている事項のうち請求に係る部分が記載されている。

【問題1】 正解 2

1．不適切 登記事項要約書には、**登記官による認証文や職印は付されていない。**

2．適 切 権利部の甲区には所有権に関する事項として、所有権の保存、移転、差押え、仮登記・仮処分などが記録される。権利部の乙区には所有権以外の権利に関する事項として、抵当権・根抵当権、地上権、賃借権、地役権、永小作権、質権、先取特権、採石権などが記録される。

3．不適切 所有者の住所変更に関する登記には、**申請期限がない。**

4．不適切 登記識別情報について失効の申出をすることはできるが、**再交付されない。**

【問題2】 正解 4

1．不適切 抵当権の実行による競売手続開始を原因とする差押えの登記は、権利部の甲区に記録される。

2．不適切 抵当権に関する仮登記を本登記にする場合、登記上の利害関係を有する第三者がいるときでも、その第三者の承諾は不要である。第三者の承諾を必要とするのは、所有権に関する仮登記を本登記にする場合である。

3．不適切 次の土地は、合筆の登記をすることができない。

・相互に接続していない土地
・地目または地番区域が相互に異なる土地
・表題部所有者または所有権の登記名義人が相互に異なる土地
・表題部所有者または所有権の登記名義人が相互に持分を異にする土地
・所有権の登記がない土地と所有権の登記がある土地
・**所有権の登記以外の権利に関する登記がある土地**（権利に関する登記であって、合筆後の土地の登記記録に登記することができる一定の土地を除く）

4．適 切 何区何番事項証明書は、共有者が多数おり複雑な権利関係のある不動産で取得するとよい登記事項証明書である。

1　不動産の見方

【問題３】 （2016年１月　問34）　　　　　チェック欄□□□□□

不動産登記に関する次の記述のうち、最も適切なものはどれか。

1．権利に関する登記を申請する場合、申請人は、その申請情報と併せて、登記原因を証するものとして登記識別情報を提供しなければならない。
2．所有権の登記名義人が登記義務者として登記を申請する場合に提出する印鑑証明書は、その作成後６カ月以内のものでなければならない。
3．所有権移転登記とともになされた買戻しの特約の登記は、所有権移転登記の付記登記として権利部の甲区に記録される。
4．抵当権設定の仮登記に基づき本登記を申請する場合に、その本登記について登記上の利害関係を有する第三者があるときは、申請書に当該第三者の承諾書を添付しなければならない。

【問題４】 （2022年９月　問34）　　　　　チェック欄□□□□□

不動産登記の効力に関する次の記述のうち、最も適切なものはどれか。

1．不動産の売買契約の締結後、買主への所有権移転登記をする前に、売主が当該不動産を買主以外の第三者に譲渡し、第三者が所有権移転登記をした場合、当初の買主はその第三者に対して所有権の取得を対抗することができる。
2．不動産登記記録を信頼して売買契約を締結した善意かつ無過失の買主は、所有権移転登記により不動産を自己の名義にすれば、たとえ真実の権利者から所有権移転登記の抹消や不動産の返還を求められたとしても、登記の公信力によりこれを拒むことができる。
3．仮登記は、順位保全の効力および対抗力があるため、これをもって第三者に対抗することができる。
4．借地権は、その登記がなくても、当該土地の上に借地権者が登記されている建物を所有するときは、これをもって第三者に対抗することができる。

第５章　不動産　基礎編

473

【問題3】 正解 3

1. **不適切** 登記識別情報は、従来あった登記済証に代わるもので、登記申請する場合の本人確認のために用いるものである。登記原因を証するものとは、権利の変動を証明するための情報で、たとえば売買契約書等をいう。

2. **不適切** 登記を申請する際に提出する印鑑証明書は、作成後**3カ月以内**のものでなければならない。

3. **適 切** 所有権に関する事項の付記登記（買戻し特約や氏名変更など）は、権利部甲区に記録される。

4. **不適切** 所有権に関する仮登記を本登記にする場合には利害関係を有する第三者の承諾が必要であるが、抵当権設定の仮登記を本登記にする場合には承諾は不要である。

【問題4】 正解 4

1. **不適切** 当初の買主よりも先に第三者が所有権移転登記をしているため、当初の買主はその第三者に対して所有権の取得を対抗することはできない。

2. **不適切** 登記には公信力がないため、真実の権利者から所有権移転登記の抹消や不動産の返還を求められた場合、拒むことができない。

3. **不適切** 仮登記には対抗力がないため、これをもって第三者に対抗することはできない。なお、仮登記には順位保全の効力がある。

4. **適 切** 借地権の対抗要件は、借地上の建物の登記である。

1　不動産の見方

【問題5】（2019年1月 問34）　　チェック欄 □□□□□

　不動産の仮登記に関する次の記述のうち、最も適切なものはどれか。

1．所有権移転の仮登記は、実体上の所有権移転が既に生じている場合には、申請することができない。
2．仮登記は、仮登記の登記義務者の承諾があるときは、当該仮登記の登記権利者が単独で申請することができる。
3．抵当権設定の仮登記に基づく本登記は、その本登記について登記上の利害関係を有する第三者がある場合、当該第三者の承諾があるときに限り、申請することができる。
4．売買予約を原因とした所有権移転請求権の仮登記は、本登記をしないまま5年が経過すると、時効により消滅する。

【問題6】（2020年9月 問35）　　チェック欄 □□□□□

　不動産登記法に基づく地図等の一般的な特徴に関する次の記述のうち、最も不適切なものはどれか。

1．不動産登記法第14条に基づく地図は、一筆または二筆以上の土地ごとに作成され、一定の現地復元能力を有した図面である。
2．登記所に備え付けられている公図（旧土地台帳附属地図）は、土地の位置関係を把握する資料として有用であるが、不動産登記法第14条に基づく地図に比べて、土地の面積や形状などの精度は低い。
3．分筆の登記を申請する場合において提供する分筆後の土地の地積測量図は、分筆前の土地ごとに作成され、分筆線を明らかにして分筆後の各土地が表示された図面である。
4．都市計画図（地域地区図）は、地方公共団体の都市計画に関する地図であり、土地が所在する地域に指定された用途地域の種別、防火規制の有無、指定建蔽率・指定容積率、土地に接する道路の幅員や路線価などを把握することができる。

第5章　不動産　基礎編

【問題5】 正解 2

1. **不適切** 仮登記は、実態上の所有権移転が生じている場合でも、手続き上の不備などにより本登記ができないときなどに行うことができる。

2. **適 切** 仮登記は、売買契約の際の売主など仮登記義務者の承諾があれば仮登記権利者（買主など）が単独で申請できる。

3. **不適切** 所有権に基づく仮登記を本登記にする場合には、利害関係を有する第三者の承諾が必要であるが、抵当権に基づく仮登記を本登記にする場合には、同様の承諾を要しない。

4. **不適切** 本登記をしない場合に、時効により仮登記が消滅するということはない。なお、売買予約をしている場合の予約完結権は、行使できるときから10年経過すると時効により消滅する。

【問題6】 正解 4

1. **適 切** 不動産登記法14条に基づく地図は、一筆または二筆以上の土地ごとに作成され、現地復元力を有する精度の高い図面であるが、備え付けられていないところも多い。

2. **適 切** 旧土地台帳附属地図のことを公図といい、不動産登記法14条に基づく地図に準ずる図面として登記所に備え付けられている。精度はあまり高くなく、現地復元力はない。

3. **適 切** 分筆の登記を申請する場合において提供する分筆後の土地の地積測量図には、分筆前の土地を図示し、分筆線を明らかにして分筆後の各土地を表示し、これに符号を付さなければならない（不動産登記規則78条）。

4. **不適切** 都市計画図では路線価を把握することはできない。路線価は路線価図に記載されている。

1　不動産の見方

【問題7】（2019年9月　問35）　　　　　　　チェック欄□□□□□

　不動産の鑑定評価に関する次の記述のうち、最も不適切なものはどれか。

1．不動産の鑑定評価にあたっては、対象不動産の効用が最高度に発揮される可能性
　に最も富む使用を前提とした不動産の価格を把握することとされている。
2．原価法は、価格時点において対象不動産の再調達を想定した場合において必要と
　される適正な原価の総額について減価修正を行って対象不動産の積算価格を求める
　手法である。
3．取引事例比較法の適用にあたっては、多数の取引事例を収集する必要があるが、
　取引事例は、原則として近隣地域または同一需給圏内の類似地域に存する不動産に
　係るもののうちから選択するものとされている。
4．建物の収益価格を直接還元法で求める場合、原則として、還元対象となる一期間
　における減価償却費を控除しない償却前の純収益を、償却後の純収益に対応する還
　元利回りで除して算出する。

第5章

不動産

基礎編

【問題7】 正解 4

1. 適 切 不動産の価格は、その不動産の効用が最高度に発揮される可能性に最も富む使用を前提として把握される価格を標準として形成される。これを最有効使用の原則という。

2. 適 切 なお、原価法は、対象不動産が建物の場合に多用されるが、土地であっても造成地や埋立地など、再調達原価が適正に見積もることができれば適用できる。

3. 適 切 なお、取引事例比較法で更地を評価する場合、建物および敷地の取引事例についても、取引価格から建物の価格を控除することにより取引事例として採用することができる。

4. 不適切 建物の収益価格を直接還元法で求める場合、原則として、還元対象となる一期間における減価償却費を控除しない**償却前**の純収益を、**償却前**の純収益に対応する還元利回りで除して算出する。

2 不動産の取引 ①宅地建物取引業・売買契約上の留意点

【問題1】（2015年9月　問35改題）　　　　　　　　チェック欄 ☐☐☐☐☐

　宅地建物取引業法に関する次の記述のうち、最も不適切なものはどれか。なお、本問においては、買主は宅地建物取引業者ではないものとする。

1．宅地建物取引業者は、宅地建物取引業務を行う事務所ごとに、その業務に従事する者5人に1人以上の割合で、成年者である専任の宅地建物取引士を置かなければならない。
2．宅地建物取引業者が自ら売主となる宅地または建物の売買契約の締結に際して、宅地建物取引業者は、売買代金の額の1割を超える手付金を受領することはできない。
3．宅地建物取引業者が自ら売主となる宅地または建物の売買契約において、宅地建物取引業者が目的物の契約不適合責任を負う期間を目的物の引渡しの日から3年間とする旨の特約は有効である。
4．宅地建物取引業者が自ら売主となる宅地または建物の売買契約において、当事者の債務不履行を理由とする契約解除に伴う損害賠償額を予定し、または違約金を定めるときは、その合算額が売買代金の額の2割を超える部分は無効となる。

第5章 不動産　基礎編

【問題1】 正解 2

1. **適 切** 宅地建物取引業務を行う事務所ごとに、5人に1人以上の割合で、成年者であり、その事務所に専任の宅地建物取引士を置かなければならない。

2. **不適切** 宅地建物取引業者が売主の場合に受領できる手付金の上限は、1割ではなく2割である。

3. **適 切** 宅地建物取引業者が売主の場合、契約不適合責任を引渡しから2年以上の期間を定めて負うという特約をすることができる。したがって、引渡しから3年間とする特約は有効である。

4. **適 切** 宅地建物取引業者が売主の場合、違約金の定めをするときは、売買代金の2割を超えることはできず、これを超える特約をした場合は2割となる。

2　不動産の取引　①宅地建物取引業・売買契約上の留意点

【問題2】（2019年9月 問36改題）　　　　チェック欄 □□□□□

　宅地建物取引業法に関する次の記述のうち、**最も不適切なもの**はどれか。なお、本問においては、買主は宅地建物取引業者ではないものとする。

1．買主が売主である宅地建物取引業者の契約不適合責任に基づく権利を行使するためには当該契約不適合が売主の責めに帰すべき事由により生じたものであることを立証し、かつ、当該契約不適合がある事実を知った時から1年以内に通知しなければならない。
2．宅地建物取引業者が自ら売主となる宅地または建物の売買契約において、宅地建物取引業者が目的物の契約不適合責任を負うべき期間を目的物の引渡しの日から2年間とする旨の特約は有効である。
3．宅地建物取引業者が自ら売主となる宅地または建物の売買契約の締結に際して、宅地建物取引業者は、売買代金の額の2割を超える手付金を受領することはできない。
4．媒介契約を締結した宅地建物取引業者は、依頼者に対し、媒介契約が専任媒介契約である場合は2週間に1回以上、専属専任媒介契約である場合は1週間に1回以上、当該媒介契約に係る業務の処理状況を報告しなければならない。

【問題3】（2023年1月 問36）　　　　チェック欄 □□□□□

　宅地建物取引業法に関する次の記述のうち、**最も不適切なもの**はどれか。

1．消費税の課税事業者である宅地建物取引業者が、宅地の売買の媒介に関して売主および買主の双方から報酬を受け取る場合、売主または買主の一方から受け取ることのできる報酬の額は、宅地の売買金額が400万円超の場合、「売買金額×3.3％＋6万6,000円」が限度となる。
2．消費税の課税事業者である宅地建物取引業者が、建物の賃借の媒介に関して貸主および借主の双方から報酬を受け取る場合、貸主または借主の一方から受け取ることのできる報酬の額は、借賃額（消費税を除く）の1カ月分の1.1倍が限度となる。
3．宅地建物取引業者は、自ら売主となる宅地の売買契約において、買主が宅地建物取引業者である場合、当該売買契約が成立するまでの間に、重要事項説明書を交付すれば、宅地建物取引士にその内容を説明させる必要はない。
4．宅地建物取引業者は、建築後、使用されたことのある建物の売買または交換の媒介の契約を締結したときは、遅滞なく、建物状況調査（インスペクション）を実施する者のあっせんに関する事項を記載した書面を契約の依頼者に交付しなければならない。

第5章　不動産　基礎編

481

【問題2】 正解 1

1. 不適切 売主は無過失であっても契約不適合責任を負う。したがって、買主は売主の帰責事由を立証する必要はない。

2. 適 切 宅地建物取引業者が自ら売主となり、宅地建物取引業者でない者が買主の場合には、買主が権利行使できる期間を不動産の引渡しから2年以上の期間と定める特約以外に買主に不利な特約はできない。したがって、契約不適合責任を負う期間が「引渡しの日から2年間」であると定めた特約は有効である。

3. 適 切 なお、宅地建物取引業者が自ら売主となり、宅地建物取引業者でない者が買主の場合には、手付の目的をどのように定めても解約手付とみなされる。

4. 適 切 なお、媒介契約が専任媒介契約である場合は契約から7日以内（休業日除く）に、専属専任媒介契約である場合は契約から5日以内（休業日除く）に、物件を指定流通機構に登録しなければならない。

【問題3】 正解 2

1. 適 切 なお、免税事業者の場合、宅地の売買代金が400万円超の場合、「売買代金×3％＋6万円」となる。

2. 不適切 消費税の課税事業者である宅地建物取引業者が、建物の賃借の媒介に関して貸主および借主の双方から報酬を受け取る場合、貸主または借主の一方から受け取ることのできる報酬の額は、借賃額（消費税を除く）の1カ月分が限度となる。

3. 適 切 宅建業者間の取引の場合、重要事項説明書の交付は必要だが説明は省略できる。

4. 適 切 宅地建物取引業者は、既存の建物の売買または交換の媒介の契約を締結したときは、遅滞なく、建物状況調査（インスペクション）を実施する者のあっせんに関する事項を記載した書面を契約の依頼者に交付しなければならない。

2　不動産の取引　①宅地建物取引業・売買契約上の留意点

【**問題4**】（2022年1月　問34）　　　　　　　チェック欄□□□□□
宅地建物取引業法の媒介契約に関する次の記述のうち、最も適切なものはどれか。

1．専属専任媒介契約を締結した宅地建物取引業者は、依頼者に対し、当該専属専任媒介契約に係る業務の処理状況を、2週間に1回以上報告しなければならない。
2．専任媒介契約の有効期間は、依頼者の申出により、更新することができるが、当初の契約締結時にあらかじめ自動更新する旨の特約を定めることも有効である。
3．一般媒介契約では、重ねて依頼する宅地建物取引業者を明示しない契約とすることができる。
4．一般媒介契約または専任媒介契約を締結した宅地建物取引業者は、契約の相手方を探索するため、その契約の締結の日から7日以内に指定流通機構に物件情報の登録をしなければならない。

【**問題5**】（2018年9月　問35改題）　　　　　　チェック欄□□□□□
不動産取引における留意点に関する次の記述のうち、最も適切なものはどれか。

1．未成年者が不動産の売買契約や賃貸借契約を締結する場合には法定代理人の同意を得なければならない。
2．共有名義の不動産について、共有者の1人が共有者以外の者に自己の持分を売却する場合には、他の共有者の同意を得なければならない。
3．代理権を有しない者が本人に代わって行った不動産の売買契約を本人が追認する場合、その契約の効力は、別段の意思表示がない限り、追認をした時から将来に向かって生じる。
4．個人が宅地建物取引業者から住宅を購入するときにおいて、民法または宅地建物取引業法の規定と消費者契約法の規定が競合する場合には、消費者契約法の規定が優先して適用される。

第**5**章　不動産　基礎編

483

【問題4】 正解 3

1. **不適切** 専属専任媒介契約を締結した場合、1週間に1回以上業務の処理状況を報告しなければならない。
2. **不適切** 専任媒介契約の有効期間は、依頼者の申出により更新することはできるが、自動更新は認められていない。
3. **適　切** 一般媒介契約では、複数の宅地建物取引業者と媒介契約を締結した場合に、依頼した他の業者を明示する明示型と明示しない非明示型がある。
4. **不適切** 一般媒介契約を締結した場合、指定流通機構への登録義務はない。なお、専任媒介契約を締結した場合は、7日以内に指定流通機構に物件情報を登録しなければならない。

【問題5】 正解 1

1. **適　切** なお、2022年4月1日より成年年齢が20歳から18歳へ引き下げられた。
2. **不適切** 共有者が自己の持分を処分することは自由であるため、処分に際し他の共有者の同意は不要である。
3. **不適切** 代理権を有しない者が行った行為（無権代理行為）を本人が追認する場合、追認の効果は、原則として無権代理行為のときに遡って生じる。
4. **不適切** 宅地建物取引業法と消費者契約法の関係では、両法の規定が競合する場合は、宅地建物取引業法が優先して適用される。

2　不動産の取引　①宅地建物取引業・売買契約上の留意点

【問題6】（2022年9月 問35）　　　　　　　　チェック欄☐☐☐☐☐

不動産の売買取引における手付金に関する次の記述のうち、適切なものはいくつあるか。

(a) 宅地建物取引業者が自ら売主となる不動産の売買契約において、買主が宅地建物取引業者でない法人の場合、売主の宅地建物取引業者は、売買代金の額の2割を超える手付金を受領することができる。

(b) 不動産の売買契約において買主が売主に手付金を交付した場合、買主が契約の履行に着手する前であれば、売主はその倍額を買主に対して現実に提供することで、契約を解除することができる。

(c) いわゆるローン特約（融資特約）が付された不動産売買契約において、買主が同特約によって契約を解除する場合、通常、売主に交付した手付金は放棄しなければならず、手付金の返還を受けることはできない。

1．1つ
2．2つ
3．3つ
4．0（なし）

第5章

不動産 基礎編

【問題6】 正解 1

(a) 不適切 宅地建物取引業者が自ら売主となる不動産の売買契約において、買主が宅地建物取引業者でない場合、宅地建物取引業者は売買代金の2割を超える手付金を受領することができない。

(b) 適 切 売買契約の相手方が契約の履行に着手する前であれば、手付による解除をすることができる。

(c) 不適切 ローン特約により契約の解除をする場合、通常、売主に交付した手付金は買主に返還される。なお、ローン特約とは、不動産の購入に当たって、買主が金融機関などからの融資を利用することを前提に売買契約を締結し、その融資が得られなかった場合、売買契約を白紙に戻すことができる特約である。

以上より、適切なものは1つであり、正解は**1**となる。

2 不動産の取引 ①宅地建物取引業・売買契約上の留意点

【問題7】（2022年5月 問35）　　　　　　　　　　　　チェック欄 □□□□□

　不動産の取引で引き渡された目的物が品質に関して契約の内容に適合しないものである場合における民法上の契約不適合責任に関する次の記述のうち、適切なものはいくつあるか。なお、目的物の不適合が買主の責めに帰すべき事由によるものではないものとする。

（a）買主は、売主に帰責事由がなくとも、売主に対して、目的物の修補を請求（追完請求）することができる。

（b）買主が相当の期間を定めて履行の追完の催告をし、その期間内に履行の追完がないときは、買主は、その不適合の程度に応じて、代金の減額を請求することができる。

（c）売主が目的物の引渡時にその不適合を知り、または重大な過失により知らなかった場合を除き、買主はその不適合を知った時から1年以内にその旨を売主に通知しないときは、その不適合を理由として、契約の解除をすることができない。

1．1つ
2．2つ
3．3つ
4．0（なし）

第5章

不動産　基礎編

487

【問題7】 正解 3

(a) 適 切 買主および売主双方に帰責事由がない場合、買主は売主に対し、目的物の修補（追完請求）をすることができる。

(b) 適 切 買主が相当期間を定めて履行の追完の催告をし、その期間内に履行の追完がないとき、帰責事由のない買主は、不適合の程度に応じた代金減額請求をすることができる。

(c) 適 切 売主が種類または品質に関して、契約内容に適合しない目的物を買主に引き渡した場合、買主がその不適合を理由として、追完請求、代金減額請求、損害賠償請求および契約解除をするためには、買主がその不適合を知った時から1年以内にその旨を売主に通知しなければならない。ただし、売主が引渡しの時にその不適合を知っていた場合や重大な過失により知らなかったときは、1年経過後の通知でも各種請求等をすることができる。

以上より、適切なものは3つであり、正解は**3**となる。

2　不動産の取引　①宅地建物取引業・売買契約上の留意点

【問題8】 (2021年5月 問35改題)　　　　　　　チェック欄☐☐☐☐☐

民法における不動産の売買に関する次の記述のうち、最も不適切なものはどれか。

1．売主から引き渡された目的物が種類、品質または数量に関して売買契約の内容に適合しないものであるときは、その不適合が買主の責めに帰すべき事由によるものである場合等を除き、買主は、売主に対し、目的物の修補等による履行の追完を請求することができる。

2．売買契約の締結後、売主が買主に目的物を引き渡すまでの間に、その目的物が当事者双方の責めに帰することができない事由によって滅失した場合、買主は、その滅失を理由として、代金の支払を拒むことはできない。

3．売買契約を締結し、売主が買主に目的物を引き渡した後、その目的物が当事者双方の責めに帰することができない事由によって滅失した場合、買主は、その滅失を理由として、代金の支払を拒むことはできない。

4．売主が債務を履行しない場合において、買主が相当の期間を定めてその履行の催告をし、その期間内に履行がないときは、その期間を経過した時における債務の不履行がその売買契約および取引上の社会通念に照らして軽微である場合等を除き、買主は、その売買契約を解除することができる。

【問題9】 (2019年9月 問34)　　　　　　　チェック欄☐☐☐☐☐

筆界特定制度に関する次の記述のうち、最も不適切なものはどれか。

1．筆界特定は、所有権の及ぶ範囲を特定するものではなく、一筆の土地とこれに隣接する他の土地との筆界の現地における位置またはその範囲を特定するものである。

2．筆界特定は、対象となる土地の所有権の登記名義人が複数いる場合であっても、共有登記名義人の1人が単独でその申請をすることができる。

3．筆界特定書の写しは、隣地所有者などの利害関係を有する者でなくても、対象となった土地を管轄する法務局または地方法務局においてその交付を受けることができる。

4．法務局に筆界特定の申請を行う場合、筆界特定の対象となる筆界で相互に隣接する土地の合計面積に応じて定められた申請手数料と測量費用を負担する必要がある。

第5章 不動産 基礎編

489

【問題8】　正解　2

1. **適　切**　なお、売主が種類または品質に関して、契約内容に適合しない目的物を買主に引き渡した場合、買主がその不適合を理由として、追完請求、代金減額請求、損害賠償請求および契約解除をするためには、買主がその不適合を知ったときから1年以内にその旨を売主に通知しなければならない。

2. **不適切**　売主および買主の責任によらず目的物が滅失したときは、買主は売主からの代金請求を**拒絶することができる**。なお、買主は売主からの代金請求を確定的に消滅させるため、契約の解除をすることができる。

3. **適　切**　なお、目的物を引き渡した後に、売主および買主の責任によらず目的物が滅失または損傷した場合は、買主は履行の追完請求、代金減額請求、損害賠償請求および契約解除をすることができない。

4. **適　切**　なお、債務の全部の履行が不能である場合、債務の一部の履行が不能であり、残存部分のみでは目的を達することができない場合等には、催告することなく契約を解除することができる。

【問題9】　正解　4

1. **適　切**　筆界とは、表題登記がある一筆の土地とこれに隣接する他の土地との間で、当該一筆の土地が登記されたときにその境を構成する2以上の点とこれらを結ぶ直線をいい、公法上の境界であるため、所有権の範囲を特定するものではない。

2. **適　切**　筆界特定の申請ができるのは、土地の所有権登記名義人である。共有の場合は、共有登記名義人が単独で申請できる。

3. **適　切**　筆界特定が行われた土地については、利害関係の有無にかかわらず、誰でも手数料を納付して筆界特定書の写しの交付を請求できる。

4. **不適切**　筆界特定の申請手数料は対象地の固定資産税評価額を基に計算する。なお、測量費については一律ではなく、各事案において、筆界特定に必要とされる内容に対する費用となっている。

2 不動産の取引 ①宅地建物取引業・売買契約上の留意点

【問題10】（2018年1月 問34）　　　　　　　　チェック欄 ☐☐☐☐☐

　筆界特定制度に関する次の記述のうち、最も適切なものはどれか。

1．筆界特定制度は、筆界特定登記官が土地の筆界の現地における位置を特定する制度であり、筆界特定により各土地の所有者が有する所有権の及ぶ範囲が確定する。
2．隣接する土地との筆界は、筆界特定制度によらずに、各土地の所有者同士が合意のうえ、連名による公正証書等による書面により変更することもできる。
3．隣接する土地との筆界について筆界特定の申請をする場合、あらかじめ隣接する土地の所有者の承諾を得た場合を除き、各土地の所有者が共同して申請をしなければならない。
4．筆界特定書の写しは、隣地所有者などの利害関係を有する者でなくても、対象となった土地を管轄する登記所においてその交付を受けることができる。

【問題10】 正解 4

1. **不適切** 筆界は隣接する土地の境界を示す公法上の線であり、所有権の及ぶ範囲を確定させるわけではない。
2. **不適切** 筆界は公法上の線であり、当事者が合意したとしても変更できるわけではない。
3. **不適切** 筆界特定の申請は、土地の所有者が単独で申請することができる。
4. **適 切** 筆界特定書の写しは、誰でも交付を請求できる。

3 不動産の取引 ②借地借家法

【問題1】（2021年1月 問36）　　　　　　　　　チェック欄 ☐☐☐☐☐☐

借地借家法に関する次の記述のうち、最も適切なものはどれか。なお、本問における普通借地権とは、定期借地権等以外の借地権をいう。また、記載のない事項については考慮しないものとする。

1. 普通借地権の存続期間が満了する場合において、借地権者が契約の更新を請求し、借地権設定者に更新を拒絶する正当の事由がないときは、借地上に建物があるかどうかにかかわらず、従前の契約と同一の条件で契約を更新したものとみなされる。
2. 建物の所有を目的とする賃借権である借地契約の更新後に建物の滅失があった場合において、借地権者が借地権設定者の承諾を得ないで残存期間を超えて存続すべき建物を築造したときは、借地権設定者は、借地権者に対し、土地の賃貸借の解約の申入れをすることができる。
3. 存続期間を50年以上とする定期借地権および存続期間を10年以上50年未満とする事業用定期借地権等の設定を目的とする契約は、いずれも公正証書によってしなければならない。
4. 土地所有者に対する建物の譲渡により建物譲渡特約付借地権が消滅した場合において、当該建物の賃借人は、土地所有者の承諾を得られなければ、その消滅後に当該建物の使用を継続することはできない。

第5章 不動産 基礎編

【問題1】 正解 2

1. 不適切 借地権者からの更新請求による更新は、借地上に建物が存在することが条件である。

2. 適 切 借地契約の更新後に借地権者が借地権設定者の承諾を得ないで残存期間を超えて存続すべき建物を築造したときは、借地権設定者は、借地権者に対して土地の賃貸借の解約の申入れをすることができる。

3. 不適切 事業用定期借地権等は、公正証書によって契約する必要があるが、存続期間を50年以上とする場合であっても一般定期借地権であれば公正証書に限定されない。

4. 不適切 建物譲渡特約付借地権が消滅した後も賃借人は、土地所有者に対して建物の継続使用を請求できる。

3　不動産の取引　②借地借家法

【問題2】（2019年5月 問35）　　　　　　　　　　チェック欄 □□□□□

　借地借家法に関する次の記述のうち、最も適切なものはどれか。なお、本問における普通借地権とは、定期借地権等以外の借地権をいう。

1．普通借地権の存続期間が満了する前に建物が滅失し、借地権者が残存期間を超えて存続すべき建物を借地権設定者の承諾を得て築造したときは、普通借地権は、その承諾があった日または建物が築造された日のいずれか早い日から30年間存続する。
2．普通借地権の存続期間が満了し、借地権設定者が借地契約を更新しない場合において、借地権者は、借地権設定者に対し、借地権者が権原により借地上に建築した建物について時価で買い取るべきことを請求することができる。
3．存続期間を10年以上30年未満とする事業用定期借地権等を設定する場合には、設定契約時に契約の更新および建物の築造による存続期間の延長がなく、建物の買取請求権を排除する旨を特約として定める必要がある。
4．建物譲渡特約付借地権の設定契約は、その設定後30年以上を経過した日に借地上の建物を借地権設定者に相当の対価で譲渡する旨を特約として定め、公正証書により締結しなければならない。

【問題3】（2022年1月 問35）　　　　　　　　　　チェック欄 □□□□□

　借地借家法の定期借地権および定期建物賃貸借に関する次の記述のうち、最も適切なものはどれか。

1．存続期間を10年以上30年未満とする事業用借地権を設定する場合には、設定契約時に契約の更新および建物の築造による存続期間の延長がなく、建物の買取請求権を排除する旨を特約として定める必要がある。
2．借主側から、2010年に設定した存続期間15年の事業用借地権の存続期間を5年延長したいとの申出があった場合、貸主と借主の双方の合意があれば、存続期間を延長することができる。
3．定期建物賃貸借契約は、その契約期間の長短にかかわらず、賃借人に対して、期間の満了により建物の賃貸借が終了する旨の通知をする必要はなく、その期間が満了すれば、当然に建物の賃貸借は終了し、賃借人は退去しなければならない。
4．自己の居住の用に供するために賃借している建物（床面積が200㎡未満）の定期建物賃貸借契約において、親の介護により建物を自己の生活の本拠として使用することが困難となったときは、賃借人は、解約の申入れの日から3カ月後に当該賃貸借を終了させることができる。

第5章 不動産 基礎編

495

【問題2】 正解 **2**

1．不適切 借地権設定者の承諾を得て築造したときは、普通借地権は、その承諾があった日または建物が築造された日のいずれか早い日から20年間存続する。

2．適 切 普通借地権の存続期間満了後、契約の更新が行われなかった場合、借地人は地主に建物等の時価での買い取りを請求することができる。なお、権原とは、ある法律行為または事実行為をすることを正当とする法律上の原因をいう。

3．不適切 事業用定期借地権等には、存続期間10年以上30年未満と30年以上50年未満の2種類がある。存続期間を10年以上30年未満とする事業用定期借地権等は、特約がなくとも、契約の更新および建物の築造による存続期間の延長がなく、建物の買取請求権を排除する旨が認められている。一方、30年以上50年未満の事業用定期借地権等の場合には、これらの特約を付加しないと認められない。

4．不適切 建物譲渡特約付借地権の契約方式には、制限がなく、書面でも口頭でもよい。

【問題3】 正解 **2**

1．不適切 10年以上30年未満の事業用借地権には、契約更新、建物築造による存続期間の延長、建物買取請求権の3点が適用されないため、設定契約時に特約で3点を排除する旨を定める必要はない。

2．適 切 事業用借地権は契約の更新が排除されるが、当事者間の合意により存続期間を延長することはできる。

3．不適切 1年以上の期間を有する定期建物賃貸借において、賃貸人は、期間満了の1年前から6カ月前までの間（通知期間）に、賃借人に賃貸借が終了する旨の通知をしなければ、その終了を賃借人に対抗することができない。

4．不適切 床面積が200㎡未満の居住用建物の定期建物賃貸借契約において、転勤、療養、親族の介護その他やむを得ない事情により、建物を自己の生活の本拠として使用することが困難となったときは、賃借人は、解約の申入れから1カ月後に当該賃貸借を終了させることができる。

3　不動産の取引　②借地借家法

【問題4】（2023年1月　問35改題）　　　　　　　　　　　チェック欄□□□□□

　借地借家法の定期借地権および定期建物賃貸借契約（定期借家契約）に関する次の記述のうち、最も適切なものはどれか。

1．存続期間を10年以上30年未満とする事業用借地権を設定する場合、設定契約時に契約の更新および建物の築造による存続期間の延長がなく、建物の買取請求権を排除する旨を特約として定める必要がある。

2．建物譲渡特約付借地権は、借地権設定後30年以上が経過し、その建物を借地権設定者が譲り受けることにより借地権は消滅するが、建物を使用している借地権者が当該借地権消滅後の建物の使用継続を請求したときは、建物の賃借人として当該建物を使用継続することができる。

3．定期建物賃貸借契約の期間が1年である場合、賃貸人が当該契約日の8カ月後に、初めて賃借人に期間の満了により建物の賃貸借が終了する旨の通知をしたときは、通知の日から4カ月経過後に契約の終了を賃借人に対抗することができる。

4．期間の満了により建物の定期建物賃貸借契約が終了した場合、定期建物賃貸借契約の更新は行われず、再契約は契約が終了した日から1年を経過しなければ締結することができない。

第5章 不動産　基礎編

【問題4】 正解 2

1. 不適切 存続期間を10年以上30年未満とする事業用借地権を設定する場合、特約がなくとも、契約の更新および建物の築造による存続期間の延長がなく、建物の買取請求権を排除する旨が認められている。

2. 適 切 建物譲渡特約付借地権が消滅した後も、建物を使用している借地権者が使用継続を請求した場合、建物の賃借人として当該建物を使用継続することができる。

3. 不適切 期間満了の1年前から6カ月前までの間に賃借人に対し、賃貸借が終了する旨の通知をしなければならない。通知期間が経過した後に通知をしたときは、通知の日から6カ月の経過によって終了することになる。

4. 不適切 再契約は、当初の契約期間が終了した日から締結することができる。

3 不動産の取引 ②借地借家法

【問題5】 (2021年9月 問35改題)　　　　　　　　チェック欄 □□□□□

借地借家法に関する次の記述のうち、最も不適切なものはどれか。なお、本問においては、借地借家法における定期建物賃貸借契約を定期借家契約といい、それ以外の建物賃貸借契約を普通借家契約という。

1. 期間の定めのない普通借家契約において、正当な事由に基づき、建物の賃貸人による賃貸借の解約の申入れが認められた場合、建物の賃貸借は、解約の申入れの日から6カ月を経過することによって終了する。
2. 定期借家契約を締結する場合、建物の賃貸人は、あらかじめ、建物の賃借人に対し、建物の賃貸借は契約の更新がなく、期間の満了により当該建物の賃貸借は終了することについて、その旨を記載した書面または電磁的方法にて説明しなければならない。
3. 定期借家契約は、契約の更新がなく、期間の満了により建物の賃貸借は終了するが、賃貸借について当事者間で合意すれば、定期借家契約を再契約することができる。
4. 2000年3月1日より前に締結した居住用建物の普通借家契約は、当事者間で当該契約を合意解約すれば、引き続き、新たに同一の建物を目的とする定期借家契約を締結することができる。

第5章 不動産 基礎編

499

【問題5】 正解 **4**

1. 適 切 なお、期間の定めのない普通借家契約において、建物の賃借人が解約の申入れを行う場合、正当事由は不要であり、建物の賃貸借は、解約の申入れの日から3カ月を経過することによって終了する。

2. 適 切 定期借家契約は、書面または電磁的方法で契約しなければならない。

3. 適 切 定期借家契約の更新はできないが、当事者間の合意により、再契約することは可能である。

4. 不適切 2000年3月1日より前に締結した居住用建物の普通借家契約を当事者間で合意解約しても、同一の建物を目的として定期借家契約を締結することはできない。

4 不動産に関する法令上の制限 ①都市計画法

【問題1】（2020年1月 問36）　　　　　　　　　チェック欄 □□□□□

都市計画法に関する次の記述のうち、最も適切なものはどれか。

1．都市計画区域として指定された区域では、計画的な市街化を図るため、都市計画に市街化区域と市街化調整区域との区分を定めなければならない。
2．都市計画区域として指定された区域では用途地域を定めなければならず、準都市計画区域として指定された区域では原則として用途地域を定めないものとされている。
3．開発許可を受けた者が、開発行為に関する工事を廃止するときは、あらかじめ、都道府県知事等の許可を受けなければならない。
4．開発許可を受けた者の相続人その他の一般承継人は、都道府県知事等の承認を受けることなく、被承継人が有していた当該許可に基づく地位を承継する。

【問題2】（2021年5月 問37）　　　　　　　　　チェック欄 □□□□□

都市計画法に関する次の記述のうち、最も適切なものはどれか。

1．準都市計画区域として指定された区域において、計画的な市街化を図るために必要があるときは、都市計画に市街化区域と市街化調整区域の区分を定めることができる。
2．都市計画区域のうち、市街化区域については用途地域を定めるものとし、市街化調整区域については原則として用途地域を定めないものとされている。
3．都市計画区域内の用途地域が指定された区域については、市街地における火災の危険を防除するため、防火地域または準防火地域のいずれかを定めるものとされている。
4．都市計画区域の市街化区域内において行う開発行為で、原則としてその規模が2,000㎡未満であるものは、都道府県知事等による開発許可を受ける必要はない。

第5章 不動産 基礎編

501

【問題1】 正解 4

1. **不適切** 市街化区域、市街化調整区域の区分がされていない区域を非線引き区域という。必ずしも市街化区域、市街化調整区域に区分されるわけではない。

2. **不適切** 都市計画区域に限らず、準都市計画区域にも用途地域を定めることがある。

3. **不適切** 開発行為に関する工事を廃止したときは、遅滞なく、都道府県知事等に届け出なければならない。

4. **適 切** 承継人は、あらためて都道府県知事の承認を受ける必要はない。

【問題2】 正解 2

1. **不適切** 準都市計画区域に都市計画を定めることはできるが、市街化区域と市街化調整区域の区分は定めない。

2. **適 切** なお、用途地域には住居系8種類、商業系2種類、工業系3種類の合計13種類がある。

3. **不適切** 防火地域および準防火地域は都市計画で指定されるものであり、用途地域内に必ず定めるべきものではない。

4. **不適切** 市街化区域内における**1,000㎡未満**の開発行為は、原則として都道府県知事等による開発許可を受ける必要はない。

4 不動産に関する法令上の制限 ①都市計画法

【問題3】（2022年1月 問36）　　　　　　チェック欄 ☐☐☐☐☐

都市計画法に関する次の記述のうち、最も適切なものはどれか。

1．都市計画道路予定地として指定を受けている土地には、建築物を建築することがいっさいできない。

2．市街化区域内の土地において、建築物の建築のために分筆登記を行う場合、その土地の面積が1,000㎡（三大都市圏の既成市街地等は500㎡）以上であれば、土地の区画形質の変更として開発行為の許可を受けなければならない。

3．準都市計画区域とは、首都圏整備法、近畿圏整備法、中部圏開発整備法による都市開発区域、その他新たに住居都市、工業都市として開発および保全する必要がある区域を、都道府県が指定するものである。

4．高度地区とは、用途地域内において市街地の環境を維持し、または土地利用の増進を図るため、建築物の高さの最高限度または最低限度（準都市計画区域にあっては建築物の高さの最高限度）を定める地区をいう。

第5章 不動産 基礎編

503

【問題3】　正解　**4**

1. 不適切　都市計画施設（計画決定された道路など）の区域内の土地については、都道府県知事等の許可を受けることで、建築物を建築することができる。

2. 不適切　許可が必要な開発行為は、建築物の建築または特定工作物の建設の用に供する目的で行う土地の区画形質の変更である。区画形質の変更は土地の分割、造成地目の変更などをいうため、土地の分筆登記を行う場合は許可不要である。

3. 不適切　都市計画区域として指定される区域についての説明である。準都市計画区域とは、都市計画区域外の区域のうち、相当数の建築物等の建築もしくは建設またはこれらの敷地の造成が現に行われ、または行われると見込まれる区域を含み、かつ、自然的および社会的条件ならびに農業振興地域整備法等による土地利用の規制の状況その他一定の事項に関する現況および推移を勘案して、そのまま土地利用を整序し、または環境を保全するための措置を講ずることなく放置すれば、将来における一体の都市としての整備、開発および保全に支障が生じるおそれがあると認められる一定の区域をいう。

4. 適　切　住居系用途地域における高度地区では建築物の最高限度を定めたり、商業系用途地域における高度地区では建築物の最低限度を定めたりすることで、高さの揃った市街地を形成するために指定される。

5 不動産に関する法令上の制限 ②建築基準法

【問題1】（2023年1月 問38）　チェック欄 □□□□□

道路に関する次の記述のうち、最も不適切なものはどれか。なお、特定行政庁が指定する幅員6mの区域ではないものとし、地下における道路を除くものとする。

1. 不動産業者が都市計画法の開発許可を受けて宅地開発を行う際に築造された幅員4m以上の道路は、特定行政庁の指定がなくても建築基準法上の道路となる。
2. 土地を建築物の敷地として利用するために道路法等の法令によらないで築造された幅員4m以上の道のうち、特定行政庁が位置の指定をしたものは、建築基準法上の道路（位置指定道路）となり、当該道路が所在する市区町村が維持管理を行わなければならない。
3. 建築基準法の集団規定が適用された際に、現に建築物が立ち並んでいる幅員4m未満の道で、特定行政庁が指定したものは、建築基準法上の道路となり、原則として、その中心線からの水平距離2mの線が当該道路の境界線とみなされる。
4. 相続財産の評価において、専ら特定の者が通行する私道の用に供されている宅地の価額は、その宅地が私道でないものとして路線価方式または倍率方式によって評価した価額の30％相当額で評価する。

【問題2】（2022年1月 問37）　チェック欄 □□□□□

建築基準法で定める道路に関する次の記述のうち、最も不適切なものはどれか。なお、本問においては、特定行政庁が指定する幅員6mの区域ではないものとする。

1. 建築基準法42条2項に規定する道路で、道の中心線から水平距離2m未満で、一方が川である場合においては、当該川の道の側の境界線から水平距離で4m後退した線が、その道路の境界線とみなされる。
2. 位置指定道路は、土地を建築物の敷地として利用するため、道路法、都市計画法等によらないで築造する一定の基準に適合する道で、これを築造しようとする者が特定行政庁からその位置の指定を受けた私道である。
3. 建築基準法施行後に都市計画区域に編入された時点で、現に建築物が立ち並んでいる幅員4m未満の道で、特定行政庁が指定したものは建築基準法上の道路となり、原則として、当該建築物の敷地との境界部分が、その道路の境界線とみなされる。
4. 土地区画整理法による拡幅の事業計画がある道路で、2年以内にその事業が執行される予定のものとして特定行政庁が指定したものは、建築基準法上の道路となる。

【問題1】 正解 2

1. 適 切 開発許可を受けて築造した道路は、建築基準法第42条第1項第2号の「都市計画法による道路」となり、特定行政庁の許可は不要である。

2. 不適切 位置指定道路の管理は、その道路を所有する個人が行う必要がある。

3. 適 切 2項道路の場合、原則として、当該道路の中心から水平距離2mの線が道路の境界線とみなされる。

4. 適 切 専ら特定の者が通行する私道の評価額は、路線価方式または倍率方式によって評価した価額の30%相当額で評価する。

【問題2】 正解 3

1. 適 切 当該道路の中心線から水平距離2m未満で川や崖地等に沿う場合においては、当該川の道の側の境界線から水平距離で4m後退した線が、その道路の境界線とみなされる。

2. 適 切 位置指定道路は、土地を建築物の敷地として利用するために、道路法、都市計画法、土地区画整理法、都市再開発法等によらないで築造された道路のうち、特定行政庁からその位置の指定を受けたものである。

3. 不適切 2項道路の場合、原則として、当該道路の中心線から水平距離2mの線がその道路の境界線とみなされる。

4. 適 切 土地区画整理法で2年以内に道路を造る事業が予定されているものとして特定行政庁が指定したものは、建築基準法上の道路となる。

5 不動産に関する法令上の制限 ②建築基準法

【問題3】（2021年9月 問36）　チェック欄 ☐☐☐☐☐

建築基準法の容積率に関する次の記述のうち、最も適切なものはどれか。

1．準住居地域において、前面道路の幅員が12m未満である建築物の容積率は、都市計画で定められた数値と当該前面道路の幅員に10分の6（特定行政庁が都道府県都市計画審議会の議を経て指定する区域内は10分の8）を乗じた数値のいずれか少ない数値以下でなければならない。

2．第一種住居地域において、建築物の敷地が、幅員15m以上の道路に接続する幅員6m以上12m未満の前面道路のうち、当該特定道路からの延長が70m以内の部分において接する場合、都市計画で定められた指定容積率に当該前面道路の幅員に10分の4（特定行政庁が都道府県都市計画審議会の議を経て指定する区域内は10分の6）を乗じた数値を加算したものが容積率の最高限度となる。

3．共同住宅の共用の廊下や階段の用に供する部分の床面積は、原則として、建築物の容積率の算定の基礎となる延べ面積に算入する。

4．建築物の地階でその天井が地盤面からの高さ1m以下にあるものの住宅の用途に供する部分の床面積は、原則として、当該建築物の住宅の用途に供する部分の床面積の合計の3分の1を限度として、建築物の容積率の算定の基礎となる延べ面積に算入されない。

【問題4】（2022年5月 問38）　チェック欄 ☐☐☐☐☐

建築基準法に規定する建築物の高さの制限、日影規制（日影による中高層の建築物の高さの制限）に関する次の記述のうち、最も不適切なものはどれか。

1．田園住居地域内における建築物の高さは、原則として、10mまたは12mのうち都市計画で定められた限度を超えることができない。

2．道路斜線制限は、すべての用途地域内における一定の建築物に適用される。

3．第二種中高層住居専用地域内において日影規制が適用される建築物には、北側斜線制限は適用されない。

4．天空率により計算した採光、通風等が各斜線制限および日影規制により高さが制限された場合と同程度以上である建築物を建築する場合、当該建築物については、各斜線制限および日影規制は適用されない。

第5章 不動産 基礎編

【問題3】 正解 4

1. 不適切 準住居地域のような住居系の用途地域において、前面道路の幅員に乗じる法定乗数は10分の4（特定行政庁が都道府県都市計画審議会の議を経て指定する区域内は10分の6）である。

2. 不適切 前面道路が特定道路に接続する場合の緩和は、次の①・②のうち小さいほうが限度となる。

① 都市計画で定められた指定容積率

② （道路の幅員＋A$^※$）×法定乗数

$$※ \quad A＝（12m－前面道路の幅員）× \frac{70m－特定道路からの延長距離}{70m}$$

3. 不適切 共同住宅や老人ホームの共用廊下、階段、エントランスホール、エレベーターホール、車椅子用のスロープ等は、容積率の算定の基礎となる延べ面積に算入しない。

4. 適 切 なお、老人ホーム等の場合でも、3分の1を限度として、地階の部分の床面積は容積率の算定の基礎となる延べ面積に算入しない。

【問題4】 正解 4

1. 適 切 第一種・第二種低層住居専用地域および田園住居地域では、建築物の高さの制限（10mまたは12m）がある。

2. 適 切 道路斜線制限は、原則として、すべての用途地域および用途地域の指定のない区域で適用される。

3. 適 切 北側斜線制限は、原則として、第一種・第二種低層住居専用地域、田園住居地域および第一種・第二種中高層住居専用地域に適用される。ただし、日影規制が適用される第一種・第二種中高層住居専用地域には、北側斜線制限は適用されない。

4. 不適切 天空率により計算した採光、通風等が各斜線制限により高さが制限された場合と同程度以上である建築物を建築する場合、当該建築物については、各斜線制限は適用されない。したがって、天空率により計算した採光、通風等が日影規制により高さが制限された場合と同程度以上である建築物を建築する場合でも、日影規制は適用される。

5　不動産に関する法令上の制限　②建築基準法

【問題5】 （2019年1月 問36）　　　　　　　　　　チェック欄 ☐☐☐☐☐☐

建築基準法における「日影による中高層の建築物の高さの制限」（以下、「日影規制」という）に関する次の記述のうち、最も不適切なものはどれか。

1. 日影規制の対象区域内にある同一の敷地内に2以上の建築物がある場合においては、これらの建築物を1つの建築物とみなして日影規制が適用される。
2. 第一種中高層住居専用地域および第二種中高層住居専用地域内において日影規制が適用される建築物については、北側の隣地の日照を確保するための建築物の各部分の高さの制限（北側斜線制限）は適用されない。
3. 日影規制の対象となる建築物であっても、一定の採光、通風等が確保されるものとして天空率に適合する建築物については、日影規制は適用されない。
4. 日影規制の対象区域外にある高さが10mを超える建築物で、冬至日において、日影規制の対象区域内の土地に日影を生じさせるものは、当該対象区域内にある建築物とみなして日影規制が適用される。

【問題6】 （2021年1月 問37）　　　　　　　　　　チェック欄 ☐☐☐☐☐☐

建築基準法に規定する建築物の高さの制限に関する次の記述のうち、最も不適切なものはどれか。

1. 前面道路との関係についての建築物の各部分の高さの制限（道路斜線制限）は、すべての用途地域内における一定の建築物に適用されるが、用途地域の指定のない区域内における建築物には適用されない。
2. 隣地との関係についての建築物の各部分の高さの制限（隣地斜線制限）は、第一種低層住居専用地域、第二種低層住居専用地域および田園住居地域内における建築物には適用されない。
3. 第一種中高層住居専用地域および第二種中高層住居専用地域内において日影による中高層の建築物の高さの制限（日影規制）が適用される建築物には、北側の隣地の日照を確保するための建築物の各部分の高さの制限（北側斜線制限）は適用されない。
4. 日影による中高層の建築物の高さの制限（日影規制）は、原則として、商業地域、工業地域および工業専用地域以外の地域または区域のうち、地方公共団体の条例で指定する区域内における一定の建築物に適用される。

第5章

不動産 基礎編

509

【問題 5】　正解 3

1. 適　切　同一敷地内に 2 以上の建物がある場合、1 つの建物の高さが日影規制の対象となる場合、対象とならない高さの別の建物も 1 つの建物とみなして対象となる。

2. 適　切　日影規制が適用される建築物については、北側斜線制限は適用されない。

3. 不適切　日影規制には、天空率による緩和の規定はない。

4. 適　切　日影規制の適用区域外にある建物であっても、高さ10m超で冬至日に日影規制対象区域内の土地に一定時間以上の日影を生じさせるときは、日影規制を適用する。

【問題 6】　正解 1

1. 不適切　道路斜線制限は、用途地域の指定のない区域内における建築物にも適用される。

2. 適　切　隣地斜線制限は、第一種低層住居専用地域、第二種低層住居専用地域および田園住居地域内における建築物には適用されない。

3. 適　切　第一種中高層住居専用地域および第二種中高層住居専用地域内において日影規制が適用される建築物には、北側斜線制限は適用されない。

4. 適　切　商業地域・工業地域・工業専用地域は、日影規制の対象外である。

6 不動産に関する法令上の制限 ③農地法／生産緑地法

【問題 1 】 （2011年 1 月 問37）　　　　　　　　　チェック欄 ☐☐☐☐☐

　国土利用計画法23条の届出（以下、「事後届出」という）に関する次の記述のうち、最も適切なものはどれか。

1. 土地売買の契約を締結した場合、売主は、その契約を締結した日から起算して 2 週間以内に、事後届出を行わなければならない。
2. 売主が、市街化区域内に所在する5,000㎡の一団の土地を1,500㎡と3,500㎡に分割し、それぞれの土地について、売却する契約を別々の買主と締結した場合、1,500㎡の土地については、事後届出の対象とならない。
3. 都道府県知事は、事後届出書に記載された土地に関する権利の移転等の対価が著しく適正を欠くときは、当該対価の額について修正すべきことを勧告することができる。
4. 事後届出が必要な土地売買等の契約をしたにもかかわらず、所定の期間内に、この届出をしなかった場合、締結された売買契約は無効となる。

【問題 2 】 （2021年 1 月 問38）　　　　　　　　　チェック欄 ☐☐☐☐☐

　農地法等に関する次の記述のうち、最も不適切なものはどれか。なお、記載のない事項については考慮しないものとする。

1. 農業者である個人が、所有する市街化区域内の農地を他の農業者に農地として譲渡する場合、その面積規模にかかわらず、原則として、農地法第 3 条に基づく農業委員会の許可を受ける必要がある。
2. 農業者である個人が、所有する市街化区域内の農地を駐車場用地として自ら転用する場合、あらかじめ農業委員会に届け出れば、農地法第 4 条に基づく都道府県知事等の許可を受ける必要はない。
3. 農業者である個人が、自らの耕作の事業のための農業用倉庫を建設する目的で、市街化調整区域内の農地を取得する場合、農地法第 5 条に基づく都道府県知事等の許可を受ける必要はない。
4. 個人が農地の所有権を相続により取得した場合、当該権利を取得したことを知った時点からおおむね10カ月以内に、農業委員会にその旨を届け出なければならない。

【問題1】 正解 2

1. **不適切** 土地売買の契約を締結した場合、買主(権利取得者)が、契約締結から2週間以内に事後届出を行わなければならない。

2. **適 切** 一団の土地を分割後に取得する場合には、分割後の面積で判断する。市街化区域内では、分割後に取得する2,000㎡未満の土地について契約を締結した場合、事後届出は不要である。したがって、1,500㎡の土地については、事後届出の対象とならない。

3. **不適切** 都道府県知事は、土地の利用目的についてのみ、必要があれば勧告をすることができる。対価の額は適正でない場合でも勧告はできない。

4. **不適切** 事後届出をしなかった場合でも、契約の効力に影響はない。

【問題2】 正解 3

1. **適 切** 農業者が所有する農地を、農地として譲渡する場合、その規模にかかわらず、原則として、農地法第3条に基づく農業委員会の許可を受ける必要がある。

2. **適 切** 農地を自ら転用する場合、原則としては、都道府県知事の許可が必要であるが、市街化区域内の農地を自ら転用する場合は、あらかじめ農業委員会に届け出れば、農地法第4条に基づく都道府県知事等の許可を受ける必要はない。

3. **不適切** 農業用倉庫を建設する目的で、市街化調整区域内の農地を取得する場合、農地法第5条に基づく都道府県知事等の許可を受ける必要がある。

4. **適 切** 個人が農地の所有権を相続により取得した場合、当該権利を取得したことを知った時からおおむね10カ月以内に、農業委員会に届け出なければならない。

6 不動産に関する法令上の制限 ③農地法／生産緑地法

【問題３】 (2022年1月 問38)　　　　　　　　チェック欄 ☐☐☐☐☐

農地法に関する次の記述のうち、最も適切なものはどれか。

１．個人が農地の所有権を相続により取得した場合、当該権利を取得したことを知った時点からおおむね10カ月以内に、農業委員会にその旨を届け出なければならない。

２．市街化区域内にある農地を他の農業者に農地として譲渡する場合、都道府県知事等の許可を受ける必要はなく、あらかじめ農業委員会に届け出れば足りる。

３．市街化調整区域内の農地を駐車場の用地として自ら転用する場合、都道府県知事等の許可を受ける必要はなく、あらかじめ農業委員会に届け出れば足りる。

４．市街化区域内にある農地を物流倉庫の用地として転用する目的で譲渡する場合、その面積が3,000㎡以上のものは都道府県知事等の許可を受けなければならないが、3,000㎡未満のものは、あらかじめ農業委員会に届け出れば足りる。

【問題４】 (2019年9月 問39)　　　　　　　　チェック欄 ☐☐☐☐☐

農地法に関する次の記述のうち、最も不適切なものはどれか。

１．個人が農地の所有権を相続により取得した場合、当該権利を取得したことを知った時点からおおむね10カ月以内に、農業委員会にその旨を届け出なければならない。

２．個人が所有する市街化調整区域内の農地を駐車場用地として自ら転用する場合、原則として、農業委員会の許可を受けなければならない。

３．農地の賃貸借は、その登記がなくても、農地の引渡しがあったときは、これをもってその後その農地について物権を取得した第三者に対抗することができる。

４．個人が耕作する目的で農地を賃借する場合、賃貸借の存続期間は50年を超えることができず、契約でこれより長い期間を定めたときであっても、その期間は50年とされる。

第5章 不動産 基礎編

513

【問題3】 正解 1

1. **適 切** 相続等により農地の権利を取得した場合、当該権利を取得したことを知った時点からおおむね10カ月以内に、農業委員会に届出をすることが義務付けられている。

2. **不適切** 農業者が所有する農地を、農地として譲渡する場合、その規模にかかわらず、原則として、農地法第3条に基づく農業委員会の許可を受ける必要がある。

3. **不適切** 農地を農地以外のものに自ら転用する場合には、都道府県知事の許可が必要である。

4. **不適切** 市街化区域内の農地を転用する場合は、その規模にかかわらず、あらかじめ農業委員会へ届け出をすることにより都道府県知事の許可は不要となる。

【問題4】 正解 2

1. **適 切** 相続等により農地の権利を取得した場合、当該権利を取得したことを知った時点からおおむね10カ月以内に、農業委員会に届出をすることが義務付けられている。

2. **不適切** 農地を農地以外のものに自ら転用する場合には、都道府県知事等の許可が必要である。なお、市街化区域内の農地を転用する場合は、あらかじめ農業委員会に届出をすることで都道府県知事等の許可は不要となる。

3. **適 切** 農地または採草放牧地の賃貸借は、その登記がなくても、農地または採草放牧地の引渡しがあったときは、これをもってその後その農地または採草放牧地について物権を取得した第三者に対抗することができる。

4. **適 切** 農地または採草放牧地の賃貸借に係る存続期間は50年以内とされている。

6 不動産に関する法令上の制限 ③農地法／生産緑地法

【問題5】（2019年1月 問37改題）　　　　　チェック欄☐☐☐☐☐

農地法および生産緑地法に関する次の記述のうち、**最も不適切なもの**はどれか。

1．個人が市街化区域内の農地を耕作する目的で当該農地の所有権を取得する場合、原則として、農地法第3条に基づく農業委員会の許可を受ける必要がある。
2．個人が所有する市街化区域内の農地を駐車場用地として自ら転用する場合、あらかじめ農業委員会に届け出れば、農地法第4条に基づく許可を受ける必要はない。
3．生産緑地の所有者が当該生産緑地に農業用施設を建築する場合、原則として、生産緑地法第8条に基づく市町村長の許可を受ける必要がある。
4．生産緑地の所有者は、当該生産緑地に係る生産緑地地区に関する都市計画の告示の日から20年を経過した場合、市町村長に対して当該生産緑地を時価で買い取るべき旨を申し出ることができる。

【問題6】（2022年9月 問37）　　　　　チェック欄☐☐☐☐☐

生産緑地法に規定する生産緑地および特定生産緑地に関する次の記述のうち、**最も不適切なもの**はどれか。

1．生産緑地の所有者が、申出基準日以後において、市町村長に対して当該生産緑地の買取りの申出を行い、その申出の日から3カ月以内に所有権の移転（相続その他の一般承継による移転を除く）が行われなかった場合、行為制限が解除され、宅地造成等の転用が可能となる。
2．生産緑地の買取りの申出により生産緑地の指定が解除された場合に、当該生産緑地について「農地等についての相続税の納税猶予の特例」の適用を受けていたときは、その農地等納税猶予税額および利子税を納付しなければならない。
3．特定生産緑地に指定された場合、買取りの申出をすることができる時期が、生産緑地地区に関する都市計画決定の告示の日から30年を経過する日から10年延長される。
4．生産緑地地区に関する都市計画決定の告示の日から30年が経過した生産緑地に対する固定資産税は、特定生産緑地に指定されなかった場合、いわゆる宅地並み課税となるが、三大都市圏においては、激変緩和措置として10年にわたって課税標準に軽減率を乗じる措置が行われる。

第5章 不動産 基礎編

515

【問題5】 正解 4

1．適 切 農地を耕作する目的で取得する場合、原則として農地法第3条に基づく農業委員会の許可を受ける必要がある。

2．適 切 農地を自ら転用する場合、原則としては、都道府県知事の許可が必要であるが、市街化区域内の農地を自ら転用する場合は、あらかじめ農業委員会に届け出れば、農地法第4条に基づく都道府県知事等の許可を受ける必要はない。

3．適 切 建物の建築には市町村長の許可が必要であるが、農業用施設は許可を受けることにより建築できる。

4．不適切 市町村長に対して生産緑地の買取りの申出ができるのは、生産緑地に関する都市計画の告示から30年以上経過した場合である。

【問題6】 正解 4

1．適 切 生産緑地の買取りの申出があった場合において、その申出の日から起算して3月以内に当該生産緑地の所有権の移転（相続その他の一般承継による移転を除く）が行われなかったときは、当該生産緑地については、生産緑地の管理、生産緑地地区内における行為の制限等の規定は、適用しない（生産緑地法第14条）。

2．適 切 「農地等についての相続税の納税猶予の特例」の適用を受けていた場合において、次のいずれかに該当するときは、農地等納税猶予税額および利子税を納付しなければならない。
・特例農地等について、譲渡等があった場合
・特例農地等に係る農業経営を廃止した場合
・継続届出書の提出がなかった場合
・担保価値が減少したことなどにより、増担保または担保の変更を求められた場合で、その求めに応じなかったとき
・都市営農地等について生産緑地法の規定による買取りの申出または指定の解除があった場合など
・特例の適用を受けている準農地について、申告期限後10年を経過する日までに農業の用に供していない場合

3．適 切 特定生産緑地に指定された場合、市町村長に対して買取りの申出ができる時期は、生産緑地地区の都市計画の告示日から30年経過後から10年延長される。なお、10年経過後は、改めて所有者等の同意を得て、10年の延長を繰り返すことができる。

4．不適切 課税標準に軽減率を乗じる激変緩和措置は5年間である。

6 不動産に関する法令上の制限 ③農地法／生産緑地法

【問題7】（2018年9月 問37）　　　　　　　　　チェック欄□□□□□

土地区画整理法に関する次の記述のうち、最も適切なものはどれか。

1．仮換地が指定された場合、従前の宅地の所有者は、当該仮換地について抵当権を設定することができるが、従前の宅地には抵当権を設定することはできない。
2．土地区画整理組合が施行する土地区画整理事業の換地計画において定められた保留地は、換地処分の公告があった日の翌日に、施行者である当該組合が取得することになる。
3．土地区画整理組合が施行する土地区画整理事業に係る施行地区内の宅地について所有権または借地権を有する者や、当該宅地の上の建物について所有権または借家権を有する者は、すべて当該組合の組合員となる。
4．土地区画整理組合の設立認可の公告があった日から換地処分の公告がある日までに、施行地区内において、土地区画整理事業の施行の障害となるおそれがある土地の形質の変更や建築物の新築等を行おうとする者は、当該組合の許可を受けなければならない。

【問題8】（2020年9月 問36）　　　　　　　　　チェック欄□□□□□

土地区画整理法に関する次の記述のうち、最も適切なものはどれか。

1．宅地の所有権または借地権を有する者は、1人で、または数人共同して、当該権利の目的である宅地に係る土地区画整理事業の施行者となることができる。
2．仮換地が指定された場合、従前の宅地の所有者は、換地処分の公告がある日まで、従前の宅地について所有権移転の登記をすることができない。
3．仮換地が指定された場合、従前の宅地の所有者は、換地処分の公告がある日まで、従前の宅地について抵当権設定の登記をすることができない。
4．換地計画において定められた保留地は、換地処分の公告があった日の翌日に、換地計画において換地の所有者として定められた者が取得する。

第5章 不動産 基礎編

517

【問題7】 正解 2

1. 不適切 仮換地に指定された後も換地処分まで所有権は従前の宅地に存するため、抵当権も従前の宅地に設定することになる。

2. 適 切 換地計画において定められた保留地は、換地処分の公告があった日の翌日において、土地区画整理組合や区画整理会社などの施行者が取得する。

3. 不適切 土地区画整理組合が施行する土地区画整理事業に係る施行地区内の宅地について所有権または借地権を有する者は、すべてその組合の組合員となる。宅地上の建物について所有権または借家権を有する者は組合員となる者に含まれない。

4. 不適切 事業計画決定等の公告（土地区画整理組合が施行する土地区画整理事業の場合は、土地区画整理組合の設立認可の公告）があった日から換地処分の公告がある日まで、事業地内で施行の障害となるおそれがある土地の形質の変更や建築物の建築等を行う場合、都道府県知事等の許可を得なければならない。

【問題8】 正解 1

1. 適 切 土地区画整理事業の施行者は、以下のとおり。

・個人：土地所有者もしくは借地権者等は、1人または数人共同で行うことができる。

・組合：土地所有者または借地権者は、7人以上で土地区画整理組合を設立し事業を行うことができる。

・区画整理会社：土地所有者または借地権者は、株式会社を設立し事業を行うことができる。

・都道府県、市町村

2. 不適切 仮換地が指定された場合、所有権は従前の宅地に存する。したがって、売買契約を締結する場合は従前の宅地の住所で行うため、所有権移転登記は従前の宅地で行うことになる。

3. 不適切 所有権は従前の宅地に存するため、従前の宅地に抵当権を設定することができ、抵当権設定登記も行うことができる。

4. 不適切 保留地とは、土地区画整理事業の施行の費用に充てる等の目的で、換地に指定しなかった土地である。したがって、換地の所有者など特定の者が保留地を取得するわけではない。

7 区分所有法

【問題1】（2021年5月 問38）　　　　　　チェック欄☐☐☐☐☐

　建物の区分所有等に関する法律に関する次の記述のうち、最も不適切なものはどれか。

1. 規約を変更するためには、区分所有者および議決権の各4分の3以上の多数による集会の決議が必要であり、この変更が一部の区分所有者の権利に特別の影響を及ぼすべきときは、当該区分所有者の承諾を得なければならない。
2. 形状または効用の著しい変更を伴う共用部分の変更を行うためには、区分所有者および議決権の各4分の3以上の多数による集会の決議が必要であるが、この区分所有者の定数については規約で過半数まで減ずることができる。
3. 敷地利用権が数人で有する所有権である場合、区分所有者は、規約に別段の定めがない限り、原則として、その有する専有部分とその専有部分に係る敷地利用権とを分離して処分することができない。
4. 集会において区分所有者および議決権の各5分の4以上の多数による建替え決議がなされた場合、その決議に賛成した区分所有者は、建替えに参加しない旨を回答した区分所有者から、区分所有権および敷地利用権を時価で買い取らなければならない。

第5章　不動産　基礎編

【問題1】 正解 4

1. 適 切 規約は、原則として集会の特別決議（区分所有者および議決権の各4分の3以上の多数）で設定・変更・廃止することができる。また、規約を設定・変更・廃止することが一部の区分所有者の権利に特別の影響を与える場合は、その者の承諾を得なければならない。

2. 適 切 共用部分の変更（その形状または効用の著しい変更を伴わないものを除く）は区分所有者および議決権の各4分の3以上の多数による集会の議決が必要であるが、規約で区分所有者の定数については、その過半数まで減じることができる。

3. 適 切 なお、分離処分の禁止に反してなされた処分は無効であるが、分離処分の禁止の旨の登記がなされる前に処分を受けた者が善意であるときは、その者に対して無効を主張することはできない。

4. 不適切 建替え決議があったときは、集会を招集した者は、遅滞なく、建替え決議に賛成しなかった区分所有者（その承継人を含む。以下同じ）に対し、建替え決議の内容により建替えに参加するか否かを回答すべき旨を書面で催告しなければならない。また、催告を受けた区分所有者は催告を受けた日から2カ月以内に回答しなければならない。この期間が経過したときは、建替え決議に賛成した区分所有者は、期間の満了日から2カ月以内に、建替えに参加しない旨を回答した区分所有者に対し、**区分所有権および敷地利用権を時価で売り渡すべきことを請求することができる。**

7 区分所有法

【問題2】 (2016年1月 問37)　　　　　　　チェック欄 ☐☐☐☐☐

建物の区分所有等に関する法律に関する次の記述のうち、最も不適切なものはどれか。

1．区分所有者が管理者を選任または解任するためには、原則として集会の決議による必要があるが、規約に別段の定めをすることができる。

2．管理費が未払いのまま区分所有権の譲渡が行われた場合、管理組合は、売主と買主の双方に対して当該管理費を請求することができる。

3．建替え決議を目的とする集会を招集するときは、その集会の招集通知を開催日より少なくとも2カ月前に発しなければならないが、この期間は、規約により短縮することができる。

4．管理組合法人には、管理組合法人の財産の状況や理事の業務の執行の状況の監査などを職務とする監事を置かなければならない。

【問題3】 (2022年9月 問38)　　　　　　　チェック欄 ☐☐☐☐☐

建物の区分所有等に関する法律に関する次の記述のうち、最も適切なものはどれか。

1．建物価格の2分の1以下に相当する共用部分の滅失があった場合、滅失した共用部分を復旧する旨の集会の決議や建替え決議がないときは、各区分所有者は共用部分を復旧することができない。

2．規約を変更するためには、区分所有者および議決権の各3分の2以上の多数による集会の決議が必要であり、この変更が一部の区分所有者の権利に特別の影響を及ぼすときは、当該区分所有者の承諾を得なければならない。

3．形状または効用の著しい変更を伴う共用部分の変更を行うためには、原則として、区分所有者および議決権の各4分の3以上の多数による集会の決議が必要であるが、この区分所有者の定数については規約で過半数まで減ずることができる。

4．集会において区分所有者および議決権の各5分の4以上の多数による建替え決議がなされた場合、決議に賛成した区分所有者は、建替えに参加しない旨を回答した区分所有者から、区分所有権および敷地利用権を時価で買い取らなければならない。

第5章 不動産 基礎編

521

【問題2】 正解 3

1. 適 切 管理者は、集会の決議により選任または解任されるが、規約で別段の定めをした場合には規約に従う。

2. 適 切 管理組合が区分所有者に対して有する債権は、買主に対しても請求ができるため、管理費を滞納している区分所有建物の譲渡を受けた者は、滞納している管理費の請求を受けることがある。

3. 不適切 建替え決議のための集会の招集通知は、開催日の少なくとも2カ月前に発しなければならず、この期間は規約で伸長することはできるが、短縮することはできない。

4. 適 切 管理組合法人には、理事と監事を置かなければならない。

【問題3】 正解 3

1. 不適切 建物価格の2分の1以下の滅失の場合、区分所有者は各自復旧することができる。ただし、共用部分については、復旧工事着手前に集会の決議があった場合はそれに従い、各自復旧はできない。

2. 不適切 規約の設定・変更・廃止については、区分所有者および議決権の各4分の3以上の多数による集会の決議が必要である。

3. 適 切 なお、形状または効用の著しい変更を伴わない共用部分の変更を行うためには、区分所有者および議決権の各過半数による集会の決議が必要である。

4. 不適切 集会において区分所有者および議決権の各5分の4以上の多数による建替え決議がなされた場合、決議に賛成した区分所有者は、建替えに参加しない旨を回答した区分所有者に対し、区分所有権および敷地利用権を時価で売り渡すよう請求することができる。

7 区分所有法

【問題4】（2019年5月 問37）　　　　　　　　　　　チェック欄 □□□□□

　建物の区分所有等に関する法律に関する次の記述のうち、最も適切なものはどれか。

1．各区分所有者は、専有部分を目的とする所有権、敷地利用権、専有部分の床面積の割合による共用部分の持分を有し、かつ、規約に別段の定めがない限り、集会において所有する住戸の購入金額に応じた議決権割合を有する。
2．規約を変更するためには、区分所有者および議決権の各3分の2以上の多数による集会の決議が必要であるが、この変更が一部の区分所有者の権利に特別の影響を及ぼすべきときは、当該区分所有者の承諾を得なければならない。
3．形状または効用の著しい変更を伴う共用部分の変更を行うためには、区分所有者および議決権の各4分の3以上の多数による集会の決議が必要であるが、この区分所有者および議決権の定数については規約で過半数まで減ずることができる。
4．建替え決議を目的とする集会を招集する場合、原則として、招集の通知を会日より少なくとも2カ月前に発し、会日より少なくとも1カ月前までに、区分所有者に対して建替えを必要とする理由等の説明を行うための説明会を開催しなければならない。

【問題5】（2020年9月 問37）　　　　　　　　　　　チェック欄 □□□□□

　建物の区分所有等に関する法律に関する次の記述のうち、最も適切なものはどれか。

1．区分所有者の承諾を得て専有部分を占有する者は、会議の目的たる事項につき利害関係を有する場合、集会に出席して議決権を行使することができる。
2．管理組合の法人化にあたっては、区分所有者および議決権の各3分の2以上の多数による集会の決議と、その主たる事務所の所在地において登記をする必要がある。
3．規約の変更が一部の区分所有者の権利に特別の影響を及ぼす場合において、その者の承諾を得られないときは、区分所有者および議決権の各4分の3以上の多数による集会の決議によって当該変更を行うことができる。
4．区分所有建物の建替え決議は、集会において区分所有者および議決権の各5分の4以上の多数による必要があり、この区分所有者および議決権の定数については規約で減ずることはできない。

第5章

不動産 基礎編

523

【問題4】 正解 4

1. **不適切** 共用部分の持分や購入金額ではなく、専有部分の床面積に応じた議決権割合を有する。

2. **不適切** 規約を変更するためには、区分所有者および議決権の各4分の3以上の多数による集会の決議が必要である。この変更が一部の区分所有者の権利に特別の影響を及ぼす場合には、その承諾を得なければならない。

3. **不適切** 区分所有者については、規約で過半数まで減ずることができるが、議決権の定数については、規約で過半数まで減ずることはできない。

4. **適 切** 建替え決議をするための集会の招集通知は、開催日の少なくとも2カ月前に発しなければならず、この期間は規約で伸長することができる。

【問題5】 正解 4

1. **不適切** 専有部分の占有者は、会議の目的たる事項につき利害関係を有する場合、集会に出席して意見を述べることはできるが、議決権を行使することはできない。

2. **不適切** 管理組合は、集会による区分所有者および議決権の各4分の3以上の多数の決議と、その主たる事務所の所在地における登記により法人になることができる。

3. **不適切** 規約の変更には、区分所有者および議決権の各4分の3以上の多数の決議が必要であるが、その変更が一部の区分所有者の権利に特別の影響を及ぼす場合、その者の承諾を得なければならない。

4. **適 切** なお、建替え決議をするための集会の招集通知は、開催日の少なくとも2カ月前に発しなければならず、この期間は規約で伸長することができる。

8　不動産の取得・保有に関する税金

【問題1】（2022年5月 問39改題）　　　　　　　　　　　チェック欄 □□□□□

　不動産取得税に関する次の記述のうち、最も適切なものはどれか。なお、記載のない事項については考慮しないものとする。

1．2023年中に被相続人の相続人以外の者が、被相続人が作成した遺言による特定遺贈により土地を取得した場合、不動産取得税は課される。
2．2023年中に被相続人の相続人が、被相続人との死因贈与契約に基づき、被相続人の相続開始に伴って土地を取得した場合、不動産取得税は課されない。
3．2023年中に取得した住宅に係る不動産取得税の税率は、特例税率である5％が適用されるが、課税標準となるべき額が土地の取得の場合は10万円、家屋の取得の場合は1戸につき23万円に満たない場合、不動産取得税は課されない。
4．2023年中に自己の居住用として新築の戸建て住宅（床面積105㎡、認定長期優良住宅に該当する）を購入した場合、課税標準となるべき価格から最高1,500万円が控除される。

【問題2】（2022年9月 問39）　　　　　　　　　　　　　チェック欄 □□□□□

　登録免許税に関する次の記述のうち、最も適切なものはどれか。

1．Aさんの相続により土地を取得したBさんが、相続による所有権移転登記をすることなく死亡し、その土地をBさんの相続人であるCさんが相続により取得した場合、Cさんが申請するBさんからCさんへの所有権移転登記については、「相続に係る所有権の移転登記等の免税措置」により、登録免許税は課されない。
2．Dさんが、2022年8月に死亡した父が所有していた土地を相続により取得し、同年中に父からDさんへの所有権移転登記をする場合に、その土地の固定資産税評価額が200万円であったときは、登録免許税は課されない。
3．Eさんが、2022年中に戸建て住宅を新築し、建設工事を請け負った工務店から引渡しを受け、直ちにその家屋の所在や種類、構造、床面積等を記録するための建物の表題登記をする場合、登録免許税は課されない。
4．Fさんが、2022年中に父が所有する戸建て住宅の贈与を受けて自己の居住の用に供し、父からFさんへの所有権移転登記をする場合、当該住宅が所定の要件を満たしていれば、登録免許税の算出にあたって0.3％の軽減税率が適用される。

【問題1】 正解 1

1. 適 切 包括遺贈および相続人に対する特定遺贈によって不動産を取得した場合、相続によって不動産を取得した場合と同様に非課税となる。したがって、相続人以外の者が特定遺贈により不動産を取得した場合は、不動産取得税が課される。

2. 不適切 死因贈与契約は贈与に該当するため、不動産取得税が課される。

3. 不適切 標準税率は4％であるが、住宅または土地の取得については3％の特例税率が適用される。なお、課税標準の免税点（課税対象とならない分岐点）は、土地10万円未満、建築による家屋一戸につき23万円未満、建築以外の家屋一戸につき12万円未満である。

4. 不適切 新築の認定長期優良住宅を取得した場合、課税標準となるべき価格から最高1,300万円が控除される。

【問題2】 正解 3

1. 不適切 相続により土地の所有権を取得した者（本問ではB）が、当該土地の所有権の移転登記を受けないで死亡し、その者の相続人等（本問ではC）が2018年4月1日から2025年3月31日までの間に、その死亡した者（本問ではB）を登記名義人とするために受ける当該移転登記に対する登録免許税は、「相続に係る所有権の移転登記等の免税措置」により課されない。

2. 不適切 2025年3月31日までに、個人が、固定資産税評価額100万円以下の土地について所有権の保存登記（表題部所有者の相続人が受けるものに限る）または相続による所有権の移転登記を受ける場合、その土地の所有権の保存登記またはその土地の相続による所有権の移転登記については、登録免許税を課されない。本肢の土地は固定資産税評価額が200万円（100万円超）であるため、登録免許税が課される。

3. 適 切 表示の登記は非課税である。なお、分筆・合筆の表示変更登記は課税対象である。

4. 不適切 贈与や遺贈に伴う所有権の移転登記については、居住用財産の特例はなく、本則税率の2％が適用される。

8　不動産の取得・保有に関する税金

【問題3】（2016年1月　問38改題）　　　　　　　　チェック欄 ☐☐☐☐☐

　Aさんは、本年4月に土地（宅地、面積200㎡）を購入して所有権移転登記を受けた後、本年8月にその土地の上に戸建住宅（床面積150㎡、認定長期優良住宅等ではない）を新築して所有権保存登記を行い、同月中に自己の居住の用に供した。

　登録免許税および不動産取得税に関する次の記述のうち、最も適切なものはどれか。

　なお、各選択肢において、ほかに必要とされる要件等はすべて満たしているものとする。

1．Aさんが取得した土地について、所有権移転登記に係る登録免許税では、税率の軽減措置が適用される。また、不動産取得税では、課税標準となるべき価格の2分の1の額とする課税標準の特例措置および税額の減額措置が適用される。
2．Aさんが新築した住宅について、所有権保存登記に係る登録免許税では、税率の軽減措置が適用される。また、不動産取得税では、最大1,500万円を控除する課税標準の特例措置および税額の減額措置が適用される。
3．新築した住宅について所有権保存登記に係る登録免許税の税率の軽減措置の適用を受けるためには、当該住宅の新築後1カ月以内に登記をしなければならない。
4．不動産取得税の課税標準の特例措置の適用を受けるためには、原則として、対象となる土地や建物を取得した年の翌年3月15日までに、不動産取得に係る申告書をその土地や建物の所在地を所管する都道府県税事務所等に提出する必要がある。

第5章　不動産　基礎編

527

【問題3】 正解 **1**

1. **適 切** 土地の所有権移転登記には登録免許税の軽減措置があり、また不動産取得税は取得した土地の課税標準が2分の1の額となる。

2. **不適切** 新築住宅を取得した場合、不動産取得税は課税標準から最大1,200万円を控除する特例があるが、税額の減額措置はない。登録免許税は、所有権保存登記の際、税率が軽減される特例がある。

3. **不適切** 新築住宅の所有権保存登記の軽減措置の適用を受ける要件として、取得から**1年以内**に登記をする必要がある。1カ月ではない。

4. **不適切** 不動産取得税の課税標準の特例を受けるためには申告する必要があるが、取得した年の翌年3月15日と決まっているわけではない。

8 不動産の取得・保有に関する税金

【問題4】 (2020年1月 問39改題)　　　　　　　チェック欄 ☐☐☐☐☐

　「住宅用地に対する固定資産税の課税標準の特例」（以下、「**本特例**」という）に関する次の記述のうち、**最も不適切なもの**はどれか。なお、**各選択肢において、ほかに必要とされる要件等はすべて満たしている**ものとする。

1．甲土地とその隣接地である乙土地を所有する者が、甲土地上に賃貸アパートを建築し、乙土地を当該アパートの入居者専用の駐車場として利用する場合、乙土地は、当該アパートと一体として利用されていると認められれば、甲土地とともに本特例の対象となる。

2．2階建ての店舗併用住宅の敷地である土地（400㎡）について、当該店舗併用住宅の床面積が300㎡で、そのうち居住部分の床面積が120㎡である場合、本特例の対象となる住宅用地の面積は200㎡となる。

3．2022年6月に購入した土地上で同年12月に新築した住宅に、同月中に入居した場合であっても、2023年1月1日現在において当該住宅の所有権の保存登記が未了であるときは、2023年度分の固定資産税において、当該土地は本特例の対象とならない。

4．一戸の居住の敷地で、本特例の対象となる住宅用地の面積が300㎡である場合、当該土地に係る固定資産税の課税標準は、200㎡相当分について課税標準となるべき価格の6分の1の額となり、残りの100㎡相当分について課税標準となるべき価格の3分の1の額となる。

第5章　不動産　基礎編

529

【問題4】 正解 **3**

1. 適 切 賃貸アパートが建築されている土地と、当該賃貸アパートの居住者が利用する駐車場用地が一体利用されていると認められる場合、いずれの土地も本特例の対象となる。

2. 適 切 併用住宅（一部が居住の用に供されている家屋であり、当該家屋の床面積に対する居住部分の割合が4分の1以上あるもの）の敷地の用に供されている土地のうち、土地の面積に以下の率を乗じて得た面積（住宅用地の面積が家屋の床面積の10倍を超えているときは、床面積の10倍の面積に以下の率を乗じた面積）に相当する土地が住宅用地となる。

家屋	居住部分の割合	面積に乗じる率
地上階数5以上の耐火建築物	1/4以上1/2未満	0.5
	1/2以上3/4未満	0.75
	3/4以上	1.0
上記以外の家屋	1/4以上1/2未満	0.5
	1/2以上	1.0

本肢は、上記表の「上記以外の家屋」（2階建て）において居住部分の割合が「1/4以上1/2未満」（120㎡÷300㎡＝0.4）に該当する。したがって、住宅用地の面積は、敷地面積に「0.5」を乗じて算出する。

400㎡×0.5＝**200㎡**

3. 不適切 固定資産税の課税対象となる固定資産は土地、家屋、償却資産であり、登記の有無を問わない。したがって、2023年1月1日現在において、住宅の所有権の保存登記が未了である場合でも、所有者であれば2023年度分の固定資産税が課税されるため、本特例の適用対象となる。

4. 適 切 本特例は、面積により課税標準が異なる。

・小規模住宅用地（200㎡以下の部分）：固定資産課税台帳登録価格の6分の1
・一般の住宅用地（200㎡超の部分）　：固定資産課税台帳登録価格の3分の1

8　不動産の取得・保有に関する税金

【問題5】 (2022年1月 問39改題)　　　　　　　　チェック欄 □□□□□

　土地および建物に係る固定資産税に関する次の記述のうち、最も不適切なものはどれか。なお、各選択肢において、ほかに必要な要件等はすべて満たしているものとする。

1．固定資産税の納税義務者は、賦課期日であるその年1月1日現在における土地や家屋の所有者であるが、年の途中でその土地や家屋の売買があった場合、売買契約の締結時に売主と買主の間で、その年度分の固定資産税額の相当分を日割り按分して負担する等の取り決めを行うことができる。

2．「住宅用地に対する固定資産税の課税標準の特例」は、自己の居住用住宅の敷地である宅地に適用されるため、賃貸マンション等の自己の居住用住宅以外の住宅の敷地である宅地については適用されない。

3．3階建ての認定長期優良住宅（中高層耐火建築物）を新築して、「新築された認定長期優良住宅に対する固定資産税の減額」の適用を受けた場合、当該住宅に対して新たに固定資産税が課されることとなった年度から7年度分の固定資産税額に限り、当該住宅に係る固定資産税額（当該住宅の居住部分の床面積が120㎡を超える場合は120㎡に相当する部分の額）の2分の1に相当する額が減額される。

4．2023年中に新築され、売買契約が締結された居住用超高層建築物（高さ60m超、複数の階に住戸があるタワーマンション）の固定資産税額は、各住戸の専有部分の床面積、天井高、附帯設備の程度がいずれも同じと仮定すれば、高層階の住戸ほど高額になる。

第5章 不動産 基礎編

【問題5】 正解 **2**

1．適 切 売買契約の締結時に、税金の按分方法を決めて契約書に記載し、日割り按分した金額をそれぞれが負担するのが一般的である。

2．不適切 住宅用地に対する固定資産税の課税標準の特例は、第三者に賃貸した場合でも適用の対象となる。

3．適 切 認定長期優良住宅のうち、中高層耐火住宅（3階建て以上の耐火・準耐火住宅）は、新築後7年間、120㎡までの固定資産税が2分の1に減額される。

4．適 切 高さ60mを超える分譲マンションについて、各区分所有者に係る固定資産税額は、専有面積や付属設備が同じと仮定した場合、高層階の住戸ほど高額になる。

9 不動産の譲渡に係る税金

【問題1】 (2021年5月 問39改題)　　　　　　　チェック欄 ☐☐☐☐☐

　Aさんは、2021年4月に死亡した父から相続により取得した自宅の建物とその敷地を2023年3月に売却した。Aさんが売却した自宅の敷地である土地に係る譲渡価額等が下記のとおりであった場合、当該土地に係る譲渡所得の金額の計算上の取得費として、次のうち最も適切なものはどれか。

　なお、取得費はできるだけ多額になるように計算することとし、「相続財産に係る譲渡所得の課税の特例」（相続税の取得費加算の特例）の適用を受けるための要件は満たしているものとする。また、記載のない事項については考慮しないものとする。

〈売却した土地の譲渡価額等〉

・1990年4月　父が祖父から相続により取得（取得費は不明）		
・2021年4月　Aさんが父から相続（単純承認）により取得		
当該土地の相続税評価額	： 2,000万円	Aさんがほかに相続した土地はない
Aさんの相続税の課税価格	： 5,000万円	債務控除前の金額
Aさんが納付した相続税額	： 600万円	
相続登記関係費用	： 40万円	登録免許税、司法書士手数料など
・2023年3月　譲渡		
譲渡価額	： 6,000万円	
仲介手数料	： 160万円	

1．500万円
2．540万円
3．580万円
4．700万円

第5章

不動産 基礎編

533

【問題1】 正解 2

　Aさんが父から相続（単純承認）により取得しているため、Aさんの父親の取得費を引き継ぐ。ただし、父が祖父から相続により取得した際、取得費が不明であるため、譲渡所得の金額の計算上の取得費は譲渡価額の5％（概算取得費）となる。

　「相続財産に係る譲渡所得の課税の特例」（相続税の取得費加算の特例）による取得費加算額は、次の算式により求める。なお、概算取得費とは重複適用することができる。

$$相続税額 \times \frac{相続税の課税価格のうち譲渡した土地等の相続税評価額}{相続税の課税価格（債務控除前）}$$

　したがって、譲渡所得の金額の計算上の取得費は、次のとおりである。

$$6,000万円 \times 5\%（概算取得費）+ 600万円 \times \frac{2,000万円}{5,000万円}（加算額）= \textbf{540万円}$$

9　不動産の譲渡に係る税金

【問題2】(2019年1月 問40)　　　　　　　　　　チェック欄 □□□□□

「相続財産に係る譲渡所得の課税の特例」(相続税の取得費加算の特例。以下、「本特例」という)に関する次の記述のうち、最も適切なものはどれか。

1．相続または遺贈により取得した資産を、当該相続の開始があった日の翌日から3年を経過した日以後に譲渡した場合は、本特例の適用を受けることはできない。

2．相続または遺贈により取得した資産を、譲渡者の親族や同族会社などの特殊関係者に譲渡した場合は、本特例の適用を受けることはできない。

3．相続または遺贈により取得した被相続人居住用家屋の敷地である土地を譲渡した場合に、「被相続人の居住用財産(空家)に係る譲渡所得の特別控除」の適用を受けるときは、本特例の適用を受けることはできない。

4．相続または遺贈により取得した土地を譲渡した場合に、譲渡所得の金額の計算上、収入金額の5％相当額を当該土地の取得費とするときは、本特例の適用を受けることはできない。

第5章　不動産　基礎編

535

【問題2】 正解 3

1. 不適切 本特例における譲渡は、相続税の申告期限の翌日以後3年以内に行っていればよいため、相続開始があった日の翌日から3年を経過した日以後に譲渡した場合でも、適用を受けることができる。

2. 不適切 本特例における譲渡先は、譲渡者の親族や同族会社などの特殊関係者でもかまわない。

3. 適　切 本特例と「被相続人の居住用財産（空家）に係る譲渡所得の特別控除」は同時に利用することができないため、どちらか有利なほうを選択することになる。

4. 不適切 譲渡所得の計算上、収入金額の5％相当額を土地の取得費とする「概算取得費」と本特例は重複適用できる。

【問題３】 (2019年1月 問39) チェック欄 □□□□□

Aさんは、その所有する甲土地および乙建物を、Bさん（Aさんの親族など特殊関係者ではない）が所有する丙土地および丁建物と、現金の授受をすることなく交換したいと考えている。この場合、「固定資産の交換の場合の譲渡所得の特例」（以下、「本特例」という）適用後の譲渡所得の収入金額に関する次の記述のうち、最も適切なものはどれか。

なお、AさんおよびBさんが所有する土地および建物の時価（通常の取引価額で、かつ、当事者間において合意された価額）は、下記のとおりである。また、本特例の適用にあたって、交換資産の価額以外の要件等はすべて満たしているものとし、記載のない事項については考慮しないものとする。

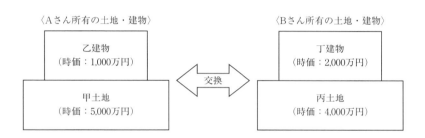

1. 甲土地および乙建物と丙土地および丁建物の交換について本特例の適用を受けることができるため、Aさんの譲渡所得の収入金額は生じない。
2. 甲土地と丙土地の交換については本特例の適用を受けることができるが、乙建物と丁建物の交換については本特例の適用を受けることができないため、Aさんの譲渡所得の収入金額は2,000万円となる。
3. 乙建物と丁建物の交換については本特例の適用を受けることができるが、甲土地と丙土地の交換については本特例の適用を受けることができないため、Aさんの譲渡所得の収入金額は4,000万円となる。
4. 甲土地および乙建物と丙土地および丁建物の交換について本特例の適用を受けることはできないため、Aさんの譲渡所得の収入金額は6,000万円となる。

【問題3】　正解　**2**

　　固定資産の交換の特例の適用を受けるためには、土地と土地、建物と建物でそれぞれ高いほうの金額の20％以内に収まっている必要がある。

　　乙建物と丁建物の差額は1,000万円であり、高いほうの丁建物の20％である400万円を超えており適用できない。

　　甲土地と乙土地の差額は1,000万円であり、高いほうの甲建物の20％である1,000万円に収まるため適用できる。

　　また、収入については、土地は交換差金として受領する1,000万円、建物は固定資産の交換の適用は受けられないため、譲渡した1,000万円の収入が発生し、合計2,000万円となる。

　　したがって、正解は**2**となる。

9 不動産の譲渡に係る税金

【問題４】 (2021年9月 問39)   チェック欄 ☐☐☐☐☐

「固定資産の交換の場合の譲渡所得の特例」（以下、「本特例」という）の適用に関する次の記述のうち、適切なものはいくつあるか。なお、各ケースにおいて、ほかに必要とされる要件等はすべて満たしているものとする。また、ＡさんとＢさんとは親族等の特殊な関係にないものとする。

(a) Ａさんが、所有する建物（時価200万円）とその敷地たるＸ土地（時価1,800万円）を、Ｂさん所有のＹ土地（時価2,000万円）と交換した場合、ＡさんとＢさんはいずれも土地の部分については本特例の適用が受けられ、建物の部分（時価200万円）については交換差金となり、Ａさんは建物を200万円で譲渡し、ＢさんはＹ土地のうち200万円相当額を譲渡したとして、それぞれ譲渡所得の課税対象となる。

(b) Ａさんが、Ｘ土地（Ａさんの持分３分の１、Ｂさんの持分３分の２）のうちのＡさんの持分３分の１（時価1,000万円）を、Ｂさん所有のＹ土地（時価1,000万円）と交換して、Ｘ土地をＢさんの単独所有、Ｙ土地をＡさんの単独所有とした場合、ＡさんとＢさんはいずれも本特例の適用が受けられる。

(c) Ａさん所有の土地（時価2,000万円）とＢさん所有の土地（時価2,000万円）を交換した場合において、Ａさんが、交換により取得した土地を取得後、同一の用途に供することなく、直ちに売却したときは、ＡさんとＢさんの双方が本特例の適用を受けることができなくなる。

1．1つ
2．2つ
3．3つ
4．0（なし）

第5章 不動産 基礎編

539

【問題4】 正解 2

(a) 適 切 土地建物の時価と土地の時価が等価であっても、同種の固定資産の交換でなければ本特例の適用を受けることはできないため、Aさんは、譲渡した建物について本特例の適用を受けることはできない。したがって、Aさんは、建物（時価200万円）を売却により、X土地（時価1,800万円）を交換によりそれぞれ譲渡したものとされる。また、BさんはY土地（時価2,000万円）を交換により譲渡したものとされ、取得する建物が交換差金となるが、その交換差金が高いほうの時価の20％以内（2,000万円×20％＝400万円≧200万円）となっているため、X土地およびY土地の交換について本特例の適用を受けることができる。Aさんは譲渡した建物について、Bさんは受け取った交換差金について、それぞれ譲渡所得として課税される。

(b) 適 切 共有持分と完全所有権の交換の場合、特例の適用を受けることができる。したがって、AさんのX土地の持分3分の1（時価1,000万円）とBさんのY土地の完全所有権（時価1,000万円）は等価であるため、本特例の適用を受けることができる。

(c) 不適切 本特例における「譲渡直前の用途と同一の用途に供すること」という要件は、当事者ごとに判定する。したがって、要件を満たさないAさんは本特例の適用を受けることはできないが、Bさんは本特例の適用を受けることができる。

以上より、適切なものは2つであり、正解は**2**となる。

【問題5】(2020年9月 問40)

　Aさんは、その所有する甲土地または乙土地とBさん（Aさんの親族など特殊関係者ではない）の所有する丙土地とを交換したいと考えている。「固定資産の交換の場合の譲渡所得の特例」（以下、「本特例」という）に関する次の記述のうち、最も適切なものはどれか。なお、各土地の面積、時価（通常の取引価額）は以下のとおりである。また、各選択肢において、ほかに必要とされる要件等はすべて満たしているものとする。

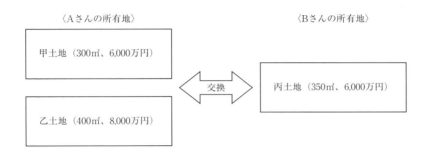

1．甲土地と丙土地を交換差金なしで交換した場合において、Bさんが丙土地を所有していた期間が1年未満であったときは、Aさんは本特例の適用を受けることができない。
2．甲土地と丙土地を交換差金なしで交換した場合において、交換直後にBさんが取得した甲土地を第三者に売却したときは、Aさんは本特例の適用を受けることができない。
3．乙土地と丙土地を交換し、Aさんが2,000万円の交換差金を受け取った場合には、等価による交換であるため、Aさんは本特例の適用を受けることができる。
4．Aさんが、乙土地のうち100㎡を分筆してBさんに2,000万円で売却するとともに、残りの300㎡（6,000万円）を丙土地と交換した場合には、等価による交換であるため、Aさんは本特例の適用を受けることができる。

【問題5】　正解 1

1．適 切　本特例の適用を受けるためには、譲渡資産および取得資産（交換のために取得したと認められるものを除く）をそれぞれの所有者が1年以上所有していることが必要である。したがって、Bさんの所有期間が1年未満であるため、Aさんは本特例の適用を受けることができない。

2．不適切　本特例の適用を受けるためには、交換取得資産を交換譲渡資産の譲渡直前の用途と同一の用途で使用することが必要である。また、この要件は交換の当事者ごとに判断する。したがって、Bさんが交換直後に取得した甲土地を第三者に売却した場合でも、Aさんが取得した丙土地を同一の用途で使用しているときは、Aさんは本特例の適用を受けることができる。

3．不適切　本特例の適用を受けるためには、交換時の譲渡資産の時価と取得資産の時価との差額が、高いほうの時価の20％以内であることが必要である。乙土地と丙土地の交換において、交換差金が2,000万円である場合、時価の高いほう（8,000万円）の20％（1,600万円）以内となっていないため、本特例の適用を受けることはできない。

4．不適切　本特例の適用を受けるに当たり、1つの資産の一部を売買とした場合、売買した部分については交換差金とみなされる。したがって、選択肢3と同様、売買とした2,000万円が時価の高いほうの20％以内となっていないため、本特例の適用を受けることはできない。

9　不動産の譲渡に係る税金

【問題6】（2022年9月 問40）　チェック欄 ☐☐☐☐☐

　不動産の譲渡に係る**各種特例の併用の可否**に関する次の記述のうち、**最も適切なもの**はどれか。なお、**各選択肢に記載されている特例について、それぞれ単独で適用を受けるとした場合に必要とされる要件等はすべて満たしている**ものとする。

1．Aさんが、2年前に父の相続により取得した実家（建物とその敷地）を譲渡した場合、「被相続人の居住用財産（空き家）に係る譲渡所得の特別控除」と「相続財産に係る譲渡所得の課税の特例」（相続税の取得費加算の特例）について重複して適用を受けることができる。
2．Bさんが、15年間所有していた自宅（建物とその敷地）を譲渡した場合、「居住用財産を譲渡した場合の3,000万円の特別控除」と「居住用財産を譲渡した場合の長期譲渡所得の課税の特例」（軽減税率の特例）について重複して適用を受けることはできない。
3．Cさんが、同一年中に自宅（建物とその敷地）と2年前に父の相続により取得した実家（建物とその敷地）を譲渡した場合、自宅の譲渡について「居住用財産を譲渡した場合の3,000万円の特別控除」の適用を受け、実家の譲渡について「被相続人の居住用財産（空き家）に係る譲渡所得の特別控除」の適用を受けることができるが、特別控除は合わせて3,000万円が限度となる。
4．Dさんが、46年前に4,000万円で取得した自宅（建物とその敷地）を8,000万円で譲渡し、新たな自宅（建物とその敷地）を4,000万円で取得した場合、「特定の居住用財産の買換えの場合の長期譲渡所得の課税の特例」と「居住用財産を譲渡した場合の3,000万円の特別控除」について重複して適用を受けることができる。

第5章　不動産　基礎編

543

【問題6】 正解 3

1. **不適切** 「被相続人の居住用財産（空き家）に係る譲渡所得の特別控除」と「相続財産に係る譲渡所得の課税の特例」（相続税の取得費加算の特例）については、重複して適用を受けることはできない。

2. **不適切** 「居住用財産を譲渡した場合の3,000万円の特別控除」と「居住用財産を譲渡した場合の長期譲渡所得の課税の特例」（軽減税率の特例）については、重複して適用を受けることができる。

3. **適　切** 「居住用財産を譲渡した場合の3,000万円の特別控除」と「被相続人の居住用財産（空き家）に係る譲渡所得の特別控除」については、重複して適用を受けることができる。また、同一年内に適用を受ける場合、2つの特例を合わせて3,000万円が控除限度額となる。

4. **不適切** 「特定の居住用財産の買換えの場合の長期譲渡所得の課税の特例」と「居住用財産を譲渡した場合の3,000万円の特別控除」については、重複して適用を受けることはできない。

9　不動産の譲渡に係る税金

【問題7】（2019年9月 問41改題）　　　　　　　　　　　チェック欄□□□□□

　Ａさん夫妻は、妻Ｂさん名義の土地の上に2012年４月に新築したＡさん名義の自宅で暮らしていたが、2023年３月にその家屋およびその敷地を売却した。この場合、「居住用財産を譲渡した場合の3,000万円の特別控除」（以下、「本特例」という）に関する次の記述のうち、最も適切なものはどれか。

　なお、Ａさんと妻Ｂさんは、いずれも収入金額が取得費および譲渡費用の合計額を上回って譲渡所得の金額が算出されるものとし、各選択肢において、ほかに必要とされる要件等はすべて満たしているものとする。

１．Ａさんと妻Ｂさんは、いずれも本特例の適用を受けることができない。

２．Ａさんは本特例の適用を受けることができるが、Ａさんの譲渡所得の金額が3,000万円に満たない場合であっても、妻Ｂさんは本特例の適用を受けることができない。

３．Ａさんは本特例の適用を受けることができ、Ａさんの譲渡所得の金額が3,000万円に満たない場合、妻Ｂさんも本特例の適用を受け、妻Ｂさんの課税長期譲渡所得金額の計算上、その満たない金額を譲渡所得の金額を限度として控除することができる。

４．Ａさんと妻Ｂさんは、いずれも本特例の適用を受けることができ、Ａさんと妻Ｂさんの課税長期譲渡所得金額の計算上、それぞれ最大3,000万円を控除することができる。

第5章 不動産 基礎編

545

【問題7】 正解 3

　家屋と土地の所有者が異なる場合、以下の要件を満たすことで、まず、家屋の所有者（本問ではAさん）の譲渡益から3,000万円の特別控除を適用し、控除しきれない分は土地所有者（本問では妻Bさん）も残額について譲渡益から控除できる。

① 家屋と土地を同時に譲渡すること

② 家屋の所有者と土地の所有者が親族であること

③ 家屋の所有者と土地の所有者が生計を一にしており、同居していること

したがって、正解は**3**となる。

9 不動産の譲渡に係る税金

【問題8】(2022年1月 問40)　　　　　　　　　チェック欄 □□□□□
　「居住用財産を譲渡した場合の3,000万円の特別控除」(以下、「本特例」という)の適用に関する次の記述のうち、適切なものはいくつあるか。なお、各ケースにおいて、ほかに必要とされる要件等はすべて満たしているものとする。

（a）Aさんが、借地上にある自己の居住用家屋とともに、借地権を譲渡した場合、家屋の譲渡は本特例の対象となるが、借地権の譲渡は本特例の対象にならない。
（b）Bさんが、2022年2月に自己の居住用家屋を取り壊し、その家屋の敷地の用に供されていた土地を第三者に貸付けその他の用に供することなく、2022年12月にその土地の譲渡契約を締結して、2023年3月に引き渡した場合、本特例の適用を受けることができる。
（c）Cさんが、自己の居住用家屋とその敷地である宅地を、Cさんと生計を一にし、同居する長女の夫に譲渡し、譲渡後も引き続き長女の夫と生計を一にし同居している場合であっても、Cさんと長女の夫は直系血族ではないため、本特例の適用を受けることができる。

1．1つ
2．2つ
3．3つ
4．0（なし）

第5章 不動産 基礎編

【問題8】 正解 1

(a) 不適切 居住用家屋とともに譲渡した借地権も本特例の対象となる。

(b) 適 切 取壊しから1年以内に譲渡に関する契約を締結し、かつ、家屋に居住しなくなった日から3年経過した日の属する12月31日までの譲渡であれば本特例の対象となる。ただし、取壊し後に土地を貸し付けていた場合などは適用できない。

(c) 不適切 生計を一にする親族および家屋の譲渡後にその譲渡した者と同居する者への譲渡は、本特例の対象とならない。

したがって、適切なものは1つであり、正解は**1**となる。

9 不動産の譲渡に係る税金

【問題9】 (2020年9月 問39) チェック欄 ☐☐☐☐☐

「特定の居住用財産の買換えの場合の長期譲渡所得の課税の特例」（以下、「本特例」という）に関する次の記述のうち、最も適切なものはどれか。なお、各選択肢において、ほかに必要とされる要件等はすべて満たしているものとする。

1．居住の用に供している家屋とその敷地を譲渡した場合に、譲渡した年の1月1日において、家屋の所有期間が10年以下で、敷地の所有期間が10年超であるときは、家屋および敷地に係る譲渡所得はいずれも本特例の適用を受けることができない。

2．20年以上居住の用に供していた家屋を同一の場所で建て替え、建替え後に引き続き居住の用に供した家屋とその敷地を譲渡した場合に、家屋の建替え後の居住期間が10年未満であるときは、本特例の適用を受けることができない。

3．夫妻で共有している家屋とその敷地を譲渡した場合に、夫の持分に係る譲渡対価の額が8,000万円で、妻の持分に係る譲渡対価の額が4,000万円であるときは、夫妻はいずれも本特例の適用を受けることができない。

4．家屋とその敷地を譲渡した翌年に買換資産を取得する予定の者が、その取得価額の見積額をもって申告して本特例を選択した場合に、翌年、買換資産の取得を自己都合で取りやめたときは、修正申告により、譲渡した家屋とその敷地について、「居住用財産を譲渡した場合の3,000万円の特別控除」の適用に切り替えることができる。

第5章 不動産 基礎編

549

【問題9】　正解　1

1．適　切　居住の用に供している家屋とその敷地を譲渡した場合、家屋および敷地のいずれも、譲渡した年の1月1日において所有期間が10年超でなければ、本特例の適用を受けることはできない。

2．不適切　同一の場所で建て替えた場合、旧家屋の居住期間と新家屋の居住期間を通算することができる。したがって、建替え後の居住期間が10年未満であっても、旧家屋の居住期間を通算することで10年以上となるため、本特例の適用を受けることができる。

3．不適切　譲渡資産が共有である場合、譲渡対価が1億円以下であることの判定は、各共有者の譲渡対価で行う。したがって、夫の持分に係る譲渡対価が8,000万円で、妻の持分に係る譲渡対価が4,000万円であり、いずれも1億円以下という要件を満たすため、本特例の適用を受けることができる。

4．不適切　一旦、適法に特例の適用を受けた場合、その適用を撤回することはできない。したがって、本特例の適用を撤回し、異なる特例に切り替えることはできない。

9 不動産の譲渡に係る税金

【問題10】 （2022年5月 問40）　　　　　　　　チェック欄 □□□□□
　「被相続人の居住用財産（空き家）に係る譲渡所得の特別控除の特例」（以下、「本
特例」という）に関する次の記述のうち、最も不適切なものはどれか。なお、各選択
肢において、ほかに必要とされる要件等はすべて満たしているものとする。

1．被相続人の居住用家屋およびその敷地（地積500㎡、時価1億5,000万円）を相続
　により取得した被相続人の子が、居住用家屋を取り壊して敷地を2つに分筆（各
　250㎡）し、一方の敷地を7,500万円で譲渡し、残りの敷地を事業用借地権により賃
　貸した場合、その譲渡について、子は本特例の適用を受けることができない。
2．被相続人が生前に有料老人ホームに入居したため、被相続人の居住の用に供され
　なくなっていた家屋およびその敷地を被相続人の子が相続により取得して譲渡した
　場合、被相続人が有料老人ホームの入居時に介護保険法に規定する要介護認定また
　は要支援認定を受けていなければ、その家屋は被相続人居住用家屋に該当せず、子
　は本特例の適用を受けることができない。
3．被相続人の居住用家屋およびその敷地を被相続人の子が相続により取得して譲渡
　した場合、譲渡の前年において、その子が自己の居住用財産について「居住用財産
　を譲渡した場合の3,000万円の特別控除」の適用を受けている場合であっても、子
　は本特例の適用を受けることができる。
4．被相続人の居住用家屋およびその敷地を被相続人の子が相続により取得して譲渡
　した場合において、子が本特例の適用を受けるためには、確定申告書に譲渡資産の
　所在地を管轄する市町村長または特別区長から交付を受けた被相続人居住用家屋等
　確認書を添付する必要がある。

第5章　不動産　基礎編

【問題10】　正解　1

1．不適切　被相続人の子が相続により被相続人の居住用家屋およびその敷地を取得し、居住用家屋を取り壊して分筆した一方の敷地を7,500万円（1億円以下）で譲渡している。また、分筆した残りの敷地は、譲渡の時まで事業の用、貸付けの用または居住の用に供していない。したがって、要件を満たしているため、本特例の適用を受けることができる。なお、相続により取得した敷地の面積要件はない。

2．適　切　老人ホーム等に入所をしたことにより被相続人の居住の用に供されなくなった家屋およびその家屋の敷地の用に供されていた土地等は、次の要件を満たす必要がある。

・被相続人が要介護認定等を受け、かつ、相続開始の直前まで老人ホーム等に入所したこと

・被相続人が老人ホーム等に入所をしたときから相続開始の直前まで、その家屋について、その者による一定の使用がなされ、かつ、事業の用、貸付けの用またはその者以外の者の居住の用に供されていたことがないこと

3．適　切　本特例と「居住用財産を譲渡した場合の3,000万円の特別控除」は併用することができる。なお、同一年内に併用する場合、2つの特例を合わせて3,000万円が控除限度額となる。

4．適　切　なお、被相続人居住用家屋等確認書のほかに、登記事項証明書、耐震基準適合証明書または建設住宅性能評価書の写し、売買契約書の写しなどの添付種類が必要である。

9　不動産の譲渡に係る税金

【問題11】（2023年1月　問40改題）　　　　　　　　　　チェック欄☐☐☐☐☐

「特定の事業用資産の買換えの場合の譲渡所得の課税の特例」（以下、「本特例」という）に関する次の記述のうち、**最も不適切なもの**はどれか。なお、各選択肢において、ほかに必要とされる要件等はすべて満たしているものとする。

1．国内にある事業所等の建物またはその敷地である土地を譲渡し、同じく国内にある土地、建物に買い換える場合、本特例の適用を受けるためには、その譲渡の日の属する年の1月1日において、譲渡資産の所有期間が10年を超えていなければならない。

2．譲渡した土地の面積が200㎡、買い換えた土地の面積が1,200㎡である場合、原則として、買い換えた土地のうち1,000㎡を超える部分は買換資産に該当しない。

3．事業用資産を譲渡した年の前年中に取得した資産を買換資産として本特例の適用を受ける場合、その買換資産を取得した年の翌年3月15日までに、「先行取得資産に係る買換えの特例の適用に関する届出書」を納税地の所轄税務署長に提出しなければならない。

4．本特例の適用を受けるためには、取得した買換資産は、その取得の日から3年を経過する日の属する年の12月31日までに、取得した者の事業の用に供しなければならない。

第5章　不動産　基礎編

553

【問題11】 正解 4

1. 適 切 所有期間が10年を超えていない場合、本特例の適用を受けることができない。

2. 適 切 譲渡した土地の面積の5倍以内の部分について適用される。

3. 適 切 譲渡した年の前年中に取得した資産を買換資産として本特例の適用を受ける場合、その買換資産を取得した年の翌年3月15日までに、「先行取得資産に係る買換えの特例の適用に関する届出書」を納税地の所轄税務署長に提出する必要がある。なお、譲渡した年の翌年中に取得することも可能である。

4. 不適切 取得した買換資産は、その取得の日から1年以内に事業の用に供しなければならない。

9　不動産の譲渡に係る税金

【問題12】（2020年1月 問41）　　　　　　　　チェック欄 □□□□□

　Aさんは、所有する土地の一部をデベロッパーに譲渡し、デベロッパーがその土地上に建設した建築物の一部を取得することを検討している。「既成市街地等内にある土地等の中高層耐火建築物等の建設のための買換えの場合の譲渡所得の課税の特例」（立体買換えの特例。租税特別措置法第37条の5。以下、「本特例」という）に関する次の記述のうち、最も適切なものはどれか。なお、本問においては、本特例の表二号（中高層の耐火共同住宅）に限定するものとし、各選択肢において、ほかに必要とされる要件等はすべて満たしているものとする。

1．Aさんが譲渡した土地が、譲渡直前において事業の用または居住の用に供されておらず、遊休地であった場合、本特例の適用を受けることはできない。
2．Aさんが譲渡した土地の所有期間が、譲渡した日の属する年の1月1日において5年以下であった場合、本特例の適用を受けることはできない。
3．Aさんが、取得した建物を第三者に対する貸付の用に供し、その貸付が事業と称するに至らない場合であっても、本特例の適用を受けることができる。
4．Aさんが、取得した建物を自己の事業の用に供さず、生計を別にする親族の事業の用に供する場合であっても、本特例の適用を受けることができる。

第5章　不動産　基礎編

555

【問題12】　正解 3

1. 不適切　譲渡した資産について用途または所有期間における制限はない。

2. 不適切　**肢1**の解説参照。

3. 適　切　買換資産は、譲渡した者の事業もしくは居住の用に供することが要件である。

4. 不適切　譲渡した者以外が事業の用に供した場合は適用の対象とならない。

9 不動産の譲渡に係る税金

【問題13】（2011年9月 問40）　　　　　　　　　　　チェック欄☐☐☐☐☐
　Aさんは、所有する土地（用途は貸家の敷地）の有効活用として等価交換方式によりその土地をデベロッパーに譲渡し、その後デベロッパーがその土地上に建設した建築物の一部を取得することを検討している。その際、「既成市街地等内にある土地等の中高層耐火建築物等の建設のための買換えの場合の譲渡所得の課税の特例」（いわゆる立体買換えの特例、以下、「本特例」という）の適用を受けたいと思っている。本特例に関する次の記述のうち、最も適切なものはどれか。なお、本問においては、本特例の表二号（中高層の耐火共同住宅）に限定するものとし、各選択肢において、本特例を受けるために必要とされるほかの要件等はすべて満たしているものとする。

1．譲渡資産が土地等である場合には、その土地等の従前の用途は、事業の用または居住の用に供されていなければならないため、仮に、譲渡資産が遊休地であるときは、本特例の適用を受けることができない。
2．譲渡資産がその譲渡した年の1月1日における所有期間が5年未満の短期所有のものであるときには、本特例の適用を受けることができないため、仮に、Aさんの譲渡資産が短期所有であるときは、本特例の適用を受けることができない。
3．Aさんは、土地を譲渡してから一定期間内に、譲渡した土地の上に建築された地上3階建以上の中高層耐火建築物の一部を取得して、その買換資産の床面積の3分の2以上の部分をもっぱら居住の用に供しなければ、本特例の適用を受けることができない。
4．買換資産が譲渡資産を取得した者または譲渡資産を譲渡した者が建築したものでなければ、原則として、本特例の適用を受けることができない。

第5章 不動産　基礎編

【問題13】 正解 4

1. **不適切** 譲渡資産が遊休地であっても、本特例の適用を受けることができる。

2. **不適切** 本特例には、譲渡資産について所有期間の要件はない。

3. **不適切** 買換資産の床面積の2分の1以上の部分をもっぱら居住の用に供しなければ、本特例の適用を受けることはできない。

4. **適 切** 本特例の対象となる中高層耐火建築物を建築する者は、譲渡資産を取得した者または譲渡資産を譲渡した者とされている。

9　不動産の譲渡に係る税金

【問題14】(2021年5月 問41)　　　　　　　　　　　チェック欄 □□□□□

　Aさんは、土地収用法等の規定に基づく公共事業のために、収用等によりその所有する土地建物を譲渡した。この場合における「収用等に伴い代替資産を取得した場合の課税の特例」(以下、「課税繰延べの特例」という)と「収用交換等の場合の譲渡所得等の特別控除」(以下、「特別控除の特例」という)に関する次の記述のうち、最も適切なものはどれか。なお、記載のない事項については考慮しないものとする。

1．課税繰延べの特例の適用を受けた場合、譲渡益のうち代替資産の取得価額の80%に相当する部分の金額に対する課税を将来に繰り延べることができる。
2．課税繰延べの特例の適用を受けた場合、代替資産の取得時期は収用等により譲渡した資産の取得時期が引き継がれる。
3．特別控除の特例の適用を受けた場合、譲渡所得の金額の計算上、譲渡益から特別控除として最大3,000万円を控除することができる。
4．特別控除の特例の適用を受けるためには、特別控除後に譲渡所得の金額が算出されない場合であっても、確定申告書を納税地の所轄税務署長に提出しなければならない。

第5章 不動産 基礎編

559

【問題14】 正解 2

1. 不適切 課税繰延べの特例の適用を受けた場合、譲渡益のうち代替資産の取得価額に相当する部分の金額に対する課税を将来に繰り延べることができる。つまり、**100%繰延べできる。**

2. 適 切 固定資産の交換の特例や繰延べの特例の適用を受けた場合、取得資産の取得時期は、譲渡資産の取得時期を引き継ぐ。

3. 不適切 特別控除の特例の適用を受けた場合の控除額は、最大**5,000万円**である。

4. 不適切 特別控除の特例の適用を受け、譲渡所得の金額が算出されない場合、確定申告書を提出する必要はない。

9　不動産の譲渡に係る税金

【問題15】（2019年 5 月 問40）　　　　　　　　チェック欄 □□□□□

　個人が、土地収用法等の規定に基づく公共事業のために、収用等によりその所有する土地建物を譲渡した。この場合における「収用等に伴い代替資産を取得した場合の課税の特例」（以下、「課税繰延べの特例」という）と「収用交換等の場合の譲渡所得等の特別控除」（以下、「特別控除の特例」という）に関する次の記述のうち、最も不適切なものはどれか。なお、各選択肢において、ほかに必要とされる要件等はすべて満たしているものとする。

1．土地建物を収用等されたことにより取得する各種補償金のうち、課税繰延べの特例の適用対象となるものは、原則として対価補償金であるが、収益補償金、経費補償金等であっても、一定の要件に該当すれば対価補償金として取り扱うことができる。
2．課税繰延べの特例の適用を受けるためには、原則として、土地建物の収用等のあった日から 2 年を経過する日までに代替資産を取得しなければならないが、収用等のあった日よりも前に取得したものであっても、一定の要件に該当すれば代替資産として認められる。
3．特別控除の特例の適用を受けるためには、公共事業の施行者から最初に買取り等の申出を受けた日から原則として 6 カ月を経過する日までに、土地建物を譲渡しなければならない。
4．収用等により土地建物を譲渡した年中に代替資産を取得し、収用等された土地建物の譲渡価額よりも代替資産の取得価額が少ない場合は、課税繰延べの特例と特別控除の特例の適用を重複して受けることができる。

第 5 章　不動産　基礎編

561

【問題15】 正解 **4**

1. 適　切　対価補償金は、譲渡所得や、山林所得の金額の計算上、収用等の場合の課税の特例を適用できるため、代替資産を取得した場合の課税の特例を適用することができる。一方、収益補償金は、総収入金額に算入する。また、休廃業等により生ずる事業上の費用の補てんに充てるものなどを経費補償金等といい、総収入金額に算入されるが、いずれも一定の要件に該当すれば対価補償金として取り扱うことができる。

2. 適　切　収用等のあった日よりも前に取得したものであっても、一定の要件に該当すれば代替資産として認められる。

3. 適　切　収用等により資産を譲渡した場合において、その譲渡が事業施行者等から最初に買取り等の申出があった日から6カ月を経過する日までに行われている場合など、一定の要件を満たすときは、その資産の譲渡所得等から5,000万円（譲渡所得等の金額が5,000万円に満たないときはその金額）が控除される。

4. 不適切　課税繰延べの特例と5,000万円特別控除の特例は、選択適用となっている。収用等により土地建物を譲渡した年中に代替資産を取得し、収用等された土地建物の譲渡価額よりも代替資産の取得価額が少ない場合でも、課税繰延べの特例と特別控除の特例の適用を重複して受けることはできない。

9　不動産の譲渡に係る税金

【問題16】（2010年9月　問40改題）　　　　　　　チェック欄☐☐☐☐☐

　Ａさんが、本年中に自己の居住用財産を25,000千円で譲渡するとともに新たに住宅借入金を利用して自己の居住用財産を40,000千円で取得した場合において、本年分の所得税の確定申告で「居住用財産の買換え等の場合の譲渡損失の損益通算及び繰越控除」（以下、「本特例」という）の適用を受けたとき、翌年以降に繰り越すことができる譲渡損失の金額として、最も適切なものは次のうちどれか。なお、Ａさんが本特例の適用を受けるために必要とされるほかの要件等は、すべて満たしているものとする。

〈譲渡資産の内容等〉
・譲渡価額：25,000千円
・取得費と譲渡費用の合計額：50,000千円
・譲渡損失の金額：25,000千円
・譲渡契約日の前日の譲渡資産に係る住宅借入金残高：40,000千円
・譲渡資産の土地等の面積：300㎡
・Ａさんの本年分の給与所得の金額：8,000千円（その他の所得はない）
〈買換資産の内容等〉
・取得価額：40,000千円
・本年末の住宅借入金残高：35,000千円

1．　7,000千円
2．15,000千円
3．17,000千円
4．25,000千円

第5章　不動産　基礎編

563

【問題16】 正解 **3**

「居住用財産の買換え等の場合の譲渡損失の損益通算及び繰越控除」では、譲渡損失を他の所得と損益通算できる。なお、控除しきれない金額は、翌年以後3年間にわたり繰越控除することができる。

・譲渡損失：25,000千円

・損益通算：8,000千円 − 25,000千円 ＝ **▲17,000千円**（翌年以降に繰り越すことができる譲渡損失）

　したがって、正解は**3**となる。

9　不動産の譲渡に係る税金

【問題17】（2021年5月　問40改題）　　　　　　　　チェック欄☐☐☐☐☐

　Aさんは、2022年10月に自己の居住用財産を2,000万円で譲渡し、同月中に住宅借入金を利用して新たな居住用財産を3,000万円で取得した。下記の〈条件〉に基づき、「居住用財産の買換え等の場合の譲渡損失の損益通算及び繰越控除」（以下、「本特例」という）に関する次の記述のうち、最も適切なものはどれか。なお、記載のない事項については考慮しないものとする。

〈条件〉
⑴　譲渡資産の内容等
　　・譲渡価額　　　　　　　　　　　　：2,000万円
　　・取得費と譲渡費用の合計額　　　　：5,000万円
　　・譲渡契約日の前日の譲渡資産に係る住宅借入金の残高　：3,000万円
　　・譲渡資産の土地等の面積　　　　　：300㎡
　　・Aさんの2022年分の給与所得の金額：780万円（その他の所得はない）
⑵　買換資産の内容等
　　・取得価額　　　　　　　　　　　　：3,000万円
　　・2022年12月31日時点の買換資産に係る住宅借入金の残高：2,000万円

1．本特例の適用を受けるためには、譲渡した居住用財産の所有期間が2022年1月1日において10年を超えていなければならない。
2．本特例の適用を受けた場合、2023年以降に繰り越すことができる譲渡損失の金額は、220万円である。
3．本特例の適用を受けて繰り越した譲渡損失の金額を、2023年分の総所得金額等から控除するためには、2023年12月31日において譲渡資産に係る住宅借入金の残高がなければならない。
4．本特例の適用を受ける場合であっても、買換資産に係る住宅借入金について、所定の要件を満たせば、住宅借入金等特別控除の適用を受けることができる。

第5章

不動産　基礎編

565

【問題17】 正解 **4**

1．不適切 本特例の適用を受けるためには、譲渡資産につき、譲渡した年（2022年）の1月1日において、所有期間が**5年**を超えていなければならない。

2．不適切 譲渡した年における損失3,000万円（2,000万円－5,000万円）と給与所得で損益通算すると**2,220万円（780万円－3,000万円）**の控除しきれない譲渡損失が翌年（2023年）以降に繰り越される。

3．不適切 繰越控除を適用する年の12月31日において、**買換資産**について償還期間10年以上の住宅借入金の残高がなければならない。

4．適　切 本特例の適用を受けるためには、買換資産を取得した年の12月31日において、買換資産について償還期間10年以上の住宅借入金の残高がなければならないが、要件を満たすことで、当該住宅借入金につき、住宅借入金等特別控除の適用を受けることができる。

9　不動産の譲渡に係る税金

【問題18】（2021年1月 問41）　　　　　　　　　　チェック欄 □□□□□

「低未利用土地等を譲渡した場合の長期譲渡所得の特別控除」（以下、「本特例」という）に関する次の記述のうち、最も適切なものはどれか。

1．本特例の対象となる土地等は、都市計画区域内にある低未利用土地または当該低未利用土地の上に存する権利で、譲渡した年の1月1日において所有期間が5年を超えているものとされている。
2．本特例の適用を受けるためには、低未利用土地等の譲渡の対価の額が、当該低未利用土地等の譲渡とともにした当該低未利用土地の上にある資産の譲渡の対価を含めて、1,000万円以下でなければならない。
3．本特例の適用を受けるためには、納税者は、譲渡した土地等の所在地の都道府県知事により当該土地等が低未利用土地等に該当する旨が証明された書類を添付した確定申告書を納税地の所轄税務署長に提出しなければならない。
4．本特例の適用を受けた場合、低未利用土地等の譲渡に係る長期譲渡所得の金額から最大500万円の特別控除額を控除することができる。

第5章 不動産 基礎編

【問題18】 正解 1

1. **適 切** 譲渡した年の1月1日において所有期間が5年を超えていることが条件
の一つとなっている。

2. **不適切** 低未利用土地等の譲渡の対価の額が、当該低未利用土地の上にある資産
の譲渡の対価を含めて、800万円以下でなければならない。

3. **不適切** 譲渡した土地等の所在地の市区町村長により当該土地等が低未利用土地
等に該当する旨が証明された書類を添付した確定申告書を納税地の所轄税務署長に
提出しなければならない。

4. **不適切** 最大100万円の特別控除額を控除することができる。

10　借地権の税務

【問題1】（2023年1月　問41）　　　　　　　チェック欄□□□□□

　X株式会社（以下、「X社」という）は、X社の社長であるAさんの所有地について、賃貸借契約を締結して当該土地上に会社名義の建物を建設することを計画している。次の3つの方法のいずれかによりAさんの所有地を借り受ける場合、権利金の認定課税を受けない方法として適切なものはいくつあるか。なお、Aさんの所有地は、借地権の設定に際し、その設定の対価として権利金を授受する取引慣行のある地域にあるものとする。

(a) X社が、Aさんに対して通常の権利金を支払い、Aさんに支払う賃料は「通常の地代」とする方法
(b) X社が、Aさんに対して権利金をまったく支払わず、Aさんに支払う賃料は「通常の地代」とし、両者が連名で所轄税務署長に「土地の無償返還に関する届出書」を提出する方法
(c) X社が、Aさんに対して権利金をまったく支払わず、Aさんに支払う賃料は「相当の地代」とする方法

1．1つ
2．2つ
3．3つ
4．0（なし）

第5章　不動産　基礎編

【問題1】 正解 3

(a) 適 切 通常の権利金を支払っているため、権利金の認定課税を受けない。

(b) 適 切 権利金は支払っていないが、「土地の無償返還に関する届出書」を提出しているので、権利金の認定課税を受けない。

(c) 適 切 権利金は支払っていないが、「相当の地代」を支払っているので、権利金の認定課税を受けない。

したがって、適切なものは3つであり、正解は**3**となる。

10 借地権の税務

【問題2】 (2011年9月 問38)　　　　　　　　　　　チェック欄☐☐☐☐☐

　借地権の設定に際し権利金等の一時金を授受する慣行のある地域において、個人間で建物の所有を目的とする土地の貸借等があった場合、贈与税の課税関係に関する次の記述のうち、最も適切なものはどれか。

1. 親所有の家屋（アパート）とその敷地である土地のうち、家屋のみをその子が贈与を受けてそのままアパートとして賃貸し、土地については子が親に権利金等の一時金や地代を支払わずに借りることにした場合、その家屋の用途が子の居住用家屋でないことから、子は親から借地権相当額の贈与を受けたものとされる。
2. 親の所有地をその子が借りて自己の居住用家屋を建築し、子は親に対して権利金等の一時金や地代は支払わず、毎年、その土地の固定資産税相当額を負担することにした場合、土地の使用貸借とはみなされないため、子は親から借地権相当額の贈与を受けたものとされる。
3. 親所有の借地権付家屋（親の居住用家屋）とその敷地である土地（借地権）のうち、家屋のみをその子が贈与を受けて直ちに第三者に賃貸し、土地については子が親の借地権を権利金等の一時金や地代を支払わずに転借した場合、「借地権の使用貸借に関する確認書」を所轄税務署長に提出し、所轄税務署長の確認を受ければ、子は親から借地権の贈与を受けたものとはされない。
4. 親の所有地をその子が権利金等の一時金や地代を支払わずに借りて自己の居住用家屋を建築した場合、子がその数年後にその家屋を取り壊したうえで借りていた土地を親に無償で返還したときは、親は子から借地権相当額の贈与を受けたものとされる。

第5章　不動産　基礎編

【問題2】 正解 3

1. **不適切** 家屋の用途が、子の居住用家屋でなくても使用貸借に該当し、借地権相当額の贈与を受けたものとされない。

2. **不適切** 借地人が借地部分の固定資産税相当額を負担していても使用貸借とみなされ、借地権相当額の贈与を受けたものとされない。

3. **適　切** 借地上の建物のみの贈与を受け、親の借地権を子が転借している場合でも、「借地権の使用貸借に関する確認書」を所轄税務署に提出して確認を受ければ、借地権の贈与を受けたものとはされない。

4. **不適切** 子が使用貸借していた土地を返還しただけであり、親が借地権相当額の贈与を受けたものとされることはない。

(注) 権利金等の一時金を授受する慣行のある地域で、一時金の授受をせずに借地権を設定した場合には、一時金相当額（借地権相当額）の贈与を受けたものとされるが、使用貸借であれば贈与とみなされない。

10　借地権の税務

【問題3】（2016年1月　問41）　　　　　　　　　チェック欄☐☐☐☐☐

　貸宅地の整理等に関する次の記述のうち、最も適切なものはどれか。なお、各選択肢において、借地人はいずれも地主と親族等の特別の関係にないものとする。

1．貸宅地の所有権（底地）の一部と借地権の一部を等価交換して、当該宅地を分割して地主と借地人とが所有することとした場合、その交換割合について、当該宅地の路線価図に示されている借地権割合ではなく当事者間で合意した割合で計算したとしても、他の要件を満たせば、「固定資産の交換の場合の譲渡所得の特例」の適用を受けることができる。
2．地主が貸宅地の所有権（底地）を借地人以外の第三者に売却する場合に、当該宅地の路線価図に示されている借地権割合が60％であるときは、一般に、その売却価格は当該宅地の更地時価の40％相当額となる。
3．貸宅地は、管理処分不適格財産として相続税の物納に充てることがいっさいできないため、地主が当該宅地を自己の相続が開始した場合の相続税の物納財産として見込む場合には、借地関係を生前に解消しておく必要がある。
4．借地借家法施行前に締結された借地契約については、その設定契約の更新時に地主から定期借地権設定契約への切替えを申し入れることで、借地人は、正当の事由がない限り、その申入れを拒絶することはできないため、一定期間経過後に借地関係を解消する有効な手段となる。

第5章　不動産　基礎編

573

【問題3】 正解 **1**

1. 適 切 「固定資産の交換の場合の譲渡所得の特例」は、底地と借地権の交換にも適用でき、また、当事者間で合意した金額が合理的なものであれば時価と相違する場合でも高いほうの金額の20％以内の交換差金などの要件を満たせば適用できる。

2. 不適切 底地を取得しても当該宅地を使用できないため、底地の売却価格は一般的に当該宅地から借地権割合を控除した割合以下となる。

3. 不適切 貸宅地は、管理処分不適格財産ではなく、物納できる財産である。

4. 不適切 借地借家法適用前、つまり旧法で契約した借地契約は、定期借地権に切り替えることはできない。

11　不動産の投資判断

【問題1】(2022年1月 問41)　チェック欄 □□□□□

　毎期末に1,000万円の純収益が得られる賃貸マンションを取得し、取得から3年経過後に1億5,000万円で売却するとした場合のDCF法による当該不動産の収益価格として、次のうち最も適切なものはどれか。なお、割引率は年5％とし、下記の係数を利用すること。また、記載のない事項については考慮しないものとする。

〈年5％の各種係数〉

期間（年）	1年	2年	3年
現価係数	0.952	0.907	0.864
年金終価係数	1.000	2.050	3.153
資本回収係数	1.050	0.538	0.367

1．1億5,552万円
2．1億5,683万円
3．1億6,955万円
4．1億7,723万円

【問題１】　正解　2

　DCF法による不動産の収益価格は、対象不動産の保有期間中に得られる純収益と期間満了後の売却によってえられると予想される価格（復帰価格）を、それぞれ現在価値に割戻し合計することで求める。

　DCF法による不動産の収益価格＝毎期の純収益（現在価値）の合計＋復帰価格
（現在価値）

　＝（1,000万円×0.952＋1,000万円×0.907＋1,000万円×0.864）＋１億5,000万円×0.864

　＝ **１億5,683万円**

応用編

建蔽率・容積率の計算

【第1問】(2020年9月 第4問《問60》~《問62》改題)　チェック欄 ☐☐☐☐☐

次の設例に基づいて、下記の各問(《問1》~《問3》)に答えなさい。

《設　例》

　Aさん(65歳)は、15年前に父から相続により取得した貸駐車場用地(500㎡)を2022年10月に売却した。その売却資金と銀行借入金によって、2023年中に甲土地を取得し、甲土地の上に賃貸アパートを建築して、貸付事業を開始する予定である。土地の買換えにあたっては、「特定の事業用資産の買換えの場合の譲渡所得の課税の特例」の適用を受けるための所定の手続を行っている。

　Aさんが購入する予定の甲土地の概要は、以下のとおりである。

〈甲土地の概要〉

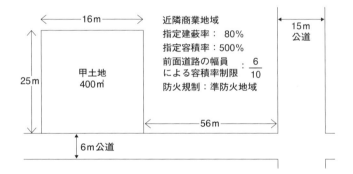

(注)
・甲土地は400㎡の長方形の土地である。
・幅員15mの公道は、建築基準法第52条第9項の特定道路であり、特定道路から甲土地までの延長距離は56mである。
・指定建蔽率および指定容積率とは、それぞれ都市計画において定められた数値である。
・特定行政庁が都道府県都市計画審議会の議を経て指定する区域ではない。

※上記以外の条件は考慮せず、各問に従うこと。

《問1》「特定の事業用資産の買換えの場合の譲渡所得の課税の特例」および「小規模宅地等についての相続税の課税価格の計算の特例」に関する以下の文章の空欄①〜⑧に入る最も適切な語句または数値を、解答用紙に記入しなさい。

〈特定の事業用資産の買換えの場合の譲渡所得の課税の特例〉

Ⅰ 「特定の事業用資産の買換えの場合の譲渡所得の課税の特例」（以下、「本特例」という）は、個人が事業の用に供している特定の地域内にある土地建物等（譲渡資産）を譲渡して、一定期間内に特定の地域内にある土地建物等の特定の資産（買換資産）を取得して事業の用に供したときは、所定の要件のもと、譲渡益の一部に対する課税を将来に繰り延べることができる特例である。

　譲渡資産および買換資産がいずれも土地である場合、買い換えた土地の面積が譲渡した土地の面積の（ ① ）倍を超えるときは、原則として、その超える部分について本特例の対象とならない。また、本特例のうち、いわゆる長期所有資産の買換えの場合、譲渡した土地の所有期間が譲渡した日の属する年の1月1日において（ ② ）年を超えていなければならず、買い換えた土地の面積が（ ③ ）㎡以上でなければならない。

　なお、本特例による課税の繰延割合は、原則として80％であるが、いわゆる長期所有資産の買換えで、譲渡資産が地域再生法に規定する集中地域以外の地域内に所在し、かつ、買換資産が東京都の特別区の存する区域または集中地域内に所在するときは、（ ④ ）％または75％となる。

〈小規模宅地等についての相続税の課税価格の計算の特例〉

Ⅱ Ａさんが取得した甲土地（宅地）上に賃貸アパートを建築し、貸付事業を行う場合、将来のＡさんの相続開始時、相続税の課税価格の計算上、原則として、当該宅地は（ ⑤ ）として評価することになり、賃貸アパートは貸家として評価することになる。また、Ａさんが甲土地の取得や賃貸アパートの建築に銀行借入金を利用した場合に、将来のＡさんの相続開始時における当該借入金の残高は、相続税の課税価格の計算上、（ ⑥ ）の対象となる。

　さらに、甲土地は、所定の要件を満たせば、貸付事業用宅地等として「小規模宅地等についての相続税の課税価格の計算の特例」（以下、「本特例」という）の適用を受けることができる。仮に、甲土地の（ ⑤ ）としての評価額が4,000万円である場合に、貸付事業用宅地等として当該宅地のみに本特例の適用を受けたときは、相続税の課税価格に算入すべき当該宅地の価額は（ ⑦ ）万円となる。

　なお、相続の開始前（ ⑧ ）年以内に新たに貸付事業の用に供された宅地等については、被相続人が相続開始前（ ⑧ ）年を超えて事業的規模で貸付事業を行

っていた場合等を除き、本特例の適用対象とならない。

《問2》甲土地上に準耐火建築物を建築する場合、次の①および②に答えなさい（計算過程の記載は不要）。〈答〉は㎡表示とすること。なお、記載のない事項については考慮しないものとする。

① 建蔽率の上限となる建築面積はいくらか。
② 容積率の上限となる延べ面積はいくらか。なお、特定道路までの距離による容積率制限の緩和を考慮すること。

〈特定道路までの距離による容積率制限の緩和に関する計算式〉

$$W_1 = \frac{(a - W_2) \times (b - L)}{b}$$

W_1：前面道路幅員に加算される数値
W_2：前面道路の幅員（m）
 L ：特定道路までの距離（m）

※「a、b」は、問題の性質上、伏せてある。

《問3》 Ａさんが、下記の〈条件〉で事業用資産である土地を譲渡し、甲土地を取得して、「特定の事業用資産の買換えの場合の譲渡所得の課税の特例」の適用を受けた場合、次の①～③に答えなさい。〔計算過程〕を示し、〈答〉は100円未満を切り捨てて円単位とすること。

　なお、譲渡所得の金額の計算上、取得費については概算取得費を用いることとし、課税の繰延割合は80％であるものとする。また、本問の譲渡所得以外の所得や所得控除等は考慮しないものとする。

① 課税長期譲渡所得金額はいくらか。
② 課税長期譲渡所得金額に係る所得税および復興特別所得税の合計額はいくらか。
③ 課税長期譲渡所得金額に係る住民税額はいくらか。

〈条件〉

・譲渡資産の譲渡価額：8,000万円
・譲渡資産の取得費　　：不明
・譲渡費用　　　　　　：300万円（仲介手数料等）
・買換資産の取得価額：7,000万円

【第1問】

《問1》	正解	①	5	②	10	③	300	④	70	⑤	貸家建付地
		⑥	債務控除		⑦	3,000		⑧	3		

〈特定の事業用資産の買換えの場合の譲渡所得の課税の特例〉

Ⅰ 「特定の事業用資産の買換えの場合の譲渡所得の課税の特例」（以下、「本特例」という）は、個人が事業の用に供している特定の地域内にある土地建物等（譲渡資産）を譲渡して、一定期間内に特定の地域内にある土地建物等の特定の資産（買換資産）を取得して事業の用に供したときは、所定の要件のもと、譲渡益の一部に対する課税を将来に繰り延べることができる特例である。

　譲渡資産および買換資産がいずれも土地である場合、買い換えた土地の面積が譲渡した土地の面積の（① **5**）倍を超えるときは、原則として、その超える部分について本特例の対象とならない。また、本特例のうち、いわゆる長期所有資産の買換えの場合、譲渡した土地の所有期間が譲渡した日の属する年の1月1日において（② **10**）年を超えていなければならず、買い換えた土地の面積が（③ **300**）㎡以上でなければならない。

　なお、本特例による課税の繰延割合は、原則として80％であるが、いわゆる長期所有資産の買換えで、譲渡資産が地域再生法に規定する集中地域以外の地域内に所在し、かつ、買換資産が東京都の特別区の存する区域または集中地域内に所在するときは、（④ **70**）％または75％となる。

〈小規模宅地等についての相続税の課税価格の計算の特例〉

Ⅱ Ａさんが取得した甲土地（宅地）上に賃貸アパートを建築し、貸付事業を行う場合、将来のＡさんの相続開始時、相続税の課税価格の計算上、原則として、当該宅地は（⑤ **貸家建付地**）として評価することになり、賃貸アパートは貸家として評価することになる。また、Ａさんが甲土地の取得や賃貸アパートの建築に銀行借入金を利用した場合に、将来のＡさんの相続開始時における当該借入金の残高は、相続税の課税価格の計算上、（⑥ **債務控除**）の対象となる。

　さらに、甲土地は、所定の要件を満たせば、貸付事業用宅地等として「小規模宅地等についての相続税の課税価格の計算の特例」（以下、「本特例」という）の適用を受けることができる。仮に、甲土地の（⑤ **貸家建付地**）としての評価額が4,000万円である場合に、貸付事業用宅地等として当該宅地のみに本特例の適用を受けたときは、相続税の課税価格に算入すべき当該宅地の価額は（⑦ **3,000**）万円となる。

　なお、相続の開始前（⑧ **3**）年以内に新たに貸付事業の用に供された宅地等については、被相続人が相続開始前（⑧ **3**）年を超えて事業的規模で貸付

事業を行っていた場合等を除き、本特例の適用対象とならない。

〈解説〉

Ⅰ 「特定事業用資産の買換えの場合の譲渡所得の課税の特例」の適用要件は以下のとおり。

・買換資産は、譲渡資産を譲渡した年か、その前年中、あるいは譲渡した年の翌年中に取得すること。

・事業用資産を取得した日から1年以内に事業の用に供すること。

・買換資産が土地の場合、譲渡した土地の面積の5倍以内の部分について適用される。

・譲渡資産および買換資産が一定の組合せに該当すること。

Ⅱ 貸付事業用宅地等である小規模宅地等である場合、減額割合は50%、限度面積は200㎡である。したがって、甲土地の貸家建付地としての評価額が4,000万円であり、貸付事業用宅地等として当該宅地のみに本特例の適用を受けた場合、相続税の課税価格に算入すべき当該宅地の価額は、以下のとおり。

$$4,000万円 - 4,000万円 \times \frac{200㎡}{400㎡} \times 50\% = \textbf{3,000万円}$$

《問2》 正解 ① 360㎡ ② 1,728㎡

〈解説〉

① 甲土地は指定建蔽率が80%の地域であり、準防火地域内に準耐火建築物を建築するため、建蔽率は10%緩和される。

建蔽率の上限となる建築面積 400㎡ × (80% + 10%) = **360㎡**

② 前面道路6m、特定道路までの距離56m、a = 12m、b = 70mを計算式に当てはめる。

・特定道路までの距離による容積率制限の緩和

$$\frac{(12m - 6m) \times (70m - 56m)}{70m} = 1.2m$$

・容積率の決定

$$(6m + 1.2m) \times \frac{6}{10} = 432\% < 500\%（指定容積率）\quad \therefore \quad 432\%$$

・甲土地における容積率の上限となる延べ面積

400㎡ × 432% = **1,728㎡**

※「特定行政庁が都道府県都市計画審議会の議を経て指定する区域ではない」ため、法定乗数は、6/10を使用する。

《問3》 正解 ① **21,900,000円**　　② **3,353,900円**　　③ **1,095,000円**

① 課税長期譲渡所得金額

80,000,000円 − 70,000,000円 × 80％ = 24,000,000円

$$(80,000,000円 × 5 ％ + 3,000,000円) × \frac{24,000,000円}{80,000,000円} = 2,100,000円$$

24,000,000円 − 2,100,000円 = **21,900,000円**

② 所得税および復興特別所得税の合計額

21,900,000円 × 15％ = 3,285,000円

3,285,000円 × 2.1％ = 68,985円

3,285,000円 + 68,985円 = 3,353,985円 → **3,353,900円**（100円未満切捨て）

③ 住民税額

21,900,000円 × 5 ％ = **1,095,000円**

〈解説〉

　「特定の事業用資産の買換えの場合の譲渡所得の課税の特例」（以下、「本特例」という）において、譲渡収入未満の事業用資産に買い換える場合、買換資産の80％が繰り延べられる。したがって、手許に残った1,000万円（= 8,000万円 − 7,000万円）と1,400万円（= 7,000万円 × 20％）の合計2,400万円が収入となり課税される。また、取得費および譲渡費用は、課税対象の2,400万円に対応する部分のみである。本特例の譲渡資産における所有期間の要件は10年超であるため、税率は所得税15％、住民税5％である。なお、取得費が不明のため概算取得費を用いる。

第5章 不動産 応用編

【第2問】 (2022年5月 第4問改題《問60》～《問62》)　チェック欄 □□□□□

次の設例に基づいて、下記の各問（《問1》～《問3》）に答えなさい。

――――――――《設　例》――――――――

　Aさん（53歳）は、東京都内の賃貸マンションに居住している。Aさんの父親Bさん（80歳）は、N市内（三大都市圏）の甲土地（Aさんの実家の敷地、地積：600㎡）および乙土地（アスファルト敷きのコインパーキングの敷地、地積：1,350㎡）を所有している。Bさんは、妻（Aさんの母親）の他界後、1年間は甲土地の自宅（Aさんの実家）で1人暮らしをしていたが、2年前に老人ホームに転居した。それ以降、自宅は空き家のままである。Bさんは、介護保険の要介護・要支援認定を受けたことはなく、心身ともに良好で、老人ホームでの暮らしを満喫している。

　甲土地・乙土地の周辺では開発が進んでおり、築55年の実家の建物は、周りの建物に比べると場違いな存在となっている。Aさんは、建物の換気や庭木の手入れなどを定期的に行っている。また、コインパーキングは、10年前から大手の駐車場運営会社に賃貸している。

　Aさんは、老人ホームの高額な入居一時金と月額利用料により、Bさんの預金残高が3,000万円まで減少していることに一抹の不安を感じている。推定相続人は、Aさんと妹Cさん（50歳）の2人である。

　Aさんは、先日、大手ドラッグストアのX社から、「甲土地と乙土地を一体とした土地での新規出店を考えています。契約形態は、建設協力金方式または事業用定期借地権方式のどちらでも構いません」との提案を受けた。Aさんは、実家の管理を負担に感じていたことから、Bさんと相談のうえ、その提案を前向きに検討している。

　甲土地および乙土地の概要は、以下のとおりである。

〈甲土地および乙土地の概要〉

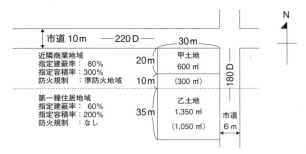

（注）

・甲土地は600㎡の長方形の土地である。乙土地は1,350㎡の長方形の土地であり、近隣商業地域に属する部分は300㎡、第一種住居地域に属する部分は1,050㎡である。
・甲土地および乙土地の用途地域等は図に記載のとおりである。なお、点線は用途地域の境を示しており、点線の北側が近隣商業地域で、点線の南側が第一種住居地域である。
・甲土地、甲土地と乙土地を一体とした土地は、建蔽率の緩和について特定行政庁が指定する角地である。
・指定建蔽率および指定容積率とは、それぞれ都市計画において定められた数値である。
・特定行政庁が都道府県都市計画審議会の議を経て指定する区域ではない。
・甲土地および乙土地は、市街化区域内にあり、普通商業・併用住宅地区に所在する。

※上記以外の条件は考慮せず、各問に従うこと。

《問１》次の①・②に答えなさい（計算過程の記載は不要）。〈答〉は㎡表示とすること。なお、記載のない事項については考慮しないものとする。

① 甲土地と乙土地を一体とした土地上に耐火建築物を建築する場合、建蔽率の上限となる建築面積はいくらか。
② 甲土地と乙土地を一体とした土地上に耐火建築物を建築する場合、容積率の上限となる延べ面積はいくらか。

《問２》甲土地および乙土地の相続税評価に関する以下の文章の空欄①～④に入る最も適切な語句または数値を、解答用紙に記入しなさい。なお、空欄③に入る最も適切な語句は、〈空欄③の選択肢〉のなかから選び、その記号を解答用紙に記入しなさい。

〈地積規模の大きな宅地の評価（以下、「本規定」という）〉
Ⅰ 「地積規模の大きな宅地とは、三大都市圏では（ ① ）㎡以上の地積の宅地をいいます。ただし、Ｎ市（三大都市圏）では指定容積率が（ ② ）％以上の地域に所在する宅地は、地積規模の大きな宅地から除かれます。現時点（2023年５月22日）において、Ｂさんの相続が開始し、Ａさんが甲土地および乙土地を相続により取得

した場合、本規定については甲土地および乙土地のいずれも対象となります」

〈小規模宅地等についての相続税の課税価格の計算の特例（以下、「本特例」という）〉
Ⅱ 「現時点（2023年5月22日）において、Bさんの相続が開始し、Aさんが甲土地および乙土地を相続により取得した場合、本特例については（ ③ ）」

〈相続税の総額〉
Ⅲ 「Bさんの相続に係る課税価格の合計額を4億円、法定相続人はAさんと妹Cさんの2人であると仮定した場合、相続税の総額は（ ④ ）万円となります。納税資金が不足する可能性は高く、何らかの対応策を検討したほうが望ましいと思います」

〈空欄③の選択肢〉
  イ．甲土地のみ対象となります
  ロ．乙土地のみ対象となります
  ハ．甲土地および乙土地のいずれも対象となります
  ニ．甲土地および乙土地のいずれも対象となりません

〈資料〉相続税の速算表（一部抜粋）

法定相続分に応ずる取得金額		税率	控除額
万円超	万円以下		
	～ 1,000	10%	－
1,000	～ 3,000	15%	50万円
3,000	～ 5,000	20%	200万円
5,000	～ 10,000	30%	700万円
10,000	～ 20,000	40%	1,700万円
20,000	～ 30,000	45%	2,700万円
30,000	～ 60,000	50%	4,200万円

《問3》甲土地および乙土地の有効活用に関する以下の文章の空欄①～⑤に入る最も適切な語句または数値を、解答用紙に記入しなさい。

〈建設協力金方式〉
Ⅰ 「建設協力金方式は、建設する建物を借り受ける予定の事業者（テナント）から、地主が建設資金を借り受けて、事業者の要望に沿った店舗等の建物を建設し、その

建物を事業者に賃貸する手法です。賃貸期間中の撤退リスク、中途解約時の建設協力金残債務の取扱い、賃料の減額など、契約内容を事前に精査しておくことが重要となります。

仮に、甲土地と乙土地を一体とした土地に店舗等の建物を建設し、賃貸した後にBさんの相続が開始した場合、当該一体の土地の自用地価額を4億円、借地権割合（　①　）％、借家権割合30％、賃貸割合100％とすると、貸家建付地としての相続税評価額は（　②　）万円となります。なお、当該一体の土地は、貸付事業用宅地等として小規模宅地等についての相続税の課税価格の計算の特例の対象となります。また、建設協力金残債務は、相続税の課税価格の計算上、（　③　）の対象となります」

〈事業用定期借地権方式〉

Ⅱ　「事業用定期借地権方式は、事業者である借主が土地を契約で一定期間賃借し、借主が建物を建設する手法です。存続期間が10年以上（　④　）年未満の事業用定期借地権と（　④　）年以上50年未満の事業用定期借地権に区別されます。本方式のメリットとして、土地を手放さずに安定した地代収入を得ることができること、期間満了後は土地が更地となって返還されることなどが挙げられます。X社との交渉により、年間地代とは別に、前払地代を受け取ることができれば、まとまった資金を得ることも可能となります。

本方式により甲土地と乙土地を一体とした土地を賃貸した後、Bさんの相続が開始した場合、相続税の課税価格の計算上、その敷地は（　⑤　）として評価します。なお、当該敷地は、貸付事業用宅地等として小規模宅地等についての相続税の課税価格の計算の特例の対象となります」

【第2問】

《問1》 正解 ① 1,740（㎡） ② 4,800（㎡）

〈解説〉

① 甲土地と乙土地を一体とした土地における建蔽率の上限となる建築面積

　　準防火地域内にあり、耐火建築物を建築するため、10%緩和される。また、甲土地と乙土地を一体とした土地は、建蔽率の緩和について特定行政庁が指定する角地であるため、さらに10%緩和される。

・建蔽率の決定

（近隣商業地域）80% + 10% + 10% = 100%

（第一種住居地域）60% + 10% + 10% = 80%

・建蔽率の上限となる建築面積

（600㎡ + 300㎡）× 100% + 1,050㎡ × 80% = **1,740㎡**

② 甲土地と乙土地を一体とした土地における容積率の上限となる延べ面積

　　幅の広い10m市道が前面道路となる。12m未満であるため、前面道路に法定条数を乗じた数値と指定容積率を比較し、いずれか小さいほうを用いる。

・容積率の決定

（近隣商業地域）$10m × \dfrac{6}{10} = 600\% > 300\%$（指定容積率）　∴　300%

（第一種住居地域）$10m × \dfrac{4}{10} = 400\% > 200\%$（指定容積率）　∴　200%

※ 「特定行政庁が都道府県都市計画審議会の議を経て指定する区域ではない」ため、近隣商業地域の法定乗数は6／10、第一種住居地域の法定乗数は4／10をそれぞれ使用する。

・甲土地と乙土地を一体とした土地における容積率の上限となる延べ面積

（600㎡ + 300㎡）× 300% + 1,050㎡ × 200% = **4,800㎡**

《問2》 正解 ① 500（㎡）　② 400（%）　③ ロ
　　　　④ 10,920（万円）

〈解説〉

Ⅰ　地積規模の大きな宅地

　　地積規模の大きな宅地とは、三大都市圏においては500㎡以上の地積の宅地および三大都市圏以外の地域においては1,000㎡以上の地積の宅地をいう。ただし、次の宅地は除かれる。

・市街化調整区域に所在する宅地

・都市計画法の用途地域が工業専用地域に指定されている地域に所在する宅地

・指定容積率が400％（東京都の特別区においては300％）以上の地域に所在する宅地
・財産評価基本通達に定める大規模工場用地
Ⅱ　小規模宅地等についての相続税の課税価格の計算の特例
　　被相続人が老人ホームに入居し、相続開始の直前において被相続人の居住の用に供されていない宅地は、原則として、特定居住用宅地等に該当しない。ただし、要介護認定または要支援認定を受けて入居している場合は、他の要件を満たすことにより、特定居住用宅地等に該当する。父親Ｂさんは、相続開始の2年前に老人ホームに転居しており、要介護・要支援認定を受けたことがないため、自宅のある甲土地は本特例の対象とならない。
　　乙土地は、10年前から大手の駐車場運営会社に賃貸しているアスファルト敷きのコインパーキングであるため、貸付事業用宅地等として本特例の適用を受けることができる。
Ⅲ　相続税の総額
　　複数の子が推定相続人の場合、人数で均等に按分する。したがって、相続分はＡさんおよび妹Ｃさんそれぞれ2分の1である。
・遺産に係る基礎控除額
　3,000万円＋600万円×2人＝4,200万円
・課税遺産総額
　4億円－4,200万円＝3億5,800万円
・相続税の総額
　㋐Ａさんおよび妹Ｃさんが法定相続分にしたがって取得したものとして計算した相続税の額

　$3億5,800万円 \times \dfrac{1}{2} = 1億7,900万円$

　1億7,900万円×40％－1,700万円＝5,460万円
　㋑相続税の総額
　5,460万円＋5,460万円＝**10,920万円**

《問3》 正解 ① 60（%） ② 32,800（万円） ③ 債務控除
④ 30（年） ⑤ 貸宅地

〈解説〉

Ⅰ 建設協力金方式

・借地権割合はAを90%として10%ずつ逓減する。したがって、Dは60%となる。

・自用地価額4億円、借地権割合60%、借家権割合30%、賃貸割合100%とした場合、貸家建付地の評価額は、次のとおりである。

> 貸家建付地の評価額＝自用地価額×（1－借地権割合×借家権割合×賃貸割合）

> 4億円×（1－60%×30%×100%）＝**32,800万円**

・被相続人の債務で相続開始の際限に存するもの（租税公課を含む）で、確実と認められるものは債務控除の対象となる。したがって、被相続人の建設協力金債務を相続した場合、相続税の課税価格の計算上、債務控除の対象となる。

Ⅱ 事業用定期借地権方式

・事業用定期借地権は、10年以上30年未満の事業用借地権（短期型）と、30年以上50年未満の事業用定期借地権（長期型）に区別される。

・自己の敷地を他に賃貸した場合、当該敷地は貸宅地として評価される。

【第3問】（2022年1月 第4問《問60》〜《問62》）

次の設例に基づいて、下記の各問（《問1》〜《問3》）に答えなさい。

――――《設 例》――――

　Ａさん（50歳）の父親（77歳）は、50年前に取得したＫ市内（三大都市圏）の甲土地（貸ビルの敷地、地積：400㎡）および乙土地（アスファルト敷きのコインパーキングの敷地、地積：1,500㎡）を所有している。父親が所有する築49年の貸ビルの建物は、老朽化が激しく、テナントは半分程度しか入居していない。コインパーキングは、10年前から大手の駐車場運営会社に賃貸している。父親が保有する金融資産は1億円程度であり、Ａさんは相続税の納税資金が不足するのではないかと不安を募らせている。母親は既に他界しており、推定相続人はＡさんと妹の2人である。

　Ａさんは、先日、不動産会社の営業担当者から「Ｋ駅から徒歩圏内にあって、これだけの規模の敷地は相当の価値があります。マンション開発を得意とする弊社にお任せいただけないでしょうか」と有効活用を勧められた。

　甲土地および乙土地の概要は、以下のとおりである。

〈甲土地および乙土地の概要〉

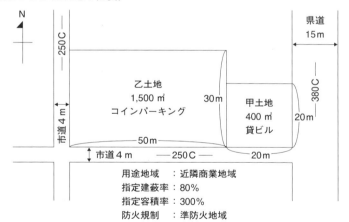

（注）
・甲土地は400㎡の正方形の土地であり、乙土地は1,500㎡の長方形の土地である。
・指定建蔽率および指定容積率とは、それぞれ都市計画において定められた数値である。
・特定行政庁が都道府県都市計画審議会の議を経て指定する区域ではない。

・甲土地および乙土地は、普通商業・併用住宅地区に所在する。

※上記以外の条件は考慮せず、各問に従うこと。

《問1》甲土地および乙土地の相続税評価に関する以下の文章の空欄①～⑤に入る最も適切な数値を、解答用紙に記入しなさい。

〈甲土地の相続税評価額〉

Ⅰ 「甲土地に面する道路に付された路線価の後に表示されている記号『C』は、借地権割合が（ ① ）％であることを示しています。甲土地の自用地価額を1億6,000万円、借地権割合（ ① ）％、借家権割合30％、賃貸割合50％とした場合、甲土地の貸家建付地としての相続税評価額は（ ② ）万円となります」

〈乙土地の相続税評価額〉

Ⅱ 「奥行距離30mの奥行価格補正率1.00、奥行距離50mの奥行価格補正率0.89、側方路線影響加算率0.08、規模格差補正率0.76とした場合、宅地であるとした場合の乙土地の1㎡当たりの価額は（ ③ ）円になります。現在、コインパーキングの敷地として駐車場運営会社に賃貸している乙土地は、自用地価額から賃借権相当額を控除することができると思われます。仮に、地上権に準ずる賃借権以外の賃借権の場合で賃借権の残存期間が5年以下とすると、自用地価額に（ ④ ）％を乗じた金額を自用地価額から控除することができます」

〈小規模宅地等についての相続税の課税価格の計算の特例〉

Ⅲ 「Aさんが甲土地および乙土地を父親の相続により取得し、1㎡当たりの相続税評価額の高い甲土地の敷地の全部（空欄②の金額）について、小規模宅地等についての相続税の課税価格の計算の特例の適用を受けた場合、相続税の課税価格に算入すべき甲土地の価額を（ ⑤ ）万円とすることができます」

〈相続税の総額〉

Ⅳ 「Aさんの父親の相続に係る課税価格の合計額を6億円と仮定した場合、相続税の総額は約2億円となります。納税資金が不足する可能性は高く、何らかの対応策を検討したほうが望ましいと思います」

《問２》次の①・②に答えなさい（計算過程の記載は不要）。〈答〉は㎡表示とすること。なお、記載のない事項については考慮しないものとする。

① 乙土地上に耐火建築物（マンション）を建築する場合、容積率の上限となる延べ面積はいくらか。

② 甲土地と乙土地を一体とした土地上に耐火建築物（マンション）を建築する場合、容積率の上限となる延べ面積はいくらか。

《問３》 甲土地および乙土地の有効活用等に関する以下の文章の空欄①～④に入る最も適切な語句または数値を、解答用紙に記入しなさい。なお、空欄③に入る最も適切な文章は、次頁〈空欄③の選択肢〉のなかから選び、その記号を解答用紙に記入しなさい。

〈建築基準法の規定〉

Ⅰ 「甲土地および乙土地に、（ ① ）率により計算した採光、通風等が各斜線制限により高さが制限された場合と同程度以上である建築物を建築する場合、当該建築物については、道路斜線制限および隣地斜線制限は適用されません」

〈乙土地の売却〉

Ⅱ 「下記の〈資料〉に基づき、Ａさんの父親が乙土地を譲渡し、優良住宅地の造成等のために土地等を譲渡した場合の長期譲渡所得の課税の特例の適用を受けた場合、当該譲渡所得の金額に係る所得税および復興特別所得税、住民税の合計額は（ ② ）円となります。他方、Ａさんが父親の相続により取得した乙土地を相続開始のあった日の翌日から相続税の申告期限の翌日以後３年以内に譲渡した場合、譲渡した乙土地に対応する部分の相続税額を取得費に加算することができます」

〈等価交換方式による有効活用〉

Ⅲ 「マンションを建築する方法として、自己資金を使わず、マンション住戸を取得できる等価交換方式という手法があります。複数のマンション住戸を取得することができれば、一部の住戸を売却することで納税資金を確保し、残りの住戸を賃貸に供することもできます。また、相続時の遺産分割も比較的容易になると思います。

　等価交換方式による有効活用にあたり、Ａさんの父親が、既成市街地等内にある土地等の中高層耐火建築物等の建設のための買換えの場合の譲渡所得の課税の特例（立体買換えの特例）の適用を受けた場合、買換資産は譲渡資産の（ ③ ）。本特例の適用を受け、取得したマンション住戸を賃貸する場合、本特例の適用を受けない

場合に比べて、（　④　）が少なく計上されることになるため、その後の不動産所得に係る税額負担が大きくなる可能性があります。本特例の適用可否については、譲渡所得に係る税額負担とその後の不動産所得に係る税額負担、各種の相続対策を勘案して、総合的に判断する必要があると思います」

〈空欄②の譲渡資産（乙土地）の売却に関する資料〉

・譲渡資産の譲渡価額：5億円
・譲渡資産の取得費　：不明
・譲渡費用　　　　　：1,500万円
※税額は、100円未満を切り捨てること。
※本問の譲渡所得以外の所得や所得控除等は考慮しない。

〈空欄③の選択肢〉

イ．取得時期および取得価額を引き継ぎます
ロ．取得時期は引き継ぎますが、取得価額は引き継ぎません
ハ．取得価額は引き継ぎますが、取得時期は引き継ぎません
ニ．取得時期および取得価額を引き継ぎません

【第3問】

《問1》　正解　①　**70**（%）　②　**14,320**（万円）　③　**203,528円**
　　　　　　　④　**2.5**（%）　⑤　**10,740**（万円）

〈解説〉

I　貸家建付地の評価額

　　借地権割合はＡを90％として10％ずつ逓減する。したがって、Ｃは70％となる。

　　自用地価額1億6,000万円、借地権割合70％、借家権割合30％、賃貸割合50％とした場合、貸家建付地の評価額は、次のとおりである。

> 貸家建付地の評価額＝自用地価額×（1－借地権割合×借家権割合×賃貸割合）

　　1億6,000万円×（1－70％×30％×50％）＝**14,320万円**

II　乙土地の相続税評価額

　(1)　正面と側方に路線がある土地の評価額

　　　正面と側方に路線がある乙土地の1㎡当たりの金額の求め方は、次のとおりである。

> 1㎡当たりの金額
>
> ＝（①正面路線価×奥行価格補正率＋②側方路線価×奥行価格補正率×側方路線影響加算率）

　　①＝250千円×1.00＝250,000円

　　②＝250千円×0.89×0.08＝17,800円

　　1㎡当たりの金額＝①＋②＝267,800円…Ⓐ

　(2)　地積規模の大きな宅地の評価額

　　　乙土地は、三大都市圏にある500㎡以上の地積の宅地であるため、地積規模の大きな宅地となる。地積規模の大きな宅地の1㎡当たりの金額は、規模格差補正率を乗じて求める。

　　Ⓐ×0.76＝**203,528円**

　(3)　貸駐車場として利用している宅地の評価額

　　　貸駐車場として利用している宅地は、原則として、自用地として評価する。ただし、駐車場として利用している者が、車庫等の施設を利用者の資金で建設することを契約内容としている場合は、自用地としての評価額から借地権の価額を控除する。

> 貸駐車場として利用している宅地の評価額＝自用地としての評価額－借地権の価額

　　　借地権の価額は、(a)または(b)の区分による。

　(a)　賃借権の登記がされているもの、権利金や一時金が設定の対価とされているものなど、地上権に準ずる権利として評価することが相当と認められる賃借権の価額

自用地としての評価額×	ⓐ賃借権が地上権であるとした場合の法定地上権割合 ⓑ借地権であるとした場合の借地権割合 ⓐ、ⓑのうち、いずれか低い割合

注1　ⓐの法定地上権割合は、次のとおりである（相続税法23条）。

残存期間	10年以下	10年超15年以下	15年超20年以下	20年超25年以下
法定地上権割合	5%	10%	20%	30%
残存期間	25年超30年以下	30年超35年以下	35年超40年以下	40年超45年以下
法定地上権割合	40%	50%	60%	70%
残存期間	45年超50年以下	50年超		
法定地上権割合	80%	90%		

※地上権で存続期間の定めのないものは「残存期間25年超30年以下」の法定地
　上権割合とする。

注2　自用地としての評価額に乗じる割合は、賃借権の残存期間に応じ次の割
　　合が下限となる。

賃借権の残存期間	5年以下	5年超10年以下	10年超15年以下	15年超
割合	5%	10%	15%	20%

(b)　(a)以外の賃借権

自用地としての評価額×賃借権が地上権であるとした場合の法定地上権割合×$\dfrac{1}{2}$

注3　法定地上権割合は(a)の注1と同じである。

注4　自用地としての評価額に乗じる割合は、賃借権の残存期間に応じ次の割
　　合が下限となる。

賃借権の残存期間	5年以下	5年超10年以下	10年超15年以下	15年超
割合	2.5%	5%	7.5%	10%

　乙土地が、仮に、地上権に準ずる賃借権以外の賃借権の場合（上記(b)）で賃借権
の残存期間が5年以下とすると、法定地上権割合は5%であるため、自用地価額に
2.5%（5%×$\dfrac{1}{2}$）を乗じた金額を自用地価額から控除する。

Ⅲ　甲土地は貸しビルの敷地であるため、貸付事業用宅地等として小規模宅地等につ
　いての相続税の課税価格の計算の特例の適用を受けることができる。貸付事業用宅
　地等は、200㎡までの価額の50%が減額される。

$$14,320万円 - 14,320万円 \times \frac{200㎡}{400㎡} \times 50\% = \textbf{10,740万円}$$

《問2》 正解 ① **3,600（㎡）** ② **5,700（㎡）**

〈解説〉

① 乙土地における容積率の上限となる延べ面積
   ・容積率の決定

   $4\,\text{m} \times \dfrac{6}{10} = 240\% < 300\%$（指定容積率）　∴　240％

   ・乙土地における容積率の上限となる延べ面積

   $1,500㎡ \times 240\% = \mathbf{3,600㎡}$

   ※　「特定行政庁が都道府県都市計画審議会の議を経て指定する区域ではない」ため、法定乗数は、6／10を使用する。

② 甲土地と乙土地を一体とした土地における容積率の上限となる延べ面積
   ・容積率の決定

   　幅の広い12m県道が前面道路となる。12m以上であるため、指定容積率300％を用いる。

   ・甲土地と乙土地を一体とした土地における容積率の上限となる延べ面積

   $(1,500㎡ + 400㎡) \times 300\% = \mathbf{5,700㎡}$

《問3》 正解 ① **天空（率）** ② **92,228,000（円）** ③ **ハ** ④ **減価償却費**

〈解説〉

Ⅰ　斜線制限と同程度以上の採光や通風等が確保されるものとして一定の計算（天空率）による基準に適合する建築物は、道路斜線制限、隣地斜線制限および北側斜線制限は適用されない。

Ⅱ　優良住宅地の造成等のために土地等を譲渡した場合、その譲渡年の1月1日において所有期間が5年を超えるときは、課税長期譲渡所得のうち2,000万円までの部分の税率が所得税10.21％・住民税4％に軽減される。2,000万円を超える部分については、長期譲渡所得として所得税15.315％、住民税5％となる。

　・課税長期譲渡所得の金額

　　5億円 −（5億円 × 5％※ + 1,500万円）＝ 4億6,000万円

　　※　取得費が不明のため、概算取得費を用いる。

　・所得税額（復興特別所得税額は所得税額に2.1％を乗じて算出する）

　　2,000万円 × 10％ +（4億6,000万円 − 2,000万円）× 15％ ＝ 68,000,000円

　　68,000,000円 × 2.1％ ＝ 1,428,000円

　・住民税額

　　2,000万円 × 4％ +（4億6,000万円 − 2,000万円）× 5％ ＝ 22,800,000円

・合計税額

68,000,000円 + 1,428,000円 + 22,800,000円 = **92,228,000円**

Ⅲ　立体買換え特例では、買換資産は、譲渡資産の取得価額を引き継ぐが、取得時期は引き継がない。その結果、取得したマンション住戸の取得価額は譲渡した土地の取得価額を引き継いでおり、この額を基に減価償却の計算を行うため、譲渡した土地の取得価額が低い場合は、減価償却費も少額となり、不動産所得が大きくなる可能性がある。

【第4問】（2016年9月 第4問《問60》〜《問62》改題）

次の設例に基づいて、下記の各問（《問1》〜《問3》）に答えなさい。

《設　例》

Aさんは、昨年、父親が死亡して甲土地および乙土地を含めた相続財産を相続（単純承認）により取得し、先日、相続税を納付した。甲土地は、父親が1人で居住していた家屋の敷地であるが、Aさんは既に自宅を所有しているため、相続した家屋は空き家となっており、今後も移り住む予定はない。乙土地は青空駐車場である。

Aさんは、相続した家屋が築50年で老朽化が進み、借り手も見込めないため、家屋を取り壊し、その敷地である甲土地と隣地の乙土地を一体とした土地上に賃貸アパートを建築するか、あるいは甲土地を売却することを検討している。

甲土地および乙土地の概要は、以下のとおりである。

〈甲土地および乙土地の概要〉

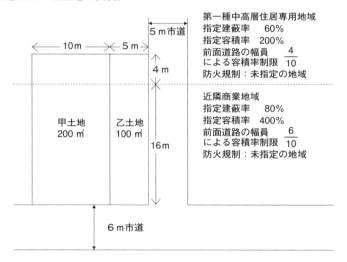

（注）
・甲土地は200㎡の長方形の土地であり、第一種中高層住居専用地域に属する部分は40㎡、近隣商業地域に属する部分は160㎡である。
・乙土地は100㎡の長方形の土地であり、第一種中高層住居専用地域に属する部分は20㎡、近隣商業地域に属する部分は80㎡である。
・乙土地は、建蔽率の緩和について特定行政庁が指定する角地である。

・指定建蔽率および指定容積率とは、それぞれ都市計画において定められた数値である。

・特定行政庁が都道府県都市計画審議会の議を経て指定する区域ではない。

※上記以外の条件は考慮せず、各問に従うこと。

《問1》「住宅用地に対する固定資産税の課税標準の特例」および「空き家に係る譲渡所得の特別控除の特例」に関する以下の文章の空欄①～⑥に入る最も適切な語句または数値を、解答用紙に記入しなさい。

Ⅰ 「住宅用地については、固定資産税の負担を軽減する目的から、『住宅用地に対する固定資産税の課税標準の特例』（以下、「本特例」という）が設けられている。賦課期日現在において、もっぱら人の居住の用に供する家屋（専用住宅）の敷地の用に供されている土地の場合、当該土地の面積のうち、当該専用住宅の総床面積の（　①　）倍までの部分が本特例の対象となる。

　　本特例の適用を受けた住宅用地に係る固定資産税の課税標準は、住宅1戸につき（　②　）㎡までの部分（小規模住宅用地）について課税標準となるべき価格の6分の1の額となり、残りの部分について課税標準となるべき価格の（　③　）の額となる。

　　ただし、そのまま放置すれば倒壊等著しく保安上危険となるおそれのある状態にあると認められ、周辺の生活環境の保全を図るために必要な措置の勧告の対象となった空き家等（特定空き家等）に係る土地については、本特例の対象から除外される」

Ⅱ 「2016年度税制改正により、『空き家に係る譲渡所得の特別控除の特例』（以下、「本特例」という）が創設された。被相続人居住用家屋やその敷地等を譲渡した場合、本特例の適用を受けることにより、譲渡所得の金額の計算上、特別控除を受けることができる。

　　本特例の適用を受けるためには、相続または遺贈により取得した被相続人居住用家屋やその敷地等を当該相続の開始があった日以後（　④　）年を経過する日の属する年の12月31日までに譲渡し、当該譲渡の対価の額が（　⑤　）円以下でなければならない。

　　本特例の対象となる被相続人居住用家屋とは、相続の開始の直前において被相続人の居住の用に供されていた、1981年5月31日以前に建築された家屋（区分所有建築物を除く）であって、当該相続の開始の直前において当該被相続人以外に

居住をしていた者がいなかったものである。また、被相続人居住用家屋を譲渡する場合、当該家屋は、当該相続の時から当該譲渡の時まで事業の用、貸付けの用または居住の用に供されていたことがなく、当該譲渡の時において現行の（⑥）基準に適合するものでなければならない。

　なお、本特例と『相続財産に係る譲渡所得の課税の特例』（相続税の取得費加算の特例）は、重複して適用を受けることができない」

《問2》甲土地と乙土地を一体とした土地上に耐火建築物を建築する場合、次の①および②に答えなさい（計算過程の記載は不要）。〈答〉は㎡表示とすること。なお、記載のない事項については考慮しないものとする。

①　建蔽率の上限となる建築面積はいくらか。
②　容積率の上限となる延べ面積はいくらか。

《問3》Aさんが、相続した家屋を取り壊し、以下の〈条件〉でその敷地である甲土地を譲渡した場合、次の①～③に答えなさい。〔計算過程〕を示し、〈答〉は100円未満を切り捨てて円単位とすること。なお、本問の譲渡所得以外の所得や所得控除等は考慮しないものとする。

①　「空き家に係る譲渡所得の特別控除の特例」の適用を受けた場合の課税長期譲渡所得金額はいくらか。
②　「相続財産に係る譲渡所得の課税の特例」（相続税の取得費加算の特例）の適用を受けた場合の課税長期譲渡所得金額はいくらか。
③　上記①で求めた金額と上記②で求めた金額のいずれか低い金額に係る所得税額、復興特別所得税額および住民税額の合計額はいくらか。

〈条件〉

〈譲渡資産（甲土地）に関する資料〉	
・譲渡資産の譲渡価額	：3,800万円
・譲渡資産の所有期間	：50年
・譲渡資産の取得費	：不明
・譲渡費用	：210万円（家屋の取壊し費用、仲介手数料等）

〈父親の相続に関する資料〉

・相続人　　　　　　　　　：Aさん（ほかに相続人はいない）

・甲土地の相続税評価額　　：2,400万円

・乙土地の相続税評価額　　：1,200万円

　　　　　　　　　　　　　　（甲土地・乙土地以外に相続した土地はない）

・Aさんの相続税の課税価格：9,600万円

　　　　　　　　　　　　　　（債務控除400万円を控除した後の金額）

・Aさんが納付した相続税額：1,100万円

　　　　　　　　　　　　　　（贈与税額控除、相次相続控除は受けていない）

【第４問】

《問１》 正解 ① **10** ② **200** ③ **３分の１** ④ **3**
⑤ **１億** ⑥ **耐震**

Ⅰ 「住宅用地については、固定資産税の負担を軽減する目的から、『住宅用地に対する固定資産税の課税標準の特例』（以下、「本特例」という）が設けられている。賦課期日現在において、もっぱら人の居住の用に供する家屋（専用住宅）の敷地の用に供されている土地の場合、当該土地の面積のうち、当該専用住宅の総床面積の（① **10**）倍までの部分が本特例の対象となる。

　本特例の適用を受けた住宅用地に係る固定資産税の課税標準は、住宅１戸につき（② **200**）㎡までの部分（小規模住宅用地）について課税標準となるべき価格の６分の１の額となり、残りの部分について課税標準となるべき価格の（③ **３分の１**）の額となる。

　ただし、そのまま放置すれば倒壊等著しく保安上危険となるおそれのある状態にあると認められ、周辺の生活環境の保全を図るために必要な措置の勧告の対象となった空き家等（特定空き家等）に係る土地については、本特例の対象から除外される」

Ⅱ 「2016年度税制改正により、『空き家に係る譲渡所得の特別控除の特例』（以下、「本特例」という）が創設された。被相続人居住用家屋やその敷地等を譲渡した場合、本特例の適用を受けることにより、譲渡所得の金額の計算上、特別控除を受けることができる。

　本特例の適用を受けるためには、相続または遺贈により取得した被相続人居住用家屋やその敷地等を当該相続の開始があった日以後（④ **3**）年を経過する日の属する年の12月31日までに譲渡し、当該譲渡の対価の額が（⑤ **１億**）円以下でなければならない。

　本特例の対象となる被相続人居住用家屋とは、相続の開始の直前において被相続人の居住の用に供されていた、1981年５月31日以前に建築された家屋（区分所有建築物を除く）であって、当該相続の開始の直前において当該被相続人以外に居住をしていた者がいなかったものである。また、被相続人居住用家屋を譲渡する場合、当該家屋は、当該相続の時から当該譲渡の時まで事業の用、貸付けの用または居住の用に供されていたことがなく、当該譲渡の時において現行の（⑥ **耐震**）基準に適合するものでなければならない。

　なお、本特例と『相続財産に係る譲渡所得の課税の特例』（相続税の取得費加算の特例）は、重複して適用を受けることができない」

第５章 不動産 応用編

《問2》 正解 ① 258㎡ ② 984㎡

① 建蔽率の上限となる建築面積

第一種中高層住居専用地域の部分 $(40㎡＋20㎡)×(60％＋10％)＝42㎡$

近隣商業地域の部分 $(160㎡＋80㎡)×(80％＋10％)＝216㎡$

上限となる建築面積 $42㎡＋216㎡＝$**258㎡**

建蔽率の異なる複数の地域にまたがる場合の最大建築可能面積は、各地域の敷地面積に各地域の建蔽率を乗じた値を合計したものとなる。乙土地は、建蔽率の緩和について特定行政庁が指定する角地であり、甲土地と乙土地を一体とした土地の上に建築物を建築する場合、甲土地および乙土地ともに、指定建蔽率が10％緩和される。

② 容積率の上限となる延べ面積

第一種中高層住居専用地域の部分

$6ｍ×\dfrac{4}{10}＝240％＞200％$（指定容積率） ∴ 200％を適用

$(40㎡＋20㎡)×200％＝120㎡$

近隣商業地域の部分 $6ｍ×\dfrac{6}{10}＝360％＜400％$（指定容積率）

∴ 360％を適用

$(160㎡＋80㎡)×360％＝864㎡$

上限となる延べ面積 $120㎡＋864㎡＝$**984㎡**

容積率の異なる複数の地域にまたがる場合の最大建築可能延べ面積は、各地域の敷地面積に各地域の容積率を乗じた値を合計したものとなる。前面道路の幅員が12ｍ未満であるため、幅員による容積率制限で求めた容積率（「前面道路の幅員×法定乗数」）と、指定容積率を比較して、小さいほうの容積率が適用される。「特定行政庁が都道府県都市計画審議会の議を経て指定する区域ではない」ため、法定乗数は、住居系以外の地域である商業地域の部分は6/10、住居系地域である第一種住居地域の部分は4/10を使用する。

《問3》 正解 ① 4,000,000円 ② 31,360,000円 ③ 812,600円

① 「空き家に係る譲渡所得の特別控除の特例」適用後の課税長期譲渡所得金額

・取得費が不明のため、概算取得費とする。

・「空き家に係る譲渡所得の特別控除の特例」の控除額は30,000,000円である。

$38,000,000円－(38,000,000円×5％＋2,100,000円)＝34,000,000円$

604

$34,000,000円 - 30,000,000円 = \mathbf{4,000,000円}$

② 「相続財産に係る譲渡所得の課税の特例」適用後の課税長期譲渡所得金額

・取得費加算額 = 相続税額 × $\dfrac{譲渡資産の相続税評価額}{相続税の課税価格^{※}}$　（譲渡益を限度）

※　生前贈与加算額を含むが、債務控除は適用しない金額である。

・概算取得費も利用できる。

$11,000,000円 × \dfrac{24,000,000円}{96,000,000円 + 4,000,000円} = 2,640,000円$

$38,000,000円 - (38,000,000円 × 5\% + 2,640,000円 + 2,100,000円) = \mathbf{31,360,000円}$

③ 所得税額、復興特別所得税額および住民税額の合計額

・① ＜ ②　　∴　①4,000,000円で税額を求める

・譲渡資産の所有期間は50年であるため、譲渡年の1月1日時点で5年超となり、税率は所得税15％、住民税は5％となる。復興特別所得税は、所得税額×2.1％である。

所得税額

　$4,000,000円 × 15\% = 600,000円$

復興特別所得税額

　$600,000円 × 2.1\% = 12,600円$

　$600,000円 + 12,600円 = 612,600円$

住民税額

　$4,000,000円 × 5\% = 200,000円$

　$612,600円 + 200,000円 = \mathbf{812,600円}$

第5章

不動産

応用編

【第5問】(2020年1月 第4問《問60》〜《問62》)

次の設例に基づいて、下記の各問（《問1》〜《問3》）に答えなさい。

――《設 例》――

会社員のAさんは、昨年母が死亡し、母および妻子とともに暮らしていた自宅（建物）およびその敷地である甲土地と、青空駐車場として使用している乙土地を相続により取得した。これらの土地は郊外に所在し、最寄駅までも遠く、交通の便があまり良くないことから、Aさんは今年中に他所に移り住むつもりでいる。

Aさんは、自宅（建物）および甲土地を売却する方向で検討していたが、先日、大手不動産会社から、甲土地と乙土地とを一体とした土地の上に「サービス付き高齢者向け住宅」を建設して賃貸事業を始めてはどうかとの提案を受けた。その提案によれば、同社が全室をまとめて借り上げるため、長期にわたって安定した収入が確保でき、空室や家賃滞納等の運営に関する手間もかからないとのことである。

甲土地および乙土地の概要は、以下のとおりである。

〈甲土地および乙土地の概要〉

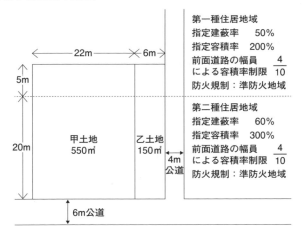

(注)
・甲土地は550㎡の長方形の土地であり、第一種住居地域に属する部分は110㎡、第二種住居地域に属する部分は440㎡である。
・乙土地は150㎡の長方形の土地であり、第一種住居地域に属する部分は30㎡、第二種住居地域に属する部分は120㎡である。

- 乙土地は、建蔽率の緩和について特定行政庁が指定する角地である。
- 指定建蔽率および指定容積率とは、それぞれ都市計画において定められた数値である。
- 特定行政庁が都道府県都市計画審議会の議を経て指定する区域ではない。

※上記以外の条件は考慮せず、各問に従うこと。

《問1》建築物の用途に関する制限および高齢者の居住の安定確保に関する法律に基づく「サービス付き高齢者向け住宅」の概要に関する以下の文章の空欄①～⑧に入る最も適切な語句または数値を、解答用紙に記入しなさい。

〈建築物の用途に関する制限〉

Ⅰ　用途地域とは、地域における住居の環境の保護や商業、工業の利便の増進を図るなど、市街地の大枠としての土地利用を定めるもので、都市計画法において第一種住居地域や第二種住居地域など合計（　①　）種類が定められており、建築基準法において、その種類ごとに、当該用途地域内で建築することができる建築物の用途が制限されている。

　甲土地と乙土地とを一体とした土地について、第一種住居地域に属する部分および第二種住居地域に属する部分にまたがって建築物を建築する場合は、その全部について、（　②　）地域の建築物の用途に関する規定が適用される。

〈サービス付き高齢者向け住宅の概要〉

Ⅱ　サービス付き高齢者向け住宅とは、高齢者が日常生活を営むために必要な福祉サービスの提供を受けることができる良好な居住環境を備えた賃貸等の住宅で、その名称を使用するためには、都道府県知事等の登録が必要となる。当該住宅を新築する場合、登録基準は、各居住部分の床面積が原則として（　③　）㎡以上であること、（　④　）構造であること、ケアの専門家が少なくとも日中建物に常駐して状況把握（安否確認）サービスと（　⑤　）サービスが提供されることなどとされ、その登録は（　⑥　）年ごとの更新制となっている。

　登録されたサービス付き高齢者向け住宅は、所定の要件のもと、国による補助事業の対象となる。当該住宅を新築する場合、原則として、補助率は新築工事に要する所定の工事費の（　⑦　）％とされ、一戸当たりの上限額が設定されている。

　また、所定の要件を満たすサービス付き高齢者向け住宅を新築して賃貸の用に供する場合、固定資産税における（　⑧　）年間の減額措置や不動産取得税にお

ける軽減措置といった税制上の優遇措置が設けられている。

《問2》甲土地と乙土地とを一体とした土地の上に耐火建築物を建築する場合、次の
①および②に答えなさい（計算過程の記載は不要）。〈答〉は㎡表示とすること。なお、
記載のない事項については考慮しないものとする。

① 建蔽率の上限となる建築面積はいくらか。
② 容積率の上限となる延べ面積はいくらか。

《問3》Ａさんが、下記の〈条件〉で自宅（建物）および甲土地を譲渡し、「相続財
産に係る譲渡所得の課税の特例（相続税の取得費加算の特例）」「居住用財産を譲渡し
た場合の3,000万円の特別控除」「居住用財産を譲渡した場合の長期譲渡所得の課税の
特例」の適用を受けた場合、次の①～③に答えなさい。〔計算過程〕を示し、〈答〉は
100円未満を切り捨てて円単位とすること。

　なお、譲渡所得の金額の計算上、取得費については概算取得費を用いることとし、
本問の譲渡所得以外の所得や所得控除等は考慮しないものとする。

① 課税長期譲渡所得金額はいくらか。
② 課税長期譲渡所得金額に係る所得税および復興特別所得税の合計額はいくらか。
③ 課税長期譲渡所得金額に係る住民税額はいくらか。

〈条件〉

〈譲渡資産に係る資料〉
・譲渡資産の譲渡価額
　自宅（建物）：200万円、甲土地：8,000万円
・譲渡資産の所有期間
　自宅（建物）、甲土地いずれも40年
・譲渡資産の取得費
　自宅（建物）、甲土地いずれも不明
・譲渡費用
　250万円（仲介手数料等）

〈母の相続に関する資料〉
・相続人
　Ａさん（ほかに相続人はいない）
・自宅（建物）の相続税評価額
　400万円
・土地の相続税評価額
　甲土地：4,000万円、乙土地：2,200万円（左記以外に相続した土地はない）
　※「小規模宅地等についての相続税の課税価格の計算の特例」適用後の金額。
・Ａさんの相続税の課税価格
　8,600万円（債務控除200万円を控除した後の金額）
・Ａさんが納付した相続税額
　800万円（贈与税額控除、相次相続控除の適用は受けていない）
・自宅（建物）および甲土地に係る相続登記関係費用
　35万円（登録免許税、司法書士手数料等）

【第5問】

《問1》 正解 ① 13 ② 第二種住居 ③ 25 ④ バリアフリー
⑤ 生活相談 ⑥ 5 ⑦ 10 ⑧ 5

〈建築物の用途に関する制限〉

Ⅰ 用途地域とは、地域における住居の環境の保護や商業、工業の利便の増進を図るなど、市街地の大枠としての土地利用を定めるもので、都市計画法において第一種住居地域や第二種住居地域など合計（① 13）種類が定められており、建築基準法において、その種類ごとに、当該用途地域内で建築することができる建築物の用途が制限されている。

甲土地と乙土地とを一体とした土地について、第一種住居地域に属する部分および第二種住居地域に属する部分にまたがって建築物を建築する場合は、その全部について、（② 第二種住居）地域の建築物の用途に関する規定が適用される。

〈サービス付き高齢者向け住宅の概要〉

Ⅱ サービス付き高齢者向け住宅とは、高齢者が日常生活を営むために必要な福祉サービスの提供を受けることができる良好な居住環境を備えた賃貸等の住宅で、その名称を使用するためには、都道府県知事等の登録が必要となる。当該住宅を新築する場合、登録基準は、各居室部分の床面積が原則として（③ 25）㎡以上であること、（④ バリアフリー）構造であること、ケアの専門家が少なくとも日中建物に常駐して状況把握（安否確認）サービスと（⑤ 生活相談）サービスが提供されることなどとされ、その登録は（⑥ 5）年ごとの更新制となっている。

登録されたサービス付き高齢者向け住宅は、所定の要件のもと、国による補助事業の対象となる。当該住宅を新築する場合、原則として、補助率は新築工事に要する所定の工事費の（⑦ 10）％とされ、一戸当たりの上限額が設定されている。

また、所定の要件を満たすサービス付き高齢者向け住宅を新築して賃貸の用に供する場合、固定資産税における（⑧ 5）年間の減額措置や不動産取得税における軽減措置といった税制上の優遇措置が設けられている。

《問2》 正解 ① 546㎡ ② 1,624㎡

① 建蔽率の上限となる建築面積
・第一種住居地域の部分 （110㎡＋30㎡）×（50％＋10％＋10％）＝98㎡
・第二種住居地域の部分 （440㎡＋120㎡）×（60％＋10％＋10％）＝448㎡
・建蔽率の上限となる建築面積 98㎡＋448㎡＝546㎡

建蔽率の異なる複数の地域にまたがる場合の最大建築面積は、各地域の敷地面積に各地域の建蔽率を乗じた値の合計となる。乙土地は、特定行政庁が指定する角地であり、甲土地と乙土地を一体とした土地の上に建築物を建築する場合、甲土地お

よび乙土地ともに建蔽率が10%緩和される。

また、準防火地域において、耐火建築物、準耐火建築物およびこれらの建築物と同等以上の延焼防止性能の建築物を建築する場合も建蔽率が10%緩和される。

② 容積率の上限となる延べ面積
前面道路は広いほうの6mとなる。
〈容積率の決定〉
・第一種住居地域の部分

$$6\,\text{m} \times \frac{4}{10} = 240\% \; > \; 200\%（指定容積率）\qquad \therefore \quad 200\%$$

$140\,\text{m}^2 \times 200\% = 280\,\text{m}^2$

・第二種住居地域の部分

$$6\,\text{m} \times \frac{4}{10} = 240\% \; < \; 300\%（指定容積率）\qquad \therefore \quad 240\%$$

$560\,\text{m}^2 \times 240\% = 1{,}344\,\text{m}^2$

・甲土地における容積率の上限となる延べ面積
$280\,\text{m}^2 + 1{,}344\,\text{m}^2 = \mathbf{1{,}624\,\text{m}^2}$

《問3》 正解 ① **41,400,000円** ② **4,226,900円**
③ **1,656,000円**

① 課税長期譲渡所得金額
・取得費が不明のため、概算取得費とする。
　$(2{,}000{,}000円 + 80{,}000{,}000円) \times 5\% = 4{,}100{,}000円$
・相続財産に係る譲渡所得の課税の特例（相続税の取得費加算の特例）により取得費に加算される金額を計算する。

$$取得費加算額 = 相続税額 \times \frac{譲渡資産の相続税評価額}{相続税の課税価格^{※}} \quad（譲渡益を限度）$$

※　生前贈与は含むが、債務控除は適用しない金額である。

$$8{,}000{,}000円 \times \frac{4{,}000{,}000円 + 40{,}000{,}000円}{86{,}000{,}000円 + 2{,}000{,}000円} = 4{,}000{,}000円$$

・譲渡対価 −（取得費 + 譲渡費用）− 3,000万円特別控除によって課税長期譲渡所得の金額を求める。

第5章 不動産 応用編

611

$(2,000,000円＋80,000,000円)－(4,100,000円＋4,000,000円＋2,500,000円)$
$－30,000,000円＝\textbf{41,400,000円}$

② 所得税および復興特別所得税の合計額

・所有期間が40年のため、長期譲渡所得の課税の特例が適用される。

課税所得金額が6,000万円以下については所得税10％（復興特別所得税は含んでいない）、住民税4％に軽減される。

課税所得金額が6,000万円を超える金額については、所得税15％（復興特別所得税は含んでいない）、住民税5％が課税される。

所得税額　$41,400,000円×10％＝4,140,000円$

復興特別所得税額　$4,140,000円×2.1％＝86,940円$

$4,140,000円＋86,940円＝4,226,940円 → \textbf{4,226,900円}$（100円未満切捨て）

③ 住民税額

$41,400,000円×4％＝\textbf{1,656,000円}$

【第6問】(2021年5月 第4問《問60》～《問62》)

次の設例に基づいて、下記の各問（《問1》～《問3》）に答えなさい。

《設 例》

甲土地の借地権者であるAさんは、甲土地にある自宅で妻と2人で暮らしている。Aさんは、自宅の建替えを検討していたところ、先日、甲土地の貸主（地主）であるBさんから、甲土地を乙土地と丙土地に分割して、乙土地部分をAさんが取得し、丙土地部分をBさんが取得するように借地権と所有権（底地）を交換したいとの提案を受けた。

甲土地および交換後の乙土地、丙土地の概要は、以下のとおりである。

〈甲土地の概要〉

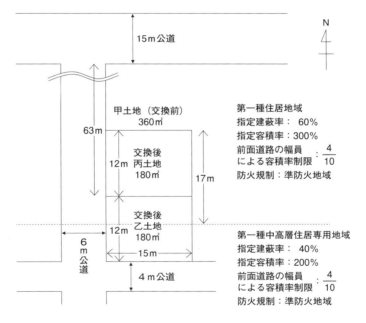

（注）
・甲土地は360㎡の長方形の土地であり、交換後の乙土地および丙土地はいずれも180㎡の長方形の土地である。
・交換後の乙土地のうち、第一種住居地域に属する部分は75㎡、第一種中高層住居専用地域に属する部分は105㎡である。
・交換後の乙土地は、建蔽率の緩和について特定行政庁が指定する角地である。

・幅員15mの公道は、建築基準法第52条第9項の特定道路であり、特定道路から交換後の乙土地までの延長距離は63mである。
・指定建蔽率および指定容積率とは、それぞれ都市計画において定められた数値である。
・特定行政庁が都道府県都市計画審議会の議を経て指定する区域ではない。

※上記以外の条件は考慮せず、各問に従うこと。

《問1》 建築基準法の規定および「固定資産の交換の場合の譲渡所得の特例」に関する以下の文章の空欄①～⑧に入る最も適切な語句または数値を、解答用紙に記入しなさい。

〈建築基準法の規定〉
　Ⅰ　建築基準法では、都市計画区域と準都市計画区域内において、用途地域等に応じて、建築物の高さの制限を定めている。交換後の乙土地に建築する建築物に適用される高さの制限には道路斜線制限と（　①　）斜線制限があり、さらに第一種中高層住居専用地域内においては、「日影による中高層の建築物の高さの制限」（以下、「日影規制」という）が適用される場合を除き、（　②　）斜線制限がある。

　　なお、天空率により計算した採光、通風等が各斜線制限により高さが制限された場合と同程度以上である建築物については、各斜線制限は適用されない。

　　日影規制の対象区域は、（　③　）地域、工業地域、工業専用地域以外で、地方公共団体の条例で指定された区域となる。日影規制の対象区域である第一種中高層住居専用地域においては、原則として、高さが（　④　）mを超える建築物が日影規制による制限を受ける。

〈固定資産の交換の場合の譲渡所得の特例〉
　Ⅱ　「固定資産の交換の場合の譲渡所得の特例」（以下、「本特例」という）の適用を受けるためには、交換譲渡資産および交換取得資産がいずれも（　⑤　）年以上所有されていたものであり、交換取得資産を交換譲渡資産の交換直前の（　⑥　）と同一の（　⑥　）に供する必要がある。また、交換時における交換譲渡資産の時価と交換取得資産の時価との差額が、これらの時価のうちいずれか高いほうの価額の（　⑦　）％以内でなければならない。

　　なお、本特例の適用を受けた場合、交換取得資産は交換譲渡資産の取得費や（　⑧　）を引き継ぐことになる。

《問２》交換後の乙土地に準耐火建築物を建築する場合、次の①および②に答えなさい（計算過程の記載は不要）。〈答〉は㎡表示とすること。なお、記載のない事項については考慮しないものとする。

① 建蔽率の上限となる建築面積はいくらか。
② 容積率の上限となる延べ面積はいくらか。なお、特定道路までの距離による容積率制限の緩和を考慮すること。

〈特定道路までの距離による容積率制限の緩和に関する計算式〉

$$W_1 = \frac{(a - W_2) \times (b - L)}{b}$$

W_1：前面道路幅員に加算される数値
W_2：前面道路の幅員（m）
L ：特定道路までの距離（m）

※「a、b」は、問題の性質上、伏せてある。

《問３》Ａさんが、下記の〈条件〉で借地権と所有権（底地）を交換し、「固定資産の交換の場合の譲渡所得の特例」の適用を受けた場合、次の①〜③に答えなさい。〔計算過程〕を示し、〈答〉は100円未満を切り捨てて円単位とすること。なお、本問の譲渡所得以外の所得や所得控除等は考慮しないものとする。

① 課税長期譲渡所得金額はいくらか。
② 課税長期譲渡所得金額に係る所得税および復興特別所得税の合計額はいくらか。
③ 課税長期譲渡所得金額に係る住民税額はいくらか。

〈条件〉

〈交換譲渡資産〉
・交換譲渡資産 : 借地権（旧借地法による借地権）
　　　　　　　　　　　　　※2015年10月に相続（単純承認）により取得
・交換譲渡資産の取得費 : 不明
・交換譲渡資産の時価 : 5,000万円（交換時）
・交換費用（仲介手数料等） : 200万円（譲渡と取得の費用区分は不明）
〈交換取得資産〉
・交換取得資産 : 所有権（底地）
・交換取得資産の時価 : 4,500万円（交換時）
〈交換差金〉
・AさんがBさんから受領した交換差金： 500万円

【第6問】

《問1》 正解 ① 隣地 ② 北側 ③ 商業 ④ 10 ⑤ 1
⑥ 用途 ⑦ 20 ⑧ 取得時期

〈建築基準法の規定〉

Ⅰ 建築基準法では、都市計画区域と準都市計画区域内において、用途地域等に応じて、建築物の高さの制限を定めている。交換後の乙土地に建築する建築物に適用される高さの制限には道路斜線制限と（① **隣地**）斜線制限があり、さらに第一種中高層住居専用地域内においては、「日影による中高層の建築物の高さの制限」（以下、「日影規制」という）が適用される場合を除き、（② **北側**）斜線制限がある。

なお、天空率により計算した採光、通風等が各斜線制限により高さが制限された場合と同程度以上である建築物については、各斜線制限は適用されない。

日影規制の対象区域は、（③ **商業**）地域、工業地域、工業専用地域以外で、地方公共団体の条例で指定された区域となる。日影規制の対象区域である第一種中高層住居専用地域においては、原則として、高さが（④ **10**）mを超える建築物が日影規制による制限を受ける。

〈固定資産の交換の場合の譲渡所得の特例〉

Ⅱ 「固定資産の交換の場合の譲渡所得の特例」（以下、「本特例」という）の適用を受けるためには、交換譲渡資産および交換取得資産がいずれも（⑤ **1**）年以上所有されていたものであり、交換取得資産を交換譲渡資産の交換直前の（⑥ **用途**）と同一の（⑥ **用途**）に供する必要がある。また、交換時における交換譲渡資産の時価と交換取得資産の時価との差額が、これらの時価のうちいずれか高いほうの価額の（⑦ **20**）％以内でなければならない。

なお、本特例の適用を受けた場合、交換取得資産は交換譲渡資産の取得費や（⑧ **取得時期**）を引き継ぐことになる。

《問2》 正解 ① 123㎡ ② 408㎡

〈解説〉

① 乙土地は準防火地域内にあり、準耐火建築物を建築するため、建蔽率は10％緩和される。また、乙土地は、建蔽率の緩和について特定行政庁が指定する角地であるため、さらに10％緩和される。

・第一種住居地域に属する部分の建築面積
75㎡×（60％＋10％＋10％）＝60㎡

・第一種中高層住居専用地域に属する部分の建築面積

$105㎡ \times (40\% + 10\% + 10\%) = 63㎡$

・建蔽率の上限となる建築面積

$60㎡ + 63㎡ = $ **123㎡**

② 前面道路6m（幅の広いほう）、特定道路までの距離63m、a＝12m、b＝70mを計算式に当てはめる。

・特定道路までの距離による容積率制限の緩和

$$\frac{(12m - 6m) \times (70m - 63m)}{70m} = 0.6m$$

・容積率の決定

第一種住居地域：$(6m + 0.6m) \times \dfrac{4}{10} = 264\% < 300\%$（指定容積率）　∴　264％

第一種中高層住居専用地域：264％＞200％（指定容積率）　∴　200％

・甲土地における容積率の上限となる延べ面積

$75㎡ \times 264\% + 105㎡ \times 200\% = $ **408㎡**

※ 「特定行政庁が都道府県都市計画審議会の議を経て指定する区域ではない」ため、法定乗数は、4/10を使用する。

《問3》 正解 ① 4,650,000円　② 712,100円　③ 232,500円

① 課税長期譲渡所得金額

$$5,000,000円 - (2,500,000円 + 2,000,000円 \times 50\%) \times \frac{5,000,000円}{45,000,000円 + 5,000,000円}$$

＝**4,650,000円**

② 所得税および復興特別所得税の合計額

4,650,000円×15％＝697,500円

697,500円×2.1％＝14,647.5円

697,500円＋14,647.5円＝712,147.5円 → **712,100円**（100円未満切捨て）

③ 住民税額

4,650,000円×5％＝**232,500円**

〈解説〉

・Aさんが受領した交換差金500万円が収入となる。

・取得費は不明のため、概算取得費250万円（5,000万円×5％）とする。

・交換費用200万円は譲渡と取得の費用区分が不明のため、50％（100万円）を譲渡費用とする。

・取得費250万円と譲渡費用100万円は、交換譲渡資産5,000万円全体の分であるた

め、交換差金500万円分だけを収入から控除する。
・相続（単純承認）による取得の場合、被相続人の取得日を引き継ぐ。本問では、被相続人の取得日の記載がないため正確な所有期間の判定はできないが、相続による取得時期から計算しても譲渡年の1月1日時点で5年超となる。したがって、税率は所得税15%、住民税5%である。復興特別所得税額は所得税額に2.1%を乗じて算出する。

【第7問】 (2013年1月 第4問《問60》〜《問62》)   チェック欄 □□□□

次の設例に基づいて、下記の各問(《問1》〜《問3》)に答えなさい。

——《設 例》——

　X社は、甲土地を所有しているが、面する道路が東側にしかなく、有効活用できない悩みを抱えていた。そんな折、懇意にしている不動産業者から隣接する乙土地の売却情報があるので、乙土地を購入して、甲土地および乙土地を一体の土地として、当該土地に貸しビルを建築することを勧められた。
　そこで、X社は、乙土地の取得および貸しビルの建築等についてファイナンシャル・プランナーに相談することとした。

〈土地の概要〉

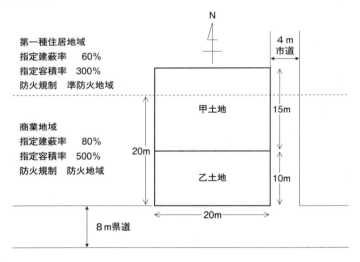

・甲土地および乙土地は、それぞれ敷地面積が300㎡および200㎡の長方形の土地である。
・道路および用途地域区分線は、甲土地および乙土地に対し水平および垂直である。
・甲土地および乙土地を一体とした土地は、特定行政庁から指定された角地である。
・特定行政庁が都道府県都市計画審議会の議を経て指定する区域ではない。

※上記以外の条件は考慮せず、各問に従うこと。

《問１》土地の購入上の留意点について、ファイナンシャル・プランナーが説明した次の文章の空欄①～③に入る最も適切な語句を、解答用紙に記入しなさい。

　土地の売買にあたって、登記記録の面積を基準として売買し、契約から引渡しまでの間に土地の実測を行い、実測面積と登記記録の面積が相違した場合は、あらかじめ売主・買主間で定めた単価で売買代金を増減する方法がある。これが通常、（　①　）といわれるものである。また、売買の対象となる土地と隣地の筆の界（さかい）に紛争があるときは、不動産登記法に定める（　②　）制度を利用することで境界に関するトラブルを解決することができる場合もある。

　売買契約にあたっては、一般的に手付金の授受が行われている。手付金は売買代金の一部ではなく、各種の性格を有するものとされているが、民法では買主が売主に手付を交付した場合、その手付は（　③　）であるとしている。

《問２》甲土地および乙土地を一体とした土地において貸しビル（耐火建築物）を建築する場合、次の①～②に答えなさい。それぞれ計算過程を示して、答えは％表示とし、％表示の小数点第１位を四捨五入すること。

①　甲土地および乙土地を一体とした土地に適用される建蔽率の上限はいくらか。
②　甲土地および乙土地を一体とした土地に適用される容積率の上限はいくらか。

《問３》甲土地および乙土地を一体とした土地において建築される貸しビルおよびその敷地の収益価格に関する下記の表の空欄①～⑥に入る最も適切な数値を、以下の〈条件〉をもとに解答用紙に記入しなさい。答は千円未満を四捨五入し千円単位とすること。なお、表中の「□□□」は、問題の性質上、伏せてある。

〈条件〉
　・純収益は、２年末は１年末と同額、３年末は２年末より２％増額する。
　・転売価格は３年末の純収益を最終還元利回りで還元して求める。なお、最終還元利回りは６％とする。

第5章　不動産　応用編

（単位：千円）

収入時点	純収益	割引率（複利現価率）	純収益の現在価値
1年末	35,000	0.952	（①）
2年末	□□□	0.907	□□□
3年末	□□□	0.864	（②）
3年間の純収益の現在価値の合計			（③）
収入時点	転売価格	割引率	転売価格の現在価値
3年末	（④）	0.864	（⑤）
収益価格（3年間の純収益の現在価値の合計と転売価格の現在価値との合計額 ③＋⑤）			（⑥）

【第7問】

《問1》 正解 ① **実測取引** ② **筆界特定** ③ **解約手付**

　土地の売買にあたって、登記記録の面積を基準として売買し、契約から引渡しまでの間に土地の実測を行い、実測面積と登記記録の面積が相違した場合は、あらかじめ売主・買主間で定めた単価で売買代金を増減する方法がある。これが通常、（① **実測取引**）といわれるものである。また、売買の対象となる土地と隣地の筆の界（さかい）に紛争があるときは、不動産登記法に定める（② **筆界特定**）制度を利用することで境界に関するトラブルを解決することができる場合もある。

　売買契約にあたっては、一般的に手付金の授受が行われている。手付金は売買代金の一部ではなく、各種の性格を有するものとされているが、民法では買主が売主に手付を交付した場合、その手付は（③ **解約手付**）であるとしている。

《問2》 正解 ① **96%** ② **444%**

各用途地域に含まれる敷地部分の面積
・第一種住居地域の部分 　$(25m - 20m) \times 20m = 100㎡$
・商業地域の部分 　　　　$20m \times 20m = 400㎡$

① 第一種住居地域の部分 　$100㎡ \times (60\% + 10\% + 10\%) = 80㎡$
　 商業地域の部分 　　　　$400㎡ \times 100\% = 400㎡$
　 建蔽率の限度 　　　　　$\dfrac{80㎡ + 400㎡}{500㎡} \times 100 = \textbf{96\%}$

　建蔽率の異なる複数の地域にまたがる場合の最大建築面積は、各地域の敷地面積に各地域の建蔽率を乗じた値を合計したものとなり、敷地全体の建蔽率の上限は、最大建築可能面積を敷地面積で除した値となる。商業地域が防火地域であるため、一体利用して建築物を建築する場合、第一種住居地域も防火地域の規制を受ける。防火地域内に耐火建築物（耐火建築物と同等以上の延焼防止性能を有する建築物を含む）を建築する場合には、指定建蔽率が10%緩和される。また、指定建蔽率80%とされている地域は建蔽率の適用除外（建蔽率100%）となるため、商業地域の建蔽率は100%となる。一体とした土地は特定行政庁から指定された角地であるため、第一種住居地域については、さらに建蔽率が10%緩和される。

② 第一種住居地域の部分 　$8m \times \dfrac{4}{10} = 320\% > 300\%$（指定容積率）

　　　　　　　　　　　　　　　∴ 300%を適用

　 延べ面積の限度 　　　　$100㎡ \times 300\% = 300㎡$

商業地域の部分 　　$8\,\mathrm{m} \times \dfrac{6}{10} = 480\% \ < \ 500\%$（指定容積率）

$$\therefore \quad 480\% を適用$$

延べ面積の限度 　　$400\,\mathrm{m}^2 \times 480\% = 1{,}920\,\mathrm{m}^2$

容積率の限度 　　$\dfrac{300\,\mathrm{m}^2 + 1{,}920\,\mathrm{m}^2}{500\,\mathrm{m}^2} \times 100 = \mathbf{444\%}$

　容積率の異なる複数の地域にまたがる場合の最大建築可能延べ面積は、各地域の敷地面積に各地域の容積率を乗じた値を合計したものとなり、敷地全体の容積率の上限は、最大建築可能延べ面積を敷地面積で除した値となる。

　前面道路（2面以上に接している場合には広いほう）の幅員が12m未満であるため、幅員による容積率制限で求めた容積率（「前面道路の幅員×法定乗数」）と、指定容積率を比較して、小さいほうの容積率が適用される。「特定行政庁が都道府県都市計画審議会の議を経て指定する区域ではない」ため、法定乗数は、住居系地域である第一種住居地域の部分は4/10、住居系以外の地域である商業地域の部分は6/10を使用する。なお、一体利用するため、いずれの敷地も法定乗数を乗じる前面道路の幅員は8mとなる。

《問3》 正解　① 　**33,320千円**　　② 　**30,845千円**　　③ 　**95,910千円**
　　　　　　　④ 　**595,000千円**　　⑤ 　**514,080千円**　　⑥ 　**609,990千円**

① 　1年末の純収益の現在価値　　$35{,}000千円 \times 0.952 = \mathbf{33{,}320千円}$

② 　3年末の純収益　　$35{,}000千円 \times (1 + 0.02) = 35{,}700千円$

　　3年末の純収益の現在価値　　$35{,}700千円 \times 0.864 = 30{,}844.8 \ \rightarrow \ \mathbf{30{,}845千円}$

③ 　2年末の純収益の現在価値　　$35{,}000千円 \times 0.907 = 31{,}745千円$

　　3年間の純収益の現在価値の合計　　$33{,}320千円 + 31{,}745千円 + 30{,}845千円 = \mathbf{95{,}910千円}$

④ 　転売価格　　$35{,}700千円 \div 0.06 = \mathbf{595{,}000千円}$

⑤ 　転売価格の現在価値　　$595{,}000千円 \times 0.864 = \mathbf{514{,}080千円}$

⑥ 　収益価格（③＋⑤）　　$95{,}910千円 + 514{,}080千円 = \mathbf{609{,}990千円}$

（単位：千円）

収入時点	純収益	割引率（複利現価率）	純収益の現在価値
1年末	35,000	0.952	（ 33,320 ）
2年末	35,000	0.907	31,745
3年末	35,000	0.864	（ 30,845 ）
3年間の純収益の現在価値の合計			（ 95,910 ）
収入時点	転売価格	割引率	転売価格の現在価値
3年末	（ 595,000 ）	0.864	（ 514,080 ）
収益価格（3年間の純収益の現在価値の合計と転売価格の現在価値との合計額 ③＋⑤）			（ 609,990 ）

【第8問】（2022年9月 第4問《問60》～《問62》）　チェック欄 □□□□

次の設例に基づいて、下記の各問（《問1》～《問3》）に答えなさい。

《設　例》

Aさん（65歳）は、甲土地（Aさんが所有する賃貸アパートの敷地）および乙土地（Aさんが所有する自宅の敷地）を所有している。

Aさんは、老朽化した自宅と賃貸アパートを撤去した後、甲土地と乙土地とを一体とした土地に、賃貸マンションを建築して、大家として当該マンションに住むか、甲土地は貸駐車場とし、乙土地は6,000万円で売却して、その売却資金で娘夫婦が住む近隣の都市に分譲マンションを4,500万円で購入して移り住むかを検討している。

〈甲土地および乙土地の概要〉

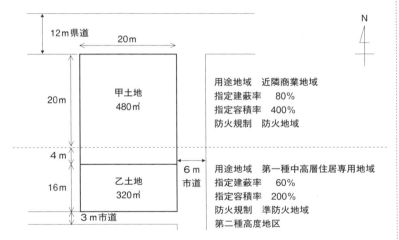

（注）
・甲土地は480㎡の長方形の土地であり、近隣商業地域に属する部分は400㎡、第一種中高層住居専用地域に属する部分は80㎡である。
・乙土地は320㎡の長方形の土地である。
・指定建蔽率および指定容積率は、それぞれ都市計画において定められた数値である。
・甲土地、甲土地と乙土地とを一体とした土地は、建蔽率の緩和について特定行政庁が指定する角地であるが、乙土地は建蔽率の緩和について特定行政庁が指定する角地ではない。

・乙土地の南側、幅員3m市道は建築基準法第42条第2項により特定行政庁の指定を受けた道路である。3m市道の中心線は、当該道路の中心部にある。また、3m市道の乙土地の反対側は宅地であり、がけ地や川等ではない。
・特定行政庁が都道府県都市計画審議会の議を経て指定する区域ではない。

※上記以外の条件は考慮せず、各問に従うこと。

《問1》甲土地と乙土地とを一体とした土地に耐火建築物を建築する場合、次の①および②に答えなさい（計算過程の記載は不要）。〈答〉は㎡表示とすること。なお、記載のない事項については考慮しないものとする。

① 建蔽率の上限となる建築面積はいくらか。
② 容積率の上限となる延べ面積はいくらか。

《問2》建築物の高さ制限等ならびに不動産の取得および保有等に係る税金に関する以下の文章の空欄①～⑥に入る最も適切な語句または数値を、解答用紙に記入しなさい。

〈建築基準法および都市計画法の高さ制限等〉
Ⅰ 「都市計画法において定められた都市計画区域および準都市計画区域内の建築物の高さ制限には、建築基準法において絶対高さ制限や、道路斜線制限、（ ① ）斜線制限および（ ② ）斜線制限がありますが、その他にも日影による中高層の建築物の高さの制限（以下、「日影規制」という）があります。なお、高さ制限において第一種中高層住居専用地域および第二種中高層住居専用地域では、（ ② ）斜線制限は日影規制が適用されない場合に限り適用されます。

都市計画法に基づく地域地区には、建築物の高さの最高限度または最低限度（準都市計画区域内では最高限度）を定める（ ③ ）地区や、建築物の容積率の最高限度および最低限度、建築物の建蔽率の最高限度、建築物の建築面積の最低限度ならびに壁面の位置の制限を定める（ ④ ）地区があります」

〈不動産の取得および保有等に係る税金〉
Ⅱ 「賃貸マンションを新築した場合、不動産取得税については、1室（40㎡以上240㎡以下）につき課税標準となるべき価格から（ ⑤ ）万円（認定長期優良住宅を除く）を控除する特例の適用を受けることができます。また、固定資産税は、住

宅用地の課税標準を住宅1戸につき200㎡までの部分（小規模住宅用地）について課税標準となるべき価格の6分の1の額とし、それを超える部分について課税標準となるべき価格の3分の1の額とする特例の適用を受けることができます。

　賃貸マンションの敷地は、相続税の課税価格の計算上、貸家建付地として評価され、自用地の評価額から『自用地の評価額×（　⑥　）×借家権割合×賃貸割合』を控除した額が評価額とされます」

《問3》 Aさんが、下記の〈譲渡資産および買換資産に関する資料〉に基づき、自宅を買い換えた場合、次の①および②に答えなさい。〔計算過程〕を示し、〈答〉は100円未満を切り捨てて円単位とすること。なお、本問の譲渡所得以外の所得や所得控除等は考慮しないものとする。

① 「特定の居住用財産の買換えの場合の長期譲渡所得の課税の特例」の適用を受けた場合の譲渡所得の金額に係る所得税および復興特別所得税、住民税の合計額はいくらか。

② 「居住用財産を譲渡した場合の3,000万円の特別控除」および「居住用財産を譲渡した場合の長期譲渡所得の課税の特例」の適用を受けた場合の譲渡所得の金額に係る所得税および復興特別所得税、住民税の合計額はいくらか。

〈譲渡資産および買換資産に関する資料〉

| ・譲渡資産の譲渡価額 ：6,000万円 |
| ・譲渡資産の取得費 　：不明 |
| ・譲渡費用 　　　　　：500万円 |
| ・買換資産の取得価額 ：4,500万円 |

第5章

不動産

応用編

【第8問】

《問1》 正解 ① 712（㎡） ② 2,380（㎡）

① 甲土地と乙土地を一体とした土地における建蔽率の上限となる建築面積

　乙土地の南側にある幅員3m市道は、建築基準法第42条第2項により特定行政庁の指定を受けた道路であるため、セットバックが必要である。3m市道の乙土地の反対側は宅地であり、がけ地や川等ではないため、道路の中心線から2mは道路とみなされる。したがって、セットバック部分の面積は次のとおりである。

　　2m－3m÷2＝0.5m　　0.5m×20m＝10㎡

　近隣商業地域は防火地域であり、第一種中高層住居専用地域は準防火地域にあるが、甲土地と乙土地を一体とした土地全体に対して防火地域の規制が及ぶ。したがって、甲土地と乙土地を一体とした土地に耐火建築物を建築するため、指定建蔽率80％の近隣商業地域は適用除外となり、第一種中高層住居専用地域は10％緩和される。なお、甲土地と乙土地を一体とした土地は、建蔽率の緩和について特定行政庁が指定する角地であるため、第一種中高層住居専用地域はさらに10％緩和される。

・建蔽率の決定

　（近隣商業地域）100％［適用除外］

　（第一種中高層住居専用地域）60％＋10％＋10％＝80％

・建蔽率の上限となる建築面積

　400㎡×100％＋（80㎡＋320㎡－10㎡）×80％＝**712㎡**

② 甲土地と乙土地を一体とした土地における容積率の上限となる延べ面積

　幅の広い12m県道が前面道路となる。12m以上であるため、指定容積率を用いる。

・甲土地と乙土地を一体とした土地における容積率の上限となる延べ面積

　400㎡×400％＋（80㎡＋320㎡－10㎡）×200％＝**2,380㎡**

《問2》 正解 ① 隣地（斜線制限） ② 北側（斜線制限）③ 高度（地区） ④ 高度利用（地区）⑤ 1,200万円 ⑥ 借地権割合

Ⅰ　建築物の高さ制限等

　（① **隣地斜線制限**）は、第一種・第二種低層住居専用地域および田園住居地域以外の地域において適用される。一方、（② **北側斜線制限**）は、原則として、第一種・第二種低層住居専用地域、田園住居地域、第一種・第二種中高層住居専用地域に適用される。ただし、日影による中高層の建築物の高さの制限が提供される第一種・第二種中高層住居専用地域については、北側斜線制限は適用されない。

　都市計画法で定める地域地区のうち、（③ **高度地区**）は、用途地域内で市街地の環境維持や土地利用の増進を図るために、建築物の高さの最高限度または最低限

度を定める地区である。一方、（④　**高度利用地区**）は、用途地域内で土地の合理的かつ健全な高度利用と都市機能の更新とを図るため、容積率の最高限度および最低限度、建蔽率の最高限度、建築面積の最低限度、壁面の位置の制限を定める地区である。

Ⅱ　不動産の取得および保有等に係る税金

　不動産取得税において、床面積が1戸（マンション等の共同住宅にあっては独立区画1つごと）当たり50㎡（一戸建て以外の貸家住宅は40㎡）以上240㎡以下である住宅を新築した場合、その住宅1つごと（共同住宅については1区画ごと）に固定資産税評価額から（⑤　**1,200万円**）（認定長期優良住宅は1,300万円）を控除したものが課税標準となる。これは貸家住宅でも適用を受けることができる。

　貸家建付地の評価額は、次の算式で求める。

　貸家建付地の評価額＝自用地価額×（1－（⑥　**借地権割合**）×借家権割合×賃貸割合）

《問3》　正解　①　**2,640,900（円）**　　②　**3,126,200（円）**

① 特定居住用財産の買換えの特例の適用を受けた場合の税額
・課税長期譲渡所得の金額
6,000万円－4,500万円＝1,500万円

$$1,500万円－（6,000万円×5\%＋500万円）×\frac{1,500万円}{6,000万円}＝1,300万円$$

・所得税額および復興特別所得税額
1,300万円×15％＝1,950,000円
1,950,000円×2.1％＝40,950円
1,950,000円＋40,950円＝1,990,900円（100円未満切捨て）

・住民税額
1,300万円×5％＝650,000円

・合計税額
1,990,900円＋650,000円＝**2,640,900円**

② 3,000万円特別控除および軽減税率の特例の適用を受けた場合の税額
・課税長期譲渡所得の金額
6,000万円－（6,000万円×5％＋500万円）－3,000万円＝2,200万円

・所得税額および復興特別所得税額
2,200万円×10％＝2,200,000円
2,200,000円×2.1％＝46,200円
2,200,000円＋46,200円＝2,246,200円

・住民税額

2,200万円×4％＝880,000円

・合計税額

2,246,200円＋880,000円＝**3,126,200円**

① 「特定の居住用財産の買換えの場合の長期譲渡所得の課税の特例」は、譲渡年の1月1日時点で10年を超える長期譲渡所得となるため、税率は所得税15％、住民税5％となる。復興特別所得税は所得税額の2.1％である。また、譲渡資産の取得費が不明なため、概算取得費を用いる。

② 「居住用財産を譲渡した場合の長期譲渡所得の課税の特例（軽減税率）」は、課税長期譲渡所得金額のうち6,000万円以下の部分は所得税10％、住民税4％となる。6,000万円を超える部分は、通常どおり所得税15％、住民税5％となる。また、譲渡資産の取得費が不明なため、概算取得費を用いる。

重要ポイントまとめ

🔢 不動産の見方

1．不動産登記記録
（1）不動産登記の構成

表題部		表示に関する事項	土地：所在・地番・地目・地積・登記の原因や日付など 建物：所在・家屋番号・構造・種類・床面積・登記の原因や日付など （注）区分所有建物以外の建物の床面積は、壁その他の区画の中心線で囲まれた部分の水平投影面積による
権利部	甲区	所有権に関する事項	所有権保存・所有権移転、およびその仮登記や権利者の氏名変更、所有権の差押え等
	乙区	所有権以外の権利に関する事項	抵当権・賃借権・地上権などおよびその仮登記や権利者の氏名変更等

（2）不動産登記の効力
不動産登記には、第三者への対抗力はあるが公信力はない。

① 対抗力

先に登記したほうがその権利を第三者に主張（対抗）できる。同一区では「順位効力番号」の順位、別区（甲区・乙区）では「受付番号」の順位で効力の優劣を判定する。

② 公信力

登記には公信力はないため、真実の権利を反映しない登記を信頼して取引しても、必ずしも法的な保護を受けられるとは限らない。

（3）仮登記
将来の本登記のために順位を保全するための登記。順位保全の効力のみで対抗力はない。

1号仮登記	実体上の権利変動は生じているが、登記申請に必要な登記識別情報やその他所定の添付情報を登記所に提供できない等、申請に必要な手続上の条件が整っていない場合
2号仮登記	売買の予約契約など実体上の権利変動はまだ生じていないが、予約完結権の行使など、将来生ずる権利変動の請求権の順位を保全しておく場合

① 仮登記の申請

原則として、仮登記権利者と仮登記義務者の共同申請によるが、以下の場合は、仮登記権利者が単独で申請することができる。

・仮登記義務者の承諾があるとき
・裁判所の判決があるとき
・裁判所の仮登記を命ずる処分があるとき

② 仮登記を本登記にする手続き

仮登記義務者と仮登記権利者との共同申請による。

なお、所有権に関する仮登記を本登記にするためには、登記上の利害関係を有する第三者がいるときには、第三者の承諾が必要である。

③ 仮登記の抹消

仮登記の抹消は、仮登記名義人が単独で申請することができる。また、仮登記名義人の承諾がある場合は、仮登記の登記上の利害関係人が単独で申請することができる。

（4）登記手続きの依頼

表題部の表示に関する登記は土地家屋調査士に、権利部の登記は、司法書士に依頼するのが一般的である。

２．土地の公的価格

	公示価格	基準地標準価格	相続税評価額 （路線価）	固定資産税評価額
目的	売買の目安	公示価格の補完	相続税、贈与税 の算出	固定資産税、都市 計画税、不動産取 得税等の算出
決定機関	国土交通省 （土地鑑定委員会）	都道府県	国税局	市町村
評価時点	毎年１月１日	毎年７月１日	毎年１月１日	基準年度の前年の １月１日 （注）３年に一度評 価替え
公表日	３月下旬	９月下旬	７月上旬	３月１日 （基準年度は４月 １日）
価格水準	100%	100%	公示価格の 80%	公示価格の 70%

① 公示価格の標準地は、都市計画区域内および都市計画区域外の土地取引が相当
見込まれる区域（公示区域）に設けられている。
② 基準地標準価格の基準地は、公示価格の標準地の不足を補い、基準地の指標性
を高めるため一部は公示価格の標準地と同一地点に設定している。
③ 固定資産課税台帳の閲覧を受けられるのは、本人または代理人であるが、借地
人・借家人も借地・借家の対象となる土地・建物について該当する部分を閲覧す
ることができる。

第５章 不動産 重要ポイントまとめ

❷ 不動産の取引　①宅地建物取引業・売買契約上の留意点

１．宅地建物取引業

宅地建物取引業は、「宅地または建物の売買、交換」「宅地または建物の売買、交換、貸借の代理」「宅地または建物の売買、交換、貸借の媒介」を業として行うことである。

（１）重要事項説明書

宅地建物取引業者は、**契約を締結する前**に、宅地建物取引士が記名した重要事項説明書を交付し、宅地建物取引士に説明をさせなければならない。

（注１）重要事項説明書の交付に代えて、説明の相手方の承諾を得て、重要事項説明書に記載すべき事項を電磁的方法により提供することもできる。

（注２）説明および交付の相手方は、権利を取得しようとする者である（売買の場合は**買主**）。なお、宅地建物取引業者が権利を取得しようとする者である場合は、書面の交付のみでよく、説明は不要である。

（注３）宅地建物取引士が説明をするときは、取引士証を提示しなければならない。

（注４）記名および説明を行う宅地建物取引士は、その事務所に専任の宅地建物取引士である必要はない。

（注５）既存の建物については、建物状況調査（インスペクション）の結果の概要ならびに建物の建築および維持保全の状況に関する書類の保存の状況について、書面に記載し、説明する必要がある。

（２）媒介契約

宅地・建物の売買や貸借を宅地建物取引業者に依頼する場合には、依頼者と宅地建物取引業者との間で媒介契約を締結する。宅地建物取引業者は、媒介契約を締結したときは、**遅滞なく**、宅地建物取引業者が記名押印した媒介契約書を作成し、依頼者に交付（依頼者の承諾を得て電磁的方法により提供）しなければならない。なお、既存の建物の売買または交換の媒介の契約をしたときは、建物状況調査（インスペクション）を実施する者のあっせんに関する事項も記載する必要がある。

注文を受けた場合には、依頼者に遅滞なく報告しなければならない。

（注）記名押印するのは、宅地建物取引業者であって宅地建物取引士ではない。

	一般媒介契約	専任媒介契約	専属専任媒介契約
他の業者へ重ねての依頼	○	×	×
自己発見取引[※1]	○	○	×
有効期間の上限	定めなし	３カ月[※2]	３カ月[※2]
依頼者への業務報告義務	報告義務なし	２週間に１回以上	１週間に１回以上
指定流通機構への物件情報の登録義務	登録義務なし	７日以内[※3]	５日以内[※3]

※１　自己発見取引とは、依頼者が自ら契約の相手方をみつけることである。

※２　契約の有効期間を３カ月超とした場合、３カ月を超えた部分は無効となり、契約期間は３カ月となる。また、自動更新の特約もできない。

※３　休業日を除く。

２．売買契約上の留意点

（1）手付金

手付金の目的には、証約手付、違約手付、解約手付があるが、当事者間で取決めがない場合、**解約手付**と推定される。

解約手付が交付された場合、**相手方**が契約の履行に着手するまでは、買主からは手付金の放棄、売主からは手付金の倍の金銭を現実に提供することにより契約を解除できる。

また、解約手付による契約の解除により損害が発生しても損害賠償の請求をすることはできない。

なお、宅地建物取引業法では、売主が宅地建物取引業者で、買主が宅地建物取引業者以外の場合、手付金の目的は当事者間の取り決めにかかわらず**解約手付**とみなされる。

また、売主が宅地建物取引業者で、買主が宅地建物取引業者以外の場合、宅地建物取引業法により、売買代金の２割を超える手付金を受領することは禁止されている。

（2）筆界特定制度

筆界とは、公法上の境界線をいう。したがって、隣接する土地の所有者が合意したとしても、筆界を変更することはできない。

筆界特定が行われた土地については、利害関係の有無にかかわらず、誰でも手数料を納付して筆界特定書等の写しの交付を請求できる。

なお、筆界の特定は、筆界調査委員の意見を踏まえて、筆界特定登記官が行う。

（3）契約不適合責任

引き渡された目的物が種類、品質または数量に関して契約の内容に適合しない場

合、買主は、売主に対し、目的物の修補、代替物の引渡しなどによる履行の追完や代金の減額、契約の解除または損害賠償を請求することができる。

ただし、売主は、買主に不相当な負担を課すものでないときは、買主が請求した方法と異なる方法による履行の追完をすることができる。

買主は、その不適合を知った時から1年以内にその旨を売主に通知しなければならないが、売主が引渡しの時にその不適合を知り、または重大な過失によって知らなかったときは、この限りではない。

なお、売主が宅地建物取引業者で買主が宅地建物取引業者以外の場合、宅地建物取引業法により**「引渡日から2年以上とする」**という特約を除き、民法の規定よりも買主に不利となる契約を締結することはできない。

(注) 住宅の品質確保の促進等に関する法律（品確法）では、新築住宅の構造耐力上主要な部分等に係る瑕疵についての担保責任期間は、物件の引渡日から原則として**10年**とされているが、特約により20年に伸長することができる（中古住宅は対象外）。

3 不動産の取引 ②借地借家法

1. 定期借地権

	一般定期借地権	建物譲渡特約付借地権	事業用定期借地権等
存続期間	50年以上	**30年以上**	**10年以上50年未満**
用途	制限なし	制限なし	事業目的に限る （居住用不可）
契約方法	公正証書等の書面またはその内容を記録した電磁的記録	**制限なし**	公正証書に限る
終了時の措置	原則として更地で返還	建物付で返還	原則として更地で返還

建物譲渡特約付借地権は、期間満了後、借地上の建物を地主が買い取るという特約付きの定期借地権である。建物譲渡特約により借地権は消滅するが、借地権者（または建物の賃借人）でその消滅後建物の使用を継続している者が請求したときは、その借地権者（または建物の賃借人）と借地権設定者（地主）との間で期間の定めのない建物賃貸借契約がなされたものとみなされる。

２．借家権（建物賃貸借）

（1）普通借家契約（普通建物賃貸借契約）

存続期間	１年以上 ※　１年未満の期間を定めた場合は期間の定めのないものとなる。
契約方法	書面・口頭による契約ともに可能

（2）定期借家契約（定期建物賃貸借契約）

存続期間	契約で定めた期間（期間の長短の制限なし）　１年未満の期間の定めも可
契約方法	公正証書等の書面またはその内容を記録した電磁的記録 ※　賃貸人は、契約締結前に、賃借人に対し、契約の更新がなく期間の満了により賃貸借が終了する旨を書面で説明しなければならない。
中途解約	居住用の建物の賃貸借で賃貸部分の床面積が**200㎡未満**であり、転勤・療養・親族の介護その他やむをえない事情がある場合に限り、賃借人は中途解約を申し入れることができる。
終了時の措置	１年以上の契約の場合、賃貸人は、期間満了の１年前から６カ月前までに、賃借人に対して契約が終了する旨を通知しなければならない。

（注）借地借家法が施行される前に締結された居住用建物の普通借家契約を定期借家契約に切り替えることは禁止されている。

---

4 不動産に関する法令上の制限　①都市計画法

１．都市計画法

（1）都市計画区域の決定

都市計画区域の指定は、都道府県が関係市町村および都道府県都市計画審議会の意見を聞き、国土交通大臣の同意を得て行う。２以上の都府県の区域にわたる場合は、国土交通大臣が関係都府県の意見を聞いて行う。

（2）区域区分（市街化区域および市街化調整区域の区分）

① 市街化区域……すでに市街地を形成している区域およびおおむね10年以内に優先的かつ計画的に市街化を図るべき区域

② 市街化調整区域……市街化を抑制すべき区域

③ 非線引都市計画区域……都市計画区域内で、市街化区域および市街化調整区域のいずれにも区分されていない区域

（3）開発行為

都市計画区域または準都市計画区域内で一定の開発行為を行う場合、原則として都道府県知事の許可が必要である。

■開発許可が不要とされる面積とおもなもの

都市計画区域	市街化区域	1,000㎡未満※1 （三大都市圏の既成市街地等は500㎡未満）
	市街化調整区域	**規模にかかわらず許可制**※2
	非線引都市計画区域	3,000㎡未満
都市計画区域外	準都市計画区域	3,000㎡未満
	上記以外	10,000㎡未満

① 市街化区域以外で行われる農業、林業もしくは漁業の用に供する一定の作業場、またはこれらの業務を営む者の居住の用に供する建築物を建築するための開発行為。

② 駅舎等の鉄道施設、公民館等、公益上必要な施設を建築するための開発行為。

③ 都市計画事業、土地区画整理事業、市街地再開発事業等の施行として行う開発行為。

④ 非常災害のため必要な応急措置として行う開発行為。

⑤ 通常の管理行為、軽易な行為。

※1 開発許可権者は、条例で300㎡未満まで引き下げできる。

※2 上記②～⑤は区域、面積にかかわらず許可不要である。

5 不動産に関する法令上の制限　②建築基準法

1．建築基準法

（1）道路に関する制限

① 接道義務

都市計画区域および準都市計画区域内の建築物の敷地は、原則、建築基準法上の道路に2m以上接していなければならない。

（注）地方公共団体は、特殊建築物等について、条例で制限を付加（例えば3m以上接するなど）することができる。

② 建築基準法上の道路

原則として幅員4m以上の道路法等による道路をいう。

ただし、4mに満たない場合でも、建築基準法の集団規定が適用される際、現に建築物が立ち並んでいる道で、特定行政庁が指定したものは建築基準法上の道路とみなされる（42条2項道路）。

なお、42条2項道路は、道路の中心線から水平距離2m後退した線が道路境界線とみなされる（**セットバック**）。セットバック部分は、建蔽率、容積率を算出する際の敷地面積には算入されない。

③　道路内の建築制限

　原則、建築物または敷地を造成するための擁壁は、道路に突き出して建築することができないが、派出所や地盤面下に設ける建築物（地下街など）は建築することができる。

（2）2つ以上の地域にまたがる場合の建築規制

制　　限	対応方法
用途規制	過半の属するほうの規制を全体に適用
建蔽率・容積率	加重平均する
防火規制	厳しいほうの規制を全体に適用（防火 ＞ 準防火 ＞ 無指定）

6　不動産に関する法令上の制限　③農地法／生産緑地法

1．農地法

　以下の場合には、原則として農地法の許可が必要であり、許可を受けずに行為を行った場合には、契約は無効となり、罰則もある。

（1）権利移動（農地法3条）

　農地を農地として、採草放牧地を採草放牧地や農地として売却する場合や地上権の設定をする場合には**農業委員会の許可が必要である**。

（2）転用（農地法4条）

　農地を農地以外のものに自ら転用する場合には、都道府県知事の許可が必要である。

　なお、採草放牧地の転用は4条の許可不要。

　また、4条と5条の許可の場合、市街化区域内の農地を他の用途に転用する場合は、あらかじめ農業委員会に届出をすることで、面積にかかわらず都道府県知事の許可は不要となる。

（3）権利移動と転用（農地法5条）

　農地や採草放牧地を他の用途に**転用する目的（採草放牧地を農地に転用する目的で権利移動する場合は3条の許可）で権利移動する場合には、都道府県知事の許可**が必要である。

（4）農地法の許可等の依頼

　農地法の許可等の手続きは、行政書士に依頼する。

2．生産緑地法

　生産緑地法は、市街化区域内の農地を一定の要件のもとに生産緑地地区指定し、営農を条件に（原則として当該農地に建築はできない）固定資産税等を減額することな

どにより、農林漁業との調整を図りつつ、良好な都市環境の形成に資することを目的としている。

（1）生産緑地地区

以下のような要件を備えた農地について市町村が都市計画で定める。

① 市街化区域内の一団の農地（個々の農地が100㎡以上であれば、同一または隣接する街区内の複数の農地を一団とみなして指定可能）であること

② 公害、災害の防止等の良好な生活環境の確保に相当の効用があり、かつ、公共施設等の敷地の用に供する土地として適していること

③ 500㎡以上（条例で300㎡まで引下げ可能）の規模であること

④ 用排水その他農業の継続が可能であること等

（2）行為制限

生産緑地地区内では、建築物の建築等には市町村長の許可が必要である。なお、一定の農業施設は許可を受けて建築できる。

（3）買取りの申出等

生産緑地の所有者は、次の場合には市町村長に対し、農地等の時価による買取りを申し出ることができる。

① 都市計画の告示から30年を経過したとき

② 生産緑地に係る農林漁業の主たる従事者が死亡、または農林漁業に従事することを不可能にさせる故障を有するに至ったとき

7 区分所有法

1．管理

（1）管理組合

区分所有者は全員で建物、敷地、付属施設の管理を行うための団体（管理組合）を構成し、集会を開き、規約を定め、管理者を置くことができる。管理者は、規約に別段の定めがなければ、集会の決議によって選任または解任される。管理組合は、区分所有者および議決権の各4分の3以上の多数による集会の決議で、管理組合法人になることができる。

（2）区分所有者の権利義務

区分所有建物が譲渡されると、管理組合の構成員としての地位は購入者に引き継がれる。管理組合は、区分所有建物が管理費を滞納したまま売買された場合、売主・買主の双方に管理費を請求することができる。

（3）規約

建物、敷地、付属施設の管理または使用に関する区分所有者相互間の事項は規約で定めることができる。規約は区分所有者だけでなく、区分所有者の包括承継人、特定

承継人に対しても効力を生ずる。

（注）専有部分を賃借している者等の占有者は、建物、敷地、付属施設の使用方法について、区分所有者が規約または集会の決議に基づいて負う義務と同一の義務を負う。

２．集会

　管理者は、少なくとも毎年１回は集会を招集しなければならない。管理者がいないときは、区分所有者（頭数）の５分の１以上で議決権（専有部分の床面積の割合に応じて持つ持分）の５分の１以上を有するものは、集会を招集することができるが、この定数は規約で減ずることができる。集会の招集の通知は、開催日の少なくとも１週間前に、会議の目的たる事項を示して各区分所有者に発しなければならないが、この期間は規約で伸縮することができる。

　集会では、区分所有者および議決権により、決議を行う。

　集会の議事録を書面で作成するときは、議長および集会に出席した区分所有者の２人が、当該議事録に署名押印しなければならない。

各過半数の賛成	・管理者の選任・解任 ・共用部分の変更（形状・効用の著しい変更を伴わないもの） ・建物価格の２分の１以下の滅失（小規模滅失）の場合の復旧決議 ・共用部分の管理
各４分の３以上の賛成	・共用部分の変更（形状・効用の著しい変更を伴わないものを除く） 　（注）規約で区分所有者の定数を過半数まで減ずることができる。 ・規約の設定・変更・廃止 ・建物、敷地、付属施設の変更 ・管理組合法人の設立、解散 ・建物価格の２分の１を超える滅失（大規模滅失）の場合の復旧決議
各５分の４以上の賛成	建替え

３．復旧

（１）建物価格の２分の１以下の滅失（小規模滅失）

　専有部分は各自で直して負担する。

　共用部分は各自で直すことができるが、集会で復旧の決議をした後は各自で直すことはできない。また、規約で別段の定めをすることができる。

（２）建物価格の２分の１を超える滅失（大規模滅失）

　専有部分は各自で直して負担する。

　共用部分は、区分所有者および議決権の各４分の３以上の賛成で復旧決議をして復旧する※。定数を規約で増減することはできない。

※　各自が直すことはできない。

第５章　不動産　重要ポイントまとめ

４．建替え

集会において、区分所有者および議決権の各５分の４以上の賛成による建替え決議が必要。定数を規約で増減することはできない。

(注１) 建替え決議を目的とする集会を招集するときは、開催日の２カ月前までに、招集通知を出す必要がある。この期間は、規約により伸長できるが、短縮はできない。

(注２) 決議に賛成した区分所有者は、反対した区分所有者に対して、建物およびその敷地に関する権利を時価で売り渡すべきことを請求できる。

⑧ 不動産の取得・保有に関する税金

１．登録免許税

不動産に関する登記を受ける場合には登録免許税が課税される。

（１）自己の居住用家屋の特例

個人が、以下の要件を満たす住宅用家屋の取得をした場合には、当該家屋に対する登録免許税の税率が、次のように軽減される。

・新築家屋の保存登記　0.15％（本則：0.40％）

・取得家屋の移転登記　0.30％（本則：2.00％）

(注) 認定長期優良住宅や認定低炭素住宅の保存登記や移転登記は、0.1％（認定長期優良住宅の戸建ての移転登記は0.2%）となる。

適用要件は以下のとおりである。

① 自己の住宅の用に供する家屋で、床面積（マンションの場合は専有部分の床面積）が50㎡以上であること。

② 取得の日以前20年以内（耐火建築物は25年以内）に建築されたものであること、または新耐震基準に適合していること。

③ 新築または取得後１年以内に登記すること。

④ 登記申請書にその家屋所在地の市町村長の証明書類を添付すること。

（２）住宅取得資金の貸付け等に係る抵当権の設定登記

個人が、自己の居住用家屋の特例の要件を満たす住宅用家屋を新築（増築）し、または取得するための資金の貸付けに際し、抵当権が設定される場合には、登録免許税の税率が、0.1％（本則：0.4％）に軽減される特例がある。

２．固定資産税

固定資産税は、固定資産の所有者に課される市町村税であり、その年度の１月１日の固定資産の所有者納税義務者となる。

また、住宅用地や新築住宅には次のような特例がある。

（1）住宅用地の課税標準の特例

① 小規模住宅用地（１戸当たり200㎡までの部分）

その年度の固定資産課税台帳に登録されている価格の６分の１が課税標準となる。

② 一般の住宅用地（１戸当たり200㎡を超える部分）

その年度の固定資産課税台帳に登録されている価格の３分の１が課税標準となる。

この特例は貸家も適用できる。ただし、住宅の延床面積の10倍が限度である。

（2）税額の軽減

① 新築住宅に対する軽減

以下の要件を満たした新築住宅は、床面積のうち120㎡までの部分の税額が３年度（認定長期優良住宅は５年度）にわたり２分の１となる。また、３階建て以上の中高層耐火住宅は５年度（認定長期優良住宅は７年度）にわたり減額される。

・居住用部分の床面積が全体の２分の１以上である。

・居住用部分の床面積が50㎡（一戸建て以外の貸家住宅は40㎡）以上280㎡以下である。

② 耐震改修した既存住宅に対する減額

1982年１月１日以前から存していた住宅で、耐震基準に適合させるための一定の耐震改修工事をしたもの（１戸当たりの工事費50万円超）については、翌年度分の固定資産税のうち、120㎡までの床面積に対する税額の２分の１が減額される。

なお、認定長期優良住宅については、３分の２が減額される。

③ バリアフリー改修工事をした既存住宅に対する減額

新築から10年以上経過している住宅で、65歳以上の者や介護保険法の要介護または要支援の認定を受けている者、障害者である者などが居住する住宅にバリアフリー改修工事（改修後の床面積が50㎡超で、国または地方公共団体からの補助金を充てた部分を除く工事費が50万円超であること）をした場合、翌年度分の固定資産税額のうち、100㎡までの床面積に対する税額の３分の１が減額される。

④ 省エネ改修した既存住宅に対する減額

2014年４月１日以前から存していた住宅に一定の省エネ改修工事（改修後の床面積が50㎡超で、国または地方公共団体からの補助金を充てた部分を除いた工事費が50万円超であること）をした場合、翌年度分の固定資産税額のうち、120㎡までの床面積に対する税額の３分の１が減額される。

なお、認定長期優良住宅については、３分の２が減額される。

⑨ 不動産の譲渡に係る税金

1．固定資産の交換の特例

　個人が１年以上所有していた固定資産を同種類の資産に交換し、交換譲渡資産の譲渡直前の用途と同一の用途に使用した場合には、譲渡がなかったものとして課税が繰り延べられる。

（1）適用要件

- ・交換譲渡資産、交換取得資産とも固定資産であること（棚卸資産は不可）。
- ・交換譲渡資産、交換取得資産は同種の資産であること。
　　（例）土地と土地、土地と借地権、建物と建物等。土地と建物は不可。
- ・交換譲渡資産は所有期間１年以上であること。
- ・交換取得資産は、交換の相手方の所有期間が１年以上で、かつ、交換の目的のために取得したものでないこと。
- ・交換取得資産は、交換譲渡資産の譲渡直前の用途と同一の用途に使用すること。
　　（例）宅地と宅地、田畑と田畑、居住用建物（自宅）と居住用建物（賃貸）は可。宅地と田畑、居住用建物と店舗は不可。
- ・交換時の交換譲渡資産の時価と交換取得資産の時価との差額が、いずれか高いほうの時価の20％以内であること。

（2）留意点

- ・「土地・建物」と「土地・建物」を交換した場合、土地と土地、建物と建物を交換したものとみなしてそれぞれ適用要件を判定する。
- ・地域や面積についての要件はない。
- ・当事者間において合意された資産の時価が、交換に至った事情等に照らし合理的に算定されていると認められるときは、その合意された資産の時価によることができる。

（3）取得日と取得費

- ・交換取得資産の取得日は、交換譲渡資産の取得時期が引き継がれる。
- ・交換取得資産の取得費は、交換譲渡資産の取得費が引き継がれる。

2．居住用財産の譲渡に関する特例

　居住用家屋の譲渡に関する特例の「居住用財産の譲渡所得の3,000万円の特別控除」「居住用財産の軽減税率の特例」「特定の居住用財産の買換えの特例」の適用には、次のような共通の要件がある。

① 現に自己の居住の用（生活の拠点）に供している家屋を譲渡すること。
② 上記の家屋と同時に譲渡する土地または借地権の譲渡の場合も適用できる。
③ 家屋に自己が居住しなくなった日から３年を経過する日の属する年の12月31日

までに譲渡すること。
④　家屋が災害等により滅失した場合は、滅失した家屋の敷地であった土地または借地権のみの譲渡でも適用できる（軽減税率と買換特例は所有期間1月1日時点で10年超）。
⑤　家屋を先に取り壊して土地または借地権を譲渡する場合にも適用できるが、その場合、取壊しから1年以内に譲渡に関する契約を締結し、かつ、家屋に居住しなくなった日から3年経過した日の属する年の12月31日までの譲渡であること。ただし、取壊し後に土地を貸し付けた場合には適用できない。
⑥　配偶者、直系血族、生計を一にする親族への譲渡ではないこと。

（1）居住用財産の譲渡所得の3,000万円の特別控除

個人が自己の居住用財産を譲渡した場合は、譲渡益から3,000万円を特別控除できる。所有期間の要件はない。

・その年の前年または前々年に、すでに本特例、**（3）特定の居住用財産の買換えの特例**を受けている場合は、適用を受けられない。
・転勤等のやむをえない事情により本人が単身赴任した場合、その家屋に配偶者や扶養親族が住み、転勤等の解消後、本人がその家屋に住むと認められた場合の家屋は、適用対象となる。
・家屋を共有している場合には、共有者それぞれが3,000万円まで特別控除を適用できる。

（2）居住用財産の軽減税率の特例

個人が、譲渡の年の1月1日において所有期間10年超の居住用財産を譲渡した場合、「居住用財産の譲渡所得の3,000万円の特別控除」適用後の課税長期譲渡所得金額のうち、6,000万円以下の部分について、所得税10.21％・住民税4％（6,000万円超の部分は所得税15.315％・住民税5％）の軽減税率が適用される。
（注）所得税率は、復興特別所得税を含んだ税率である。

（3）特定の居住用財産の買換えの特例

居住期間10年以上、譲渡の年の1月1日において所有期間10年超の居住用財産を1億円以下で譲渡し、居住用財産を買い換える場合、譲渡がなかったものとして課税が繰り延べられる。

・譲渡の日の属する年の前年1月1日から、その譲渡した年または譲渡した年の翌年末まで（3年間）に、自己の居住用財産を新たに取得し、その譲渡した年の翌年の12月31日までに居住を開始すること（またはその見込みであること）
・譲渡資産の価額が1億円以下であること
・買換資産の家屋の床面積は50㎡以上、敷地面積は500㎡以下であること
・買換資産の取得日は、譲渡資産の取得日を引き継がず、買換資産の実際の取得日となる。

第5章　不動産　重要ポイントまとめ

645

・買換資産の取得費は、譲渡資産の取得費が引き継がれる。

(注)「居住用財産の譲渡所得の3,000万円の特別控除」と「居住用財産の軽減税率の特例」は
重複適用できる。

「特定の居住用財産の買換えの特例」は、「居住用財産の譲渡所得の3,000万円の特別控
除」「居住用財産の軽減税率の特例」のいずれの特例とも重複適用できない。

また、これら３つの特例と住宅借入金等特別控除は重複適用できない。

３．特定の事業用資産の譲渡の特例

一定の要件をみたす事業用資産を買い換えた場合、買い換えた金額の80％[※]に相当
する金額について、収入がなかったものとして譲渡所得の計算ができる。

※　原則は80％。ただし、地方から東京23区への買換えは70％、地方から東京23区を除く三
大都市圏への買換えは75％。

なお、本社の買換えの場合は、地方から東京23区への買換えは60％、地方から東京23区
を除く三大都市圏への買換えは75％、東京23区から地方への買換えは90％。

■特定の事業用資産の買換えの特例が認められるおもな組み合わせ（抜粋）

	譲渡資産	買換資産
3号	国内にある土地等、建物または構築物で、個人により取得されたこれらの資産のうち、その譲渡の日の属する年の１月１日において所有期間が10年を超えるもの	国内にある土地等、建物、構築物または機械および装置 なお、取得する土地等は、事務所等の特定施設の敷地の用に供されるものまたは、一定の事情を有する駐車場で300㎡以上のもの

・買換資産は、譲渡資産を譲渡した年か、その前年中、あるいは譲渡した年の翌年
中に取得すること。

・事業用資産を取得した日から１年以内に事業の用に供すること。なお、事業の用
に供した場合でも、１年以内に事業の用に供しなくなった場合には、適用できな
い。

・買換資産が土地の場合、譲渡した土地の面積の５倍以内の部分について適用され
る。

・特定の事業用資産の買換え特例と他の特別控除や買換え特例とは重複して適用で
きない。

4. 「既成市街地等内にある土地等の中高層耐火建築物等の建設のための買換えの場合の譲渡所得の課税の特例」（立体買換えの特例）

個人が、既成市街地等内およびそれに準じる区域内にある土地等、建物および構築物を譲渡し、地上3階以上の中高層耐火共同住宅の建築をする事業の用に供すること。

（1）適用要件

① 中高層耐火共同住宅は、譲渡資産を取得した者か、または譲渡資産を譲渡した者が建築した建築物で、次のいずれにも該当すること。

・耐火構造または簡易耐火構造を有すること

・その建築物の延べ床面積の2分の1以上に相当する部分が、もっぱら居住の用に供されるものであること

② 買換資産は、譲渡資産の譲渡をした者の事業の用もしくは居住の用に供すること。

③ 買換資産は、原則として譲渡資産を譲渡した年中または翌年中までに取得し、かつ、取得の日から1年以内に事業の用もしくは居住の用に供すること。

（2）取得日と取得費

・買換資産の取得日は、譲渡資産の取得日を引き継がず、買換資産の実際の取得日となる。

・買換資産の取得費は、譲渡資産の取得費が引き継がれる。

5. 収用等による資産の譲渡

道路や学校、公園の設置等の公共の利益となる事業のために所有者から土地建物等を取得するための手続き等を定めているのが土地収用法である。

収用により不動産を譲渡した所有者は、補償金を受け取るが、この補償金による収入に対し、次の課税の特例がある。

・5,000万円の特別控除

・代替資産を取得した場合の特例（課税繰延べの特例）

補償金には、収用された資産の対価として支払われる対価補償金や損失の補てんのため等の収益補償金、経費補償金、移転補償金等があるが、課税の特例の対象になるのは対価補償金である。

なお、対価補償金以外の補償金でも、一定の場合、対価補償金として課税の特例が適用できる。

（1）5,000万円の特別控除

次のような要件を満たす資産を収用で譲渡した場合、譲渡益から5,000万円を控除できる。

① 収用交換（収用により資産を譲渡し、交換で別の資産を取得する場合もある）

等された資産は、棚卸資産およびそれに準ずる資産ではないこと。

② 買取りの申出があった日から6カ月以内に譲渡すること。

③ 最初に事業の施行者から買取りの申出を受けた者が譲渡したものであること。

(2) 代替資産を取得した場合の特例

収用による補償金で譲渡した資産と同種の資産を取得した場合、補償金の収入のうち、取得した代替資産の取得に要した金額については、その金額の譲渡がなかったものとして、課税が繰り延べられる。

① 代替資産の取得時期

原則として、収用のあった年中または収用等の日から2年を経過する日までに取得すること。

(注) 5,000万円の特別控除と課税の繰延べの特例は重複して適用できない。

6. 譲渡損失の損益通算および繰越控除

(1) 居住用財産の買換え等の場合の譲渡損失の損益通算および繰越控除

不動産を譲渡した場合に発生した譲渡損失は、他の所得と損益通算できないのが原則であるが、居住用財産を譲渡した際に発生した譲渡損失については、他の所得と損益通算でき、またその年中に損益通算しきれない金額については翌年以降3年にわたり繰越控除できる。

① 譲渡資産

・1月1日現在で5年超の所有期間であること。

・譲渡資産に面積500㎡超の敷地等が含まれているときは、譲渡損失金額のうち面積500㎡を超える部分の損失に相当する金額は除かれる。

・以前に住んでいた居住用財産の場合には、住まなくなった日から3年目の12月31日までに譲渡すること。

・譲渡先が配偶者、直系血族、生計を一にする親族等でないこと。

② 買換資産

・譲渡の年の前年1月1日からその譲渡の年の翌年12月31日までにその個人の居住の用に供する財産を取得すること

・取得の日の翌年12月31日までに居住の用に供したとき、または居住する見込みであること。

③ 繰越控除を受ける年の年末において、買換資産に係る住宅借入金（償還期限10年以上）の残高を有していること。

④ 家屋の床面積50㎡以上

⑤ 繰越控除を受ける年の合計所得金額が、3,000万円以下であること。

(注) 本特例と住宅借入金等特別控除は重複して適用できる。したがって、繰越控除をした後に他の所得があり、税額が発生する場合には税額控除できる。

（2）特定居住用財産の譲渡損失の損益通算および繰越控除

本特例は、「居住用財産の買換え等の場合の譲渡損失の損益通算および繰越控除」と異なり、居住用財産の買換えは要件ではないが、譲渡資産の譲渡契約の前日に住宅ローンの残高があることが要件である。

① 譲渡資産

- ・1月1日現在で5年超の所有期間であること。
- ・以前に住んでいた居住用財産の場合には、住まなくなった日から3年目の12月31日までに譲渡すること。
- ・譲渡先が配偶者、直系血族、生計を一にする親族等でないこと。

② 譲渡した居住用財産の売買契約日の前日において、償還期間10年以上の住宅ローンの残高があること。

③ 居住用財産の譲渡価額が住宅ローンの残高を下回っていること。つまり、譲渡価額では、住宅ローンの全部を返済しきれないこと。

④ 繰越控除を受ける年の合計所得金額が、3,000万円以下であること。

7. 空き家に係る譲渡所得の特別控除の特例

相続により旧耐震基準（1981年5月31日以前の基準）しか満たさない空き家を取得した者が、耐震改修工事や空き家を除却して譲渡した場合、所得から3,000万円を控除できる。

適用要件は以下のとおりである。

① 2016年4月1日から2027年12月31日までの間の譲渡（相続の開始から3年経過した日の属する年の年末までに譲渡すること）であること。

② 相続開始の直前において被相続人の居住の用に供されていた家屋（1981年5月31日以前に建築された家屋で、区分所有建物を除く）であること（2019年4月1日以後に行う譲渡については、被相続人が老人ホーム等に入所したことにより居住の用に供さなくなった家屋も含む）。

③ 譲渡の対価が1億円以下であること。

④ 相続から譲渡のときまで、事業の用、貸付の用または居住の用に供されていないこと。

第5章 不動産 重要ポイントまとめ

第6章

相続・事業承継

基 礎 編

1 贈与税・納税義務者・相続時精算課税制度

【問題 1 】（2022年 9 月　問42）　　　　　　　チェック欄 ☐☐☐☐☐

　贈与に関する次の記述のうち、最も不適切なものはどれか。

1 ．定期贈与とは、定期の給付を目的とする贈与であり、贈与税額の計算上、定期金
　に関する権利の価額が贈与税の課税価格となる。
2 ．負担付贈与とは、受贈者に一定の給付をなすべき義務を負わせる贈与であり、そ
　の受贈者の負担から利益を受ける者は贈与者に限られる。
3 ．負担付贈与における贈与者は、その負担の限度において売主と同じく担保の責任
　を負い、その性質に反しない限り双務契約に関する民法の規定が準用される。
4 ．死因贈与とは、贈与者の死亡によってその効力を生じる贈与であり、その性質に
　反しない限り遺贈に関する民法の規定が準用される。

第6章 相続・事業承継　基礎編

653

【問題1】 正解 **2**

1．適 切 たとえば、毎年100万円ずつ5年間にわたって贈与を受けるといった定期の給付を目的とする贈与契約（定期金給付契約）を締結した場合、契約を締結した年に、定期金に関する権利の贈与を受けたものとして贈与税が課される。上記例では500万円（100万円×5）が贈与税の課税価格となる。

2．不適切 負担付贈与契約において、受贈者の負担から利益を受ける者は、贈与者に限らない。たとえば、「Cを扶養することを条件にAがBに不動産を贈与する」という内容でもよい。

3．適 切 負担付贈与契約は、当事者の双方が互いに対価的な債務を負担する双務契約に関する規定の適用を受け、贈与者は売買契約の売主と同様の担保責任を負う。

4．適 切 なお、死因贈与は遺贈に関する規定が準用されるため、次の特徴がある。

・贈与者の死亡以前に受贈者が死亡したときは、その効力が生じない。

・書面による死因贈与契約は、原則として、遺言により撤回することができる。

1　贈与税・納税義務者・相続時精算課税制度

【**問題2**】（2022年9月 問43）　　　　　　　　　　チェック欄 ☐☐☐☐☐

贈与税の申告および納付に関する次の記述のうち、最も適切なものはどれか。

1．贈与税の申告書を法定申告期限内に提出することを失念した場合でも、贈与税の調査通知がある前に、法定申告期限から1カ月以内に自主的に期限後申告書の提出が行われ、期限内に申告書の提出をする意思があったと認められる一定の場合に該当するときは、無申告加算税は課されない。

2．贈与税の申告書を提出すべき者が、提出期限前に申告書を提出しないで死亡した場合、その者の相続人は、原則として、その相続の開始があったことを知った日の翌日から4カ月以内に、当該申告書を死亡した者の納税地の所轄税務署長に提出しなければならない。

3．贈与税の延納の許可を受けるにあたり、延納税額が200万円以下で、かつ、その延納期間が3年以下であるときは、担保を提供する必要はない。

4．贈与税の申告書の提出後、課税価格や税額の計算に誤りがあり、申告した税額が過大であることが判明した場合、原則として、法定申告期限から5年以内に限り、更正の請求をすることができる。

第6章 相続・事業承継　基礎編

【問題2】 正解 1

1．適　切　期限後申告であっても、次の要件をすべて満たす場合、無申告加算税は課されない（国税通則法第66条第7項）。

① 期限後申告が、法定申告期限から1カ月以内に自主的に行われていること。

② 期限内申告をする意思があったと認められる一定の場合に該当すること。

　　なお、一定の場合とは、次のいずれにも該当する場合をいう（国税通則法施行令第27条の2第1項）。

・期限後申告に係る納付すべき税額の全額を法定納期限（口座振替納付の手続をした場合は期限後申告書を提出した日）までに納付していること。

・期限後申告書を提出した日の前日から起算して5年前までの間に、無申告加算税または重加算税を課されたことがなく、かつ、期限内申告をする意思があったと認められる場合の無申告加算税の不適用を受けていないこと。

2．不適切　贈与税の申告書を提出すべき者が、提出期限前に申告書を提出しないで死亡した場合、死亡した者の相続人（包括受遺者を含む）は、死亡した者に代わり、贈与税の申告書を提出しなければならない。提出期限は、本来の提出義務者の相続の開始があったことを知った日の翌日から10カ月を経過する日である。また、提出先は、本来の提出義務者の提出先である。

3．不適切　贈与税の延納の許可を受けるにあたり、延納税額が100万円以下で、かつ、その延納期間が3年以下であるときは、担保を提供する必要はない。

4．不適切　贈与税の期限内申告書もしくは期限後申告書を提出した者または決定を受けた者が、その税額が過大であった場合、原則として、法定申告期限から6年以内に限り、更正の請求をすることができる。なお、相続税の更正の請求は、5年以内に限られている。

1 贈与税・納税義務者・相続時精算課税制度

【**問題3**】（2022年5月 問42改題）　　　　　　　　　　　チェック欄 ☐☐☐☐☐

　Aさん（50歳）は、事業資金として、2023年5月に母親（80歳）から現金300万円の贈与を受け、同年10月に弟（45歳）から現金300万円の贈与を受けた。Aさんの2023年分の贈与税額として、次のうち最も適切なものはどれか。なお、いずれも贈与税の課税対象となり、暦年課税を選択するものとする。また、Aさんは2023年中にほかに贈与は受けていないものとする。

〈贈与税の速算表（一部抜粋）〉

基礎控除後の課税価格		特例贈与財産		一般贈与財産	
		税率	控除額	税率	控除額
万円超	万円以下				
	～　200	10%	―	10%	―
200	～　300	15%	10万円	15%	10万円
300	～　400	15%	10万円	20%	25万円
400	～　600	20%	30万円	30%	65万円

1．38万円
2．53万5,000円
3．54万円
4．75万円

【問題3】 正解 4

　贈与税の税率は、一般贈与財産の贈与を受けた場合に適用される一般税率と、特例贈与財産の贈与を受けた場合に適用される特例税率に区分されている。特例贈与財産とは、贈与年の1月1日において18歳以上の者が、直系尊属から贈与を受けた場合に適用される。

　同一年中に、一般贈与財産と特例贈与財産の贈与を受けた場合には、次のように贈与税を計算する。

① 贈与財産がすべて一般贈与であると考えて、一般税率により贈与税を計算し、その税額のうち一般贈与財産に対応する部分を求める。

② 贈与財産がすべて特例贈与であると考えて、特例税率により贈与税を計算し、その税額のうち特例贈与財産に対応する部分を求める。

③ ①と②の合計が贈与税額となる。

　本問の場合、母親から受けた贈与が特例贈与に該当し、弟からの贈与は一般贈与に該当する。

① 一般贈与に対する税額

$$(300万円＋300万円－110万円)×30\%－65万円＝82万円$$

$$82万円×\frac{300万円}{300万円＋300万円}＝41万円$$

② 特例贈与に対する税額

$$(300万円＋300万円－110万円)×20\%－30万円＝68万円$$

$$68万円×\frac{300万円}{300万円＋300万円}＝34万円$$

③ 41万円＋34万円＝**75万円**

1 贈与税・納税義務者・相続時精算課税制度

【問題4】（2019年5月 問44）　　　　　　　　　　チェック欄 ☐☐☐☐☐

贈与税の申告および納付に関する次の記述のうち、最も不適切なものはどれか。

1．相続時精算課税適用者が、その特定贈与者から新たに贈与を受けた場合、贈与を受けた財産の金額の多寡にかかわらず、贈与税の申告書を提出しなければならない。

2．贈与税の申告書の提出後、課税価格や税額の計算に誤りがあり、申告した税額が過大であることが判明した場合、原則として、法定申告期限から5年以内に限り、更正の請求をすることができる。

3．財産を贈与した者は、当該贈与により財産を取得した者のその年分の贈与税額のうち、贈与した財産の価額に対応する部分の金額について、当該財産の価額に相当する金額を限度として、連帯納付義務がある。

4．贈与税の延納は、最長5年以内であり、延納税額が100万円超または延納期間が3年超である場合には、延納の許可を受けるにあたって担保を提供しなければならない。

第6章 相続・事業承継 基礎編

659

【問題4】 正解 **2**

1．適 切 相続時精算課税適用者は暦年贈与を適用することができず、その特定贈与者から新たに贈与を受けた場合には、贈与を受けた財産の金額の多寡にかかわらず、贈与税の申告書を提出しなければならない。なお、2024年1月1日以後においては贈与額が年110万以下の場合は申告不要となる。

2．不適切 贈与税の場合、更正の請求ができる法定申告期限は6年以内となっている。なお、更正の請求は、納める税金が多すぎた場合や還付される税金が少な過ぎた場合が対象になる。一方、修正申告とは、納める税金が少なすぎた場合や還付される税金が多すぎた場合が対象になる。修正申告の場合、新たに納める税金のほかに過少申告加算税がかかり、その額は原則として、新たに納めることになった税金の10％相当額となる。

3．適 切 受贈者が贈与税を納付しない場合、財産を贈与した者にはその贈与にかかる贈与税額の連帯納付義務がある。

4．適 切 贈与税は一括納付が原則であるが、贈与税額が10万円を超え、さらに金銭納付が困難な理由がある場合には、最長5年以内の延納が認められている。なお、延納税額が100万円超または延納期間が3年超である場合には、延納の許可を受けるにあたって担保を提供しなければならない。

1 贈与税・納税義務者・相続時精算課税制度

【問題5】（2022年5月 問43）　　　　　　　　チェック欄□□□□□

　贈与税の配偶者控除に関する次の記述のうち、最も適切なものはどれか。なお、各選択肢において、贈与の年においてほかに贈与された財産はなく、ほかに必要とされる要件等はすべて満たしているものとする。

1．配偶者から居住用不動産の贈与を受けた者が贈与税の配偶者控除の適用を受けるためには、当該配偶者との婚姻期間が贈与を受けた日の属する年の1月1日において20年以上でなければならない。
2．夫が所有する居住用家屋およびその敷地の用に供されている土地のうち、妻が土地のみを贈与により取得した場合、妻は贈与税の配偶者控除の適用を受けることができない。
3．夫から妻に対して、店舗併用住宅（相続税評価額6,000万円、店舗部分60%、居住用部分40%）の3分の1の持分の贈与が行われ、妻が贈与税の配偶者控除の適用を受けた場合、課税価格は算出されず、贈与税は課されない。
4．夫から妻に対して、居住用不動産（相続税評価額2,500万円）の贈与が行われ、妻が贈与税の配偶者控除の適用を受けた年の翌年に夫が死亡した場合、夫の相続により財産を取得した妻の相続税の課税価格に390万円が加算される。

第6章 相続・事業承継 基礎編

【問題5】　正解 **3**

1．不適切　婚姻期間が20年以上であることの判定は、贈与を受けた日で行う。なお、期間の計算につき、1年未満の端数は切り捨てる。

2．不適切　配偶者の所有する土地のみの贈与を受けた場合でも、①夫または妻が居住用家屋を所有しているか、または②贈与を受けた配偶者と同居する親族が居住用家屋を所有しているときは、贈与税の配偶者控除の適用を受けることができる。

3．適　切　店舗併用住宅の贈与の場合、居住用部分に贈与税の配偶者控除の適用を受けることができる。また、店舗併用住宅の持分の贈与の場合、居住用部分から優先的に贈与を受けたものとして適用を受けることができる。この場合の居住用部分の割合は、贈与を受けた持分の割合と居住用部分の割合のいずれか低い割合となる。

・居住用部分の割合：居住用部分40％＞持分割合1／3　　∴　　1／3

・居住用部分の金額：6,000万円×1／3＝2,000万円

・控除額：2,000万円≦2,000万円　　∴　　2,000万円

・贈与税の税率を乗じる金額：6,000万円×1／3－2,000万円－110万円＜0万円
したがって、課税価格は算出されず、贈与税は課されない。

4．不適切　贈与税の配偶者控除の適用により控除された部分の金額または控除されることとなる部分の金額は、その贈与のあと3年以内に贈与者が死亡した場合でも、生前贈与加算の適用はない。したがって、相続税評価額2,500万円の居住用不動産の贈与が行われた場合、相続税の課税価格に加算される金額は500万円（2,500万円－2,000万円）である。

1 贈与税・納税義務者・相続時精算課税制度

【問題6】（2023年1月 問42改題）　　　　　　　　チェック欄☐☐☐☐☐

　Aさんは、妻Bさんに対して、2023年6月にAさん所有の店舗併用住宅（店舗部分60％、住宅部分40％）の敷地の2分の1を贈与した。妻Bさんが贈与税の配偶者控除の適用を受けた場合、2023年分の贈与税の課税価格（配偶者控除の額および基礎控除の額を控除した後の課税価格）として、次のうち最も適切なものはどれか。

　なお、店舗併用住宅の敷地全体の相続税評価額は3,000万円であり、妻Bさんにはこれ以外に受贈財産はなく、贈与税の配偶者控除の適用を受けるにあたって最も有利となるような計算をするものとする。

1.　　0　円
2.　190万円
3.　300万円
4.　790万円

【問題7】（2019年5月 問42）　　　　　　　　　　チェック欄☐☐☐☐☐

　贈与税の配偶者控除（以下、「本控除」という）に関する次の記述のうち、最も適切なものはどれか。

1.　本控除の適用を受けるためには、贈与を受けた日において贈与者との婚姻期間が20年以上である必要があるが、婚姻期間に1年未満の端数があるときは、その端数を切り上げて判定することができる。
2.　本控除の適用を受けるためには、戸籍の謄本または抄本、居住用不動産の登記事項証明書、居住後に作成された住民票の写しを添付した贈与税の申告書を提出する必要がある。
3.　配偶者から店舗併用住宅の贈与を受けた場合に、その居住の用に供している部分の面積が、その家屋の面積の過半を占めているときは、その家屋の全部を居住用不動産に該当するものとして本控除の適用を受けることができる。
4.　配偶者から相続税評価額が4,500万円である店舗併用住宅（店舗部分60％、居住用部分40％）の3分の1の持分の贈与を受け、同年中に他の贈与を受けていない場合に、本控除の適用を受けたときは、贈与税額は算出されない。

第6章　相続・事業承継　基礎編

【問題6】 正解 2

　店舗併用住宅の持分贈与を受けた場合は、原則として居住用部分だけが「贈与税の配偶者控除」の適用対象となるが、例外として居住用部分から優先的に贈与を受けたものとして「贈与税の配偶者控除」を適用できる。3,000万円のうち、居住用部分が40%なので、居住用部分の価格1,200万円が「贈与税の配偶者控除」の対象となり、残り10%部分は対象とはならない。なお、「贈与税の配偶者控除」は最高2,000万円で、贈与税の基礎控除110万円と重ねて適用を受けることができる。

> 贈与税の配偶者控除の対象＝3,000万円×40％＝1,200万円
> 基礎控除後の課税価格＝3,000万円×50％－1,200万円－110万円＝190万円

【問題7】 正解 4

1. **不適切** 贈与税の配偶者控除を受けるには、婚姻期間20年以上であることが必要であるが、1年未満の端数は切り捨てて判断を行う。

2. **不適切** 贈与税の配偶者控除を受けるには、戸籍の謄本または抄本、戸籍の附票の写し、居住用不動産の登記事項証明書、居住後に作成された住民票の写しを添付して、贈与税の申告書を翌年3月15日までに提出することが必要である。なお、戸籍の附票の写しとは、この戸籍に記載されている人について住所を記録したものをいう。

3. **不適切** 店舗併用住宅の場合、贈与税の配偶者控除2,000万円の対象は居住部分のみに認められる。なお、居住の用に供されている部分の面積の割合が、90％以上である場合には、その家屋または敷地全体を居住用不動産として、贈与税の配偶者控除の適用が可能であると規定されている。

4. **適　切** 店舗併用住宅の場合、居住用部分から優先して贈与したとされる。4,500万円のうち居住用部分が40％なので、居住用部分の価格は1,800万円となる。4,500万円の3分の1である1,500万円は、すべて居住用部分から贈与されたとみなされ、贈与税額は算出されない。

1 贈与税・納税義務者・相続時精算課税制度

【問題8】（2020年9月 問42改題） チェック欄 □□□□□

贈与税の配偶者控除に関する次の記述のうち、**最も不適切なもの**はどれか。なお、各選択肢において、贈与の年においてほかに贈与された財産はなく、ほかに必要とされる要件等はすべて満たしているものとする。

1. 夫が所有する土地の上にあって子が所有する二世帯住宅でその子と同居している夫妻において、妻が夫から当該土地の贈与を受けた場合、贈与税の配偶者控除の適用を受けることができる。
2. 夫が保険料を負担していた生命保険契約に基づき、贈与税の課税対象となる保険金を受け取った妻が、その保険金により居住用不動産を取得した場合、贈与税の配偶者控除の適用を受けることができる。
3. 夫から現金1,800万円の贈与を受けた妻が、自己資金500万円を加えた資金により、2,000万円の居住用不動産と300万円の自動車を同時に取得し、贈与税の配偶者控除の適用を受けた場合、贈与税額は算出されない。
4. 妻が夫から相続税評価額が3,000万円である店舗併用住宅（店舗用部分60％、居住用部分40％）の2分の1の持分の贈与を受け、贈与税の配偶者控除の適用を受けた場合、贈与税額は790万円に所定の税率を乗じた金額となる。

第6章 相続・事業承継 基礎編

665

【問題8】 正解 4

1. **適 切** 贈与税の配偶者控除の適用が受けられる「居住用不動産」は、居住用の土地のみでも、居住用の家屋だけでもよく、居住用の土地および家屋またはこれらの持分でもよい。ただし、居住用の土地のみの場合、以下のいずれかに該当している必要がある。
   ① 夫または妻が居住用家屋を所有していること
   ② 贈与を受けた配偶者と同居する親族が居住用家屋を所有していること
   本肢では、②に該当するため、贈与税の配偶者控除の適用を受けることができる。

2. **適 切** 贈与により取得したとみなされる保険金により居住用不動産を取得する場合、他の要件を満たしているときは、贈与税の配偶者控除の適用を受けることができる。

3. **適 切** 配偶者から贈与により取得した金銭および当該金銭以外の資金をもって、居住用不動産と同時に居住用不動産以外の財産を取得した場合には、当該金銭はまず居住用不動産の取得に充てられたものとして取り扱うことができる（相続税法基本通達21の6－5）。したがって、夫から贈与を受けた1,800万円の現金は、まず居住用不動産の取得に充てられたものとして取り扱うことができ、限度額2,000万円以内であるため、贈与税額は算出されない。

4. **不適切** 店舗併用住宅の贈与の場合、居住用部分に贈与税の配偶者控除の適用を受けることができる。また、店舗併用住宅の持分の贈与の場合、居住用部分から優先的に贈与を受けたものとして適用を受けることができる。この場合の居住用部分の割合は、贈与を受けた持分の割合と居住用部分の割合のいずれか低い割合となる。
   ・居住用部分の割合：居住用部分40％＜持分割合50％　∴　40％
   ・居住用部分の金額：3,000万円×40％＝1,200万円
   ・控除額：1,200万円≦2,000万円　∴　1,200万円
   ・贈与税の税率を乗じる金額：3,000万円×50％－1,200万円－110万円＝**190万円**

1 贈与税・納税義務者・相続時精算課税制度

【問題9】（2021年9月 問43改題）　　　　　　チェック欄 ☐☐☐☐☐

　相続時精算課税制度に関する次の記述のうち、**最も不適切なもの**はどれか。なお、各選択肢において、ほかに必要とされる要件等はすべて満たしているものとする。

1．2023年12月31日までに贈与により住宅取得等資金を取得した場合、贈与者の年齢がその年の1月1日において60歳未満であっても、受贈者は相続時精算課税制度の適用を受けることができる。

2．相続時精算課税適用者が、その特定贈与者から新たに贈与を受けた場合、贈与を受けた財産の金額の多寡にかかわらず、贈与税の申告書を提出しなければならない。

3．相続時精算課税の特定贈与者の相続において、相続時精算課税を適用して贈与を受けた財産を相続財産に加算した金額が遺産に係る基礎控除額以下であれば、相続税の申告は不要である。

4．養親から相続時精算課税を適用して贈与を受けた養子が、養子縁組の解消により、その特定贈与者の養子でなくなった場合、養子縁組解消後にその者からの贈与により取得した財産については、暦年課税が適用される。

第6章

相続・事業承継 基礎編

667

【問題9】 正解 4

1. **適 切** 父母または祖父母からの贈与により、自己の居住の用に供する住宅用家屋の新築、取得または増改築等の対価に充てるための金銭を取得した場合で、一定の要件を満たすときは、贈与者がその贈与の年の1月1日において60歳未満であっても相続時精算課税制度を選択することができる。

2. **適 切** 相続時精算課税選択届出書の提出は最初の贈与の時に1回だけでよいが、贈与税の申告書は、贈与財産の金額の多寡にかかわらず、贈与を受けた年ごとに提出する必要がある。なお、2024年1月1日以後においては贈与額が年110万円以下の場合は申告不要となる。

3. **適 切** 相続時精算課税制度の適用を受けていた場合でも、特定贈与者が死亡し、課税価格の合計額が遺産に係る基礎控除額以下であるときは、相続税の申告は不要である。

4. **不適切** 養子縁組を解消した場合でも、特定贈与者からの贈与については、相続時精算課税制度が適用される。

1 贈与税・納税義務者・相続時精算課税制度

【問題10】（2020年9月 問43改題）　　　　　　チェック欄 □□□□□

相続時精算課税制度に関する次の記述のうち、最も適切なものはどれか。なお、記載のない事項については考慮しないものとする。

1．養親から相続時精算課税を適用して贈与を受けた養子が、養子縁組の解消により、その特定贈与者の養子でなくなった場合、養子縁組解消後にその特定贈与者であった者からの贈与により取得した財産については、相続時精算課税は適用されない。

2．2022年中に2,000万円の贈与を受けて相続時精算課税の適用を受けた受贈者が、2023年中に同一の贈与者から100万円の贈与を受けた場合、受贈者は、2023年中に他の贈与を受けていなかったとしても、2023年分の贈与税の申告書を提出しなければならない。

3．相続時精算課税の特定贈与者が死亡した場合、相続時精算課税適用者は、相続時精算課税を適用して贈与を受けた財産を相続財産に加算した金額が遺産に係る基礎控除額以下であっても、相続税の申告書を提出しなければならない。

4．相続時精算課税の特定贈与者の死亡以前に相続時精算課税適用者が死亡し、特定贈与者がその相続時精算課税適用者の相続人である場合、相続時精算課税適用者が有していた相続時精算課税の適用を受けていたことに伴う納税に係る権利または義務は当該特定贈与者が承継する。

第6章 相続・事業承継　基礎編

669

【問題10】　正解 **2**

1．不適切　相続時精算課税は、いったん選択すると選択した年以後その特定贈与者からの贈与については、特定贈与者が死亡するまで継続して適用され、暦年課税に変更することはできない。したがって、養子縁組を解消して特定贈与者の推定相続人でなくなった場合でも、その特定贈与者からの贈与により取得した財産については、引き続き相続時精算課税が適用される。

2．適　切　相続時精算課税に係る贈与税額を計算する際には、暦年課税の基礎控除額110万円を控除することはできないため、贈与を受けた財産が110万円以下であっても贈与税の申告が必要となる。なお、2024年1月1日以後においては贈与額が年110万円以下の場合は申告不要となる。

3．不適切　相続時精算課税の特定贈与者が死亡した場合、相続時精算課税適用者は、相続時精算課税を適用して贈与を受けた財産を相続財産に加算した金額が遺産に係る基礎控除額以下であれば、相続税の申告書を提出する必要はない。

4．不適切　相続時精算課税の特定贈与者の死亡以前に相続時精算課税適用者が死亡し、特定贈与者がその相続時精算課税適用者の相続人である場合、相続時精算課税適用者が有していた相続時精算課税の適用を受けていたことに伴う納税に係る権利または義務を当該特定贈与者は承継しない。

1 贈与税・納税義務者・相続時精算課税制度

【問題11】（2019年9月 問43）　　　　　　　　チェック欄□□□□□

「直系尊属から教育資金の一括贈与を受けた場合の贈与税の非課税」（以下、「本特例」という）に関する次の記述のうち、最も適切なものはどれか。なお、2023年4月1日以後に締結する教育資金管理契約にかかるものとする。

1. 教育資金の一括贈与に係る信託受益権等を取得した日の属する年の前年分の所得税に係る合計所得金額が1,000万円を超える受贈者は、本特例の適用を受けることができない。
2. 本特例の対象となる教育資金には、学校等に直接支払われる入学金や授業料などの金銭のほか、学校等以外の者に教育に関する役務の提供の対価として直接支払われる金銭も含まれ、その範囲に受贈者の年齢による違いはない。
3. 本特例の適用を受けた受贈者が学校等に在学している場合または教育訓練給付金の支給対象となる教育訓練を受講している場合には、受贈者の年齢によって教育資金管理契約が終了することはない。
4. 贈与者が教育資金管理契約の期間中に死亡した場合であっても、贈与者の死亡による課税関係は生じず、当該教育資金管理契約に係る非課税拠出額から教育資金支出額を控除した残額が相続税の課税対象となることはない。

第6章

相続・事業承継　基礎編

671

【問題11】 正解 1

1. **適 切** 2019年4月1日以後に取得する信託受益権等については、当該信託受益権等を取得した日の属する年の前年分の受贈者の所得税に係る合計所得金額が1,000万円を超える場合、本特例の適用を受けることができなくなった。

2. **不適切** 学校等以外の者に対して直接支払われる金銭のうち、2019年7月1日以後に支払われる以下の金銭で、受贈者が23歳に達した日の翌日以後に支払われるものについては、教育訓練給付金の支給対象となる教育訓練を受講するための費用に限定されることとなった。

① 教育（学習塾、そろばんなど）に関する役務の提供の対価や施設の使用料など

② スポーツ（水泳、野球など）または文化芸術に関する活動（ピアノ、絵画など）その他教養の向上のための活動に係る指導への対価など

③ ①の役務の提供または②の指導で使用する物品の購入に要する金銭

つまり、学校等以外の者に対して直接支払われる金銭については、原則として、23歳未満に限って適用を受けられることになる。

3. **不適切** 2019年7月1日以後、受贈者が学校等に在学している場合または教育訓練給付金の支給対象となる教育訓練を受講している場合、受贈者が30歳に達した場合においても、教育資金管理契約は終了しない。ただし、30歳に達した日の翌日以後については、以下のいずれか早い日に教育資金口座に係る契約が終了するものとされた。

・その年において受贈者が学校等に在学している期間または教育訓練給付金の支給対象となる教育訓練を受講している期間に該当する期間がなかった場合は、その年12月31日

・受贈者が40歳に達する日

つまり、受贈者が学校等に在学している場合または教育訓練給付金の支給対象となる教育訓練を受講している場合には、受贈者の年齢（40歳）によって教育資金管理契約が終了することがある。

4. **不適切** 教育資金管理契約の終了日までの間に贈与者が死亡した場合、その死亡までの年数にかかわらず、その死亡日における管理残額をその贈与者から相続または遺贈により取得したものとみなされる。ただし、贈与者の死亡日において、次のいずれかに該当する場合は除かれる（ただし、贈与者の死亡に係る相続税の課税価格が5億円を超えるときは、当該残額が課税対象となる）。

・23歳未満である場合

・学校等に在学している場合

・教育訓練給付金の支給対象となる教育訓練を受けている場合

1　贈与税・納税義務者・相続時精算課税制度

【問題12】（2021年1月　問42改題）　　　　　　　　　　チェック欄 ☐☐☐☐☐☐

　「直系尊属から住宅取得等資金の贈与を受けた場合の贈与税の非課税」（以下、「本特例」という）に関する次の記述のうち、最も適切なものはどれか。なお、各選択肢において、受贈者が取得する住宅の対価等の額に含まれる消費税等の税率は10%であるものとする。

1．本特例の対象となる住宅取得等資金には、住宅用家屋の取得等の対価に充てるための金銭のほか、不動産仲介手数料や不動産取得税、登録免許税などの住宅用家屋の取得等に要した費用に充てるための金銭が含まれる。

2．2023年6月に父母それぞれから住宅取得等資金の贈与を受け、同年10月に一定の省エネ等住宅に該当する住宅用家屋の新築等に係る契約を締結して本特例の適用を受けた場合、父母から受けた贈与についてそれぞれ1,000万円まで贈与税が非課税とされる。

3．祖父から贈与を受けた住宅取得等資金により取得した店舗併用住宅について、店舗として使用する部分の床面積が100㎡で、住宅として使用する部分の床面積が150㎡である場合、本特例の適用を受けることはできない。

4．祖父から贈与を受けた住宅取得等資金により住宅用家屋の新築に先行してその敷地の用に供される土地を取得し、本特例の適用を受ける場合、贈与を受けた年の12月31日までにその土地の上に住宅用家屋を新築しなければならない。

第6章

相続・事業承継　基礎編

【問題12】 正解 3

1. **不適切** 本特例の対象となる住宅取得等資金は、住宅用家屋の取得等の対価が対象となり、売買契約書等に貼付した印紙、不動産仲介手数料、不動産取得税、登録免許税等の住宅用家屋の取得等に要した費用は対象外である。

2. **不適切** 本特例の非課税限度額は、受贈者ごとの金額である。したがって、複数の贈与者から贈与を受けた場合、非課税限度額を合算するわけではない。

3. **適　切** 本特例の適用を受けることができる家屋は、登記簿上の床面積（マンション等の区分所有建物の場合はその専有部分の床面積）が50㎡以上240㎡以下であり、かつ、その家屋の床面積の2分の1以上に相当する部分が受贈者の居住の用に供されるものでなければならない。この床面積は、居住の用および居住の用以外を含めた家屋全体で判断するため、店舗用100㎡および居住用150㎡の場合、家屋全体では250㎡となり、本特例の適用を受けることはできない。

4. **不適切** 住宅用家屋の新築につき本特例の適用を受けるためには、当該新築は住宅取得等資金の贈与を受けた年の翌年3月15日までにされていればよい。

1 贈与税・納税義務者・相続時精算課税制度

【問題13】（2020年1月 問43改題）　　　　　　　　チェック欄 ▢▢▢▢▢

「直系尊属から住宅取得等資金の贈与を受けた場合の贈与税の非課税」（以下、「本特例」という）に関する次の記述のうち、最も不適切なものはどれか。

1. 受贈者の父母からの住宅取得等資金の贈与については本特例の対象となるが、受贈者の配偶者の父母（義父母）からの住宅取得等資金の贈与については本特例の対象とならない。
2. 本特例の適用を受けるにあたって、取得する住宅用家屋は、受贈者の居住の用に供する家屋で、当該家屋が区分所有建物である場合、受贈者の合計所得金額が1,000万円超のときは取得した専有部分の床面積が50㎡以上240㎡以下でなければならない。
3. 2023年8月に住宅取得等資金の贈与を受け、同年12月に一定の省エネ等住宅に該当する住宅用家屋の新築等に係る契約を締結して本特例の適用を受けた場合、本特例による非課税限度額は1,000万円である。
4. 住宅取得等資金の贈与者が贈与後3年以内に死亡し、受贈者が相続により財産を取得した場合、当該住宅取得等資金の額は、本特例の適用を受けることにより贈与税の課税価格に算入されなかった部分も含めて、相続税の課税価格に算入する。

【問題14】（2019年5月 問43）　　　　　　　　　　チェック欄 ▢▢▢▢▢

「直系尊属から結婚・子育て資金の一括贈与を受けた場合の贈与税の非課税の特例」（以下、「本特例」という）に関する次の記述のうち、最も不適切なものはどれか。

1. 本特例の対象となる「受贈者の結婚に際して支出する費用」の範囲には、受贈者の婚姻の日の1年前の日以後に支払われる当該婚姻に係る挙式や結婚披露宴を開催するために要する費用が含まれる。
2. 本特例の対象となる「受贈者の妊娠、出産または育児に要する費用」の範囲には、受贈者の出産の日以後1年を経過する日までに支払われる当該出産に係る費用や受贈者の中学校修了前の子の医療のために要する費用が含まれる。
3. 贈与者が結婚・子育て資金管理契約の期間中に死亡した場合に、当該資金管理契約に係る非課税拠出額から結婚・子育て資金支出額を控除した残額があるときには、その残額は、受贈者が当該残額以外の財産を相続または遺贈により取得したかどうかにかかわらず、相続税の課税対象となる。
4. 受贈者が50歳に達して結婚・子育て資金管理契約が終了した場合に、当該資金管理契約に係る非課税拠出額から結婚・子育て資金支出額を控除した残額があるときには、その残額は、その年に贈与があったものとして贈与税の課税対象となる。

第6章 相続・事業承継 基礎編

【問題13】 正解 4

1. **適　切**　2023年12月31日までの間に、贈与があった年の1月1日において18歳以上である者が、自己の居住の用に供する一定の住宅を取得するための資金をその直系尊属からの贈与により取得した場合には、一定金額が非課税になる。

2. **適　切**　適用住宅は床面積50㎡以上240㎡以下（2021年より合計所得金額1,000万円以下の人は40㎡以上240㎡以下）である。

3. **適　切**　2023年1月～2023年12月までは、省エネ等住宅であるときは1,000万円、省エネ等住宅以外であるときは500万円である。

4. **不適切**　本制度の適用を受けることにより贈与税が非課税となった部分の金額は、相続開始前3年以内の贈与であったとしても、相続税の課税価格には含めない。

【問題14】 正解 2

1. **適　切**　本特例の対象となる「受贈者の結婚に際して支出する費用」の範囲には、次のような金銭（300万円が限度となるもの）がある。
   挙式費用、衣装代等の婚礼（結婚披露）費用（婚姻の日の1年前の日以後に支払われるもの）、家賃、敷金等の新居費用、転居費用（一定の期間内に支払われるもの）など。

2. **不適切**　本特例の対象となる「受贈者の妊娠、出産または育児に要する費用」の範囲には、不妊治療、妊婦健診に要する費用、分べん費等、産後ケアに要する費用、子の医療費、幼稚園・保育所等の保育料（ベビーシッター代を含む）などが対象となるが、子とは、未就学児（小学校入学前の子）を指している。

3. **適　切**　贈与者が結婚・子育て資金管理契約の期間中に死亡した場合に、当該残額が相続税の課税対象となる。

4. **適　切**　受贈者が50歳に達して結婚・子育て資金管理契約が終了した場合、残額があるときには、その年に贈与があったものとして贈与税の課税対象となる。

2 相続と法律

【問題1】 (2018年1月 問45)　　　　　　　　　　　チェック欄 ☐☐☐☐☐

遺産分割協議書に関する次の記述のうち、最も適切なものはどれか。

1．被相続人が生前に銀行に預け入れていた預金は、遺産分割の対象とならず、相続人に法定相続分で当然に分割されるものであるため、相続人が相続預金を引き出す際、自己の法定相続分までであれば遺産分割協議書が求められることはない。

2．共同相続人間で法定相続分とは異なる割合で成立した遺産分割協議に基づき、不動産を取得した相続人が相続登記をする場合、登記原因証明情報として遺産分割協議書を登記申請書に添付する必要がある。

3．遺産分割にあたって、相続財産を現物で取得した相続人が、他の相続人に対して代償財産を交付する場合、代償財産の支払期日や支払方法などを記載した遺産分割協議書を公正証書により作成する必要がある。

4．遺産分割協議書に共同相続人全員が署名・捺印し、遺産分割協議が成立しても、その内容に不服がある相続人は、協議成立後1年以内に限り、家庭裁判所に分割の調停や審判を請求することができる。

【問題2】 (2018年9月 問44)　　　　　　　　　　　チェック欄 ☐☐☐☐☐

相続の限定承認に関する次の記述のうち、最も適切なものはどれか。

1．限定承認は、共同相続人の全員が共同して家庭裁判所にその旨の申述をしなければならないため、共同相続人のうちの1人が相続の放棄をした場合、その相続について限定承認をすることはできない。

2．限定承認の申述が受理された場合、限定承認者または相続財産管理人は、受理された日から20日以内に、すべての相続債権者および受遺者に対し、限定承認をしたことおよび一定の期間内にその請求の申出をすべき旨を公告しなければならない。

3．被相続人の負債額が不明であったために限定承認をした後、被相続人に2,000万円の資産と1,500万円の負債があることが判明した場合には、1,500万円の資産と1,500万円の負債が相続人に承継されることになる。

4．限定承認をした場合に、相続財産に不動産があるときには、被相続人がその財産を時価で譲渡したものとみなして譲渡益が所得税の課税対象となり、その後に相続人が当該財産を譲渡するときには、その時価により取得したものとして譲渡所得の金額が計算される。

【問題1】 正解 2

1. **不適切** 被相続人の預金は、遺産分割の対象となるため、相続人がその預金を引き出す際には、遺産分割協議書が必要となる。

2. **適 切** 法定相続分とは異なる遺産分割をして不動産を取得した相続人が相続登記をする際には、登記原因証明情報として遺産分割協議書を登記申請書に添付することが必要である。

3. **不適切** 代償分割で代償財産を交付するときには、支払期日や支払方法等を明記した遺産分割協議書を作成する。遺産分割協議書は公正証書である必要はない。ただし、トラブルを回避するためには法的な執行力がある公正証書が有効といえる。

4. **不適切** 一度遺産分割協議書に署名捺印をしたのであればその合意に拘束されるため、不服は認められない（署名・捺印の時に詐欺・脅迫などがあった場合は除く）。

【問題2】 正解 4

1. **不適切** 限定承認の場合、相続を放棄した者を除く相続人全員が共同して家庭裁判所へ申述をすればよい。

2. **不適切** 限定承認者は、限定承認をした後5日以内に、すべての相続債権者および受遺者に対し、限定承認をしたことおよび一定期間内にその請求の申出をすべき旨を公告しなければならない（民法927条1項）。また、相続財産管理人は、その選任があった後10日以内に、上記の公告をしなければならない（民法936条3項）。

3. **不適切** 限定承認は資産を上回る負債を相続しないという制度であるため、資産の金額が負債の金額を超える場合は、通常の相続と同じになる。したがって、限定承認をした後に、被相続人に2,000万円の資産と1,500万円の負債があることが判明した場合、2,000万円の資産と1,500万円の負債が相続人に承継される。

4. **適 切** 限定承認により譲渡所得の基因となる資産（不動産など）の移転があった場合、被相続人が時価により相続人に譲渡したものとみなして所得税の課税対象となる（所得税法59条1項1号）。また、相続人が限定承認により取得した不動産を譲渡する場合の取得価額は、限定承認をしたときの時価となる（所得税法60条2項）。つまり被相続人の取得費を引き継がない。

2 相続と法律

【問題3】（2020年9月 問44）　　　　　　チェック欄 ☐☐☐☐☐

相続の承認と放棄に関する次の記述のうち、**最も適切な**ものはどれか。

1．相続人が、契約者（＝保険料負担者）および被保険者を被相続人、保険金受取人を当該相続人とする生命保険契約の死亡保険金を受け取った場合、その金額の多寡や使途にかかわらず、当該相続人は相続について単純承認したものとみなされる。
2．相続人が、相続について単純承認したものとみなされた場合であっても、原則として自己のために相続の開始があったことを知った時から3カ月以内であれば、相続の放棄をすることができる。
3．共同相続人のうちの1人が相続の放棄をした場合であっても、他の相続人は、原則として自己のために相続の開始があったことを知った時から3カ月以内であれば、全員が共同して申述することにより、相続について限定承認をすることができる。
4．被相続人の負債額が不明であったために限定承認をした後、被相続人に2,000万円の資産と1,500万円の負債があることが判明した場合には、1,500万円の資産と1,500万円の負債が相続人に承継されることになる。

【問題4】（2021年9月 問44）　　　　　　チェック欄 ☐☐☐☐☐

法務局における遺言書の保管等に関する法律に関する次の記述のうち、**最も不適切な**ものはどれか。

1．遺言書の保管の申請は、遺言者の住所地、本籍地または遺言者が所有する不動産の所在地を管轄する遺言書保管所に遺言者本人が出頭して行わなければならない。
2．遺言者は、いつでも保管の申請の撤回をすることにより、遺言書の返還を受けることができるが、この撤回は遺言書が保管されている遺言書保管所に遺言者本人が出頭して行わなければならない。
3．推定相続人の1人が遺言者の生前に遺言書の閲覧を請求し、当該遺言書の内容を確認した場合、原則として、遺言者本人および他の推定相続人にその旨が通知される。
4．遺言者の相続開始後、相続人の1人が遺言書情報証明書の交付の請求をし、当該相続人に遺言書情報証明書が交付された場合、原則として、他の相続人、受遺者、遺言執行者に遺言書を保管している旨が通知される。

第6章 相続・事業承継 基礎編

679

【問題3】　正解　3

1．不適切　契約者（＝保険料負担者）および被保険者を被相続人、保険金受取人を相続人とする生命保険契約の死亡保険金を当該相続人が受け取った場合、その死亡保険金は相続人の固有財産であるため、受け取っただけでは単純承認したことにはならない。

2．不適切　相続人が、相続について単純承認したものとみなされた場合、自己のために相続の開始があったことを知った時から3カ月以内であっても、相続の放棄や限定承認をすることはできない。

3．適　切　相続の放棄をした者は、相続開始時に遡って相続人とならなかったものとみなされる。したがって、相続の放棄をした者を除いた残りの相続人全員で限定承認をすることができる。

4．不適切　限定承認は資産を上回る負債を相続しないという制度であるため、資産額が負債額を超える場合は、通常の相続と同じになる。したがって、本肢では2,000万円の資産と1,500万円の負債を相続人は承継する。

【問題4】　正解　3

1．適　切　遺言書の保管申請は、遺言者の住所地もしくは本籍地または遺言者が所有する不動産の所在地を管轄する法務局で行う。また、遺言書の保管申請の際に本人確認を要するため、保管申請を本人以外の者は申請できない。

2．適　切　保管されている遺言書の内容を変更したい場合等には保管の申請を撤回することとなるが、この撤回は、遺言書が保管されている遺言書保管所に遺言者本人が出頭して行う必要がある。なお、保管の申請の撤回は、遺言の効力に影響がない。

3．不適切　推定相続人は、遺言者の生前に遺言書の閲覧をすることができない。

4．適　切　遺言書情報証明書が交付された場合等に、他の相続人等にされる通知のことを関係遺言書保管通知という。これに対し、遺言書保管官が遺言者の死亡の事実を確認した場合に、あらかじめ遺言者が指定した者1人に対し、遺言書が保管されている旨の通知を死亡時通知という。この通知は、遺言者が希望する場合に限り行う。

2　相続と法律

【問題5】（2022年5月　問44）　　　　　　　　チェック欄☐☐☐☐☐
　民法における遺言に関する次の記述のうち、最も不適切なものはどれか。

1．相続人が自筆証書遺言を発見し、家庭裁判所の検認を受ける前に開封した場合、その遺言は無効となる。
2．自筆証書遺言を作成した遺言者が、その遺言内の記載について加除その他の変更を加える場合、その場所を指示し、これを変更した旨を付記して特にこれに署名し、かつ、その変更の場所に印を押さなければ、その効力を生じない。
3．公正証書遺言を作成する場合、証人2人以上の立会いが必要であるが、遺言者の推定相続人および受遺者ならびにこれらの配偶者および直系血族は、この証人になることはできない。
4．公正証書遺言は、原本が公証役場に保管されており、遺言者が公正証書遺言の正本を破棄したとしても、遺言を撤回したものとはみなされない。

【問題6】（2021年9月　問45改題）　　　　　　チェック欄☐☐☐☐☐
　遺留分に関する次の記述のうち、最も適切なものはどれか。

1．推定相続人の1人が相続開始前に遺留分の放棄をした場合、その者は、その相続に関して、初めから相続人とならなかったものとみなされる。
2．推定相続人の1人が相続開始前に遺留分の放棄をした場合、他の相続人の遺留分の額は増加する。
3．遺留分を算定するための財産の価額に算入される贈与の範囲は、原則として、相続開始前3年以内に被相続人から贈与を受けた財産（非課税財産を除く）に限られる。
4．遺留分権利者は、受遺者に対し、遺留分侵害額に相当する金銭の支払を請求することができるが、受遺者が金銭を準備できない場合、当該受遺者は、裁判所に対して、金銭債務の全部または一部の支払につき、一定期間の猶予を請求することができる。

第6章　相続・事業承継　基礎編

681

【問題5】 正解 1

1. **不適切** 封印のある遺言書を家庭裁判所以外で開封しても、遺言の効力に影響はない。なお、家庭裁判所以外で開封した者は5万円以下の過料に処せられる。

2. **適 切** 自筆証書遺言の内容の加除その他の変更は、遺言者が、その場所を指示し、これを変更した旨を付記して特にこれに署名し、かつ、その変更の場所に印を押すことで効力が生じる。

3. **適 切** 公正証書遺言を作成する際、次の者は証人になることができない。
   - 未成年者
   - 推定相続人および受遺者ならびにこれらの配偶者および直系血族
   - 公証人の配偶者、4親等内の親族、書記および使用人

4. **適 切** 公正証書遺言は、原本が公証人役場に保管されているため、遺言者が正本を破棄しても撤回の効力は生じない。

【問題6】 正解 4

1. **不適切** 遺留分を放棄しても相続を放棄したことにならない。したがって、相続開始前に遺留分を放棄した者でも相続人となる。

2. **不適切** 遺留分を放棄しても相続を放棄したことにならないため、他の相続人の遺留分の額は変化しない。

3. **不適切** 遺留分を算定するための財産の価額に算入される贈与の範囲は、次のとおりである。
   - 相続人以外の者に対する相続開始前1年間の贈与財産
   - 相続人に対する相続開始前10年以内（原則）のもので、特別受益に該当するもの

4. **適 切** 裁判所は、受遺者または受贈者の請求により、これらの者が負担する債務の全部または一部の支払いにつき相当の期限を許与することができる（民法1047条5項）。

【問題7】 （2020年1月 問45）　チェック欄 □□□□□

下記の〈条件〉に基づき、子Ｂさんが、家庭裁判所の判断を経ることなく、遺産分割前に単独で払戻しを請求することができる預貯金債権の上限額として、次のうち最も適切なものはどれか。なお、記載のない事項については考慮しないものとする。

〈条件〉
(1) 被相続人の親族関係図

(2) 被相続人の相続開始時の預貯金債権の額
　　Ｘ銀行：普通預金600万円、定期預金1,500万円
　　Ｙ銀行：定期預金720万円
　　※定期預金はいずれも満期が到来しているものとする。

1．150万円
2．210万円
3．235万円
4．300万円

【問題8】 （2017年1月 問43）　チェック欄 □□□□□

民法における特別受益に関する次の記述のうち、最も適切なものはどれか。

1．特別受益とは、原則として、相続人が被相続人から婚姻、養子縁組のため、または生計の資本として相続開始前10年以内に贈与を受けた財産とされている。
2．共同相続人のなかに被相続人から特別受益を受けた者がいる場合には、被相続人が相続開始時において有した財産の価額にその特別受益の受贈時の価額を加えたものを相続財産とみなす。
3．特別受益者の法定相続分は、相続財産に法定相続割合を乗じた金額に特別受益の価額を加算した金額となる。
4．被相続人が遺言により特別受益の持戻しを免除する旨の意思表示をしていた場合、その意思表示は、遺留分に関する規定に違反しない範囲内で、その効力を有する。

【問題7】　正解　**2**

X銀行：$(600万円 + 1{,}500万円) \times \dfrac{1}{3} \times \dfrac{1}{4} = 175万円$　∴　150万円（上限）

Y銀行：$720万円 \times \dfrac{1}{3} \times \dfrac{1}{4} = 60万円$　∴　60万円

子Bさんが単独で払戻し請求できる預貯金債権の上限額＝150万円＋60万円＝**210万円**

【問題8】　正解　**4**

1．**不適切**　特別受益とは、特定の相続人が被相続人から遺贈を受けた場合や、被相続人から婚姻、養子縁組のため、もしくは生計の資本として生前贈与を受けているときの利益をいう。生前贈与については、10年以内という制限はなく、婚姻、養子縁組、生計の資本として受けた贈与はすべて特別受益に該当する。

2．**不適切**　特別受益は、相続開始時の時価により相続財産に加える。

3．**不適切**　相続開始時に被相続人が有していた財産に特別受益を加えた相続財産の価額に、特別受益者の法定相続割合を乗じた金額から、特別受益の額を控除した金額である。

4．**適　切**　被相続人が持戻しを希望しない旨の意思表示をしている場合には、持戻しを行わない。

2　相続と法律

【問題9】（2020年1月 問44）　　　　　　　　チェック欄□□□□□□
　代償分割に関する次の記述のうち、最も適切なものはどれか。

1．遺産分割にあたって、代償分割により代償財産を交付する場合、代償財産の支払
　　期日や支払方法などを記載した遺産分割協議書を公正証書により作成しなければ
　　ならない。
2．代償分割により交付した代償財産が相続開始前から所有していた不動産であった
　　場合、代償債務を履行したときの時価で譲渡したものとして、当該不動産を交付
　　した者の所得税の課税対象となる。
3．代償分割により取得した代償財産が不動産であった場合、当該不動産の所得税法
　　上の取得費は、代償債務の履行として当該不動産を交付した者の取得費を引き継
　　ぐことになる。
4．代償分割により取得した代償財産が不動産であった場合、当該不動産の所得税法
　　上の取得時期は、代償債務の履行として当該不動産を交付した者の取得時期を引
　　き継ぐことになる。

【問題10】（2022年5月 問45）　　　　　　　　チェック欄□□□□□□
　民法における特別寄与料に関する次の記述のうち、最も適切なものはどれか。

1．特別寄与料の支払を請求することができる特別寄与者は、被相続人の親族以外の
　　者に限られる。
2．相続人が特別寄与者に特別寄与料を支払った場合、相続税の総額に課税標準の合
　　計額に対する当該相続人の課税価格の割合を乗じた額から特別寄与料の額を控除
　　する。
3．特別寄与料の支払について、相続人と特別寄与者の間で協議が調わない場合、特
　　別寄与者は家庭裁判所に対して協議に代わる処分を請求することができるが、そ
　　の申立は相続の開始があったことを知った時から4カ月以内にしなければならな
　　い。
4．特別寄与料は、特別寄与者が被相続人から遺贈により取得したものとみなされ、
　　納付すべき相続税額が算出されるときは、原則として、特別寄与料の額が確定し
　　たことを知った日の翌日から10カ月以内に相続税の申告書を提出しなければなら
　　ない。

第6章　相続・事業承継　基礎編

【問題9】　正解　2

1．不適切　遺産分割協議書の書式に決まりはない。したがって、代償分割をする際の遺産分割協議書を公正証書により作成する必要はない。

2．適　切　代償債務として、従来から所有する土地などを交付した場合、その交付時の価額により譲渡したものとみなされ、譲渡所得として所得税の課税対象となる。

3．不適切　代償分割により取得した代償財産が不動産であった場合、当該不動産の所得税法上の取得費は、その履行時における価額による。取得費を引き継ぐわけではない。

4．不適切　代償分割により取得した代償財産が不動産であった場合、当該不動産の所得税法上の取得時期は、実際の取得時期となる。取得時期を引き継ぐわけではない。

【問題10】　正解　4

1．不適切　特別寄与者は、相続人や相続の放棄をした者等を除いた被相続人の親族である。

2．不適切　相続人が特別寄与者に特別寄与料を支払った場合、当該相続人に係る相続税の課税価格から特別寄与料の額を控除する。

3．不適切　特別寄与者が家庭裁判所に対して協議に代わる処分を請求するためには、特別寄与者が相続の開始および相続人を知った時から6カ月以内、または相続開始の時から1年以内に申立をしなければならない。

4．適　切　特別寄与料は、特別寄与者が被相続人から遺贈により取得したものとみなされ、納付すべき相続税額が算出されるときは、特別寄与料の額が確定したことを知った日の翌日から10カ月以内に相続税の申告書を提出しなければならない。

2　相続と法律

【問題11】（2022年9月　問44）　　　　　　　チェック欄☐☐☐☐☐

　民法における**配偶者居住権**に関する次の記述のうち、最も不適切なものはどれか。

1．被相続人が相続開始時に居住建物を配偶者以外の者と共有していた場合、配偶者は被相続人が所有していた共有持分に応ずる配偶者居住権を取得することができる。
2．配偶者居住権の存続期間は、遺産分割協議等において別段の定めがされた場合を除き、配偶者の終身の間とされている。
3．配偶者が取得した配偶者居住権を第三者に対抗するためには、配偶者居住権の設定の登記をしなければならない。
4．配偶者居住権は、譲渡することはできないが、配偶者は、居住建物の所有者の承諾を得れば、当該居住建物を第三者に使用させることができる。

【問題12】（2021年5月　問44）　　　　　　　チェック欄☐☐☐☐☐

　任意後見制度に関する次の記述のうち、最も不適切なものはどれか。

1．任意後見契約において、複数の者や法人が任意後見受任者となることも可能である。
2．任意後見契約は、その締結後、公証人の嘱託によって登記され、後見登記等ファイルに所定の事項が記録される。
3．任意後見契約は、本人や任意後見受任者などの請求により、家庭裁判所で任意後見監督人が選任された時から、その効力が生じる。
4．任意後見人は、任意後見契約に定めた事項に関する被後見人の法律行為について、代理権および取消権を有する。

第6章　相続・事業承継　基礎編

【問題11】 正解 1

1. **不適切** 被相続人が相続開始時に居住建物を配偶者以外の者と共有していた場合、配偶者は配偶者居住権を取得することができない。
2. **適 切** 配偶者居住権の存続期間は、原則として、配偶者の終身の間である。ただし、遺産分割協議、遺言または家庭裁判所の遺産分割の審判において別段の定めがされた場合は、その定めた期間となる。
3. **適 切** 配偶者居住権の対抗要件は登記である。
4. **適 切** 配偶者居住権は、譲渡することができない。また、配偶者は、居住建物の所有者の承諾を得なければ、居住建物の増改築をし、または第三者に居住建物の使用収益をさせることができない。

【問題12】 正解 4

1. **適 切** なお、法定後見制度においても、成年後見人等は複数の者や法人がなることも可能である。
2. **適 切** なお、法定後見制度における後見・保佐・補助の審判が行われた場合、裁判所書記官の嘱託により、法定後見の登記がされる。
3. **適 切** なお、任意後見監督人の選任の申立権者は、本人、配偶者、4親等内の親族または任意後見受任者である。
4. **不適切** 任意後見契約は、本人選任の任意後見人に対し、精神上障害になった場合、自己の生活、療養看護および財産の管理に関する事務の全部または一部について**代理権**を付与する委任契約である。任意後見人に**同意権や取消権はない**。

2 相続と法律

【**問題13**】（2019年5月 問45）　　　　　　　　　チェック欄□□□□□

　成年後見制度に関する次の記述のうち、最も不適切なものはどれか。

1．成年後見人に選任された者は、遅滞なく成年被後見人の財産の調査に着手し、原則として1カ月以内に、その調査を終了し、かつ、財産目録を作成しなければならない。
2．成年後見人が、成年被後見人に代わって、成年被後見人の居住用不動産の売却や賃貸等をする場合、家庭裁判所の許可を得なければならない。
3．精神上の障害により事理を弁識する能力が不十分である者について、本人の配偶者または4親等内の親族が補助開始の申立てを行う場合、本人の同意は不要である。
4．任意後見契約は、任意後見監督人が選任されるまでは、本人または任意後見受任者が、公証人の認証を受けた書面によっていつでも解除することができる。

第6章

相続・事業承継　基礎編

689

【問題13】 正解 3

1. **適 切** 被後見人の資産（不動産、預貯金、現金、株式、保険金等）、収入（給与、年金等）、負債などを調査し、年間の支出予定もたてたうえ、財産目録および年間収支予定表を作成して、選任から1カ月以内に家庭裁判所に提出しなければならない。

2. **適 切**

3. **不適切** 本人以外が後見等の開始の申立てをする場合、後見・保佐は本人の同意が不要だが、補助は本人の同意が必要となる。

4. **適 切** 任意後見契約は、任意後見監督人が選任されるまでであれば、本人または任意後見受任者が、いつでも公証人の認証を受けた書面によってその契約を解除することができる。

690

3 相続税の課税価格と申告

【問題1】（2021年5月 問46）　　　　　チェック欄☐☐☐☐☐

相続税法における死亡保険金の非課税金額の規定に関する次の記述のうち、最も適切なものはどれか。なお、各選択肢における死亡保険金は、いずれも契約者（＝保険料負担者）および被保険者を被相続人とする生命保険契約に基づくものとし、記載のない事項については考慮しないものとする。

1．被相続人が死亡保険金の一部をリビング・ニーズ特約によって生前に受け取っていた場合に、その受け取った金額のうち、相続財産として相続税の課税対象となった金額については、死亡保険金の非課税金額の規定が適用される。
2．死亡保険金受取人となっている相続人が、遺産分割協議の結果、死亡保険金以外の財産をいっさい取得しなかった場合、その者が受け取った死亡保険金については、死亡保険金の非課税金額の規定が適用されない。
3．死亡保険金受取人となっている相続人が、死亡保険金とともに受け取った積立配当金や払戻しによる前納保険料については、死亡保険金とともに死亡保険金の非課税金額の規定が適用される。
4．死亡保険金受取人となっている相続人が、受け取った死亡保険金について死亡保険金の非課税金額の規定の適用を受けるためには、適用後の相続税の課税価格の合計額が遺産に係る基礎控除額以下であっても、相続税の申告書を提出しなければならない。

第6章 相続・事業承継 基礎編

【問題1】 正解 3

1. **不適切** リビング・ニーズ特約によって生前に受け取った保険金が相続税の課税対象となった場合、本来の相続財産となるため、死亡保険金の非課税金額の規定は適用されない。

2. **不適切** 相続人が死亡保険金を受け取った場合、他の相続財産の取得の有無にかかわらず、死亡保険金の非課税金額の規定が適用される。

3. **適　切** 保険契約に基づき分配を受ける剰余金、割戻しを受ける割戻金および払戻しを受ける前納保険料もみなし相続財産として相続税の課税対象となる。これらを相続人が受け取った場合、非課税金額の規定が適用される。

4. **不適切** 非課税金額の規定の適用に申告要件はないため、非課税金額の規定を適用した後の相続税の課税価格の合計額が遺産に係る基礎控除額以下である場合、相続税の申告書を提出する必要はない。

3　相続税の課税価格と申告

【問題2】（2017年9月 問45）　　　　　　　　　　　チェック欄 □□□□□

相続税の納税義務者と課税財産に関する次の記述のうち、最も適切なものはどれか。なお、各選択肢において、相続人はいずれも個人であり、被相続人から日本国内にある財産（以下、「国内財産」という）および日本国外にある財産（以下、「国外財産」という）を相続により取得したものとする。また、相続時精算課税の適用を受けていないものとし、複数の国籍を有する者はいないものとする。

1．日本国籍を有する被相続人が相続開始時に日本国内に住所を有し、日本国籍を有する相続人が相続による財産取得時の12年前から日本国外に住所を有する場合、相続人が取得した財産のうち国外財産は相続税の課税対象とならない。

2．日本国籍を有する被相続人が相続開始時の12年前から日本国外に住所を有し、日本国籍を有する相続人が相続による財産取得時の6年前から日本国外に住所を有する場合、相続人が取得した国内財産および国外財産はいずれも相続税の課税対象となる。

3．日本国籍を有する被相続人が相続開始時の18年前から日本国外に住所を有し、日本国籍を有する相続人が相続による財産取得時の15年前から日本国外に住所を有する場合、相続人が取得した国内財産および国外財産はいずれも相続税の課税対象とならない。

4．日本国籍を有する被相続人が相続開始時の8年前から日本国外に住所を有し、外国国籍を有する相続人が相続による財産取得時の20年前から日本国外に住所を有する場合、相続人が取得した財産のうち国外財産は相続税の課税対象とならない。

第6章　相続・事業承継　基礎編

693

【問題2】 正解 2

相続税の納税義務者の区分と課税財産の範囲は次のとおり。

区　分			課税財産の範囲
居住無制限納税義務者	財産を取得したときに日本国内に住所を有する者		国内財産・国外財産すべて課税
非居住無制限納税義務者	日本国籍あり	①相続人等または被相続人等のいずれかが、相続開始前10年以内に日本国内に住所を有していたことがある	
	日本国籍なし	②被相続人等が相続開始時に日本国内に住所を有していた	
		③被相続人等が、相続開始時は日本国内に住所を有していないが、相続開始前10年以内に日本国内に住所を有していたことがある	
制限納税義務者	上記以外		国内財産のみに課税

1．**不適切**　相続開始時に被相続人が日本国内に住所を有するため、相続人は非居住無制限納税義務者（①）に該当し、国内財産および国外財産すべてが課税対象となる。

2．**適　切**　相続人が相続開始前10年以内に日本国内に住所を有していたことがあるため、非居住無制限納税義務者（①）に該当し、国内財産および国外財産すべてが課税対象となる。

3．**不適切**　相続人は制限納税義務者に該当し、国内財産のみが課税対象となる。

4．**不適切**　被相続人が、相続開始時は日本国内に住所を有していないが、相続開始前10年以内に日本国内に住所を有していたことがあるため、相続人は非居住無制限納税義務者（③）に該当し、国内財産および国外財産すべてが課税対象となる。

3　相続税の課税価格と申告

【問題3】（2023年1月 問47）　　　　　　　　　　　チェック欄□□□□□

　相続税法上の債務控除に関する次の記述のうち、最も適切なものはどれか。なお、各選択肢において、相続人は日本国内に住所を有する個人であり、相続または遺贈により財産を取得したものとする。

1．相続人が、被相続人の1月1日から死亡日までの所得金額に係る確定申告書を提出して所得税を納付した場合、その所得税額は債務控除の対象とならない。
2．相続人が、相続財産の価額の算定のために要する鑑定費用を支払った場合、その費用は、社会通念上相当な金額であれば、債務控除の対象となる。
3．相続の放棄をした者が、現実に被相続人の葬式費用を負担した場合、その負担額は、その者の遺贈によって取得した財産の価額からの債務控除の対象となる。
4．連帯債務者が2人（弁済不能の状態にある者はいない）である債務について、そのうち1人に相続が開始した場合、相続人が承継する被相続人の連帯債務の負担割合が2分の1であっても、当該連帯債務の全額が債務控除の対象となる。

第6章
相続・事業承継
基礎編

695

【問題3】 正解 3

1. 不適切 被相続人に納税義務がある所得税は債務控除の対象となる。

2. 不適切 相続開始後に発生する費用は債務控除の対象とならない。

3. 適 切 相続を放棄した者でも葬式費用を負担した場合、その負担額は債務控除の対象となる。

4. 不適切 被相続人の連帯債務は、相続発生により法律上当然に分割され、各相続人が法定相続分に応じて承継することになる。連帯債務の負担割合が2分の1の場合などは債務控除も負担している金額となる。

【問題4】（2022年5月 問47改題）

下記は、2023年4月6日（水）に死亡したAさんの親族関係図である。Aさんの相続に関する次の記述のうち、適切なものはいくつあるか。なお、妻Bさん、長男Cさん、長女Dさん、孫Fさん、孫Gさん、弟Hさんは、Aさんから相続または遺贈により財産を取得し、相続税額が算出されるものとする。

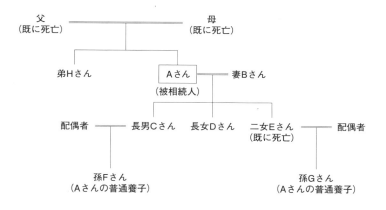

(a) 遺産に係る基礎控除額は、6,000万円である。
(b) 相続税額の2割加算の対象となる者は、孫Fさん、孫Gさん、弟Hさんの3人である。
(c) 長女Dさんの法定相続分は、8分の1である。

1．1つ
2．2つ
3．3つ
4．0（なし）

【問題4】 正解 **1**

(a) 適 切 相続税法上の法定相続人の数には養子の数の算入制限があり、実子がいる場合の養子は1人までとなっている。ただし、代襲相続人が普通養子となっている場合は、算入制限を受けない。したがって、Aさんの相続における相続税法上の法定相続人は、妻B、長男C、長女D、孫F（普通養子）および孫G（代襲相続人である普通養子）の合計5人である。

遺産に係る基礎控除額＝3,000万円＋600万円×5人＝**6,000万円**

(b) 不適切 1親等の血族、1親等の血族の代襲相続人、被相続人の配偶者以外の者は、2割加算の対象者である。ただし、代襲相続人ではない孫が養子である場合は、2割加算の対象となる。したがって、2割加算の対象者は、孫Fおよび弟Hの2人である。

(c) 不適切 （a）より法定相続人は、妻B、長男C、長女D、孫F（普通養子）および孫G（代襲相続人である普通養子）の5人であるが、孫Gは代襲相続人および普通養子の二重身分を有する。したがって、子の相続分を算出する際の人数は5人とするため、長女Dの法定相続分は、10分の1（1/2×1/5）である。

以上より、適切なものは1つであり、正解は**1**となる。

3 相続税の課税価格と申告

【問題5】（2022年9月 問45改題）　　　　　　　　チェック欄 ☐☐☐☐☐

　次の各ケースのうち、相続人が相続税の申告をしなければならないものはいくつあるか。なお、各ケースにおいて、被相続人は2023年中に死亡し、相続人は配偶者と子の合計2人であるものとする。また、相続の放棄をした者はおらず、記載のない事項については考慮しないものとする。

（a）相続開始時に被相続人が所有していた財産は2,000万円（相続税評価額）であるが、そのほかに、契約者（＝保険料負担者）および被保険者を被相続人とする生命保険契約により配偶者が受け取った死亡保険金3,000万円がある場合
（b）相続開始時に被相続人が所有していた財産は3,000万円（相続税評価額）であるが、2021年に子が被相続人から現金1,000万円の贈与を受け、相続時精算課税の適用を受けていた場合
（c）相続開始時に被相続人が所有していた財産は7,000万円（相続税評価額）であるが、配偶者がすべての財産を相続により取得し、「配偶者に対する相続税額の軽減」の適用を受けることにより納付すべき相続税額が算出されない場合

1．1つ
2．2つ
3．3つ
4．0（なし）

第6章
相続・事業承継　基礎編

699

【問題5】 正解 **1**

相続人は配偶者と子の合計2人であるため、遺産に係る基礎控除は次のとおりである。

3,000万円＋600万円×2人＝4,200万円

(a) 申告不要 契約者（＝保険料負担者）および被保険者を被相続人とする生命保険契約により配偶者が受け取った死亡保険金3,000万円は、みなし相続財産として相続税の課税価格に加算されるが、1,000万円(500万円×2人)の非課税金額の適用を受けることができる。

課税価格の合計額：2,000万円＋(3,000万円－1,000万円)＝4,000万円≦4,200万円

以上より、課税価格の合計額が遺産に係る基礎控除額以下であるため、相続税の申告をする必要はない。

(b) 申告不要 相続時精算課税の適用を受けた贈与財産の価額は、相続開始前3年以内の贈与に限らず、相続税の課税価格に加算される。

課税価格の合計額：3,000万円＋1,000万円＝4,000万円≦4,200万円

以上より、課税価格の合計額が遺産に係る基礎控除額以下であるため、相続税の申告をする必要はない。

(c) 申告必要 「配偶者に対する相続税額の軽減」の適用を受けるためには、相続税の申告が必要である。

以上より、相続税の申告をしなければならないものは1つであり、正解は**1**となる。

3　相続税の課税価格と申告

【問題6】（2022年5月 問48）　　　　　　　　　　チェック欄□□□□□

相続税の申告および納付に関する次の記述のうち、最も不適切なものはどれか。

1．相続税の更正の請求は、原則として、法定申告期限から5年以内に限られるが、遺留分侵害額の請求に基づき支払うべき金銭の額が確定したことにより、当初の申告に係る相続税額が過大となったときは、確定したことを知った日の翌日から4カ月以内であれば、法定申告期限から5年を経過していたとしても、更正の請求をすることができる。

2．祖父の相続により財産を取得し、相続税の申告書を提出する必要がある父親が、提出期限前に当該申告書を提出しないで死亡した場合、父親の相続人である子は、原則として、父親の相続の開始があったことを知った日の翌日から10カ月以内に、父親に代わり、祖父の相続に係る当該申告書を提出しなければならない。

3．期限後申告書を提出した者は、その申告書を提出した日の翌日から1カ月以内に当該申告書に記載した納付すべき相続税額と納付すべき相続税額に所定の割合を乗じた無申告加算税を納付しなければならない。

4．相続税額を納期限までに金銭で一時納付することを困難とする事由があり、納付すべき相続税額が10万円を超える場合、所定の手続により、延納が認められるが、分納税額を納付する際に利子税を併せて納付しなければならない。

第6章 相続・事業承継 基礎編

【問題6】 正解 3

1. 適 切 次に掲げる事由による場合、法定申告期限から5年を経過していたとしても、その事由が生じたことを知った日の翌日から4カ月以内であれば更正の請求をすることができる。

・未分割遺産が分割された場合に、その分割により取得した財産に係る課税価格が申告時に民法の相続分により計算した課税価格と異なることとなったこと

・認知、相続人の廃除などにより相続人に異動を生じたこと

・遺留分侵害額の請求があったこと

・遺贈に係る遺言書が発見され、または遺贈の放棄があったこと　など

2. 適 切 相続税の申告書を提出すべき者（本肢では父親）が、その申告書の提出期限前に申告書を提出しないで死亡した場合、死亡した者の相続人（包括受遺者を含む。本肢では子）は死亡した者に代わり、相続税の申告書を提出しなければならない。提出期限は、本来の提出義務者（本肢では父親）の相続開始があったことを知った日の翌日から10カ月以内である。

3. 不適切 期限後申告書を提出した者は、その申告書を提出した日に当該申告書に記載した納付すべき相続税額を納付しなければならない。また、期限後申告書を提出することとなった事由が正当な事由によるものであると認められない場合、納付すべき相続税額に所定の割合を乗じた無申告加算税を納付しなければならない。

4. 適 切 なお、延納ができる期間と延納にかかる利子税の割合については、相続税額の計算の基礎となった財産の価額の合計額のうちに不動産等の価額の占める割合によって決まる。

3　相続税の課税価格と申告

【問題7】（2020年9月 問48）　　　　　　　チェック欄 □□□□□

相続税の税額控除等に関する次の記述のうち、最も不適切なものはどれか。

1．被相続人との婚姻の届出をした者は、その婚姻期間の長短にかかわらず、「配偶者に対する相続税額の軽減」の適用を受けることができるが、婚姻の届出をしていないいわゆる内縁関係にある者はその適用を受けることができない。

2．相続人に被相続人の未成年の養子が複数いる場合、未成年者控除の適用を受けることができる者は、被相続人に実子がいるときは1人まで、実子がいないときは2人までとなる。

3．障害者控除額が障害者である相続人の相続税額から控除しきれない場合、その控除しきれない部分の金額は、その者の扶養義務者で、同一の被相続人から相続または遺贈により財産を取得した者の相続税額から控除することができる。

4．被相続人から生前に贈与を受けた財産について相続時精算課税の適用を受けていた相続人は、その相続税額から相続時精算課税の適用を受けた財産に係る贈与税相当額を控除することができ、相続税額から控除しきれない場合は税額の還付を受けることができる。

第6章　相続・事業承継　基礎編

703

【問題7】 正解 **2**

1. 適　切　「配偶者に対する相続税額の軽減」の適用を受けるためには、法律上の婚姻の届出をしていることが必要であるが、婚姻期間の要件はない。

2. 不適切　相続税法上の法定相続人における養子の算入制限は、未成年者控除の適用対象者の判定には影響を与えないため、法定相続人の数に算入されない養子でも、未成年者控除の適用を受けることができる。

3. 適　切　なお、未成年者控除にも同様の規定がある。すなわち、未成年者控除額をその未成年者の算出相続税額から控除しきれない場合は、控除しきれない金額を、その未成年者の扶養義務者の相続税額から控除することができる。

4. 適　切　なお、暦年課税による贈与により取得した財産について課税された贈与税額を控除する場合、相続税額から控除しきれない税額は還付されない。

704

3　相続税の課税価格と申告

【**問題8**】（2019年9月　問45）　　　　　　　　　　　チェック欄　□□□□□

　相続税の税額控除等に関する次の記述のうち、最も適切なものはどれか。

1．相続開始前3年以内に被相続人から暦年課税による贈与により取得し、相続税の課税価格の計算の基礎となった財産がある場合、相続税額の計算上、当該財産について課された贈与税額を控除することができ、相続税額から控除しきれない場合は税額の還付を受けることができる。

2．被相続人の子が相続の放棄をして相続人が配偶者と直系尊属となった場合、配偶者は、相続または遺贈により取得した財産の額が1億6,000万円または相続税の課税価格の合計額の3分の2相当額のいずれか多い金額までであれば、「配偶者に対する相続税額の軽減」の適用を受けることにより、納付すべき相続税額は算出されない。

3．未成年者控除額が未成年者である相続人の相続税額から控除しきれない場合、その控除しきれない部分の金額は、その者の扶養義務者で、同一の被相続人から相続または遺贈により財産を取得した者の相続税額から控除することができる。

4．被相続人がその相続開始前20年以内に相続税を納付していた場合、当該被相続人から相続または遺贈により財産を取得した相続人の相続税額から当該被相続人が納付した相続税額の一定割合を控除することができる。

第6章 相続・事業承継 基礎編

705

【問題8】 正解 **3**

1. **不適切** 暦年課税による贈与により取得した財産について課税された贈与税額を控除する場合、相続税額から控除しきれない税額は還付されない。なお、相続時精算課税による贈与により取得した財産について課税された贈与税額を控除する場合、相続税額から控除しきれない税額は還付される。

2. **不適切** 配偶者の税額軽減額は、以下の算式により計算する。

相続税の総額 × $\dfrac{①②のいずれか少ない金額}{課税価格の合計額}$

① 課税価格の合計額 × 配偶者の法定相続分（1億6,000万円未満の場合は1億6,000万円）

② 配偶者の課税価格

上記①における法定相続分は、相続放棄をした者がいてもなかったとした場合の相続分をいうため、本問では、相続または遺贈により取得した財産の額が1億6,000万円または相続税の課税価格の合計額の2分の1相当額のいずれか多い金額までであれば、納付すべき相続税額が算出されないことになる。

3. **適 切** なお、障害者控除においても、扶養義務者の相続税額から控除することができるという同様の制度がある。

4. **不適切** 被相続人がその相続開始前10年以内に相続税を納付していた場合、当該被相続人から相続または遺贈により財産を取得した相続人の相続税額から当該被相続人が納付した相続税額の一定割合を控除することができる。これを相次相続控除という。

3　相続税の課税価格と申告

【問題9】（2021年5月　問47）　　　　　　　　チェック欄 ☐☐☐☐☐

　相続税の延納および物納に関する次の記述のうち、最も適切なものはどれか。

1．延納税額が100万円を超える場合、延納の許可を受けるにあたって、相続または
　遺贈により取得した財産のなかから、延納税額および利子税の額に相当する価額
　の財産を担保として提供しなければならない。
2．物納に充てることができる財産は、相続税の課税価格の計算の基礎となった財産
　であるが、その種類による申請順位があり、不動産は第1順位、国債や地方債、
　上場株式は第2順位、動産は第3順位とされている。
3．物納の許可限度額を超える価額の財産による物納が許可された場合に、許可に係
　る相続税額よりも物納許可財産の収納価額が上回ることとなったときには、差額
　が金銭により還付される。
4．相続税の延納の許可を受けた者が、その後の資力の変化等により延納を継続する
　ことが困難となった場合、相続税の申告期限から5年以内に限り、その納付を困
　難とする金額を限度として、納付方法を物納に変更することができる。

第6章

相続・事業承継　基礎編

707

【問題9】 正解 3

1. **不適切** 担保に充てることができる財産は、相続人の固有財産や共同相続人または第三者が所有する財産も含まれる。相続または遺贈により取得した財産に限らない。

2. **不適切** 物納申請財産は、次に掲げる財産および順位で、その所在が日本国内になければならない。

   第1順位 不動産、船舶、**国債証券、地方債証券、上場株式等**※

   第2順位 **非上場株式等**※

   第3順位 動産

   ※ 特別の法律により法人の発行する債券および出資証券を含み、短期社債等を除く。

3. **適 切** なお、還付された金銭は、通常の資産の譲渡と同様に譲渡所得として所得税の課税対象となる。

4. **不適切** 延納の許可を受けた相続税額について、その後に延納条件を履行することが困難となった場合は、相続税の申告期限から**10年以内**に限り、分納期限が未到来の税額部分について、延納から物納への変更を行うことができる。

3　相続税の課税価格と申告

【問題10】（2017年9月　問48改題）　　　　　　　　　　チェック欄 ☐☐☐☐☐

相続税の物納に関する次の記述のうち、最も不適切なものはどれか。

1．2023年5月に開始した相続に係る相続税の課税価格計算の基礎となった財産のうち、物納財産として申請することができる財産が上場株式と物納劣後財産である不動産であった場合、原則として上場株式を優先して物納申請することになる。
2．建築基準法上の道路に2m以上接していない土地は、物納劣後財産として取り扱われ、ほかに物納に充てるべき適当な価額の土地がある場合は、原則として物納に充てることができない。
3．被相続人から相続時精算課税の適用を受ける贈与により取得し、相続税の課税価格計算の基礎となった財産のうち、相続開始前3年以内に贈与を受け、かつ、相続開始時に相続人が現に所有しているものについては、他の要件を満たせば、物納に充てることができる。
4．物納の許可限度額を超える価額の財産による物納が許可された場合に、許可に係る相続税額よりも物納許可財産の収納価額が上回ることとなったときには、差額が金銭により還付される。

【問題11】（2018年9月　問46）　　　　　　　　　　　チェック欄 ☐☐☐☐☐

相続税の物納に関する次の記述のうち、最も不適切なものはどれか。

1．物納財産として申請することができる財産は、相続または遺贈により取得した財産とされ、相続開始前3年以内に被相続人から暦年課税による贈与により取得した財産は、相続税の課税価格の計算の基礎となった財産であっても、物納に充てることができない。
2．物納に充てることができる財産には、その種類による申請順位があり、不動産や上場株式は第1順位、非上場株式は第2順位、動産は第3順位とされている。
3．物納の許可限度額を超える価額の財産による物納が許可された場合に、許可に係る相続税額よりも物納許可財産の収納価額が上回ることとなったときには、差額が金銭により還付される。
4．相続税の延納の許可を受けた者が、その後の資力の変化等により物納に変更する場合において、相続税額の計算上、「小規模宅地等についての相続税の課税価格の計算の特例」の適用を受けている財産は、物納に充てることができない。

第6章　相続・事業承継　基礎編

【問題10】　正解　**3**

　物納に充てることのできる財産の種類と順位は、納付すべき相続税額の課税価格計算の基礎となった相続財産のうち、原則として、下表に掲げる財産の種類と順位による。なお、物納劣後財産を含めた申請の順位は、①から⑤の順である。

順位	物納に充てることのできる財産の種類
第1順位	①不動産、船舶、国債証券、地方債証券、上場株式等
	②不動産および上場株式のうち物納劣後財産に該当するもの
第2順位	③非上場株式等
	④非上場株式のうち物納劣後財産に該当するもの
第3順位	⑤動産

1．**適　切**　物納財産として申請できる財産が上場株式（①）と物納劣後財産である不動産（②）であった場合、原則として、上場株式を優先して物納申請する。
2．**適　切**　建築基準法上の道路に2m以上接していない土地は、「法令の規定に違反して建築された建物及びその敷地」として物納劣後財産（②）となる。物納に充てるべき適当な価額の土地（①）がある場合、原則として、物納劣後財産は物納に充てることができない。
3．**不適切**　相続時精算課税適用財産は物納に充てることができない。
4．**適　切**　なお、還付された金銭については、原則として、譲渡所得として所得税の課税対象となる。

【問題11】　正解　**1**

1．**不適切**　生前贈与加算の対象になった財産は、物納に充てることができる。
2．**適　切**　なお、社債、証券投資信託・貸付信託の受益証券、投資証券等のうち上場されているものも第1順位の財産である。
3．**適　切**　なお、金銭により還付される金額に相当する部分の財産については、通常の資産の譲渡と同様に譲渡所得の課税対象になるが、国に対する譲渡に該当するため、土地の場合には、税額の軽減措置が適用される。
4．**適　切**　特定物納制度では、管理処分不適格財産および相続税の課税価格計算の特例（「小規模宅地等についての相続税の課税価格の計算の特例」など）を受けている財産は物納に充てることができない（租税特別措置法69条の4第8項）。

4 財産の評価（宅地）

【問題1】（2013年1月 問49）　　　　　　　　チェック欄☐☐☐☐☐

土地等の使用貸借に関する次の記述のうち、最も不適切なものはどれか。

1. 子が親から借地権を無償で借りて、親の借地上に子が自宅を建てた場合、「借地権の使用貸借に関する確認書」を所轄の税務署長に提出し、使用貸借の事実が確認されないと、その実態に応じて親から子に借地権の贈与があったものとして贈与税が課税される場合がある。
2. 子が親から借地権を無償で借りて、親の借地上に子が貸家を建てた場合、「借地権の使用貸借に関する確認書」を所轄の税務署長に提出すると、親の所有する借地権は貸家建付借地権として評価される。
3. 親の借地権がある土地の底地を子が地主から購入して、親が無償で子から土地を借りる場合、「借地権者の地位の変動がない旨の申出書」を所轄の税務署長に提出しないと、親から子に借地権の贈与があったものとして贈与税が課税される。
4. 親が自己所有の土地に建物を建築して第三者に賃貸していたが、親は子に建物だけを贈与して、子は使用貸借で親から土地を借り、建物は従前と同じ第三者に賃貸していた場合、親の土地は貸家建付地として評価される。

第6章 相続・事業承継 基礎編

【問題1】 正解 2

1. 適 切 親の借地に子が自宅を建築し権利金や地代を支払うことなく無償で使用した場合には、借地権の使用貸借となる。税務署に「借地権の使用貸借に関する確認書」を提出すれば借地権の贈与の認定課税を防ぐことができる。この確認書を提出しないと実態に応じて、親から子に借地権の贈与があったものとして贈与税が課税される。

2. 不適切 設問の場合、親の借地権は他人に賃貸している借地権の評価額（貸家建付借地権）ではなく、自分で使っている借地権の評価額となる。

3. 適 切 親が借地している土地の所有権（底地部分）を地主から子が買い取り、親から子に地代の支払いがない場合は使用貸借となる。子が土地を買い取ったときに、親の所有していた借地権は、子に贈与されたと考えられるため贈与税がかかるが、子が地主になった後も引き続き借地権者は親であるとする「借地権者の地位に変更がない旨の申出書」を子の住所地の所轄税務署長に提出したときは、贈与税は課税されない。

4. 適 切 貸家とその敷地を所有する親が建物のみを子に贈与し、敷地を使用貸借で子に貸し付ける場合、敷地の評価は贈与前後で借家人に異動があったかどうかにより異なる。建物の贈与前、親と借家人との間で締結された賃貸借契約に基づき、借家人は敷地利用権を有しているが、敷地利用権は建物が第三者に譲渡された場合でも侵害されるものではない。子が使用貸借で土地を借りていても借家人の敷地利用権まで変更されたとはいえず、その敷地は引き続き処分や利用が制限されるので、自用地としての評価額から相応の減額を行うのが当然であり貸家建付地として評価する。一方、贈与後に借家人が変わると自用地評価となってしまう。

4 財産の評価（宅地）

【問題2】（2021年9月 問49）　　　　　　　　チェック欄 □□□□□

「小規模宅地等についての相続税の課税価格の計算の特例」（以下、「本特例」という）に関する次の記述のうち、**最も適切なもの**はどれか。なお、**各選択肢において、ほかに必要とされる要件等はすべて満たしている**ものとする。

1．特定居住用宅地等（300㎡）、特定事業用宅地等（430㎡）の2つの宅地を相続により取得した場合、2つの宅地の面積の合計が730㎡以下となるため、2つの宅地のすべての面積について本特例の適用を受けることができる。
2．被相続人の居住の用に供されていた宅地を被相続人の親族でない者が遺贈により取得した場合、その者が被相続人と同居していた等の所定の要件を満たせば、当該宅地は特定居住用宅地等として本特例の適用を受けることができる。
3．被相続人の居住の用に供されていた宅地を被相続人と同居していた被相続人の子が相続により取得した場合であっても、その子が相続開始前3年以内に国内にあるその者またはその者の配偶者の所有する家屋に居住したことがあれば、当該宅地は特定居住用宅地等として本特例の適用を受けることはできない。
4．被相続人の居住の用に供されていた宅地について、配偶者居住権を設定し、被相続人と同居していた配偶者が配偶者居住権に基づく敷地利用権を、同じく同居していた子がその敷地所有権を相続により取得した場合、敷地利用権と敷地所有権の双方について、特定居住用宅地等として本特例の適用を受けることができる。

第6章 相続・事業承継 基礎編

713

【問題2】 正解 4

1. 不適切 特定居住用宅地等については限度面積330㎡以内であるため、300㎡全体に適用を受けることができるが、特定事業用宅地等については限度面積400㎡を超えているため、超えた30㎡については適用を受けることができない。したがって、2つの宅地の面積のうち700㎡までの部分について本特例の適用を受けることができる。

2. 不適切 本特例の適用を受けることができる宅地の取得者は、被相続人の親族に限られる。

3. 不適切 被相続人の居住の用に供されていた宅地を被相続人と同居していた被相続人の子が相続により取得し、本特例の適用を受ける場合、相続税の申告期限まで当該宅地を所有していればよい。なお、相続開始前3年以内に国内にあるその者またはその者の配偶者の所有する家屋に居住したことがある場合に本特例の適用を受けることができないのは、非同居親族である。

4. 適 切 配偶者居住権に基づく敷地利用権および配偶者居住権が設定されている敷地所有権とも、本特例の適用を受けることができる。

4 財産の評価（宅地）

【問題3】 （2021年1月 問48改題）　　　　　　　　　　チェック欄 ☐☐☐☐☐

　2023年10月に死亡したAさんが所有し、長男Bさんが相続により取得した甲土地および乙土地の概要は、下記のとおりである。甲土地および乙土地に対する「小規模宅地等についての相続税の課税価格の計算の特例」の取扱いに関する次の記述のうち、最も適切なものはどれか。なお、ほかに必要とされる要件等はすべて満たしているものとする。

〈甲土地の概要〉

・Aさんが所有して居住の用に供していた自宅の敷地（200㎡）である。
・Aさんの配偶者は既に死亡しており、AさんはAさんの姉と2人で暮らしていた。
・長男Bさんは、20年前から賃貸マンション（長男Bさんの親族以外の個人が所有）に居住しており、これまでに自己または自己の配偶者が持家を取得したことはない。
・長男Bさんは、相続した甲土地を相続税の申告期限まで保有している。
・自宅の建物の相続開始時の価額は350万円で、甲土地の相続開始時の価額は2,000万円である。

〈乙土地の概要〉

・Aさんが長男Bさんとともに営んでいた飲食店の敷地（200㎡）である。
・Aさんは、飲食店の建物およびその敷地である乙土地を2022年10月に購入し、事業を開始した。
・長男Bさんは、相続した飲食店を相続税の申告期限まで引き続き営んでいる。
・長男Bさんは、相続した乙土地を相続税の申告期限まで保有している。
・飲食店の建物の相続開始時の価額は300万円で、乙土地の相続開始時の価額は1,000万円である。

1．甲土地は特定居住用宅地等に該当し、乙土地は特定事業用宅地等に該当する。
2．甲土地は特定居住用宅地等に該当し、乙土地は特定事業用宅地等に該当しない。
3．甲土地は特定居住用宅地等に該当せず、乙土地は特定事業用宅地等に該当する。
4．甲土地は特定居住用宅地等に該当せず、乙土地は特定事業用宅地等に該当しない。

【問題3】　正解　1

・甲土地について

　相続開始の直前において被相続人の居住の用に供されていた宅地で、次の要件をすべて満たす被相続人の非同居親族が相続により取得したものは、特定居住用宅地等とされる。

① 　居住制限納税義務者または非居住制限納税義務者のうち日本国籍を有しない者ではないこと。

② 　被相続人に配偶者がいないこと。

③ 　相続開始の直前において被相続人の居住の用に供されていた家屋に居住していた被相続人の相続人（相続の放棄があった場合には、その放棄がなかったものとした場合の相続人）がいないこと。

④ 　相続開始前3年以内に日本国内にある取得者、取得者の配偶者、取得者の3親等内の親族または取得者と特別の関係がある一定の法人が所有する家屋（相続開始の直前において被相続人の居住の用に供されていた家屋を除く）に居住したことがないこと。

⑤ 　相続開始時に、取得者が居住している家屋を相続開始前のいずれの時においても所有していたことがないこと。

⑥ 　その宅地等を相続開始時から相続税の申告期限まで有していること。

　Aさんの配偶者は既に死亡していること（上記②）、Aさんの相続人ではないAさんの姉と同居していたこと（上記③）、長男Bさんは20年前から賃貸マンション（長男Bさんの親族以外の個人が所有）に居住しており、これまでに自己または自己の配偶者が持ち家を取得したことがないこと（上記④）その他必要とされる要件を満たしていることより、長男Bさんが取得した**甲土地は特定居住用宅地等**とされる。

・乙土地について

　相続開始の直前において被相続人等の事業（不動産貸付業、駐車場業、自転車駐車場業および準事業を除く）の用に供されていた宅地（その相続の開始前3年以内に新たに事業の用に供された宅地等（以下「3年以内事業宅地等」という）を除く）で、次の④および回の要件に該当する被相続人の親族が相続により取得したものは、特定事業用宅地等とされる。

④ 　その宅地等の上で営まれていた被相続人の事業を相続税の申告期限までに引き継ぎ、かつ、その申告期限までその事業を営んでいること。

回 　その宅地等を相続税の申告期限まで有していること。

　また、相続開始前3年以内に新たに事業の用に供された宅地等であっても、一定の規模以上の事業を行っていた被相続人等の事業の用に供された宅地等については、3年以内事業宅地等に該当しない。この「一定の規模以上の事業」とは、次の算式を満たす場合におけるその事業をいう。

　事業の用に供されていた宅地等の上に存する建物等のうち

$$\frac{被相続人等が有していたものの相続開始時の価額の合計額}{新たに事業の用に供された宅地等の相続開始時の価額} \geq 15\%$$

　Aさんが営んでいた飲食店を、長男Bさんは申告期限まで引き続き営んでいること（上記④）、長男Bさんは相続した乙土地を相続税の申告期限まで保有していること（上記回）、相続開始前3年以内に新たに事業の用に供された宅地等であるが、次のとおり一定の規模以上の事業を行っていることから、長男Bさんが取得した**乙土地は特定事業用宅地等**とされる。

$$\frac{300万円（飲食店の建物の価額）}{1000万円（乙土地の価額）} \times 100 = 30\% \geq 15\%$$

【問題4】 (2023年1月　問48)　チェック欄 ☐☐☐☐☐

Ａさんは、父親から建物の敷地となっている下記のＸ土地、Ｙ土地、Ｚ土地（借地権）を相続により取得した。Ｘ土地、Ｙ土地、Ｚ土地（借地権）の相続税評価額の合計額として、次のうち最も適切なものはどれか。

Ｘ土地	・Ａさんは、父親から固定資産税程度の地代で借り受けているＸ土地に自宅を建築して居住していた。 ・Ｘ土地の自用地評価額は2,500万円、借地権割合は60％、借家権割合は30％である。
Ｙ土地	・Ａさんの父親は貸家とその敷地であるＹ土地のうち、貸家のみをＡさんに贈与したが、Ａさんとの間で地代等の収受は行われていない。 ・貸家には賃借人Ｂさんが Ａさんの父親から Ａさんへ貸家の贈与前から現在まで居住（入居率100％）している。 ・Ｙ土地の自用地評価額は2,000万円、借地権割合は60％、借家権割合は30％である。
Ｚ土地 （借地権）	・Ａさんの父親は第三者であるＣ株式会社からＺ土地を通常の地代で借り受けていたが、権利金は支払っていない。Ｚ土地については「土地の無償返還に関する届出書」が税務署長に提出されている。 ・Ａさんの父親はＺ土地にアパートを建築して、第三者に賃貸（入居率100％）していた。 ・Ｚ土地の自用地評価額は4,000万円、借地権割合は60％、借家権割合は30％である。

1. 2,640万円
2. 3,300万円
3. 4,140万円
4. 5,820万円

【問題4】 正解 3

① X土地

　Aさんは父親から固定資産税程度の地代で借り受けているため、使用貸借となる。したがって、X土地は自用地として評価される。

　相続税評価額＝**2,500万円**

② Y土地

　Aさんの父親からAさんへ貸家の贈与前から賃借人Bさんが貸家に居住しているため、Y土地は貸家建付地として評価される。

　相続税評価額＝自用地評価額×（1 －借地権割合×借家権割合×賃貸割合）

　＝2,000万円×（1－60%×30%×100%）＝**1,640万円**

③ Z土地（借地権）

　父親はC株式会社に対して権利金を支払っておらず、「土地の無償返還に関する届出書」を提出しているため、借地権の評価額はゼロとなる。

　相続税評価額＝**0円**

④ X土地、Y土地、Z土地（借地権）の相続税評価額の合計額

　①＋②＋③＝**4,140万円**

4 財産の評価（宅地）

【問題5】（2022年9月 問49）　　　　　　　　　　　チェック欄 □□□□□

　「小規模宅地等についての相続税の課税価格の計算の特例」（以下、「本特例」という）に関する次の記述のうち、**最も不適切なもの**はどれか。なお、**各選択肢において、ほかに必要とされる要件等はすべて満たしているものとする。**

1．被相続人であるＡさんの居住の用に供されていた宅地を、相続開始の直前においてＡさんと同居していたＡさんの子Ｂさんが相続により取得した場合、子Ｂさんが相続開始前3年以内に子Ｂさんまたは子Ｂさんの配偶者の所有する家屋に居住したことがあったとしても、当該宅地は特定居住用宅地等として本特例の適用を受けることができる。

2．被相続人であるＣさんの居住の用に供されていた宅地を、相続開始直前においてＣさんと同居していた内縁の妻Ｄさんが遺贈により取得した場合、当該宅地は特定居住用宅地等として本特例の適用を受けることができない。

3．被相続人であるＥさんが5年前から自転車駐車場業の用に供していた宅地は、その貸付規模、設備の状況および営業形態を問わず、本特例における貸付事業用宅地等の対象とならない。

4．被相続人であるＦさんが有料老人ホームに入所したことで、Ｆさんの居住の用に供されなくなった宅地を、入所前に同居し、引き続き居住しているＦさんの子Ｇさんが相続により取得した場合に、相続開始の直前においてＦさんが要介護認定または要支援認定を受けているときは、当該宅地は特定居住用宅地等として本特例の適用を受けることができる。

第6章

相続・事業承継 基礎編

719

【問題5】 正解 3

1. 適 切 「相続開始前3年以内に日本国内にあるその者またはその者の配偶者が所有する家屋に居住したことがないこと」という要件が必要なのは、非同居親族が宅地を取得した場合である。本肢において、子Bさんは被相続人Aさんと同居していたため、当該要件を満たす必要はない。

2. 適 切 内縁関係にある者は、特定居住用宅地等として本特例の適用を受けることができる配偶者に該当しない。入籍していることが必要である。

3. 不適切 貸付事業とは、相続開始の直前において被相続人等の不動産貸付業、駐車場業、自転車駐車場業および事業と称するに至らない不動産の貸付けその他これに類する行為で相当の対価を得て継続的に行う準事業のことをいい（租税特別措置法施行令第40条の2第1項第7項）、その規模、設備の状況および営業形態等を問わない（租税特別措置法基本通達69の4−13）。したがって、被相続人Eさんが5年前から自転車駐車場業の用に供していた宅地は、本特例のおける貸付事業用宅地等の対象となる。

4. 適 切 被相続人が老人ホームに入居し、相続開始の直前において被相続人の居住の用に供されていない宅地は、原則として、特定居住用宅地等に該当しない。ただし、要介護認定または要支援認定を受けて入居している場合は、他の要件を満たすことにより、特定居住用宅地等に該当する。本肢のFさんが、要介護認定または要支援認定を受けて老人ホームに転居している場合、Fさんの転居前から同居していた子Gさんが取得したFさんの居住の用に供されていた宅地は、本特例の適用を受けることができる。

4　財産の評価（宅地）

【問題6】（2020年9月　問49）　　　　　　　　　　チェック欄□□□□□

「小規模宅地等についての相続税の課税価格の計算の特例」（以下、「本特例」という）に関する次の記述のうち、**最も適切なもの**はどれか。なお、各選択肢において、ほかに必要とされる要件等はすべて満たしているものとする。

1．被相続人の事業の用に供されていた宅地を被相続人の配偶者が相続により取得した場合、その配偶者が当該宅地を相続税の申告期限までに売却したとしても、当該宅地は特定事業用宅地等として本特例の適用を受けることができる。

2．被相続人の居住の用に供されていた宅地を被相続人の親族でない者が遺贈により取得した場合、その者が相続開始の直前において被相続人と同居していたときは、当該宅地は特定居住用宅地等として本特例の適用を受けることができる。

3．被相続人が発行済株式総数の全部を有する法人の事業の用に供されていた宅地を被相続人の親族が相続により取得した場合、その親族が相続開始の直前において当該法人の役員でなければ、当該宅地は特定同族会社事業用宅地等として本特例の適用を受けることはできない。

4．被相続人の貸付の用に供されていた宅地を被相続人の親族が相続により取得した場合、その宅地が建物または構築物の敷地の用に供されているものでなければ、当該宅地は貸付事業用宅地等として本特例の適用を受けることはできない。

第6章

相続・事業承継　基礎編

721

【問題6】　正解　**4**

1．不適切　被相続人の事業の用に供されていた宅地を被相続人の配偶者が相続により取得した場合、その配偶者が当該宅地を特定事業用宅地等として本特例の適用を受けるためには、当該宅地を相続税の申告期限まで所有していなければならない。なお、事業の継続も必要である。

2．不適切　小規模宅地等の取得者は、被相続人の親族に限られる。

3．不適切　被相続人が発行済株式総数の全部を有する法人の事業の用に供されていた宅地を被相続人の親族が相続により取得した場合、当該宅地を特定同族会社事業用宅地等として本特例の適用を受けるためには、その親族が相続税の申告期限において当該法人の役員であればよい。

4．適　切　建物または構築物の敷地の用に供されていない宅地等（青空駐車場等）は、本特例の適用対象とならない。

4　財産の評価（宅地）

【問題7】（2021年5月　問49）　　　　　　　　　　チェック欄□□□□□

　取引相場のない株式の相続税評価に関する次の記述のうち、最も適切なものはどれか。

1．類似業種比準方式において、3つの比準要素の金額のうち、いずれか1つがゼロである場合、類似業種比準価額の計算上、比準割合を算出する際の分母は「2」となる。

2．類似業種比準方式において、直前期末を基準にして計算した3つの比準要素の金額がいずれもゼロである場合、原則として、直前々期末を基準にして計算した比準要素の金額により類似業種比準価額を算出する。

3．純資産価額方式において、評価会社が課税時期前3年以内に取得した家屋がある場合、純資産価額（相続税評価額）の計算上、当該家屋の相続税評価額は、原則として、取得価額によって評価する。

4．配当還元方式において、評価会社が直前期末以前2年間において無配である場合、配当還元価額の計算上、1株（50円）当たりの年配当金額は2円50銭とする。

第6章

相続・事業承継　基礎編

723

【問題7】 正解 **4**

1. **不適切** 類似業種比準方式において、3つの比準要素の金額のうち、いずれか1つがゼロであっても、比準割合を算出する際の分母は「3」のままである。

2. **不適切** 類似業種比準方式において、直前期末を基準にして計算した3つの比準要素の金額がいずれもゼロである場合、当該評価会社は「開業後3年未満の会社等」とされ、会社の規模区分にかかわらず、純資産価額により評価する。

3. **不適切** 評価会社が所有する各資産を評価する場合、その資産の中に、課税時期前3年以内に取得または新築した土地等または建物等があるときは、これらの価額は**通常の取引価額**により評価する。

4. **適 切** 配当還元価額の計算上、1株（50円）当たりの年配当金額は、類似業種比準方式における1株（50円）当たりの年配当金額と同様に計算するが、これが2円50銭未満または無配である場合、2円50銭として計算する。

724

4 財産の評価（宅地）

【問題8】（2021年5月 問48）　　　　　　チェック欄 ☐☐☐☐☐☐

　非上場会社であるX株式会社（以下、「X社」という）の同族関係者であるA～H の所有株式数等は、下記のとおりである。E、F、Gがそれぞれ中心的な同族株主に該当するか否かの判定に関する次の記述のうち、最も適切なものはどれか。なお、発行済株式総数は100株であり、X社株式はすべて議決権を有する普通株式である。

株主	株主Aとの関係	X社における地位	所有株式数
A	本人	代表取締役社長	30株
B	妻	なし	10株
C	父	代表取締役会長	20株
D	長男	取締役営業部長	10株
E	弟	なし	3株
F	叔父（Cの弟）	なし	3株
G	甥（Eの長男）	経理部長	3株
H	妹婿	監査役	10株
I	―	従業員持株会	11株

1．E、F、Gは、いずれも中心的な同族株主に該当しない。
2．FおよびGは中心的な同族株主に該当し、Eは中心的な同族株主に該当しない。
3．EおよびFは中心的な同族株主に該当し、Gは中心的な同族株主に該当しない。
4．EおよびGは中心的な同族株主に該当し、Fは中心的な同族株主に該当しない。

【問題8】 正解 **4**

　中心的な同族株主とは、同族株主の1人並びにその株主の配偶者、直系血族、兄弟姉妹および1親等の姻族（子の配偶者、配偶者の親）の有する議決権の合計数が、その会社の議決権総数の25％以上である場合におけるその株主をいう。

　A～Hの親族関係図は、次のとおり。

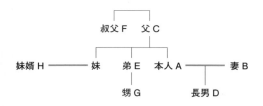

① Eについて

　　Eに関係する者は直系血族のC、Gと兄弟姉妹のAである。

　　3株（E）＋20株（C）＋3株（G）＋30株（A）＝56株

　　56株÷100株×100＝56％≧25％　　∴　Eは中心的な同族株主に該当する。

② Fについて

　　Fに関係する者は兄弟姉妹のCである。

　　3株（F）＋20株（C）＝23株

　　23株÷100株×100＝23％＜25％　　∴　Fは中心的な同族株主に該当しない。

③ Gについて

　　Gに関係する者は直系血族のC、Eである。

　　3株（G）＋20株（C）＋3株（E）＝26株

　　26株÷100株×100＝26％≧25％　　∴　Gは中心的な同族株主に該当する。

　したがって、適切な選択肢は**4**である。

5 相続・事業承継対策

【問題１】 (2022年５月 問50) チェック欄☐☐☐☐☐

「非上場株式等についての贈与税の納税猶予及び免除の特例（特例措置）」（以下、「本特例」という）に関する次の記述のうち、最も不適切なものはどれか。

1．自ら使用していない不動産の保有割合が総資産の総額の70％以上である資産保有型会社に該当する場合、原則として、本特例の適用を受けることはできないが、常時使用する従業員の数が５名（受贈者およびその者と生計を一にする親族を除く）を超えなければ、本特例の適用を受けることができる。
2．後継者である受贈者は、贈与の時において、会社の代表権を有していること、取締役や監査役等の役員等の就任から３年以上経過していること等の要件を満たす必要がある。
3．本特例の適用を受けるためには、贈与税の申告書の提出期限までに、納税が猶予される贈与税額と利子税の額に相当する担保を提供する必要があるが、本特例の適用を受ける非上場株式等のすべてを担保として提供した場合には、当該贈与税額および利子税の額に相当する担保が提供されたものとみなされる。
4．贈与者が死亡した場合、本特例の適用を受けた非上場株式等は、相続または遺贈により取得したものとみなして、贈与時の価額により相続税の課税価格に算入されるが、所定の要件を満たせば、相続税の納税猶予及び免除の特例の適用を受けることができる。

第6章 相続・事業承継 基礎編

【問題1】 正解 1

1. **不適切** 本特例の適用を受けるためには、会社が上場会社や一定の資産管理会社等に該当しないことが必要である。資産管理会社とは、有価証券、自ら使用していない不動産、現預金等（特定資産）の保有割合が総資産の総額の70％以上の会社（資産保有型会社）や、特定資産からの運用収入が総収入金額の75％以上の会社（資産運用型会社）をいう。ただし、事業実態要件（①親族外従業員数が5人以上②事務所を所有しまたは賃借していること③商品販売等を3年以上おこなっていること）をすべて満たす場合には本特例を適用できる。したがって、本肢の資産保有型会社が本特例を適用するためには事業実態要件を満たさなければ適用できない。

2. **適 切** なお、「非上場株式等についての相続税の納税猶予及び免除の特例」における後継者は、相続開始の直前において、会社の役員であることの要件を満たす必要があるが、被相続人が70歳未満で死亡した場合等では、役員でなくても適用を受けることができる。

3. **適 切** 本特例の適用を受けるためには、納税が猶予される贈与税額および利子税の額に見合う担保を提供しなければならない。この担保として、本特例の適用を受ける非上場株式等のすべてを提供した場合は、納税が猶予される贈与税額および利子税の額に見合う担保の提供があったものとみなされる。

4. **適 切** 贈与者が死亡した場合、本特例の適用を受けた非上場株式等は、相続等により取得したものとみなして、贈与時の価額により相続税の課税価格に算入される。なお、一定の要件を満たせば、相続税の納税猶予の特例の適用を受けることができる。

5 相続・事業承継対策

【問題2】(2021年1月 問47改題) チェック欄 ☐☐☐☐☐

証券会社を通じて購入した上場株式であるＸ社株式を1,000株所有しているＡさんが、2023年５月14日に死亡した。Ａさんの相続において、下記の〈Ｘ社株式の終値〉から算出されるＸ社株式（1,000株）の相続税評価額として、次のうち最も適切なものはどれか。

なお、Ｘ社株式の権利落ちや配当落ちはないものとし、記載のない事項については考慮しないものとする。

〈Ｘ社株式の終値〉

2023年５月14日の終値	4,000円
2023年５月の毎日の終値の月平均額	4,100円
2023年４月の毎日の終値の月平均額	4,200円
2023年３月の毎日の終値の月平均額	3,800円
2023年２月の毎日の終値の月平均額	3,600円
2023年１月の毎日の終値の月平均額	3,700円
2023年の毎日の終値の年平均額	3,500円
2022年の毎日の終値の年平均額	3,700円
2023年12月以前２年間の毎日の終値の平均額	3,600円

1．350万円
2．360万円
3．370万円
4．380万円

第6章

相続・事業承継 基礎編

729

【問題2】 正解 4

上場株式の相続税評価額は、次の①～④のうち、最も低い価額で評価する。

① 課税時期（死亡日または贈与日）の最終価格⇒4,000円

② 課税時期の属する月の毎日の最終価格の月平均額⇒4,100円

③ 課税時期の属する月の前月の毎日の最終価格の月平均額⇒4,200円

④ 課税時期の属する月の前々月の毎日の最終価格の月平均額⇒3,800円

よって、最も低い価額は④になるため3,800円×1,000株＝**380万円**となる。

5 相続・事業承継対策

【問題3】 (2021年9月 問50改題) チェック欄☐☐☐☐☐

「個人の事業用資産についての贈与税の納税猶予及び免除」(以下、「本制度」という)に関する次の記述のうち、最も不適切なものはどれか。

1. 先代事業者である贈与者は、贈与の日において60歳以上であること、贈与の日の属する年、その前年およびその前々年の確定申告書を青色申告書により提出していること等の要件を満たす必要がある。

2. 後継者である受贈者は、贈与の日において18歳以上であること、贈与の日まで引き続き3年以上にわたり特定事業用資産に係る事業に従事していたこと等の要件を満たす必要がある。

3. 特定事業用資産のうち、宅地等は400㎡以下の部分、建物は床面積800㎡以下の部分が本制度の対象となる。

4. 後継者が特例受贈事業用資産に係る事業を廃止した場合には、やむを得ない理由がある場合等を除き、納税が猶予されている贈与税の全額と利子税を併せて納付する必要がある。

【問題4】 (2020年1月 問50) チェック欄☐☐☐☐☐

会社法における特別支配株主の株式等売渡請求制度(以下、「本制度」という)に関する次の記述のうち、最も不適切なものはどれか。

1. 本制度における特別支配株主とは、株式会社の総株主の議決権の10分の9(これを上回る割合を当該株式会社の定款で定めた場合はその割合)以上を有する株主とされる。

2. 特別支配株主は、本制度による所定の手続を経ることによって、他の株主が有する対象会社の株式を、他の株主の承諾の有無にかかわらず、金銭を対価として取得することができる。

3. 取締役会設置会社である対象会社が本制度による株式売渡請求に係る承認をする場合は、特別支配株主による株式売渡請求があってから3週間以内に株主総会を招集して承認の決議を得なければならない。

4. 株式売渡請求に係る承認をした対象会社は、当該承認をした旨、売渡株式の買取価格、取得日等を取得日の20日前までに売渡株主に対して通知し、株式売渡請求をした特別支配株主は、原則として、その取得日に売渡株式の全部を取得する。

第6章 相続・事業承継 基礎編

【問題3】 正解 1

1. 不適切 贈与者に年齢要件はない。

2. 適 切 なお、受贈者の要件の1つに「贈与税の申告期限において開業届出書を提出し、青色申告の承認を受けていること」がある。これは、業務開始日（贈与日）から2カ月以内に、税務署長に申請を行う必要があるが、受贈者が贈与前から他の業務を行っている場合には、青色申告をしようとする年の3月15日までに申請を行うことが必要である。

3. 適 切 なお、特定事業用資産として建物以外の減価償却資産で次のものも対象となる。

- ・固定資産税の課税対象とされているもの
- ・自動車税・軽自動車税の営業用の標準税率が適用されるもの
- ・一定の貨物運送用および乗用自動車、乳牛・果樹等の生物、特許権等の無形固定資産

4. 適 切 納税が猶予されている贈与税の全額と利子税の納付が必要な主な場合は、次のとおりである。

- ・事業を廃止した場合（やむを得ない理由があるときや破産手続開始の決定があったときを除く）
- ・特例受贈事業用資産に係る事業について、その年のその事業に係る事業所得の総収入金額がゼロとなった場合
- ・青色申告の承認が取り消された場合

【問題4】 正解 3

1. 適 切 特別支配株主の株式等売渡請求制度とは、特別支配株主が発行会社の承認を得ることにより、他の株主全員（売渡株主という）から株式を売り渡すよう請求することができるという制度である。この制度における特別支配株主は、総株主の議決権の90％以上を有する株主をいう。

2. 適 切

3. 不適切 取締役会設置会社である対象会社が本制度による株式売渡請求に係る承認をする場合は、取締役会の決議によらなければならない。この承認決議は、取得日の20日前までに行う必要がある。

4. 適 切

応 用 編

自社株評価

【第1問】（2023年1月 第5問《問63》～《問65》改題）　チェック欄 □□□□□

次の設例に基づいて、下記の各問（《問1》～《問3》）に答えなさい。

――――《設 例》――――

　非上場会社のX株式会社（以下、「X社」という）の代表取締役社長であるA さん（75歳）の推定相続人は、妻Bさん（71歳）および長男Cさん（48歳）の2 人である。Aさんは、自身の健康面に不安を感じることが多くなったことから、 所有するX社株式を長男Cさんに移転し、勇退することを決意した。しかし、X 社は保有する土地の資産全体に占める割合が高く、X社株式の移転にあたって、 特定の評価会社に該当して株式の相続税評価額が高くなることを懸念している。

　X社の概要は、以下のとおりである。

〈X社の概要〉

(1) 業種　建築工事業

(2) 資本金等の額　8,000万円（発行済株式総数160,000株、すべて普通株式で 1株につき1個の議決権を有している）

(3) 株主構成

株主	Aさんとの関係	所有株式数
Aさん	本人	130,000株
Bさん	妻	10,000株
Cさん	長男	20,000株

(4) 株式の譲渡制限　あり

(5) 従業員数　70人

　※　直前期末以前1年間に継続してX社に勤務する従業員の数である（就業 規則等で定められた1週間当たりの労働時間が30時間未満の従業員を除 く）。

(6) X社株式の評価（相続税評価額）に関する資料

・X社の比準要素

比準要素	X社
1株（50円）当たりの年配当金額	6.1円
1株（50円）当たりの年利益金額	35円
1株（50円）当たりの簿価純資産価額	350円

・類似業種比準価額計算上の業種目／比準要素／業種目別株価

業種目	年配当金額	年利益金額	簿価純資産価額	株価
建設業（大分類）	7.7円	47円	387円	285円
総合工事業（中分類）	7.5円	43円	337円	225円
建築工事業（小分類）	8.5円	56円	363円	272円

※すべて1株当たりの資本金等の額を50円とした場合の金額である。

(7) X社の資産・負債の状況

直前期のX社の資産・負債の相続税評価額と帳簿価額は、次のとおりである。

科目	相続税評価額	帳簿価額	科目	相続税評価額	帳簿価額
流動資産	53,000万円	53,000万円	流動負債	26,000万円	26,000万円
固定資産	147,000万円	56,000万円	固定負債	27,000万円	27,000万円
合計	200,000万円	109,000万円	合計	53,000万円	53,000万円

※上記以外の条件は考慮せず、各問に従うこと。

《問1》取引相場のない株式の評価における特定の評価会社に関する以下の文章の空欄①〜⑤に入る最も適切な語句または数値を、解答用紙に記入しなさい。

「特定の評価会社には、『株式等保有特定会社』『土地保有特定会社』のほか、『比準要素数1の会社』『開業後（ ① ）未満の会社』などがあります。評価会社が特定の評価会社に該当した場合、その株式は、原則として、純資産価額方式により評価します。ただし、『株式等保有特定会社』や『土地保有特定会社』の株式であっても、同族株主以外の株主等が取得した場合には、その株式は（ ② ）方式により評価します。

『株式等保有特定会社』は、課税時期において評価会社の総資産価額（相続税評価額）に占める株式等の価額の合計額（相続税評価額）の割合が（ ③ ）％以上である会社をいいます。

『土地保有特定会社』は、課税時期において評価会社の総資産価額（相続税評価額）に占める土地等の価額の合計額（相続税評価額）の割合（土地保有割合）が評価会社の規模に応じて定められた一定割合以上である会社をいいます。土地保有特定会社に該当する土地保有割合は、評価会社が大会社である場合、（ ④ ）％以上とされ、評価会社が中会社である場合は90％以上とされています。

『比準要素数1の会社』は、評価会社の類似業種比準価額の計算の基となる『1株当たりの配当金額』『1株当たりの利益金額』『1株当たりの純資産価額（帳簿価額）』のそれぞれの金額のうち、いずれか2要素がゼロであり、かつ、直前々期末を基準にしてそれぞれの金額を計算した場合に、それぞれの金額のうち、いずれか

２要素以上がゼロである会社をいいます。『比準要素数１の会社』の株式を同族株主が取得した場合、その株式は、原則として、純資産価額方式により評価しますが、納税義務者の選択により、『類似業種比準価額×（⑤）＋１株当たりの純資産価額×（１－（⑤））』の算式により計算した金額によって評価することができます」

《問２》《設例》の〈Ｘ社の概要〉に基づき、Ｘ社株式の１株当たりの類似業種比準価額を求めなさい。〔計算過程〕を示し、〈答〉は円単位とすること。また、端数処理は、各要素別比準割合および比準割合は小数点第２位未満を切り捨て、１株当たりの資本金等の額50円当たりの類似業種比準価額は10銭未満を切り捨て、Ｘ社株式の１株当たりの類似業種比準価額は円未満を切り捨てること。

　なお、Ｘ社株式の類似業種比準価額の算定にあたり、複数の方法がある場合は、最も低い価額となる方法を選択するものとする。

《問３》《設例》の〈Ｘ社の概要〉に基づき、Ｘ社株式の１株当たりの純資産価額を求めなさい（計算過程の記載は不要）。〈答〉は円未満を切り捨てて円単位とすること。

【第1問】

《問1》 正解 ① 3年（未満） ② 配当還元（方式） ③ 50（%）
④ 70（%） ⑤ 0.25

〈解説〉

① ② 特定の評価会社とは、資産の大部分が土地または株式であるような会社で、類似業種比準方式により評価することが適当でない会社のことをいう。

特定の評価会社には「株式等保有特定会社」「土地保有特定会社」「比準要素数1の会社」「**開業後3年未満の会社**」などがある。なお、特定の評価会社に該当する場合、原則として純資産価額方式により評価する。ただし、「株式等保有特定会社」や「土地保有特定会社」の株式であっても、同族株主以外の株主等が取得した場合には、その株式は**配当還元方式**により評価する。

③ 株式等保有特定会社とは、評価会社の有する各資産の相続税評価額の合計額のうちに占める株式等の相続税評価額の合計額が**50%**以上である会社をいう。

④ 土地保有特定会社とは、評価会社の有する各資産の相続税評価額の合計額のうちに占める土地等の相続税評価額の合計額が、大会社なら**70%**以上、中会社なら90%以上である会社をいう。

⑤ 比準要素数1の会社の株式を同族株主が取得した場合、その株式は、原則として、純資産価額方式により評価するが納税義務者の選択により類似業種比準価額×**0.25**＋1株当たりの純資産価額×（1－**0.25**）の算式により計算した金額によって評価することができる。

《問2》 正解 **1,386円**

・1株当たりの資本金等の額

8,000万円÷160,000株＝500円

・類似業種は、大分類、中分類および小分類に区分して定める業種目のうち、評価会社の事業が該当する業種目とする。その業種目が小分類に区分されているものは小分類の業種目、小分類に区分されていない中分類のものは中分類の業種目による。ただし、類似業種が小分類の業種目の場合は、その業種目の属する中分類の業種目を選択することができ、類似業種が中分類の業種目の場合は、その業種目の属する大分類の業種目を選択することができる。

X社は「建築工事業」（小分類）に該当するが、「総合工事業」（中分類）を選択することができる。したがって、価額の低い「総合工事業」（中分類）を選択する。

$$225円 \times \frac{\dfrac{6.1}{7.5}+\dfrac{35}{43}+\dfrac{350}{337}}{3} \times 0.7 \times \frac{500}{50}$$

$$=225円 \times \frac{0.81+0.81+1.03}{3} \times 0.7 \times \frac{500}{50}$$

$$=225 \times 0.88 \times 0.7 \times 10$$

$$=138.6 \times 10$$

$$=\textbf{1,386円}$$

〈解説〉

類似業種比準価額の算式は次のとおりである。

$$類似業種比準価額＝A \times \frac{\dfrac{ⓑ}{B}+\dfrac{ⓒ}{C}+\dfrac{ⓓ}{D}}{3} \times E \times \frac{1株当たりの資本金等の額}{50円}$$

A＝類似業種の株価
B＝類似業種の1株（50円）当たりの年配当金額
C＝類似業種の1株（50円）当たりの年利益金額
D＝類似業種の1株（50円）当たりの純資産価額（簿価）
ⓑ＝評価会社の1株（50円）当たりの年配当金額
ⓒ＝評価会社の1株（50円）当たりの年利益金額
ⓓ＝評価会社の1株（50円）当たりの純資産価額（簿価）
E＝斟酌率（大会社0.7、中会社0.6、小会社0.5）

※X社は「大会社」に該当するため、斟酌率0.7を用いる。

《問3》 正解 7,083円

〈解説〉

純資産価額の算式は、次のとおりである。

$$\frac{(A-B)-\{(A-B)-(C-D)\} \times 37\%}{E}$$

A：課税時期における相続税評価額で計算した総資産額
B：課税時期における相続税評価額で計算した負債額（引当金等除く）
C：課税時期における帳簿価額で計算した総資産額
D：課税時期における帳簿価額で計算した負債額（引当金等除く）
E：課税時期における議決権総数

- 相続税評価額による純資産　　200,000万円－53,000万円＝147,000万円
- 帳簿価額による純資産　　　　109,000万円－53,000万円＝56,000万円
- 評価差額　　　　　　　　　　147,000万円－56,000万円＝91,000万円
- 評価差額に対する法人税額等　91,000万円×37％＝33,670万円
- 純資産価額　　　　　　　　　147,000万円－33,670万円＝113,330万円

第6章　相続・事業承継　応用編

・純資産価額方式による株価 　　113,330万円÷160,000株＝**7,083.1円**
→ **7,083円**

【第2問】（2022年5月 第5問《問63》～《問65》）　　　　　チェック欄 ☐☐☐☐☐

次の設例に基づいて、下記の各問（《問1》～《問3》）に答えなさい。

《設　例》

　非上場会社のX株式会社（以下、「X社」という）の代表取締役社長であるA
さん（70歳）の推定相続人は、妻Bさん（70歳）、長男Cさん（40歳）の2人で
ある。5年前に大手メーカーを退職し、X社に入社した専務取締役の長男Cさん
は、販路拡大に成功し、X社は前期、大幅な増収増益を達成している。X社で
は、業容拡大により、今期以降、正社員を積極的に通年採用することを計画して
いる。

　Aさんは、X社株式の大半を長男Cさんに早期に移転したいと考えている。A
さんは、先日、既に退職したX社の創業メンバーDさん（74歳）から、「健康状
態があまり良くない。資産を整理する一環として、X社株式を買い取ってほし
い」との依頼を受け、自社株式の対策を講じなければならないと思案していると
ころである。

　X社に関する資料は、以下のとおりである。

〈X社の概要〉
(1)　業種　電子部品製造業（従業員数58名）
(2)　資本金等の額　3,000万円（発行済株式総数60,000株、すべて普通株式で1
　　　　　　　　　　　　　　　　株につき1個の議決権を有している）
(3)　株主構成

株主	Aさんとの関係	所有株式数
Aさん	本人	56,000株
Bさん	妻	2,000株
Cさん	長男	1,000株
Dさん	第三者（注1）	1,000株

　（注1）Aさんおよび長男Cさんと特殊の関係にある者（同族関係者）では
　　　　ない。
(4)　株式の譲渡制限　あり
(5)　X社株式の評価（相続税評価額）に関する資料
　・X社の財産評価基本通達上の規模区分は「中会社の大」である。
　・X社は、特定の評価会社には該当しない。

・比準要素の状況

比準要素	X社	類似業種
1株（50円）当たりの年配当金額	□□□円	6.0円
1株（50円）当たりの年利益金額	□□□円	20円
1株（50円）当たりの簿価純資産価額	600円	250円

※すべて1株当たりの資本金等の額を50円とした場合の金額である。

※「□□□」は、問題の性質上、伏せてある。

・類似業種の1株（50円）当たりの株価の状況

課税時期の属する月の平均株価	380円
課税時期の属する月の前月の平均株価	400円
課税時期の属する月の前々月の平均株価	420円
課税時期の前年の平均株価	370円
課税時期の属する月以前2年間の平均株価	375円

(6)　X社の過去3年間の決算（売上高・所得金額・配当金額）の状況

事業年度	売上高	所得金額	配当金額
直　　前　　期	144,000万円	7,740万円	780万円（注3）
直　前　々　期	122,000万円	5,000万円（注2）	360万円
直前々期の前期	103,000万円	3,850万円	360万円

（注2）固定資産の売却による非経常的な利益金額500万円が含まれている。

（注3）記念配当60万円が含まれている。

(7)　X社の資産・負債の状況

直前期のX社の資産・負債の相続税評価額と帳簿価額は、次のとおりである。

科　目	相続税評価額	帳簿価額	科　目	相続税評価額	帳簿価額
流動資産	44,800万円	44,800万円	流動負債	28,800万円	28,800万円
固定資産	112,000万円	100,000万円	固定負債	80,000万円	80,000万円
合　　計	156,800万円	144,800万円	合　　計	108,800万円	108,800万円

※上記以外の条件は考慮せず、各問に従うこと。

《問１》《設例》の〈Ｘ社の概要〉に基づき、Ｘ社株式の１株当たりの類似業種比準価額を求めなさい。〔計算過程〕を示し、〈答〉は円単位とすること。また、端数処理については、１株当たりの資本金等の額を50円とした場合の株数で除した年配当金額は10銭未満を切り捨て、１株当たりの資本金等の額を50円とした場合の株数で除した年利益金額は円未満を切り捨て、各要素別比準割合および比準割合は小数点第２位未満を切り捨て、１株当たりの資本金等の額50円当たりの類似業種比準価額は10銭未満を切り捨て、Ｘ社株式の１株当たりの類似業種比準価額は円未満を切り捨てること。

　なお、Ｘ社株式の類似業種比準価額の算定にあたり、複数の方法がある場合は、最も低い価額となる方法を選択するものとする。

《問２》《設例》の〈Ｘ社の概要〉に基づき、Ｘ社株式の１株当たりの①純資産価額および②類似業種比準方式と純資産価額方式の併用方式による価額を、それぞれ求めなさい（計算過程の記載は不要）。〈答〉は円未満を切り捨てて円単位とすること。

　なお、Ｘ社株式の相続税評価額の算定にあたり、複数の方法がある場合は、最も低い価額となる方法を選択するものとする。

《問３》　Ｘ社株式に関する以下の文章の空欄①〜⑥に入る最も適切な語句または数値を、解答用紙に記入しなさい。

〈Ｄさんが所有するＸ社株式の相続税評価額〉
　Ⅰ　「Ｄさんの相続人がＸ社株式を相続により取得した場合、Ｘ社株式は配当還元方式により評価されます。《設例》の〈Ｘ社の概要〉に基づく、Ｘ社株式の１株当たりの配当還元方式による価額は（　①　）円になります」

〈Ｄさんが所有するＸ社株式の買取り〉
　Ⅱ　「実際の売買価額は、配当還元方式による価額と原則的評価方式による価額の範囲内で、Ｄさんとの相対交渉で決まると思われます。同族株主である長男Ｃさんが、原則的評価方式による価額以下の低額譲渡によりＤさんのＸ社株式を買い取った場合、その差額が長男Ｃさんへの（　②　）となることが想定されます」

〈取引相場のない株式の評価上の区分〉
　Ⅲ　「非上場株式の相続税評価額を計算するうえでの会社規模は、業種、総資産価額、従業員数、直前期末以前１年間における取引金額（売上高）により判定しま

す。正社員の積極採用を計画しているＸ社の従業員数が（　③　）人以上になれ
ば、Ｘ社の会社規模は大会社と判定されます。また、従業員数が（　③　）人未満
であっても、直前期末以前１年間における取引金額（売上高）が（　④　）億円以
上になれば、大会社と判定されます」

〈Ｘ社株式の移転〉

Ⅳ　「Ｘ社株式の移転方法には、相続時精算課税制度の活用、非上場株式等につい
ての相続税の納税猶予及び免除の特例の活用、長男ＣさんがＡさんから買い取る
など、いくつかの方法を検討することができますが、Ｘ社株式の相続税評価額を
引き下げてから実行に移すことが肝要です。

　Ａさんに対する役員退職金の支給は、１株当たりの利益金額を引き下げる効果
が大きいと思われます。１株当たりの利益金額を引き下げるために、新会社を設
立するなど、高収益部門を分社化することも検討することができますが、設立し
た新会社は、開業後（　⑤　）年未満の会社に該当し、原則として、当該株式は
（　⑥　）方式により評価されます。

　役員退職金の支給は、純資産額も減少させます。また、純資産額を減少させる
効果を目的に、賃貸物件を購入する対策も考えられますが、（　⑤　）年以内に取
得した土地および建物は、相続税評価額ではなく、通常の取引価額（取得価額）
により評価することに注意してください」

【第2問】

《問1》 　正解 **6,660（円）**

・1株当たりの資本金等の額を50円とした場合の株数

　　3,000万円÷50円＝60万株

・1株（50円）当たりの年配当金額

$$\frac{(780万円-60万円+360万円)÷2}{60万株}=9.0円$$

・1株（50円）当たりの年利益金額

　　7,740万円＞(7,740万円＋5,000万円－500万円)÷2＝6,120万円　　∴　6,120万円

$$\frac{6120万円}{60万株}=102円$$

・1株当たりの資本金等の額

　　3,000万円÷60,000株＝500円

・類似業種の株価は、「課税時期の属する月の平均株価」「課税時期の属する月の前月の平均株価」「課税時期の属する月の前々月の平均株価」「課税時期の前年の平均株価」「課税時期の属する月以前2年間の平均株価」の5つの中から最も低い金額を選択するため、370円となる。

$$370円×\frac{\dfrac{9.0円}{6.0円}+\dfrac{102円}{20円}+\dfrac{600円}{250円}}{3}×0.6×\frac{500円}{50円}$$

$$=370円×\frac{1.50+5.10+2.40}{3}×0.6×\frac{500円}{50円}$$

$$=370円×3.00×0.6×10$$

$$=666円×10$$

$$=\mathbf{6,660円}$$

〈解説〉

類似業種比準価額の算式は次のとおりである。

$$類似業種比準価額＝A\times\dfrac{\dfrac{ⓑ}{B}+\dfrac{ⓒ}{C}+\dfrac{ⓓ}{D}}{3}\times E\times\dfrac{1株当たりの資本金等の額}{50円}$$

A＝類似業種の株価
B＝類似業種の1株（50円）当たりの年配当金額
C＝類似業種の1株（50円）当たりの年利益金額
D＝類似業種の1株（50円）当たりの純資産価額（簿価）
ⓑ＝評価会社の1株（50円）当たりの年配当金額
ⓒ＝評価会社の1株（50円）当たりの年利益金額
ⓓ＝評価会社の1株（50円）当たりの純資産価額（簿価）
E＝斟酌率（大会社0.7、中会社0.6、小会社0.5）

※X社は「中会社」に該当するため、斟酌率0.6を用いる。

《問2》　正解 7,260円　②　6,720円

〈解説〉

①　純資産価額の算式は次のとおりである。

$$\dfrac{(A－B)－\{(A－B)－(C－D)\}\times37\%}{E}$$

A：課税時期における相続税評価額で計算した総資産額
B：課税時期における相続税評価額で計算した負債額（引当金等除く）
C：課税時期における帳簿価額で計算した総資産額
D：課税時期における帳簿価額で計算した負債額（引当金等除く）
E：課税時期における議決権総数

・相続税評価額による純資産　　156,800万円－108,800万円＝48,000万円
・帳簿価額による純資産　　　　144,800万円－108,800万円＝36,000万円
・評価差額　　　　　　　　　　48,000万円－36,000万円＝12,000万円
・評価差額に対する法人税額等　12,000万円×37％＝4,440万円
・純資産価額　　　　　　　　　48,000万円－4,440万円＝43,560万円
・純資産価額方式による株価　　43,560万円÷60,000株＝**7,260円**

②　類似業種比準方式と純資産価額方式の併用方式による評価額の算式は次のとおりである。

> 類似業種比準価額×Lの割合＋純資産価額×（1－Lの割合）
> ※Lの割合
>   中会社の大　0.90
>   中会社の中　0.75
>   中会社の小　0.60
>   小会社　　　0.50

6,660円×0.90＋7,260円×（1－0.90）＝**6,720円**

《問3》 正解 ① **900（円）**　② **みなし贈与**　③ **70（人）**
④ **15（億円）**　⑤ **3（年）**　⑥ **純資産価額（方式）**

〈解説〉

I　Dさんが所有するX社株式の相続税評価額

　　配当還元価額の算式は次のとおりである。「その株式に係る年配当金額」の算出方法は、類似業種比準方式における「1株（50円）当たりの年配当金額」の算出方法と同じである。なお、その株式に係る年配当金額の算出にあたっては、算出額が2円50銭未満となる場合または無配の場合は2円50銭とする。

$$配当還元価額＝\frac{その株式に係る年配当金額}{10\%}×\frac{1株当たりの資本金の額等}{50円}$$

　　その株式に係る年配当金額＝9.0円（《問1》参照）＞2円50銭　∴　9.0円
　　1株当たりの資本金の額等＝500円（《問1》参照）

$$配当還元価額＝\frac{9.0円}{10\%}×\frac{500円}{50円}＝\textbf{900円}$$

II　Dさんが所有するX社株式の買取り

　　著しく低い価額の対価で財産の譲渡を受けた場合には、その財産の譲渡時における時価と譲渡対価との差額は、贈与により取得したものとみなされる。同族株主である長男Cさんが、原則的評価方式による価額以下の低額譲渡によりDさんのX社株式を買い取った場合、その差額が長男Cさんへのみなし贈与となる。

III　取引相場のない株式の評価上の区分

　　直前期末以前1年間における従業員数が70人以上の会社規模は、大会社と判定される。

　　直前期末以前1年間における従業員数が70人未満の会社規模は、(a)「直前期末の総資産価額（帳簿価額）および直前期末以前の1年間における従業員数に応ずる区分」または(b)「直前期末以前1年間の取引金額に応ずる区分」により判定する。

第6章　相続・事業承継　応用編

745

会社規模	卸売業		小売業・サービス業		左記以外の業種	
	(a)	(b)	(a)	(b)	(a)	(b)
大会社 ((a)(b)いずれか)	20億円 以上 (35人以下 除く)	30億円 以上	15億円 以上 (35人以下 除く)	20億円 以上	15億円 以上 (35人以下 除く)	15億円 以上
中会社 (大会社を除き (a)(b)いずれか)	7,000万円 以上 (5人以下 除く)	2億円 以上 30億円 未満	4,000万円 以上 (5人以下 除く)	6,000万円 以上 20億円 未満	5,000万円 以上 (5人以下 除く)	8,000万円 以上 15億円 未満
小会社 ((a)(b)いずれも該当 する会社)	7,000万円 未満 または 5人以下	2億円 未満	4,000万円 未満 または 5人以下	6,000万円 未満	5,000万円 未満 または 5人以下	8,000万円 未満

　従業員数が58人である電子部品製造業（卸売業、小売・サービス業以外）のＸ社は、(a)だけで判定すると、直前期末の総資産価額（帳簿価額）が14億4,800万円であるため中会社となるが、(b)が15億円以上であれば、大会社となる。

Ⅳ　Ｘ社株式の移転

　開業後3年未満である会社は特定の評価会社と判定される。特定の評価会社の株式の評価は、原則として、純資産価額方式により評価される。また、評価会社が所有する各資産を評価する場合、その資産の中に、課税時期前3年以内に取得または新築した土地等または建物等があるときは、これらの価額は通常の取引価額により評価することになる。

【第3問】（2021年5月 第5問《問63》～《問65》改題）　チェック欄 □□□□□
次の設例に基づいて、下記の各問（《問1》～《問3》）に答えなさい。

―――――――《設　例》―――――――

　Aさんは、甲土地と乙土地を所有している。甲土地はAさんが所有する3階建ての賃貸アパートの敷地であり、Aさんはその賃貸アパートの3階部分を自宅として居住の用に供し、1階および2階部分は賃貸の用に供している。乙土地はAさんが所有する事業用建物の敷地であり、長女Cさんがその事業用建物をAさんから使用貸借により借り受けて雑貨店を営んでいる。

　Aさんは、最近、健康に不安を感じることが多くなり、自身の相続が発生したときのことを考えるようになった。Aさんは、自身の相続が発生した後も、妻Bさんが引き続き自宅に住み続けられるように、かつ、子たちが遺産分割でもめないように遺言書を作成しておきたいと考えている。

　Aさんの親族関係図およびAさんが所有している土地に関する資料は、以下のとおりである。なお、Aさんは、Dさん、孫Eさんおよび孫Fさんとそれぞれ普通養子縁組（特別養子縁組以外の縁組）をしているが、Dさんは病気により既に他界している。また、孫Gさんおよび孫Hさんは、AさんとDさんの普通養子縁組後に誕生している。

〈Aさんの親族関係図〉

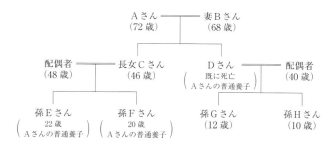

〈Aさんが所有している甲土地および乙土地に関する資料〉
（1）甲土地（Aさんが所有している自宅兼賃貸アパートの敷地）
　　宅　地　面　積：198㎡　　　自用地評価額：3,600万円
　　借地権割合：60%　　　借家権割合：30%
　　※甲土地上にある賃貸アパートは3階建て（300㎡）であり、各階の床面積は同一である（各階100㎡）。
　　※3階部分はAさんが妻Bさんおよび長女Cさん家族とともに自宅として使

用し、1階および2階部分は第三者に賃貸している（入居率100％）。
　(2)　乙土地（Aさんが所有している事業用建物の敷地）
　　　宅地面積：188㎡　　自用地評価額：4,000万円
　　　借地権割合：60％
　　　※乙土地上にある事業用建物は長女Cさんが無償で貸与を受けて使用している。

　　※上記以外の条件は考慮せず、各問に従うこと。

《問1》仮に、Aさんが現時点（2023年5月23日）において死亡した場合、《設例》の〈Aさんが所有している甲土地および乙土地に関する資料〉に基づき、「小規模宅地等についての相続税の課税価格の計算の特例」適用後の相続税の課税価格に算入すべき①甲土地の価額と②乙土地の価額を、それぞれ求めなさい（計算過程の記載は不要）。〈答〉は万円単位とすること。

　なお、「小規模宅地等についての相続税の課税価格の計算の特例」の適用にあたって、甲土地のうち自宅に対応する部分は特定居住用宅地等、賃貸アパートに対応する部分は貸付事業用宅地等、乙土地は特定事業用宅地等にそれぞれ該当するものとし、課税価格の計算上、減額される金額の合計額が最大となるように計算すること。

《問2》仮に、Aさんが現時点（2023年5月23日）において死亡し、孫Eさんに係る相続税の課税価格が600万円、相続税の課税価格の合計額が1億2,000万円である場合、①相続税の総額および②孫Eさんの納付すべき相続税額をそれぞれ求めなさい。〔計算過程〕を示し、〈答〉は万円単位とすること。

〈資料〉相続税の速算表

法定相続分に応ずる取得金額		税率	控除額
万円超	万円以下		
	～　　1,000	10%	―
1,000　～　　3,000		15%	50万円
3,000　～　　5,000		20%	200万円
5,000　～　10,000		30%	700万円
10,000　～　20,000		40%	1,700万円
20,000　～　30,000		45%	2,700万円
30,000　～　60,000		50%	4,200万円
60,000　～		55%	7,200万円

《問３》配偶者居住権、配偶者短期居住権および自筆証書遺言の保管制度に関する以下の文章の空欄①〜⑧に入る最も適切な語句または数値を、解答用紙に記入しなさい。

〈配偶者居住権、配偶者短期居住権〉

Ⅰ　配偶者居住権は、相続開始後、被相続人の配偶者が対象となる居住建物について無償で使用および収益をすることができる権利であり、相続開始後の遺産分割によって取得する場合のほか、被相続人が（　①　）または死因贈与によって取得させることもできる。民法上、配偶者居住権の存続期間は、遺産分割協議等において別段の定めがされた場合を除き、配偶者の（　②　）の間とされている。また、配偶者居住権の取得は被相続人の配偶者に限られ、配偶者はこれを他者に対して（　③　）することはできないとされ、配偶者が死亡した場合に相続の対象にもならない。なお、配偶者が取得した配偶者居住権を第三者に対抗するためには、配偶者居住権の設定の（　④　）をしなければならない。

　　配偶者短期居住権は、被相続人の意思にかかわらず、配偶者の短期的な居住の権利を保護するためのものである。対象となる居住建物について配偶者を含む共同相続人間で遺産分割をする場合、遺産分割により居住建物の帰属が確定した日または相続開始の時から（　⑤　）カ月を経過する日のいずれか遅い日までの間、配偶者は居住建物を無償で使用する権利を有する。なお、配偶者が相続の放棄をした場合であっても配偶者短期居住権は成立するが、配偶者が相続人の欠格事由に該当しまたは廃除によって相続人でなくなった場合には成立しないものとされている。

〈自筆証書遺言の保管制度〉

Ⅱ　自筆証書遺言については、2020年7月10日に施行された「法務局における遺言書の保管等に関する法律」により、法務局における保管制度が創設された。遺言者は、遺言者の住所地や本籍地または遺言者が所有する（　⑥　）の所在地を管轄する法務局において遺言書の保管を申請することができ、申請する際の手数料は1件につき（　⑦　）円とされる。

　　自筆証書遺言の遺言者が死亡した場合、その相続人等は、法務局に対し、遺言書の保管の有無を知ることができる遺言書保管事実証明書や、保管されている遺言書の内容を知ることができる遺言書情報証明書の交付を請求することができる。

　　なお、法務局で保管された自筆証書遺言については、遺言者の相続開始後、家庭裁判所における（　⑧　）の手続が不要とされる。

【第3問】

《問1》 正解 ① 1,716万円 ② 800万円

〈解説〉

甲土地のうち自宅に対応する部分は特定居住用宅地等に該当する。330㎡を限度として、80％が減額される。

対象面積：$198㎡ \times \dfrac{100㎡}{300㎡} = 66㎡$

特例適用前の評価額：$3,600万円 \times \dfrac{100㎡}{300㎡} = 1,200万円$

1㎡当たりの減額金額：1,200万円 ÷ 66㎡ × 80％ ≒ 14.5万円

甲土地のうち賃貸アパートに対応する部分は貸家建付地として貸付事業用宅地等に該当する。200㎡を限度として、50％が減額される。

対象面積：$198㎡ \times \dfrac{200㎡}{300㎡} = 132㎡$

特例適用前の評価額（貸家建付地）：$3,600万円 \times \dfrac{200㎡}{300㎡} \times (1 - 60\% \times 30\% \times 100\%)$

$= 1,968万円$

1㎡当たりの減額金額：1,968万円 ÷ 132㎡ × 50％ ≒ 7.5万円

乙土地は特定事業用宅地等に該当する。400㎡を限度として、80％が減額される。

対象面積：188㎡

特例適用前の評価額：4,000万円

1㎡当たりの減額金額：4,000万円 ÷ 188㎡ × 80％ ≒ 17.0万円

減額される金額の合計額が最大となる場合は、納税者が最も有利な場合であるため、1㎡当たりの減額金額が高い順に適用すればよい。したがって、特定事業用宅地等→特定居住用宅地等→貸付事業用宅地等の順に適用する。

貸付事業用宅地等を選択する場合、併用可能面積の調整計算が必要となる。併用可能面積の調整計算は、次の算式で行う。

$$特定事業用宅地等の面積 \times \frac{200}{400} + 特定居住用宅地等面積 \times \frac{200}{330}$$

$$+ 貸付事業用宅地等の面積 \leqq 200㎡$$

特定居住用宅地等

66㎡ ≦ 330㎡ ∴ 66㎡すべて適用を受ける

減額される金額：$1,200万円 \times \dfrac{66㎡}{66㎡} \times 80\% = 960万円$

特例適用後の評価額：$1,200万円 - 960万円 = 240万円$

特定事業用宅地等

$188㎡ \leq 400㎡$　　$\therefore$　　$188㎡$すべて適用を受ける

減額される金額：$4,000万円 \times \dfrac{188㎡}{188㎡} \times 80\% = 3,200万円$

特例適用後の評価額：$4,000万円 - 3,200万円 = 800万円$

貸付事業用宅地等

$188㎡ \times \dfrac{200}{400} + 66㎡ \times \dfrac{200}{330} + X \leq 200㎡$　　$\therefore$　　$X \leq 66㎡$

減額される金額：$1,968万円 \times \dfrac{66㎡}{132㎡} \times 50\% = 492万円$

特例適用後の評価額：$1,968万円 - 492万円 = 1,476万円$

以上より、減額される金額の合計額が最大となる場合における、甲土地の価額および乙土地の価額は、次のとおり。

① 甲土地の価額：$240万円$（特定居住用宅地等）$+ 1,476万円$（貸付事業用宅地等）

　　　　　　　　　　　　　　　　　　$= \mathbf{1{,}716万円}$

② 乙土地の価額：**800万円**（特定事業用宅地等）

《問2》　正解 ①　**700万円**　　②　**42万円**

① 相続税の総額

・遺産に係る基礎控除

　$3,000万円 + 600万円 \times 5 人 = 6,000万円$

・課税遺産総額

　$1億2,000万円 - 6,000万円 = 6,000万円$

・相続税の基となる税額

　配偶者：$6,000万円 \times \dfrac{1}{2} \times 15\% - 50万円 = 400万円$

　子：$6,000万円 \times \dfrac{1}{6} \times 10\% = 100万円$

　子：$6,000万円 \times \dfrac{1}{6} \times 10\% = 100万円$

　孫：$6,000万円 \times \dfrac{1}{12} \times 10\% = 50万円$

$$\text{孫：}6{,}000\text{万円} \times \frac{1}{12} \times 10\% = 50\text{万円}$$

・相続税の総額

400万円 + 100万円 + 100万円 + 50万円 + 50万円 = **700万円**

② 孫Eさんの納付すべき相続税額

・按分割合

600万円 ÷ 1億2,000万円 = 0.05

・算出相続税額

700万円 × 0.05 = 35万円

・加算額

35万円 × 20% = 7万円

・納付すべき相続税額

35万円 + 7万円 = **42万円**

〈解説〉

　Aさんの普通養子であるDさんは既に死亡しているが、孫Gさんおよび孫Hさんは、AさんとDさんの普通養子縁組後に誕生しているため、孫Gさんおよび孫Hさんは代襲相続人となる。また、孫Eさんおよび孫FさんはAさんの普通養子であるが、実子がいるため、法定相続人の数の算入制限を受ける。したがって、法定相続人の数は5人（妻Bさん、長女Cさん、孫Gさん、孫Hさん、孫Eさんおよび孫Fさんのうち1人）である。

　孫Eさんは代襲相続人でない普通養子であるため、2割加算の対象となる。

《問3》　正解　① 遺贈　　② 終身　　③ 譲渡　　④ 登記　　⑤ 6
　　　　　　　⑥ 不動産　⑦ 3,900　⑧ 検認

〈解説〉

Ⅰ　配偶者の居住権　①②③④⑤

　　配偶者短期居住権は、相続開始時において、配偶者が被相続人所有の建物に無償で居住していた場合、遺産分割によりその建物の帰属が確定した日、または相続開始時から**6**カ月を経過する日のいずれか遅い日までの間、配偶者が引き続き無償でその建物を使用することができる権利である。

　　配偶者居住権は、相続開始時において、配偶者が被相続人所有の建物に居住していた場合、次のいずれかに該当するときに、配偶者がその居住建物の全部について、**終身**または一定期間、無償で使用および収益することができる権利である。

⑦　遺産分割により配偶者居住権を取得したとき

⑦　配偶者居住権が**遺贈**の目的とされたとき

※　死因贈与も遺贈の性質を有するため、死因贈与により設定することもできる

　配偶者短期居住権は相続税の課税対象外であるが、配偶者居住権は相続税の課税対象とされる。しかし、いずれの権利も**譲渡**することはできない。

　なお、居住建物の所有者は、配偶者居住権の設定の**登記**を備えさせる義務を負う。

Ⅱ　自筆証書遺言の保管制度　⑥ ⑦ ⑧

　遺言者は、遺言者の住所地や本籍地または遺言者が所有する**不動産**の所在地を管轄する法務局において遺言書の保管を申請することができる。

　なお、法務局で保管された自筆証書遺言については、遺言者の相続開始後、家庭裁判所における**検認**の手続きが不要とされる。

　遺言書の保管の申請、遺言書の閲覧請求、遺言書情報証明書または遺言書保管事実証明書の交付の請求をする場合、次の手数料の納付が必要となる。

・遺言書の保管の申請：１件につき**3,900円**

・遺言書の閲覧請求（モニター）：１回につき1,400円

・遺言書の閲覧請求（原本）：１回につき1,700円

・遺言書情報証明書の交付請求：１通につき1,400円

・遺言書保管事実証明書の交付請求：１通につき800円

・申請書等、撤回書等の閲覧請求：１回につき1,700円

　なお、遺言者による遺言書の保管申請の撤回、遺言者の住所等の変更の届出については、手数料は不要となっている。

第６章　相続・事業承継　応用編

【第4問】（2019年5月 第5問《問63》〜《問65》改題）　チェック欄☐☐☐☐☐

次の設例に基づいて、下記の各問（《問1》〜《問3》）に答えなさい。

《設　例》

　非上場会社のX株式会社（以下、「X社」という）の代表取締役社長であったAさんが2023年3月に死亡した。Aさんの死亡後、X社では、専務取締役を務めていたAさんの長男Cさんが事業を引き継いでおり、Aさんが所有していたX社株式はすべて長男Cさんが相続により取得する予定である。長男Cさんは、X社株式の相続にあたり、2018年度税制改正により創設された「非上場株式等についての相続税の納税猶予及び免除の特例」の適用を受けることを検討している。

　X社の概要およびAさんに関する資料は、以下のとおりである。なお、長女Dさんは、5年前に病気により死亡している。また、Aさんは、孫Gさんと普通養子縁組（特別養子縁組ではない養子縁組）をしている。

〈X社の概要〉

(1)　業種：食料品製造業

(2)　資本金等の額：7,500万円（発行済株式総数150,000株、すべて普通株式で1株につき1個の議決権を有している）

(3)　株主構成

株主	Aさんとの関係	所有株式数
Aさん	本人	100,000株
Bさん	妻	30,000株
Cさん	長男	20,000株

(4)　株式の譲渡制限：あり

(5)　X社株式の評価（相続税評価額）に関する資料

・X社の財産評価基本通達上の規模区分は「中会社の中」である。

・X社は、特定の評価会社には該当しない。

・比準要素の状況

比準要素	X社	類似業種
1株（50円）当たりの年配当金額	5.5円	4.8円
1株（50円）当たりの年利益金額	41円	38円
1株（50円）当たりの簿価純資産価額	336円	261円

※すべて1株当たりの資本金等の額を50円とした場合の金額である。

・類似業種の1株（50円）当たりの株価の状況

　　課税時期の属する月の平均株価　　　　　　：372円

　　課税時期の属する月の前月の平均株価　　　：359円

課税時期の属する月の前々月の平均株価　：363円
　　　課税時期の前年の平均株価　　　　　　　：336円
　　　課税時期の属する月以前2年間の平均株価　：326円

〈Aさんに関する資料〉
(1)　Aさんの親族関係図

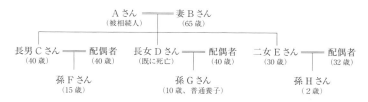

(2)　Aさんが所有していた相続財産（相続税評価額）
　　　現預金　　　　　　　：　　　7,000万円
　　　X社株式　　　　　　：2億8,000万円
　　　自宅の建物　　　　　：　　　　500万円
　　　自宅の敷地（300㎡）　：　　　6,000万円
　　　X社本社の建物　　　：　　　3,000万円
　　　X社本社の敷地（500㎡）：　　　7,500万円
　　※X社は、相当の対価を支払い、Aさんから本社建物を賃借していた。
　　※X社本社の建物および敷地は、貸家および貸家建付地として評価した金額である。
　　※敷地はいずれも「小規模宅地等についての相続税の課税価格の計算の特例」適用前の金額である。

(3)　Aさんが加入していた生命保険から支払われた死亡保険金
　　　保険の種類　　　　　　：終身保険
　　　契約年月　　　　　　　：1990年4月
　　　契約者（＝保険料負担者）：Aさん
　　　被保険者　　　　　　　：Aさん
　　　死亡保険金受取人　　　：妻Bさん
　　　死亡保険金額　　　　　：6,000万円

　　※上記以外の条件は考慮せず、各問に従うこと。

《問１》《設例》の〈Ｘ社の概要〉に基づき、Ｘ社株式の１株当たりの類似業種比準価額を求めなさい。〔計算過程〕を示し、〈答〉は円単位とすること。また、端数処理は、各要素別比準割合および比準割合は小数点第２位未満を切り捨て、１株当たりの資本金等の額50円当たりの類似業種比準価額は10銭未満を切り捨て、Ｘ社株式の１株当たりの類似業種比準価額は円未満を切り捨てること。

　なお、Ｘ社株式の類似業種比準価額の算定にあたり、複数の方法がある場合は、できるだけ低い価額となる方法を選択するものとする。

《問２》《設例》の〈Ａさんに関する資料〉に基づき、Ａさんの相続における相続税の総額を求めなさい。〔計算過程〕を示し、〈答〉は万円単位とすること。

　なお、長男Ｃさんは葬儀費用200万円を支払っており、その全額が債務控除の対象となるものとする。また、自宅の敷地は特定居住用宅地等に該当し、Ｘ社本社の敷地は特定同族会社事業用宅地等に該当するものとして「小規模宅地等についての相続税の課税価格の計算の特例」の適用を受けるものとし、相続税の総額が最も少なくなるように計算すること。

〈資料〉相続税の速算表

法定相続分に応ずる取得金額		税率	控除額
万円超	万円以下		
	～　1,000	10%	―
1,000	～　3,000	15%	50万円
3,000	～　5,000	20%	200万円
5,000	～　10,000	30%	700万円
10,000	～　20,000	40%	1,700万円
20,000	～　30,000	45%	2,700万円
30,000	～　60,000	50%	4,200万円
60,000	～	55%	7,200万円

《問3》2018年度税制改正により創設された「非上場株式等についての相続税の納税猶予及び免除の特例」に関する以下の文章の空欄①〜⑧に入る最も適切な語句または数値を、解答用紙に記入しなさい。

「非上場株式等についての相続税の納税猶予及び免除の特例」（以下、「本特例」という）の適用を受けるためには、その会社につき、所定の特例承継計画を策定して都道府県知事に提出し、その確認を受け、「中小企業における経営の承継の円滑化に関する法律」に基づく認定を受けなければならない。この認定を受けるためには、相続開始後（ ① ）カ月以内にその申請を行うことが必要とされている。

また、本特例の適用を受ける後継者は、相続開始の日の翌日から（ ② ）カ月を経過する日において会社の代表権を有し、かつ、相続開始の時において、後継者および後継者と特別の関係がある者で総議決権数の（ ③ ）％超の議決権数を保有することとなることなどの要件を満たす必要がある。なお、後継者が複数いる場合、所定の要件を満たせば、最大（ ④ ）人まで本特例の適用を受けることができる。

仮に、Aさんが所有するX社株式10万株のすべてを長男Cさんが相続により取得し、本特例の適用を受けた場合、長男Cさんは、相続により取得したX社株式に対応する相続税額の（ ⑤ ）の納税猶予を受けることができる。

なお、本特例の適用後、特例経営承継期間の末日において、5年間平均で相続開始時の雇用の（ ⑥ ）割を維持できなかった場合、引き続き納税猶予を受けるためには、下回った理由等を記載した一定の報告書を都道府県知事に提出し、その確認を受ける必要がある。また、特例経営承継期間内は毎年、その期間の経過後は（ ⑦ ）年ごとに、一定の書類を添付した継続届出書を納税地の所轄税務署長に提出する必要があり、その提出がない場合は、猶予されている相続税額の全額と（ ⑧ ）税を納付する必要がある。

【第４問】

《問１》 正解 **2,268円**

(1) １株当たりの資本金等の額

7,500万円÷150,000株＝500円

(2) 類似業種の株価は、①課税時期の属する月の平均株価、②課税時期の属する月の前月の平均株価、③課税時期の属する月の前々月の平均株価、④課税時期の前年の平均株価、⑤課税時期の属する月以前２年間の平均株価の５つの中から最も低い金額を選択するので、326円となる。

$$326円 \times \dfrac{\dfrac{5.5}{4.8} + \dfrac{41}{38} + \dfrac{336}{261}}{3} \times 0.6 \times \dfrac{500円}{50円}$$

$$= 326円 \times \dfrac{1.14 + 1.07 + 1.28}{3} \times 0.6 \times \dfrac{500円}{50円}$$

$$= 326円 \times 1.16 \times 0.6 \times 10$$

$$= 226.8円 \times 10$$

$$= \mathbf{2,268円}$$

〈解説〉

類似業種比準価額の算式は以下のとおり。

$$類似業種比準価額 = A \times \dfrac{\dfrac{ⓑ}{B} + \dfrac{ⓒ}{C} + \dfrac{ⓓ}{D}}{3} \times E \times \dfrac{１株当たりの資本金等の額}{50円}$$

A＝類似業種の株価
B＝類似業種の１株（50円）当たりの年配当金額
C＝類似業種の１株（50円）当たりの年利益金額
D＝類似業種の１株（50円）当たりの純資産価額（簿価）
ⓑ＝評価会社の１株（50円）当たりの年配当金額
ⓒ＝評価会社の１株（50円）当たりの年利益金額
ⓓ＝評価会社の１株（50円）当たりの純資産価額（簿価）
E＝斟酌率（大会社0.7、中会社0.6、小会社0.5）

※ Ｘ社は「中会社」に該当するため、斟酌率0.6を用いる。

《問2》　**正解　1億520万円**

① 　課税価格の合計額

　　現預金、X社株式（問1）、自宅の建物、自宅の敷地、X社本社の建物 、X社本社の敷地、死亡保険金、自宅とX社本社の敷地は、「小規模宅地等についての相続税の課税価格の計算の特例」を適用する。

　　小規模宅地の特例は、特定居住用宅地等に該当する場合は330㎡を上限に80％が減額される。特定事業用宅地等に該当する場合は400㎡を上限に80％減額される。なお、特定居住用宅地等と特定事業用宅地等を併用するときは、それぞれ適用可能となっている。

$$\text{小規模宅地の特例による評価減額}＝\text{自用地評価額}×\frac{\text{適用上限}}{\text{敷地面積}}×\text{減額割合}$$

・自宅の敷地は、300㎡であり、すべての敷地面積が80％減額になる。

$$6,000\text{万円}－\left(6,000\text{万円}×\frac{300\text{㎡}}{300\text{㎡}}×80\%\right)＝1,200\text{万円}$$

・X社本社の敷地は、500㎡であり、このうち400㎡が80％減額になる。

$$7,500\text{万円}－\left(7,500\text{万円}×\frac{400\text{㎡}}{500\text{㎡}}×80\%\right)＝2,700\text{万円}$$

　　次に、死亡保険金額6,000万円から、非課税財産を差し引く。Aさんの法定相続人は、妻Bさん、長男Cさん、二女Eさん、長女Dさんの代襲相続人である孫Gさんの4人である。

　　6,000万円－（500万円×4人）＝4,000万円

　∴　課税価格の合計額

　　7,000万円＋2億8,000万円＋500万円＋1,200万円＋3,000万円＋2,700万円

　　＋4,000万円－200万円＝4億6,200万円

② 　遺産に係る基礎控除額

　　3,000万円＋（600万円×4人）＝5,400万円

③ 　課税遺産総額

　　4億6,200万円－5,400万円＝4億800万円

④ 　相続税の総額

　　課税遺産総額を法定相続分で仮分割して、相続税額を求める。なお、Aさんは、孫Gさんと普通養子縁組をしている。孫Gさんは、子どもと孫の2つの身分がある。

　　・妻Bさん：$4\text{億}800\text{万円}×\dfrac{1}{2}×45\%－2,700\text{万円}＝6,480\text{万円}$

・長男Ｃさん：$4億800万円 \times \dfrac{1}{8} \times 30\% - 700万円 = 830万円$

・二女Ｅさん：$4億800万円 \times \dfrac{1}{8} \times 30\% - 700万円 = 830万円$

・孫Ｇさん：$4億800万円 \times \dfrac{1}{4} \times 40\% - 1,700万円 = 2,380万円$

∴　相続税の総額

$6,480万円 + 830万円 + 830万円 + 2,380万円 = $ **1億520万円**

《問3》 正解 ① **8** ② **5** ③ **50** ④ **3** ⑤ **全額**
　　　　　⑥ **8** ⑦ **3** ⑧ **利子**

① 「非上場株式等についての相続税の納税猶予及び免除の特例」の適用を受けるためには、2024年3月31日までに特例承継計画を都道府県知事に提出して、認定を受ける必要がある。認定の申請は相続開始後**8カ月**以内となっている。

② なお、この特例の適用を受ける後継者は、相続開始の日の翌日から**5カ月**を経過する日において会社の代表権を有し、

③ 相続開始の時において、後継者および後継者と特別の関係がある者で総議決権数の**50%**超の議決権数を保有することとなることなどの要件を満たす必要がある。

④ 後継者が複数いる場合、所定の要件を満たせば、最大**3人**まで本特例の適用を受けることができる。

⑤ 本特例の適用を受けた場合、長男Ｃさんは、相続により取得したＸ社株式に対応する相続税額の**全額**の納税猶予を受けることができる。

⑥ 本特例の適用後、特例経営承継期間の末日において、5年間の平均で相続開始時の雇用の**8割**を維持できなかった場合、引き続き納税猶予を受けるためには、下回った理由等を記載した一定の報告書を都道府県知事に提出し、その確認を受ける必要がある。

⑦ 特例経営承継期間内は毎年、その期間の経過後は**3年**ごとに一定の書類を添付した継続届出書を納税地の所轄税務署長に提出する必要がある。

⑧ 提出がない場合は、猶予されている相続税額の全額と**利子税**を納付する必要がある。

「非上場株式等についての贈与税の納税猶予及び免除の特例」（以下「特例措置」という）と、今までの措置（以下「一般措置」という）の違いは以下のとおりである。

比較項目（主なもの）	一般措置	特例措置
事前の計画策定等	不要	5年以内に特例承継計画を都道府県知事に提出（2024年3月31日まで）
適用期限	なし	10年以内の贈与・相続等（2027年12月31日まで）
対象株式数	保有している株式数（30％）を含めて発行済議決権株式等の総数等の3分の2まで	全株式
納税猶予割合	贈与100％・相続80％	100％
雇用確保要件（承継後5年間で平均8割維持）	要件未達成の場合は、猶予された税額を全額納付	要件未達成の場合でも、猶予は継続可能（経営悪化等が理由の場合、認定経営革新等支援機関の指導助言が必要）

【第5問】 (2019年9月 第5問《問63》〜《問65》改題) チェック欄□□□□□

次の設例に基づいて、下記の各問（《問1》〜《問3》）に答えなさい。

―――――《設 例》―――――

　Aさん（68歳）は、個人で営んでいた事業（製造業）を5年前に長男Cさん（42歳）に承継した。現在、Aさんは、妻Bさん（68歳）とともに年金収入と青空駐車場からの賃貸収入により暮らしている。長男Cさんは、Aさんから使用貸借により借り受けた建物およびその敷地で引き続き事業を営んでおり、Aさんと生計を一にしていない。

　Aさんは、先日参加した不動産会社が主催の相続セミナーにおいて、青空駐車場として使用している土地に賃貸物件を建築することが相続対策の一環となるとの話を聞き、興味を持っている。また、自身の相続時に子どもたちが遺産分割でもめないように遺言を作成しておきたいと考えている。

　Aさんの親族関係図およびAさんが所有している土地に関する資料等は、以下のとおりである。なお、Aさんは、長女Eさんの配偶者であるDさんおよび後妻である妻Bさんの子Fさんとそれぞれ普通養子縁組（特別養子縁組以外の縁組）をしている。

〈Aさんの親族関係図〉

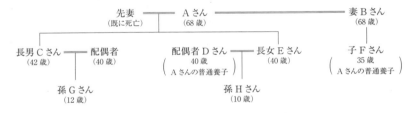

〈Aさんが所有している土地に関する資料〉
・甲土地（Aさんが所有している自宅の敷地）
　宅地面積：198㎡　自用地評価額：5,000万円
・乙土地（Aさんが所有している事業用建物の敷地、長男Cさんが無償で使用）
　宅地面積：400㎡　自用地評価額：9,000万円　借地権割合：60％
・丙土地（構築物のない青空駐車場として使用）
　宅地面積：250㎡　自用地評価額：6,000万円

〈Aさんから長男Cさんに対する贈与に関する資料〉
　長男Cさんは、5年前にAさんから事業を承継する際、Aさんから機械設備な

どの事業用資産2,800万円（相続税評価額）の贈与を受けた。その際、初めて相続時精算課税の適用を受け、贈与税を納付している。

※上記以外の条件は考慮せず、各問に従うこと。

《問１》 Ａさんの相続に関する以下の文章の空欄①～⑦に入る最も適切な語句または数値を、解答用紙に記入しなさい。

　Ａさんがいわゆる青空駐車場として使用している丙土地は、相続税の課税価格の計算上、自用地として評価するが、丙土地上に賃貸物件を建築し、貸付事業を始めた場合には、（　①　）として評価することになる。仮に借地権割合が60％、借家権割合が30％、賃貸割合が100％であるとすると、（　①　）として評価した丙土地の相続税評価額は、自用地評価額の（　②　）％相当額となる。また、丙土地上に建築した賃貸物件については、貸家として評価することになり、仮に借地権割合が60％、借家権割合が30％、賃貸割合が100％であるとすると、その相続税評価額は、固定資産税評価額の（　③　）％相当額となる。

　さらに、貸付事業の用に供することになる丙土地は、所定の要件を満たせば、貸付事業用宅地等として「小規模宅地等についての相続税の課税価格の計算の特例」（以下、「本特例」という）の適用を受けることができ、相続税の課税価格の計算上、（　④　）㎡を限度面積として評価額の（　⑤　）％を減額することができる。ただし、Ａさんが所有する甲土地の全部について、特定居住用宅地等として本特例の適用を受ける場合、丙土地に対する本特例の適用面積は最大（　⑥　）㎡となる。

　なお、相続の開始前（　⑦　）年以内に新たに貸付事業の用に供された宅地等については、被相続人が相続開始前（　⑦　）年を超えて事業的規模で貸付事業を行っていた場合等を除き、本特例の適用対象とならない。

《問２》 仮に、Ａさんが現時点（2023年４月８日）において死亡し、長男Ｃさんに係る相続税の課税価格が１億2,000万円、相続税の課税価格の合計額が２億円である場合、①相続税の総額および②長男Ｃさんの納付すべき相続税額をそれぞれ求めなさい。〔計算過程〕を示し、〈答〉は万円単位とすること。

〈資料〉相続税の速算表

法定相続分に応ずる取得金額		税率	控除額
万円超	万円以下		
	～　1,000	10%	―
1,000	～　3,000	15%	50万円
3,000	～　5,000	20%	200万円
5,000	～　10,000	30%	700万円
10,000	～　20,000	40%	1,700万円
20,000	～　30,000	45%	2,700万円
30,000	～　60,000	50%	4,200万円
60,000	～	55%	7,200万円

《問3》遺留分および遺言に関する以下の文章の空欄①～⑧に入る最も適切な語句または数値を、解答用紙に記入しなさい。なお、本問において、改正相続法とは、2018年7月6日に成立し、同月13日に公布された「民法及び家事事件手続法の一部を改正する法律」を指すものとする。

〈遺留分〉

Ⅰ　遺留分とは、相続財産の一定割合を一定の範囲の相続人に留保するものである。Aさんの相続において、仮に遺留分算定の基礎となる財産の価額が2億円である場合、子Fさんの遺留分の額は（　①　）万円となる。なお、遺留分権利者は、（　②　）の許可を受けることにより、相続の開始前において遺留分の放棄をすることができる。

　　改正相続法により、2019年7月1日以後に開始した相続から、被相続人が相続人に対して生前に行った贈与については、特別受益に該当する贈与で、かつ、原則として相続開始前（　③　）年以内にされたものが、遺留分算定の基礎となる財産の価額に算入される。また、従来の遺留分減殺請求権は（　④　）請求権に変更され、遺留分権利者は、受遺者等に対し、遺留分に関する権利の行使によって（　④　）に相当する金銭の支払を請求することができる。

〈遺　言〉

Ⅱ　民法に定める遺言の方式には普通方式と特別方式があり、普通方式には自筆証書遺言、公正証書遺言、秘密証書遺言がある。このうち、公正証書遺言は、証人（　⑤　）人以上の立会いのもと、遺言者が遺言の趣旨を公証人に口授し、公証人がこれを筆記して作成するものである。

764

他方、自筆証書遺言は、遺言者が、その全文、日付および氏名を自書し、これに押印して作成するものである。ただし、改正相続法により、自筆証書に添付する（　⑥　）については、自書でなくてもよいものとされ、他人による代筆やパソコン等によって印字する方法も認められる。また、改正相続法とともに成立した「（　⑦　）における遺言書の保管等に関する法律」により、2020年7月10日から自筆証書遺言の保管制度が創設された。（　⑦　）において保管された自筆証書遺言については、遺言者の相続開始時に（　②　）における（　⑧　）の手続が不要とされる。

【第5問】

《問1》 正解 ① 貸家建付地　② 82　③ 70　④ 200
　　　　　　⑤ 50　⑥ 80　⑦ 3

①および②　貸家の敷地の用に供されている宅地は**貸家建付地**（①）として評価する。以下の算式により評価する。

貸家建付地の評価額＝自用地評価額×（1 －借地権割合×借家権割合×賃貸割合）

　　借地権割合が60％、借家権割合が30％、賃貸割合が100％である場合、18％（60％×30％×100％）の評価減を受けられるため、貸家建付地の評価額は自用地評価額の**82%**（100％－18％）（②）相当額となる。

③　貸家は以下の算式により評価する。

　　　　貸家の評価額＝自用家屋の評価額×（1 －借家権割合×賃貸割合）
　　　　　　　　　　＝固定資産税評価額×1.0×（1 －借家権割合×賃貸割合）

　　借地権割合が60％、借家権割合が30％、賃貸割合が100％である場合、30％（30％×100％）の評価減を受けられるため、貸家の評価額は固定資産税評価額の**70%**（100％－30％）相当額となる。

④および⑤　貸付事業用宅地等に該当し、相続税評価額が**200㎡**（④）まで**50%**（⑤）減額となる。

⑥　貸付事業用宅地等を選択する場合、限度面積の調整計算が必要となる。算式は以下のとおり。

特定事業用宅地等の面積×$\dfrac{200}{400}$＋特定居住用宅地等面積×$\dfrac{200}{330}$

＋貸付事業用宅地等の面積≦200㎡

　　特定居住用宅地等（甲土地）：198㎡≦330㎡　　∴　198㎡すべて適用を受ける

　　貸付事業用宅地等（丙土地）：198㎡×$\dfrac{200}{330}$＋X ≦200㎡　　∴　X ≦80㎡

　　したがって、甲土地の全部について、特定居住用宅地等として本特例の適用を受ける場合、丙土地に対する本特例の適用面積は最大**80㎡**となる。

⑦　貸付事業用宅地等は、亡くなる以前**3年**以内に貸付を開始した土地は原則として貸付事業用宅地等の範囲から除かれる。

《問2》 正解 ① 2,250万円　② 1,290万円

①　相続税の総額
　・遺産に係る基礎控除
　　3,000万円＋600万円× 5 人＝6,000万円

- 課税遺産総額

  2億円 − 6,000万円 = 1億4,000万円
- 相続税の基となる税額

  配偶者：1億4,000万円 × $\dfrac{1}{2}$ × 30% − 700万円 = 1,400万円

  子：1億4,000万円 × $\dfrac{1}{8}$ × 15% − 50万円 = 212.5万円
- 相続税の総額

  1,400万円 + 212.5万円 × 4人 = **2,250万円**

② 長男Cさんの納付すべき相続税額
- 按分割合

  1億2,000万円 ÷ 2億円 = 0.6
- 算出相続税額

  2,250万円 × 0.6 = 1,350万円
- 相続時精算課税に係る贈与税額控除額

  (2,800万円 − 2,500万円) × 20% = 60万円
- 納付すべき相続税額

  1,350万円 − 60万円 = **1,290万円**

〈解説〉

　　子Fさんは妻Bさんの連れ子でありAさんと養子縁組をしているため、相続税法上の法定相続人の判定においては実子扱いとなる。したがって、法定相続人の数は5人（妻Bさん、長男Cさん、長女Eさん、子Fさんおよび配偶者Dさん）である。

　　長男Cさんは、事業用資産の贈与について相続時精算課税の適用を受けているため、納付すべき相続税額の算出に際し、贈与税額控除の適用を受けられる。

《問3》 正解 ① **1,250** ② **家庭裁判所** ③ **10**
　　　　 ④ **遺留分侵害額** ⑤ **2** ⑥ **財産目録**
　　　　 ⑦ **法務局** ⑧ **検認**

① 民法上の相続人は妻Bさん、長男Cさん、長女Eさん、子Fさんおよび配偶者Dさんであり、子Fさんの相続分は $\dfrac{1}{8}$ $\left(\dfrac{1}{2} \times \dfrac{1}{4}\right)$ である。したがって、総体的遺留分は $\dfrac{1}{2}$ となるため、子Fさんの遺留分の額は**1,250万円**（2億円 × $\dfrac{1}{2}$ × $\dfrac{1}{8}$）

である。

② 遺留分の放棄は、相続開始の前でも行うことができる。相続開始前に遺留分の放棄をするためには**家庭裁判所**に申し立てて許可を受ける必要があるが、相続開始後であれば特に手続きは必要なく、他の共同相続人に遺留分の放棄の意思表示をすればよい。

③および④ 2019年7月1日以後に開始した相続から、遺留分に関する権利の行使によって**遺留分侵害額**（④）に相当する金銭債権が生ずることとされた。また、相続人に対する贈与については、相続開始前**10年以内**（③）のものに限り遺留分を算定する財産の価額に含めることとされた。なお、遺留分権利者から金銭請求を受けた受遺者または受贈者が、金銭を直ちには準備できない場合は、受遺者等は、裁判所に対し、金銭債務の全部または一部の支払につき期限の許与を求めることができるようになった。

⑤ 公正証書遺言の作成には証人**2人**以上が必要となる。なお、未成年者、公証人の配偶者、4親等内の親族などは証人になることができない。

⑥ 2019年1月13日以後にした自筆証書遺言については、添付する**財産目録**は自書でなくてもよい。ただし、財産目録の各ページに署名押印しなければならない。

②、⑦および⑧ 2020年7月から**法務局**（⑦）における自筆証書遺言の保管制度がスタートした。この制度では、自筆証書遺言を作成した場合、法務大臣の指定する法務局（遺言者の住所地もしくは本籍地または遺言者が所有する不動産の所在地を管轄する法務局）に当該遺言書の保管申請をすることができる。また、当該法務局が保管している遺言書は、**家庭裁判所**（②）の**検認**（⑧）が不要となる。

重要ポイントまとめ 基礎編

1 贈与税・納税義務者・相続時精算課税制度

1．贈与契約

贈与は、当事者の一方が自己の財産を無償で相手方に与える意思表示をし、相手方がこれを**受諾**することによって成立する契約（諾成契約）であり、契約当事者の一方だけが債務を負担する**片務契約**である。当事者双方の意思が合致すれば贈与契約は成立する。つまり、贈与契約は、口頭でも成立する。

（1）書面による贈与と書面によらない（口頭）贈与

① すでに履行した部分

書面による贈与、口頭による贈与のいずれもすでに履行した部分は取消し（撤回）できない。

② まだ履行していない部分

書面による贈与は取消し（撤回）できないが、口頭による贈与は各当事者が取消し（撤回）できる。

（2）特殊な贈与契約

① 定期贈与

定期の給付を目的とする贈与。特約のない限り、贈与者・受贈者の一方の死亡により効力を失う。

② 負担付贈与

贈与契約締結の際に、受贈者に一定の負担を課す贈与。当事者の双方が互いに対価的な債務を負担する**双務契約**に関する規定の適用を受け、贈与者は売主と同様、担保責任を負う。

（注1）受贈者が負担を履行しない場合、贈与者は贈与契約を**解除**できる。

（注2）受贈者の負担から利益を受ける者は、贈与者に限定されない（第三者や不特定多数でもよい）。

③ 死因贈与

贈与者の死亡により効力を発生する贈与。民法では、遺贈に関する規定が死因贈与に準用され、相続税の課税対象となる。

（注）遺贈とは異なり単独行為ではない。

2．贈与税・相続税の納税義務者

贈与者＼受贈者		国内に住所あり	国内に住所なし		
			日本国籍あり		日本国籍なし
			10年以内に国内に住所あり	10年を超えて国内に住所なし	
国内に住所あり		①居住無制限納税義務者（国内・国外財産ともに課税）	②非居住無制限納税義務者（国内・国外財産ともに課税）		
国内に住所なし	10年以内に国内に住所あり				
	10年を超えて国内に住所なし			③制限納税義務者（国内財産にのみ課税）	

（注）就労等のために、日本に居住する外国人（一定の在留資格を有する）が死亡した際、その居住期間にかかわらず、外国に居住する家族等が相続により取得する国外財産については相続税の課税対象外となる。

POINT
受贈者・相続人等の住所が国内にあれば、必ず居住無制限納税義務者となる。

3．贈与税の非課税財産

① 法人から個人への贈与（所得税の対象となる）

② 扶養義務者相互間の生活費や教育費のための贈与

ただし、預金したり投資資金に充てた場合は課税される。

③ 特別障害者扶養信託契約に基づく信託受益権（特定贈与信託）

特定贈与信託とは、受益者となる特別障害者（身体障害者手帳1級または2級）または一般障害者のため贈与者が金銭、有価証券その他の財産を信託会社へ信託し、特別障害者の経済的な安定を図る目的の信託である。「特別障害者に対する贈与税の非課税制度」により、信託受益権の価額60,000千円（一般障害者は30,000千円）までの金額の範囲内であれば何度でも非課税の適用が受けられる。

④ 相続開始年分の被相続人からの贈与

相続または遺贈により財産を取得した者が、相続開始の年に贈与を受けた財産は、生前贈与加算により相続税の課税の対象となるため、贈与税の非課税財産となる。相続または遺贈により財産を取得していない者の場合は、生前贈与加算は適用されず贈与税の課税対象となる。

⑤ 社会通念上相当と認められる香典・贈答・見舞金等

⑥ 公益事業用財産（贈与を受けて2年を経過しても公益事業の用に供していない場合は課税）

４．贈与税の配偶者控除

婚姻期間20年以上の配偶者から居住用不動産（土地・家屋）または居住用不動産を取得するための資金の贈与があった場合、基礎控除110万円と併用して2,000万円まで贈与税の配偶者控除が受けられる。

（注１）同一の配偶者からの贈与については１回しか適用を受けられない。

（注２）贈与後３年以内に贈与者が死亡しても、贈与税の配偶者控除の対象となった部分は相続税の課税価格に加算されない。

（1）居住要件

①　居住用不動産を取得した場合

翌年３月15日までに贈与を受けた者の居住の用に供し、かつ、その後も引き続き供する見込みである。

②　居住用不動産を取得するための金銭を取得した場合

翌年３月15日までにその金銭で居住用不動産を取得し、贈与を受けた者の居住の用に供し、かつ、その後も引き続き供する見込みである。

（2）店舗併用住宅の場合

店舗併用住宅を贈与された場合、居住用部分のみが適用対象。店舗併用住宅の持分の贈与を受けた場合、居住用部分から優先的に贈与を受けたものとして配偶者控除を適用できる。また、贈与した持分の割合がその家屋全体の面積のうち居住用部分の面積の占める割合の範囲内であれば、その部分の贈与は居住用部分とされる。

（注）居住用部分の面積が10分の９以上の場合、全体を居住用不動産として適用を受けられる。

☆居住用部分をどのように計算するかがポイントとなる。

建物・土地相続税評価額……48,000千円
店舗……200㎡
自宅……200㎡
持分３分の１を妻に贈与

①　原則計算

居住用部分の割合に持分の割合を乗じて計算した部分を居住用部分の価額とする。

相続税評価額×居住用部分の割合×贈与を受けた持分

$$48,000千円 \times \frac{1}{2} \times \frac{1}{3} = 8,000千円が配偶者控除の額$$

②　特例計算

贈与を受けた持分の割合と居住用部分の割合のうち少ない割合を乗じて計算した

金額を居住用部分の価額とする。

$$贈与の割合\frac{1}{3} < 居住用部分の割合\frac{1}{2}$$

∴　贈与を受けた部分はすべて居住用と考える。

$$48,000千円 \times \frac{1}{3} = 16,000千円$$

16,000千円 ＜ 20,000千円　　∴　16,000千円が配偶者控除の額

∴　特例計算の方が有利なため、16,000千円を配偶者控除の額とする。

5．相続時精算課税制度
（1）適用対象者

贈与者	贈与をした年の1月1日において60歳以上の父母または祖父母（＝**特定贈与者**） （注）住宅取得等資金の贈与の場合、年齢要件はない。
受贈者	贈与を受けた年の1月1日において18歳以上の、推定相続人である子および孫 （注1）推定相続人であるかどうかは、贈与の日において判定する。 （注2）養子縁組により年の中途で推定相続人になった場合、それ以後に取得した財産について適用対象となる。

（2）贈与税額の計算

　贈与財産の種類、金額、贈与回数に制限はなく、暦年課税の贈与財産とは区分して贈与税額を計算する。複数年にわたり利用できる特別控除額（贈与者ごとに最高**2,500万円**）を控除後の金額に、**一律20%**の税率を乗じて贈与税額を算出する。

（注1）暦年課税の基礎控除額110万円は控除できない。

（注2）受贈者（子）は、相続時精算課税制度の選択に係る最初の贈与を受けた年の翌年2月1日から3月15日までの間に「相続時精算課税選択届出書」を贈与税の申告書に添付して提出する。

　　　　提出された相続時精算課税選択届出書は撤回することができず暦年課税へ戻れない。

（注3）相続時精算課税制度は2024年1月1日より新たに基礎控除110万円が創設される。相続時精算課税制度を選択後も基礎控除110万円以下の贈与については贈与税の申告は不要となる。

（3）相続税額の計算

　特定贈与者の死亡時に、相続時精算課税による贈与財産の価額（贈与時の価額）と相続財産の価額とを合計した金額をもとに相続税を計算する。相続税額から、すでに納付した贈与税相当額を控除するが、相続税額から控除しきれない贈与税相当額は、還付を受けることができる。

（注1）相続時精算課税による贈与財産の価額と相続財産の価額とを合計した金額が相続税

の基礎控除額以下であれば、相続税の申告は必要ない。

（注2）相続時精算課税制度を適用した財産は、受贈者が相続・遺贈により財産を取得していなくても相続税の課税対象となる。

（注3）相続時精算課税制度を適用した財産を相続税の物納財産とすることはできない。

（4）相続税の納税義務の承継等

① 相続時精算課税適用者が特定贈与者よりも先に死亡した場合

相続時精算課税適用者の相続人は、相続時精算課税適用者の有していた相続時精算課税制度の適用を受けていたことに伴う納税に関する権利または義務を承継する。ただし受贈者の相続人が特定贈与者である場合には、特定贈与者は権利または義務を承継しない。

（注）相続人が特定贈与者しかいない場合は、相続時精算課税制度の適用を受けていたことに伴う権利または義務は誰にも承継されない（相続税の精算は必要ない）。

② 贈与により財産を取得した者が「相続時精算課税選択届出書」の提出前に死亡した場合

贈与により財産を取得した者の相続人は、その相続の開始があったことを知った日の翌日から10カ月以内に「相続時精算課税選択届出書」を提出できる。その相続人は、被相続人が有することになる相続時精算課税制度の適用を受けることに伴う納税に関する権利または義務を承継する。

6．直系尊属から住宅取得等資金の贈与を受けた場合の贈与税の非課税

直系尊属（父母・祖父母等）から住宅取得等資金の贈与を受けた受贈者が、贈与を受けた年の翌年3月15日までにその住宅取得等資金を自己の居住の用に供する一定の家屋の新築・取得・増改築等をし、同日までに自己の居住の用に供したとき（または遅滞なく自己の居住の用に供することが確実であると見込まれるとき）は、一定金額について贈与税が非課税となる。

（注）贈与後3年以内に贈与者が死亡しても、非課税の適用を受けた部分は相続税の課税価格に加算されない。

（1）受贈者の要件

贈与を受けた年の1月1日において18歳以上で、贈与を受けたときに贈与者の直系卑属であり、贈与を受けた年の合計所得金額が**2,000万円以下**であること。

（2）住宅取得等資金の範囲

受贈者が自己の居住の用に供する一定の家屋を新築・取得または自己の居住の用に供している家屋の一定の増改築等の対価に充てるための金銭（以下のものも含まれる）。

● 家屋の新築・取得または増改築等とともにするその家屋の敷地の用に供される土地の取得

●住宅用家屋の新築に先行してするその敷地の用に供される土地の取得

　受贈者の一定の親族など特別の関係がある者（範囲は以下のとおり）からの住宅用家屋等の取得等については、適用の対象とならない。

●受贈者の配偶者および直系血族
●受贈者と生計を一にしている親族
●受贈者と内縁関係にある者および内縁関係者と生計を一にしている親族
●上記以外の者で、受贈者から受ける金銭等によって生計を維持している者およびその者と生計を一にしている親族

（3）一定の家屋および増改築等の要件

① 家屋の床面積は50㎡以上240㎡以下で、床面積の2分の1以上がもっぱら居住用であること（合計所得金額が1,000万円以下の人は40㎡以上に引き下げられます）
② 中古住宅の場合、新耐震基準に適合している住宅用家屋であること
③ 増改築の場合、工事費費用が100万円以上であること

（4）非課税限度額

	良質な住宅用家屋	左記以外の住宅用家屋
2022年4月〜2023年12月	1,000万円	500万円

7．教育資金の一括贈与に係る贈与税の非課税

（1）概　要

① 父母・祖父母（贈与者）が、子・孫（受贈者・30歳未満の者に限る）名義の金融機関の口座等に、教育資金を一括して拠出した場合には、受贈者一人につき1,500万円※までを非課税とする。

　※　学校等以外の者に支払われるものについては500万円を限度とする。

　(注) 前年の受贈者の合計所得金額が1,000万円超の場合は適用できない。

② 「教育資金非課税申告書」を、取扱金融機関を経由して受贈者の納税地の所轄税務署長に提出する。
③ 教育資金の使途は、金融機関が領収書等をチェックし、書類を保管する。
④ 受贈者が30歳に達した日に口座契約は終了し、この時口座に残額があれば贈与税が課税される（2019年7月1日以後は一定の要件で継続される）。
⑤ 2013年4月1日から2026年3月31日までの措置である。

（2）教育資金とは

① 学校等に対して直接支払われる次のような金銭
　イ　入学金、授業料、入園料、保育料、入学（園）試験の検定料など

ロ　学用品費、修学旅行費、学校給食費など学校等における教育に伴う費用など
② 学校等以外に対して直接支払われる次のような金銭で社会通念上相当と認められるもの
イ　役務提供または指導を行う者（学習塾や水泳教室など）に直接支払われるもの
ロ　教育（学習塾、そろばんなど）に関する役務の提供の対価や施設の使用料など
ハ　スポーツ（水泳、野球など）または文化芸術に関する活動（ピアノ、絵画など）その他教養の向上のための活動に係る指導への対価など
ニ　ロの役務提供またはハの指導で使用する物品の購入に要する金銭
※　受贈者が23歳に達した日の翌日以後に支払われるものについては、教育訓練給付金の支給対象となる教育訓練を受講するための費用に限定されることになる。

8．結婚・子育て資金の一括贈与に係る贈与税の非課税
（1）概　要
① 父母・祖父母（贈与者）が、子・孫（受贈者・18歳以上50歳未満の者に限る）名義の金融機関の口座等に、結婚・子育て資金を一括して拠出した場合には、受贈者一人につき1,000万円※までを非課税とする。
※　結婚に際して支出する費用については300万円を限度とする。
（注）前年の受贈者の合計所得金額が1,000万円超の場合は適用できない。
② 「結婚・子育て資金非課税申告書」を、取扱金融機関を経由しての受贈者の納税地の所轄税務署長に提出する。
③ 結婚・子育て資金の使途は、金融機関が領収書等をチェックし、書類を保管する。
④ 受贈者が50歳に達した日に口座契約は終了し、このとき口座に残額があれば贈与税が課税される。
⑤ 2015年4月1日から2025年3月31日までの措置である。
（2）結婚・子育て資金とは
① 結婚に際して支出する次のような金銭（300万円が限度となる）
イ　挙式費用、衣装代等の婚礼（結婚披露）費用（婚姻の日の1年前の日以後に支払われるもの）
ロ　家賃、敷金等の新居費用、転居費用
② 妊娠、出産及び育児に要する次のような金銭
イ　不妊治療、妊婦健診に要する費用
ロ　分べん費等、産後ケアに要する費用
ハ　子の医療費、幼稚園・保育所等の保育料（ベビーシッター代を含む）など

2 相続と法律

1．相続の承認と放棄

　原則として、自己のために相続の開始があったことを知った時から**3カ月以内**（熟考期間）に、限定承認、放棄の手続きが必要であるが、次の場合は、**単純承認したものとみなされる。**

- 相続の開始があったことを知った時から3カ月以内に限定承認、放棄をしなかった場合
- 相続人が相続財産の全部または一部を処分したとき

（1）承認

　① 単純承認

　　被相続人の権利義務をすべて無制限に承継すること。

　② 限定承認

　　積極的財産の範囲内で消極的財産を支払い、積極的財産を超える消極的財産の責任を負わない方法。

　（注）放棄者を除く相続人**全員**が共同して家庭裁判所へ申述することが必要。

（2）放棄

　相続財産の承継を拒否すること。

（注1）各相続人が**単独**で放棄できる（家庭裁判所へ申述）。

（注2）被相続人の相続発生前に相続を放棄することはできない。

■相続放棄の効果

- 放棄者は、相続開始のときから相続人ではなかったものとされる。
  - （注）被相続人の本来の財産は相続できないが、死亡保険金などみなし相続財産は取得することができる。
- 放棄者を代襲相続することはない。
- 相続税計算上の法定相続人の数には、放棄者も含む。

2．遺言の撤回

　遺言者は、自由にいつでも遺言の全部または一部を撤回できるが、撤回は、遺言の方式（自筆証書、公正証書、秘密証書）によらなければならない。

（注）遺言を撤回するときに、先に作成した遺言と同じ方式である必要はない。

（1）撤回とみなされる行為

　遺言者が遺言の趣旨と抵触する次の行為をした場合、抵触した部分は撤回したものとみなされる。

- ●前の遺言と後の遺言が抵触する部分
- ●遺言者が、遺言をした後に、遺言の内容に抵触する財産の生前処分を行った場合に、その抵触した部分
- ●遺言者が故意に遺言書を破棄したときは、その破棄した部分
- ●遺言者が遺贈の目的物を故意に破棄したときは、その目的物

（2）撤回の撤回

遺言（第1の遺言）を撤回する遺言（第2の遺言）がさらに撤回された場合、第1の遺言は復活しない。

（注）復活させるためには、その旨を表示した新たな遺言の作成が必要となる。

３．遺留分

遺言に優先して相続人のために残しておくべき最小限の財産の割合を民法で定めている。

（1）遺留分権利者

兄弟姉妹以外の相続人（配偶者、子およびその代襲相続人、直系尊属）

（2）遺留分の放棄

遺留分は、家庭裁判所の許可を得ることで、相続開始前に放棄することができる。相続開始後に放棄する場合には、許可の必要はない。

- ・遺留分の放棄：生前に行える（家庭裁判所の許可により）。
- ・相続の放棄　：生前に行うことはできない。

（注）遺留分を放棄しても、それ以外の権利（相続に係る権利）は喪失しない。また、共同相続人の一部の者がした遺留分の放棄は、他の各相続人の遺留分に影響を及ぼさない。

（3）遺留分算定基礎財産

遺留分算定基礎財産＝被相続人が相続開始の際に有した財産の価額＋贈与財産
　　　　　　　　　　－債務

（注）贈与の時期は、原則として相続発生前1年以内。ただし、特別受益分（被相続人から、他の相続人とは特別に贈与を受けた分）は原則10年以内となる。

（4）遺留分の割合

直系尊属のみが相続人のとき	遺留分算定基礎財産の3分の1
上記以外のとき	遺留分算定基礎財産の2分の1

（注）各相続人の遺留分は、全体の遺留分の割合に各相続人の法定相続分を乗じた割合。

（5）遺留分侵害額請求権

遺留分を侵害した遺贈などは当然には無効とならない。遺留分侵害額請求権は、相続の開始および遺留分の侵害する贈与又は遺贈があったことを知った時から1年間行使しないとき、または相続開始の時から10年を経過したときに、時効により消滅す

第6章　相続・事業承継　重要ポイントまとめ　基礎編

る。

(注) 遺留分侵害額請求権は、裁判で請求する必要はなく、侵害者に対する遺留分侵害の意思表示でよい。

(6) 遺留分に関する民法の特例

　会社の後継者が、旧代表者から生前贈与を受けた株式（自社株）は、特別受益として遺留分算定基礎財産に算入される。しかし、「経営承継円滑化法」による民法の特例により、後継者が遺留分権利者全員と合意した場合、遺留分算定基礎財産から除外したり、財産に算入する評価額をあらかじめ固定することができる（2つを組み合わせてもよい）。

除外合意	贈与された自社株を、遺留分算定基礎財産から除外する。 効果➡自社株式に係る遺留分侵害額請求を未然に防止でき、株式の分散を回避できる。
固定合意	贈与された自社株の遺留分算定基礎財産に算入すべき評価額を、あらかじめ合意時の評価額に固定する（本来は、相続時点の評価額である）。 効果➡後継者の貢献による自社株式の値上がりが遺留分侵害額請求の対象外となるため、後継者の経営意欲が阻害されない。

(注1) 適用を受けるためには、経済産業大臣の確認をとり、家庭裁判所の許可を得ることが必要。

(注2) 後継者が所有する自社株のうち特例対象以外の議決権数が総議決権数の50％超となる場合は、適用の対象外。

(注3) 後継者は、合意時点において代表者でなければならない。

4．成年後見制度
（1）法定後見制度

		後　見	保　佐	補　助
要件	対象者（判断能力）	精神上の障害（認知症・知的障害・精神障害等）により事理を弁識する能力を欠く常況に在る者	精神上の障害により事理を弁識する能力が著しく不十分な者	精神上の障害により事理を弁識する能力が不十分な者
開始の手続き	申立権者	本人、配偶者、4親等内の親族、検察官等、市町村長、任意後見受任者、任意後見人、任意後見監督人		
	本人の同意	不要	不要※2	必要
同意権・取消権	付与の対象	日常生活に関する行為以外の行為※1	民法13条1項各号所定の行為	申立ての範囲内で家庭裁判所が定める「特定の法律行為」
	付与の手続き	後見開始の審判	保佐開始の審判	補助開始の審判＋同意権付与の審判＋本人の同意
	取消権者	本人・成年後見人	本人・保佐人	本人・補助人
代理権	付与の対象	財産に関するすべての法律行為	申立ての範囲内で家庭裁判所が定める「特定の法律行為」	同左

※1　成年後見人に同意権はない。

※2　保佐開始の申立てと同時に保佐人に代理権を付与する審判の申立ては、本人の同意が必要。

（2）任意後見制度

　本人が判断能力のあるうちに、任意後見契約によって選任した任意後見人に財産管理等の事務について代理権のみを付与する。同意権・取消権はない。必ず公正証書により行われる。本人の判断能力が低下後、任意後見人等が家庭裁判所に任意後見監督人の選任を請求し、同監督人が選任された時点から効力が生じる。

（注）法定後見、任意後見制度ともに後見人として複数人や法人を選任できる。

3 相続税の課税価格と申告

1．相続税の申告
相続の開始があったことを知った日の翌日から10カ月以内。

（1）申告書の提出義務がない場合
課税価格の合計額が遺産に係る基礎控除額（30,000千円＋6,000千円×法定相続人の数）以下である場合。

(注) 課税価格の合計額には、生前贈与加算や相続時精算課税制度による贈与財産も含まれていることに注意。

（2）申告書の提出義務がある場合
● 課税価格の合計額が遺産に係る基礎控除を超える場合
● 「小規模宅地等についての相続税の課税価格の計算の特例」を適用した場合
● 「配偶者の税額軽減」を適用した場合
● 相続時精算課税制度の適用を受ける者で、相続税から控除しきれない贈与税額の還付を受ける場合

(注) 生命保険や死亡退職金の非課税規定（5,000千円×法定相続人の数）の適用には、申告は要件とされていない。

2．みなし相続財産
民法上は本来の相続や遺贈で取得した財産でなくても、経済的にみて相続や遺贈で取得したものとみなされる財産。

・生命保険金等（被相続人が負担した保険料に対応する保険金額）
　生命保険金等には未払配当金や前納保険料も含まれる。
・退職手当金等
　被相続人の死亡後3年以内に支給額が確定したもの。
・生命保険契約に関する権利
　相続開始時に保険事故が発生していない生命保険契約（掛捨保険契約を除く）で、被相続人以外の者が契約者であり、被相続人が保険料を負担。生命保険契約の契約者が課税対象者。解約返戻金相当額で評価する。

3．債務控除
相続人（包括受遺者を含む）に適用される。
債務控除すべき金額は、確実と認められるものに限る。
制限納税義務者は、国内財産に関する債務および被相続人の営業上（国内営業所）の債務について控除できる。

■適用対象者

	債　務	葬式費用
適用者	・相続人および包括受遺者 相続を放棄した者および相続権を失った者は債務控除の適用はない。	・相続人および包括受遺者 相続を放棄した者および相続権を失った者であっても葬式費用は控除できる。
留意点	上記適用者のうち、居住、非居住無制限納税義務者には控除の対象のすべてについて適用がある。 制限納税義務者のうち国内財産を取得した者は、その財産にかかる一定の債務のみ控除できる。	制限納税義務者は控除できない。

■適用範囲

	控除の対象	控除の対象外
債務	・借入金 ・未払税金（所得税・固定資産税等） ・未払医療費 ・アパート等の預り敷金	・非課税財産にかかる債務 ・保証債務（原則として） ・遺言執行費用 ・団体信用生命保険付住宅ローン ・税理士・弁護士費用
葬式費用	・通夜、本葬費用 ・葬式前後の出費で通常葬式に伴うもの ・遺体の捜索、運搬費用 ・お布施	・初七日・四十九日法要 ・香典返戻費用 ・墓地購入費 ・医学上または裁判上特別な処置に要した費用

4．相続税の延納・物納

（1）延　納

　納付すべき相続税額が10万円を超え、納期限までに金銭一時納付が困難である場合。

　延納する場合、担保の処分に要する費用をも十分に担保できる価額を提供しなければならないが、延納税額が100万円以下かつ延納期間が3年以内であるときは、担保は不要となる。

　延納期間は原則5年以内だが、「不動産等の占める割合」が75％以上である場合、不動産等の価額（小規模宅地等の特例適用後の金額）に対応する部分の延納税額の最高延納期間は原則20年可能であり、動産等に係る延納相続税額と区分する必要がある。

(2) 物　納

延納によっても金銭で納付することが困難な場合。

① 物納適格財産
　・相続または遺贈により取得した財産
　（その財産を処分して代わりに取得した財産）
　・相続開始前3年以内に被相続人から贈与により取得した財産
　（相続時精算課税の適用を受けた財産は物納できない）

(注) 相続人固有の財産は物納できない。

② 収納価額
　相続税の課税価格計算の基礎となった財産の価額による。ただし、収納時までに著しい状況の変化があった場合は、収納時の現況による。小規模宅地等の特例を受けた宅地については評価減適用後の価額となる。

③ 管理処分不適格財産……物納できない財産
　・担保件の目的となっている不動産
　・境界線が明確でない土地
　・所有権の帰属が係争中の財産

(注) 共有財産は管理処分不適格財産とされているが、共有者全員の持分を物納する場合は物納が可能。

④ 物納劣後財産……他に物納財産がない場合に限り物納できる財産
　・法令の規定に違反して建築された建物およびその敷地
　・地上権の設定されている土地

⑤ 許可・却下
　物納の申請があれば税務署長は許可または却下を原則3カ月以内に行う。却下された場合、却下された日から20日以内であれば物納の再申請を1回のみできる。

⑥ 撤回
　物納の撤回は物納税額を金銭で一時に納付できるようになったときだけでなく、延納納付することができることとなったとき、物納許可後1年以内に限りできる。

⑦ 延納から物納への変更
　延納の許可を受けた者が資力の状況の変化等により延納による納付が困難となる事由が生じた場合は、その相続税の申告期限から10年以内の申請により延納から物納へ変更できる（特定物納制度）。

❹ 財産の評価（宅地）

宅地は、路線価方式または倍率方式により、一筆ではなく1画地（利用単位）ごとに評価する。

１．私道の評価

もっぱら特定の者の通行の用に供されている私道の価額＝自用地価額×0.3
不特定多数の者の通行の用に供されている私道の価額＝評価しない

２．貸宅地と借地権の評価

貸宅地とは、借地権の目的となっている宅地のこと。

借地権の価額＝自用地価額×借地権割合
貸宅地の価額＝自用地価額×（1－借地権割合）

３．貸家建付地の評価

貸家建付地とは、貸家の目的に供されている宅地のこと。

貸家建付地の価額＝自用地価額×（1－借地権割合×借家権割合×賃貸割合）

４．貸家建付借地権の評価

貸家建付借地権とは、貸家の目的に供されている借地権のこと。

貸家建付借地権の価額＝自用地価額×借地権割合×（1－借家権割合×賃貸割合）

５．使用貸借に係る宅地の評価

無償で貸し付けられている宅地は、家屋の所有を目的としていても借地権は生じずに、自用地価額として評価する。

使用貸借に係る宅地の価額＝自用地価額

（注）使用貸借に係る宅地が貸家の敷地であっても、原則として貸家建付地として評価しない。

６．「無償返還に関する届出」がある場合の宅地等の評価

建物の所有を目的として宅地を貸し付ける場合で、借地人が将来その宅地を無償で返還する旨を記載した「無償返還に関する届出」を税務署長に提出している場合、借地権の価額は評価せず、貸宅地の価額は借地権割合に関係なく、自用地価額の80％として評価する。

貸宅地の価額＝自用地価額×0.8

７．小規模宅地等についての相続税の課税価格の計算の特例

　相続または遺贈により取得した財産のうちに、被相続人または被相続人と生計を一にする親族の事業用または居住用の宅地等がある場合には、一定の要件のもとに課税価格が減額される。

　相続時精算課税により贈与された宅地には適用できない。建物・構築物等の敷地となっていた宅地に適用できるが、空地や青空駐車場、別荘地には適用できない。

	適用対象となる宅地等	減額割合	上限面積
(1)	特定事業用宅地等 特定同族会社事業用宅地等	80%	400㎡
(2)	特定居住用宅地等		330㎡
(3)	貸付事業用宅地等	50%	200㎡

■対象となる宅地が複数ある場合の評価減の対象面積

　①　貸付事業用宅地等が含まれる場合は下記の計算式で限度面積を求める。

$$(1)の面積 \times \frac{200}{400} + (2)の面積 \times \frac{200}{330} + (3)の面積 \leqq 200㎡$$

　②　特例を受けようとする宅地等のすべてが、特定居住用宅地等と特定事業用宅地等である場合には、それぞれ330㎡と400㎡のあわせて最大730㎡まで適用可能。

■適用を受けられなくなる例

● 事業用宅地等を取得した親族が、相続税の申告期限まで事業を継続しなかった場合や売却した場合

● 居住用宅地等を取得した同居親族が、相続税の申告期限まで居住を継続しなかった場合や売却した場合。また、配偶者や同居親族がいるにもかかわらず別居親族が居住用宅地等を取得した場合

● 不動産貸付用の宅地等を取得した親族が、相続税の申告期限まで貸付事業を継続しなかった場合や売却した場合

① 相続税の申告期限までに事業または居住を継続しない場合には、原則として特例の適用は受けられない。

（注）配偶者が居住用宅地等を取得した場合には、相続税の申告期限まで居住を継続しなくても、または、売却しても特定居住用宅地等となり、適用を受けられる。

② 居住また事業を継続する者としない者が宅地等を共同相続した場合には、取得した者ごとに適用要件を判定する。

③ 1棟の建物に居住用部分と貸付用部分がある場合の敷地等については、それぞれの利用区分ごとに按分して減額割合を計算する。

④ 居住用の建物等が複数ある場合の特例の適用対象は、主として居住の用に供されていた1つの宅地等に限る。

■留意事項

① 1棟の二世帯住宅でも区分所有建物登記がされている場合を除き、一定要件を満たしていれば敷地全体が特定居住用宅地等となる。

② 終身利用権を取得して老人ホームに入所したことにより被相続人の居住の用に供されなくなった家屋の敷地について、下記の要件を満たすときは、相続開始直前に被相続人の居住の用に供されていたものとして特例を適用する。

・被相続人に介護が必要なために入所したものであること（要介護・要支援認定必要）

・当該家屋が貸付の用に供されていないこと

5 相続・事業承継対策

1. 取引相場のない株式等に係る相続税の納税猶予制度

　経営承継相続人が、非上場会社を経営していた被相続人から相続等によりその会社の株式等を取得し、その会社を経営していく場合には、納税猶予の適用を受けることができる。

　経営承継相続人が前代表者から相続等により取得したその会社の株式等のすべてが納税猶予の対象となり、100％納税が猶予される。

〈経営承継相続人〉

　中小企業における経営の承継の円滑化に関する法律の規定に基づき都道府県知事の認定を受ける一定の非上場会社（認定中小企業者）の代表者であった者の後継者をいう。後継者は、親族以外でも納税猶予が適用される。

2. 取引相場のない株式等に係る贈与税の納税猶予制度

　認定中小企業者の代表者であった者の後継者として都道府県知事の認定を受けた者が、その代表者であった者から贈与によりその保有株式等の全部を取得し、その会社を経営していく場合には、その猶予対象株式等の贈与に係る贈与税の全額の納税が猶予される。

　また、後継者が贈与税の納税猶予制度の適用を受けている場合であっても、後継者を含む推定相続人は「相続時精算課税制度」を利用可能である。

（注）後継者は、18歳以上であり、かつ、役員就任から3年以上経過していることも要件とされるが、代表者であった者の親族である必要はない。

重要ポイントまとめ 応用編

自社株評価

1．自社株評価の概要

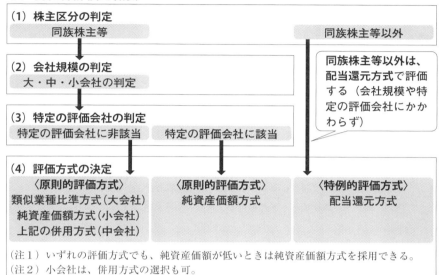

(注1) いずれの評価方式でも、純資産価額が低いときは純資産価額方式を採用できる。
(注2) 小会社は、併用方式の選択も可。

2．株主区分の判定

株主区分は、「評価会社に同族株主はいるか」「株式の取得者は同族株主等か」「株式の取得者の議決権割合はいくらか」により判定する。

（注）同族株主のいる会社であっても、特例的評価方式となる株主がいる（下表　　　　の部分）。

区分	株主の態様				評価方式
同族株主のいる会社	同族株主[※1]	議決権割合が5％以上の株主			原則的評価方式
		議決権割合が5％未満の株主	中心的な同族株主がいない場合		
			中心的な同族株主がいる場合	中心的な同族株主[※2]	
				役員である株主	
				その他の株主	特例的評価方式（配当還元方式）
	同族株主以外の株主				

※1　**同族株主**：判定はグループとして行う。

議決権割合が50％超のグループに属する株主。どの同族グループも50％以下の場合は30％以上のグループに属する株主。

※2　**中心的な同族株主**：判定しようとする個々の株式取得者ごとに行う。

本人、配偶者、直系血族、兄弟姉妹、1親等の姻族で議決権割合が25％以上となる株主。

3．会社規模の判定（大会社・中会社・小会社）

同族株主等である場合、次の3つの基準（従業員数・総資産価額・取引金額）により、会社規模区分を判定する。中会社は、さらに「中会社の大」「中会社の中」「中会社の小」に区分される。

なお、この判定は卸売業、小売・サービス業、それ以外の会社に区分して行う。

① 従業員数（直前期）

（注）従業員数が**70人以上**の会社は業種にかかわらず常に**大会社**とする。

② 総資産価額および従業員数（直前期末）

③ 取引金額（直前期末以前1年間）

4．特定の評価会社の判定

　同族株主等が取得した株式について、以下の会社に該当した場合、会社規模区分にかかわらず純資産価額で評価する。

土地保有特定会社	総資産の一定割合以上が土地である会社 （大会社で70％以上、中会社で90％以上）
株式保有特定会社	総資産の一定割合以上が株式である会社 （大・中・小会社いずれも50％以上）
新　　設　　会　　社	開業後**3年**未満の会社等

5．自社株評価の具体的方法

（1）類似業種比準方式

$$類似業種比準価額 = A \times \frac{\dfrac{ⓑ}{B} + \dfrac{ⓒ}{C} + \dfrac{ⓓ}{D}}{3} \times 斟酌率 \times \frac{1株当たりの資本金等の額}{50円}$$

A……類似業種の株価（課税時期の属する月以前3カ月間の各月、前年平均額および前年・前々年の2年平均額のうちいずれか低い金額）

B……類似業種の1株当たり配当金額（課税時期の属する年）

C……類似業種の1株当たり年利益金額（課税時期の属する年）

D……類似業種の1株当たり簿価純資産価額（課税時期の属する年）

（注）BCDは連結決算の金額。

ⓑ……評価会社の1株当たり配当金額（直前期末以前2年間の平均額）

（注）特別配当、記念配当は除いて計算。

ⓒ……評価会社の1株当たり年利益金額（直前期末以前1年間、または2年間の年平均のうちいずれかを選択）

ⓓ……評価会社の1株当たり簿価純資産価額（直前期末）

ⓑⓒⓓ…**1株当たりの資本金の額等**※**を50円**とした場合の1株当たりのもの。マイナスの場合はゼロ。

$$※\quad 1株当たりの資本金の額等 = \frac{直前期末の資本金の額等}{直前期末の発行済株式数（自己株式を除く）}$$

斟酌率…**大会社0.7、中会社0.6、小会社0.5**

（2）純資産価額方式

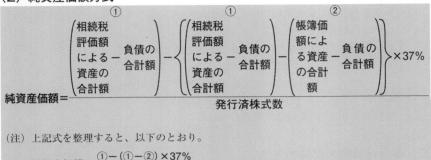

(注) 上記式を整理すると、以下のとおり。

$$純資産価額 = \frac{① - (① - ②) \times 37\%}{発行済株式数}$$

（3）併用方式

併用方式による評価額＝類似業種比準価額×Ｌの割合＋純資産価額×（１－Ｌの割合※）

※　Ｌの割合：中会社の大……0.90
　　　　　　　中会社の中……0.75
　　　　　　　中会社の小……0.60
　　　　　　　小会社…………0.50

（4）配当還元方式

$$配当還元価額 = \frac{年配当金額^※}{10\%} \times \frac{1株当たりの資本金の額等}{50円}$$

※　類似業種比準方式における１株当たりの年配当金額を用いる。
　　年配当金額が２円50銭未満または無配当の場合、年配当金額を２円50銭とする。

一般社団法人　金融財政事情研究会　ファイナンシャル・プランニング技能検定
1級学科試験・1級実技試験（資産相談業務）　平成29年10月許諾番号1710K000002

よくわかるFPシリーズ

2023-2024年版　合格トレーニング　FP技能士1級

（2013年度版　2013年6月30日　初版第1刷発行）

2023年6月5日　初　版　第1刷発行

編　著　者	Ｔ　Ａ　Ｃ　株　式　会　社
	（FP講座）
発　行　者	多　　田　　敏　　男
発　行　所	ＴＡＣ株式会社　出版事業部
	（TAC出版）

〒101-8383
東京都千代田区神田三崎町3-2-18
電話　03（5276）9492（営業）
FAX　03（5276）9674
https://shuppan.tac-school.co.jp/

印　　刷	株式会社　ワ　　コ　　ー
製　　本	株式会社　常　川　製　本

Ⓒ TAC 2023　　　Printed in Japan

ISBN 978-4-300-10536-8
N.D.C. 338

本書は，「著作権法」によって，著作権等の権利が保護されている著作物です。本書の全部または一部につき，無断で転載，複写されると，著作権等の権利侵害となります。上記のような使い方をされる場合，および本書を使用して講義・セミナー等を実施する場合には，小社宛許諾を求めてください。

乱丁・落丁による交換，および正誤のお問合せ対応は，該当書籍の改訂版刊行月末日までといたします。なお，交換につきましては，書籍の在庫状況等により，お受けできない場合もございます。また，各種本試験の実施の延期，中止を理由とした本書の返品はお受けいたしません。返金もいたしかねますので，あらかじめご了承くださいますようお願い申し上げます。

ファイナンシャル・プランナー

FP 1級

TAC

書籍学習者の方に、ぜひFPの深く広い世界を知って欲しい！

視聴すればするほど、FPの学習が楽しくなる！

全ての皆様に愛情をもってお届けする
TAC FP 講座の
無料オンラインセミナー

多くのテーマのオンラインセミナーを定期的に行っております。

ぜひ、一度ご視聴ください

https://www.tac-school.co.jp/kouza_fp/webinar_LP_fp.html

大切なお金のこと わたしたちと一緒に 学びませんか？

無料オンラインセミナー開催中！

資格の学校 TAC

魅惑のパーソナルファイナンスの世界を感じられる無料オンラインセミナーです！

「多くの方が不安に感じる年金問題」「相続トラブルにより増加する空き家問題」「安全な投資で資産を増やしたいというニーズ」など、社会や個人の様々な問題の解決に、ファイナンシャルプランナーの知識は非常に役立ちます。

長年、ファイナンシャルプランニングの現場で顧客と向き合い、夢や目標を達成するためのアドバイスをしてきたベテランFPのTAC講師陣が、無料のオンラインセミナーで魅力的な知識を特別にお裾分けします。

とても面白くためになる内容です！

無料のオンラインセミナーですので、気軽にご参加いただけます。

ぜひ一度視聴してみませんか？　皆様の世界が広がる実感が持てるはずです。

皆様の**人生を充実させる**のに必要なコンテンツがぎっしり詰まった**オンラインセミナー**です！

参考 ▶ 過去に行ったテーマ例

- 達人から学ぶ「不動産投資」の極意
- 老後に役立つ個人年金保険
- 医療費をたくさん払った場合の節税対策
- 基本用語を分かりやすく解説 NISA
- 年金制度と住宅資産の活用法
- FP試験電卓活用法
- 1級・2級本試験予想セミナー
- 初心者でもできる投資信託の選び方
- 安全な投資のための商品選びのチェックポイント
- 1級・2級頻出論点セミナー

- そろそろ家を買いたい！実現させるためのポイント
- 知らないと損する！社会保険と公的年金の押さえるべきポイント
- 危機、災害に備える家計の自己防衛術を伝授します
- 一生賃貸で大丈夫？老後におけるリスクと未然の防止策
- 住宅購入時の落とし穴！購入後の想定外のトラブル
- あなたに必要な保険の見極め方
- ふるさと納税をやってみよう♪ぴったりな寄付額をチェック

ファイナンシャル・プランナー

書籍で学習されている方の
直前期の試験対策に最適のコース!

1級の書籍で一通り知識のインプット学習を進めている方が、
直前期に最短で効果的な知識の確認と演習を行うことができるコースです。
難関である1級学科試験を突破するために、TACの本試験分析のノウハウを手に入れて
合格を勝ち取りたい方にとって打ってつけのコースです。

最新の試験分析のエッセンスが詰まった
あなたにオススメのコース

▼

1級直前対策パック
(総まとめ講義+模擬試験)

TACオリジナル教材「総まとめテキスト」(非売品)が手に入ります!

TAC FP 1級直前対策パック 🔍

最新の法改正を総ざらいできることはもちろん、
☑**3年で6回以上出た「サブロクチェック」**
☑**穴埋めで確認「キーワードチェック」**
☑**押さえておくべき「定番出題パターン」**
☑**出題傾向をベースにした「予想問題」など、**
1級試験の"急所"がばっちり押さえられます!

資格の学校 TAC

TACは何度も出題されるところを知り尽くしています！

OP オプション講座
1級直前対策パック（総まとめ講義6回＋模擬試験1回）

総まとめ講義

試験直前期に押さえておきたい最新の法改正などポイントを総ざらいした「総まとめテキスト」を使用します。
基礎編は出題範囲は広いものの50問しかないため、取りこぼしができません。過去の本試験の頻出論点もピックアップ。"サブロクチェック"で知識の再確認を行います。

応用編は、空欄補充問題と計算問題が中心となります。空欄補充問題で問われやすい論点の用語等のチェックと、計算問題の解法手順を演習を繰り返しながらマスターします。

ひと目でわかるよう図表などを用いて重要論点をまとめています。

模擬試験 ※自己採点（配布のみ）

本試験形式のTAC予想問題です。満点を取るまで繰り返し復習し、本試験に臨みましょう。

過去3年間で6回以上出題されている論点をピックアップしたので、効率よく知識の再確認ができます。

通常受講料

	通学（教室・ビデオブース）講座	¥35,000
	Web通信講座	
	DVD通信講座	¥40,000

※0から始まる会員番号をお持ちでない方は、受講料のほかに別途入会金（¥10,000・消費税込）が必要です。会員番号につきましては、TACカスタマーセンター（0120-509-117）までお問い合わせください。
※上記受講料は、教材費込・消費税込です。

コースの詳細、割引制度等は、TAC HP またはパンフレットをご覧ください。

🔍 TAC FP 1級直前対策パック

ファイナンシャル・プランナー

TAC FP講座案内

TACのきめ細かなサポートが合格へ導きます！

合格に重要なのは、どれだけ良い学習環境で学べるかということ。
資格の学校TACではすべての受講生を合格に導くために、誰もが自分のライフスタイルに合わせて
勉強ができる学習メディアやフォロー制度をご用意しています。

入門編から実務まで。FPならTACにお任せ！

同じFPでも資格のレベルはさまざま。入門編の3級から仕事に活用するのに必須の2級（AFP）、
グローバルに活躍できるCFP®まで、試験内容も異なるので、めざすレベルに合わせて効率的なプログラム、
学習方法で学ぶことが大切です。さらにTACでは、合格後の継続教育研修も開講していますので、
入門資格から実践的な最新知識まで幅広く学習することができます。

3級
金融・経済アレルギーを解消！

「自分の年金のことがよく分からない」「投資に興味はあるんだけど、どうしたらいいの？」「ニュースに出てくる経済用語の意味を実は知らない…」「保険は入っているものの…」など金融や経済のアレルギーを解消することができます。「この際、一からお金のことを勉強したい！」そんな方にオススメです。

2級・AFP
FPの知識で人の幸せを演出する！

就職や転職をはじめ、FPの知識を実践的に活かしたい場合のスタンダード資格が2級・AFPです。金融機関をはじめとした企業でコンサルティング業務を担当するなど、お客様の夢や目標を実現するためにお金の面からアドバイスを行い、具体的なライフプランを提案することもできます。「みんなが幸せに生きる手助けをしたい！」そんな夢を持った方にオススメです。

1級・CFP®
ビジネスの世界で認められるコンサルタントをめざす！

FP資格の最高峰に位置づけられるのが、1級・CFP®です。特にCFP®は、日本国内における唯一の国際FPライセンスです。コンサルタントとして独立開業する際に1級やCFP®を持っていると、お客様からの信頼度もアップします。「プロのコンサルタントとして幅広いフィールドで仕事がしたい！」そんな志を抱いている人は、ぜひ1級・CFP®を目指してください。

 教室講座   ビデオブース講座   Web通信講座   DVD通信講座

FP継続教育研修のご案内

合格後も知識をブラッシュアップ！

FPの学習範囲は法改正や制度変更が頻繁に行われるため、身につけた知識を活用するためには、試験に合格した後も継続的に学習を行うことが大切です。TAC FP講座では、FPに役立つ様々なテーマの講座を毎月開講しており、最新情報の入手に最適です。さらに、AFP、CFP®認定者の方には継続教育単位を取得できる講座となっています。

最新情報！ TACホームページ https://www.tac-school.co.jp/　TAC　検索

資格の学校 TAC

TAC FP講座 オススメコース

過去問トレーニングで万全の試験対策を！

1級過去問解説講義

WEB講座専用コースで、いつでも好きな時間に学習できます。

FP技能検定試験の本試験問題を全問解説する講座です。答えを見ただけでは理解しにくい部分も、ベテラン講師が問題に書き込みながら行う解説により、しっかりと理解できるようになります。また本講座はWeb通信講座なので、いつでも講義を視聴することができ大変便利です。定番問題の解法テクニックの習得や試験直前の総まとめとしてご利用ください。

特長 POINT 1
TAC講師が過去問を全問解説

特長 POINT 2
Web配信なので24時間、好きな時間帯に自由に学習可能

特長 POINT 3
試験傾向も把握でき、重要論点を中心に効率よく学習できるようになる

講義時間
約90分／各回・各科目

受講料
¥2,100／各回・各科目
※入会金は不要です。
※受講料には消費税10%が含まれます。

【ご注意】
お申込みはe受付（インターネット）のみです。インターネットによるお申込みの場合には、クレジットカード決済をご選択頂けます。
e受付はこちらから
→https://ec.tac-school.co.jp

教材について
当コースには、本試験問題はついておりません。過去問題及び解答は、本試験実施団体（日本FP協会・金融財政事情研究会）のHPから無料でダウンロードできますので、ご自身でご用意ください。

○日本FP協会：
https://www.jafp.or.jp/exam/1fp/
○金融財政事情研究会：
https://www.kinzai.or.jp/fp

※WEBには視聴期限があります。

AFP認定研修を修了していない1級または2級合格者に朗報

AFP認定研修（技能士課程）

1級または2級FP技能士合格者限定 通信講座

2級FP技能検定の合格者を対象としたAFP認定研修コースです。CFP®を受験するための受験資格として、AFPに登録したい方や日本FP協会の資格会員になりたい方におすすめです。

教材
● FP総論（日本FP協会）
● 基本テキスト（6冊）
● 提案書作成テキスト
　提案書作成講義DVD：1枚

提案書もTACのテキストならスムーズに作成できます！

受講料>>
¥23,100
※入会金は不要です。
※受講料には教材費・消費税10%が含まれます。

※上記の教材構成および受講料等は2023年4月1日現在のものであり、予告なく変更する場合がございます。

資料のご請求・お問い合わせは　通話無料　**0120-509-117**　<受付時間>
月〜金・土日祝10:00〜17:00

TAC出版 書籍のご案内

TAC出版では、資格の学校TAC各講座の定評ある執筆陣による資格試験の参考書をはじめ、資格取得者の開業法や仕事術、実務書、ビジネス書、一般書などを発行しています！

TAC出版の書籍

*一部書籍は、早稲田経営出版のブランドにて刊行しております。

資格・検定試験の受験対策書籍

- 日商簿記検定
- 建設業経理士
- 全経簿記上級
- 税理士
- 公認会計士
- 社会保険労務士
- 中小企業診断士
- 証券アナリスト
- ファイナンシャルプランナー(FP)
- 証券外務員
- 貸金業務取扱主任者
- 不動産鑑定士
- 宅地建物取引士
- 賃貸不動産経営管理士
- マンション管理士
- 管理業務主任者
- 司法書士
- 行政書士
- 司法試験
- 弁理士
- 公務員試験(大卒程度・高卒者)
- 情報処理試験
- 介護福祉士
- ケアマネジャー
- 社会福祉士　ほか

実務書・ビジネス書

- 会計実務、税法、税務、経理
- 総務、労務、人事
- ビジネススキル、マナー、就職、自己啓発
- 資格取得者の開業法、仕事術、営業術
- 翻訳ビジネス書

一般書・エンタメ書

- ファッション
- エッセイ、レシピ
- スポーツ
- 旅行ガイド（おとな旅プレミアム/ハルカナ）
- 翻訳小説

(2021年7月現在)

書籍のご購入は

1 全国の書店、大学生協、ネット書店で

2 TAC各校の書籍コーナーで

資格の学校TACの校舎は全国に展開！
校舎のご確認はホームページにて

資格の学校TAC ホームページ
https://www.tac-school.co.jp

3 TAC出版書籍販売サイトで

 TAC出版書籍販売サイト

 TAC出版 で 検索

 24時間ご注文受付中

https://bookstore.tac-school.co.jp/

- 新刊情報をいち早くチェック！
- たっぷり読める立ち読み機能
- 学習お役立ちの特設ページも充実！

TAC出版書籍販売サイト「サイバーブックストア」では、TAC出版および早稲田経営出版から刊行されている、すべての最新書籍をお取り扱いしています。

また、無料の会員登録をしていただくことで、会員様限定キャンペーンのほか、送料無料サービス、メールマガジン配信サービス、マイページのご利用など、うれしい特典がたくさん受けられます。

サイバーブックストア会員は、特典がいっぱい！(一部抜粋)

 通常、1万円(税込)未満のご注文につきましては、送料・手数料として500円(全国一律・税込)頂戴しておりますが、1冊から無料となります。

 専用の「マイページ」は、「購入履歴・配送状況の確認」のほか、「ほしいものリスト」や「マイフォルダ」など、便利な機能が満載です。

 メールマガジンでは、キャンペーンやおすすめ書籍、新刊情報のほか、「電子ブック版TACNEWS(ダイジェスト版)」をお届けします。

 書籍の発売を、販売開始当日にメールにてお知らせします。これなら買い忘れの心配もありません。

FP(ファイナンシャル・プランナー)対策書籍のご案内

TAC出版のFP(ファイナンシャル・プランニング)技能士対策書籍は金財、日本FP協会それぞれに対応したインプット用テキスト、アウトプット用テキスト、インプット＋アウトプット一体型教材、直前予想問題集の各ラインナップで、受検生の多様なニーズに応えていきます。

みんなが欲しかった！シリーズ

『みんなが欲しかった！FPの教科書』
- ●1級 学科基礎・応用対策　●2級・AFP　●3級
- 1級：滝澤ななみ 監修・TAC FP講座 編著・A5判・2色刷
- 2・3級：滝澤ななみ 編著・A5判・4色オールカラー
- ■ イメージがわきやすい図解と、シンプルでわかりやすい解説で、短期間の学習で確実に理解できる！スマホ学習にも対応しているのもポイント。

『みんなが欲しかった！FP合格へのはじめの一歩』
滝澤ななみ 編著・A5判・4色オールカラー
- ■ FP3級に合格できて、自分のお金ライフもわかっちゃう。本気でやさしいお金の入門書。自分のお金を見える化できる別冊お金ノートつきです。

『みんなが欲しかった！FPの問題集』
- ●1級 学科基礎・応用対策　●2級・AFP　●3級
- 1級：TAC FP講座 編著・A5判・2色刷
- 2・3級：滝澤ななみ 編著・A5判・2色刷
- ■ 無駄をはぶいた解説と、重要ポイントのまとめによる「アウトプット→インプット」学習で、知識を完全に定着。

スッキリシリーズ

『スッキリわかる FP技能士』
- ●1級 学科基礎・応用対策
- ●2級・AFP
- ●3級
- 白鳥光良 編著・A5判・2色刷
- ■ テキストと問題集をコンパクトにまとめたシリーズ。繰り返し学習を行い、過去問の理解を中心とした学習を行えば、合格ラインを超える力が身につきます！

『スッキリとける 過去＋予想問題 FP技能士』
- ●1級 学科基礎・応用対策
- ●2級・AFP
- ●3級
- TAC FP講座 編著・A5判・2色刷
- ■ 過去問の中から繰り返し出題される良問で基礎力を養成し、学科・実技問題の重要項目をマスターできる予想問題で解答力を高める問題集。

TAC出版

よくわかるFPシリーズ

『合格テキスト FP技能士1級』
- ①ライフプランニングと資金計画・リスク管理
- ②年金・社会保険
- ③金融資産運用
- ④タックスプランニング
- ⑤不動産
- ⑥相続・事業承継

TAC FP講座 編著・A5判・2色刷
■ TAC FP講座公式教材。それぞれの論点について、「きちんとわかる」をコンセプトに、合格に必要な知識をすべて盛り込んだFP技能士1級対策基本書の決定版。

『合格トレーニング FP技能士1級』
TAC FP講座 編著・A5判・1色刷
■ TAC FP講座公式教材。本試験対応力を養う、総仕上げの問題集。出題傾向を徹底分析し、過去問題から頻出問題を厳選。覚えておくべき論点は「ポイントまとめ」で最終確認もバッチリ。

あてる直前予想模試 ＊本試験約3ヵ月前に改訂

『○年○月試験をあてる　TAC直前予想模試 FP技能士』
- ●2級・AFP　●3級

TAC FP講座 編著・B5判・2色刷
■ 本試験の出題を予想した模試3回分に加えて、頻出の計算問題を収載した「計算ドリル」や、直前期の暗記に役立つ「直前つめこみノート」など、直前対策に役立つコンテンツを厳選収載！

- ●1級

TAC FP講座 編著・B5判・2色刷
■ 本試験の出題を予想した模試3回分に加えて、最新の法改正情報や実技試験対策も掲載！直前対策はこれ一冊で完璧。

啓蒙書 ほか

**『FPの極意がわかる本
～活かし方・働き方・稼ぎ方～
第3版』**
藤原久敏 著・A5判

**『女性のための資格シリーズ
自力本願で
ファイナンシャル・プランナー』**
森江加代 著・A5判

**『47テーマで学ぶ家計の教科書
節約とお金の基本』**
矢野きくの　北野琴奈 著・A5判

年度版マークのある書籍は、試験実施年月に合わせて年度改訂を行っています。
掲載の内容は、2023年4月現在の内容です。各書籍の価格等詳細につきましては、下記サイバーブックストアにてご確認ください。

TAC出版の書籍はこちらの方法でご購入いただけます

1 全国の書店・大学生協
2 TAC各校 書籍コーナー
3 インターネット　CYBER TAC出版書籍販売サイト BOOK STORE
アドレス https://bookstore.tac-school.co.jp/

書籍の正誤に関するご確認とお問合せについて

書籍の記載内容に誤りではないかと思われる箇所がございましたら、以下の手順にてご確認とお問合せをしてくださいますよう、お願い申し上げます。

なお、正誤のお問合せ以外の書籍内容に関する解説および受験指導などは、一切行っておりません。
そのようなお問合せにつきましては、お答えいたしかねますので、あらかじめご了承ください。

1 「Cyber Book Store」にて正誤表を確認する

TAC出版書籍販売サイト「Cyber Book Store」の
トップページ内「正誤表」コーナーにて、正誤表をご確認ください。

CYBER TAC出版書籍販売サイト
BOOK STORE

URL:https://bookstore.tac-school.co.jp/

2 ①の正誤表がない、あるいは正誤表に該当箇所の記載がない ⇒ 下記①、②のどちらかの方法で文書にて問合せをする

★ご注意ください★

お電話でのお問合せは、お受けいたしません。

①、②のどちらの方法でも、お問合せの際には、「お名前」とともに、
「対象の書籍名（○級・第○回対策も含む）およびその版数（第○版・○○年度版など）」
「お問合せ該当箇所の頁数と行数」
「誤りと思われる記載」
「正しいとお考えになる記載とその根拠」
を明記してください。

なお、回答までに1週間前後を要する場合もございます。あらかじめご了承ください。

① ウェブページ「Cyber Book Store」内の「お問合せフォーム」より問合せをする

【お問合せフォームアドレス】

https://bookstore.tac-school.co.jp/inquiry/

② メールにより問合せをする

【メール宛先　TAC出版】

syuppan-h@tac-school.co.jp

※土日祝日はお問合せ対応をおこなっておりません。
※正誤のお問合せ対応は、該当書籍の改訂版刊行月末日までといたします。

乱丁・落丁による交換は、該当書籍の改訂版刊行月末日までといたします。なお、書籍の在庫状況等により、お受けできない場合もございます。
また、各種本試験の実施の延期、中止を理由とした本書の返品はお受けいたしません。返金もいたしかねますので、あらかじめご了承くださいますようお願い申し上げます。

TACにおける個人情報の取り扱いについて
■お預かりした個人情報は、TAC(株)で管理させていただき、お問合せへの対応、当社の記録保管にのみ利用いたします。お客様の同意なしに業務委託先以外の第三者に開示、提供することはございません（法令等により開示を求められた場合を除く）。その他、個人情報保護管理者、お預かりした個人情報の開示等及びTAC(株)への個人情報の提供の任意性については、当社ホームページ（https://www.tac-school.co.jp）をご覧いただくか、個人情報に関するお問い合わせ窓口（E-mail:privacy@tac-school.co.jp）までお問合せください。

（2022年7月現在）